HUNAN MUSEUM
湖南省博物馆

陈建明　主编

中国博物馆学历史文献选编

第二辑

文物出版社

图书在版编目（CIP）数据

中国博物馆学历史文献选编·第二辑／陈建明主编.
—北京：文物出版社，2018.7
ISBN 978 - 7 - 5010 - 5460 - 2

Ⅰ.①中…　Ⅱ.①陈…　Ⅲ.①博物馆学 - 专题文献 -
选编 - 中国　Ⅳ.①G269.2

中国版本图书馆 CIP 数据核字（2017）第 285305 号

中国博物馆学历史文献选编　第二辑

主　　编：陈建明

责任编辑：李缙云　刘永海
封面设计：程星涛
责任印制：梁秋卉

出版发行：文物出版社
社　　址：北京市东直门内北小街 2 号楼
邮　　编：100007
网　　址：http://www.wenwu.com
邮　　箱：web@ wenwu.com
经　　销：新华书店
印　　刷：北京京都六环印刷厂
开　　本：889×1194　1/16
印　　张：27.5
版　　次：2018 年 7 月第 1 版
印　　次：2018 年 7 月第 1 次印刷
书　　号：ISBN 978 - 7 - 5010 - 5460 - 2
定　　价：220.00 元

前　言

　　中国博物馆学文献选编的计划缘起于十多年前的中国博物馆学史研究课题。经国家文物局于 2002 年 3 月批准专项，湖南省博物馆组织课题组开展了为期三年的中国博物馆学史研究的工作。其主要成果，一是编辑了《中国博物馆学文献目录》，二是编写了《中国博物馆学大事记》，三是撰写了《中国博物馆学史研究报告》。在课题结题报告中，将计划开展《中国博物馆学文献选编》工作作为后续成果之一。

　　当年课题组为广泛收集中国博物馆学史料，全面反映中国博物馆学研究成果，曾赴全国各地查找资料，对全国知名博物馆专家和博物馆学学者、博物馆机构和教育科研机构进行了采访和调研，收集到上万份文献资料。特别是得到了吕济民、苏东海、王宏钧、沈庆林、罗哲文、于坚、甄朔南、朱凤瀚、李象益、齐钟久、胡骏、周宝中、马希桂、齐吉祥、郑广荣、安来顺、秦贝叶、牛燕、张承志、李保国、许治平、宋惕冰、杜耀西、刘超英、周士琦、史树青、齐秀梅、刘恩迪、任廷芳、杜娜希、李静茹、张连娟、孙果云、马承源、费钦生、杨嘉褚、徐湖平、宋伯胤、奚三彩、梁白泉、张文军、王学敏、汤伟康、张礼智、陈全方、杨嘉祐、侯良、高至喜、孙景云、梁吉生、冯承伯、傅玫、傅同钦、刘毅、郭长虹、黄春雨、朱彦民、宋向光、高崇文、史吉祥、昝淑芹、杨志刚、刘朝辉、霍巍、陈德富、马继贤、吴洁坤、高荣斌、吕军、严建强、朱戢、刘卫东等诸位先生的大力支持和帮助，许多珍贵史料就是他们无私提供的。当我们重新翻检开始选编之时，感激之情无以言表。尤其令人遗憾的是，其中几位已经永远离开了我们。愿这迟来的感谢能通达天庭。

　　尽管中国博物馆学是不是一门学科的争论至今不绝于耳，但我们收集到的成千上万篇文献已经证明，关于博物馆的实践总结和理论探索在中国早已开始并从未停止。中国博物馆学文献选编的任务，就是力图将在中国博物馆学发展史上具有重大意义的文献收录进来，在一定程度上勾勒出中国博物馆学的发展脉络，也为进一步开展学术研究提供便利，免于翻检之功。本次先期出版的四辑，收录了中国博物馆学早期的著作、译著和文集；博物馆学文章、论文和论文集的选编工作将随后展开。

　　曾有人说，中国博物馆事业就像一艘巨轮高速航行在没有航标的河流上，未免言过其实。但难以否认的是，与近年中国博物馆专业史无前例的大发展、大繁荣相比较，中国博物馆学理论研究的相对滞后是不争的事实。无论是基础理论的研究，即揭示博物馆的核心价值、基本功能、职业伦理，解决博物馆为何的问题；还是应用理论的研究，探讨博物馆收藏、科研、教育、传播，解决博物馆何为的问题，均为实践对理论的急切呼唤。愿《中国博物馆学历史文献选编》能借博物馆学先辈们的智慧，为我们前行的道路增添一缕光芒。

湖南省博物馆《中国博物馆学史研究》课题由陈建明策划提出并任责任人，聂菲、熊建华、游振群、张曼西、喻燕姣、闾四秋、翁金灿、廖丹、李易志、唐微、张锋、吴彦波、李丽辉、舒丽丽、李慧君、刘平等人员做了大量的资料搜集整理和录入工作。

《中国博物馆学文献选编》第一至四辑由刘平、李慧君组织汇编，张艳华、李燕、赵月、赵抒清、许艳艳等人员编辑、校对。再次一并致谢。

最后，向出版本书的文物出版社各位有关人员，特别是责任编辑李缙云、刘永海致以我们最衷心的谢意。

陈建明

2016 年 11 月

凡　例

一、《中国博物馆学历史文献选编》收集博物馆学各个时期的基本文献分辑出版，为中国博物馆学系统留存历史资料。

二、考虑到著作权年限的相关规定，丛书选编的时间范围暂定为 1840～1966 年。

三、丛书选编首期出版四辑，收录 20 世纪 30 至 60 年代的单行本著作和文集。

四、丛书所收文献按现代汉语规范重新编排，原文中的明显错误或印刷失误，以及因排版方式不同方位词有异等作了修订，其余一仍其旧。

五、原文中漫漶莫辩的字词用"□"符号代替，部分配图亦存在模糊不清的情况，敬请谅解。

六、丛书对原文作者加以简介，附于文题之后；对博物馆机构和博物馆人物，以及相关的人名、地名进行了注释，详略不等；考辨不清的博物馆名称则未加注释，新识者教之。

七、注释统一采用脚注形式。原作者或原编者的注释在其后标明为"原文注"，译者的注释在其后标明为"译者注"，丛书编者的注释不另作说明。

八、错误及未尽之处，敬请专家和读者不吝赐教。

总 目 录

社会文化工作参考资料（四）

地志博物馆的陈列方法
——革命前之部——

中央人民政府文化部社会文化事业管理局编印

一九五二年十二月

俄罗斯苏维埃联邦社会主义共和
国所属文化教育机关事务委员会
地志博物工作研究所

地志博物馆的陈列方法
——革命前之部——

一级科学工作员，历史学硕士 A. Б. 扎克斯根据地志
博物工作研究所学术会议的科学方法的决议编成

国立文教书籍出版局出版

一九四九年·莫斯科

目　录

序

革命前历史之部，正像苏维埃地志博物馆的所有其他部门一样，其目的是帮助人们建立马列主义的世界观，用各种知识武装人民，培养苏维埃的爱国主义，号召人民为争取在我们国家内建立共产主义而奋斗。

革命前历史之部，要达到此一目的，必须具有真正符合科学的、政治性坚强的陈列，作为展示我们伟大祖国一部分的地方的历史。

博物馆在苏联历史方面的陈列基础，是由我们祖国的物质与精神文化的遗物构成的，也就是由苏联各族人民在他们的形成与发展过程中所创造对当时的时代，当时的阶级状况，当时的境域成为典型东西构成的。这些历史性的文物——实物、图画与书面材料都是历史的源泉，因为他们能反映并阐明人类社会历史的各个方面——社会经济与政治的发展，文化与生活。

陈列这些物品时，应加以选择、分类和布置，配合辅助的材料，使得博物馆的观众在认识了，细看了，体味了这些情感充沛的动人的陈列品之后，能够把握住陈列的基本概念，从而使陈列服务于上述的目的。

应当指出，陈列是服务于广大的观众的，课本和通俗科学书籍应估计到一定的读者（如课本之于高等学校学生，一般图书之于少年等），博物馆则是为所有观众而设立的，每一个参观者——学员、集体农庄庄员、工人、教育家和科学工作者，都有权要求陈列必须是有意义的，能够扩充他们眼界，能够供给他们需要的报道和实际的指示。因此，在博物馆的陈列中，科学的充分价值与深入性应该同表现的通俗性、鲜明性和浅显性结合起来。

一、确定陈列内容

革命前之部的年代范围决定如下：由表明地方境内原始社会制度开始，以表明地方一九一七年的资产阶级二月革命作结束。

这个区划内容的范围是庞大的。博物馆的材料是各式各样，而性质又是各不相同的，但是，陈列的中心要点应该是统一的。应将马克思、列宁对于历史过程的理解作为陈列的基础。斯大林同志是这样来决定它："社会发展史首先便是生产发展史，数千百年来新陈代谢的生产方式发展史，生产力和人们生产关系发展史"（俄文《联共（布）党史简明教程》一九四九年版第一一六页）。

由这个唯一的正确的科学的定义出发，革命前之部的陈列，首先应当表明"那种在社会物质生活条件体系中，决定社会面貌，决定社会制度性质，决定社会由这一制度发展为另一制度的主要力量"，（同书第一一四页）也便是"人们生存所必需的生活资料取得方式，便是社会生活和发展所必需的食品、衣服、靴鞋、住房、燃料和生产工具等等物质资料生产方式"（同书同页）。

"物质资料生产者本身底历史，即身为生产过程中基本力量并实现着社会生存所必需物质资料生产的那些劳动群众底历史"，（同书第一一六页）在陈列中应占极重要的位置。

因而，在陈列中应该给在地方区域内发生的社会经济过程辟一个重要的地位。

许多博物馆缺乏这种陈列，但它们本是可以非常成功地表现出来的。因为寻常在博物馆的藏品中都有劳动工具，生产品，日用品，人文志材料（表现人民生产与生活的实物）这种物品，而且当正确地展出这些材料和适当地加以说明时，也能够将经常在矛盾中发展的社会经济制度深刻地表现出来。

特别应注意的是展出阶级斗争，因为它是历史过程的动力。

陈列应用生动与引人入胜的形式，按年代次序表明地方生活中的有历史意义的现象与事件，并介绍历史上的活动家。

博物馆应研究并选择说明俄国人民与苏联各族人民英勇的历史，以及他们和外国干涉者作斗争的地方材料。

在陈列中应展示与地方历史有关的，说明俄罗斯国家发展与巩固的材料。

在展示地方生活的时候，应当特别仔细地表明祖国科学与技术、文学与艺术方面的成就，当地人民各种式样的创造形式都应在博物馆的陈列中获得最完全的反映。

在马克思列宁主义的原则上建立起来的陈列不能是片面的：假使着重指出与伊凡第四[①]或彼得第一[②]的政治进步方面有联系的地方经济与文化的发展，那末同时就应当指出它的政治的阶级倾向性，以及在

[①] 即伊凡四世，全名为伊凡西世·瓦西里耶维奇（1530～1584）。

[②] 即彼得一世，全名为彼得一世·阿列克谢耶维奇·罗曼诺夫（1672～1725）。

加强专制的国家之压迫下的地方人民群众生活情况的恶化。如果我们周详地表明了并且展示了当时民族、区归并到俄罗斯的积极的进步的意义，那末同时我们就应该展出其中存在的双重的——阶级的与民族的——压迫，从而揭发了专制政体的殖民政策。

当展示在地方生长或在地方居住过的，在许多科学领域中使俄罗斯科学获得优势的伟大学者的时候，当表现当地发明家先进的革新的科学思想及成就的时候，应展示当时科学发展的困难情况，这种发展是在地方社会经济落后的条件下进行的，而这种落后性又与在一定的历史时期，俄国所存在的普遍落后性相关联的。

陈列只有在真正符合科学多方面反映了地方的历史之后，才能指出被压迫阶级革命斗争的规律性，以及最后伟大十月社会主义革命的规律性与必然性。越是靠近现代，材料总越是详细，最重要的是陈列后部，即以地方革命运动史，地方布尔什维克组织史为重点的部分。

地志博物馆革命前历史之部陈列的主要内容就是如此。但这并不是说这种陈列就是"标准化"了，相反倒是，每个地志博物馆应该在陈列中反映省和县地方特有的情况，着重指出它在我国历史上的意义。

地方历史应该当作我们祖国历史的不可分割的组成部分来看，同时，应该清楚地阐明该地方的特点和历史过程。

成功的陈列布置是与正确地解决这个复杂问题有关的，因此必须以下面的见解为方针：

如果该地境内发生过全国性的事件，那是应该特别注意的，不但应指出这些事件在当地历史上的作用，同时要指出它们对于我们祖国整个历史的意义。例如，高尔基省①博物馆应展出一六一二年，在米宁和巴扎尔斯基领导下建立的第二自卫军。下诺夫哥罗得成了当时反抗外国武装干涉者民族解放运动的中心，而下诺夫哥罗得人库西马米宁的名字，列入俄罗斯人民的英雄名字之内。关于下诺夫哥罗得参加这个运动的材料，应当特别详细，因为该地对于执行国家任务的贡献是值得说明和强调的。但是如果只把这次运动当作只是下诺夫哥罗得当地的运动那就错了，这是俄罗斯土地上所有进步势力的爱国运动，这点是应当在陈列中指出的。

伏龙涅什②博物馆应详细展出彼得第一时伏龙涅什造船厂的历史，但是同时应该说明关于十八世纪初俄国建立海军的问题，以及伏龙涅什造船厂在国家这一重要措施中的意义。

充分展示在当地生长或在当地居住过的伟人的生活和事迹也是地志博物馆的责任之一。

平兹博物馆③除了应特别详细展出伯林斯基在平兹时的生活之外，同时应备有描述这一伟大革命民主主义者的整个事业的材料。伊凡诺夫博物馆对于伏龙芝在伊凡诺夫—瓦兹涅申斯克④城的工作时期，应详细地介绍给观众，但同时也应给他们介绍这位布尔什维克的革命家、国内战争（这个战争是远在伊凡诺夫省境之外进行着的）时期卓越的战略家的一生事业的意义。

如果地方上发生的事件，对于整个国家的历史并没有特别重要的作用，但对于当地的历史却是很有意义的，那末博物馆也应提示全部与之有关的材料，并尽量将这些事件完整地展示出来。

例如，一八一二年维亚西马⑤近郊之战，在卫国战争的过程中，具有重要的，但不是决定性的意

---

① 现多称"下诺夫哥罗德州"，下同。
② 现多称"沃罗涅日"。
③ 现为"国立奔萨州地方志博物馆"，建于 1905 年，1911 年对外开放。
④ 现多称"伊万诺夫—沃兹涅先斯克"。
⑤ 现多称"维亚济马"，下同。

义，可以不在马洛雅罗斯拉夫①与波罗捷克②博物馆展出，但是应该尽量详细地在维亚日马③城的博物馆里陈列出来。作家谢明·帕夫洛维奇·波得亚切夫是生于得米特罗夫斯克县阿波尔亚诺夫村的，关于他的生活的材料，应该充分地收集，并在得米特罗夫斯克区立博物馆展出来。布良斯克博物馆则应为介绍布尔什维克革命家依·杜布罗文基斯与依·富明的生平设置特殊陈列部分。这样的事件与人物在其他博物馆可以不必介绍，但在这些地志博物馆里应介绍这些事件和人物的生平，并使之永垂不朽。

社会经济过程与现象常不限于一个地区之内，它们或及于我们祖国的大部分，或及于我们整个祖国，因此，这种过程和现象在许多地志博物馆的陈列中都有一定的地位；但是每个博物馆都是根据反映该地经济与社会关系特点的地方性材料来展示这些主题的。

例如，俄罗斯苏维埃联邦社会主义共和国的许多博物馆都展出了农奴的地产制度，但是伏龙涅什（黑土农业区）博物馆主要注意剥削农民的劳役制，而在雅罗斯拉夫里博物馆④则注意代役制。

许多博物馆展出手工业生产的发展，博物馆工作者可以遵照列宁指示表明这个发展的重要特点及其主要发展阶段。但每个博物馆对于这个同一的主题可以提供该地所特有的地方性材料：土拉的铜器，尤里耶夫茨克的花边，乌斯裘斯克的银器，巴甫洛夫斯克的刀子，及其他优秀的艺术制品，都应在各该地志博物馆的陈列中占一席地位。

很多位于工业中心的地志博物馆拥有（或可能搜集到）关于工人运动的珍贵材料。斯摩棱斯克、塞尔普霍夫和阿列贺夫——祖耶夫的地志博物馆都能展出一八八零年的工人运动，但是在斯摩棱斯克工人运动的展出，应以当地赫鲁多维工厂的罢工为例，在塞尔普霍夫应以塞利可夫工厂的罢工为例，阿列贺夫——祖耶夫应以马洛左夫工厂的罢工为例。

在上面所指出的一些例子中，陈列都是依靠地方性的材料布置起来的。在陈列中，同时必须精简地介绍在全国范围内所发生的现象，使观众更加清楚地看出该区的特点与全国社会经济过程的一致性。

例如展示农奴制的剥削形式时，必须使该省的居民认识农奴经济的代役制与劳役制在俄国的普遍性；展示该地方在一定时期中是大手工业中心时，应该简单地说明在当时的俄国，还有其他手工业生产的中心存在；展示当时企业的罢工运动时，应陈列叙述全国罢工运动规模的材料。

上面的例子所谈的都是直接与地方历史联系着的事件与现象，但是苏联历史的事件并不都是与某地有联系的，那末在地志博物馆的陈列中是否要反映那种与该地毫无关系的现象和事实呢？当然是不要的。

这个问题在展示苏联历史上资本主义关系的发展之前，即在集中的国家形成之前的主题时，是会常常碰到的，因为那时，我国个别地区之间还没有足够的联系。在普斯可夫⑤地方展示斯基夫人的文化，在阿尔罕该尔斯克⑥展出奥列格的进军，在唐波夫展出哈里茨公国的历史等，当然是不适宜的。

然而越是靠近现代，地方的历史同具有全国意义的现象或事件的联系就越是紧密了。革命起义，实行改革的战争，文化领域中的各种现象等，就不能不在地方史上反映出来；因此，这些现象也应该在博

---

① 现多称"小雅罗斯拉韦茨"。
② 疑为"博罗季诺"。
③ 现多称"维亚济马"。
④ 现多称"雅罗斯拉夫尔博物馆"，下同。
⑤ 现多称"普斯科夫"。
⑥ 现多称"阿尔汉格尔斯克"。

物馆的陈列中，获得适当的反映。

如果博物馆的藏品中，缺乏在陈列方面所必需的地方性材料，就应当进行采访或搜集的工作。可以肯定地说，关于布加切夫运动的材料，在大多数省立档案处里，在当地地主的地契中是可以找到的。仔细研究一八一二年的文件也有助于表现该地参加人民战争的情况。任何的一个省中心未必会在一八六零年没有读过车尔尼雪夫斯基的同代人，在一九零零年没有一个青年没受到高尔基给他的影响。只要在当地档案机关里，在图书馆里作过一个时期的工作，就会找到博物馆所需要的材料——该城或该区先进人士所有和所读过的书籍、报章，以及他们的书信和回忆录等。

不久以前埃立茨区立博物馆没有任何有关普希金的材料，为了纪念普希金，博物馆科学工作者决定要填补这个空白，经过耐心的工作，发现埃立茨的居民不仅知道普希金，读过这位伟大作家的作品，而且发现了早先所不知道的事实——普希金到过埃立茨。因此，博物馆就能在陈列中反映关于普希金的主题了。

然而我们也不应局限于陈列地方性的材料。诺沃西比尔斯克博物馆没有拿破仑进攻与溃退的地图，（虽然这种地图不是西伯利亚地图）能够展示西伯利亚农民参加一八一二年之战吗？梁赞博物馆①的观众，不看到由当地图书馆选出的，附有六十年代当地读者的注释的《同代人》，没有看到伟大的民主主义革命家车尔尼雪夫斯基的画像会感到满意吗？尽管车尔尼雪夫斯基从来就没有在这个城市里住过。我们的省、边区、区同全国的密切的联系，是应当光辉地在陈列中展示出来的。

在展示地方加入俄罗斯国家之前或与俄罗斯国家分离时期的历史时，特别要注意表明地方同俄罗斯国家在政治、经济与文化上的联系。应着重指出，居住在该地的民族同俄罗斯民族的友好关系。陈列中应备有地图、对照历史年表，按俄国历史的主要阶段作出简单的报道。例如，西伯利亚博物馆应展出十六世纪前西伯利亚的历史，西部乌克兰博物馆应展出西部乌克兰在她离开俄国时期中的历史。

上面所举出的例子的用意，并不是要把苏联史与某种似乎独立存在并具有它的发展"规律"的所谓"地方史"对立起来，地方的历史只是苏联历史的一部分，它具有全国所共有的规律性，虽则它有若干具体的地方特点。

在作陈列工作的时候，博物馆工作者会碰到关于以什么样的地区作为陈列基础的问题，如果社会主义建设之部可以更全面地反映全省或全区的生活，那末革命前之部在"全省"或"全区"的概念上就要有若干保留条件。

在每个历史时期中，地方的界线，即作为一些经济，政治或行政整体的行政区划变化很大。我们现在拿斯摩稜斯克省来作例子，在展示九世纪到十一世纪基辅国家的建立与兴盛时期的地方史时，应当把斯拉夫种族克里维契人所居住的地区作为展出的物件；在十二世纪则应展示斯摩稜斯克公国的领地，展示十七世纪后半叶的斯摩稜斯克区，也就是在它再合并俄罗斯国家之后，必须注意的是斯摩稜斯克郡的疆界，而在俄罗斯帝国成立时期，应注意斯摩稜斯克的省界，虽然地方的界线有许多改变，但是它的中心仍是古代俄国城市斯摩稜斯克，这一点是改变不了的。所以省立博物馆可以现代的省区作为展出的基础，而在各个时期中，就现代的疆界作相当的改变。

至于那些过去是巨大的或是著名的，而以后失其原有意义的省会，其博物馆的陈列情况就不同了。

苏兹达里城就可以作为最鲜明的范例。苏城现在是符拉基米尔省②的一个区的中心，它以前是公国

---

① 现为"梁赞历史建筑博物馆"，建于 1884 年，1890 年对外开放。
② 现多称"弗拉基米尔省"。

的首都（在公爵尤里·都鲁克在位时），实际上也是伏尔加、鄂克两河之间的中心，在展示这样一个城市的时候，陈列会涉及极大的一片土地。以后苏兹达里已经不是首都，苏兹达里公国已经不存在的时候，展示的疆界就大大地缩小了。更往后它只是现在苏兹达里区的主要地区了。关于这点我们应引述若干有关苏兹达里之建与废的凭据。

    伊凡诺夫省可以作为展示地方历史上的疆界的第三类型的例子。伊省包括了一大片纺织区，省会伊凡诺夫，过去是伯爵舍列美契也夫的工业村，从一八七一年开始更名为伊凡诺夫——瓦斯涅新斯克，到一九一七年变成属郡的城市。这是不是说整个革命前之部只要与伊凡诺夫村与伊凡诺夫——瓦斯涅新斯克的历史联系起来就完了？当然是不对的。伊凡诺夫省立博物馆，在陈列中，除了仔细展示城市的历史之外，还应该展示与现今伊凡诺夫省相同的伊凡诺夫纺织区的历史。

二、陈列计划

布置陈列是一个艰巨的重大的工作，它的原则是用马克思列宁主义的方法来研究地方的历史。博物馆的工作者应该牢牢记住，没有关于本地的历史知识，就不可能布置陈列。在着手研究本地历史的时候，当然必须具有关于苏联历史的足够的真知实学。应当特别注意研究马克思列宁主义的经典著作，因为那些著作不仅能解决一般性的历史发展过程的问题，而且也能解决苏联革命前历史，其中包括地方历史的问题。

同时必须钻研一般的历史著作，因为在这些著作中可能发现关于地方的资料和地志文献，为此，除了在当地的图书馆工作之外，还要设法由中央或省立图书馆获得图书参考目录。近年来，以地方志为主题的论文的数量大大增加了，陈列的设计者必须注意到那些在高等学校的图书馆以及中央图书馆里可以看到的论文。

所有这些文献，必须谨慎地批判地研究，对于陈列特别重要的问题，必须参照史料，如发表过的或收藏在国家档案处及博物馆库藏中的文件与实物。

作出本地历史的纲要或提要是必要的。这些著作除了要求叙述详尽之外，应当像任何科学著作一样附加上使用文献的目录，作出所谓科学的工具——文献与史料的索引，指出作者，正确地名，出版年代，档案处名称，库藏，文件的编号，页数，根据这样的著作将来就可以容易地获得所需要的资料了，这样，旅行家、教育家与当地地志学者才能利用它。

在研究本地历史时，博物馆工作人员可能碰到"白点"，那就是至今还没有研究过的问题，以及在现有的文献中还研究得不够的问题。因此，在计划博物馆的科学研究工作时，须研究那些应当在陈列中反映的历史过程，现象，事件的个别文物，根据博物馆的科学搜集工作方针，组织考古学、人文学和风俗学的考察工作，由这些工作得来的材料，必定是陈列中的最重要的部分。

因而博物馆工作的一切主要部门应当服从一个基本任务，那就是要建立一个在政治与科学方面有充分价值的陈列。

为了保证陈列具有高度的质量，必须正确地进行准备工作。陈列工作包括三个阶段：第一个阶段包括陈列计划，在这个阶段，主要的工作是放在博物馆的科学工作者身上；第二个阶段就是布置陈列（陈列室与陈列品），这时应有美术家帮助博物馆的工作人员编制布置的草图并予以实现，科学工作人员给美术家提出意见，并协助他的工作；第三个阶段是实现——陈列的装置，科学工作者和艺术布置家同时参加工作。

本参考书是为帮助博物馆科学工作者作陈列工作而写的，因此，在书中着重第一阶段，即制订陈列计划。陈列的布置与装置的问题则在博物馆科学工作者的主管范围之内始涉及之。

陈列计划由三个相互联系的部分组成：①陈列的主题结构，②主题陈列计划，③陈列图式（即陈列品配置的标准计划）。

1. 主题结构

将所有陈列各类主题与副题，按照逻辑关系与年代顺序列出的提纲，并附有在陈列室陈列的说明，叫作主题结构。因此，在主题结构中应确定所要说明的问题范围，陈列各部分的相互关系与一致性。

在编制主题结构时，应当照顾上面所指出的，对地志博物馆陈列的要求。

最重要的现实的主题应当是陈列所注意的中心；要表明的题目可能为数很多，不经过应有的选择，会掩盖掉陈列的主要思想，并失去陈列的科学深入性与政治尖锐性。在各部分，主题和副题的提纲中，应反映作为我们国家不可分割的一部分的地方历史的特点。

编制陈列的主题结构同写文章或写讲稿的计划比较起来，是有它的特点的，这种特点是与博物馆展出的特点和材料的性质关联着的。

在编制主题结构时，博物馆工作者应想象它是布置在空间中的，预先就在主要部分之间分配好陈列的地方。为此，他必须知道博物馆的藏品，并盘算什么东西可以用作主要的陈列品。这样，在陈列的准备中，甚至在第一阶段，从事各种问题的理论研究与博物馆陈列上表现的问题是分不开的。

在进行陈列时如果缺乏藏品，同时又收集不到，则可以在历史过程的展示中，有某些中断（片断性），并适当地将主题结构简化。小的区立博物馆可以像这样来布置展出，不过应当预先说明的是，这样做，对于资本主义社会形成前这一时期是可以的，十九世纪后半特别是二十世纪，边区、省、区的历史，对于正确地理解伟大十月社会主义革命准备与实现的条件是非常重要的。这一时期材料的收集工作也是博物馆完全能做得到的，因而，在陈列的结构中，这个部分不可缺少而且要保证有足够的地方来陈列。

自然之部的许多问题我们在生物类型和地形的展示与分析上去说明，同样在历史之部由于各种联系我们也常用同样的实物去说明。例如，展示某企业的产品量，用该工厂的历史、技术史等材料加以说明，最后并说明人民日常生活（如必需品）的面貌。因而，在展示这种产品量的主题结构中应划分出来，使它在上述的各主题中不致重复。俄国农奴时期，农民生活是与他们的经济和法律地位密切相关的，可以用同样的陈列品展示出来。因此，在主题构造中问题不应割裂，相反却要统一，不像著书立说那样每个问题都要有独立的章目。

在陈列中我们也不能把其他区域的材料拿来作引证，这是应该在主题结构中注意的。

由上所述，可以知道在陈列结构中，主题有其特有的顺序与类别。

2. 主题陈列计划

编制主题结构之后，我们就来制订主题陈列计划，这个计划由两个相互关联的部分构成：一个是主题的部分，表明陈列的内容；另一个是陈列的部分，决定对于该主题的展出所需要的一批陈列品。

说明书与计划的主题部分

作为主题陈列计划的绪言，应制出说明书。说明书由两部分构成：第一部分说明陈列的基本情况。在充分研究了科学书籍中的问题之后，可以确定陈列的目标，陈列原则，主题的选择和对于地方历史的特殊意义。如果所陈列的主题没有获得更科学的范围，如果不得不从没有加过工的材料中选出说明整个事件与现象的环节——在这种情况下，与地方历史有关的主题是并不少的——也可以将上面说的地方历史概要（或大纲）列入到说明书中去。

说明书的第二部分应给准备陈列的一组陈列品做出简短评述（如完整性，搜集品性质，陈列品类型，主要的陈列品等）。

如果有了这样的说明书，计划的主题部分就可以大大缩短，只要将主题结构略为增大就可以了。

陈列计划的部分——即反映历史现象与事件，并证明了该时代特点的一批陈列品，应符合主题计划的每一条。

陈列品的研究与选择

选择陈列品，对于研究个别陈列品以及一批陈列品是一种重要的科学工作，同时也是一个重要的因素，因此，在介绍这种选择的过程以前，先谈历史方面陈列所必需的陈列品的特点。

博物馆陈列包括有三种类型的陈列品：

（1）主要的一类陈列品是与所陈列的事件或现象同时的文物，我们将这种陈列品，叫做纪实的陈列品。

（2）科学辅助材料——地图、图式、年代表、图解、模型以及艺术的辅助材料——插图、模型、透视图、风景画，也是陈列中不可缺少的一部分。

（3）最后，作为一个必要的因素，陈列中应包括解释的材料：陈列品下的署名——标签以及各种注释原文。

纪实材料

现在介绍纪实的材料，它们在博物馆各部门的陈列中，具有头等重要的意义。

在历史部门，纪实的材料分为三个主类别：实物（包括个别的考古材料）美术品与书面材料。

实物材料

在博物馆的藏品中，实物具有极重要的意义，它是物质文明史上主要的不可代替的史料，博物馆的历史家，首先是把它当作史料来处理的。

这里应当注意，如果当地民族没有文献（文字）或文献流传少，而历史考古学家又要研究这个时期，那末由发掘获得的实物，就几乎是唯一的史料，因而就有了头等重要的意义。至于研究较晚时期的历史家可以利用那些包括方面很多、说明问题、比起实物所说明的更是广阔得多的、主要的书面文件。因此，在大多数情形下，一个时代的实物材料，只能证明结论，而说明现象或事件已由书面史料解决；不过在陈列当中，实物还是有极重要的作用的，因为它们具体地介绍了人类社会生活的各方面。

试从说明我国远古的材料开始，在过去的居民（古城古镇）遗址、古墓葬挖掘发现的古物是主要的，而且几乎是唯一的纪实材料。

这种材料的年代范围非常之广：由人类社会发展的最初阶段到十五、十六世纪，陈列主要是靠考古家的材料建立的，十六到十八世纪的陈列中，这种考古材料也有它的一定的地位。

初民居地的发掘所得的古物，最能广泛地说明原始人类的生活，在出土的古物中，我们将发现说明技术水平（石头加工的方法，金属物品的制造等）的物品，说明当时人们职业（捕鱼、狩猎等的工具）的物品，说明他们信仰的物品（神像、符咒等）。

发掘墓地所能得到的材料是很有限的，但是根据这些明器可以判断人类的生活方式与职业（坟墓中放置了亡人"阴间"的用品），也可以判断人们意识形态中的若干特点（例如相信转世），从墓中发掘出来的材料，是博物馆藏品中最常见的。

博物馆工作者主要是研究这两种考古材料，因为这种发掘工作可以有计划地在各处进行。至于通常只是偶然发现的金银财宝，不必寄望过大。如果博物馆的藏品中有出土的金银财宝，那么这些实物、器具、装饰品、钱币等就可以用来说明手工业艺术，商业关系和居民的生活（常常是上层人物的生活）。除了实物的材料以外，在每个古迹上最重要是所谓"地形材料"：文物的所在地，它的设计，自然与人工的地面凹凸形势，发现物品或其他人类居住过的遗迹的深度；如这些物品是怎样分布的，数量多少等。这些材料（在博物馆中，可以用平面或浮雕的设计形式提供出来）是很重要的文献，可以帮助我们注明物品的日期，认识当时人们的生产品，某种程度地认识人们生活的条件和社会关系，从而作出关于当地居民在生活经历过那些变革的结论。

发掘某一个遗址或某一墓地所发现的物品，其重要性不仅在于它本身，而且也在于它是我们所发现的远古生活整体的一个片断。

因此博物馆工作者，在构成陈列时，不应割裂考古的整体，由各种发掘中，按照描写人类社会生活各方面的类别选择材料，这样做他就破坏了历史展示的具体性：材料说明的只是抽象的社会学的公式。为了陈列，我们应当这样来挑选考古学的整体，那就是整个地根据它们来展示该时代人类社会生活的各方面。每一个整体在这方面都要拿出特有的材料，在一个整体看到生产的性质，在另一整体中看到住宅的分布与建造，在第三个整体中可以看到狩猎的方法等等。将许多考古整体相互比较，可以得到关于根本结论的材料，例如，比较了居住在鄂克与伏尔加河之间（九到十一世纪）部落的许多墓地之后，可以得出结论说：在氏族社会中已经有了分化。

在考古材料中，我们会遇到美术作品——图书与雕刻，例如公元前二千年就有了的壁画（卡列里亚地方的壁画）、石像（在苏联很多地方发现的墓上纪念物）、木俑（发现于哥尔布诺夫斯克泥煤田）就是这样的。

这些材料能够帮助我们更深刻地观察我们祖先的生活方式与思想意识。

最后，"实物的"考古材料有时也同时是"书面的"文件，例如，石头上的题词，这种石刻在俄罗斯苏维埃联邦社会主义共和国的各地，在乌拉尔，在西伯利亚，在克里米亚，以及在亚尔明苏维埃社会主义共和国，卡列里亚，芬兰苏维埃社会主义共和国等地是可以遇见的。时期较晚（十六世纪的）的物品，按其制成材料的特点（纺织、陶器等）或物品的用途（武器、家具等）保存在博物馆中，从陈列的观点看，我们首先从它们中间把纪念物品分开。我们把那些与在我们祖国历史上起过特别重要作用的历史人物或事件有关的物品叫做纪念物品或纪念材料，这种物品是各式各样的，它们的价值有时并不大，它们虽然不是研究的物件，但是它们在恢复事件的情景或英雄的形象时是最需要的。还有些物品，我们能够根据它们发现已完成事件的痕迹（例如，在战斗时给子弹打穿的英雄的衣服），这些物品对于陈列来说是非常重要的。物品上题词有时也能指出物品的来历（例如，有物主题词的军旗和书籍等）。

在纪念物品之中，有那种与某人事业的特殊性相关联的物品，例如英雄使用的武器，工人革命家的衣服，学者的写字台及其书籍等——这样的物品对于陈列是特别重要的。作家和诗人的亲笔题名，名画家的图书与图片，也可以算作纪念品，但一般说来，这种物品的意义大过"纪念品"定义的范围。

我们也会遇见一些与物主本人事业无关的纪念品，但是它们对于恢复物主的形象，表现物主的生活状况还是有帮助的，例如，衣服、家常用品等，不过对待这种陈列工作，必须非常审慎，不要使那些日常生活的物品，掩盖了活动家本人的意义，以及他对祖国的贡献，因为我们在博物馆中使之永垂不朽的只是他们对祖国的贡献。

陈列越是靠近现代，纪念品在陈列中的比重就更大，伟大卫国战争之部的纪念品就展览得非常之多。现在，地志博物馆的一个重要任务，就是如何在工厂中，在集体农庄中，从生产先进分子及其家属等等收集纪念材料。

应当着重指出的是，关于纪念品的报道都要登记在"登录证"，即关于纪念品历史的详细记录里，如果没有"登录证"，纪念品就可能和其他类似物品混淆起来，失去它的意义。

纪念历史事件的物品也可以算作纪念品，例如，庆祝伟大胜利颁发的奖章，绘有重大历史事件的物品等。

其余的实物材料，即人们在活动过程中自己所创造的与所使用的物品，也是合乎标准的。博物馆的藏品中，应备有劳动工具与生产品，交通工具、衣服、鞋靴、家庭用品、家具、武器、旗帜、货币学材料（钱币）、奖章、勋章等，说明民族生产和生活方式的东西叫做人种学的材料。

作为史料与陈列品的实物材料，如果我们对于它们有更多知识，如果它们的"登录证"更详细，它们的价值会更大些。遗憾的是，附有详细登录证的十六到二十世纪的物品，在博物馆中还是很少的，而陈列家不得不碰到一些没有经过充分研究的材料。有关苏维埃时期历史材料的情况比较好些，通常，这些材料是有注解和日期的。

在研究未曾确定的即"没有登录证的"标准物品时，我们首先从其中选出那些注明了年代的或是盖过印记的东西（印记也有助于决定年代），那些材料可以当作决定类似物品的钥匙，分析物品的技术与风格，也有助于确定实物材料的年代。研究物品时，可以使用书面的史料和绘画的材料，在旅行家的游记中，在回忆录与文学作品中，我们可以发现了对生活细节个别物品的叙述，例如，在拉基谢夫[①]的优秀作品《由彼得堡至莫斯科旅行记》[②] 中，就有关于十八世纪末农民生活的叙述。

我们常常会遇到一些数百年间没有改样的物品，例如农民的用品，家庭纺织的布匹，在封建制度陈旧技术下的劳动工具，要决定这些物品的确切年代，只有依靠仔细地分析纺织品是否用缝纫机缝的（缝纫机只到十九世纪后半叶才出现），是否用了靛油染料（十九世纪四零年代才发明），是否用旋盘制造木碗，有时还是只好尽量接近地决定年代，而只有登录证才能确实地指出物品的真实来源。在陈列这种材料时，我们可以使用来源较迟的物品来展示更早的时期，这些时期，人民生活的物品往往是缺乏的（这就是所谓"遗物方法"）。

实物材料可以在各方面使用，因为同样一种物品，可以告诉我们技术水平，生产的组织，一定社会集团的风习，以及生活各方面的细节，属于社会各阶级代表的物品，不仅非常明显地描绘出生活方式，而且也描绘了不同的财产状况，而这种财产状况又是社会关系的反映。

观察农民的涂饰的纺车时，我们便看到自然经济时期原始的劳动工具，同时也看到了美丽的艺术作品。俄国贵族女子的丝褂上的精细刺绣，告诉我们，农奴劳动的艰苦，以及俄国贵族的生活是如何的奢侈。

布置陈列时，博物馆工作者应当知道当地的建筑学材料，因为这一类文物是国家文化水平的证明之一；同时也不能忘记纪念性质的建筑学材料，例如，举行过俄国社会民主工党第一次代表大会的房子，其所以有意义，并不是因为它是一座建筑物，而是因为这所房子里进行过有巨大历史意义的工作。

美术品

美术材料（画片、图画、版画、石版画、照片、浮雕、雕刻等）的内容是各式各样的，除了历史事件，地方或人物的图画之外，在博物馆的藏品中，我们还会遇到标准图画的画像、生活画面、建筑图案、风景画，特别应当选出政治讽刺画与生活讽刺画，室内图以及招贴画等。

陈列这些图画之前，我们先要决定它们的史料意义，与展出的表现力。由博物馆的所有美术材料中，首先应当选出"纪实的"，也就是和我所研究，所陈列的时期同时的。但是有许多图画是没有注明日期的，也不知道是谁作的，那么图画的时期的决定，基本上要依靠对于绘画方法、临摹拙巧等的分

---

① 现多称"拉吉舍夫"，全名为亚历山大·尼吉拉耶淮齐·拉吉舍夫（1749～1802）。
② 现多称《从彼得堡到莫斯科旅行记》。

析。但是，将每件纪实的美术材料都拿去陈列是不可能的，也是不应该的。美术作品反映了一定阶级或某一阶级集团的观点，为了研究该社会集团的意识形态，这些东西是有价值的，但是它们对历史事实的评论常常是很不正确的。

在图画中，有时可以发现许多错误，因此，选择陈列的画片时，我们应当研究印证画片的书面史料，例如：关于所描绘事件的叙述，事件的回忆录，同代人关于图画的意见等；我们还要将所研究的画片同其他的画片比较。

美术材料创作的历史，特别是画家的传记，对于美术材料评价是有很大帮助的。画家的传记不仅能帮助我们确定图画画成的时期，而且也能说明作者是否亲身参与过所描画的事件，是不是写实图画的创作，还是根据记忆的，或是根据目击者的传说，并同时能确定作者思想上的倾向性。

从十九世纪后半叶开始，照相术普及，二十世纪初又有了电影，照片是物品的准确记载，是地方的准确记载，描写事件或现象动态的电影，尤其是珍贵的史料。但是必须注意，主题与摄影地点的选择，也是与摄影员有关的，因此，在照片中，可能有一些并不典型的现象。再则照片中还有道具的因素，因此我们必须批判地对待选择照片的工作。

书面材料

书面材料不论手抄的与印刷新的，都是陈列和博物馆收藏的必要的构成部分。书面材料的主要保存处所是国家档案处，博物馆里不应保存具有全国重要性的真正的唯一的文件，如果陈列需要这种性质的档案文件，可以由原物摄制照片。典型的文件乃是博物馆档案收藏中的主要东西，这些文件是"伴随着"人们及其集体的生活而产生的，记载了他们的活动，他们的相互关系，世界观和风尚。对于革命前之部说来，地主的世袭档案就是很好的材料。还有就是当地活动家私人的档案，公文、证书、奖品，以及通讯集，言行录，科学著作，这些都能作为我们所关切的人物生活的一个阶段的证明。

这样的文件是典型的，类似这样的文件有许多，但是每个文件只有一册，在这种意义上说，这种文件也可说是唯一无二的东西。

博物馆可搜集、保存并且陈列另一类的文件，那就是过去或多或少地印行过的书刊——刊物上发表的法令、决议、报纸、杂志、小册子与书籍等。

在其他陈列品当中，书面材料的比重，随着靠近我们现代而逐渐加大。在无产阶级革命与社会主义建设的时代，产生了历史上具有最伟大意义的文件，这些文件在博物馆的陈列中是应当占中心地位的。

博物馆工作者特地用速记或普通记录搜集起来的事件参与者和目击者提供的线索或故事，在书面材料中应别立一类。通常这种书面材料在陈列中并不利用，而是在研究地方时，特别是为陈列编制说明文字时，当作参考材料。

陈列中也使用地图、设计图等，与地方历史有关的真正图表材料。

地形材料，即恢复古代人类遗迹图以及战斗的计划与进程等所必需的地形，是特别的一种陈列材料。地形材料也可能有纪念性，例如，五一运动，战斗插话的地点等。在陈列中，地形材料的形式是设计图、简图、模型。

正如所指出的在编制主题陈列计划之前，陈列工作人员必须熟悉自己博物馆的文件材料（藏品），在编制主题陈列计划时，陈列工作人员要详细地审查文件材料。如果工作在博物馆的保管处就已做得很好了，那就是说，藏品登记过了并且整理过了；如果大多数陈列品有科学的说明或简明的"登录证"，那末博物馆的工作者就能够容易找到所需的陈列品，否则，他不但要查目录，而且要查目录簿或登记簿，在审查博物馆的现有藏品时，还要校对所获得的报道材料。

这个工作的结果，是制好记载材料的卡片，这种卡片是适于陈列之用的，因为每件陈列品（文件、插图、物品）的报道，都记在卡片里。必须注意的是，这些报道在开始时可能很不完全，而只有在工作的过程中充实起来。在卡片的结论上要记以下各点：①该项陈列品揭示的陈列主题的简称；②关于陈列品的基本知识：物件的名称、作者（如果能确定的话）、制作的时间（有时还有地点）、制造的技术；③保管的号码与地点；④陈列品的大小和它的草图；⑤保管注意事项。

通常在处理材料时，必须搜集一些与说明书上所说的事件或个人有关联的补充报道，或搜集一些有关预定陈列品的补充报道，这些报道，在编制标签时是必要的东西。经验证明，预先将它们登记下来，将来会节省许多时间，免得费第二次手续，因此，上面所指出的参考材料必须记在同一卡片上（最好是记在卡片的背面）。

研究藏品并尽量在陈列中利用藏品，是博物馆工作人员的职责，然而也不应当忘记，藏品，特别是革命前之部的藏品，常常是偶然补充的，因此，虽然文献材料很多，最合用的，恐怕还是不够。因此，正如上面所指出的，在制订主题陈列计划时，应当同时（最好是预先）进行采访工作，从某人某地或与其他博物馆交换材料，有组织地搜集材料，假如不能得到真正的对于当地历史特别重要的陈列品，那末可以制造它们的摹制品（即所谓"代替品"）——塑造、抄本或是照片，这些东西如果制造得很精美，也可以大大地使陈列丰富起来。

原文——陈列品

原文——引用文是陈列品的特殊一类，其中具有特殊重要意义的是所谓"指导性的原文"，这种原文一般都是由马克思主义的经典作家，先进的大社会活动家的著述和意见中，或是由苏维埃或党的组织的决议中选出的引用文。指导性原文的目的乃是帮助观众正确地把握主题的主要思想。原文陈列品还有其另外一种，那就是从当代人的作品、书信、研究报告和其他别的对于钻研与解释引用文所必需的文件中的引用文。最后，还有一类原文，那就是"歌词"，例如在"人民的创造"的主题中，民歌就可以作陈列品。陈列的工作者应当考虑自己整个部门中指导性原文的系统，仔细地由文件中选出最需要的引用文，因为陈列中原文太多不仅会削弱陈列的情绪的影响，而且也会降低每个个别原文的作用。

辅助材料

陈列中常常要加入科学内容的艺术内容的辅助陈列品。

科学的辅助材料（地图、透视书、图解）由博物馆的科学工作者制成，并经艺术家加以修饰。博物馆工作者应当编制科学辅助材料的草稿。

假如需要将历史事件或现象同它们发生的地域联系起来，我们就在陈列中添加地图，例如："一八一二年拿破仑袭击俄国的地图"或"也姆·布乔切夫领导下的暴动地域图"。

在拟制地图时，首先要合乎地理的原则，在地理基础上，所研究的地区的一切最重要的地理资料都要注意到，而且要注明地点。这些地点从地理学的观点看也许太琐碎，但它们是直接与地图的主题联系着的（例如，手工业生产的中心，战斗的地点，发生过暴动的村落等），然后在地图上注上其余的东西（例如，将军队占领过的地区划上细线条，画上部落分布的界线，探险路线等）。地图上所有的资料都应当在图例中解释清楚，在地图上还要附加编制地图时所利用的图画名单及地图上所载地点的索引。将草图转交给艺术家修饰时，必须附上地图上所载城市、河流等的名单。

为了展示现象或数量的转变，应当使用各种图表，在编制图表时，必须选择准确的数字指标（附加历史的索引），确定书法——比较各种大小时采用带状或柱形，表示现象的动态采用曲线；展示各部分数量对比使用扇形。地图和图表合并在一件陈列品内，叫做图解，例如，"十九世纪后半叶俄国工业无产者的增长"图解。地图包含了说明强度不同的现象的比较数字的材料叫做比较表，例如"一八六一年改革后农民配给地"的比较表，在这个比较表中，用鲜明的色调展示出各省配给地的面积比较表。

为展示现象之间的相互关系，或现象的连贯性，可以制作图解，例如"伯斯杰力治理俄国的计划"图解，或"一八八零—— 一八九零年地方工人组织的活动"图解。

制作图解时，要作出草稿，也要说明史料的来源。

年鉴与全年大事表是很重要的科学辅助材料，在陈列的每个部门都应当有这样的材料。

原物的精确摹制品，只不过是规模缩小了的模型，也是一种科学辅助材料，如果要展示一种陈列品，而这种陈列品因为过大不能放到博物馆里来（例如：建筑物、机器等），那末就只有使用它的模型。

科学辅助材料的内容不应累赘，它的内容必须能够很快地很容易地为观者所接受，因此，博物馆工作者除了表明陈列品的科学内容之外，还要告诉美术家，在涂饰时选择那种色调，指出主要的标志方法，在工作的过程中给美术家提意见。博物馆工作者，在确定草稿和接受制成的陈列品时，都要仔细地检查辅助材料完成的情形。

当我们没有足够鲜明的形象的材料来展示具有重大意义的事件或现象的时候，应当将艺术的辅助材料放到陈列中去，展示当地群众性的农民与工人运动，展示革命斗争最高潮，特别需要这样的定制品。

关于当地发明家、自然改造者、科学家的工作和生活，这一主题最好是定制插图。在这些画片中应当着重指出俄国科学的优越性，并展示在沙皇时代的俄国，这些优秀人物的艰苦的处境。有时也可以向美术家订制模型，以代替插画，因为模型可以使情景戏剧化，使情景更加鲜明，更好了解。然而也不是每个主题都是可以用模型表达的。经验证明，模型用来在舞台上表示地形、建筑是非常成功的，因为舞台上，美术品是起着很大的作用的。群众运动或是个别人物的体验具有特殊意义的主题，最好还是用插图来表现。可以制造模型来展示本城历史中的某些时机，例如：它的原来样子，一九一七年革命前夕该城的景象。

透视画与风景画也起着同样的作用。

制作艺术辅助材料，要求认真地科学地研究主题。博物馆工作者应编制说明文字，在这些文字中，一般性地介绍主题和主题的具体内容，详细地记述所有应当描述的，以及它们之间的相互关系。在记述中，应当加上那种在其他场合下，可能被放过的详细情节。我们不但应准确地确定事件发生的地点，而且要恢复这个地点当时的样子；我们不仅要知道事件发生的年月，而且要知道时间，好用光线表示，有时甚至还要知道当时的天气怎样。在说明文字上要附加上适合主题和时间的衣服、武器、家具的描写，人物的典型描写，如果可能的话，还有事件参与者的画像。材料选得越是充足，那末艺术作品就越能得到完全的价值。

应当认真地注意陈列品的艺术性，不要将形式主义的不实际的与不容易了解的图画放到陈列中去。要知道：真正的艺术，总是平易近人的。

画片与模型应当写实准确地描绘生活的，建筑的，地形的和其他的细节。在定制艺术辅助材料时，特别是巨大的画幅或模型，首先必须按照陈列品布置的图式，来决定画幅或模型的大小，并指出它在陈列中的地点与光线条件。

说明材料（标签）

标签是陈列所必要的——说明材料的主要形式。它应当帮助观众熟悉博物馆各陈列室的布置情况，教他们认识个别的陈列品，在陈列品的相互关系中了解陈列的整体，并协助观众正确地理解陈列中所介绍的现象与过程。

应在博物馆入口的显明处所，招贴陈列部门表，指出陈列部门的题目，最好招贴这些部门的布置设计图，并标明其路线。

在博物馆的陈列室里，要有三种标签：陈列室名称，各个主题的标题，与个别陈列品的题词。

我们将前两类，根据陈列的主题结构的标签，叫做指针性的标签。陈列室与各个主题的名称，要像目录那样简短，例如："在一九零五年革命时的我们的边区"。所有的陈列室以及主题，都应当编上号码，在陈列室的名称底下，指明路线和方向。

为各个陈列品作的注释，是根据各个主题事先的科学研究编制的。

研究陈列品时，我们已经写上了它的日期，确定了作者、技术、制作的地点等，因之我们就能在装潢中作出关于这件陈列品的简短的报道。在材料的研究过程中，我们将发现材料的历史意义，搜集事实去说明它。在结论中，我们得到了每个注释所必需的两部分资料：关于陈列品报道的简报，和陈列品的说明文字，后一部分是非常重要的，它应当对事件、现象，历史上活动家的功绩作出正确的政治性的评价。

不同类型的陈列品（插图、文件与物品）要求不同的注释。文件的题词上应当指出：文件的类型（书信、传记、宣言），它的作者（或发行人），它的经历和遭遇，写成的时间与地点，或出版的时间与地点，简要内容，它的历史意义。假如文件难读（例如，十六到十八世纪之间的草书，潦草的手迹，不清楚的印字），而它的内容又是特别重要的话，最好是将它的原文用普通的铅字重新印出来。对于斯拉夫语言，苏联各族人民的语言，外国语言的文件，应当翻译出来或者加以说明。

至于美术材料的注释，首先要标出命题，即揭示该项作品的"题材"。对于事件的描画，除了名称，日期，发生地点之外，还应当作出简短注解，帮助观众了解它的意义，及其重要的细节；有时也应解释所描绘的人物，对于政治讽刺画要有详细的说明。

画像上要写上所画人物的名字，文名（至于完全或缩短，要看该画像在陈列中的地位和意义而定），姓氏，他们生卒年月和简明的介绍，这个介绍要说明他的事业同所陈列主题的关系。同一人物的画像，放到不同的整体中去时，应有不同的说明文字。

在标签的末尾，要写上画家、雕刻师、摄影师的姓名，有时甚至要对他们作简单的介绍。要写上日期，在某些场合下，还要注明完成的地点。

给纪念性质的实物材料作注释时，除了物品的名称之外，要指出该物的所有人，然后注明该物是在何处发现的，或由那里得来的，该物何时，为何与我们所关切的人物或事件发生联系的。为标准物品作注释时，最重要的是关于材料、时间、作者、制造技术的资料，假如博物馆展览的不是原本材料，而是摹制品——抄本、照片或塑物，在题词上应当预先说明。

有时注释按陈列品的分类编制而成，如果所陈列的问题特别复杂，在陈列中可置入说明文字。但是说明文字的字数应严加限制，说明材料充斥陈列，或用说明文字代替博物馆的材料是完全不可以的。

说明文字的最好或最理想的形式是对整个陈列室（或部门）的内容作出简短的介绍，而这种介绍应放置在陈列室（或部门）的入口处。

陈列品的分类

我们选来展示主题的陈列品，并不只是重要物品的总汇，这应该是陈列品的一组（综合），相互之间有一定的思想与内容的联系，一件陈列品能帮助观众了解另一件陈列品。

博物馆的陈列中，陈列品的分类有下面两种；①"生活"类（综合），也就是选择物品并把它们安排成过去或现在的实际样子（自然的生活综合）；②"主题"类，也就是选择各种不同类型的陈列品，有年代或逻辑顺序的联系，并且是相互补充的。

在历史部门，最典型的生活综合是内景。根据史料，我们可以恢复人们一定集团、居民阶层的生活情况，例如："农奴时代农民的茅屋"、"厂主的办公室"、"游击队司令部"。生活用品应当挑选那些能表明内景"主人"社会特点或个人特点的重要面貌的，那就是说我们应当根据现实主义的原则，不应当醉心于人物的内景，即将人的形象放到生活的综合中去。这种方法在人种学博物馆内是可以的，因为在人种学博物馆里，人物就是一种陈列品，但是在历史部门使用就不适当了。人物的内景所表现的常常是粗糙的自然主义，在观察时降低认识的因素。非常珍贵的陈列是纪念性的内景，例如著名科学家、作家、革命家（本地人或居住在本地的）房舍的陈设，但是这样的"生活的综合"的题目是比较有限的。

因此在历史部门的陈列中，将材料按主题（主题综合）分类占优势。

下面就是为典型陈列主题选择与区别陈列品的范例，主题有社会经济、革命史、军事史、文化史与传记五类。

社会经济主题

正如上面所指出的，社会经济的过程都应该在每个地志博物馆的陈列中，根据当地的材料给反映出来。

试举"本区十八世纪末与十九世纪前半叶的农奴经济"这一主题为例，这个主题应当以列宁对于封建农奴劳役经济制度的叙述作为根据。列宁在《俄国资本主义的发展》一书中指出了这个制度的几个主要的特点：①自然经济占统制地位；②将生产资料交给直接生产者，直接生产者固定于土地；③超经济的压迫；④作为这种经济制度的条件与后果是技术，而且墨守陈规。

上面指出的特点在什么样的材料上得到了说明呢？

首先就是农民的劳动工具：木犁、耙、大镰、镰刀、链枷、手磨、臼、纺车、手摇织布机、刮子、大耙、木头加工的器具（要看区分）以及许多其他的东西。

这些物品证明，技术很低（简陋）而且墨守陈规，（长时期中很少改变）它们说明自然经济占统治地位，在这种经济下，日用必需品都是在农庄之内制造出来的；同时也指出，直接的生产者（农民）享有生产资料。

其次应当展示农民本身。

农民的写照（或生活的情景）是很珍贵的，有时可以由地主的私邸找到有关农民写照的材料，直到现在，在农民的茅屋中也可以找到一些描写过去农民生活的物品（一九四九年高尔基省省立历史博物馆的采访队就发现了这样的物件），例如用家庭纺织的布匹制成的衣服、棉胎或自制的皮鞋，展示"生活综合"——农奴时代农民茅舍的陈设将给观众很深的印象。

某些博物馆（例如，季米特洛夫博物馆）保存了拉其谢夫在《由彼得堡至莫斯科旅行记》一书中所描写的火炉上不装烟囱的茅屋，茅屋里有各种家具和用品。

观察这些物品时，观众便清楚地看到了当时农民过的是怎样一种贫困的生活。但是上面说过的物品不能揭示农奴经济最重要的特点，那就是农民固定于土地，农民人身从属于地主的特点。

我们可以选择一些材料，来证明地主们的无所事事的骄奢淫逸的生活，通过生活物品所表现出来的，压迫者与被压迫者之间生活的尖锐对照，可以给观众很深刻的印象。但是我们的目的不仅只是展示生活上的对照，而且是展示存在这些生活对照之下的东西，也就是地主将农民的剩余劳动的产品据为己有，超经济的压迫。

这时各种书面文件对于博物馆工作者就有帮助了，农民附于土地的地契或农民的卖身契，都能说明农民是完全无自由权的；农民纳税的一览表指出了剥削的性质和剥削的程度，罚金簿，描写出无耻地蹂躏农民人权的制度。这样的文件总是能在地主们的会计文件中找到，也能在博物馆的藏品中发现。列表注明农民所耕耘其主人土地，和农民自己的配给地，可以帮助观众了解农奴时代的土地使用制度。

在展示社会经济过程与现象的陈列中，展示某一社会机构所因有的主要特点时，博物馆必须尽其所能着重指出"新事物"各因素的发展，因为这些"新事物"是与"旧事物"斗争着的，分解了并且战胜了"旧事物"。

在上面所举的例子中，应当展示自然经济是如何解体的（农民购买物品，农民专业化，生产关系的恶化），加强地主如何剥夺了农民的生产资料（农民失去土地，按月支薪），农民对农奴制度的反抗是怎样起来的（农民运动的各种形式），以及资本主义的生产关系是怎样在农奴制度的内部成熟的。

为了陈列这样的主题，最好还制作一些科学辅助材料，例如：地主土地与该地或该区土地使用图，注明一定时期中农民赋税的性质；一定时期中该地或该区农民运动地图。

在展示与资本主义的发展繁荣与腐朽有关的社会经济过程时，应当特别注意工业无产者的形成的过程，与无产者一向未曾间断过的阶级斗争。

革命史主题

揭示历史的动力——阶级斗争的主题，应当在陈列中占最重要的地位，这个主题应当贯串所有革命前历史之部的陈列。

阶级斗争达最尖锐阶段，剥削者与被剥削者之间的关系异常紧张，而至爆发革命，这种革命斗争在一系列的陈列主题中应占主导的中心的地位。

在革命史的主题中，首先要展示群众运动，其次要展示革命的组织——它们的机构、思想和活动。在封建农奴时代部门，应展示群众性的农民运动，与离开这个运动的贵族革命家的活动。及至资本主义时代与帝国主义时代，无产者的群众运动应当提到第一位，因为这个运动是由革命的党所领导的，同时应当指出这个运动作为农民群众斗争的领导者的作用。当地布尔什维克组织的历史应当特别充分地在博物馆里展示出来。

为这一主题的陈列选择材料时，可能会碰到很大的困难，革命斗争的条件使得很多的最珍贵的材料散失了；有许多根本就不曾搜集过，有许多在革命家牺牲时丧失了；有许多为了守秘密给斗争的参加者本人毁去了。博物馆工作者重要的任务是：搜集材料，恢复革命斗争的情景，这是一件艰巨而光荣的工作。

在革命史主题的陈列中，实物的材料首先是人民暴动时斗争的工具，常常感到缺乏。但是某些博物馆里也保存了工人的第一次革命时期的武器（自制的短刀、炸弹）。在反动时期所埋藏或封闭起来的东西今天已重见天日，成为最珍贵的遗物了，属于这一类的还有革命的旗帜（罢工者、示威者、战斗者的旗帜）。

同革命家生活特点有关的物品——地下印刷的机器、传递秘密书籍的设备等，都是珍贵的陈列品。

最后，著名的革命活动家和一般的革命的参加者的个人物件，也是革命史综合中的组成品。

有时可以将标准物品拿来陈列，只要有史料准确地指出它们是暴动的人们所有的，而且给了它们说明。例如档案处的关于武装农民一八五四年保卫塞伐斯托波尔，从而获得自由的记载。博物馆收藏的武器，只要能介绍农民的武装斗争，也可以陈列出来。

与地方革命运动有关的纪实的美术材料，和群众发动革命的事件图画，在陈列中常常感到不够。

当地农民与工人运动领导者的画像是很希罕的，但是只要向这些人的后裔，或在沙皇的暗探局去寻找，十九世纪后半叶与二十世纪初革命家的画像是可能而且应该补充起来的。与革命事件有关的地方画（屋舍、街道、森林等）也应该利用（并且搜集）来作陈列材料。

在历史革命主题的陈列中，特别是在介绍革命组织的思想与活动的部门中，起着巨大作用的是文件：关于群众性的农民与工人的运动的档案材料；有关革命组织活动的手稿——信札、日记、证件、记录，印刷品——传单、宣言、小册子、标语等。

但是所有这些材料，在大多数场合下，都不能全面地介绍革命斗争的历史。

因此在革命历史的主题中，辅助材料也起着很大的作用；因为没有农民或工人运动的地图，就不能展示运动的规模；而图示则有助于说明当地革命集团的组织结构与活动方式。

如果缺乏有价值的确切地描写革命斗争最高潮的图画，必须使用或特为制定一幅正确说明这个斗争的本质，并鲜明地介绍斗争的图画。

在这些主题上，也要特别仔细地作注释，详细地说明革命斗争中每个事实的意义，以及它在一般的革命运动史上的地位。注释中应当有一个简单的介绍，介绍参加了革命运动的地方活动家。

在资本主义与帝国主义时代的陈列中，历史革命的主题，有着特别重要的意义。

军事史主题

在地志博物馆的陈列中，军事史的主题所占的重要地位并不是偶然的。我们祖国能够以自己英勇的军事史而骄傲，以俄罗斯民族为首的俄国各族人民，捍卫了自己的独立，争取了不朽的光荣，俄国的陆军和海军，先进的俄国军事艺术具有世界性的光荣。

假如地方境内没有发生过战争，那末也可以肯定地说地方的许多居民，当过保卫祖国的士兵、海员、自卫军和游击队。

因此，带着解放性质的战争——人民的战争——可以在许多博物馆里展示出来（例如，一八一二年的卫国战争），但是某些博物馆展示军事（例如，斯摩棱斯克博物馆，坡罗茨克①博物馆），而某些博物馆，展示军队与自卫队的形成（例如，在加路格博物馆），还有一些博物馆展示后方支援前线的工作（例如，大吉尔博物馆，克什堆姆博物馆）。在任何一种情况下，实物材料，如军队的武器、配备与服装，在陈列中是占着最重要的地位的，分析这些东西，可以得出关于军事力量和技术的情况。

在陈列中，应当使用军事与战绩的纪念品，胜利奖章，带有"奖给勇士"题词的武器等。军事历史的主题通常是用美术材料丰富起来的。但是这种材料只有在批判地分析和注意地选择之后，才能放到陈列中去。如果军事情节是由敌国的代表说的，那末里面的历史真理便常常给有意识地歪曲了。许多战斗场面是按照统治阶级的意思写的，只是反映他们的观点和对事件的估价，而这种估价是我们所不能同意的。在选择美术材料时，应当注意，它是否与事实相符，看它是否很好地说明了当时特有的俄国军事技术与战术的特点，其中俄国士兵（或武装了的人民）的英雄主义，反映得是否深刻。

军事领导人或参与者的描述，也要经过审慎的选择，才能放到陈列中去。应当有俄国先进军事艺术代表人物的画像，因为他们促成了胜利或俄国的武功。军事历史陈列中很重要的因素是地图，它指出了战场，行军路线或这些军事事件的结果。在军事史的主题中，最好是预先详加注释，决定政治倾向性之

---

① 现多称"波洛茨克"。

后，经常使用已有的政治讽刺画，或鼓动性的招贴画。由档案文件中，军事指挥官所颁布的直接与该地或该区有关的命令，对于陈列是最重要的。关于当地自卫军组织的材料，关于地方游击队活动的材料，关于捐助款项救济地方的材料，关于组织医院的材料等，都是重要的，战争参加者的札记，日记与个人的通信集是有意义的陈列品；当然也应该使用当地的报纸，因为报纸上登载了战争的消息，根据报纸可以判断当地战时的生活（应当记住，报纸的声明里是有重要的材料的），刊物上发表的法令、宣言与布告也可置入陈列室。

军事史主题的构成依所展示战争的性质而有改变，上面我们所说的，或是正义的战争，或是客观上有进步性的战斗，在着重指出士兵的英勇与俄国军事艺术的优秀传统的时候，我们必须依靠博物馆的材料来揭露沙皇制度的外交政策与军事制度。展示沙皇参加第一次世界大战的材料时，必须将观众的注意力集中到布尔什维克党对这次战争的态度，党在士兵中间所进行的工作，士兵群众的革命化，以及这次战争在准备伟大十月社会主义革命方面的意义。

文化史主题

地方文化的发展是最有成效的陈列主题之一，在这个主题里包含有当地文化机关与组织，学校，地方的科学团体，图书馆，戏院的历史方面的材料，特别重要的是展示地方文学与艺术的发展，当地发明家与发明的说明，这里需要关于作为文化中心的城市——省会与区中心历史的材料（如不单独成立"我们的城市"的主题陈列部门，那末关于城市历史的部分材料应该放到相称的社会经济的主题陈列部门中去）。

展示地方人民创造是这一部的组成部分。

当地人民的创作可以由艺术或技巧方面特别珍贵的当地人民的制作物（城市的也好，乡村的也好）的标本组成，而这些制作物的制作时期应当和所陈列时期相同。

在民族的服装、帽子、鞋子、家庭的用具，以及在各种各样的手工品、玩具、建筑材料中和劳动工具中，我们都会找到表现人民艺术的最好的标本，如织物与刺绣、木刻、金银线细工、艺术铸造物、陶器等，这个主题的物品不要按生活的特征来搜集，也不要从生产组织的观点来搜集（像在展示社会经济现象时所做的那样），而是要从艺术技巧的观点来看。

这里应当添加人民绘画的标本和人民口头创作（采取原文的形式）的标本。

在这个主题，差不多专门是由实物建立起来的，但可以加入与某种职业历史有关，或与当地技师的传记有关的档案材料，这样便能够展示革命前俄国生活与创作的艰苦条件。

某些科学辅助材料无疑能够帮助我们深入这项主题的内容，例如在一定的历史时期，地方职业分布的地图；生产过程的图式；所发明的机器的图样或模型等。

像这样补充陈列时，我们决不应该重复社会经济的主题，因为社会经济主题的材料，只是简单的证明的作用。

传记主题

在展示历史过程时，我们也应展示历史过程的具体的参加者与创造者——人物，在历史革命，在历史文件，在军事历史的诸主题中，特别应当分出材料来介绍这些人物，因为这些人物的生活与事业在我们祖国的历史上是起过了积极的进步的作用的。

可以展示历史活动家各个历史时期的生活，在大多数的情形上，地志博物馆应当将这样的材料集中在一处（专题展示）。

在传记主题的陈列中，应当特别注意的是历史活动家创造的结果：作家、科学家的手稿、著述、发明物的模型，艺术家的作品，战略家的计划，他所领导的战斗的总结，革命家的著作、群众工作与革命的言论等。

历史活动家的画像在陈列中应占重要的地位，应当充分地提供出来，并且要把握他的生活的各个时期，同时也要批判地加以选择。

在陈列中应展示他的意识形态的形成经过：童年时代的与青少年时代（社会类型、生活状况）的社会环境，他的学习的性质（学校、课本、童年的练习），在选择职业上，在观点上给他过影响的人（他们的画像、信札、著作），他读过的书籍，在陈列中还应当加入他的同志以及同学的画像。纪念材料是有很大的作用的，例如个人的物品，有助于说明他的性格；假如迁居说明了他的事业的类别和他的生活情况，在陈列中也可以添加地图，指在该人居住和迁移的地址，米克卢哈—马克莱行踪所指的地图，就很清楚地描画了他的有名的旅行的范围；赫尔岑一再为沙皇政府监禁，最后永远由俄国放逐出去，他的迁居说明了尼古拉俄国时代俄国先进人士的生活情况；在展示沙皇制度时伏龙芝的生活与事业可以用地图来作补充材料，在地图上指出了他作革命工作的地点以及他作苦工和流放的地点。在这一主题的陈列中，最好添加历史活动家的传记、年代表。

地志博物馆最典型和最重要的主题，主要是关于新的历史时代（从十七世纪到一九一七年）俄国历史的主题，其材料的概述就是如此。

这些主题的划分当然是有条件的，在布置历史陈列时，这些主题常常是相互交错的：没有群众性的革命运动就不能正确地揭示社会经济的过程；没有社会经济的过程就不能理解地方文化的发展。在革命的意识形态的基础上，才能产生最伟大的最珍贵的时代文物。但是每个陈列主题都有它的典型材料的范围，这是在选择与将陈列品分类时，也就是在编制主题陈列计划的陈列部分时所应当注意之点。

3. 陈列的图式

所挑选陈列综合应使主题计划所有各点得到说明，那就是在编制主题陈列计划的准备工作已经完成了的时候，我们便进入到下面的工作阶段——进入到陈列图式的构造，首先我们应当制订陈列室中主题与副题的分配比例设计，这个分配草案在决定主题结构的时候预先就要做好。

确定主题与副题的地位（按陈列品的类别）是陈列工作中的非常重要的部分，它将决定陈列的全貌，以及参观的程序——路线。

分配材料时，我们应该给最重要的主题挑最好的地位，那就是惹人注目的、最明亮的、观察起来最方便的地位（对窗的墙，对入口的墙，大厅的中央，墙壁的中部）。拟定路线的艺术在于上面所指出的要求应当与年代的和逻辑的展示次序配合起来，路线的各种变化对于解决这个问题，是很有帮助的。通常，路线应当是回转的，那就是主题应当是一个跟一个地下去。事实证明，按时针方向布置是最便利的，但是，这种路线使最重要的主题倒放到不好的地位上去了（例如，落到开窗的墙上）。路线由右转到左方，使主题沿大厅的左右两方平行地展出，也是可以的，这种路线能够变换主题的分配地点。在大厅中展示两个同样重要的与同时的主题的时候，这种路线使用起来也特别方便。回转路线的缺点，是路线起点与终点接合起来了，必须在旁边放一些年代上（风格上）相隔很远的陈列品；平行路线的缺点是太复杂（对于观众说来）。无论采用哪种路线，都需说明所陈列主题的号码。

主题（所陈列的综合）的分配是由所陈列的房间的比例设计所确定的，按这种设计，指出间壁、窗橱、台子等的布置，在上面也要标明路线的箭头。

进一步制订布置陈列品的详细计划。

不管怎样变化，陈列品的布置应服从以下的要求：①布置应有助于感触陈列的主要思想，从这种观点上看来，应将最重要的陈列品放在第一位；②布置应保证所有的陈列品给观众看到，并保证陈列品的安全；③布置应当吸引观众，必须是美观的；不应追求乏味的对称，不必硬要使陈列品的大小相等。在布置陈列品时只要求其"平衡"，那就是使墙壁、间壁或窗橱的每一部分负担平均。平衡要依它所表现的主题的内容而定，在陈列品的布置中，不可能也不应该有任何刻板的公式，最好的方法是将主要的陈列品布置在间壁的中央，可以照平行的行列来分配材料（这种方法在采用对照的方法时是很便利的）。也可以引"第二"与"第三"的计划或所谓的"隐蔽的"陈列，那就是将主题次要的材料放在旋转台上，放在书画贴里，放在活动的间壁上。

在同一间壁上将平面的与立体的材料配合起来是很好的。实物材料可以完全分到窗橱中去，而这些窗橱要从架子移开，放在房间的中央。如果实物材料是很重要的（社会经济的主题中的劳动工具，军事主题中的军需品等），或如果该项材料必须从各方面去观察的（某些雕刻、模型、服装、某几类武器等），遇到这种情形，上面所说的方法是尤其应当采用的。上面所指的布置材料的方法的多样性，在这个陈列阶段上，是重视创造性的，并且将说明博物馆工作者是否善于将科学的精确性与艺术的形象性结合起来。

将陈列品布置到间壁上、墙壁上与窗橱中的计划，应当用作者的比例草图的形式提出来。

制定图表的技术是多种多样的，平常是在公厘纸上，画上间壁、墙壁的比例设计。通常，平面材料在壁上的，陈列场地不得低于一公尺，而实物材料离开地板不得低于三〇～五〇公分，至于最高不得高于多少，得按陈列品的大小与性质而定。其次，按同一比例在细密的纸上，画上所有陈列品的略图（轮廓）。

我们将这些"假定的陈列品"分列开来，然后按照它们在间壁上应放的次序，贴到设计图上去。

图式中加入所有间壁上的陈列品，这些陈列品计有，原文，辅助的与说明的材料，最好在制订图式时，用颜色来表示每一件"假定的陈列品"，应对它的型式与性质施以色彩，例如，实物材料施蓝色，画片施红色，原文施白色等，于是图式将以充分价值的材料来反映陈列的丰富，以及陈列外表显明的程度。

窗橱中陈列品的布置图式也要详细地制订，在窗橱中要决定个别陈列品或一组陈列品的位置。

4. 主题陈列计划的完成

应当指出，编制图式只是准备工作。在布置陈列品到图式里去时，可以修正，排列于图式中的陈列品，事实上可能会相互冲突的，例如，画片可能因比例技术、书法，色调的不同，而使一张画片干涉另一张的感染力，在决定地板上的场地时，也可能有不准确之点。

因此在制订图式以后，应进行所谓试验的陈列：在地板上画出所有大窗橱与脚柱的略图，在装饰之前分别在对直的墙壁或在窗橱中放置陈列品，然后在布置中作所有必要的改变，这个工作要求专心致意创造的主动性与博物馆工作的经验，将图式进行这样的试验，在修饰陈列时，大大地减低了缺点的百分比，同时也就改善了陈列的质量。

只有在图式完全确定之后，主题陈列计划的最后形式才得固定起来。

只有到这个阶段，主题陈列计划，作为一个真正适合于未来陈列的文件，才能有它的意义。

为了主题陈列计划，我们立了以下的公式：

（某某）地志博物馆

部　　门

陈列内容	陈列品一览表		陈列位置	备注
	名　称	概　述		

从上图表可以看出，表上边分配给计划的主题部分，下边分配给计划的陈列部分，在内容栏内，写上所有的已知部门的主题与小题，附以简短的解释，例如：

陈列内容	陈列品一览表
1. 农奴经济危机时期边区状况 2. 边区经济改革前的基本特点 　　a 地方资本主义工业的成长 　　棉织工厂的发生及其迅速的增长 　　雇佣劳动 　　塞尔格也夫兄弟工厂工人的生活状况	

在陈列品一览表"名称"栏内，指出陈列品的性质（画片、画像、原文、服装、武器等）和它的名称，在某些情况下，应作出对这些东西的简短的说明。

"概述"栏应指明陈列品的来源（作者、日期、史料的索引、标准的或纪念的材料），陈列品制造的技术（水彩画、钢版画、洋磁品、木刻等），抄本、塑造与其他摹制品（代替品）。让我们举几个例子来看：

陈列品一览表	
名　称	概　述
《一八六二年八月都布罗汶村农民暴动》图	П·Г·阿尔琴米也夫的油画，作于一九四七年
暴动农民的武器：枪、猎枪、大镰	十九世纪中叶的标准材料
刀	由当地省立档案处得来，军督藏品，此地用来作一八六〇年事件的物证。第一四一号，塑制品
《一八五九～一八六一年农民运动》地图，附《一八五九～一八六一年地方农民风潮》图	地图是由苏联史教本第二卷上取来的，图画是根据省立档案处材料制成的水彩画
《都布罗汶村暴动记》报告的摘文	省立档案处，军督藏品，一八六〇年，第一四一号文件，一、二、二四叶的引文
А·Г·伊凡诺夫——学生小组的参加者的画像	一八六〇年无名画家的水彩画
И·М·西多罗夫——学生小组的参加者的画像	第三档案处，一八六一年之部的照片，仿印
当地地主的食器（一二件）	瓷制，巴波夫工厂出品，一八五〇年
火壶	银制，十九世纪中叶，莫斯科出品

在陈列位置一栏中指出陈列品所放的位置。例如："在第一号间壁上"，"在中央的高橱里"，"在回转入口上"。

"备注"栏留来填各种与陈列品有关的批语，例如："省立图书馆的暂借品"，或"以后，将用抄本来代替"等等。

主导的原文也应附加到计划中去，最好是将辅助材料的草图和大纲也附加到计划中去。

陈列计划应全部在博物馆的学术会议上讨论，如果没有学术会议，则应邀请专家和社会代表举行特别会议讨论之。

三、陈列的装饰与装置

博物馆各室中主题的综合，和个别展览品的陈列，与陈列形式的一般计划的组成，有着密切关系。这件事通常系委托美术家办理，但是博物馆工作人员应当知道，他终归是对全部陈列负有责任的，并应直接参加此陈列方案之拟订。

陈列室的装饰宜简朴。修缮良好的室间宜施以某些素淡的色彩，这种色彩的选择随陈列品样式与性质而定。

在天花板旁边延伸着支柱。第二柱的设置可以达到二二○公分至二五○公分的高度，这支柱有时为木质的或塑造的飞檐所遮盖，它的轮廓（或装饰）不宜违反所陈列的历史时期的风格。第二支柱是陈列形式的一个必要的因素，因为它限制住墙壁巨大的面积，并简化了悬挂陈列品的技术。超出柱子的那一部分墙壁可供悬挂大型陈列品之用。

扩大陈列场地的情况差不多时常会发生。对这种情况最经常的处理办法就是增设补充的双面障壁与玻璃柜。上述原则完全可适用于它们的组成，它们的形式宜简朴，并与陈列馆建筑式样调和一致。障壁可与墙壁连在一起成直角状，或与墙壁分开，俾能保证受到充分的光线。因此最宜于将增设的障壁置于有窗的墙壁之旁，与它们成垂直状。旋转台，画册，与带有双重可回转的底部之窗橱可以使陈列场所得到相当的扩大。

拟定陈列室的装饰计划时，必须考虑到陈列品的保藏问题：回转台不宜放在暖房附近，留出地方设置灭火龙头，不要把门和过道堵上。

若陈列设置在需要特别改建的场地，则建筑师最好参加全部构造方案的拟订。

我们在各种类型的陈列品装饰问题上面可稍加说明。同时我们要注意到，这种装饰的目的在于使陈列品能符合于主题内容之要求，使得陈列品易于观览，同时保证陈列品的保藏与安全。①

印刷的或手抄的文件②和书籍，通常系陈列在带有斜底之玻璃窗橱内。在此种情况下最适于详细观览与阅读。某些内容特殊宝贵之文件与书籍，如上所述，可放在壁间（障壁）。在此种场合，最好将它们放置在悬挂的窗橱内。为了发挥文件的感染力，可以采用各种方法：将文件中的语句或文件之插画与文件并列在一起；或以彩色纸片与布片放在文件上标出最饶兴趣的地方；最后，并可放上文件的注释。

在莫斯科列宁中央博物馆中有着最重要的文件书籍陈列的绝好范例。

图画通常系装置于壁间（障壁）。原作（油画除外）应务必镶嵌玻璃，镶入画框或装架，以免将边折皱，某些博物馆采用了按所陈列的时代的样式而制作书框，把图画材料装饰好。自画框下面或框边放到玻璃下面去。如果主题内容需要把某陈列品挑选出来，那么可以给该陈列品一个大画框，涂上不同的

---

① 在送交陈列之前应修理那些未充分保藏好的陈列品。——原文注
② 唯一的文件只陈列出图片副本。——原文注

颜色以与后面画框区别开来，用图框把它围住，装入小画框（假如其他的材料都已装了框的话），或装一个比较大些的画框（与小画框并列在一起），涂上金色或彩色（与一些暗色的画框并列在一起）。

有时候内容特殊宝贵的原本，面积太小，在障壁上难以观察，在这种场合可以将它放置在窗橱内，而在壁间挂上一幅放大了的副本（水彩画、彩色版画或石印品的副本）或图片（版画或石印品的图片）并附上适当的注释。任何精微的画图都可以摄影或放大。

绘画（油画）一般地都应镶框或以带子隔开，并附有装潢（题签）钉在框上或挂在图画下面。如果图片挂得高，那么只给它们钉一个短题签，而在下面放上一个附有每一幅图画的详细注释的图画配置的图解。

雕刻被陈列在特别的台座上。

实物材料的陈列，不论其特点如何，一律服从上述原则。假若这个物件从主题内容方面看来特别有趣的话，它或者被单独地装置着（在特殊的台座上），或者被放在许多材料的中心。一般地，物品是被放在玻璃窗橱内或有玻璃灯罩罩着的台座上，每一种物品都需要特别的玻璃窗橱的装置。

衣服最好是放到垂直有容量（不少于五〇公分）的玻璃橱中特制的台架上——人体模型或是垫肩上。带有按自然形状制成的头部与四肢的人体模型是不宜于放到陈列中去的——它们只会把观众的注意从原来的衣服上吸引开来。

布匹样品或是镶嵌在玻璃下，或是放置于玻璃橱中（或挂在玻璃橱中）。不应用钉钉住布匹或用别针扣住布匹。必要时可以把它们缝上衬里（夹里），既可以钉也可以扣。旗帜原品陈列时应使旗幅直垂，没有皱折（以免损坏布匹）。

武器也陈列在玻璃器具的下面。刀枪固定在（钉在）木质障壁上，对枪炮则最好应用特制的栏杆架，这些栏架支撑住枪炮陈列品并使得它们从各方面都可以看到。

陶器，由金属或木材制成的小型器物，最好放在垂直的玻璃橱内供人观看，此等玻璃橱均带有玻璃架。这些物品最好按象棋的秩序排列，使物品不致彼此遮住。

对每一组物品的陈列技术应加以严密注意：为碟子制作铁丝架，为小型的珠宝器物制作"挂钉"，在小瓷像下面垫上呢绒片或弹性橡皮片，因为这些小瓷像在玻璃架上常常滑动，及其他等等。原来所作的保护这些小瓷像的器具应放置在特制的较矮的（五～十公分）台架上。

应当警告陈列的建筑师，不要依照与发挥主题毫不相干的装饰原则来安置物件。这样来陈列材料使难于观察这些物品，并使陈列内容变成贫乏空洞。

在陈列所有原来材料的时候，必须特别考虑它们的保管问题。除了预防偷窃的好锁和封印以外，我们还应留心不要让材料褪了色，不要变干了，不要因潮气而受到损坏，不要让里面出现了蠹鱼等等。在该工作中如果不注意到发布关于这方面的充分指示，那我们就只会留心到与室内材料陈列直接有关的那些方法。在每一个陈列室中务必在窗上安置窗帘，它们可以保护一切陈列品免受日光的直晒。除此以外，为原本档案资料、水彩画、衣物等应制作质地结实的特别窗帷。不可将陈列品直接放在暖气设备上，或与其紧靠在一起。在陈列场所应保持固定的温度调剂。

应该特别留意主要原文的形式。它们应放在显著的地方，以便读者对属于它的那一部、那一组陈列品可以一目了然。同类原文的铅字应清楚，易读，字母要够大。重要的原文在外形上应与从原物中的摘录区别开来。原物的铅字可力求标准化，并在其中放入适宜的装饰。

原文陈列品可写在纸上，装入框中并镶嵌玻璃，像一般绘画材料一样；可以写在木板上，大理石上，有时（在窗旁或在特殊光线照明下）并可写在玻璃上。

干摄氏温度表度数 / 湿温温度表摄氏度数 / 相对湿度%

湿球度数＼干球度数	33½°	34°	34½°	35°	35½°	36°	36½°	37°	37½°	38°	38½°	39°	39½°
35				100	97	93	90	87	84	81	79	76	73
34½			100	97	93	90	87	84	81	79	75	73	70
34		100	97	93	90	87	84	81	78	75	73	70	68
33½	100	97	93	90	86	84	81	78	75	72	70	68	65
33	97	93	90	86	84	81	78	75	73	70	68	65	63
32½	93	90	86	84	81	78	75	72	70	67	65	62	60
32	90	86	83	80	78	76	72	69	67	64	62	59	58
31½	87	84	80	78	75	73	69	67	64	61	59	57	55
31	83	80	77	74	72	69	67	64	62	59	57	55	53
30½	80	77	74	71	69	66	64	61	59	56	54	52	51
30	77	73	71	68	66	63	61	58	56	54	52	50	48
29½	73	71	68	66	63	61	58	56	53	51	49	47	46
29	71	67	65	62	60	57	55	53	51	49	47	45	44
28½	67	65	62	60	57	55	53	51	49	46	45	43	42
28	65	62	60	57	54	52	51	48	46	44	43	41	39
27½	62	59	57	54	52	50	48	46	44	42	40	39	37
27	59	56	54	51	50	47	46	43	42	40	38	37	35
26½	56	54	51	49	47	45	43	41	39	38	36	35	33
26	53	51	49	46	45	43	41	39	37	36	34	33	31
25½	50	48	46	44	42	41	38	37	35	33	32	31	29
25	47	45	44	42	40	38	36	35	33	31	30	29	27
24½	45	43	41	40	38	36	34	32	31	29	28	26	25
24	42	41	39	37	35	33	32	30	29	27	26	25	23
23½	40	38	37	35	33	31	30	28	27	25	24	23	21
23	38	36	34	32	31	29	28	26	25	23	22	21	20
22½	35	33	32	30	29	27	25	24	23	21	20	19	18
22	33	31	29	28	27	25	23	22	21	19	18	17	16
21½	30	29	27	26	24	23	21	20	19	18	17	16	14
21	28	27	25	24	22	20	19	18	17	16	15	14	13
20½	26	24	23	21	20	19	17	16	15	14	13	12	
20	24	22	21	19	18	17	16	15	14	13	11		
19½	21	20	19	17	16	15	14	13	12				
19	19	18	17	15	14	13	12	11					
18½	17	16	14	13	12	11							
18	15	13	12	11									

续表

湿温度表摄氏度数（相对湿度 %）

干摄氏温度表度数	35	34½	34	33½	33	32½	32	31½	31	30½	30	29½	29	28½	28	27½	27	26½	26	25½	25	24½	24	23½	23	22½	22	21½	21	20½	20	19½	19	18½	18
40°	70	68	65	63	60	58	56	53	51	48	46	44	42	40	38	36	34	32	30	28	25	23	22	20	18	16	15	13	12						
40½°	68	65	63	61	58	56	54	51	49	47	45	43	20①	38	36	35	32	30	28	27	25	23	21	19	18	16	14	13	11						
41°	66	64	61	59	56	54	51	50	47	45	43	41	38	37	35	33	31	29	27	25	23	22	20	18	17	15	13	12							
41½°	64	62	59	57	54	52	50	48	45	43	41	40	37	36	33	32	30	28	26	24	22	20	19	17	16	14	13	11							
42°	61	59	57	55	52	50	48	46	44	41	40	38	36	34	32	30	28	26	24	23	21	19	18	16	15	13	12								
42½°	59	57	55	52	50	48	46	44	41	40	38	36	34	32	30	29	27	25	23	22	20	17	17	15	14	12									
43°	57	55	53	50	48	46	44	42	40	38	36	35	33	31	29	28	26	24	22	20	19	17	16	14	13	12									
43½°	56	54	51	49	47	45	43	41	39	37	35	34	31	30	28	26	24	23	20	18	17	15	15	14	12										
44°	53	51	49	47	45	43	41	39	37	36	34	32	30	29	27	25	23	22	20	18	16	15	14	12	11										
44½°	52	50	48	46	44	41	40	38	36	35	33	31	29	28	26	24	23	21	19	18	16	15	13	13	12										
45°	50	48	46	44	42	40	38	37	35	33	31	30	28	26	25	23	22	20	18	17	15	14	12	11	11										

本书录自 1926 年莫斯科出版 A. H. 帕霍梅柴夫著《确定空气相对湿度的方法》书中所附的阿夫古斯特和阿斯曼湿度计相对湿度计算简表。

—————————

① 此处疑为"40"。

相对湿度 %　湿温度表摄氏度数

干摄氏温度表数	33	32½	32	31½	31	30½	30	29½	29	28½	28	27½	27	26½	26	25½	25	24½	24	23½	23	22½	22	21½	21	20½	20	19½	19	18½	18
18°																															100
18½°																														100	95
19°																													100	95	90
19½°																												100	95	90	86
20°																											100	95	91	86	81
20½°																										100	95	91	86	82	77
21°																									100	95	91	87	82	78	74
21½°																								100	95	91	87	82	78	74	70
22°																							100	95	91	87	82	78	74	70	66
22½°																						100	96	92	87	83	78	74	70	66	63
239°																					100	96	91	88	83	78	74	70	66	63	59
23½°																				100	96	91	87	83	79	75	71	67	63	59	56
24°																			100	96	91	87	83	79	75	72	67	63	60	57	53
24½°																		100	96	92	88	83	80	76	72	68	64	60	56	53	50
25°																	100	96	92	88	83	80	76	72	68	64	61	58	54	51	47
25½°																100	96	92	88	84	80	76	72	69	65	62	58	55	51	48	45

干摄氏温度表数

续表

干摄氏温度表数 / 湿温摄氏度数 / 相对温度%

湿温＼干温	26°	26½°	27°	27½°	28°	28½°	29°	29½°	30°	30½°	31°	31½°	32°	32½°	33°
33															100
32½														100	96
32													100	96	93
31½												100	96	93	90
31											100	96	93	89	86
30½										100	96	93	89	86	83
30									100	96	93	89	86	82	79
29½								100	96	92	89	85	82	79	76
29							100	96	92	89	85	82	79	75	73
28½						100	96	92	88	85	82	79	75	72	70
28					100	96	92	88	85	81	78	75	72	69	67
27½				100	96	92	88	85	81	78	75	72	69	66	64
27			100	96	92	89	85	81	78	75	72	69	66	64	61
26½		100	96	92	89	85	81	78	74	71	69	66	63	61	60
26	100	96	92	88	85	81	78	74	71	68	65	63	60	58	55
25½	96	92	88	84	81	77	74	70	68	65	62	60	57	55	53
25	92	88	84	81	77	74	71	67	65	62	59	57	54	52	50
24½	88	84	80	77	73	70	67	64	62	59	56	54	52	49	47
24	84	80	77	74	70	67	64	61	59	55	53	51	49	47	44
23½	80	77	73	70	67	64	61	58	55	53	50	48	46	44	42
23	76	73	69	67	63	61	58	55	53	50	48	46	43	41	39
22½	73	69	66	63	60	58	55	52	50	47	45	43	41	39	37
22	69	66	63	60	57	55	52	49	47	45	42	40	38	36	34
21½	66	63	60	57	54	52	49	46	44	42	40	37	36	34	32
21	62	59	56	54	51	49	46	43	41	39	37	35	33	31	30
20½	59	56	53	50	47	45	43	40	38	36	34	32	30	29	27
20	55	53	49	47	44	43	40	37	36	34	32	30	28	27	25
19½	52	49	46	43	42	39	37	35	33	31	29	27	26	24	23
19	48	46	43	41	39	37	34	32	30	29	27	25	24	22	21
18½	45	43	40	38	36	33	31	29	28	26	25	23	21	20	19
18	42	40	37	35	33	31	29	27	25	24	22	21	19	18	16

干摄氏温度表数

干摄氏温度表数 / 相对温度%

湿温度表摄氏度数	19°	19½°	20°	20½°	21°	21½°	22°	22½°	23°	23½°	24°	24½°	25°	25½°	26°	26½°
17½	86	81	77	73	69	66	62	59	55	52	50	47	44	42	39	37
17	81	77	72	69	65	62	58	55	52	49	46	43	40	39	36	34
16½	76	72	68	64	61	57	54	51	48	45	42	40	37	35	33	31
16	72	68	64	60	57	54	50	48	44	42	39	36	34	32	30	28
15½	67	63	59	55	53	50	47	44	41	38	35	33	31	29	27	25
15	63	59	55	52	49	46	43	41	38	35	32	30	28	26	24	22
14½	58	55	52	48	45	42	39	37	34	32	29	27	25	24	21	20
14	54	51	47	45	41	39	36	34	31	29	26	24	22	21	18	17
13½	50	47	43	41	38	35	32	30	28	26	23	21	19	18	16	14
13	46	43	40	37	34	32	29	27	25	23	20	18	16	15	13	12
12½	42	39	36	33	30	28	25	23	21	19	17	15	14	13		
12	38	35	32	30	27	25	22	20	18	16	14	12	11			
11½	34	31	28	26	23	21	19	17	15	13	11					
11	30	28	25	23	20	18	16	14	12							
10½	26	24	21	19	17	14	12									
10	23	21	18	16	14	12										
9½	19	17	14	12												
9	16	14	11													
8½	12															
8																
7½																
7																
6½																
6																
5½																
5																
4½																
4																
3½																
3																
2½																
2																

干摄氏温度表数：19°　19½°　20°　20½°　21°　21½°　22°　22½°　23°　23½°　24°　24½°　25°　25½°　26°　26½°

续表

干摄氏温度表度数	湿温度表摄氏度数 相对温度%																															
	$17\frac{1}{2}$	17	$16\frac{1}{2}$	16	$15\frac{1}{2}$	15	$14\frac{1}{2}$	14	$13\frac{1}{2}$	13	$12\frac{1}{2}$	12	$11\frac{1}{2}$	11	$10\frac{1}{2}$	10	$9\frac{1}{2}$	9	$8\frac{1}{2}$	8	$7\frac{1}{2}$	7	$6\frac{1}{2}$	6	$5\frac{1}{2}$	5	$4\frac{1}{2}$	4	$3\frac{1}{2}$	3	$2\frac{1}{2}$	2
27^0	34	31	29	26	23	20	18	15	13																							
$27\frac{1}{2}^0$	33	30	27	24	20	19	16	14	11																							
28^0	30	27	25	22	20	17	15	12																								
$28\frac{1}{2}^0$	28	26	24	20	18	16	13																									
29^0	26	24	21	19	16	14	12																									
$29\frac{1}{2}^0$	24	22	19	17	14	12																										
30^0	23	21	18	16	13	11																										
$30\frac{1}{2}^0$	21	19	16	14	11																											
31^0	19	17	15	13																												
$31\frac{1}{2}^0$	18	16	13	12																												
32^0	16	14	12	11																												
$32\frac{1}{2}^0$	15	14	12																													
33^0	14	12																														
$33\frac{1}{2}^0$	13	11																														
34^0	12																															

附录

阿夫古斯特式干湿球湿度计相对湿度计算表

（假定空气运动的速度是每秒钟 0.8″，按照阿夫古斯特湿度表的干温湿度表和湿温度表的度数计算）

$$a = F_1 - \frac{0.48^0(t-t_1)}{610-t_1} \cdot H; \quad t = \frac{a}{F} \cdot 100$$

湿温度表摄氏度数 — 相对湿度 %

干摄氏温度表数	2	2½	3	3½	4	4½	5	5½	6	6½	7	7½	8	8½	9	9½	10	10½	11	11½	12	12½	13	13½	14	14½	15	15½	16	16½	17	17½
8°	22	28	34	40	46	53	59	65	72	79	86	93	100																			
8½	17	23	29	35	41	48	54	60	66	73	79	87	93	100																		
9°	13	19	25	31	36	42	48	55	61	67	73	80	87	93	100																	
9½		14	20	26	32	38	43	49	55	61	67	74	80	87	94	100																
10°			16	22	28	33	39	45	50	56	62	68	74	80	87	94	100															
10½			12	18	23	29	34	40	45	51	57	63	69	74	81	88	94	100														
11°				14	19	25	30	36	41	46	52	58	63	69	75	81	87	94	100													
11½					15	21	26	31	36	41	47	53	58	64	70	76	82	88	95	100												
12°					13	18	22	28	33	38	43	48	54	59	65	71	76	83	88	95	100											
12½					11	15	18	23	28	33	39	44	49	54	60	65	71	77	83	89	95	100										
13°						13	16	20	25	30	35	40	45	50	55	60	66	72	77	83	89	95	100									
13½						11	12	17	22	27	31	36	41	46	51	56	61	66	72	77	83	89	95	100								

续表

相对湿度 %（湿温度表摄氏度数 / 干摄氏温度表度数）

干摄氏温度表度数＼湿温度表摄氏度数	17½	17	16½	16	15½	15	14½	14	13½	13	12½	12	11½	11	10½	10	9½	9	8½	8	7½	7	6½	6	5½	5	4½	4	3½	3	2½	2
14°								100	95	90	84	78	73	67	62	57	52	47	42	37	32	28	23	18	14							
14½°							100	95	90	84	79	73	68	62	57	53	48	43	39	34	30	25	20	16	11							
15°						100	94	89	84	78	73	68	63	58	53	49	44	39	34	30	25	21	17	13								
15½°					100	94	89	84	79	74	68	63	59	54	49	45	40	36	31	27	22	18	15									
16°				100	95	89	84	79	74	69	64	59	55	50	45	41	36	32	28	24	19	15	11									
16½°			100	95	90	84	79	74	69	65	60	56	51	47	42	38	33	29	25	21	16	12										
17°		100	95	90	85	80	75	70	65	61	56	52	47	43	38	34	30	26	22	18	14											
17½°	100	95	90	85	80	75	70	66	61	57	52	48	44	40	35	31	27	23	19	16	11											
18°	95	90	85	80	75	71	66	62	57	53	49	44	40	36	32	28	24	20	16	13												
18½°	90	85	80	76	71	67	62	58	54	50	46	42	37	33	29	26	22	18	14													

科学工作人员应当交给美术家一个关于装饰科学辅助材料的周详的指示。陈列品应该根据科学原理来制造，其内容应能迅速并容易地被掌握。内容中分量的轻松，特殊色调的选择，与清晰的附属的说明，对于不是专家观众也应当易于了解。

在科学辅助材料的装饰方面，应当给予艺术家以根据科学工作人员指示而贯彻自己创造性的构思的可能性。对美术家作品的束缚，不准许他添加他所需要的细节（自然，不是歪曲历史真理的细节），都会使他们的工作得到不美观的、拙劣的结果。

陈列品的题签应当用简单明晰的铅字印下或写下。题词不应太紧密，要按内容来分行。陈列品的名称、注释、日期、作者都要以字母的大小、间隔、斜体等等分开。在确定题签字母大小的时候，必须注意到陈列品的大小以及它所处的地位（在障壁上，在窗橱中等等）。分开悬挂的题签也如陈列品一样镶边。

在陈列的装饰中，应对“指明方位”的标志的配置系统详加考虑。在博物馆入口处，在显著的地方摆着载有博物馆各部及各部内容提要的一览表，最好，还摆着各部所在地及路线说明的详图。在陈列室入口旁，在门檐上或在各室间的过道中，标出部的名称。除了这一般的说明外，在入口处还可以放带有主题布置的说明的陈列室图解。陈列品各组的主题与编号对一般的理解将有所裨益。主题宜放在被陈列的整体的上面，也可以放在它们的下面，但最好是主题的安排保持统一。在复杂路线上可以放置指明参观方向的路标。当陈列的各项因素具备后，就可以按原定计划组织陈列了。但就在这个工作阶段陈列品的布置才有可能精确。

应该着重指出，装置——这是一件巨大的、创造性的工作，博物馆科学工作人员应该是积极的参加者。

不只注意到装置技术，我们更要指出准时精确地完成装置工作的重要性。歪挂着的图片，用图钉钉在墙上的装潢，染着与陈列室色调不调和的颜色的绳带，未洗过的银器，未擦过的武器——所有这些“琐事”，都会大大减低陈列所给予观众的印象。

当装置工作完竣以后，博物馆应组织苏维埃公众代表来参观。经过讨论之后博物馆可以获得有关进一步改善陈列工作的宝贵指示。

最后还应当注意，就是装置完竣并不是意味着陈列研究工作的终结。

不停留在与陈列品保藏问题有关的一系列工作上（编制保存地形学目录，定期的清洗，增换陈列品，转移不好的光线，临时的修理等），我们还应指出，为了使陈列不落后于苏维埃社会主义共和国联盟的历史科学发展的水平，陈列应经常地用新的主题和部分来加以补充。这就应当考虑，在博物馆的搜集工作和科学研究工作计划中，不仅包含新的陈列的研究，而且也包含着已开放的各陈列室的改善。

（惕冰、致远合译）

社会文化工作参考资料（六）

地志博物馆的陈列方法
——自然之部——

中央人民政府文化部社会文化事业管理局编印

俄罗斯苏维埃联邦社会主义共和
国所属文化教育机关事务委员会
地志博物馆工作研究所

地志博物馆的陈列方法

——自然之部——

国立文教书籍出版局出版

一九四九年·莫斯科

目　录

地志博物馆自然之部的陈列内容与主要任务

地志博物馆自然之部的主要任务是科学地宣传地方的自然知识，这种宣传工作是基于科学研究、搜集、陈列、群众文化教育和政治教育一系列的对于地方研究的工作来进行的。

自然之部也负有培养苏维埃爱国主义与对社会主义祖国热爱的任务。

马克思主义的唯物世界观与苏维埃创造性的达尔文主义的宣传，在地志博物馆的科学教育的事业中应占主要的地位。自然之部在这个工作中所起的作用是非常之大的，因为自然知识是辩证唯物世界观的基础之一。

只有进行了适当的科学研究工作，从而进行博物馆的搜集与陈列工作，才可以解决这个重大的问题。

陈列乃是博物馆进行宣传工作的专门和主要的工具。陈列应以当地的地志材料来展示地方的自然特点，明了地介绍地方的自然富源，说明自然现象的统一性与相互间的联系，展示人类在改造自然中的作用以及苏维埃创造性的达尔文主义的成就，和米丘林①—李森科②的学说。

无论根据什么主题来布置陈列，应牢牢记住陈列必须用真正的博物馆的材料（陈列品），用博物馆特有的方法来进行布置；引证的原文只当作辅助的资料，有时候用来补充说明通过陈列所要说明的现象，有时候用来转换观众的注意，但它决不是向观众介绍某种知识的主要方法，因为书籍的篇页是不能代替真正的博物馆的陈列的。

陈列阐明了自然发展的历史过程，阐明了人类在改造自然中的实际作用，这样就替宣传唯物世界观的工作开拓了最大的可能性。

苏维埃创造性的达尔文主义，广泛地体现于以米丘林、维尼扬姆士③、李森科学说为基础所进行的自然改造工作。这种自然改造工作，是为了提高收成，使我们国家的产品丰富，故应当在自然之部的陈列中占重要地位。然而展示米丘林生物学，不能像我们现在有许多博物馆所作的那样，局限于只是陈列米丘林的以及由于采用了米丘林的工作方法所获得的植物新品种与动物新品种的标本。米丘林或米丘林的适当继承人——米丘林式学者所采用的作用于植物或动物的某种方法，只是米丘林普通生物学学说在实践中的附录而已，而实践是不能离开理论的展示而展示的。如春化法的展示也就是一定的实践方法的展示；春化法的理论基础，乃是特·德·李森科院士所研究出来的植物阶段发育的理论。作为一种方法来看，通过展示春化法，同时也就阐明了植物阶段发育的理论。不应当像通常许多博物馆所作的那样，把米丘林学说仅仅解释为农业生物学的科学。否则，不论"植物的改造"、"动物的改造"等副题如何繁复，观众还是不能由这样的博物馆来相信米丘林学说是普通生物学的学说，它包括了全部生物界，不仅

---

① 米丘林（1855~1935），苏联植物育种学家、农学家，苏联科学院荣誉会员，米丘林学说奠基人。
② 李森科（1898~1976），苏联生物学家、农学家。
③ 现多称"威廉斯"，B. P. 威廉斯（1863~1939），苏联土壤学家、农学家。

只是靠人工培养的动植物而已。总之，自然之部的一切陈列是根据米丘林生物学的原理构成的，它阐明着米丘林生物学的基本原则。

景观法为此给予了最大的可能性。使用这种方法展出的自然才不是各个客体的表面描写，而是各种现象的紧密的相互联系。在使用陈列构造的景观法时，"机体与它所必需的生存条件构成了整体"这句话就不再只是"引文"了，因为在陈列中，它们或多或少地体现了明确性与说服力。景观法可以同时依靠许多具有极重大意义的陈列品来表明这个"整体"，这样的展出能帮助观众弄清并理解这个法则是无所不包的。重要的在于掌握这个法则，要阐明这个"整体"、机体同它们的生活条件的紧密联系，景观的一切组成部分的紧密的相互关系。在景观陈列的基础上，许多博物馆采用了生态学的展出法，那就是将动物和植物按照它们的居住场所不同来加以分类，例如将森林的动物和植物一道展出即属此类。这样的展出，无可争辩地比用普通分类法展出要好一些，但它代替不了也不可能代替景观法展出本身。因为在"森林"这个标题下搜集在一间房子或一个窗橱内的森林动植物，绝不能构成"森林"的景观，这只是构成这种景观的若干材料。这并不是说博物馆应当避免一道展出植物界和动物界。当然这种方法和普通分类法比较起来，显然是向前跨跃了一大步，但联合的生态学的展出还不是"景观"的建立。

自然之部一切陈列的构成，假若按照景观法能够做到的话，那么也只有个别博物馆能做到。当然没有一个博物馆没有采用过这样的自然之部的陈列构造，通常博物馆总限于展出两三个景观，故在展出有限的景观的条件下，选择景观就具有非常巨大的意义。通常在任何一个地区，总有若干个自然历史区域，而且在每个区域中往往有若干景观重复着。显然，在为陈列选择景观的时候，必须选择那些最足以代表当地特征的景观。这样，在没有森林的地区，不太大的小林子并不是地方自然的最具表征性的组成部分。若要当作"景观"来展出这样的小林子，那就只有当博物馆已在陈列中展出了自己地区的更具表征性的一些景观的场合下，才较合适。雅罗斯拉夫博物馆建立了两个景观——"森林"与"芮宾斯克海"，这两个景观都是当地最具表征性的景观。但是如果同一博物馆建立的景观不是"芮宾斯克海"而是"河流及其浸水地"，那么这种展出就不能表明雅罗斯拉夫省有像"芮宾斯克海"那样的水库。正是"芮宾斯克海"应当首先作为"水的景观"展览出来。

着手研究任何景观的构造的时候，博物馆应该很好地考虑，到底首先应当建立哪样的一些景观。

即使很好地拟定了两三种景观，为了了解方便的缘故，它往往还不能完全包括所有的地方自然界。因此，在自然之部的陈列中，有必要建立"地方自然与自然富源"的部门。这一部门建立的目的，在于对地方自然，作一般说明，它的范围应紧密地依靠着展出的景观的广度。因为博物馆越广泛地将景观展出，则"地方自然与自然富源"部门的陈列将越是压缩。在建立"地方自然历史区域及典型景观"部门与"地方自然与自然富源"部门时，应特别注意挑选，以免这两部门的陈列品过多地重复，同时也不致使这两部门的陈列内容贫乏。

"地方自然与自然富源"部门——不论它的构成如何——不应变成事实的简单登记，例如系统地展出地方的植物界和动物界（纵令按照生态学的特征来分类）。地志博物馆自然之部的陈列并不是地方自然——植物、动物、矿物等的客体的一种物件的目录。解决自然之部所面临的问题，要求用生动有力的方式来展出动物与植物，例如，不离开它们的生存条件，而应紧密地同生存条件相联系等等。这种方法首先要求用另外的陈列品来装饰它。比如：在系统展出时，那时只消陈列出制作得很好的生像，例如鸟类就完了。若欲说明某类动物或动物和植物相互关系的生物类别，需用动物的生物类别与植物生态学的断面来充满陈列，这样将使陈列变得生动有力。博物馆若单用钉好的标本的式样来展出昆虫，其结果仅介绍了昆虫的外表，没有揭示这些昆虫的某些生物的特点，没有揭示它们与其他客观自然的相互关系。

新方法使我们可以将这些同样的昆虫当作小生物类别来展出，可以单独地展出布谷鸟的生像与某种食虫鸟的生像，而且也可以将布谷鸟与那些鸟联系起来展出，如布谷鸟是在那种鸟的窠里偷偷下蛋的。在作为益鸟（它捕食多毛的害虫）来表彰这种布谷鸟的时候，可以在标签上作一适当的"记载"。当然，也可以伴同布谷鸟的展出，将它捕食的最有害的毛虫以及这类毛虫所损害的植物的标本等一道展出。这样"扩大"了的展出，给予观众的，将不仅是更多的多样性的知识，它比起单展出布谷鸟的生像来，更纯粹从情感上给予观众以鲜明深刻有力的影响。

甚至非常大的博物馆也无力把自己地区的动物和植物都陈列出来。我们必须选择陈列品，而这种选择是完全受到作为自然之部陈列构造基础的一定方针所限制的。"自然与地方的自然富源"部门的主要方针是：展出地方的人所利用的自然资源，与人类在其中开展自己的改造事业的自然环境。这个方针足以决定应该向陈列品提出那些要求，首先，应当展出所有那些和人类经济事业有某种关系的东西，例如，植物界和动物界中的有益的与有害的植物和动物等。然而展出不应压缩成只是事实的证实者，不能局限于只是登记"有益的"与"有害的"而已。陈列的任务乃在于动员，将注意力放到寻找原料的新资源上去，放到发现在社会主义建设中利用某种自然力量的新的可能性上去。战后斯大林五年计划要求高度地利用当地的自然财富，陈列部门也应当由这些要求出发来布置。

比如：在陈列矿产时，不必限于展示在地方和社会主义经济中已经充分利用着的那些。每个地方还有没有利用过的矿物，这种矿物应特别加以注意——阐明它们在地方经济上可能有的意义。我们对自然富源，还是了解得不够的，特别是地质勘察，甚至当地人（成年人与小孩）都发现许多蕴藏的矿物。地质调查的资料，地方地质构造的资料常常也指出那种矿产可以在该区境内发现。如何使博物馆的观众注意找寻新矿产是一个重要的任务。比方，对于歼灭害虫的益鸟，如果只在标签上注明益处，那我们只是肯定了事实，但如果指出益鸟的保护与招引方法，那就能使博物馆的观众注意这些活自然的利用了。又如展出某种有益的在地方上已利用过的野生植物，只是肯定了事实，如果展出地方上现在没有被利用过的野生植物，但本地有这种植物而同时又是可能予以利用的，那就是号召大家去使用新的地方自然资源，类似这样的例子可以举出几十个。

前面已经说过，自然之部应当对旨在改造植物动物的苏维埃创造性的达尔文主义加以特别的注意，因为这是自然之部陈列的主要任务。人类改造自然的活动可以在"地方自然与自然富源"（在景观方面也是一样）部门的任何主题中表明出来。但是这种改造活动在"地方的植物界"、"地方的动物界"与"地方的土壤"这样的主题中，应当特别清楚地予以表现。在下面研究各个主题的陈列时，将谈到按这种或那种主题展出人类改造活动，以及如何展出。这里我们只举一个例子来看，改造草原与林原的斯大林计划，除了"地方的地质"这一主题部门外，可以在其他各主题部门中得到反映。国家林带与护田植林改变了气候，影响到水系，引起了植物与动物界一系列的改变。农业上草田轮作制可以将没有团粒结构的土壤变成了有团粒结构的土壤，防止侵蚀，改变地形等等。

前面讲过，如果景观陈列范围加大了，"地方自然与自然富源"之部就可以大大地加以压缩。现在已经有许多博物馆（例如沃洛果达博物馆、高尔基博物馆等）将植物与动物的展示合并起来，或布置某种景观，或设立一些生态学的生态图，这种生态学的生态图是陈列地形构造的过渡阶段。在有些情形下，会遇到这样的问题，假如不陈列"地方植物界"与"地方动物界"这样的主题，那么在什么地方来展示植物和动物的改造呢？（当"地方的土壤"的主题大部分包括在景观的陈列中时，也可能产生同样的问题）这时，植物与动物的自然改造，可以用下面两个方法来表现：

（1）布置两个主题陈列："地方农作物"与"地方的农业、动物和家畜"，植物方面的材料是农作物、病虫害及其防治，野草及其芟除，植物的改造等等，动物方面——地方最普遍的品种，新的改良的品种，畜牧业，养蜂业，养蚕业，渔业，动物改造的工作等等。

（2）在景观部门布置"作物景观"，将最有成绩的集体农庄或国营农场（或兼有两种经济）作为"作物景观"的陈列基础，并包括集体农庄或国营农场的例子所不能展出的各种补充材料。假如国营农场与集体农庄谷产丰富，但是果园（或菜园）的发展薄弱，在根据这种农庄与农场为陈列基础时，关于果树与莓果灌木的材料，就可以作为补充。

陈列中有了"地方自然与自然富源"，又有"作物景观"的，就必须在两个部门之间，适当地分配材料。下面的分配法是最便利和最成功的："地方自然与自然富源"部门陈列植物和动物的各种品种，工作方法和实验者的成就等等。"作物景观"陈列已经在省里相当普遍的种类与品种，即某种成就的实际运用。例如（1）当地已采用的新种，但数目有限，还没有加以推广——这种新种就在"地方自然与自然富源"之部陈列出来；假如新种已经推广，已经移植到田野、菜园，移植到果园去了，那么这种新种就应当在作物景观方面陈列。（2）当地标准的米丘林品种应当在"地方自然与自然富源"之部陈列（这些材料不仅可以用来说明米丘林式的工作方法，而且可以说明米丘林的普通生物学原理）；业已普及的品种也置入作物景观里。简单地说，"地方自然与自然富源"部门，陈列（植物或动物的）机体的改造，作物景观则说明改造过的机体在景观中的作用。在前一种情形下，我们着重指出机体改造（形状的改变），在后一种情形下，着重指出包含改造过的植物或动物在内的景观面貌的改变。

第二个问题与材料的分配有关，这是一个划分自然之部与社会主义经济与文化之部之间陈列范围的问题。划分的原则如下：自然之部将自然富源当作自然的客体来陈列，而社会主义的经济与文化之部则作为经济学的客体来陈列。

这样，对于农业生物学性质的材料，自然之部采取生物学的观点，社会主义经济与文化之部则采取经济的观点，例如，表现春化法时，自然之部注意控制植物的发展的工作方法，至于春化法实际运用的效果则记载得不多；（只说明这种方法的经济意义）社会主义经济与文化之部注意的主要是种子春化法的经济效果，春化作物的播种面积与收获量的提高等。陈列某种植物或动物的新品种时，自然之部说明品种的历史，品种的生物特性；而社会主义经济与文化之部则说明在地方的经济中推广新品种的经济意义。

陈列矿产时，自然之部说明矿产一般的原理（矿产与地质结构的关系，矿产的形成过程等），和矿产产生的历史；社会主义经济与文化之部则按照经济学来说明这些资料，同时涉及开采的问题（开采便利与否，运输，经济利益等）。遇到其他主题时，应划分界限的原则也是如此。

除了广泛地说明地方的自然富源与它们在社会主义经济方面使用的可能性，和人类的改造活动之外，"地方自然与自然富源"之部的陈列，还要完成自然之部的其他任务。许多主题可以广泛地表现自然发展的历史过程，特别是"地方的地质"的主题。古代地形演变的模型，不仅可以生动明了地表现过去地质年代中的植物或动物，而且可以说明：（1）地球上各时代的植物和动物的演变；（2）机体同它的生存条件的密切联系（制造精致的模型和说明文都能说明这些条件）。

"地方的植物界"与"地方的动物界"两个主题，可以说明进化学说上一系列的问题。我们应当广泛地利用说明地方自然资源的陈列品，例如：益鸟的喙、脚、年龄和性征、保护色，都可以说明益鸟的适应。上面说过的布谷鸟可以用来展示动物的构造与习性的合理性，毛虫因为毛多，可以防御一般的食虫鸟类，但是不能防御布谷鸟。鱼类的陈列，不仅可以表现水族对水中生活方式的适应，而且也可以表明水族的环境也不是一样的。鱼类也有极不相同的各种生活条件，它们的构造与习性的特点就能证明这点（鱼类有凶猛的，也有温驯的；有深水的，也有在水的上层浮游的等等），在任何植物或动物的身上，可以发现构造的特点，都可以指出这种结构是适应于一定的生活方式的等。以"达尔文主义"作主题的附注中有许多例子。

不消说，在布置景观的陈列时，应精确地选择陈列对象。这里最主要的是选择那些恰当地说明景观的材料。这样，动物与植物方面应将对于该景观特有的动植物置入透视画与生态图，例如绿叶松（Бор－зеленомошник），我们一看就知道这种森林的类型，我们说，在我们眼前的就是"绿叶松"，而不是其他的某种松杉。

博物馆能陈列的范围愈广，那么博物馆能展览的材料便愈多。然而不应当醉心于陈列品的数量，因为最好是提高陈列的质量。这样，各种生物的生像，可以用生态图来替代，可以用较多的生态学断面图代替镶嵌起来的植物标本集。陈列品的选择，因博物馆的规模而有所不同，但是任何博物馆都需要搜集最重要的所谓"主导的"陈列品。在陈列广泛的博物馆里，主导的陈列品应构成副题的"核心"，在陈列不太广泛的博物馆里，这些陈列品就是基本陈列品。我们在这里当然不能拟定选择陈列品的原则，列出必须展示物品的总表，因为每个博物馆都有它的特点。但是有些例子可以帮助我们按照主题，选择陈列材料。假定陈列的场地不容许陈列全部米丘林工作方法，那种方法应该首先陈列呢？当然是远种新交法和指导者的方法，其次应当指出农作物的病虫害。陈列在该地具有最大的经济意义的品种，比如在亚麻业发达的地方，首先应当陈列亚麻的病虫害，在种植甜萝卜的地方，应当陈列甜萝卜等。在鱼类中，应陈列具有工业意义的鱼类，在野兽中，陈列最有害的与最有益的野兽。

布置自然历史发展的陈列时，必然要发生是否应提供非地方性的"一般性"的材料的问题。在"植物的改造"、"动物的改造"、"多库恰也夫、可士堆切夫、维尼扬姆士的学说体系"的副题中，也可能发生同样的问题。

地志博物馆在自然之部中陈列的对象是地方的自然，陈列基本上是由地方性的材料构成的。没有地方性的材料就不能说明问题。比如在布置"地方的地质"主题的陈列时，只有"一般性质"的材料才可以说明，地质历史固为地方的自然，并不代表全部的自然，将完整自然发展史割裂开来，就不能完成"地方性"的自然的陈列，也不能作出地质演变图。冰河时期剧烈地影响了冰河盖覆区域的自然，单纯根据地方性的材料是不能表现冰河的影响的，这时，我们必须陈列有关冰河（高山上的大冰河）的材料，以解释冰河时期、冰河活动所引起的改变。同样我们不能说土壤地图或地质图（或地质断面图）所包含的不是地方性的材料而不加以陈列，没有这样的地图就不能表现地方的土壤地质构造。要知道当地的地质构造不是什么孤立的东西，它是与邻区的地质构造紧密相关的，它只是广大地质结构的一部分。

对于非地方性材料的引入，我们必须慎重，只在真正需要时，也就是只有在单纯根据地方性材料就不能适当地说明某个具有巨大意义的问题时，才陈列非地方性的材料。假如地方性的材料能够达到上述目的，那就不应当引用非地方性的材料了。但是陈列非地方性的材料时，不应当把它们作为"主要的"对象，非地方性的材料应当作为辅助材料而给予适当的陈列位置。

自然之部展示"自然"，因此它的陈列一定是自然界的客体，非有必要，就不使用各种图画、图式、原文。自然之部的陈列物应当是自然界的客体，其他的东西都只是补充陈列的工具。无论如何，不要用图画、表格等来替换自然界的客体，图画、表格等只能配合（而且数量要极适当）天然的陈列品。各种各样的图解应尽量使之形象化，比如，雨量虽然可以用普通的图解来表示，但最好是用盛着蓝色水的玻璃圆柱体或玻璃管子来表示。各种数字指数也可以使用实物材料来表示，陈列适当的数量的小袋谷物来表示土拨鼠或田鼠所招致的损失，自然要比专门用数字来表示损失了多少公斤谷物容易了解得多，也有趣得多。陈列中纸张越少，那么这种陈列也就越有意思。

　　我们越加了解地方，我们就会越加热爱它。对于自己地方的爱也就是对自己祖国的爱，在这种爱里面是蕴藏着苏维埃的爱国主义。给观众丰富的地方知识，以此增进他们对地方的爱，将苏维埃的爱国主义提到更高的程度，这就是地志博物馆一般陈列的光荣任务，博物馆的自然之部当然也不例外。为了完成这个任务，自然之部应当布置一个富于感染力量的陈列，由真正适合于展览的客体，精制的生像，大型的地质标本与矿物标本，艺术的并真正符合科学的透视画、生态图以及精致的画片，由这些东西构成的陈列是能达到上述的目的的。劣制的陈列品，小型矿物标本，大量的图表和图画，以及用教材代替博物馆的陈列品，都不能打动观众的心，不能引起他们对所见物品的兴趣，因此，这样的陈列也就当然不能完成自然之部所面临的任务了。

省立地志博物馆自然之部基本陈列构成示范

（1）地方的一般地理特性：地方在苏联地图上的地理位置；地方的自然地理图与行政地图；地方最重要的自然历史地区；地方之显著自然区。

（2）地方的地质学：该区地质构造的特色（根据苏联地质地图）；在该区领土内观测所得地质年代与地质分期相符合的地层模型，古代地形的模型或图片。

（3）地方的矿产：按照性质用途的矿物分类（建筑与筑路材料、矿物染料、可燃矿物、铁矿、农业矿物、化学原料等等），它们的经济意义。

（4）地方的地形（地形发生学）：该区在苏联地形图上的位置；该区现在地形的形成；地壳运动与大冰河的遗迹（漂石、冰河的痕迹、石堆——由冰河所积成的石土堆等等）；古代盆地的形成；地形与人类的经济活动；山崩与涧谷，它们的形成与对它们的斗争；涧边与分水岭的散布；风化流沙及与它们的斗争。

（5）地方的气候与生物气候学：该地在苏联气候地图上的位置；地方气候的主要特点，风向，气压，全年平均温度，春寒与秋寒，晴天的多寡，云雾，雨雪，雪幕，一年中四季的长度等等。地方的小气候与地方的物理地理特点有关；小气候的变化复与森林的栽培有关。

观察现象的对象，四季的图片，地方自然历书与农历。

（6）地方的水利，该地的水系在苏联水系图上的位置：

1. 地面上的水流：关于地方河、湖水系及其沼泽的一般知识，湖、河及它们在农业上的利用；池沼及它们的改良与利用；地方排水沟的水及其利用；池与水槽的修建（与实现多库恰也夫、可士堆切夫、维尼扬姆士的学说体系有关）。

2. 地下的水流：它们与地质构造及地形的关系；钻井与普通井；矿泉及其利用。

（7）地方的土壤：该区在苏联土壤图上的位置，关于地方土壤的主要知识。

多库恰也夫、可士堆切夫、维尼扬姆士的学说体系。与土壤侵蚀的斗争，土壤的构成及耕种。耕作的草田轮作制；多年生草在创造土壤团粒结构中的作用。

建立护田林带的斯大林计划，与其他实行多库恰也夫、可士堆切夫、维尼扬姆士学说体系的措施（位于森林草原与草原地带的博物馆应注意表明实现该项计划的措施）。

（8）地方的植物界：该区在苏联植物学地理图上的位置；按生长地区（树林、草原、沼泽等）的植物类型；地方的森林种植，如为地方护田之用而栽种的森林及灌木林。有用的野生植物及其利用；地方主要农作物；地方的新农作物。植物的病症、害虫及其防治。

依据米丘林学说对植物界的改造。该地标准品种中的米丘林品种。改良植物界及提高收获量的李森科方法（以人工诱致早日开花结实的方法，夏日马铃薯的种植，夏日紫苜蓿的播种，苏联卡萨赫共和国出产的蒲公英的窝种法等等，依赖于地方某些农作物的存在）在地方上的应用。

地方上米丘林式工作人员（学者与实验人员）的工作：他们的成绩与工作法（远种新交法、指导者方法、无性杂交法等等）。

（9）地方的动物界：该区在苏联动物地理学地图上的位置；该区业已绝种的动物；依居地而分的该地动物；飞鸟，候鸟，蛰伏鸟和定居鸟；护田林的有益的动物及有害的动物；益鸟的保护和招集；地方工艺兽类、鸟类、鱼类，和它们的散布情况；毛皮动物与产业动物的服水土与再服水土；天然水池与人工水池的养鱼业。

动物品种的改良。改良家畜与耕畜品种的方法（培养，费用，看护，饲养等等）。在地方集体农庄与国营农场，在纯种畜产农场中的实行。地方培养与繁殖起来的新品种的马、牛、羊、猪、鸡等。地方养蜂业与养蚕业上的工作与成就。

（一）地方自然与自然富源

地志博物馆展示的是地方的自然，展示的领土范围主要是由地方的行政界线（省）来决定的。在说明地方自然的特点时，有时不免也违背这个规则，然而这种违背只有在真正必要的场合下才许可。比如：不略为越过乌拉尔南部的界限，我们就很难说明契卡洛夫省北部自然特点。但是在展示伊凡洛夫省或土拉省的自然特点时，就没有越过地方界限的必要了，因为这种越界对于地方的自然并不能说明什么新的东西。省和地方的界限是犬牙交错的，它的某部分往往伸入邻近的地区。假如拘泥于展示全省所在的区域，自然很难说明那些"岛屿"的自然特性。我们在展示景观法时，可能会遇见下面这样的情形：本省（地方）的某一个自然历史区域只是邻省中相对区域的不太重要的"一隅"。不消说，要说明这样微小的部分，而不引用主要的材料（那就是邻区的材料）是不可能的。但是平常这种材料是不需要的，因为博物馆并不将本地方全部自然历史区域都展示出来，通常只展出各个自然历史区划的最典型的景观。显而易见，我们所谈到的部分，决不能说是该区的典型景观，也就是说，在陈列中不需要这些材料。我们下面所引证的例子都要求：只有当严格遵守地方的行政界线会剧烈地影响陈列的性质时，才允许越过地方的行政界限。

地方的一般地理特性

这个主题在地志博物馆的陈列中是具有很大的意义的，因为博物馆的观众正是从地理特性出发去认识地方的自然、地方的历史和经济的。这个主题的任务，就是把关于该省地理的基本知识传达给观众。

这里主要的陈列品是省的自然地理与行政经济地图。这些地图不应当是印刷机上印制出来的普通墙壁上挂的地图，因为这种地图上材料过于繁复，很难看下去，主要的是不能说明观众所愿意注意的问题。我们需要的是很精致的（在特曼纸、胶板或带涂料的玻璃片上画出的）设计图，在这个地图上只注载着必要的材料。大型的地图有两幅：一幅是自然地理地图，一幅是政治经济地图。在自然地理地图上，可以注明省的自然历史区域（用普通地图是不大适宜的，因为它或是没有经过系统整理而致不能给观众所需要的介绍，或是变成了或多或少地重复自然地理的地图）。这种地图不应当过多地注明村落与城市的名字，村落与城市的名字只有在作为必要的方位标志时才加以使用，其数量是极其有限的。在行政地图上也不需要注明过多的名字，上面只要注明区界、区小心，个别的最大的村庄，或者特别著名的地点（例如具有历史意义的地点等）就够了。行政地图是以若干小型的辅助地图来陪衬的，例如说明省在苏联地图上的位置的地图（注明是欧洲部分还是西伯利亚，还是高加索等），省界沿革地图（注明界线与必需的方位标志的小型地图）。

将省的领土大小同某些外国的领土（比如，用黑色的轮廓）相比较是很好的。辅助地图可环绕主要的地图来排列，如果可能的话，可以将它们放到主要的地图里去，这样可以节省陈列的场地。

为了使陈列活跃，可以在陈列中加入省的典型景物，饶有趣味的、美好如画的地点，和自然纪念物的图画或大型的着色的画片。

这里展出小型的全省游览路线地图，附带指出地志学家与游览家的最有趣的发现。这种展示可以引起观众对地志学家的兴趣，并发展地方的游览事业。

地图的说明文字应生动而简明，要避免将地图本身容易表现的知识放到说明文字中去。例如许多博物馆在原文中指出，该区与某某省某某省接壤，这种指示是多余的，因为邻省的名称可以很容易地在地图上看出来。

地方的地质

研究这个主题时，博物馆工作者应当记住：地形与矿产的展出是需要一系列的地质认识的，因此应当适当地布置陈列。

任何省都不是孤立的，一省的地质构造与邻省的关系在苏联（欧洲部分、西伯利亚等）地质地图上已经表现出来了。精确地绘出省的轮廓、地质情况，指出地层的延伸的地质地图也是服务于这个目的的。断面最好是用自然的材料制成镜板，或者用由自然的材料置于玻璃的圆柱体中制成的柱状剖面（深入钻探的结果）对展出加以补充。雅罗斯拉夫博物馆、谢尔巴可夫博物馆和其他一些博物馆就是这样做的。

地质地图是主题的主要陈列品，所有其余的陈列只是用来作它的解释与补充，因此我们对地图的修饰应给以特别的注意。地图上要饰以各种色彩，特别是对于每个年代纪，这种"标志"不论在地质断面或是在其他的陈列品上是应当重复的。例如，地图上用灰色表示石炭纪的时候，博物馆工作者在石炭纪的其他陈列品上也重复这种"标志"，这样，可以帮助观众了解各个陈列品之间的关系，一看就能分别出所有属于石炭纪的东西。

主题的目的是阐明自然发展过程的历史性，解释地质地图的材料是可以完成这个任务的。这些解释要按照省领域上所显示的时代和时期，系统地观察地壳和生物界的历史。

每个体系的展出都是由以下的方式建立起来的：古地理学的小型地图（指出在相当的时期中水陆分布及其相互关系），附有说明文的某些主要矿产的图画或照片（实物标本），以及大型的自然界改变的模型。这种模型不仅能使博物馆的观众认识自然界的古代地形，而且能使观众认识某些动物化石。它们还可以说明机体和它的生活条件的紧密关系，以及由于气候的改变等原因，在不同的时期动物区系与植物区系的有所改变（说明文应确定这些改变的性质）。模型应配以岩石学和化石学的材料，但不应大量陈列标本，只要提出最能说明问题的标本就行了。许多地志博物馆陈列了许多第四纪的巨大动物如猛犸、披毛犀等的遗骸，使陈列室变成了骨头碎片的堆栈。在陈列中第四纪动物的残骸，只要挑选少数完好的料料（如头骨、牙齿、颚骨、四肢骨等），其余的都可以放进藏品室里去。

仅仅展出在地方境内还有遗迹的时期，是不能使观众得到关于自然发展史的完整印象的，因为观众看见的只是自然发展史的个别环节。为了使观众得到完整的印象，并使其正确了解地质时期的顺序，必须在陈列中置入载有全部地质纪元时期的小型挂图。在挂图中，分期注出最重要的说明材料，这是对本地没有遗迹的时期而言；至于本区还有遗迹的时期，应注明："本区内还有这个时期的遗迹"。

最后，在陈列中应加入俄罗斯科学家的画像，他们的名字与地质科学的发展是分不开的（这些科学家有 А·П·卡尔宾斯基、А·П·巴夫洛夫、В·А·阿普卢契夫、А·Д·阿尔汉格尔斯基等），以及专门研究过本省地质的地质学家们。画像应附以简短的评语。

地方的矿产

完成祖国国民经济建设与发展的巨大计划与更广泛地利用地方的矿藏是紧密地联系着的，陈列的任务不仅要展示省内已经利用过的矿物原料的一切主要种类，而且要使博物馆的观众注意地方还没有掌握的资源，注意那些已被发现，但还没有利用过的矿产，注意那些地方可能发现的矿产（根据邻省地质调查的资料）。

陈列矿产并不要按照矿产的成份系统顺序，而是要按照其经济特征来布置陈列的，这种方法将使博物馆的观众对材料更加发生兴趣。材料可以分成以下几类：建筑材料、筑路材料、矿物染料、可燃矿物、铁矿、农业矿物（石灰、凝灰岩、磷灰岩、石膏等）、化学原料（黄铁矿等），根据地方的条件还可以布置其他矿物，例如，山区可以陈列有色金属、稀有金属及发光石等。

按地方矿产的利用情形分类，有三类矿产：（1）在省区中已发现并且已经在国民经济上加以利用的；（2）已发现但还未利用的；（3）根据地质资料应当发现的矿产，再按这三类指出矿物的经济性质（参见前述）。矿物应以相当巨大的标本展出（箱子、匣手里的小标本是没有趣味的）。

不要陈列大量的标本而使陈列过于累赘。首先应当陈列那些在地方经济上（或者在国家工业上）具有显要意义的矿产，未曾利用过的矿物可能具有很大的意义，对于可燃矿物也必须特别注意。

每件矿物的意义是由文字来说明的，我们还要尽可能用最后产品的最能说明特性的标本来说明它的意义。不要陈列那些无关紧要的产品，假如在地方只有一两家手工业的制陶厂，我们就不必展示土壶或土罐，但是，假如地方有好几家砖厂，陈列砖块倒是有意义的。生产问题不必展出（因为那是社会经济之部的任务）。

在陈列中可以展出有系统、有提纲的一套矿物学的材料。如果能够陈列地方重要矿产出产地的地图，我们应当用矿物标本来说明它。这些标本或者固定在地图上，或者放置在地图下面的玻璃柜里，用有色的彩线使之同地图的对应点联结起来。出产地与开采情形的照片可以作为地图的补充说明材料。

如果有可能展出地方境内矿产的出产地与分布情况，这种展出应当用有关矿物形成过程的材料来作补充。不考虑某种矿物同某地点的联系而展出形成过程，是不适当的，因为这样的展出过于抽象。

本主题以地方上的成人、青年和勘察人员在地质考察和大规模的地质调查工作中所获得的重要发现作结束，使广大居民阶层注意地质调查工作。展出应当非常精彩，暗淡无光的展出是达不到这个目的的。

地方的地形（地形发生学）

主题的任务首先是展示地形不是什么不变的东西，地形也有它自己的历史，其次说明地形与人类改变和改造地形的经济活动之间的联系。

地方现代的地形同邻省地形的联系，应在苏联地形图上的对应部分上表现出来，地方境内地表立体模型可以清楚地介绍地方的地形，地形的照片和图画可以用来作模型的补充材料。

地形模型表明的是现代的地形，我们还要使陈列说明、解释地形形成的原因。

现代地形形成的主要原因是地壳的运动，地壳的上升与下降，造山过程等，最好是用模型来表现，只有在完全不可能的情形下，才使用图片图画。某些小型的古代地理学的地图，也可以展示地表所经历的过程。

展出的下一阶段是外生的因素，那就是大气和水对地形的影响。

冰河盖覆过的地方最重要的当然是冰河的影响，主要的陈列品有漂石、冰河痕迹、黏土、成层的砂砾等。陈列应以大漂石、大石堆等的照片与圆画来作补充。大冰河地图，冰河运动图，说明文，冰河的模型等也可以作为说明材料。有高山的省里，应展示现代冰河情况，以说明雪崩及其破坏性的模型、图片与照片作补充材料。

古代广大的川地（第聂伯河、顿河、伏尔加河、鄂卡河等）、山崩、谷地的形成就是"水的工作成绩"，川地用模型展出附以图片、照片或图画。模型应说明山崩的过程，谷地的形成及防范形成谷地与山崩的方法，防波堤的建筑照片与图画要表现植林的情形。岩石崩落的现象，如果在区内相当普遍（或值得介绍的）才予以陈列。个别的大石穴或断崖，通过它们要能说明某些重要的地质因素，或可以拿来作为自然的纪念品才是值得陈列的。

"风的作用"，如当地有特出的风化现象，流沙及沙丘的形成，则可以加以陈列。展出不能像通常那样，只限于照片、图画与画片，对于沙必须展出沙的标本，对于风化必须展出风化的标本；砂坵与流沙应当用实物材料制成的小型的透视画表示，同时也必须展示防范流沙的办法（假如已有防范方法，可援引事实，假如没有，就指出防范的可能方法）。

说明人类经济活动对地形的作用，以及人类同水、风与其他因素的破坏作用的斗争是应当贯串着整个的主题的；至于人类怎样熟谙地形，则附属在主题的适当部门而加以展出。

地方的气候与生物气候学

简单地说明地方的气候，并展示地方气候同邻省气候的联系是不困难的，因为本区的领地可以在苏联气候地图对应部分上查出，最困难的是陈列地方气候的主要特点：风向，气压，全年平均温度，晴天的多寡，雨雪的多寡等，以及气候的变化同地形、植林、水系的变化之间的关系。

通常，所有这些资料，都是单纯依靠谁都不愿意看的数字表来展出的；为了使这部分陈列有趣味一些，必须将图画、具体的陈列品放到表格与图解中去，使场面活跃。例如用盛有颜色水的试管或玻璃圆柱体展示雨量，用棉花或硼酸来表示雪花，表示气压不单靠数字，而是通过气压表的水银柱的高度来表示的，至于风向可以将实物风标等作为补充材料。

陈列中应陈设最简单的气象观察仪器，和气象台的模型，这样的陈列品，每件都要说明某种气象因素（雨量计说明雨水，气压表说明压力，温度计说明温度等），而气象台的模型是用来展示综合性通报与表格的，用表格与图解（经过某种程度的物化）表明使用某种仪器的结果，博物馆就能使观众感到兴趣，使陈列活跃起来。

气象的照片与图片也能使陈列的场面活跃。

文字不应作为说明简单的气象特征的材料，这时最好是使用平易近人的图画，使观众可以理解到所展示的内容，而不必去阅读冗长的说明文。云层的性质，用小型的连环图画展出是合宜的。

小气候的材料也应该通俗，如果有景观，则应展出对应景观的小气候。最重要的是展示小气候的改变，因为这些改变是由于人类的改造活动（植林、建筑水库等）所创造的，如果我们将植过林的小气候与没有植过林的类似地区的小气候的材料加以比较，这样才能使观众信服。

展出生物气候学的资料能使气候部门的陈列大大地活跃。关于地志博物馆中生物气候学的陈列，一九四八年地志博物工作研究所出版的《生物气候学的观察》文集中，已有详尽的说明。这里我们只指出，在陈列中必须置入生物气候学观察对象，生物气候现象的日历，当地人民的解释（但不是迷信）；这些解释反映了当地人民对自然现象多年累积的经验与仔细地观察的结果，假如地方有相当多的生物气象观察者，那么展出生物气象地图（地图上指出进行观察的地点）与观察家工作结果是有益处的。

最后，陈列以当地自然历书与农历的展出作结束。

地方的水利

在这个主题的陈列中，有地上水（河流、湖泊、沼泽），也有地下水（矿泉、自流井与普通井）。

地方河流网与流域合并展出；应展出流域及流域上分布的地方水网图；附带可以引用关于地方湖泊、水系与沼泽形成的资料。

陈列的主要任务就是展示地方水利同人类经济活动的关系，以及水在改变地方地形方面的意义。

河流的作用（冲洗、旧河床的形成、搬运与淤泥、沙碛的堆积、沙洲的变动、航路的调换与改变）可以用图式与模型展出。模型最好，因为它比纸上的图式更明白，更有趣。模型应尽可能用实物的材料制成，画与照片作为补充材料。

湖泊的类型可以用图画与照片展出。沼泽的形成用模型展出，附以形成泥煤的植物的标本，泥煤各个形成时期的标本，水藓、木贼属植物泥煤的种类。这里也可以展示沼泽的矿产：铁矿、蓝铁矿及其他，并说明它们形成的过程。

地方的沼泽，可以包括在"地方的植物界"的陈列中，而在"地方的水利"主题中，只展出地方沼泽形成的地图。

人类经济活动是在与所陈列的现象紧密联系的每一个副题中展示出来的。展出地方的河流时，应陈列防洪防泛的材料，及疏浚航路的材料等。展示沼泽时，应表现沼泽的排水、草地、菜园与耕地的使用，及利用泥煤开采地的凹塘养鱼。对于实行了防御干旱的斯大林计划的地区，应特别注意水池与水槽的修建（地方排水沟的水及其利用）。

展示地方的地下水时，必须首先说明它们同地质构造及地形的关系。最好是展出表示水位的模型。也可以用模型展示钻井，为此，必须采取现有的某个钻井的资料（有关水的分析及水的喷出量的资料，可以用来补充模型）。

普通井（图样、图式或模型），以及根据对于普通井的观察所得的资料（依据季节而改变的水位的涨落，雨水，水的分析），可以用来展示对地下水的利用，这里必须指出井的照料方法（清除污秽，建立排水地点等——文字与图画）。

城市的给水是社会主义经济之部的主题，在自然之部，假使要展出的话，也只能展示防止污垢的办法，水的清洁法，（通过化学的与机械的洁水方法，来说明这些方法的意义）。

矿泉也算作地下水。矿泉只要展出分布（地图）资料、照片、简短的说明，水的成份、温度、喷出量、用途及其医疗的功效，只要能说明矿泉在国民经济上的意义就行了（社会主义经济之部才详尽地展出）。

地方的土壤

要使博物馆的观众知道：田地是人类劳动的产物，人类是可以改造土壤的——这就是本主题的主要任务。土壤的类型及其特性是与某地区的地理位置（气候的特性）紧密相关的。我们可以在苏联的欧洲或亚洲部分的土壤地图上，在对应的地带划出地方的领地，然后展出详细的大规模的省的土壤地图，地图可施以彩色，精确地划分主要土壤的类型。如果更仔细些，可以展出某个集体农庄的土壤地图（土壤计划）作为该集体农庄经济计划的基础。

地方主要的土壤整块展出，附以采集标本、土壤断面与特有植物的图画，农艺土壤的说明文必须简短。

此外，应简短地指出土壤的来源（形成过程），及土壤形成的因素，气候的作用，岩石的风化（实物标本），动物与植物在土壤形成过程中的作用（小的钻挖动物，植物与微生物在腐殖质形成过程中的作用）。

主题的中心部分乃是土壤的构造（具团粒结构的土壤的构成）。

多库恰也夫、可士堆切夫、维尼扬姆士的学说体系。俄罗斯的科学家多库恰也夫、可士堆切夫与维尼扬姆士，创造了关于土壤的新学说，他们认为土壤是自然的特殊体，它是生物与无生物之间的过渡形式，土壤有力地影响着植物，而通过植物影响到动物，土壤本身，也是经常在有生物的影响之下（更不说无生物了），田地就是人类劳动的产物。

土壤是有生物培养基以及无生物因素（气候等）相互影响的结果，如果改变了这些因素的相互关系，我们就可以改变、创造新的土壤。

维尼扬姆士的学说指出了改造土壤，使土壤更加肥沃，改善土壤的结构的方法，这个方法就是耕作的草田轮作制。草田轮作制不仅是农艺方法的大成，而且也是植物农业与畜牧业的结合。草田轮作制可以创造土壤的固定的团粒结构。"地方的土壤"的主题，应当给耕作的草田轮作制开辟显著的陈列地位（在"社会主义的经济与文化"之部，草田轮作制只是当作操作方法来看，自然之部应当把这个制度和土壤的生命联系起来看）。

在种植一年生的植物时，在单纯的机械原因、物理化学和生物学原因的影响之下，田地的土壤不可避免地要丧失其团粒结构，变成无结构、分散的土壤。土壤丧失团粒结构的必然后果是收成减低，为了恢复并保持团粒结构，必须有这一种耕作制度，使土壤经常保持所谓活跃的腐殖质，因为只有这种府殖质才可以使土壤结块。实行耕作的草田轮作制后，多年生草本植物也可以种植了。

在陈列中，可以展出一年生草本植物，在仲夏的时候，它有完全的根系（以土堤作为背景），然后，同样的植物——在夏天的末尾，收获日后二十日到二十五日，它的根就早衰了，很快地分解，直到完全矿物化。我们再看多年生的草本植物，通过这种陈列品来说明衰亡的时间，它们根的分解就比较慢些（在各个时间——夏天、晚秋、翌年春季取来的带有完全根系的若干植物）。各种草本植物（多年生禾本科与豆科）的作用在构成土壤的团粒结构的过程中是不一样的。多年生禾本科的根主要是在土壤的上层发展，在土壤的上层形成府殖质，把土壤结成小块，但是不产生永久的结构。多年生豆科植物的根很长，能够从土壤的深处吸收石灰质，根死了以后，根的石灰质就使团粒有坚固的性质，遇水不容易瓦解。单纯一种禾本科或豆科是不能使土壤得到永久的团粒结构的，我们需要多年生禾本科与豆科的混合种植。说明多年生禾本科与豆科植物在构造土壤的团粒结构的最好陈列方法是以"截面"（根据"地方的植物界"主题所展示的生态学方面的标本）形式展出的，根据这样的陈列方法可以立刻使观众懂得某种植物的意义。由于地带不同，必须介绍不同的禾——豆混合种植，这种植物的采集标本与植物种籽的标本，可以分别作为补充材料展出。

对于植物土壤的团粒结构的意义，可以根据两种在不同的土壤上——有结构的与无结构的土壤生长的植物（黑麦与小麦等）加以说明，这些植物（特别是旱年）的外表，令人信服地证明土壤的团粒结构的意义。

由于水的冲洗，风的吹拂，土壤的表层会发生分解结构的现象。护田植林（防风），谷地及分水岭的植林（防止雨水冲洗形成谷地），可以防范风与水的破坏作用。防护地带可以保持草原中土壤水量，使小气候温和，防止干旱。水池与水槽的建立可以正确地利用地方排水沟的水量，并调节气候。

党与政府"关于植林、实行草田轮作制、建筑水池与水槽以保证苏联欧洲部分草原区与林原区丰收的计划的决议"，乃是实现多库恰也夫、可士堆切夫、维尼扬姆士学说体系的宏大计划，推行该项计划的地区的博物馆，应特别注意该项计划的展出。

在最近期间内，这方面的陈列可以根据当地的条件，分两方面来进行。境内已有防护植林的省，可以展示部分材料，说明防护植林的良好效果。没有地方性材料的博物馆，因为该地只做了划定地带的工作，在陈列中不仅要陈列有关植林报导，而且要陈列一系列的"预测"，这样的"预测"要说明建立了防护地带之后动物区系方面可能发生的改变。例如将出现地方前所未有的新的鸟类、昆虫等，这些"定居者"对于该地带，并且对于邻近地带的农业附属地可能有益也可能是有害，因此事先要采取措施，广泛地招引保存有益的定居者，并消灭有害的定居者——这是一个非常重要的问题，必须陈列相当的材料（例如，可能定居鸟类的生像，指出其害处或益处，指出防范或招引办法），博物馆应唤起居民注意保护植林。

在"地方的土壤"主题中，应尽量详细地展出关于土壤团粒的结构的构成，然后应精简地展出地方草田轮作制（主要是从土壤的恢复着眼；其经济意义将在社会主义的经济之部展出）。大气与水侵蚀土壤的现象，与防止侵蚀的方法在"地方的地形"的主题中展出，在"地方的土壤"方面只须简单展出。在"地方的土壤"主题中，假如场地允许，可以简短地陈列该区乔木与灌木的品种，作为对植林地图（计划）的补充材料。

具有研究与实行防护植林实验站（例如，康明罗斯捷普实验站，新安宁区，斯大林格勒省等）的省份，主题的中心部分应当是草田轮作制以及多库恰也夫、可士堆切夫、维尼扬姆士学说体系，集体农庄或国营农场如有实验站，陈列的重点也是这样的。

地方的植物界

任何地方的植物界（除北极圈以外）都是非常丰富的，因此别说要陈列植物的全部种类，就是这些种类的一半，也是不可能的，无目标的；因此，"地方植物界"陈列的任务，不是向参观者展览地方多数植物的某种固定形式。其所以不那样广泛陈列的主要原因，并不是因为技术上的困难；因为在这里，技术问题并不复杂，只是采集标本而已。主要在于：如果陈列的种类太多，参观者的注意力就会分散，那么，陈列就不能达到应该达到的目的，参观者就不能得到一个关于地方植物的特性，关于植物在人类经济活动中的意义的清晰概念（见树木而不见森林）。陈列工作者，在这种场合下，就不应追求陈列在形式上的丰富，而必须慎重考虑如何通过较少的植物种类，给参观者一些关于地方植物的主要知识，并且给参观者的不是单纯的"标本一套"的形式，而是给他们说明各个现象的某种相互关系。

植物地图可以给参观者关于地方植物与地方现状的一般概念。这样的地图无论如何需要两张，第一张指出地方在苏联的欧洲或亚洲部分（西伯利亚、高加索、中亚细亚，看地方而定）的相对的植物地理带上的位置。在这张地图上，要精确地划出地方的界线。地图的内容与装饰具有很大的意义，因为地图的认识价值是与地图的内容和装饰分不开的，仅仅注载植物学地区的地图，对观众来说还是不够的（普通所谓"苏联植物地图"就是如此），在地图上也应当注明土壤地区，这样就可以说明植物与土壤的关系。但是，在地图上应当注明某些植物分布的界限，譬如，苏联的欧洲部分必须陈列生长松树的北界和南界，分出松树不定期生长的南界和生长赤杨、野苹果树、槲树、枫树、菩提树及其他树木的北界（关于木材品种分布界限的资料，可以在植物地理学方面的通报中获得）；再从这样的材料中，选出对于地方具有特别意义的资料，例如，对于莫斯科省、乌拉基米尔省、高尔基省就没有特殊的必要去指出生长松树的北界，但却必须指出槲树、野苹果树分布的北界和生长松树的南界。为了说明植物的分布与气候特点的关系，必须在地图上注明若干等温线（例如一月及七月的等温线），这种资料将地图由"植物地区图"变成了"说明的"陈列品。

第二幅地图，比较大型，展览地方现代的植物（森林、草地等的分布），有趣的植物分类的摄影与画片，以及特别具有风趣的、罕有的植物采集标本，都可以作为对该地图的补充。

如果地方有禁止采伐区，则应陈列禁止采伐区（包括保护植物及个别标本）。

具有这种地图（或制定地图的材料）的地方博物馆，就可以陈列第三种地图，这就是农耕前时期（二○○——三○○年前）地方植物图，因为这张地图显示了由于人类的活动，地方植物的改变（此种地图可以在莫斯科省与高尔基省立地志博物馆中看到）。

第二类陈列品——按植物的生长地来展览（地方野生植物生态的展览）：森林、草地、草原、沼泽的植物。在这里，选择陈列品是有困难的，因为必须通过简短的陈列，说明丰富的问题。陈列品的选择决定于每个植物区。于是，在展览森林的时候（任何型式的森林）就必须陈列森林地层的意义与利用，及森林保护法，对于牧场与草原，必须说明它们的形成过程及产量。森林地层的展览，就是对于每层特有植物的陈列。牧场式草原形成过程的展览，可以陈列某种类型草地与草原特有的植物等。但是，除此以外，还必须说明许多因素，即：植物区（及其各成份）、地形、土壤与气候的相互关系，然后，在所陈列的植物上，要展览达尔文主义的各个因素（变异性、再生性、各种自卫法、繁殖法、适应性等），这些要求是否能完成，就要看在陈列中选择植物的种类是否成功了。

例如，在陈列松树或枞树时，可以精确地说明这两种树木同一定的土壤的关系，它们的趋光性（通过趋光性说明同别的木材种类的相互关系），在陈列（某种类型）针叶树林的生长地区时，可以从最低层的藓苔植物直到松树或枞树（例如趋光性与背阴性）说明其间相互的关系。陈列落叶树，特别是阔叶树可以说明草本植物依从于树叶生长的程度（例如某种草本植物的开花期）。

在陈列某种类型的树林时，应首先陈列当地使用得最广泛的树木（如建筑材料、木柴、细木料），此种树木的病虫害尤应特别注意。

野生的有益的植物，最好是由个别的小标题来陈列，这样就能给野生有益植物区系的成份以精确的概念。此种植物按其经济特性来分类：食用类、滋补类、药用类、鞣皮类、染用类、制油类等。每种植物均以采集标本的形式陈列，然后陈列植物的可用部分及产品的标本，并对用途加以简短说明。对于药用植物，必须陈列其制成药品；对于染料植物也必须陈列受染的织物标本等。

主题以农业植物（包括这些植物性的改造）的陈列作为结束。要陈列地方的主要农业植物，其分布及动态，地方新农作物——田地的、菜园的、果园的等等。同时还应陈列普通的和专用的野草芟除的方法。

主题的全部陈列依赖于实物材料：腊叶标本、果实（塑制品）、种籽、树木切面。透视画与生态图只是作为说明材料才加入的。如果天然实物不能加入陈列（树木、植物的类别、特别的植物区等），就可以使用照片和图片。当展览某种植物区时，特别是草本植物，应当尽可能广泛使用透视画与生态图，但要严格奉行科学的真实性。不能作出为该区所没有的植物的生态学纵断面图，也不能在纵断面图里加入两种开花的植物，如果它们不是同时开花的话。简而言之，生态学纵断面图（透视画也是这样）应当严格地符合自然的本来面貌。标本的数量应当符合于自然的相互关系，就是说，种类的自然百分比率必须遵守。

全部陈列必须说明达尔文主义的因素，及人类在某个植物区或在地形改造中的作用，也要陈列出建设绿荫区及其在居民的生活中所起的作用。在防护植林十五年计划所包括的省份中，陈列这些植林当然就更应重视，在这里必须介绍品种的标本（树木照片、干制树枝、果实与种子）、特征、病虫害及防御方法。

根据米丘林学说，展览植物的自然改造，应以地方性材料为主。然而，这并不是说在陈列中，只有当地米丘林学者的成就和他们所培养的新种及工作方法，而是要通过现有的陈列，说明米丘林普通生物学的原理。在"附录"里，关于如何陈列米丘林与李森科的学说及创作，已有明确指示，各地在选择陈列品时，应加以参照。

关于米丘林学说及其主要创作和工作方法的展览，最好根据米丘林自己所创造的品种来说明。作为省的标准品种的米丘林品种，为此提供了充分的可能性。陈列这些品种的历史过程时，可以用它们作为实例，以便使博物馆的观众认识远种新交法（米丘林品种大多是可以利用的）及培育法。其他有关米丘林法，可依现有适当的品种来陈列。米丘林品种（品种中的以及品种之外的，但都必须是省里所有。例如个别的业余园艺家所藏有的）的陈列，应说明它们在省内的分布情况及其经济意义（不是无根据的，而是以其收获量、耐寒性、抗疫性等，与普通地带的品种相比较的方法）。

陈列地方采取李森科改变植物性以提高收获量的方法时，不应当局限于农业技术的说明。正如陈列米丘林的创作一样，要通过李森科方法的陈列，说明主要的理论原则，特别因为米丘林学说的特点就是理论与实践的紧密联系，因之，陈列就一定要说明这种关系。

陈列春化法时，应当注意的不是方法的技术方面，也不是它的经济意义（这是社会主义的经济与文化之部的任务），而是现象的生物学的方面。这样，通过春化法的陈列，可以使博物馆的观众认识阶段性发育的理论和苏维埃科学的最大成就；同时根据简单的、令人信服的实例，来表明机体与生存条件不可分割的关系，以及环境对机体的影响。南方各省份的博物馆，可以根据夏种马铃薯这件实例来陈列（关于选择陈列品的指示，参考以达尔文主义为题的"附录"）。

苜蓿的夏种、橡胶植物的窝种、杂交时血亲相近配偶的选择、品种内部的授粉作用、冬麦的播种、多穗小麦的播种及其他的李森科院士所研究出来的掌握植物发育的方法，只有当它们被地方所采用时，才能陈列。陈列是平行的（例如，普通播种与广畦播种的多穗小麦，窝种与非窝种的橡胶植物等），因为只有这样才可以精确地说明方法的意义。

应当特别注意陈列地方米丘林学者的创作和成就：农业实验场、实验室、个别专家、业余园艺家等，应该陈列的不仅是"成就"，而且是工作的方法（远种新交、无性杂交法，指导者工作法等）。正是通过地方米丘林式工作者的工作，才可以显示出无性杂交（例如番茄、香瓜与瓜类等的操作法）是一种最有趣、最有意义的方法。其陈列法有时根据天然的陈列品，而在某种情况下也根据活的植物（仅在夏季）。应当尽量广泛地陈列地方米丘林式工作者过去或最近在操作实践中的成就。

进行陈列，依赖采集标本、实验标本、果实的塑制品、种子的标本，图片只是一种补充说明的材料。陈列地方米丘林式工作者的照片时，最好也要陈列苗圃、实验场以及某种植物的照片。

陈列博物馆附近的活植物是很有趣的。只要有了良好的组织工作，那么这个地区不仅对于陈列工作是一个很好的补充，而且可以创造许多陈列品。

在建立"地方植物界"这一陈列时，不要将米丘林生物学局限于"植物自然的改造"的陈列，就是只根据农作物。米丘林生物学的基本条件应当在陈列野生植物时予以说明，这些植物比动物为这种陈列提供了更多的可能性。这里可以陈列环境的改变作用（例如两栖植物）、机体及其生存条件的不可分割的联系（例如菌类）。帕·阿·克列尔院士在他的著作《植物进化原理》（一九四八年苏联科学院出版）中，提供了许多关于环境影响植物的好例子。如：圆叶的铃兰常常有两种不同形状的叶子，一种呈圆形带齿状边，一种是长形圆边。研究的结果，发现：叶片的形状是与受光的条件有关的，光线弱就呈圆形（光线影响到内部的条件，影响到引导形成叶形的生理过程的趋向）。在阔叶林里，常常有一种奇异的紫罗兰，早春时，林子里阴影少，这种紫罗兰开出硕大的芬芳的花朵，夏季，在多荫的林子里，她便开出一种不美观的细小的花朵。为陈列选择这种实例时，应当记住，这些实例必须取之于当地的自然界，千万不要陈列本地所没有的植物。这种陈列均系以采集标本进行。

前面已经指出过，博物馆在建立自然之部的陈列时，越是广泛地使用景观法，就越是压缩了"地方自然与自然富源"部的陈列品范围，对于某些部，比如"地方植物界"部，这些陈列的压缩性是很大的。因为按照植物的生长地（那就是各部材料的大部分），全部陈列将搬移到"景观"中去。但是，就是在这种场合下，在"地方自然与自然富源"部门中，完全除去"地方植物界"一部，也未必是合理的。有些材料很难加入到"景观"中去，或者即使将它们放在某种"景观"中去显然也是不恰当的（例如植物地图就是这样的）。如果所有材料要分配在某几个景观之中，这样就会使观众不能得到关于适当的客体现象与类别的完整概念，因此，就是在有足够广泛的景观陈列的情形下，最好是保留"地方植物界"这一主题，以便给观众以关于地方植物的总印象。这时，在主题中具有地方植物地图、景观生物学的分类法（作为对地图的补充）、有益的野生植物（重要的是，将各个主题中的展品一道陈列，以便造成地方资源的完整概念）。农作物在这种情况下，可以搬移到景观中去（"农作物景观"），其余可以分到我们已经说过的任何主题中去。

地方的动物界

任何地方的动物种类，总要比植物的种类多上好几倍，因此陈列的只能是地方特有的种类中的一小部分。按照动物的不同种类，陈列地方动物种类的完全性是很不同的，两栖类、爬行类（在苏联欧洲部分的中部共约有十五种）与鱼类可以全部陈列出来，哺乳类可以陈列大部分，小鼠类则只陈列一部分。要陈列全部鸟类是很困难的，中部博物馆只可能陈列二百五十种样子，至于候鸟的种类就更多了。大部分的无脊椎动物，因为体积太小，已经无法陈列了。昆虫类的数量也有好几千种，而且大部分体积都很小。显而易见，按照动物分类，大部分均要求严格地选择陈列品。选择的主要原则是：一方面是动物在人类经济上的意义，另一方面是地方的特产动物。遇见要从两个或两个以上、似乎同样有趣的、但没有特别大的经济意义的种类中加以选择时，应当偏重于那种能够通过它更好地说明进化学说的某种因素。

正如"地方植物界"的陈列一样，动物界也不应陈列个别"标本"，必须使它说明动物之间的相互关系，以及动物与植物的关系等。这个目的只有采用精制的生态图方法，通过陈列品的综合布置（早先采用的例子之一——布谷鸟的陈列）才能达到。通过陈列来进行达尔文主义的说明（变异、适应、有机体的相互关系等），不应当带上"强制地加入"某种特别为此目的的陈列品。主要陈列物的适当修饰，可以阐明必要的因素，而不必多余的突出陈列。留给陈列品的一行标签，使观众看到并理解陈列品所指出的因素，假如陈列品装饰得不成功的话，那么，在某种情况下，要求简短的说明。上述布谷鸟就是要求这种说明文的实例。但是，对于陈列，例如变异的陈列，并不需要特殊的说明文，只是在标签上加以说明就够了。许多关于陈列个别的达尔文主义因素的实例，在"附录"（"达尔文主义"的主题）中已经举出来了，它们完全适用于主要的陈列品。

关于地方动物界特点的一般介绍，陈列苏联欧洲部分或西伯利亚（看地方而定）的动物地图，划出地方的界限，都可以作为补充地图的材料。有一些小型的地图，指出了某些动物品种的地方分布：是农业的，特别珍贵的，被保护的。这种地图最好是以该项动物的图画作为插图（地图上的动物画）。为了阐明地方动物区系的改变，这里陈列出在历史的过程中已经淘汰了的动物，例如，苏联欧洲部分中部地带的许多省可以陈列麋、冰狸、野猪、羚羊、雷鸟；草原地带可以陈列驯鹿，有些省也可以陈列野雁等，假如能配合这些动物从前在地方的分布情况图，或地方从前的植物分布情况图一并陈列，那么陈列就更出色了。

动物区系的改变，不限于只是某种动物的消失，地方往往也出现了新的动物，例如，随着耕地的扩大与森林面积的缩小，旷野的动物例如灰兔、灰鹧鸪等，便由南方的草原地带迁移到森林地带去。陈列一度消失而现在又出现了的动物，可以说明由于人类的活动，动物区系也改变了。恢复并丰富动物区系是动物区系改变史上新的因素。有些迁来了某种早先在省里有过或前所未有的动物，有些省采用搬迁或放生的办法，恢复了早先的动物：野猪、麋、羚羊、冰狸、麝香鼠、豺狗及其他的一些软毛兽，使他们定居下来，加入地方动物的区系。所有这样的动物，最好是在地方动物界的一般说明的副题中陈列，而不是按居住场所来作一般性的展示（如果需要，只好重复陈列，但是不要疏忽动物的地理特点），因为它们是说明动物区系改变的例子。

按居住场所陈列地方动物时，应陈列森林（各种类型的森林）、草地、草原、水池等。每个场所均应展出典型的动物。针叶林中黑色的啄木鸟就是典型的，而斑色小啄木鸟就不太典型了。黄雀与交喙鸟是枞树林特有的居住者，莺鸟则在针叶林与阔叶林里都可以遇见（只应作为一种普通的，分布广泛的鸟类来陈列）。

选择森林动物时，应特别注意它们对森林（及森林经济）的意义。比如在鸟类中，应陈列最有益的食虫鸟（害虫的歼灭者），在昆虫中，恰巧相反，首先要展示森林的害虫（某类森林的典型害虫）。

选择水生的和沿岸的动物区系的陈列材料，比较复杂，因为不同的水池常常有完全相同或类似的动物。比如湖和大河湾的水族就极相似，在湖或河的沼泽地带的水族也有许多是同样的；因此，为了避免繁殖起见，最好是把动物按特征分类，这样就有了流水的动物，静水的动物，沼泽动物与各种岸滨动物（包括浅滩）。替水族制作透视画，比替陆地动物制作透视画是难得多的。制作"没有水的水族馆"的透视画总是没有趣味的，因为离开水的鱼类生像看起来总是不自然的。水底植物也是一样，因此最好不要制作大型的"水底的透视画"。对于小动物，例如对于白杨鱼可以制作湿地的生态图，因为这种生态图看起来并不坏。

工艺兽类与鸟类为数不多，因此可以分两方面来陈列：一方面是动物的居住场所一览图，一方面是"地方工艺动物"的副题；前者的观点是生物学，后者的观点则是工艺。博物馆要避免材料重复的现象，陈列每种工艺动物时，应附以说明该工艺动物地方分布的小地图，捕具及捕获物多少的报道。软毛兽生像的陈列，应以该软毛兽皮子（生皮与熟皮）作为补充。

大工艺鱼类应陈列生像（如果没有生像应陈列图片），小型鱼类（例如鲤属小鱼）就可置入酒精或福尔马林液中，长达十五到二十公分的鳊鱼或枪鱼就不宜作这样的标本了。为了节省陈列的场地，捕鱼的工具可陈列小模型（如果能陈列真实工具当然更好）。

小工艺动物部门还有：捕虾、采海扇壳和制造珠母纽扣。

陈列工艺动物时应附带陈列工艺动物的危害者、狩猎期限、禁猎区、禁渔区——这些都是保护工艺动物的措施。植物的害虫是在"地方植物界"主题中展出的，地方的动物界只须陈列传布疾病的害虫（疟蚊、蚊）吸血蝇、灶虫等，以及扁虱等寄生虫，动物的害虫（马蝇、牛虻、扁虱等），可以和农业动物同时展出，也可以在"动物寄生虫与疾病散布者"这副题中联合展出。

本主题的最后一部分就是家畜与农业动物及其改造工作，陈列的目的不仅要使博物馆的观众认识地方畜牧业状况，而且要使观众积极为增加牲畜总数改良品种而斗争。应陈列地方最普遍的品种并作简单的介绍。对于大型动物当用照片与图片，家禽则必须展出生像，小牲畜的陈列最好也用生像。假如地方的养蚕业与养蜂业发达，也应予以介绍。在展示养蜂业时，应当介绍地方的制蜜情况。

表现动物的改造要比表现植物的改造难些，仅用博物馆的资料——照片、图片等很难阐明动物改造工作，表示"培养"过程——养育、照护、饲养等的照片、图片是没有什么说服力的，只有比较了经过"培养"与未经"培养"的动物之后，才能使观众信服。我们应根据具体的例子来说明"培养"方法的意义，成绩卓著的良种畜牧场是可以取来作范例的。为了比较，可以陈列通常的家畜与经过"培养"的家畜的照片与图片，说明了这种区别，可以使观众理解并重视这些方法。如果地方没有自己特有的用"培养"的方法得到的新种，任务就简单了，改良品种的历史就能说明改良品种的方法。

大型的动物（牛、马、猪）用模型或图片展出；小型的动物，例如羊，最好是展出生像，当然地方采用的以及在地方繁殖（但不在本地培养的）新的品种，也应当陈列，并须陈列获得新品种的历史（新品种初期的形态及工作方法等）。

除大小畜牧业与家禽业之外，还应当介绍在养蚕业与养蜂业方面的成就。许多地区培养了中国柞蚕，这种柞蚕就是一种很有意义的陈列品。在养蜂业方面，可以介绍管理蜜蜂的方法，如驯养草蜂的方法（主要的依靠照片材料），以及区内的新种（实物）。

前面讲过，广泛使用景观法时，"地方的动物界"这一主题的材料就可大大地压缩了，并指出在这种情形下应怎样处理"地方植物界"主题的材料，这些指示对"动物界"仍旧是适用的（在压缩的主题中，保存地图及"地方的工艺动物"的副题；农业动物则根据对农作物所作的指示而展出）。

（二）地方自然历史区域及其典型景观

景观法是介绍地方自然的最好的陈列方法，这种方法可以说明各种自然因素：地形、气候、水系、土壤、植物与动物的相互关系，然而实际上用景观法去解决陈列的问题时，是会遇到许多困难的，这些困难一方面是由于对于各地区的自然历史区域研究得不够，一方面也是由于大多数博物馆缺乏根据景观法来布置陈列的材料。有人认为景观法不能全面地反映各种地方自然与在自然中进行过及现在仍在进行的过程，这种顾虑是不合理的。通常，任何非景观法的陈列都不能反映自然界的多样性，以及过去和现在自然界所经历的过程；其次，景观法乃是最广泛的陈列方法，假如在这样的陈列中有所遗漏，那并不是方法的过错，而是那些未经周密布置就采用这种方法的人的过错。

景观通常讲的是地面部分，景观包括的一切自然因素（地形、山脉、水系、气候、土壤、植物与动物），在其一定的发展与存在的条件的影响下，在改变与改造自然的人类的作用下，构成了统一的自然的整体，密切地联系在一起。依靠这些特征的综合，可以区别一个整体与另一邻近的自然整体。主要的景观是河流及其浸水地，森林及旱沟、草地、池沼、湖泊、地形、草原等等。

前面已经说过，博物馆如果建立了景观法的陈列时，地方的自然与自然富源这一部门可以展示景观构造之外的地方的自然，同时也说过关于划定上述两个主要部门之间界限的原则，因此，在这里只讲在两个部门中同一对象的陈列方法，以说明在景观中"综合原则"的可能性。

例如，在介绍河谷的发展阶段时，"河流及其浸水地"的景观，只介绍小段河流及其浸水地，因此当然不能表现河谷的形成过程，"地方自然与自然富源"部门是可以完成这个陈列任务的。因为在布置"地方水利"的陈列时，陈列者不会局限于特定的河流地段，他可以使用任何的地方材料。这样，如果在陈列中包括河流及其浸水地与地方的水利两部分，那么，河流形成的综合性的知识就可以说明了。假如整个的陈列都根据景观法构成的，那么在什么地方作这种综合性介绍呢？当然，是在景观法的对应部分。景观不是盲目的抄袭一定的自然地区，任何景观都包括了一系列的补充材料，并应包括说明该景观"局部的"材料的材料。"河流及其浸水地"的景观主要指出具体河流地段造成的河谷。补充陈列的材料，应阐明河谷形成过程的各方面，那就是"地方的水利"主题中的材料。只有使用这种方式，才能使观众把具体河流地段的知识与生活中的体验结合起来，而不致使他们不停脚地走到另一个陈列室里去。

个别动植物在两个部门同时存在时，是可能发生重复的现象的。这种重复也许只是所谓动物或植物名称的重复，而不是陈列品重复。各种陈列方法与对陈列品的说明，是可以避免重复的。当然，这种情形最好是少发生些，但是在陈列中有这两个部门，要完全避免重复是不可能的。例如，在"森林"的景观中，我们不能够放过森林特有的动物或植物，而在生态学的陈列中也不能不陈列这种动植物。

作出无所不包的景观设计，是不可能的；因为每个地方都有它的特点。但是，为了帮助博物馆工作者布置景观，我们姑且举几个例子，每个景观的主要陈列品，透视画，环绕透视画布置该景观的典型材料，透视画不要用大型的生态图代替，因为生态图只能和其他的材料一样，只可以当作补充材料。

"河流及其浸水地"景观

在这个景观中包括：河流——河床与河岸，浸水草地与森林，湖泊与旧河床及动植物等。

该河地段大规模的计划应附以地方小地图，在地图上标出该景观的所在地（具体的地点）。

河谷地区的模型，根据钻探材料作成的谷地断面图，山脉的模型应陈列在地球形态学的部分，如果该区有过典型的山崩现象，那么与这种山崩的性质及其防范方法有关的材料，应全部由"地方自然"部门中转移到这里来。

地质学：河谷的地质断面，有用矿物的分布图（如果有矿产的话），有益矿物的标本与典型露头的照片或模型。

水文学表现在旧河床、湖泊、河谷的形成过程，河床的改变，航路的迁移及岛屿的形成等几个主要方面；并应陈列材料，说明结冻与解冻，水的涨落，水产的利用以及与之有关的人类的经济活动。

关于河流及其浸水地的气候的材料，应加以陈列。该地的土壤地图，石砾与岩层的标本，都可以用来表示土壤的情况，通过断层可以指出地壳上高原到浸水地的演变。人类的活动，可以通过改善浸水草地，利用浸水草地灌溉菜园的工作表示出来。

植物方面，主要只陈列水生及岸滨植物。这些植物可以有力的证明某些植物对其特有的生存条件的适应，例如两栖植物在水底过冬，繁殖迅速等。

浸水草地的植物以生态学断面图的形式陈列。植物标本、稻麦标本（说明草原生产力）、照片都可以用作对生态学断面图的补充。河流的浸水地的森林，应制成透视画（画在后景上）。木材品种的标本可作补充陈列的材料。

动物中只有有限的一类可以陈列。水生动物中，凡属大型的，应单独地陈列，小型的可以搜集在浸制瓶中。陆地动物中只陈列几种在该地形下最特有的动物。动物不应使透视画担负过重，如果景观有大河（或浸水地有很大的湖泊），则应陈列水鸟，为此须布置透视画或生态图。

陈列与该地区河流及其浸水地相关联的生产部门、运输、旅行路线等，以说明人类的活动。

"森林"景观

森林不应像通常设想那样陈列。在自然界里，单纯的"森林"是没有的，森林有各种类型：松林、枞林、赤杨林、櫟树林等。然而，由此不应得出这样的结论，即认为各种森林都应当在陈列中反映出来，应陈列的只是地方境内最普遍的森林，也就是地方的典型森林。

陈列从地理位置开始。在该省的森林地图上划出典型森林的位置。

地质学、地球形态学与水文学在这种景观中并不突出，因此，也不陈列。但应陈列断面图，表示森林同地形与地质构造（岩层与地下水）的关系，以补充省的森林地带图。

假如博物馆有关于森林气候的资料，应予以陈列。假如没有这种资料，应说明森林对气候、地下水系及保持水分的意义（图片、图表、文字），生物气候学的资料可以作为气候的补充材料。

森林的土壤：森林的土壤地图，森林的典型土壤（石砾、标本等）。森林植物与地形对土壤的影响是用断面图来说明的。普通的小型地方土壤图，可以阐明（通过地壳的性质）森林面积的改变。

森林中典型的植物，用特制的标本表示，此外，陈列灌木的照片与图画，和镶嵌起来的采集标本。但最好是以生态学断面图的方式展出，并在透视画后景上表现灌木和乔木。菌子可以塑制品陈列（不是用"标本"，而是用小型的生态图）。浆果配合干燥的植物标本以塑制品的形式陈列。

我们还可以介绍乔木木材的组成与年龄，材料容积增加率决定法，生产力的材料。必须陈列主要乔木的病虫害及防御法，各种乔木的相互关系（例如枞树与松树，或是枞树和白桦），树木同一定的生活条件的关系（野樱果生长在青苔的沼泽上），铃兰和乔木的关系，雏菊和草本植物的关系等，这些都可以用小型的生态图或透视画陈列出来。

动物方面，只展示该类森林中特有的动物。动物一部分置入森林的透视画中（但不要过多），一部分用补充透视画、生态图的形式展出。应当避免陈列单独的生像，和个别的昆虫；制作昆虫的生态图是不难的，这样不仅可以陈列一系列的昆虫，而且可以阐明达尔文主义的某些有趣的问题（例如，保护色与拟态）。

与森林有关的生产部门，应当在陈列中得到反映（例如，菌子与浆果、皮毛、木材采伐、树脂制造等），展出的形式是照片、模型与特产品。

上面已经说过，应当怎样布置没有受过人类显著影响的野生自然的景观的陈列，最后我们要举例说明人类所改造过的景观。这样，森林景观由两部分构成：一部分说明自然的（野生的）景观，另一部分说明人类所改造过的景观。

"草原"景观

因为没有作出详尽的计划，在拟定"草原景观"的陈列时，我们只能限于最重要的因素。

在侵蚀过程不明显的省区，关于谷地网的形成可在一般展示自然中陈列。假如谷地在该区地形中起着显著的作用，那么在"地方的地球形态学"主题中，只要强调了谷地的发展，谷地（谷地的形成及防止）材料的其余部分就转移到景观中去了。

在草原地带，土壤比在其他地带更是人类经济活动的基础及提高收获量的斗争场所。因此，如果陈列中有"草原"景观，则土壤的陈列最好与多库恰也夫、可士堆切夫、维尼扬姆士的学说体系一道搬到景观中来，如土壤形成的因素，土壤形成的过程，土壤的成份等。在"草原"景观中不能充分反映地质学与水文学，但是毕竟应该建成了土壤同矿苗与地形的联系，并应将有图解的地质断面图，加入陈列，以说明这种联系。

植物的陈列应该阐明草原上的特有植物（草地的、空旷的、南方草地草原）。陈列植物地上地下部分层状布置的生态学纵截面、断面（或小型透视画）与彩色照片（或图片），就可以说明四季草原状况的替换。通过这些陈列品与陈列品的补充标本，应当说明干旱草原植物对生活条件的适应（主要的是对水份不足的适应），这样，根系的发达就说明了干旱草原植物对利用土壤水份的适应；而葱头、球茎、叶茎上的密毛、挥发油的分泌等，都说明了对于干燥气候的适应。

草原动物是相当丰富的，但是脊椎动物并不多，要把它们加入透视画是很困难的。大型动物（野雁与鹰）不能使用太多的透视画，而应当在透视画的背面映出。将小动物（例如土拨鼠、小鸟）安置在前景上。在将大型动物安置到透视画的背面时，应个别地用生态图的形式陈列。例如，与土拨鼠有关的现象（草原的黄鼠狼、狐狸、鹰吃掉了的土拨鼠）与田鼠类（田鼠、白日猛禽、沼泽或草原的枭鸟）的综合。在草原的动物中，有许多保护色（鸟、凤蝶、白蝶、枭等）及拟态（黑甲虫、螳螂、黄鼠狼）的动物，最好在适当的情况中陈列。

在建立"草原"景观与陈列未开垦的及已开垦的草原时，应注意某些现象，如某种植物与小动物适应生活条件改变时的弹性（有些草原的居住者不居住在已开垦的草原上，也有许多能很好地适应环境的改变），不能适应的动物就被淘汰了，以上所述的是关于展示未开垦的草原的，这种材料，因为景观特殊，可以陈列。某些重要的透视画就是依照上面的指示而建立的。

作为改造过的景观来陈列"草原"时，透视画由表现同一地区的两个相等的部分构成：一部分是恢复原始草原及其植物、动物与猎取羚羊或野马的人类的情景，另一部分是现代的草原，背景上有集体农庄或国营农场、护田林带以及其他斯大林防旱计划的因素、农业植物及动物等。

"沼泽"景观

沼泽也可以作为改造过的景观来陈列。透视画由两个相等的部分组成：天然沼泽，改造沼泽，有牧场、菜园、鱼池。

沼泽景观的构成如下：

在水脉的地图或在地方沼泽的地图上，把该沼泽标记出来。为了给博物馆观众介绍沼泽的形成，可以陈列形成图片及模型（雅罗斯拉夫博物馆某个时期曾在这方面做出很大的成绩，系用由天然材料制成的小型生态学纵面图，后景上有小山）。为了完全了解"沼泽"的景观，最好简略地介绍泥煤的形成过程。

在生态学断面图上记明主要的沼泽植物，结合蜡叶标本，陈列植物变成泥煤的情况，而在画片与照片上，展出沼泽植物的分布区。虽然水分丰富，沼泽植物即使处在生性干燥的条件中，也能适应，如减低蒸发（减少叶片、绒毛、蜡层），这些特点，都应在陈列时指出。

有些沼泽植物制成了透视画：一部分是野生的植物，另一部分是疏浚干后沼泽的栽培植物。

在透视画中也要有沼泽动物之部，其余的都可在生态图中陈列。由动物可以证明保护色（鹬鸟）与拟态（鹭鸶）、雌雄性的同种二形（鸳鸯）。

景观的第二部分介绍改造过的沼泽：包括栽培植物、养鱼、农业动物等。这里还要陈列那些能适应生活条件，改变并生长在干涸中的野生动物（例如沙鼠）。

改造过的景观实例有：荒原上建起的大场地、集体农庄花园、田地、莫斯科——伏尔加河地区、芮宾斯克海等。

例如，雅罗斯拉夫地志博物馆很有意义地建立了"芮宾斯克海"，为此，自然之部的工作者，在应当淹没与防泛的地区，在竣工的芮宾斯克海上，进行了巨大的科学研究与搜集工作。

景观由芮宾斯克海的玻璃地图开始。在底光照耀下，显示了淹水前的土地。"芮宾斯克海"的透视画展示了岸和栖息在岸上的水鸟。透视画的下部是海的水底生活：鱼、软体动物和水底植物。

关于描写淹水以前的土地与现状的大型陈列品，图解、照片和地图等补充材料是很多的。

由上所述，可以看出应当怎样处理举办某种景观的材料，以及这种材料怎样和地方一般性自然观察的材料相结合。有时，一般观察的材料，除了主要的以外，差不多都转移到景观中去。有时又恰恰相反，在景观中根本没有发展的材料，而全部保存在一般的观察中。然而，应当记住：材料的这种分配法并不是什么一成不变的，当陈列只是局部地采用景观法的时候，某种程度的改变也是不可避免的。在大量采用景观法的条件下，全部材料几乎都可以集中在景观中，只有个别的主题不能列入陈列，而包括在扩大的地方地理学之中。

附　录

具有一般教育意义的补充资料，作为经常的陈列来说，包括在自然之部内，此种资料不属于主要陈列品之列，因而放置在书架上或者陈列在特别室内，它们可能包括非地方材料，但在陈列地方材料时都仍然很可能广泛地运用。

（一）地球的组成和地壳的形成

天文学的科学成就，树立科学宇宙观（哥白尼、迦利略、求丹洛、鲁洛[①]），康德——那卜勒斯[②]学说，俄国的科学工作（费森克院士和阿·什米特院士）。

地球的组成、构造及形成（根据费什曼院士理论）。

地壳的形成。内部发展过程：地壳的运动、火山、地震。外成过程：风化作用及水和冰的作用。

当选择本类陈列品时，不可徒劳无功地采用书、图、插画及诸如此类的材料。如果资料中的宇宙部分很难找到大量的材料，那么"地球的形成"就可以陈列照片和各种模型。地壳的运动（唯物的地质学）可以完全用模型来说明（一部分是自然的实图，一部分是模型插图），有些时候（譬如风化）也可以用实物标本来展示，用以补充模型的不足。照片在这里是一种比模型更有意义的材料。当我们为"地壳的形成"汇集陈列品时，最好广泛利用当地的材料。如果人们对各种资料尚有怀疑之处，则在标签中应指明陈列品的产地。

（二）地球上生物发展简史

地球各纪的发展史。各纪和时代的简短说明（包括主要的矿物）。地质的和古地理学的地形（模型）。地球上生物发展图。陆地上脊椎动物的出现（按照什列克尔演化系统表）。

当制订本类资料的计划时，应当注意选择在陈列上为"边区的地质"而特制的陈列品。利用陈列足以广泛地说明现有的边区地质的系统，此种陈列可能有某些压缩，特别当地方不够的时候。某个时期地形变迁的模型不应重复主要陈列品，因而首先应当重新建立那些为陈列所没有的陈列品。某些时期的水陆分布图也是很有用的。

当陈列主要的矿石时，不必用太多的标本。标本要求少，但却要好，譬如矿物、塑造物或精美的插图及动植物的插图等。每一时期的动物区系、植物区系的特殊代表（不属"主要"之列）都制成插图和塑造物的式样。当某一时期，采用重新制作的模型时，实物标本就包括在陈列品之列，作为模型的补充。

当然，通过重新制作的模型来作为各个时期的陈列是最好不过的，如果不可能时，也可以用图画来表示。在这种情形下，主要的不是简单说明某一时期的动植物，而是要说明动植物与其生存条件（即在"风景"的背景上）。简略的说明的资料能够更明确地说明本时期气候及其他的因素，以及它在改变动物区系及植物区系上的作用。

什列克尔演化系统表（引自阿·雅柯夫列夫《地球生活》，国立自然科学技术出版局，莫斯科一九四七年）包括有二十二种动物（到现代人为止），这个表可以压缩，一方面可以删除某些鱼和爬行动物，其次可以删除一些直接与人的起源有关的资料。

资料的用途，不仅要说明自然界动物发展过程的历史性，而且要说明有机体与其生存条件的紧密关系：即随着生存条件的改变，有机体也改变了。因此应当特别注意生存条件及生存环境的陈列。

---

① 现多称"乔尔丹诺·布鲁诺"（Giordano Bruno，1548~1600），意大利思想家、自然科学家、哲学家和文学家。
② 现多称"那不勒斯"。

（三）达尔文主义及苏维埃创造性的达尔文主义基础

（甲）达尔文学说的基础

变异、人工选择、自然选择、有机体的相互关系、条件的合理性与特征的分别（分歧）。

进化的证据（比较解剖学、胚胎学、古生物学）。

苏联的达尔文主义者（科瓦列夫斯基兄弟、梅捷尼可夫、谢切诺夫及其他），克·阿·季米里亚捷夫——达尔文主义的保卫者和创造性的达尔文主义的奠基人，为苏维埃创造性的达尔文主义和辉煌的米丘林学说而斗争。

（乙）苏维埃创造性的达尔文主义

米丘林——李森科学说的基础，有机体及其所必须的生存条件的统一，获得性的遗传，魏斯曼—摩尔根"学说"的虚伪性。

伊·弗·米丘林，米丘林的工作法，远种新交法，无性交配法，媒介者法，花粉杂交法，指导者法。

无性杂交法。

特·德·李森科及其同事，阶段性发育的理论，春化法，马铃薯的夏种，棉树之栽植，橡胶树窝种法、亲本植物之选择及其他李森科所拟定的掌握植物发展、提高收获量的工作方法。

动物界的改造，孟·弗·伊万诺夫关于变革家畜的学说，新的苏维埃 C－X 动物品种，斯大林改造森林带、草原的计划。

米丘林学说被认为是达尔文主义的更新的更高的发展阶段——即是苏维埃创造性的达尔文主义，因此，很明显地，虽然是更简练的达尔文学说，也应该是发生在创造性的达尔文主义之先。

变异（遗传及其变异）一般均以取之于当地自然界的实物来说明。只有地理上的变异，才不需要地方资料。

应当取最富有表征性的季节，作为特殊一代变异的例证（个别变异）。最精彩的例证是一群在交尾中的雄鲈鲆[①]。此外，雄甲鹿、金铜甲虫、蝴蝶等也是很有价值的。从植物中可以取得许多枫梗，带壳橡树果、橡树、枫树、菩提、桦树等树叶，以及毛茛的变异种。鸟类中也有许多显著的雌雄性同种二形的例子（例如莺、碛鵫、黄雀、知更鸟、红雀、松莺、交喙鸟、黑松鸡、野鸡），还有昆虫——普通的白蝶属昆虫（毛虫、李鼠），甲鹿、甲犀、红蜻蜓及其他。年龄的变异明显地表现在飞禽方面（雷鸟、黑松鸡、鹰鸟）。季节的变异可以从貂鼠、燕子、白兔、松鼠及白鹨鸽等观察出。而水陆两生植物（水荞麦、水陆两生毛茛）乃是生态变异的典型。每种变异均援引了两三个实例：动物的实例是生像，昆虫是干制的标本，植物是蜡叶标本。至于地理变异资料的选用，则要看陈列室的大小及博物馆内有关资料的多少而定。

人工选择，必须具有由人工选择得到的多种多样的标本（利用有机体变异的结果）。动物中最精美的是鸽和狗的品种，植物中也应有白菜、甜菜、红萝卜等有显著外部差异的品种（或塑制品，至少应有彩画）。至于装饰用的植物，只要展示三色堇（多样但不复杂的剪辑）及较复杂的烘干的天竺牡丹和水仙即可。当陈列花卉时，不必说明其种类，只须安排得像"普通花簇"的样子。在这里重要的倒是说明它们的区别。当陈列蔬菜的品种（或动物的品种），则各种都应有说明。

自然选择，以各种与生存条件和环境相适应的有机体作为实例：各种凶猛的鸟类，（食虫鸟类、食

---

① 一种鲈鲁。——译者注

谷鸟类、沼泽地鸟类，以及其他）均提供了大量的材料（最好陈列生像，或头部和嘴部），还有鱼类、哺乳类的牙齿和四肢。某些情况下，保护色能够说明动物的构造和习惯。当选用陈列品时，应估计到陈列品的体积；因为动物越大，则陈列所需的面积也越大。例如，败叶上的猎鹬，树枝上的乳山羊，芦苇丛中的鹭鸶。而昆虫（较之最方便，因不需占用地方）中，蝴蝶可以像丝带似的缠在树皮上，毛虫也只需要一小寸地方。警戒色的范例是：蝴蝶、石竹虫、脓肿甲虫。此外又有黄蜂、苍蝇、野蜂、野蝇的塑制品，并可说明拟态。每类均援引一两个实例。结构的适应性可以明显地从燕类（不能飞翔者）看出。习性的适应性也可以表现在保护色上（例如蝴蝶在树皮上，不直交于树干）。植物也提供了很好的实例：例如适应于丛生处的植物，它的果实带刺，或具有弹性，它是和昆虫的授粉作用相适应的，并且它可以防止枝叶的枯败。

有机体的相互关系：寄生性（寄生物构造的改变）、掠夺性、共生现象（蘑菇、地衣）、交配的竞争。

特征的分别或分歧：山雀、波列吐斯或阿加里库斯种蘑菇、毛茛、鲤鱼。使说明和各种生活方式的特征相调协是很重要的（使用最简单的标签注明），并可以使用实物来说明。

进化的证据：比较解剖学的证据：脊椎动物的前肢，哺乳类的前肢（猛兽、田鼠、有蹄动物、蝙蝠等的前肢），实物陈列品（脚骨，最好是整个四肢），昆虫的翅膀（太小故不大方便），此外，也可取其他动植物相当的有机体。

胚胎学的证据：胚胎插图或塑制品，返祖现象。古生物学的证据：马（动物插图和四肢图）、象的进化等。

为了说明苏维埃达尔文主义者，除了画像以外，并应有介绍该学者及其在达尔文主义范畴内的作用的短文。例如为了说明克·阿·季米里亚捷夫，就应该说明他的作品"达尔文学说"、"农业及植物生理学"、"生物学之历史方法"。

列宁全苏农业科学院八月会议是一个具有历史意义的事件，它就是这样展出的（简要注释、写实、速记报告）。

米丘林学说陈列的主要内容有：有机体及其生活条件的统一，环境在改变有机体世界（遗传）中的作用，变异的遗传，魏斯曼—摩尔根派关于遗传学说的彻头彻尾的虚伪性等。关于这些内容，在说明书中已有简要说明。米丘林及李森科的创作中也清楚地论述了（可以部分地引用国立文教书籍出版局米丘林学说纪念文的各项文件）。

关于有机体及其生活条件的统一，可以搜集实例。显而易见，最使人信服的是马铃薯的夏种和关于"夏种秋莳"的问题。在陈列春种秋莳时，应当有灌木（最好是草本），就是说要备秋种冬麦、春种冬麦、春莳春种冬麦及春莳冬麦等。即按这些简要的对照，它足以说明生存条件的重要意义了。南方马铃薯生长的陈列较为复杂，在这里，应当陈列近年来春种遗传的植物类（采集标本，彩色插图，实验标本或球根的塑制品等），夏种植物（如上所述各材料）。春莳冬麦的陈列，可以用适应于植物发展时期的生存条件改变的方法，掌握遗传法则的陈列品来补充。从春莳改为秋种，或将秋种改为春莳就可以作为一个例子（秋莳小麦"新克里木种〇二〇四"改为春莳，春莳小麦"厄里特立亚种一一六〇"改为秋莳，春莳小麦"三二〇"和"一一六三"改为秋莳等等）。至于植物的干标本，那么至少要有大型彩图。

米丘林"枸橼胃内膜汁"可以作为一个由遗传获得特征的典型。半个世纪以来，它一直是由无性杂交而获得的无性繁殖的异种，而种子的树苗又继承了这个特征。许多番茄的无性杂种也是一个实例（参看依·耶·格罗森科《植物的无性杂交》一书，莫斯科农业国营图书出版社，一九四八年版）。番茄应当用果实的塑制品来说明。就在这些陈列品上，也暴露了摩尔根"基因"说的虚伪性（通过适当的资料）。

简短的传记资料，可能在米丘林的创作之先就有了，因此，在陈列米丘林及米丘林学者的工作时，也应该照顾到后者。甚至于到现在还有些人认为米丘林主要的科学理论成就，就是杂交，这种看法是一个天大的错误。"杂交"对于米丘林来说，只是一种为了未来的工作——创造性的工作，得到原始资料的手段。譬如杂种树苗的遗传性消失了，才能够栽培。米丘林认为：杂交并不是为杂交而杂交，而当时的摩尔根派则认为：杂交不过是杂交而已。

米丘林根据莓果植物，创造了三百种以上的杂交种，均已详尽地记载在《米丘林选集》里（一～四册，一九四八年版），可供选择陈列品的资料，因此在这里，我们只引用个别的例子，任择其中之一，即能说明某些工作的方法。

杂交法和培育法可以同时表现在苹果及梨子上，梨和山楂是无性交配的典型，"媒介"扁桃就是利用媒介者方法的实例。

无论展览任何米丘林种，都应该采用果实的塑制品，尤其是新种和雏型（应标明其出产地），不得已时亦可改用彩图。当展览培育法（无性交配法亦同）时，应将其全部资料陈列出来（如果实塑制品，叶的模型等），培育植物的果实图解插图也是很有用的。因此，《米丘林选集》（第四册，一九四八年版，或《工作总结》），应当作为选择实例和准备陈列品的参考。

如果展览无性杂交应该有果实的塑制品、插图，那么草本植物只须杂交种的采集标本就可以了。有一部分实例已如上述，尚可补充以南瓜、甜瓜等无性杂交物。

米丘林伟大创作的陈列，决不能归结于一些材料和个别成就的说明。陈列只是一种方法，要通过它说明一般生物学的原理，阐明米丘林学说的本质。这样就必须藉助于简短的说明书，因为米丘林学说的要点一开始就已经阐明过，所以在这里只要组织一些简短的文字解释就够了。

展览李森科的创作，正如展览米丘林的创作一样，不能局限于某些"方法"的陈列，应该说明李森科学说就是米丘林学说的进一步发展。李森科的创作，对于说明米丘林学说的本质，提供了十分宝贵的资料，这些，对于我们掌握为米丘林生物学所显示的动植物的形成法则，给予了极大的可能性。

阶段性发育学说的原理，就是春化法和光照阶段。春化法现在已异常流行，因此要获得适当的材料是不困难的。必须同时用普通的和非春化法的种子对照地表明播种的结果（当说明春莳冬麦时，指出非春莳冬麦春种的结果是很有益处的）。片面地陈列春莳植物，并不能使博物馆参观者了解问题的理论方面，从而降低了陈列实践方法的效果。因此，春化法的经济意义是显而易见的（尚待社会主义经济文化之部详述）。

光照阶段可以用某些植物来说明（例如小麦、玉蜀黍及其他）。《春化法的理论基础》一书中所引用的材料就是实例（李森科著，《农业生物学》，一九四八年、一九四九年版）。

选择休耕地带，播种早熟种籽，用阶段性的分析方法使之异种交配——这就是阶段性发育的理论对于选种的重要作用。在上述一书里，李森科在这个问题上，整理出极为丰富的材料，其中的插图亦可以用为制作陈列品的标准。

马铃薯的春化法，已经是一种众所周知的方法了，因此，就应该并列地加以说明（春化的和非春化的马铃薯）。培育棉树，种植冬小麦，广泛播种春化小麦，这些就是直接在地里用改变其发展和生活条件的方法，植物对自然的作用。并列地说明（譬如在普通的及广泛播种的情况下，培育的和非培育的棉树，春化小麦），必须要明确地指出由于生活条件的改变，植物的发展所引起的变异。

橡胶植物的窝种法不仅是一种农艺法，能够提高收获量和减轻操作，它还能够极其明显地说明种内斗争决不是达尔文主义的主要基础，像某些生物学家所证明的那样。当并列地陈列普通的和窝种法的植物时，则在两者根的重量的比较上，很容易地就暴露了达尔文在理论上（马尔萨斯学说）所犯的错误。同时，这些陈列品也能够说明种间斗争的意义（橡胶植物——野草）。

当展览李森科的创作和学说时，必须说明李森科，作为一个战士来说，在为苏维埃达尔文主义及米丘林生物学的斗争中所起的作用。应当在陈列品中反映出李森科同志宏伟的创作：他的实验室（农田）、助手（千百万集体农庄庄员）、学院实验所的挂图，它说明了我们的集体农庄为提高生产量，创造了多么丰富的先进经验。这幅挂图也可以用李森科同志及优秀的熟练的庄员们的照片来说明。

陈列伊万诺夫及其他米丘林养畜家的工作时，不应局限于陈列新品种的发明及雏型等，就像不少的人所做的那样。应当准确的说明"培育"的广义作用。这样就必须：不仅要在陈列品中选用一些文件，而且要通过并列地陈列，比较说明（照片、图画、注解等）。例如，科斯特罗马乳牛就给这种陈列以极大的可能性。因为在陈列米丘林的植物学时，关于他的理论基础已有充分说明，因此，在这里就不赘述了。

门·弗·伊万诺夫的贡献表现在创造新种上（阿斯康宁羊，乌克兰大白猪），同时还应当陈列一些苏维埃的新种：马（弗拉季米尔荷重马，布金洛夫及捷尔斯克骑马）、牛（科斯特罗马种，唐波夫种，沃龙涅什种）、绵羊、猪等。品种的数量决定于陈列室的范围大小，而陈列的方法最好用塑制品，否则也可以用彩图。

陈列以斯大林改造自然、改造森林草原的计划为结束。这类陈列不同于多库恰也夫、可士堆切夫、维尼扬姆土的学说体系陈列。因为在一般形成的问题里，可以不要文件资料，就是说，必需利用现有的集体农庄或国营农场的实例。

陈列的目的在于指示参观者，使他们对于广泛地实现改造自然计划的未来效果，有一个明确的概念。

陈列品就是模型、塑制品、大量的图画，还有要陈列"将来"的集体农庄的模型：有防护林的田庄，有水鸟的蓄水池，并且要有上等的农作物、蔬菜和花园，优种家畜和农业牲口，以及农业操作机械化等等。

（四）人类的起源

人类祖先的化石：类人猿、爪哇猿人、中国猿人、海德堡人的颚骨、尼安德特人、现代类人猿与现代人之区别及构造之一般特征——人的返祖现象和退化器官、人的系统。

陈列"人类的起源"的陈列品，由于经过压缩，因此就必须合乎标准，一般地都运用购买的材料，因此在这里不拟将各种陈列品一一论述，而只是一般性的说明。

最好利用体积较小的陈列品，这并不会有太大的困难，因为在购买中就有许多是塑制品。

当陈列退化器官和返祖现象时，不应该局限于陈列相当的插图、实验标本、塑制品及模型，同时还要陈列祖先或胚胎的机体发展，这是很好的，因为只有这种方法才能证明机体的"残余性"（即退化器官）及祖传的特征。陈列人类起源的比较解剖学证据时，应当尽可能运用真实的，或至少是模型的骨学材料。

（惕冰、景超译）

博物馆工作宣传资料
第一辑

南京博物院编印

一九五六年十月

目　录

发展博物馆事业，为科学研究和广大人民群众服务

——人民日报社论——

　　博物馆事业是社会主义文化事业的重要组成部分。建国以来，它已经有了很大的发展，做了不少的工作。据不完全的统计，仅在 1955 年全国博物馆的观众即达 788 万人次，广大人民从这里受到爱国主义和社会主义的思想教育，增强了对祖国的热爱，鼓舞了人们参加社会主义建设的劳动热情。六年多来，全国博物馆还征集了革命文物、历史文物、历代艺术创作、自然标本和社会主义建设与社会主义改造的资料达 129 万号。这种规模巨大的征集工作在旧社会是完全不能设想的。

　　应该指出，在目前社会主义建设飞跃发展、人民群众文化要求日益增长的新形势下，博物馆事业无论在数量上、质量上，还远远落在实际需要的后面，特别是为了配合向科学进军，更加需要开展博物馆工作。因为博物馆是进行科学研究工作的必要条件之一，在博物馆里保藏着丰富的物质文化和精神文化的实物和自然标本，它们都是研究各有关部门科学的原始资料，如果我们能够充分和有效地利用这些资料来进行科学研究工作，那么无疑地就将会在各个方面推进向科学进军的事业，最近文化部召开了全国博物馆工作会议，确定了今后博物馆发展的方向，着重地指出博物馆必须有效地为科学研究服务，这是正确的和必要的。

　　要使博物馆事业更好地为科学研究服务，为广大人民群众服务，首先应该认真地进行博物馆本身的科学研究工作，这是提高博物馆工作质量的主要关键，也是博物馆为科学研究服务的基础。目前我国博物馆的征集工作，方面还不广，办法还不多，事先缺乏周密的计划，在进行过程中缺乏科学的记录，入馆以后又缺乏及时的科学的整理；在陈列工作方面，大多还处于罗列文物，罗列现象的阶段，缺乏以辩证唯物主义与历史唯物主义的观点为基础的科学的分析和解释。要知道各种文物如果不经过广泛和及时的征集，就不可能成为丰富有用的资料；征集了，如果不经过科学的记述和整理，也就会失去科学研究的价值，博物馆的各项陈列工作，如果不经过精心的科学研究，就不可能具有高度的思想性和科学性。因此，只有把博物馆全部活动放在科学研究的基础上，才可能作好博物馆本身的各项工作，也才有可能为科学研究机关和科学研究人员提供有价值的资料，才能更好地以深入浅出的陈列为提高广大人民的思想水平和科学文化水平而服务。因此，博物馆工作人员必须从现有的水平出发，老老实实，刻苦钻研，学习马克思列宁主义，精通本行业务，保证博物馆事业中各个环节都能具有高度的思想性和科学性。

　　实物、标本以及其他各项资料，是博物馆全部活动的物质基础，也是进行科学研究的第一手材料。因此，我们必需及时地做好对革命文物，流散的历史文物，特别是少数民族文物以及社会主义建设与社会主义改造的资料的征集工作；有条件的博物馆，还应该配合国家的基本建设工程，在各当地党委、政府的领导和帮助之下，进行考古发掘工作。由于目前我国社会主义建设的迅速发展，祖国的面貌改变得很快，许多关系人民生产斗争与阶级斗争的资料，如不及时加以征集，就很容易散失或者消灭。博物馆应该负起责任来及时地征集这些历史的、民族的和当前社会发展的以及其他重要资料，加以整理和研

究。在这一方面，各地党政机关和群众团体必须给以大力的支持，并且要向广大群众继续进行保护文物的教育，以免国家的文物资料遭到不应有的损失。

为了配合各部门科学研究工作的发展，为了向广大人民进行各类科学知识的教育，科学院和国民经济的各部门也应该更加注意组织各种资源和建设的展览会，并且有计划地逐步地成立各种专业博物馆。各省、自治区、市已有的和将要成立的博物馆应该更好地结合各个地方建设的实际需要，发挥各个地方在自然、历史和建设各方面的特点，同时又不要忽略对人民进行教育所必需的全国性的陈列内容。文化部门在组织和推动全国博物馆事业向前发展的过程中，必须充分地依靠和发挥各地方和各专业部门的力量，同时必须注意最大限度地适应各个地方和专业部门建设工作的需要，否则博物馆事业就不可能得到正确的和顺利的开展。

周恩来同志在今年 1 月 14 日中国共产党中央委员会召开的关于知识分子问题会议上，曾经指出：为了实现向科学进军的计划，我们必须为发展科学研究准备一切必要的条件，必须加强图书馆、档案馆、博物馆工作。各级党政机关，特别是文化行政部门应该注意加强对博物馆的领导，对它的工作给以应有的重视和支持，逐步地改善博物馆一些必要的工作条件，及时总结和推广先进经验，使我国博物馆事业稳步地发展和提高，更好地为国家的社会主义建设服务。（6 月 4 日）

提高博物馆工作的质量

建国以来，我国博物馆事业，取得了一定的成绩，特别是在宣传教育方面，全国博物馆大都根据本身特点，从历史、文化、艺术方面，结合国家各个时期的政治和经济任务，举办了多种多样的陈列和展览。在为其他单位提供资料方面，中央革命博物馆筹备处和北京历史博物馆，在四年内就向四百个单位供给了四万多件资料与模型。这说明博物馆是向人民进行思想教育，提高科学文化水平，为科学研究提供资料的有力工具之一。这个工具在我国人民向科学文化进军的今天，是越来越重要了。但是目前的博物馆，还远不能适应这种需要。我们不仅要在数量上加以适当的发展，而且更重要的是迅速提高现有博物馆的工作质量。除了文化部系统的博物馆以外，科学院和各产业部门也应该根据需要与可能，考虑建立各式各样的专业或专门的博物馆，来利用它为科学研究积累和提高资料，教育干部，向广大人民普及科学文化知识。

现有的博物馆，应该在科学研究的基础上开展各项工作。首先是征集和保管工作。博物馆为科学研究服务的一个重要方面，就是提供资料。全国各地还流散着不少革命文物、历史文物，和历代艺术创作，在少数民族地区，也还保存着不少可供研究的宝贵资料，如果不及时加以征集，就会散失。全国各地博物馆应该结合本馆性质，又要照顾国家的需要，有计划地大力开展征集工作。要做好这项工作，还必须争取各级党政军机关和国民经济部门的大力支持和协助。

全国博物馆旧藏和历年征集的文物资料，目前还有很大部分积压在仓库里，没有进行科学的整理，全国各地博物馆应当订出切实可行的计划，积极整理，在一定时期内尽快地作好这一工作。要做到"妥善保管，取用方便"，以便于为科学研究提供资料。

各个博物馆还应当做好根据本身性质所规定的基本陈列。现在有了一些基本陈列，也曾做了一些临时性的陈列和展览。过去在这方面的主要缺点是，忽视了临时展览应该与博物馆本身的基本陈列相结合。举办结合中心任务的临时展览今后仍须继续进行，并且要采取更多的形式。同时必须使临时展览和基本陈列有机地结合起来，有计划有目的地通过临时展览，积累资料，为基本陈列打下基础。要注意使长远需要和当前需要的工作相结合，并保持一定的比例，适当地分配力量。

无论是征集、保管工作或是陈列工作，都必须建立在科学研究的基础上。过去在这方面是重视不够的，有时征集来的文物资料，因为缺乏应有的科学记录而成了废品，有些陈列也因为没有经过科学研究，停留在现象罗列的阶段。这种现象，都必须迅速地加以改变。

为了加强科学研究工作，必须廓清一些对科学研究工作的不正确的认识。有些人把科学研究和业务工作对立起来，认为加强科学研究工作，会影响其他业务工作，这个看法是不对的，也是首先应该纠正的。科学研究不是孤立地去进行，而是要紧紧地结合着各项业务工作去进行。只有在科学研究的基础上，才能做好征集和保管工作，为科学研究提出有价值的资料；才能做出具有高度思想性和科学性的陈列，更有效地发挥博物馆的宣传教育作用。博物馆的全部活动过程，就是在科学研究的指导下进行各项业务工作，在工作实践中来丰富科学研究的内容，反复循环，使各项业务工作不断地提高。所以加强科学研究是博物馆全部活动的基础。

我国博物馆事业的基础，是十分薄弱的，经验少，干部弱。这就需要我们认真推广先进经验，并且本着自力更生的原则，大力培养干部。在培养干部方面可以采取短期训练、互相观摩、讲习会等等方式。要在工作实践中培养干部，积累经验。无疑的，只要加强领导，依靠群众，调动一切积极因素，挖掘一切潜在力量，就可以进一步地把我国博物馆事业发展起来。

博物馆事业应该为科学研究服务

——全国博物馆工作会议开幕辞——

（提 纲）

郑振铎①

一、在改进和发展中的博物馆事业

中国博物馆事业的历史并不太久。最早的公共博物馆，除了帝国主义者们在沿海地区所办的几个之外，要算是张謇他们办的南通博物苑了。继之，是 1912 年成立的北京古物陈列所。到 1949 年 10 月 1 日中华人民共和国成立之前，全国所有的博物馆实在屈指可数，不仅在数量上太少，在质量上也太差，是古董铺子，也是杂货摊子，参观的人少得可怜。在中华人民共和国成立之后，这样的情况在根本上发生了变化：博物馆的数量急骤地增加了，不仅对旧馆加以改革，同时，并建立若干新馆。博物馆的性质、方针和任务明确了，不再是老古董的保管所，而是向广大人民进行爱国主义与社会主义思想教育和提高科学文化水平的机构了。现在，全国已有 50 座比较大的博物馆。每天平均参观的人数，就故宫博物院而论就有 5 千人。在星期天或节日，往往在一天里就有 1 万人到 4 万人进入这个整个古城似的大博物院去。我们应该肯定过去几年来博物馆工作者们的努力和成绩，但我们不能满足于已有的成就。和其他的文化、科学、经济事业一样，我国博物馆事业也是远远地落后于世界上许多先进国家的。博物馆有很多的缺点，特别是为科学研究服务的工作没有做好，甚至，其本身的科学研究工作也还没有很好的展开。藏品的鉴定工作、修整工作、保管工作和陈列工作，都存在着非科学的态度与方法。我们必须迎头赶上世界水平，尽快地展开为科学研究服务的事业。

二、怎样地为科学研究服务

第一、要对博物馆里的藏品，建立正确的鉴定制度，分别真伪，并对考古发掘品加以科学的整理，做到任何一件藏品都成为可靠的科学研究的依据与基础。

第二、要联系群众展开搜集和考古发掘工作，使博物馆的藏品日益丰富起来，使能供给科学研究者以更多的研究资料。在这方面，上海博物馆参加在废铜里搜集古铜器的经验和南京博物院的考古发掘工作是值得推广的。

第三、要有健全的保管制度和科学的陈列方法，使地上的或从地下发掘出来的藏品，能够得到更好的更科学的保护，能够很好地供给初级的学生们学习资料和高级专家们研究资料。要从长远打算，不要

---

① 郑振铎（1898～1958），字西谛，我国著名作家、诗人、学者、文学评论家、文学史家、翻译家、艺术史家，也是国内外闻名的收藏家、训诂家。历任北京燕京大学、清华大学、上海暨南大学教授、《世界文库》主编。1949 年之后，他先后担任国家文物局局长、考古研究所所长、文学研究所所长、中国科学院学部委员、文化部副部长等职。

粗暴，更不可因保管、保护不善而招致任何损失。

第四、要尽量给学校的学生们、广大的群众们及专家们以参观、参考的便利，并把介绍、解释、宣传工作作为经常性的工作。不要怕麻烦。要主动、要负责。除了不能时时暴露或开阖的最珍贵的古文物之外，应该充分地公开各种重要的藏品。

第五、要尽量供给学校、研究机构和专家们以藏品的照片、拓片、复制品（模型）或各种记录性的文件。在这一方面，北京历史博物馆的经验是值得推广的。

第六、要成立学术委员会、延聘馆内外的专家们，特别是延聘所在地的学校教师和研究机构、产业部门里的研究人员们组织之。经常要和各部门联系，不能采取关门主义，被动作战。

更重要的是，博物馆应该为工业建设部门的研究事业做出更大的贡献。例如冶金、陶瓷、造纸、建筑、纺织、农业、药物等等，我们都可以在博物馆里得到重要的资料。又像电影事业和戏剧工作者们，在研究古代的服装和器具的时候，也要取得博物馆的支持。

三、目前的几个问题

第一、集中和分散问题。以中国之大，不宜过分集中。除了特别重要的国宝性文物之外，一般地应该分散各地，保存其地方性，并发挥每个博物馆的积极性与创造性。让地方博物馆有更大的"自治权"。中央不要抓得太紧，扣得太死，譬如，考古发掘工作，对有条件的馆，根据"条例"应该鼓励其积极进行。又像出版刊物、图录，也应该加以鼓励。不过，必须纳入整个国家文化出版规划之内，要有必要的鉴定、审阅制度，以免造成错误和损失。同时，对于各地方馆的规模和计划，也只要有个大体的轮廓就可以了，不要在全国强求划一，而且也不可能划一。因地制宜，要切合地方实情。

第二、学术上要大力提倡自由讨论，做到"百家争鸣"。对学术问题，反对行政性的干涉，反对用行政命令来解决思想问题，在博物馆本身也应该如此。科学研究是要反复讨论的，是要艰苦的不怕失败的反复研究的。鼓励学者们的研究和写作，包括博物馆里的工作人员们在内，要给以研究的时间。

第三、在地志博物馆方面，要防止狭隘的地方观念，过分强调地方上的人物，好像通志馆的具体化或先贤祠似的。必须归纳到，并体会到在全国范围内的历史发展而把地方经济文化的发展恰当地而又突出地表现出来。在少数民族地区，尤要学习民族政策，一方面要坚决反对大汉族主义，要表现少数民族在中华民族的大家庭里所作的贡献和其特殊的风俗、习惯、信仰和生产，另一方面，也要防止狭隘的民族主义。

第四、学习苏联和先进国家的经验。在陈列方面，保管方面，修整方面，都应该尽量的吸取其先进经验。特别在博物馆的科学研究工作方面以及为科学研究服务方面，尤其应该充分的介绍，但必须切合我国当前的实际情况，不要简单搬用。不过，民族的优秀传统的经验，特别在古器物的修整方面，应该继承下来，并加以研究、发扬。

第五、集体领导问题。对各项重要问题必须通过领导机构的集体讨论才能决定，要集体领导，要依靠群众。如何做好为科学研究服务的工作，更应该好好地想想，好好地订出计划，好好地反复讨论、研究。这些都是需要集体的智慧和共同的考虑的。要集体领导和个人负责相结合。

以上的意见和问题，都只是就我自己所想到的而谈。请大家尽量地展开批评和讨论。

发展博物馆事业，为科学研究服务，
为广大人民群众服务！

——在全国博物馆工作会议上的发言——

王冶秋[①]

一、博物馆事业基本情况和主要收获

1949 年中华人民共和国成立的时候，文化部接收了 21 所博物馆，基本上不外两种类型：一种是帝国主义者的文化侵略机构在中国所筹办带有侵略性质的博物馆；一种是中国自办的"古物陈列所"。总的说来，旧中国半殖民地半封建社会的特点同样反映在博物馆事业中。

解放后，博物馆事业也随着社会主义经济建设与文化建设的飞跃发展而得到发展。在党和政府正确的领导和全体博物馆工作同志的努力下，经过旧有博物馆的整顿和新馆的筹建，博物馆的性质已经发生了根本变化，它已经成为向广大人民群众进行爱国主义、社会主义思想教育和提高科学文化水平的机构。截至 1955 年，全国博物馆发展达到 50 所，为解放初期的 2 倍半，其中专门性博物馆 11 所、地志性博物馆 29 所、纪念性博物馆 10 所。目前除青海、西藏外，每个省、自治区、直辖市都有了博物馆或筹备处，基本改变了旧中国博物馆事业忽视边疆和兄弟民族地区的情况；从事博物馆工作的队伍也相应地壮大了，全国博物馆工作人员现在总数达到 2300 多人。

博物馆的陈列、展览工作日益开展，根据 41 个博物馆的不完全统计材料（下同），1955 年内新举办了 85 个陈列、展览，为 1950 年（20 个）的 425%。其中以新民主主义革命和社会主义建设与改造为内容的有 29 个，而 1950 年只有 5 个。

几年来，各博物馆广泛开展了征集工作，六年来共收集了藏品 129 万号。1955 年一年内各博物馆增加藏品 22 万号，为 1950 年（8520 号）的 2628%。截至 1955 年底止，各博物馆实有藏品达到 330 万号。

对藏品的保管工作，基本上克服了解放前库房的混乱状态，一般都有了专人负责、专库庋藏，并建立了一些保管制度，保障了藏品的安全，对全部藏品大都进行了初步的清理和整顿，处理了混杂在藏品中没有文物价值的一般物品，对藏品进行了登记、编号、分类、排架等工作；藏品的编目工作，多数博物馆已经开始，个别博物馆已经完成，少数博物馆完成大部分。

各博物馆普遍建立了群众工作，凡是举办的陈列、展览大都有人讲解，此外，并主动组织观众参观，利用各种宣传工具如招贴画、广播等广泛宣传了博物馆的活动。这些工作在解放前是少有的。解放前的博物馆是"等人上门"，观众参观懂不懂听随自便。六年来的博物馆参观人数逐年有了显著增加，1955 年参观人数达到 7887936 人次，较 1950 年（2772837 人次）增加了 284%。河南省博物馆 1954 年

---

① 王冶秋（1909～1987），安徽霍丘人，曾任国家文物事业管理局局长、顾问，是新中国文博事业的主要开拓者和奠基人。

参观人数达到 280000 人次，占开封市全城人口的 94%。

几个有条件的博物馆配合国家经济建设进行了考古发掘，既保护了祖国的历史文化遗产，又丰富了科学研究的资料，也补充了本馆的陈列品，如南京博物院、东北博物馆、原西南博物院等在这方面都做了许多工作。

此外，特别值得提出的，是在提供其他单位科学研究和教学资料方面，在国际文化交流方面，博物馆开始进行了工作，起了一定的作用，例如中央革命博物馆 1955 年供给 49 个单位 4607 件照片。北京历史博物馆 1952 年至 1955 年 4 年中供给 4 百多个单位 4 万多件资料与模型。故宫博物院 1955 年接待了 53 个国家的外宾 4832 人参观。六年来博物馆方面参加或举办了多次出国展览（包括到苏联、民主国家，资本主义国家），介绍并宣扬了祖国悠久的历史和灿烂的文化。

六年来博物馆事业的根本变化和博物馆活动的日益开展，取得了以下的主要收获：

（一）博物馆通过陈列、展览、群众工作，宣传了党的方针政策，向广大人民进行了爱国主义和社会主义的教育，增强了民族自尊心、培养了对祖国的热爱和鼓舞着人民参加经济建设、文化建设的劳动热情。

（二）有条件的馆开始向科学研究机关、文化教育机关提供了研究资料；博物馆本身大多进行了初步的科学研究工作，使各项业务逐渐纳入科学的轨道。

（三）通过征集、采集和发掘，将全国的或某一地方的物质文化、精神文化的遗存，以及自然标本逐渐的加以集中、保管，为今后的科学研究、陈列、展览提供了物质基础。

由于进行了以上的基本工作，旧社会所遗留下来的对于博物馆一套不正确的看法，也改变了，或者正在改变；博物馆工作人员的思想问题，也逐步得到解决。

因此，六年来博物馆事业是取得了一定的成绩，奠定了初步基础，为今后开展工作创造了有利条件。

二、存在的主要问题和缺点

虽然上面肯定了成绩，但由于中国博物馆事业基础差，经验少，干部弱，存在的问题和缺点还是很多的，其中最主要的问题，也是这次会议需要解决的中心问题，是科学研究的问题。不可讳言的，我们对这个问题是认识不足，重视不够，甚至于是完全加以忽视的。

自从今年党中央和政府号召向科学进军，要求十二年要接近世界先进科学水平，并且在周总理的报告中把博物馆作为"必须为发展科学研究准备一切必要的条件"之一来提出，我们才意识到这个问题确实是博物馆的中心问题。既要求博物馆为科学研究服务，不首先开展博物馆本身的科学研究是无法完成这个任务的。我们在征集、保管、陈列、群众工作，以及修复等本身的业务工作方面，不从科学研究的基础上来进行，也是无法更好的为群众服务的。

有人认为博物馆的工作如何叫科学研究工作？我想引一段毛主席的话：

"什么是知识？自从有阶级的社会存在以来，世界上的知识只有两门，一门叫生产斗争知识，一门叫阶级斗争知识。自然科学，社会科学，就是这两门知识的结晶，哲学则是关于自然知识和社会知识的概括和总结。此外还有什么知识呢？没有了。"

我们的博物馆也不外陈列这两门斗争知识以教育人民的，若是对这两门科学不进行研究，尤其是不以马克思列宁主义的普遍真理结合中国具体的客观实际来进行研究，则我们的陈列永远不会提高的。而我们对于掌握马克思列宁主义的理论及党的原则作为我们博物馆全部工作的基础，是非常不够的。

例如：我们在历史博物馆中如何表现历史是劳动人民创造的，是阶级斗争的历史，是生产力与生产关系的发展史……不以马列主义的观点方法进行研究，写出陈列计划，然后通过实物、文献等表现出来，是不会有系统的、正确的陈列的。例如，不少博物馆的陈列（展览）只有简单的陈列（展览）提纲，缺乏周密的陈列（展览）计划，没有认识到陈列（展览）是严肃的科学研究工作，制定陈列（展览）计划的过程就是科学研究的过程，而认为陈列（展览）就是把东西排列出来。有的博物馆一个晚上、一个礼拜搞出一个陈列，有什么，摆什么，对陈列品的说明卡片只注名称，不注年代、来源、产地……甚至有些陈列品没有经过科学鉴定，真假不分，年代不确，产地不明。因此，这样的陈列只是罗列文物，罗列现象，缺乏思想性、科学性、艺术性，既无法提供科学研究资料，对群众的教育效果也不会大，甚至产生相反的效果。

有些同志认为征集工作就是简单地把需要的东西拿到馆里来，事先没有经过科学研究定出征集计划，征集的目的不明，也没有调查研究，如何根据实际情况，选择典型地区和典型的工厂、农村……找典型人，征集所需要的代表性文物（标本），往往是大海捞针，心中无数，碰到什么拿什么，给什么要什么。以致有的时候扑空；有的时候虽然征集到不少东西，但有用的很少，或者是由于征集的时候缺乏必要的调查和科学记录，以致有用的东西也完全失掉了科学研究和陈列价值成为废品，实际上等于破坏了文物。

有些同志认为保管工作就是看摊子，不过是把藏品根据已经规定的老一套办法按部就班的分类、登记、编号、上架……是机械的事务工作，不需要科学研究。因此，有些博物馆的保管工作是不区别其有无保存价值，有什么，保存什么；交什么登记什么，对待分类编目工作是：自己知道多少写多少，甚至把大概地估计写下，有的时候只写件数、名称；有的时候不注完整情形，或者有缺写缺，有残写残，而不详细注明缺多少，残那些……由于保管方法不科学，制度不严密，保管凭记忆，以致需要的材料找不着，或者要找半天。藏品的丢失、损坏、虫蛀发霉等现象还没有杜绝。至于风化的石刻，古代的竹、木、丝、绸、漆器、书画等如何科学保藏，也都是应该研究解决的问题。而保管方面最主要的问题是把藏品通过科学的鉴定、科学记录，成为有价值的材料。

有些同志满足了群众工作争取的观众数量，忽略了讲解工作的效果和质量，认为讲解工作就是背熟已经准备好的一套讲解词，能起留声机的作用就可以，而没有想办法不断提高；对待讲解稿，草草写一下，有些专家还不屑于动手修改或帮助。因此，我们的讲解内容贫乏，一大堆口号和名词、术语，不生动、不深刻。没有认识到讲解工作是博物馆文化教育工作的最前线，讲解的效果直接影响广大观众，讲解员就是观众的老师，作为老师只有进行科学研究，精通自己的业务，熟悉每一件陈列品，并能解答观众提出的问题，才能更好地帮助观众提高思想水平和科学文化水平，才能更好地发挥博物馆的文化教育作用。

上述各项业务工作中的缺点，是在各个博物馆不同方面、不同程度存在的，但是没有把博物馆的业务工作很好地建立在科学研究基础之上是一致的。而这些问题也只有加强科学研究才能够逐步求得解决。

博物馆的科学研究工作所以没有能够开展的原因，首先是作为全国博物馆事业管理机构的文化部，特别是主管的文物局，在过去工作中片面地强调了博物馆的文化教育工作，忽略了科学研究工作，没有认识到博物馆本身既是"文化教育机关"和"物质文化与精神文化遗存以及自然标本的主要收藏室"，同时也是"科学研究机关"，科学研究是博物馆一切活动的基础，博物馆各项业务工作都是科学研究的内容。

三、发展博物馆事业，为科学研究服务，为广大人民群众服务

为了适应社会主义建设的需要和向科学进军的需要，在今后十二年里，博物馆将要增加很多，博物馆工作质量要求提高到接近世界先进水平。这一任务是光荣的，也是艰巨的。为了更好地完成这一任务，必须全面规划，加强领导。兹提出下列几个问题供研究讨论：

（一）十二年规划，尤其是最近两年至五年的规划问题：

从文化部文物管理局到各省、自治区、直辖市文化局及各博物馆，都要在统一领导下，根据需要与可能，并在经过科学研究的基础上定出切实可行的博物馆事业十二年远景规划，其中特别是最近二年至五年内的具体规划（包括馆的性质、方针、任务和具体措施），要分别轻重缓急，着重办起并办好几个重点博物馆；各博物馆则着重完成基本陈列或首先办好几个部分，以配合和推进学术研究工作及工农业的生产建设。

例如文化部着重在两年至五年内办好几个具有学术性研究价值又可为广大人民服务的专门性博物馆，其中更以自然博物馆和革命博物馆为重点。

对省、自治区、市地志性博物馆，主要由地方负责筹办，文化部将选择其中两三个馆加以重点帮助，以吸取并推广经验，训练干部。

对纪念馆也采用上述办法。

（二）开展科学研究："科学研究是博物馆全部活动的基础"，因此加强博物馆科学研究是不断提高博物馆各项业务工作质量的关键。

博物馆进行科学研究的原则是：必须首先加强政治理论学习，逐步掌握马克思列宁主义的思想武器作为科学研究的基础，必须与本身的业务相结合，必须与本身的特点、条件相结合，理论和实践必须统一。其目的首先是为了不断提高博物馆各项业务工作的质量；其范围涉及博物馆各项业务工作；其内容根据各个博物馆不同性质、方针、任务包括：研究学术上没有解决的问题，研究陈列（展览）计划、陈列的空白点、征集计划、鉴定藏品、研究讲解稿、藏品的目录、图录的编辑，以及围绕博物馆学研究陈列、征集、保管、群众工作、美化陈列室等有关方针、原则、技术、方法的问题……

根据我国博物馆目前干部情况，博物馆开展科学研究的方针应该是：从学习马克思列宁主义和党的原则作起，因为这是一切研究工作的基础；从干部现有水平出发，从精通本行业务做起，循序渐进，刻苦钻研。也就是"文化水平低的首先提高文化水平；业务生疏的应当先熟悉业务；科学知识基础缺乏的应当加强科学基础方面的学习；在科学研究上具有独立工作能力的可以专攻自己的专业"。各个博物馆应该根据本馆的性质、方针、任务及干部的不同条件、不同业务，实事求是地订出开展科学研究的计划。

为了顺利地展开博物馆的科学研究工作：

（1）必须解决思想认识问题。有些同志把科学研究"神秘化"，认为"高不可攀"，不敢接触；有些同志所做的工作已经是或者包括科学研究的成分，自己还认识不到，其实各个部门、各种业务都不能缺少自己的科学研究。因为不如此，就不能掌握这项业务的客观规律，工作就带有盲目性，也就无法总结工作提高工作。一个科学家和高级知识分子都不是天生的，而是经过不断学习、不断刻苦钻研的结果，是经过由低到高、由浅入深的过程。由此可见，把科学研究"神秘化"，不敢接触的思想是不对的，是妨碍博物馆科学研究的开展的。

另外一方面也要防止把科学研究"庸俗化"，认为一切工作都是科学研究，事实上是取消了科学研

究。既然叫"科学研究"，必须有一定的研究对象，经过思考和刻苦钻研来揭示各种现象的客观规律和解释各种现象。因此第二部分所提出的如陈列工作中没计划、没提纲，有什么，摆什么，不能给人以历史发展规律的揭示和解释，便不能叫作科学研究。博物馆各项业务工作本身都基于科学研究，但绝不等于随便怎样作都叫科学研究，这样就把科学研究庸俗化了。

（2）对科学研究工作的领导应该区别于对行政工作的领导。提倡学术上的自由讨论，展开讨论和批评与自我批评，作到"百家争鸣"，然后取得较为一致的意见，进行工作。博物馆在过去是"风平浪静"的，但是不等于我们在学术上、思想上没有问题，恰恰相反，由于争论与批评不够，存在的问题不得解决，大大妨碍了科学研究的开展与提高。争论的目的是为了统一与提高，为了搞好工作。因此藉口批评与自我批评，作私人攻击，或者借口争论使工作计划拖延很久而不执行都是不对的。

（3）有条件的馆，逐步克服一揽子工作方法，作到各有所专，各发挥所长。

（4）准备条件，首先是围绕业务所需，购置必要图书、杂志及资料、设备等。

（三）总结、交流推广工作中的先进经验，学习外国博物馆先进经验：

刘少奇同志在全国先进生产者代表会议上的祝词中指出："目前我国各个生产战线上的先进生产者，各个工作部门中的先进工作者，正是我国社会主义建设事业中的一种最积极的因素。这种因素应当受到我们最大的重视。"又说："人民群众是历史的创造者。人类社会的历史，归根结底，是生产者的历史。生产是永远处在发展变动的状态中的，新的生产技术不断地代替着旧的生产技术。因此，在任何时代，在任何生产部门中，总是有少数比较先进的生产者，他们采用着比较先进的生产技术，创造着比较先进的生产定额。随后，就有愈来愈多的生产者学会了他们的技术，达到了他们的定额。直到最后，原来是少数先进分子的生产水平就成为全社会的生产水平，社会生产就提高了。如果有重大的生产技术的发明，就要引起生产技术的重大改革，创造生产的巨大高涨。因此，先进生产者是人类经济生活向前发展的先驱，也是人类社会历史向前发展的先驱。"

我们应该承认在过去工作中，从文物局到各博物馆，对博物馆先进工作者所创造的经验，或集体创造出来的先进经验是重视得很不够的，例如这次开会，有些博物馆交不出总结，或是现赶总结，说明我们过去没有进行工作总结，也说明我们对工作总结"清规戒律"太多，强调"十全十美"，强调"水平低"总结不好，而不是实事求是的有一点总结一点。其实有许多博物馆是创造了先进经验而我们没有总结、推广。有关苏联博物馆工作的书籍，虽然译出的还不多，但是有些人根本没有翻；有些人学习了，但没有研究如何贯彻到实际中。我们如果能够重视总结，推广工作中的先进经验，学习外国博物馆，尤其是学习苏联博物馆的先进工作经验，并加以运用，就可以加快提高自己，改进工作，这也就是"迎头赶上"。因此，今后要求每个博物馆随时总结先进经验并加以推广、交流。对合理化建议应予以大力支持帮助；对先进工作者的革新精神、首创精神，应该予以表扬，并号召大家学习这种新的劳动态度，新的道德品质；那种"安于落后，把落后的技术和落后的定额当作先进的东西，或者当作不能更改、至少是目前不能更改的东西"。或者是"口头上甚至是主观上不但不反对先进生产者运动，而且是热烈支持的，但是他们满足于空喊……一般号召……发奖旗……但是他们很少认真地为先进生产者创造条件，使之不断前进，很少认真地研究先进生产者的经验，认真推广这些经验"的各种各样的官僚主义是应该反对的。

（四）大力训练干部：干部的数量和质量与博物馆事业的发展上存在很大矛盾。随着博物馆事业的发展，今后必需壮大博物馆的队伍。在这里主要谈一谈干部的质量与工作的矛盾问题，因为开展博物馆科学研究工作也必须相应地扩大博物馆科学研究队伍。

干部质量与工作需要的矛盾是每一位领导或从事博物馆工作的同志都感觉到的迫切问题。都认识到干部不行，工作搞不好，但是如何解决这一矛盾，却存在不同的看法和作法，例如文物局几年来对训练干部停留在一般号召，没有具体措施组织进行此项工作，强调没有一成熟的教材，没办法训练，实际上是对训练干部问题上的右倾保守思想。这样作是永远等不出来一套成熟的教材的，应该是在进行训练干部工作中逐渐使得教材完整起来。有些博物馆年年喊干部问题（人数确实少的博物馆还要充实干部），年年向领导伸手要得力干部，要专家，而不积极进行培养馆内干部。因此，这些博物馆这样作了几年的结果是，得力干部和专家没有来，或者来的有限，馆内干部也没有很好提高，工作上更加被动。有的博物馆，例如天津市人民科学馆认识到干部的重要，同时认识干部问题在各个部门都很紧张，因此采取了"自力更生"的办法，大力进行了训练干部工作，两年多来，使得刚刚从话剧团转来的相当高中文化水平的同志，学完了有关生物学的基础理论，达到接近大学毕业水平，初步掌握了博物馆的业务，俄文也达到三年级的程度，可以看书。这位同志计划在十二年内继续提高业务，再学会一种外国语，争取达到副博士水平。这一个实际例子，可以告诉我们关键问题是：只要"领导重视，亲自动手，"问题就可以大部分解决了。训练干部工作中，应该注意的是首先要学习马克思列宁主义的基本理论，防止重业务轻政治的作法。训练干部必须与实际工作密切结合，防止脱离业务孤立地学习。除了学习以外，尤其要在工作中大胆放手让这些未来的专家去作，在实际工作中去锻炼。既然四、五年可以大学毕业，为什么十二年的时间训练不出新专家？天津市人民科学馆训练干部的精神和经验值得我们学习。为此，要求各博物馆应将训练干部列为中心工作之一，并应保证有一定业务学习时间和制度。要求十二年内，把现有高、初中水平的干部基本上提高到大学文化水平，大学毕业的都应该有不同程度的成就，这个要求是不算高的。

（五）应该依靠社会力量：基础差、干部弱、经验少，而且博物馆业务比较广泛，有些问题也比较专门，有很多问题，尤其是有关科学研究的问题，不是靠博物馆自己就可以很好解决的。必须依靠社会力量。过去这方面也作了一些工作，主要是请有关部门、专家为陈列（展览）提意见，共同合作办展览，以及解决某些学术问题、具体问题等，应该说这方面的工作还是不经常，范围小，做得很不够。今后应该：

（1）用一定组织形式固定起来，首先是把学术委员会建立起来，这个委员会是咨询机关，是由博物馆的负责人、科学工作人员，及聘请的馆外专家、有关部门代表组成。其任务是：讨论博物馆的年度计划与总结，陈列（展览）计划，科学研究计划，及馆内科学著作、论文、报告等。委员会应该密切结合工作需要，以能起实际作用为原则，不要追求形式，过于庞大。

（2）扩大范围，例如训练干部、征集工作、群众工作、保管工作（尤其是鉴定与修复）等都要依靠社会力量来进行。在这里应该注意是："依靠"社会力量不等于"依赖"社会力量。

（六）发挥"母机"作用：从整个博物馆事业来看，是基础差、干部弱、经验少，但是从各个博物馆来看，还是有基础好、差，干部强、弱，经验多、少的分别。因此，应该是基础好的、干部强的、经验多的博物馆在藏品方面，在训练干部、学术问题、技术方法等方面帮助基础差的、干部弱的、经验少的博物馆。此外，十二年内博物馆事业的发展很快，到现在全国还没有一所培养博物馆干部的学校，文化部计划在1958年成立社会文化学院，设博物馆学系，培养博物馆干部，但是博物馆事业发展得很快，仅仅依靠这个学校来培养干部，还是不能适应工作需要的。博物馆的工作需要一定的专业知识，博物馆不可缺少的文物又有很多是容易散失损坏的，如果第三个五年计划期间建立的博物馆，安下摊子后再征集，必然会有些材料毁掉了，或者征集起来增加很多困难，因此，先建立的博物馆应该发挥学校作用和收藏室的作用，希望先建立的博物馆征集工作中要考虑到后建立的博物馆的需要，并采取各种方式为将来新建立的博物馆训练干部。这样作，对整个博物馆事业的发展与提高会有很大好处。希望各博物馆发挥互助精神，克服本位主义。

　　上述六个问题是博物馆事业今后发展的关键问题，同时也是我们过去工作中的缺点。产生这些缺点的根源是一个——右倾保守思想。因此，为了作好上述六方面工作的先决条件在于克服右倾保守思想。我们的右倾保守思想主要不是表现在博物馆事业发展的数量、规模等方面，而是表现在提高工作和干部质量方面，因此，归根结底是要在各项工作中不断克服右倾保守思想，树立马克思列宁主义的思想，共产主义的人生观，共产主义的道德品质，反对墨守成规，一成不变，提倡革命的首创精神，充分发挥馆内、外积极的因素。只要把潜在力量充分挖掘出来，博物馆事业就可以在不太长的时间内繁荣起来，同时可以把工作质量提高到接近国际先进水平。

苏联地志博物馆的科学研究工作

—— 在全国博物馆工作会议上的报告 ——

文化部社会文化事业管理局苏联专家

雷达娅[①]

一、地志博物馆的目的与任务

苏联有一千左右各种类型的博物馆，其中建立在各个共和国、州、边区及某些区中心的地志博物馆就几乎占半数。地志博物馆这一名称是由"地方"这两个字而来，也就是地域、区域的意思。

苏联大部分地志博物馆是在苏维埃政权时期建立的，它们的馆藏是经过博物馆工作者以及科学界和地志学者共同参加下的科学研究以后而逐渐建立起来的。这些博物馆在组织陈列之前曾进行过巨大的征集工作。而新建立的地志博物馆的藏品是从中央的、州的专业博物馆调拨来的。少数州的和区的地志博物馆是在伟大十月社会主义革命前所建立的地方博物馆的基础上建立起来的（如：赤塔·伊尔库斯克、米奴森及其他等州地志博物馆）。

根据地志博物馆的目的与任务来看，地志博物馆是科学研究机关，同时又是文化教育机关。做为科学研究机关的地志博物馆必须进行对本地区的自然、历史、经济、文化及居民生活方面的研究工作、征集工作、保管工作，对具有博物馆意义的藏品进行科学的著录工作和陈列工作。

博物馆通过陈列使苏联人民能够了解过去的文化遗产、社会主义社会的文化宝藏，以及祖国的自然财富。博物馆利用馆内的展品和藏品促进科学的发展。

做为文化教育机关的地志博物馆同时也通过组织参观博物馆、举办馆内馆外（在工厂、俱乐部、公园、集体农庄）的展览以及组织有关地志方面的讲座和报告来进行科学普及工作。地志博物馆的文化教育工作和科学研究工作应当密切地结合在一起，并应把这两项工作视为统一的工作过程。

地志博物馆的任务在于：提高观众的普通教育和文化水平，促进唯物主义世界观的形成，动员全体劳动人民为完成摆在国家面前的经济、文化建设的任务而奋斗。

在地志博物馆内，通过陈列对科学上已达到的成就、社会主义工业和农业方面的先进经验进行宣传工作，占有相当重要的地位。

二、科学研究工作

科学研究工作是地志博物馆一切活动的基础，是组织有充分价值的陈列的最重要的先决条件。这项

[①] 雷达娅，莫斯科图书馆学院教授，图书馆学和博物馆学专家，20世纪50年代曾多次应邀来华举行博物馆事业方面的讲学。

工作是由馆内各个部来共同进行，并且是馆内工作计划的主要部分，同时也是馆内每个干部个人计划中的主要部分。

由于进行了科学研究工作，因此苏联地志博物馆能于最短时期内组织了历史和社会主义建设这两部分的陈列，在这两部分陈列中反映出国内经济、文化方面所发生的根本变化，并通过与过去相比较反映出苏联人民所获得的成绩，以及社会主义生产方法的优越性。

博物馆的科学研究工作是在困难的条件下进行的，当时缺乏受过一定训练的干部，缺乏实物。因此，每一个干部不得不进行材料的征集工作，对征集来的材料要进行科学著录，研究档案材料，并拟制陈列计划。

当谈到苏联地志博物馆的科学研究工作时必须指出：在这一问题上，苏联地志博物馆曾犯过众所周知的错误，也就是许多地志博物馆的工作同志们对科学研究工作有过错误的认识，因此在苏联伟大卫国战争之后，在许多博物馆内都停止了科学研究工作，而在某些州和大部分区博物馆内甚至于完全停止了这项工作。所以发生这种情况的原因不单是由于干部水平不高，编制人员不够，而主要地是地志博物馆根据上级领导机关的指示，利用了虽非地志又非博物馆性质的展品组织了馆内陈列，博物馆广泛地采用了照片、图表、表格等其他辅助品而未利用实物。战后时期在个别博物馆内发生了类似这样的事情，例如：斯维尔德洛夫州地志博物馆为了帮助州内的区博物馆，就利用了苏联历史教科书和其他等书籍而制订了一份历史陈列计划。从教科书上抄录下几个主要的题目，并根据州内所发生的一般变化和事件就确定了陈列主题构成。而后，就把成套的图片分发给所有的博物馆。因此区博物馆就利用这些图片和语录组织了历史陈列。库尔干州地志博物馆于 1949 年也犯了同样的错误，利用了专门供给学校用的苏联历史图片组织了历史部分的陈列。他们所组织的陈列根本没有进行过对地方的科学研究，更没有利用现有的馆内藏品。在苏联地志博物馆中，由于科学研究工作进行的还不够，所以也曾存在其他一些严重的缺点。

大家都知道，地志博物馆自然部分的任务就是：宣传本地自然方面的知识，因此就应当通过自然部分的陈列向观众介绍共和国、州或区的地方自然环境。博物馆自然部分的陈列可以采用各种各样的方法。最简单最普通的方法也是革命前地方博物馆和生物博物馆曾经采用的方法，就是分类陈列法，即在陈列中将展品根据不同的类别进行分类陈列，例如：矿物、植物、鸟类、动物、昆虫等。这一办法很简单，而且在苏联个别地志博物馆内也采用这个办法将自然部分的陈列变为标本展览。但是这种方法不能使观众看到本地的自然环境。由于地志博物馆完全采用了这种分类陈列法，因此这也正是他们自然陈列中的主要缺点之一。

第二种方法——生态法。这是苏联地志博物馆普遍所采用的方法。自然环境中的植物、动物都并为生物组，即"森林中动物"，"海洋动物"。但是这个方法也同样很难反映自然现象之间的相互关系。

第三种方法——景观法。这是地志博物馆表现自然的基本方法。景观法所表现的自然不是个别的客体，而是使自然环境中的一切有着密切相互联系，可以反映某个地区或一个区的部分自然环境，如："山形"、"森林"、"海洋"等。

但是苏联地志博物馆尚未广泛地采用这种方法，因为采用这种方法首先博物馆需要在几年内进行由地方积极分子参加下的巨大的科学研究工作。雅罗斯拉夫州地志博物馆几年来都采用了景观方法，制作了"森林"、"雷宾海"，以及反映当地特点的"景观"。后来这一工作很顺利地完成了，在博物馆远景计划中又规定了制作新的"景观"以便逐渐代替其他表现自然方面的方法。

采用景观法可使"自然和地方自然财富"这一分部的陈列不断压缩。利用生态法可以过渡到景观方法。沃洛果达州①、高尔基州以及其他地志博物馆就是这样做的。

过渡到这一个方法是需要一个较长的过程，需要有一个远景计划，并且必须在地方积极分子，如：地理教员、生物教员、美术工作者、大学生、中学生、猎户们，以及所有热爱自己乡土的人们积极参加之下才能过渡到这一方法。

在建立地志博物馆的最初阶段采用这种表现自然环境的景观方法是很困难的，因为采用这种方法要求事先进行许多科学研究工作。所以为什么中国优秀的地志博物馆之一——山东博物馆采用了最简单的陈列方法：分类陈列法、生态法。在目前博物馆发展阶段上采用这种方法是正确的。但是在自然部分的陈列中最好不要把自然资源加工后的成品，如：酒、布匹、工业产品等放进去，这些制好的成品应当放在经济建设部分的陈列中。

历史部分的陈列目的：促进马克思列宁主义世界观的形成，以历史知识武装人民，教育人民热爱自己的祖国，号召人民为建设共产主义社会而奋斗。

苏联大部分地志博物馆历史之部的陈列是从原始社会制度开始，直到1917年二月革命为止。伟大十月社会主义革命时期的陈列在社会主义建设之部（即苏维埃时期）。

地志博物馆所展出的地方历史应当是全国历史的一个组成部分，应在全国历史的基础上，并借助于实物、文献、博物馆性质的藏品（即展品、模型、图片等）展出地方的历史。某些地志博物馆历史陈列中的主要缺点之一就是：地方历史和全国历史脱节了。

最近几年来，由于重视了地方历史和全国历史的关系，许多地志博物馆修改了馆内的陈列。在陈列中也注意了全国社会经济发展的过程和现象，因此同一个历史发展过程，同一种事件都反映在许多地志博物馆的陈列中，如：18世纪布加乔夫所领导的农民战争，1905年至1907年的革命等。每一个博物馆根据这个主题，并利用反映当地的经济和社会关系特点的地方材料组织了馆内的陈列。

伊万诺夫州地志博物馆利用了文献资料以及反映地方工厂举行罢工时的实物，如：革命参加者所使用的武器、服装、旗子、秘密印刷厂的印刷机等，组织了反映罢工运动的陈列，但是它和全国革命运动是结合在一起的。

在中国的地志博物馆里也同样存在着苏联地志博物馆在历史陈列上所存在的缺点。例如：山东省地志博物馆所展出的历史部分就是和全国的历史脱节的。给观众留下的印象是：山东省的历史发展脱离了其他省份以及全国的历史发展。这个缺点特别明显地表现在已展出的革命时期这部分陈列中。克服这些缺点都必须经过深入地科学研究工作；研究档案、文献材料以及馆内和国内其他馆所收藏的实物藏品。

地志博物馆的科学工作者们在组织苏维埃时期的陈列工作中遇到了巨大的困难，首先当时非常缺乏实物，而征集这些实物的时期又过了，因此许多地志博物馆就利用了单调的辅助材料组织了苏维埃时期的陈列。当然，陈列不能引起观众的兴趣。在苏维埃时期的陈列中也同样存在着历史陈列方面的缺点，即所展出的地方经济脱离了全国的经济。地方社会主义的发展是孤立的、是脱离了全国的社会主义建设计划的。

当苏联共产党发布了关于加强思想问题的决议之后，于1947年地志博物馆收到了修改博物馆陈列的指示。指示中提出：博物馆应当结束这种有缺点的、没有广泛采用立体的展品、实物、工业品模型、艺术作品、文献资料，而只是建立在单调的图片资料基础上的陈列工作，提出于短期内达到博物馆成为对

---

① 现多称"沃洛格达州"，下同。

地方的历史、自然、文化、生活及生产力进行研究的科学研究基地，并保证在进行这一项工作时能与苏联地方农业机关取得密切的联系和广泛地吸收地方积极分子参加这一项工作。这些指示已成为博物馆进行科学研究工作的基础。科学研究工作的内容是非常丰富的，不应把它仅视为为征集材料而进行的探查工作和写几篇科学论文。那么科学研究工作的内容究竟是什么呢？

第一点：征集工作——对新征集到馆的藏品以及文献资料进行科学研究和科学著录。

第二点：探查工作（有关考古、历史生活、研究本地自然、经济、文化、生活方面的及社会主义建设方面的）——独立进行的以及同其他博物馆和科学研究机关所共同进行的调查工作。

第三点：制订陈列计划、组织陈列。

第四点：编写科学报告、科学报导、科学论文以及说明书、讲解员的讲稿。

第五点：写学位论文。

第六点：领导科学地志小组。

苏联地志博物馆的科学研究工作由博物馆全体科学工作者共同进行。并广泛吸收地方积极分子参加这一项工作。应当指出，苏联地志博物馆的编制并不大，同时科学水平也并不够。博物馆内除了专家、历史学家、生物学家做为科学工作者而外，还有一些具有中等教育水平的干部，但是这些年青的干部在经验丰富的专家帮助之下也同样参加科学研究工作。在许多地志博物馆内都证实了由年长的和年青的科学工作者共同进行的集体的科学研究工作方法是有成效的。因为只有积极参加科学研究工作才能提高那些没有专业知识的博物馆干部的科学业务水平。

苏联博物馆的科学研究工作是围绕着陈列工作而进行的，为了组织新的陈列和进一步改进现有的陈列。博物馆的陈列不可能没有补充和变动，因为生活是不断地提供新的材抖，不能随时修改陈列，就会使得在博物馆的工作上产生保守主义和形式主义。

科学研究工作的主要的阶段就是制订陈列计划。新建立的博物馆必须制订好陈列计划后才能开始进行科学研究工作。

为了拟制这样一个计划，必须进行许多准备工作。如：研究馆内现有的展品、规定出各个部的主要的和补充的主题、分析将反映在陈列中的所有的事件和情况、研究档案材料和一些文艺作品。经过对馆内藏品、档案及其他材料进行研究后，确定出全部的陈列计划。计划里应当指出：在陈列中那些是主要的那些是次要的，那些材料已经具备了，还需要准备和征集那些材料。计划中所规定的应当是适合现有陈列室准备展出的所有一切。

在地志博物馆的实际工作中常发生这种情况：即陈列计划制订的很好，但是不能执行，主要的原因是由于没有估计到现实的可能条件。

准备在陈列中展出的展品应当完全符合陈列主题和辅助的说明材料。

在陈列计划批准后，博物馆的工作同志们就开始科学研究工作的新的阶段，即执行计划的阶段。有人认为执行计划不是什么科学研究工作，而实际上这正是责任非常重大的科学研究工作。科学工作者同美术干部及其他工作同志应当共同确定展品，确定相互有关系的说明材料，以便通过这些展品材料正确地反映出陈列思想。在陈列中不应当展出一些尚未进行全面研究过的展品，不适合陈列主题的展品，即便它是非常能引起观众兴趣或非常珍贵的。

（一）征集和研究博物馆的藏品

苏联地志博物馆的藏品征集和研究工作是由自然之部、历史之部和社会主义建设之部的科学工作者们来进行，而不是由保管部和库房的工作同志们进行。这个原因是很容易了解的，因为只有科学工作者才能断定所收藏的藏品和文献的科学价值。

应当配合科学研究工作进行有计划的征集工作。博物馆所征集、研究、保管的藏品应当是博物馆当时所需要的，同时是根据博物馆发展的远景计划为将来所需要的，或为新建立的州内博物馆所需要的。应该说：苏联许多博物馆没有注意这一点，因此目前没有所需要的苏维埃时期的一些展品，而这些展品在二、三十年以前是可以大量征集到的（如：生活用具、物品、陶瓷器等）。

许多地志博物馆在保管藏品、文献及其他材料方面存在着以下的共同缺点：凡是到馆的一切都收藏，毫无选择，并收藏本馆不需要而其他馆所需要的东西。这样的收藏办法只有带来害处而没有别的。

博物馆科学研究工作最重要的是对馆内现有的藏品进行充分的研究。博物馆不应当收藏一件没经过科学鉴定的藏品。如果不遵守这一原则，博物馆所征集的藏品很可能是库房里已经有的。这样的例子可以从苏联的一些博物馆工作中举出。例如，土拉州①地志博物馆的馆长在做年终总结时指出："馆内库房里有许多藏品可以用在陈列上，但是由于他们尚未经过全面研究，因此不能展出。"

（二）博物馆的科学工作规划

苏联地志博物馆正在实行着全面规划。博物馆一切活动的基础就是陈列计划。关于这一点，前面已经讲过了。

在全馆的计划内（远景计划或日常计划）应当包括以下几项工作：1. 陈列工作；2. 科学研究工作；3. 科学普及工作；4. 组织保管工作。计划的形式应当根据博物馆的类型，以及工作范围来决定。

制订科学研究工作的远景计划是非常必要的。在远景计划里应当规定出需要进行长期研究才能完成的主要的大的问题。例如，制作地方自然部分的"景观"，以及所研究的题目是"习惯新环境的新品种的家畜"和许多研究地方自然、历史、经济、文化发展的题目。在远景计划里可以规定出继续完成过去已经开始，但尚未结束的科学研究题目或需要在下一次远景计划继续提出的新的科学研究题目。

有了远景计划才有可能使地志博物馆解决对开展博物馆科学研究工作上最重要的一些问题。特别应当提出的，就是州和区的地志博物馆在开展科学研究工作上是根据统一的计划互相配合、协作的。这个问题在地志博物馆条例上有着明文规定，即"州地志博物馆必须和区博物馆共同制订规划，共同进行科学研究工作和征集工作"。最好在进行协调工作时不只是联合区博物馆，而且要联合纪念馆及地方其他专业馆共同进行。例如，库尔斯州②的博物馆根据统一的计划共同研究了地方上的原料资源、本地的经济、文化及生活，共同组织了探查工作。又如沃洛达州③博物馆共同拟订了计划，研究由雷宾海的形成而引起的在植物、动物界方面发生的变化，研究池沼地带的动植物，以便于州博物馆里制作出做为沃洛格达州典型的"池沼地带"的"景观"。同时也拟订了专题发掘及州内的科学调查，以便发现和研究文化古迹。

由于博物馆在科学研究工作上能相互配合，从而使得从事研究的科学工作者的力量联合起来了，扩大了科学研究工作，使之更加深入，并促进了馆际之间的藏品交换，通过统一计划中所规定的解决个别问题的会议检查科学研究工作的结果并取得一致的意见。

---

① 现多称"图拉州"。
② 现多称"库尔斯克州"。
③ 现多称"沃洛格达州"。

有了统一的科学研究计划并不影响每个馆制订自己的详细的工作计划。

博物馆的干部应当根据全馆的计划及各个部的计划制订出自己的个人计划。干部个人工作计划一般包括如下几项：1. 陈列工作；2. 全馆计划中所规定的科学研究工作；3. 科学普及工作（做报告、讲座、讲解工作等活动）；4. 提高政治思想水平和科学业务水平。

博物馆的科学研究工作者在个人计划中规定出所担任的陈列部分的工作：科学研究的题目、完成的日期、将要为博物馆的观众或在工厂、机关所举行的报告和讲座的题目、科学讨论上的报告和报导的题目，以及为博物馆观众所进行的讲解工作。

可以通过各种方法来提高博物馆干部的政治理论水平和科学业务水平，通过马列主义夜大学、高等学校的函授班、学习小组（有党史、哲学、政治经济学小组）、博物馆干部训练班和讲习会，以及个人业务自修等方法。

博物馆的科学档案材料和博物馆的图书馆对进行科学研究工作具有重大意义。苏联地志博物馆保管部进行科学档案的收藏工作，其目的在于使博物馆的科学材料收藏得更加完整，并利用这些材料进行科学研究工作和陈列工作。科学档案材料包括的内容如下：1. 有关地方历史、文化方面的文献（未曾出版的科学著作手稿，社会活动家、作家、学者个人的档案材料，地方科学机关的档案，教堂的档案材料以及其他等材料）。2. 有关博物馆工作方面的文献（关于博物馆事业方面的指示性的材料、博物馆的工作计划、科学人员的出差计划、陈列计划、设计陈列的草图、博物馆工作总结、有关探查的材料、博物馆工作同志们的科学著作手稿、有关地志学者著作的材料、有关科学讨论会和会议的材料、博物馆委员会会议记录和博物馆工作者讨论陈列的会议记录以及有关修复博物馆珍贵藏品的材料）。

苏联地志博物馆的科学档案材料对进行研究工作有着重大的意义。在这些档案材料中发现了有关国家历史、文化方面的最珍贵的文献。在一个州地志博物馆的档案中发现了有关俄罗斯十一世纪至十二世纪的乐谱材料，这些材料都是研究人员所不知道的，同时发现了从未发表的著名的俄罗斯作家托尔斯泰的书信，以及其他许多珍贵的材料。

具有全国意义的文献都转交给中央档案局或国立图书馆的手稿部。

揭示馆内的科学档案材料，使全国科学工作者能利用它们进行研究工作，这是苏联博物馆的任务之一。

图书馆在博物馆干部进行科学研究工作方面起着重要的作用。在苏联博物馆的图书馆里收藏了很珍贵的抄本和印本的各类藏书。最近几年来，地志博物馆的图书馆进行了巨大的藏书研究和组织工作，清查出一部分博物馆所不需要的藏书，这部分藏书根据文化部的决定转交给了国立图书馆，而博物馆的图书馆又补充了新的图书，以便博物馆干部进行科学研究工作之用。同时通过馆际互借又可从国内科学图书馆借书。博物馆的图书馆修改和改进了目录，而且也进行书目参考工作。这一切都促使着博物馆的科学研究工作更加改进。

地志博物馆在为国内科学提供馆内的全部收藏品和科学材料方面起着巨大的作用。苏联的科学家们在地志博物馆里寻找到了他们所进行的有关历史、人文学、国内文化方面的科学研究工作上所需要的材料。苏联的历史学家，同时又是考古家雷巴克夫①利用了博物馆的许多材料进行了研究后，写出

_____

①　现多称"雷巴科夫"。

了一部非常重要的科学著作《古代俄罗斯的手工艺》[①]。地志博物馆为国内的作家们提供着丰富的材料。

苏联地志博物馆的科学研究工作是和研究州、区的历史、经济、文化、自然等问题紧密地结合在一起的，并促使着科学发展中一般问题的解决。

韩维译

---

① 现多称《古代罗斯的手工业》。

博物馆译丛
一九五七年第一辑（总1号）

博物馆科学工作研究所筹备处　编译

文物出版社

1957 年 11 月

目 录[①]

---

① 此书原目录中包括文稿《地志博物馆的陈列方法（苏维埃之部）》，由俄罗斯文化部地志工作与博物馆工作科学研究所编。此文稿为1952年社会文化事业管理局编印的"社会文化工作资料"系列（二）《地志博物馆的陈列方法——苏维埃时期之部》的重印版本，已录入《中国博物馆学历史文献选编（第一辑）》，故此处省略不录。

苏联国立革命博物馆征集工作的经验

俄罗斯文化部博物馆管理局通报

苏联国立革命博物馆根据以下各项基本任务制订博物馆材料的补充与收集的工作计划。

Ⅰ. 为了保证博物馆的陈列和科学研究工作，必须收集那样的历史的材料，即足以真实地说明伟大的十月社会主义革命的全世界历史意义，社会主义建设史和苏联逐步向共产主义过渡的具体的历史文献和物质文化遗物。

Ⅱ. 博物馆应当在陈列中将苏联的历史发展道路完整地作为一个统一的历史过程表现出来。

为此，计划收集材料的各共和国和州必需会同有关的部和有关机关根据适当材料确定足以反映该共和国（州、边区）的经济和文化的成长，以及它在国家经济中的比重的收集对象。

为了收集材料，博物馆要组织：

1. 科学的调查和发掘工作。

2. 研究中央和地方的档案馆、博物馆、出版社、报刊杂志编辑部的材料。

3. 在各种组织及党和共青团组织、各部、塔斯社，反法西斯委员会、苏联对外文化协会、作家协会、科学院及其分院，苏联总工会等处收集材料。

4. 收集私人及其家庭的材料（老布尔什维克、伟大十月社会主义革命参加者、内战及伟大卫国战争参加者、学者、作家、艺术家、演员、大中学校教师、工业和农业方面的革新家、斯大林奖金获得者、苏联英雄和社会主义劳动英雄等。）

此外，博物馆应和藏有博物馆所需材料的各团体及个别人建立广泛的通信联系；组织老年工人、革命参加者、社会主义建设直接参加者以及其他人物的各种会议。

为了有系统地和科学地进行博物馆的收集工作，需要编制补充藏品的长远计划。考察和科学勘察时，根据补充藏品的计划制出规定具体任务的专门计划。

在计划中按照规定应确定研究的路线和对象，编年的界限和所要收集的材料的性质，以及考察的期限和成员。

参加考察队的不仅是陈列部的科学工作者，而且也有藏品部的工作者，以及群众工作部的工作人员。

在考察队或科学勘察队准备期间，它的成员应仔细地研究该地区的文献和计划的对象，接受陈列部工作人员的申请书，了解博物馆藏品材料的成份。根据这种准备拟定出补充藏品的计划，并在博物馆科学工作者会议上加以讨论。

计划由博物馆馆长批准。

近年来博物馆在各个不同的加盟共和国（别洛露西亚、乌克兰、阿尔明尼亚、格鲁吉亚、阿塞拜疆、乌兹别克、拉脱维亚、立陶宛、哈萨克、卡累利芬兰等）进行了四十多次的考察和科学勘察。

在俄罗斯苏维埃联邦社会主义共和国的许多州和边区（莫斯科、雅罗斯拉夫尔、伊凡诺沃、科斯特罗马、高尔基、弗拉基米尔、斯维尔德洛夫斯克、车里亚赛斯克、阿尔汉格尔斯克、奥勒尔、库尔斯克等州，阿尔泰边区及未开垦荒地等处）也进行了收集工作。

考察队参加者，到达地点后就和当地党和苏维埃的公共组织及当地公社、博物馆建立联系，说明苏联革命博物馆的任务和本考察队的宗旨；并就地最后确定收集材料的对象。

兹引 1953 年在阿塞拜疆苏维埃社会主义共和国考察工作为例。

这次考察的任务是搜集关于共和国革命运动和社会主义建设的资料，考察队参加者共三人。

考察队工作人员行前先熟悉有关共和国和预定的考察对象的文献，并编制预定去收集材料的机关及企业名单。考察队员并与有关的部取得联系，得咨询的解答和公函，以便在收集工作中获得共和国各机关的帮助。

在巴库考察队的参加者包括了 40 个以上的机关人员。

主要工业部门——石油工业，首先受到注意。考察队员到制造石油工业装备的厂里去工作，曾到过的工厂有出产强大新型装备的什米德工厂和生产量及技术装备在共和国居第二位的基洛夫工厂。博物馆科学工作者访问了企业领导、党组书记、工厂委员会主席说明考察队任务，由于他们的帮助曾召集了工人大会，在企业内部报纸上发表短文。介绍考察队的工作和需要材料的性质。考察队员和企业内各种优秀人物、生产革新者取得联系，从他们那儿收得了有意义的材料。

考察队收集的结果，收到了为数很多的有意义的材料，计有：企业由于卓越的指标而获得的锦旗、荣誉册、社会主义竞赛约章、突击队员的笔记本、工人的技术水平提高证明文件、基洛夫厂制造的钻井工具以及其它材料。

在阿塞拜疆苏维埃社会主义共和国，和重工业同样获得高度发展的是轻工业（包括纺织业）。考察队员曾到巴库的列宁联合纺织厂和基洛夫城的奥尔忠尼启则厂收集材料。

考察队在共和国的两个集体农庄——"红十月"和"第十七次党代表大会"——里收集了说明两个集体农庄工作成就的宝贵材料。这些材料表现出在苏维埃政权的年代中农业发生了深刻的变革。曾收集得阿塞拜疆和土尔克明尼亚苏维埃社会主义共和国植棉业竞赛的社会主义条约，关于农业科学工作者和农业工作人员的合作的合同，说明集体农庄庄员生活和他们文化水平的增长和农村政治工作的文件等等。

也曾经获得关于科学成就，文化和艺术的增长的材料和共和国学者的著作，科学院出版物，科学研究所石油工业和农业工作人员的合作的材料，阿塞拜疆文学作品（其中有阿塞拜疆的最大作家和戏剧家之一、科学院院士米尔扎·依勃拉奇莫夫[①]的作品），和两次获得斯大林奖金的诗人沙兴德·乌尔贡[②]的手稿及照片，斯大林奖金获得者的作曲家的乐谱、手稿以及他们在人民民主国家参观的照片、文件等等。

由于吸收了广大社会团体及老布尔什维克参加收集工作，终于能够收集到阿塞拜疆过去的革命材料：1906 年机械生产工会的工人证原件，1907 年的工人账本；俄国社会民主工党 1906 年印发的政纲，以及在清理老房子时寻获的革命前时期的传单。

考察队员曾带来一面旗帜，这是在阿塞拜疆建立苏维埃政权周年纪念日上，土耳其轮船"雷西

---

① 现多称"米尔扎·伊布拉吉莫夫"。
② 现多称"萨·武尔贡"。

特——巴沙"号上的共产党员工人们派人赠给巴库市苏维埃的。这面旗帜确实是十月革命具有国际意义的证据之一。

1954年组织的一次到阿尔泰边区去的考察队，其意义也不小。

这次参加者是四位科学工作人员。他们到了阿尔泰两处大规模企业中去收集材料，这两处是巴尔纳乌立斯基·米兰日夫联合制造厂和阿尔泰拖拉机厂。曾经广泛吸收这些企业中的各种组织参加材料的收集工作。苏联共产党边区书记非常重视考察队的工作，在工作中给予很大的帮助。

在米兰日夫联合制造厂和卢勃乍夫拖拉机厂里，考察队曾和苏联共产党委员会书记，车间党组及工会组织取得了联系，又和企业内部的报纸编辑和很多工人联系。该企业的行政特别关心这个考察队。

这样广泛联系的结果，使考察队能够获得说明"米兰日夫"联合制造厂二十年来的历史的许多非常宝贵的文献和实物。

获得了说明联合制造厂整个生产过程的材料、荣誉书、社会主义竞赛文献、旗帜——其中有一面旗子是棉织工业工人联盟中央委员会在联合制造厂开工这天赠送的。

在卢勃乍夫拖拉机厂收到了产品模型和斯达汉诺夫工作者的劳动工具。

在阿尔泰边区有一个莫洛托夫集体农庄，它在这些年来一直是国内先进农庄之一。该农庄主席金高同志是社会主义劳动英雄。这个农庄的历史是农业社会主义改造的鲜明事例。集体农庄是在1929年原先的"新光"公社基础上建立起来的。

考察队带回了大批说明集体农庄发展史的文献和物质遗物：公社的生产工具，公社圆印章，社员文件及他们的回忆录，莫洛托夫集体农庄先进工作者的材料。他们中间很多人是原先的公社社员。考察队又带回许多农业劳动组合的材料——财产明细表，集体农庄和农业机器站的合同，关于组合和农业机器站账目的调查表等等，证明边区农业的高度技术装备。

关于说明各集体农庄的，特别是莫洛托夫集体农庄的劳动高涨的材料有：社会主义合同、各农庄突击工作记账册、荣誉书、证章、先进生产队和个别庄员的照片。

为了收集材料考察队又到了山区阿尔泰自治州去。本地土著居民——阿尔泰人，曾遭受沙皇残酷压迫，只是在苏维埃政权下，才获得广阔发展的可能。在苏维埃政权下他们有了自己的文字。考察队得自阿尔泰文学奠基人作家古乞亚克①的材料以及学院的教授和讲师的本国文字的初级读本、教科书、人民创作的样本等证明了这个地区的文化建设。

还到过未开垦的荒地——在考察队到来之前的两个月才组织起来的库林苏维埃谷物农场，在这儿得到的照片表示出荒地开始工作的情况。以后博物馆又收到了这个国营农场第一次收获的麦种。博物馆和这个国营农场的联系至今仍保持着。1955年博物馆曾到该国营农场举办了有关1905～1907年革命的展览会。

在"巴尔纳乌尔"和"皮司克"党组织的帮助下，阿尔泰考察队队员举行了老布尔什维克会议，会上报告了博物馆情况和考察队的目的。这个会大大帮助了考察队的收集工作，收到了许多珍贵文献实物。会议参加者赠给苏联革命博物馆的材料有：为表彰西伯利亚人自高尔察克统治下解放三十周年纪念的奖状证章，赤卫队员和游击队员的笔记本等等。

考察队在莫斯科"镰刀与锤子"工厂的考察工作，可供博物馆在企业中进行收集工作的方法方面作参考。

———————————————

① 现多称"巴维尔·库其亚克"。

考察队在 1955 年 3～4 月间组织了四个科学工作者在这个厂进行收集工作。

这次考察队的工作特点，在其不同于前几次的考察队：工作进行时集中注意几个对象，并对一个在苏联重工业发展上占很大比重的工厂的历史进行了深入的研究。

考察队首先和党委会、经理、总工程师和工厂工会建立联系。

在厂的报纸上刊登了关于考察队工作的记载介绍，号召工厂全体协助收集有关工厂历史方面的材料。由经理命令调度员领着考察队员去所有各车间，介绍给车间主任认识，熟悉工厂厂址的坐落情况。

工作过程中考察队又吸收了曾给早先的厂主古荣工作过的许多老工人他们后来在十月革命后最初年代中又是恢复工厂的参加者。科学工作者一面研究工厂的历史，一面就收集了实际表现工厂发展的各个基本阶段的材料。

为说明工厂的历史，曾收集了产品模型、工作的锦旗，在工厂所得的大批文件证明工厂全体人员在社会主义建设和伟大卫国战争年代中英雄般的劳动。考察队得以和第一位红色厂长布尔达切夫认识。在 1923 年的优秀厂长竞赛中，布尔达切夫同志得到二等奖。布尔达切夫同志赠给博物馆说明工厂恢复过程的照片册。

著名的炼钢工人切斯诺高夫，现今是马丁炉车间工长，把他在 1951 年用来掐取第一炉上等钢的勺子赠给博物馆，他还赠送了钢铁工人用的眼镜和无指手套。

著名的该厂轧钢手都尔达诺夫，现在是一座轧钢机的机长，把他做压延工时用的工具和当了轧钢车间工长还在穿着的工作服赠给博物馆。

马丁炉修理工作队队长基霍米劳夫赠了 1929 年工厂交给他的一套工具，那时他是被派去帮助建立集体农庄的二万五千人中间的一个。基霍米劳夫同志在新建立的农业机器站里曾使用过这些工具。

下面讲到去加希拉电力站作科学勘察的经验。

去加希拉的四位科学工作者和电力站全体人员及站内的老工人建立了广泛的联系。由这些工人的建议举行了博物馆工作者到加希拉市电力站的欢迎会。出席会议的在七十人以上。科学工作者说明博物馆的任务和为了在陈列中反映按照全俄国家电气化委员会的列宁计划建设的第一座电力站建设所需要的材料。在会上发言的有老工人，工厂的头一批建设者，他们中间很多人在那个时候还是文盲，而现在已能领导很重要的生产部门并且具有高度技术教育程度了。他们谈到同列宁的会见以及列宁对建设工程的极端注意。弗拉基米尔·伊里奇帮助厂挑选熟练的干部，供应物资和技术装备，改善生活条件。

由于电力站老工人热烈的响应和领导方面的帮助，博物馆科学工作者能够获得十分宝贵的材料。

劳动英雄普罗霍罗夫赠给博物馆一些证件和一只刻着名字的表，这是他在 1922 年因为工作优良，由国民经济最高苏维埃给他的奖品。表盖上刻着："赠给加希拉第一个苏维埃电力站的劳动英雄普罗霍罗夫·潘菲尔·尼冈诺罗维奇。"

最早的加希拉水电站建设者，工程师涅菲季也夫的女儿赠给博物馆表现建设工程的条件的文件、照相册，还有她父亲在工作中使用的测量仪器。

还收集了反映加希拉水电站全体工作人员在伟大卫国战争中和战后时期的劳动的材料。

前面已经讲过，除了科学考察及勘测外。博物馆同时还在莫斯科的各个不同组织收集材料，例如：塔斯社、苏联对外文化协会、反法西斯委员会、苏联总工会等等。这许多材料反映了全世界争取和平的斗争、国外劳动人民和苏维埃人民的友谊、苏联给各人民民主国家的帮助等等。外国对我国国内大事的反应，以及国内政治大事等。收到人民民主国家的报纸、杂志和资本主义国家的进步刊物及第十九次党代表大会和其它事件的材料。苏维埃妇女反法西斯委员会经常把她们收到的各国家的民主妇女团体的礼物赠给博物馆。

博物馆自个别私人（科学家、文化工作者、艺术工作者、作家、政府工作人员、生产革新者、老布尔什维克、十月革命参加者、国内战争和卫国战争参加者）和他们的家庭所得到的材料大大地充实了博物馆藏品。其中有许多已经展出。

博物馆还收到许多私人的著作、物品和文件等，如科学院院士卡马洛夫、保格莫里茨、捷林斯基、温因吉尔、贝当、维廉士、费尔斯曼、布尔丁科、古尔那柯夫、勃利茨克、克尔齐让诺夫斯基等。材料中例如：学者亲笔署名的作品、照片，获得斯大林奖金证书，外国公共团体荣誉证书、勋章、奖章和许多说明科学先进代表们的活动的文献，这些材料也证明了苏维埃科学的发展及其对世界科学的巨大贡献。

博物馆还得到苏联煤炭工业部长华赫鲁舍夫，黑色冶金工业部长古兹明，前驻法国大使多夫加列夫斯基等个人的档案材料。

博物馆科学工作者也和作家联系，从他们那里得到许多珍品，例如：作家拉齐斯送来手稿以及用苏联各民族文字和外国各国文字出版的有其亲笔署名的本人著作、各种不同的照片等等。爱伦堡赠来亲笔署名的本人著作和表现他在伟大卫国战争期间的巨大的社会工作的许多照片和证件。内战时期的英雄，匈牙利作家马丹·扎尔卡的家属把他的私人物品及文件：勋章、亲笔签署的书籍、他和作家尼古拉耶夫·奥斯特洛夫斯基的通信集、在内战中因战功而奖给他的马刀，都赠给了博物馆。

作家马尔夏克、普诺娃、雷尔斯基、格拉特柯夫、特琴娜等把亲笔签名的书籍赠给博物馆。

从苏维埃艺术家们收到的宝贵材料有：照片、音乐会节目单、人民演员涅日唐诺娃和叶尔莫洛娃的地址等。

作曲家格利叶尔赠给博物馆以亲笔签名的：本人创作的乐谱、照片和刊有艺术问题论文的杂志。有关苏联造型艺术史方面，画家卡茨曼和雕刻家美尔古劳夫的家属都赠来材料。

博物馆的科学工作者们和生产革新者建立联系，从许多人那里得到宝贵展品。

驰名全国的工业革新家保尔特盖维奇把亲笔签署的关于介绍先进经验的书、他用以作金属高速切削的切削刀，以及中国工人赠给他的旗子，象征苏德友谊的标章赠给博物馆。斯大林奖金得奖人贝柯夫赠给他所获得的荣誉证书、他到外国考察时的证件和外国朋友的礼物。斯大林奖金得奖人罗西斯基赠给加利勃耳斯达汉诺夫工厂用流水作业法为他制造出来的测微器。

П. Н. 安格林娜，Д. 加尔马什以及别的生产革新家也赠来许多宝贵材料。

博物馆在老布尔什维克，1905～1907年俄国第一次革命参加者，伟大十月社会主义革命及内战的参加者这许多人中间进行了巨大工作。

仅仅在1955年1年中就邀请1905～1907年革命在莫斯科、彼得堡、乌克兰、乌拉尔、西伯利亚及伏尔加河流域等地的参加者开过六次会，这几次会议中参加者超过二百人。他们中间许多同志写了详细的回忆录，回忆录中有些事实是在文献中没有记载，而对研究工作具有很大价值的。有些同志送给博物馆一些当时的遗物：属于萨马尔战斗组织的一员高劳斯吉莱夫同志的手榴弹；1905年时期暗探局印制的照片，乌拉尔义勇战斗队的炸弹模型等。老布尔什维克们同博物馆保持着经常联系，时常来博物馆访问并带来补充材料。

在列宁格勒，博物馆工作人员和"阿甫罗拉"巡洋舰的海员们建立联系，因而从他们那里收到许多展品——从原先的指挥员保稜诺夫那里收到一支手枪，那是当时苏联中央执行委员会给他的奖品，还有无沿帽上的小纽扣，上面印着"阿甫罗拉"字样，从其他海员那儿得到当时连队用的钞票、文件和照片。

1903 年的党员，原赤卫军战士尼古拉叶夫同志赠给博物馆一件他在当年向冬宫冲锋时穿的皮短外套。

总起来说，前面叙述的例子只是博物馆收集工作的一部分，但是通过这些例子对于收集工作的方法及成果可以获得一个概念。

在博物馆馆长和全体科学工作人员参加之下讨论了考察队的总结。在博物馆的学术委员会会议上提出的用收集的材料来补充展览报告。

根据近几年来博物馆收集工作的经验，证明最有效的办法是和社会团体、直接参加革命事件的人们、国内生产革新者、先进学者、作家和其他祖国各地著名人士建立联系。

博物馆经验证明和各部及主管机关、地方党组织、地方苏维埃组织、地方报纸编辑部、机关刊物保持联系具有极端重要的意义。

博物馆收集来的材料使得陈列能够说明这样一些题目：党的领导作用，工农联盟，苏联各族人民的友谊；苏联工业生产的发展和农业的社会主义改造；能够说明文化和科学方面的问题，表现创造历史，建设新的社会主义社会人们的形象。

在博物馆的收集工作中苏联革命博物馆也还有一些严重的缺陷。可是每个博物馆的考察队都丰富了博物馆工作人员的经验，并改善收集工作的方法，近年来所收集的材料使得博物馆在苏维埃社会的历史方面创造出更有价值的陈列。

博物馆藏品的组成、补充、登记和调拨基本条例

俄罗斯苏维埃联邦社会主义共和国文化部修订颁布

本篇内收集有关俄罗斯苏维埃联邦社会主义共和国文化部系统各博物馆藏品的补充、登记和调拨等制度的基本文件。

本篇收集的文件，都是俄罗斯联邦共和国部长会议文教委员会和俄罗斯联邦文化部在各个时期所颁布，并遵照俄罗斯联邦部长会议关于整顿博物馆藏品的登记和保管的国家制度的决定而加以审订的。

艺术博物馆和绘画博物馆藏品的登记则按照苏联部长会议所属前艺术委员会于一九五〇年所颁布的关于艺术博物馆珍贵展品的登记和保管的指示进行之。

四个最大的国立博物馆——历史博物馆、苏联革命博物馆、苏联各民族的民族学博物馆和文学博物馆在进行藏品登记时，经俄罗斯联邦共和国文化部同意，可与上述指示稍有出入。这些博物馆的登记制度按文化部为各该博物馆特准的藏品登记条例施行之。

俄罗斯联邦文化部系统所有博物馆的珍贵藏品的保管工作都应按照上述指示的第三章——"博物馆珍贵藏品的保管"进行之。

一 关于博物馆藏品的组成

俄罗斯苏维埃联邦社会主义共和国部长会议于一九四八年十月十四日以第三八九八号决议，责成各国立博物馆发挥搜集文化纪念物的主要收藏所的职能。国立博物馆分为：1. 全苏联性的博物馆；2. 共和国性的博物馆；3. 地方性的博物馆。

博物馆的藏品分成基本藏品和科学辅助材料。

1. 博物馆的基本藏品

集中在博物馆中的物质文化和精神文化的纪念物原件，人民的创作和日常生活的物品，表征着过去的历史、社会主义建设和我国在苏维埃时期的改造的物品和文件，纪念物以及标志着我国的自然条件和天然富源的材料，组成为博物馆的基本藏品。

博物馆的基本藏品是全民的财产，并且受国家的保护。

博物馆的基本藏品的各种对象是研究我们历史、经济、文化和自然条件的原始资料，供为宣传科学知识而建立的各种陈列之用。

在各专门性博物馆（历史的、革命历史的、文学的、生物的、艺术的等等）的基本藏品中应包括符合于每一个博物馆专业范围的物质文化和精神文化的纪念物原件。

地志博物馆的基本藏品应按符合于博物馆的业务和结构的各个搜集主题进行补充：

1. 有关本地自然条件的采集；

2. 有关革命前的历史的搜集；

3. 有关苏维埃时期历史的搜集；

4. 艺术作品的搜集。

在设有纪念性陈列组合的博物馆中，应搜集纪念物品进行补充。

在补充有关本地自然条件的采集品以及在鉴定和选择自然历史方面的材料时，应将下列材料列入基本藏品之内：

1. 古生物方面的材料（骸骨和其他已变为化石的动物和植物的骸骨，以及这些植物和动物的化石痕迹）；

2. 动物方面的材料（鸟兽标本、动物胴体标本、毛皮、骨骼、头盖和甲壳、干制的昆虫、软体动物壳，鸟卵、湿制的实验标本、有关昆虫和其他动物的生物学方面的藏品，以及生物学的研究对象：鸟窠、被动物界的害虫所伤害的植物和其他物体的标本，等等）；

3. 植物方面的材料（干腊植物标本、树干的锯段、种籽和干的果实、植物的任何部分、干燥了的或保持水分的实验标本、被动物伤害的植物标本等等）；

4. 本地矿层、矿石和矿物的标本、土壤标本、原生岩的标本；

5. 说明本地自然条件的原始的（真实的）摄影的、绘画的和制图的材料。

列入基本藏品之内的只能是那些经过科学鉴定、注明日期并附有关于该对象发现地点准确的必要的说明材料。

在采集自然历史的材料时，应当特别注意到以人类改造大自然方面的材料来补充自然部分的藏品，例如表现本地米丘林工作者们为丰富和保护本地的动物和植物而进行的活动（实行新的培植方法和培养新的动物品种和植物品种、利用有用的动物和植物、与有害的植物和动物作斗争等等）的材料。

在确定某一种动物、植物等等的标本的数量的时候，应当根据各该博物馆保存这些标本的条件，标本的质量（完整程度），同时还要力求做到建立有关本地自然条件的最完备的藏品而就这一种动物或植物来说，则力求选择能反映它们在本地区内的分布情况和变异性的一系列标本。

在补充有关革命前的历史和苏维埃时期历史的藏品时，以及在鉴定和选择有关本地历史、经济、生活和文化的材料时，应将下列材料列入基本藏品之内：

1. 发掘古墓、古城废墟、古代村落遗址等等所获得的，以及偶然发现的综合的考古文物、集品和个别的物品；

2. 民族学方面的收藏品和个别表现每个历史时期的经济、文化、民间创作和本地居民的日常生活，以及生产和社会关系的发展的物品：劳动工具、对本地方具有国民经济意义的工业和农业产品的样品、反映生产过程（从原料到制成品）的各种原料、半制品和制成品的样品、表现居民物质状况的最典型的物质纪念物（如伟大十月社会主义革命前统治阶级和劳动人民日常生活用的物品和表现苏维埃人民物质福利的增长的物品）；

3. 关于各个著名历史事件（如一八八五年莫罗卓夫工厂的罢工、俄国第一个马克思主义组织的活动、一九〇五年的革命、伟大的十月社会主义革命、伟大的卫国战争等等）的成组的和个别的纪念性物品；

4. 在科学或艺术的创作和发明过程中制成的、对研究建筑艺术、技术的历史提供有价值的史料的模型（如波波夫的传达信号仪器的模型、波尔崇诺夫的蒸汽机的模型等等）；

5. 有巨大历史意义的武装斗争和军事行动的纪念物：武器、军服、军需品等等[①]；

6. 钱币学方面的集品和特别有趣的个别物品（钱币、勋章、纪念章）、印章（戳记和图章）、纹章（徽章）、邮票等等；

7. 民间创作（雕刻、塑像、绘画、铸器、刺绣、织毯、印花布、花边等等）的优秀作品；

8. 艺术作品的原件和临摹品（油画、黑白画、版画、雕刻、乐谱等等）；

9. 有关苏联国民经济、国家与法制、科学、艺术、文学、人民生活等等的历史文物——手写的和印刷的文件的原件；

10. 原稿、有作者手迹的古版书、珍本；

11. 成套的和个别的关于杰出的活动家们的生活和创作的纪念物品；

12. 反映社会生活中重要事实、事件、过程、现象的摄影材料原件（照片和照相底片）。

纪念性博物馆的基本藏品应包括：博物馆所纪念的人物的个人物品和文件，说明这个人物生活和活动时期的历史情况的著作、物品和文件，以及关于这个历史人物的文学和艺术作品。

在纪念各个历史事件的纪念性博物馆中，基本的藏品应用表现事件本身以及这个事件发生时的历史情况的各种物品和文件的原件来补充。

2. 科学辅助材料藏品

属于科学辅助藏品的有：

1. 博物馆为陈列需要而制作的各种材料（图表、图解、统计表、图样、石膏塑型、模型等)[②]；

2. 大量出版的印刷材料（例如宣传画、广告、传单等）的复本以同样的材料二、三份收入博物馆的基本藏品；

3. 大量翻印的照片；

4. 不耐保存的农作物、浆果果实、蕈等的标本、容易变质和需要经常替换的自然界的陈列品；

在个别情况下，有些科学辅助材料也可以具有作为永久保存的和精神文化纪念物的性质（例如大量出版的个别出版物可以成为目录学的珍品或具有科学史料的特殊意义）。在这种场合，那些辅助材料就应转入博物馆的基本藏品之内。

二　博物馆对具有收藏意义的成组的和个别物品的补充和购买程序

为了保证博物馆的研究、陈列和群众文化教育活动的高度科学水平，必须系统地进行充实博物馆的基本藏品的工作。

为了完成这个任务博物馆应：

1. 进行科学考察工作并派遣工作人员出外搜集陈列品；

2. 向国家和社会的企业、机关、团体和个人购买或接受它们所赠予的各种具有收藏意义的材料；

3. 用预算所规定和批准给博物馆的拨款，按照专题陈列计划定购各种造型艺术作品（根据预定的科学研究工作来定货）；

4. 经俄罗斯苏维埃联邦社会主义共和国文化部的许可，以重复的和不属于本博物馆专业范围的物品

[①]　在将上述的物质纪念物列入博物馆的基本藏品时，应取得内务部有关单位的同意。——原文注

[②]　在科学发明或艺术创作过程中制造成的、并成为以后的生产或建筑的蓝本的模型（例如巴仁诺夫所设计的克里姆林宫的模型等等）应属于博物馆的基本藏品。——原文注

与其他博物馆进行交换；

博物馆的基术藏品的补充工作应有系统地进行，并应预先订入博物馆工作计划内。

为了有目的地充实博物馆的藏品，应根据陈列的需要和博物馆现有藏品的情况来制定一个为期三～五年的藏品补充远景规划。

俄罗斯苏维埃联邦社会主义共和国文化部直属采购委员会条例

1. 采购委员会的任务是：

1）从陈列在各种展览会上的、在艺术家的画室中的、博物馆向艺术家们订购的、由各艺术团体和艺术家们推荐购买的，以及在古物商店和寄售商店里发现的和收藏家们所有的各种具有高度艺术水平的油画、黑白画、雕刻和实用艺术品原件中为俄罗斯苏维埃联邦社会主义共和国文化部所属各共和国和地方的博物馆进行审查、估价并推荐购买供陈列之用。

2）审查各州（边区）文化局和各自治共和国文化部关于为博物馆购买本地艺术家们的作品的请求；审查由俄罗斯苏维埃联邦社会主义共和国文化部各地方机关估价和推荐购买的价值在三千卢布以上的艺术作品和实用艺术品，以及共和国所属各博物馆关于购买价值在三千卢布以上的陈列品的请求。

3）审查共和国所属各博物馆关于定购陈列所需的主要艺术作品的请求，以及上述的作品的验收和估价。

2. 采购委员会由委员会主席一人，副主席一人和委员会委员若干人组成。

3. 采购委员会的主席、副主席和委员均由俄罗斯苏维埃联邦社会主义共和国文化部部长任命。

4. 推荐给各博物馆购买的贵重物品的选择和估价应经采购委员会委员公开表决，多数通过，并记载在有关的议事录上。

委员会的决议必须有采购委员会全体委员三分之二的法定人数出席会议，并必须有有关的造型艺术部门的专家参加时方为有效。

在会议上对艺术作品进行讨论和估价时，作者和物品所有者不参加。

采购委员会有权吸收专家以备咨询和鉴定所购买的作品。

5. 采购委员会关于贵重的博物馆藏品的购买和估价的决议应由俄罗斯苏埃联邦社会主义共和国文化部副部长批准。

6. 由采购委员会向俄罗斯苏维埃联邦社会主义共和国文化部系统各博物馆推荐购买的艺术作品和实用艺术品，须在采购委员会有关的议事录得到批准以后才能付款。

7. 由俄罗斯苏维埃联邦社会主义共和国文化部购买的艺术作品，其费用以共和国（俄罗斯苏维埃联邦社会主义共和国）预算中专门指定的拨款支付之。

8. 根据各州、边区文化局和各自治共和国文化部的请求而购买的艺术作品，其费用以各地的地方预算中拨给州或边区文化局和自治共和国文化部的经费支付之；根据各共和国所属博物馆的请求而购买的艺术作品，其费用以预算所规定的经费支付之。

9. 分配采购委员会所购买的各种陈列品给各博物馆，应根据俄罗斯苏维埃联邦社会主义共和国文化部副部长的指令来进行。

10. 出席会议的采购委员会委员的报酬，按照规定的工资定额支付之。

俄罗斯苏维埃联邦社会主义共和国文化部系统各博物馆所属采购委员会条例

1. 为了提高博物馆所购买的各种成套的和个别的物品质量上的要求，以及调整藏品购买经费的使用，应在共和国和地方所属各博物馆（艺术博物馆除外）成立采购委员会①。

2. 采购委员会的任务包括对购自各展览会、创作室、古物商店和私人的，以及博物馆所定购的具有收藏意义的物品进行估价。

3. 采购委员会的成员包括：博物馆馆长（主席）、藏品部主任、各陈列部主任和按需要而吸收的专家。

4. 共和国所属各博物馆采购委员会的成员由俄罗斯苏维埃联邦社会主义共和国文化部博物馆管理局批准；地方所属各博物馆采购委员会的成员由俄罗斯苏维埃联邦社会主义共和国文化部各地方机关批准。

5. 为了通过关于购买各种物品（包括集品）以及对它们进行估价的决议，委员会应审查专家们提出的关于这些物品（或集品）对博物馆专业范围的适应性、关于购买和定购这些物品（或集品）的合理性，以及关于这些物品（或集品）的科学意义（历史、产生的情况、艺术价值等）的结论。

6. 对于各种物品（或集品）的估价应由委员会依据每一物品（或集品）的完整性、它的艺术或物质价值和它的其他质量来确定②。

7. 委员会的决议应载入议事录中，议事录应载明购买（或定购）或不购买每一物品（或集品）的理由，以及对它所作的估价。

委员会的议事录由博物馆馆长批准。

8. 凡购买（定购）价值超过三千卢布的物品时，共和国所属的博物馆应征得俄罗斯苏维埃联邦社会主义共和国文化部部长或副部长的许可，地方所属的博物馆应征得州（边区）文化局和自治共和国文化部的许可。

博物馆的这些购买申请书应附有采购委员会有关议事录的摘要。

如无采购委员会的决议，不准购买（定购）各种贵重的博物馆藏品。

三　博物馆藏品的登记

关于博物馆藏品登记的指示

本指示规定共和国地方所属各博物馆的基本藏品（各种具有收藏价值的集品和个别物品），以及各种科学辅助材料的登记和科学保管的制度。

各博物馆的图书馆中不具备博物馆收藏价值的书籍应当按照对图书馆规定的制度进行登记。所有物质的、具有经济价值的物品都应按照簿记的格式实行计算。

---

① 各艺术博物馆陈列品的采购由俄罗斯苏维埃联邦社会主义共和国文化部直属采购委员会来办理。——原文注

② a）在对所购买的物品进行估价时，作者或所有者不参加；б）对于不便移动的物品，由委员会委员们就地进行审查。——原文注

各博物馆的藏品登记工作应由藏品部或博物馆中负有这些职责的工作人员来担任。藏品部主任的工作范围由关于其职务的指示（见第 30 页）规定之。

1. 入藏手续

1. 对于一切到达博物馆的个别物品或成组的集品均应编制双方交接的文据。这个文据是博物馆中经常或暂时保管该项材料的原始文件。

2. 在交接文据中应载明：а）文据号码；6）编制文据地点和日期；в）转交该项物品给博物馆的机关或个人的全名和地址；г）博物馆的全名、接收人的职务和姓名；д）怎样使用——经常的或临时的使用——该陈列品的规定；如系后一种情况，则应规定归还的日期，以及关于使用和保管的各种特别协议；e）按文据转交物品的详细一览表，指明他们的完整程度和每个物品上所有的登记符号（号码和财产目录号）；ж）用文字写出的物品总件数；送交物品的人的职务和签字（参看附录一）。①

3. 当数量大的成套的集品到达博物馆时，则应编制附于交接文据的集品清单；并在交接文据中载明集品的名称和它所包括的物品的数量。在集品清单中则应详细列举包括在该集品内的全部物品（参看附录二）。②

清单应以编有号码的纸张编制，并由交接双方签字证明。

4. 在接收新到达博物馆的各种物品时，必须尽可能从交出的一方取得关于原属于他们的那些物品的起源和物品与一定历史事件和人物的关系、关于物品的制造时间、存在地点、使用方法和使用条件等等的书面资料。

这些资料（备考材料）应与相应的收入文据保存在一起。

5. 由于暂时使用而列入博物馆藏品的物品不记入基本藏品财产目录簿而登记在特备的“临时收入登记簿”中，其格式如下：а）顺序号码③；6）收到日期；в）物品的名称以及包括物品的材质和完整状态等情况的简要说明；г）引用有关文件上关于物品来源的说明（在这里亦应注明物品所属的博物馆编的物品财产目录号）；д）借用目的；e）归还日期；ж）引用有关的文件上关于归还物品的注销④。

6. 暂时使用的物品的接收和交出文据，均以总的次序编号，而在号码之后与一“临”字（“临时”的简写）。

2. 基本藏品财产目录簿

7. 博物馆的基本藏品财产目录簿是博物馆保藏具有收藏意义的贵重物品的国家文件。财产目录簿应当预先编好号码，用线钉缀好，并经上级机关签字和盖章为凭。共和国所属各博物馆的财产目录簿应有俄罗斯苏维埃联邦社会主义共和国文化部的签署为凭，地方所属各博物馆的财产目录簿应有边区、州执行委员会文化局、自治共和国文化部的签署为凭。

8. 一切物品，包括具有收藏意义的图书在内，都应登入博物馆的基本藏品财产目录簿。登记可以以单个的物品和成套的集品为单位来进行。在以集品为单位进行登记时，则按第三条的规定，仅将集品清单的标题页上的材料记入财产目录簿。

---

① 在编制博物馆付款定购或购买的物品的文据时，应在上面载明每件物品的价格和总金额（用文字写出）。——原文注
② 组成一个整套的各个物品（机器和另件、服装、餐具、成套家具等）应记载在同一号交接文据上，并以文字或补充顺序号码注明组成这个整套的各个物品。——原文注
③ 临时登记号码用简便的方法（黑色铅笔、黏贴标签、悬挂标签）标在物品上面，同时写上博物馆的名字（缩写）并在号码前写一“临”字。——原文注
④ 如果按接收文据所借用的物品已全部归还，则必编制新的文据，只需在原来的接收文据上作一归还的注销，并由交接双方签字证明即可。——原文注

9. 博物馆的基本藏品财产目录簿的格式规定如下：

财产目录号	登记日期	时期、来源和接收文据号码	品名和著录	数量	材质	尺寸或重量	完整程度	价值	类别	附注
1	2	3	4	5	6	7	8	9	10	11

10. 财产目录簿的记载应当简略、明确，并揭示出物品外表的最特异的特征。

财产目录簿的记载应在物品到达博物馆的当日进行，在任何情况下不得迟于次日。

在将物品登记入财产目录簿的同时，应当把登记标记标在物品上。

11. 博物馆基本藏品财产目录簿的各个栏目的填写规则规定如下[①]。

顺序的财产目录号。这个号码是在登记时给予每一个物品（当以单个物品为单位进行财产编目时），或成套集品的（当这个集品中所包括的各个物品已经记入集品清单，并必须作为一个综合体登记入财产目录簿时）。每个物品或集品所得到的财产目录号，在这个物品或集品存放于博物馆的整个时期，都应继续保存。

品名和著录。物品的名称应当从物品（实物）本身的名字起始，例如：枪，火石的；衣服，男人的；鹦鸪，灰色的；宣传画，印刷的；图书，手稿等等。其次，在必要时，应指出其外部形状的说明语：如假禽、模型、干制的实验标本等等。

有关档案文件的著录必须从文件的作者或编者的名字起始，没有明确作者的文件则从该文件的标题起始。

有关艺术纪念物（油画、雕刻、木刻、石版画、宣传画等等）的著录，从艺术作品作者的名字起始。然后指出作品的标题和它的题材。在作者无从查考时，则从"佚名艺术家"一字起始进行登记。

有关人象照片（印片和底片）的著录以影中人的姓、名字和父名的第一个字母起始，并应尽可能指出照片拍摄的年份；然后作一关于照片样式的符号，以说明其为头像、胸像、半身像或全身像。

集体人像照片和照相底片的登记应从这个集体的总名称起始；然后再列举照相中所有的人。

有关表现各种事件、生产过程、地方风景、物品等等的照片和照相底片的著录从题材的名称起始。在登记这类照片和照相底片时也应尽可能指出摄影的时间和地点，摄影人的姓名。

有关动物学和植物学的物品的著录必须从物品本身的名字起始（例如：毛茛，刺激性的），并应同时包括俄文名称和拉丁文名称（例如：Лютикедкий，Ranuculus acer）。

尺寸和重量都用米突制[②]单位写出。圆形的和球形的物品只需指出其直径，衣服可指出其肩膀或腰部的宽度和衣服的长度。对于兽皮和假兽则指出其腹部的长度。昆虫学方面的集品用盒子的尺寸来标示，而对于植物学的实验标本则应标示出干腊叶子的尺寸。

---

① a）如果有大量物品一下子同时到达博物馆，而把它们登记入财产目录簿的工作不可能于当日结束，那么在这种情况下，物品的登记可不管其实际进行登记的日期，而只注明第一天登记该批物品的日期；

　　 б）在把物品登记入财产目录簿和在物品上面标上登记标签以前，藏品部主任不管何目的都无权将物品发出；

　　 в）生物学方面的成套集品和单个物品的登记，必须在经过技术和科学加工以后才能进行。——原文注

② "米制"的旧称。

贵重金属制成品、宝石和珍珠必须经过衡量。但如果贵重金属只是物品的一小部分（如贵重金属做的花字、小牌、小花饰）时，那就不必对这些贵重金属进行衡量，而只进行测定，并用计算的方法来确定它的重量。贵重的矿物标本和大粒的水晶也须经过衡量。

为了衡量和确定贵重金属和宝石的重量，必须邀请首饰匠，并编制鉴定文据。

完整程度。具体列举出物品的一切损坏的地方，指明裂痕和裂缝，指出掉落部分、斑点、用贵重金属做成的工艺品的洞孔等。

价值。这一栏只在物品是用钱买来的时候才填写。

在财产目录簿上发生错误的登记时，可用红墨水改正，同时在附注栏内予以注明并由负责人签字注明。

附注：这一栏可用作因某种原因而消去物品的注记，以及关于物品所发生的一切变化（修复、部分替换等）的注记。

12. 在必须作更正时，可以用红墨水勾去记录，但是要使被勾去的记录仍能清楚地看得出来。所有一切更正也必须用红墨水书写。

关于更正的相应的说明应写在财产目录簿，集品清单的同一页上，由担任登记博物馆藏品的人员签字证明，且须有博物馆的印章为凭。

13. 用新的财产目录簿更换旧的财产目录簿，只有在特殊的情况下才能进行，并须经俄罗斯苏维埃联邦社会主义共和国文化部许可。

在得到关于更换财产目录簿的许可以后，可用文据注销旧的财产目录簿。文据应由其编制人签字。

文据上应写明：

a）被注销的旧财产目录号与新财产目录号对照表；

б）拨出的和注销的物品目录；

в）缺少的物品目录。

旧财产目录簿注销文据的格式如下：

文   据   第_____ 号

本文据由馆长（或工作人员）_____

（姓、名、父名）

根据_____的命令编制。原财产

      （何人、何时、何故）

目录簿_____ 注销，以新簿代替（指旧式样）。

    （目录簿号码）

旧目录簿中的_____号（转入新簿的）连同

记录_____注销。

    （各种式样）

旧目录簿中_____ 号记录根据_____

文据一并拨出。_____ 号无任何记录。

文据编写四份：一份保存在博物馆的文卷中；一份放入被注销的财产目录簿内；一份送交边区、州执行委员会文化局、自治共和国文化部；一份送交俄罗斯苏维埃联邦社会主义共和国文化部博物馆管理局备查。

3. 科学著录

14. 具有博物馆收藏价值的物品的科学著录记载在科学登记卡片的表格上。

科学登记卡片以单个的物品或成套的集品为单位进行编制，并且要在它上面记入在以后对该物品所作的研究工作中获得的一切材料。

科学登记卡片的号码应当和物品或集品在博物馆财产目录簿上所登记的财产目录号相符合。科学登记卡片可以按财产目录号的顺序排列，也可以按博物馆藏品的种类（武器、织物、油画等）来排列。

在科学登记卡片上记载的不仅应包括有物品外部特征的一览表，而且也应包括物品的科学鉴定，以及关于它的历史的主要材料；在编制科学著录时，宜于引证有关的文献资料。

抄写印戳、记号、签名、题词应保持他们原有的写法。在科学登记卡片上应先写上财产目录号和物品的名称，然后再记入物品或集品的科学著录。[①]

4. 登记标记

15. 物品的登记标记首先应藉助于号码指示出物品属于某一博物馆。博物馆的号码由俄罗斯苏维埃联邦社会主义共和国文化部博物管理局规定。

在博物馆号码的旁边应写上物品在博物馆财产目录簿上登记的财产目录号。

对于以成套的集品来进行财产编目的物品，应当用该集品的财产目录号来表示，然后再用小数来表示物品在集品清单中的顺序号。

对于用贵重金属和宝石做成的陈列品，应当写两个号码：总财产目录簿上的号码和专门为贵重金属宝石设置的财产目录簿上的号码。

16. 登记标记应当写得紧密、清楚和牢固。在选择作标记的颜料时，一个博物馆必须选择一定的颜色，并一直保持使用于一切标记。当颜料的颜色和物品的颜色相同时，可用其他颜色的颜料先在物品上涂一层底色，然后再在底色上用通常的方法标上博物馆号码和财产目录号。对于光滑的和多孔的表面，建议以瓷釉料作为底色。在作任何形式的标记时都不准使用化学铅笔和墨水。

17. 物品上的一切旧的标记都不可销毁，而只能用符号（X）将其注销。在小件物品上面，如果旧的标记的销毁是不可避免的话，也可以例外；这时，就应在财产目录簿上作一关于注销旧标记的特别说明，并把它的旧标记抄录下来。

18. 在绘制登记标记时，可以根据物品的材料，选择下列各种方法的一种：直接书写在物品上，悬挂或黏贴标签等。在进行绘制时，建议采用打印器和镂花模版。

标记应当直接绘在博物馆的藏品上，而不应绘在它的装潢上。但钱币、宝石、镶嵌的致密精细物品等等例外。

在每一组的物品上，登记标记都应标在一定的地方。

登记标在：1）图书、圣像、插图、木刻画、宣传画的背面左下角，在特别薄而透明的纸上——可以采用以照片胶或浆糊粘贴小标签的方法（不准使用胶水，树胶和其他办公用胶水）；

2）散叶手稿的登记标记标在每一页的背面左上方；已装订的档案文件和手稿标在副封面或第一页的背面；但必须按页编号并指明页数；在个别的情况下，对于不能在上面编号的特别珍贵的手稿，则将

---

① 关于科学著录法更详细的介绍，请参看地志工作和博物馆工作研究所的工作指导：《博物馆藏品的科学著录法》，莫斯科，国立文化教育书籍出版局，1954 年。——原文注

登记标记标在保护手稿的包纸或封面上；

3）雕刻品的登记标记标在底部后面下边缘，小雕刻品标在托座下面；建筑断片标在非陈列的，但可以观察到的地方；

4）对于各种织物，以棉织物制成的标签缝在物品的里子上（对于特别陈旧的织物，例如考古发掘所得的物品，标记就不应标在物品本身上面，而应标在包封物，如玻璃罩、盒子、封套上面）；

5）陶器，以及用木料、石头等制成的器具的登记标记标在托座上；在涂釉的物品上，则用漆作标记；

6）对于木器家具，标记标在物品的后部，座位的下面和上部顶板的下面等等；对于橱柜，标记标在左扉的背面；

7）枪炮的登记标记在引发柄或引发窄平板的内面；对于刀剑，则标在柄上或用牢固的细金属丝将厚纸标签悬挂其上；对于防御装备（钢盔、盾牌等），标记标在其内面；

8）对于动物界方面的对象，则使用标签或把标记标在架子上；对于装在盒子内或固定的玻璃罐内的实验标本，则标在盒子或罐子的外面；

9）对于干腊的植物叶子标本，标记在每个叶子的左下方；对于收集在搜集册中的干腊植物叶子标本，则标在册子的第一页上；

10）对于照相底片和墨涂的幻灯玻璃片——照相乳剂，个别照相底板——的标记标在反面的左下角；收集在册子上底板，则标在封面或册子的标题页的背面。

为了使登记标记在光滑的表面上保持得住，可以在它上面涂一层清漆。

物品的登记标记应重复记在物品的装潢上（框子、架子、罐子、套子上）。

至于小的物品（如扇子、耳环、戒指之类），可用粗硬的线关以硬纸板制作的小标签，特别小的物品（如宝石、金币之类）则将标记标在它们各自的包封上（纸套、小盒、小匣），同时在包封上附上该物品照片（特别是对于贵重的物品）。

散粒的物品的标记标在封套上。

5. 科学辅助材料的登记簿

19. 科学辅助藏品中的物品（模型、图表、图解等等）的登记标记应按照本指示第四章的规定进行，并将其登入格式如下的博物馆专备的"科学辅助材料登记簿"内：

（1）顺序号（写在没有博物馆号码的物品上）

（2）登录日期；

（3）名称和简略说明；

（4）数量；

（5）物品来源，并注明单据号码；

（6）附注。

6. 登记文件的保管

20. 财产登记簿、藏品清单和文据（连同一切附件）、科学登记卡片、科学辅助材料登记簿等等都应由藏品部主任保管，如博物馆无此项编制时，则由馆长保管。

21. 博物馆物品的接收文据和移交文据应累年连续使用一套号码，并装入特备的卷宗——"接收文据卷"和"移交文据卷"内（每卷都应编有每页的目录）。

22. 博物馆藏品登记方面的一切文件都应登入博物馆登记文件目录内。目录内应胪列正在使用的登记文件（财产登记簿、藏品清单卷、交接文据卷、临时入藏物品簿等等），并注明每一登记文件的起讫日期。

四　博物馆藏品的调拨

关于俄罗斯苏维埃联邦社会主义共和国文化部系统各博物馆将基本藏品和科学辅助藏品中具有博物馆收藏价值的物品移交作长期或暂时使用、注销和调拨的程序的指示。

1. 自各博物馆基本藏品中将具有博物馆收藏价值的物品移交作长期或暂时使用的程序

1. 自共和国所属各博物馆的基本藏品中将具有博物馆收藏价值的物品移交给俄罗斯联邦文化部系统由共和国管辖的各博物馆作长期使用时，每次都必须经俄罗斯联邦文化部博物馆管理局批准。

将博物馆的物品移交给俄罗斯联邦文化部所属其他机关时，须经俄罗斯文化部部长或副部长批准。

2. 自共和国所属各博物馆将具有博物馆收藏价值的物品移交给地方所属各博物馆时（或相反），以及自州的（边区、自治共和国）、共和国辖市的各博物馆进行移交时，每次须经俄罗斯联邦文化部博物馆管理局批准。

3. 自地方所属各博物馆将具有博物馆收藏价值的物品移交给在同一个州（边区、自治共和国）和俄罗斯联邦共和国辖市的地方博物馆时，须经州、边区及共和国、市文化局和自治共和国文化部批准。并将移交文据的副本呈报俄罗斯联邦文化部博物馆管理局，以便办理许可自博物馆藏品登记中注销移交物品的手续。

4. 将具有收藏价值的物品，移交给其他机关主管的博物馆和机关长期使用时，须经俄罗斯联邦文化部部长或副部长批准；如系临时使用，则经俄罗斯联邦文化部博物馆管理局批准。

5. 自艺术博物馆移交艺术品时，每次须经俄罗斯联邦文化部部长或副部长批准。

6. 自俄罗斯联邦文化部系统各博物馆藏品中将贵重金属和宝石之类的陈列品永远或暂时拨给其他博物馆和机关使用时，须经俄罗斯联邦文化部部长或副部长批准。

7. 关于陈列品转移问题的审查，如果提出转移请求的是俄罗斯联邦文化部系统外的机关和博物馆，则应由其领导机关提出申请书，作为审查的根据。而如果是俄罗斯联邦文化部系统以内者，则以共和国所属的博物馆馆长和州、边区文化局局长及自治共和国文化部部长的申请书作为审查的根据。

8. 移交博物馆藏品中重复的和供交换的资料时，须经俄罗斯联邦文化部博物馆管理局批准。

9. 移交暂时拨用的物品，其期限超过一年者须经俄罗斯联邦文化部博物馆管理局批准；期限在一年以下者，如为共和国所属的博物馆，由博物馆馆长批准，如为地方所属的博物馆，由州、边区执行委员会和自治共和国文化部批准。

2. 丧失博物馆收藏价值的、过时的和被遗失的物品的注销程序

10. 丧失博物馆收藏价值的、过时的和被遗失的物品的注销须经俄罗斯联邦文化部部长或副部长批准。

11. 各艺术博物馆艺术作品的注销须经苏联文化部批准。

12. 关于自基本藏品财产目录簿上注销丧失博物馆收藏价值和过时的物品问题的审查，应有专家的结论、共和国所属博物馆馆长的申请书，或州执委会、边区执委员和自治共和国部长会议的决议（限于地方所属各博物馆），作为审查的根据。

13. 只有在查清遗失物品的原因以及追究失责人员的的责任之后，才能审查被遗失物品的注销问题。

在审查被遗失物品的注销问题时，对于共和国性的博物馆，应以馆长的申请书和有关机关关于侦查被遗失物品所采取的措施的结论，作为审查的根据；对于地方所属各博物馆，则以州（边区）执委会和自治共和国部长会议的决议，自治共和国文化部、文化局的申请书及进行调查的机关的结论为根据。

14. 由俄罗斯联邦文化部的领导人审查博物馆管理局提出的被遗失物品的注销问题。

3. 自科学辅助藏品中移交物品的程序

15. 自科学补助藏品中把物品移交作暂时和长期的管保，以及它的注销：在共和国所属博物馆，须经馆长批准，随即办好从博物馆资产表上注销的手续；在地方所属博物馆，须经州、边区、俄罗斯联邦共和国直辖市的文化局局长和自治共和国文化部的批准。

16. 关于自科学补助藏品中调拨和注销物品问题的审查，应以提出移交物品要求的博物馆或机关的申请书，以及博物馆或州、边区、俄罗斯联邦共和国直辖市文化局，自治共和国文化部关于该项物品的移交和注销的合理性的结论，作为审查的根据。

4. 在博物馆内部调拨物品的程序

17. 自博物馆基本藏品中将具有收藏价值的物品调出，以供陈列、临时展览、流动展览以及整修、科学研究和登录之用时，每次须经馆长批准。

物品的内部调拨应编制文据或移交报告表。移交报告表或文据均应由交接双方的实际负责人员以及藏品部主任和有关的部主任签名。

5. 编制自基本藏品和科学辅助藏品中移交和注销物品的文件的程序

18. 在经俄罗斯联邦文化部的同意而移交基本藏品中的物品时，须按文据进行。

文据上应列有移交物品的名称、数量和财产目录号，物品的完整程度，交接人员的职务，接受物品的机关或博物馆的全名。

应将一部分文据报送俄罗斯联邦文化部博物馆管理局。

接受陈列品的人员必须具有领受物品的委托书，委托书上应有签署并盖有接受陈列品的机关的印章，以资证明。

19. 博物馆管理局收到移交文据后，即发给博物馆许可证，准许其自财产目录簿上注销已拨交的物品。

许可证由博物馆管理局局长或副局长签发，并盖有俄罗斯联邦文化部印章。

博物馆凭收到的准予注销移交物品的许可证，在财产目录簿的"附注"栏内注明该物品已被注销，并必须记明准予移交物品的文件的文号。

关于注销物品的附注必须经馆长或藏品部主任签署，并加盖馆印。

20. 自基本藏品中移交或注销具有收藏价值的博物馆藏品，其文件应长期保存，并与登记的文件一样，装入专用的卷宗，放在保险柜内。

21. 自科学辅助藏品中移交或注销物品不需要俄罗斯联邦文化部博物馆管理局的许可证。

22. 被移交或被注销的物品的价值应自交方的博物馆资产表上除去，并由接受物品的机关或博物馆按规定的程序登入资产表。

23. 自博物馆资产表上减去被注销物品的价值，在共和国所属博物馆应根据俄罗斯联邦文化部的命令办理；在地方所属博物馆则根据文化局、自治共和国文化部的命令办理。

24. 移交陈列品作暂时使用时，接受陈列品的机关或博物馆应提交关于保证借用物品的完整和及时归还的保证书。移交暂时使用的陈列品应记入专用的临时登记簿内。暂时移交的物品，在财产目录簿上不必注明。

25. 博物馆收到暂用的具有收藏价值的物品时，不必记入财产目录簿，但应登入藏品部主任所管理的专用的临时收入登记簿内。

关于俄罗斯联邦文化部系统各博物馆的交换藏品

为了适应博物馆藏品的专业性并使它们获得更加合理的利用，如各博物馆有数量很大的复本和不适合的材料，可以建立交换藏品的制度。

交换藏品的成分包括有：

（1）博物馆的基本藏品及科学辅助藏品中的有三个以上同样复本的陈列品。

（2）一切不适合于本博物馆的业务的和不能在科学、陈列及群众工作上很好地利用的陈列品。

博物馆物品的划入交换品，须取得根据博物馆馆长的命令而成立的委员会的结论，并办好文据。此项文据在地方所属的博物馆，由州、边区文化局，自治共和国文化部批准；在共和国所属博物馆，由俄罗斯联邦文化部博物馆管理局批准。

自交换藏品中移交物品给其他博物馆或机关，应按照调拨博物馆藏品的指示①以及各博物馆报请批准的关于移交和注销被移交物品的动议来进行。

交换藏品的登记与保管，委托给藏品部主任或负责博物馆藏品工作的人员来担任。

划入交换藏品中的物品应按清单来统计。如各博物馆已把交换藏品中的物品登记在基本藏品或科学辅助藏品财产目录簿上，那么不必再把这些物品从财产目录簿上注销，但应同样编制清单。

五　关于俄罗斯苏维埃联邦社会主义共和国系统各博物馆藏品部主任（总保管员）的职务的指示

1. 藏品部主任（总保管员），如在博物馆编制内无藏品部主任一职时，则为博物馆的负责登记和保管贵重物品科学工作人员，应与馆长共同负责博物馆贵重物品的完整和安全，负责正确地进行基本藏品、科学辅助藏品、交换藏品及临时收到藏品的登记和保管工作。

2. 地方所属博物馆的藏品部主任（总保管员）的任免应经州（边区）文化局和自治共和国文化部批准任免，而在共和国所属各博物馆，则应由俄罗斯联邦共和国文化部博物馆管理局批准任免。

3. 藏品部主任（总保管员）必须在移交藏品的文据上签字后才能解除工作。

交接文据内应注明现有的博物馆藏品，以及各种藏品在制订文据的当天的登记和保管的状况。

4. 藏品部主任（总保管员）或负责登记和保管藏品的人员直接由博物馆馆长领导。

5. 藏品部主任（总保管员）管理博物馆藏品的登记、保管、接收、交换和移交的全部工作，如在博物馆内设有藏品部和保管组时，则直接领导并监督它们的工作。

所有关于登记、保管程序的文件以及有关陈列品的接收与移交的文件（交接文据、部与部之间陈列品的调拨文据，拨交陈列、修整的文据等等）除由博物馆馆长签字外，并应由藏品部主任（总保管员）签字。

6. 藏品部主任（总保管员）或负责登记、保管博物馆贵重物品的人员应当保证：

（1）完全按照俄罗斯联邦共和国文化部关于博物馆藏品登记的指示，正确地登记博物馆的全部藏品——无论是在陈列中的，或在库房内的；

（2）按照苏联财政部 1949 年 9 月 16 日的第 1319 号指示，正确地进行贵重金属物品的登记和保管工作；

---

① 见原书十九—二十二页。即第四章的第一部分。——译者注

（3）正确地进行有关登记、保管程序的全部文件（如财产目录簿、物品交接文据、藏品清单和方位记录等等）的保管工作；

（4）及时做好有关所保管藏品的一切变动的工作（收到、移交、调拨、修整及其他等等）；

（5）保管博物馆藏品，保证其不被破坏和盗窃；检查放陈列品的房屋的湿度和温度状况，监督房屋是否妥善地合乎博物馆要求，以及房屋的收拾，照明的调整；

（6）注意陈列品的完整状况，一遇陈列品有损坏的情况立即报告馆长并保证及时进行必要的修整及预防的措施；

（7）进行博物馆所采集的物品的科学著录工作；

（8）及时作出指示，规定在博物馆陈列品的登记、保管、修整、保护等方面进行工作的严格的手续，以及科学工作人员和内部保护工作人员对自己所担负的登记、保管工作的责任。

7. 藏品部主任（总保管员）或其代理人在陈列品发生遗失、盗窃或发现被破坏的任何时候都应：

（1）编制文据、注明发生或发现盗窃（破坏）的原因和环境；

（2）向馆长汇报所发生的陈列品被破坏（遗失）的情况；

（3）采取措施使对陈列品的被破坏或盗窃负有责任的人员受到处分。

8. 馆长和藏品部主任（总保管员）在检查藏品时发现陈列品被盗窃、短少或被严重破坏的情况，都应向俄罗斯联邦共和国文化部博物馆管理局报告；地方所属的博物馆应同时向州、边区文化局、自治共和国文化部报告。盗窃事件应迅速移交侦察机关，以便采取措施，调查被盗窃的物品，并使盗窃的人受到处分。

9. 藏品部主任（总保管员）应对破坏博物馆藏品的登记、保管规则和不采取必要措施以与盗窃、毁损或破坏藏品的行为进行斗争负责，其中并包括物质上的责任在内，其应负责任的程度和范围，由现行法律规定。

10. 藏品部主任（总保管员）监督保管藏品人员缺席，并保证博物馆资料使用规则的执行。

11. 藏品部主任（总保管员）应与专家保持系统的联系，并办理有关藏品资料的咨询工作。

附录 1.

交接文据第_____号

195 __年_____

_____

_____市

我们，在下面签字的人员，博物馆馆长（藏品部主任）

_____

（姓、名、父名）

_____

（机关名称，物品移交人员的姓名，职务）

编制本文据一式三份，一份给接收一方，一份给移交一方。下列具有博物馆收藏价值的物品移交

_____博物馆作长期（暂时）使用：

顺序号	品　名	登记标记	完整程度	附　注

文据所列物品_____（用文字写出）　件_____全部点收无误。

签字：交方_____

　　　接方_____

文据附件：

1. 采购委员会的结论_____

2. 关于物品的说明_____

　　　盖 印

附录 2.

登入财产目录簿日期   财产目录号

　195　年　月　日

成套集品清单

集品详名_____

_____

_____

集品中物品的数量_____

集品 的 价 值_____

根据收集人和发现人的指示而发现，采集或获得该项集品的时间和地点。

_____

_____

_____

_____

集品类别_____

_____

_____

顺序号	品　名	数　量	材　质	尺寸或重量	完整程度	附注

附录 3.

保管地点 ＿＿＿＿＿＿＿＿＿＿＿＿＿＿＿＿＿＿＿＿ 博物馆

科 学 登 记 卡 片

＿＿＿＿＿＿＿＿＿＿＿＿＿＿＿＿＿＿＿＿＿＿＿＿＿＿＿＿＿

（物品或集品名称）

材质＿＿＿＿＿＿＿＿＿＿＿＿＿＿＿＿＿＿＿＿＿＿＿＿＿＿

尺寸＿＿＿＿＿＿＿＿＿＿　数量＿＿＿＿＿＿＿＿＿＿＿

完 整 程 度 ＿＿＿＿＿＿＿＿＿＿＿＿＿＿＿＿＿＿＿＿＿

物品的过去历史＿＿＿＿＿＿＿＿＿＿＿＿＿＿＿＿＿＿＿＿

＿＿＿＿＿＿＿＿＿＿＿＿＿＿＿＿＿＿＿＿＿＿＿＿＿＿＿＿

＿＿＿＿＿＿＿＿＿＿＿＿＿＿＿＿＿＿＿＿＿＿＿＿＿＿＿＿

上面注明的年代、题词、签字＿＿＿＿＿＿＿＿＿＿＿＿＿＿

＿＿＿＿＿＿＿＿＿＿＿＿＿＿＿＿＿＿＿＿＿＿＿＿＿＿＿＿

＿＿＿＿＿＿＿＿＿＿＿＿＿＿＿＿＿＿＿＿＿＿＿＿＿＿＿＿

物品（集品）的详细描述＿＿＿＿＿＿＿＿＿＿＿＿＿＿＿＿

＿＿＿＿＿＿＿＿＿＿＿＿＿＿＿＿＿＿＿＿＿＿＿＿＿＿＿＿

＿＿＿＿＿＿＿＿＿＿＿＿＿＿＿＿＿＿＿＿＿＿＿＿＿＿＿＿

＿＿＿＿＿＿＿＿＿＿＿＿＿＿＿＿＿＿＿＿＿＿＿＿＿＿＿＿

＿＿＿＿＿＿＿＿＿＿＿＿＿＿＿＿＿＿＿＿＿＿＿＿＿＿＿＿

补充说明，文献引证及其他＿＿＿＿＿＿＿＿＿＿＿＿＿＿＿

＿＿＿＿＿＿＿＿＿＿＿＿＿＿＿＿＿＿＿＿＿＿＿＿＿＿＿＿

＿＿＿＿＿＿＿＿＿＿＿＿＿＿＿＿＿＿＿＿＿＿＿＿＿＿＿＿

＿＿＿＿＿＿＿＿＿＿＿＿＿＿＿＿＿＿＿＿＿＿＿＿＿＿＿＿

＿＿＿＿＿＿＿＿＿＿＿＿＿＿＿＿＿＿＿＿＿＿＿＿＿＿＿＿

附录 4.

移交文据第＿＿＿＿＿＿号

195 年＿＿＿＿＿＿＿＿＿＿＿

＿＿＿＿＿＿＿＿＿＿＿市

我们，在下面签字的人员，博物馆馆长（藏品部主任）

＿＿＿＿＿＿＿＿＿＿＿＿＿＿＿＿＿＿和代表＿＿＿＿＿＿＿＿＿＿＿

（姓名、父名）

＿＿＿＿＿＿＿＿＿＿＿＿＿＿＿＿＿＿＿＿＿＿＿＿＿＿＿＿＿＿＿＿＿

（机关名称、接收物品人员的职务、姓名）

根据 195 __年＿＿＿＿＿＿＿＿＿ 所开的第＿＿＿ 号的委托书以及按照 195 __年俄罗斯联邦共和国文化部第＿＿＿＿＿＿＿号批准书所办的保证书，编制本文据一式三份，一份给交一方，一份给接一方，以便长期（暂时）使用下列具有博物馆收藏价值的物品：

顺序号	品　名	财产目录号	完 整 程 度	附　注

交据所列各物＿＿＿＿＿（用文字写出）＿＿＿件＿＿＿全部点收无误

签 字　　　　　交 方＿＿＿＿＿＿＿＿＿＿＿

　　　　　　　接 方＿＿＿＿＿＿＿＿＿＿＿

附件：1. 委托书及保证书

　　　2. 批准书

附录 5.

博物馆财产目录簿填写举例

登记号	登记日期	收到时间来源及文据号	品名及其著录	数量	材质	尺寸或重量	完整程度	价值	物品类别	附注
248	1943 年 8 月 13 日	1943 年 8 月 12 日本馆预订文据第 8 号	苏联英雄 Н. Ф. 加斯泰洛雕像 З. И. 阿兹古尔作，半身像面向左 3/4 在圆形像架上签署着"阿兹古尔 1942"	1	石膏作成青铜式样	98 × 104 × 49	—	5 千	苏维埃时期历史	
249	1943 年 9 月 8 日	1943 年 9 月 7 日第 9 号文据，梅斯特尔同志的妻子赠	近卫军胸章原属坦克司机梅斯特尔同志所有，梅斯特尔为斯大林汽车厂工人，志愿参加工人营，1941 年 10 月牺牲于莫斯科。	1	金属珐琅	2 + 3.5	弹伤	—	"	
250	1943 年 9 月 8 日	1943 年 9 月 8 日第 10 号文据近卫军 H 部队赠本馆	1942 年 12 月 30 日尤年柯·沃瓦给前线父亲的信，祝贺他获得近卫军的称号。并嘱咐他按近卫军的方式无情地打击蛮横的敌人。	1	纸	28 × 13	弹伤四处	—	"	
251	1944 年 11 月 5 日	1944 年 11 月 4 日第 11 号文据炮兵博物馆拨交	带小屋的雪撬，棚子上面及后面的壁上覆以黑皮，侧面及小门上有云母片的小窗，棚子后面有旅行用的箱子，据传为彼得一世的遗物。	1	木材呢子铁、皮革云母	高 2.12 长 3.05 宽 1.55	云母片已不完整	—	地方历史	

韩承铎　张琪玉　译
翁恒生　校

博物馆照片藏品的保管和登记

（莫斯科各博物馆的工作经验）

俄罗斯文化部地志工作与博物馆工作科学研究所高级科学工作者

A·И·米海伊洛夫斯卡雅

照片藏品的保管对于博物馆来说是很重要的。因为每个博物馆，都有这类的藏品。

照片藏品的保管方法目前还研究的不够；登记的制度也不一致，关于这类问题的著作也差不多没有出版过。① 因此，把莫斯科市各博物馆保管和登记照片藏品的办法介绍出来，对于地志博物馆无疑是很重要的。它并且对制定有关保管和登记照片藏品的某些条例提供了可能。

在各博物馆的藏品中，保藏得有用原始方法摄制的银版照片②和19世纪的照片，这些照片应特别注意保护，使它们不至发生褪色的情况。此外，还有用较完善技术摄制的现代照片，有用玻璃片和胶片制成的各种底片，以及短篇电影片等等。

关于照相技术史各主要阶段的知识，有助于确定有历史意义的照片藏品的年代。

博物馆藏品的修复人员正从分析纸张和感光片着手，来研究底片和照片的各种损害情况，以便用化学方法使它们牢固耐久。

博物馆照片藏品的成分，从照片的内容来说，是极为多种多样的。为了正确地组织保管制度，按照片藏品摄制技术的特点来了解藏品的成分极为重要。博物馆照片藏品材质有玻璃片、胶卷和印象纸等几种；在个别情况下，还有使用赛璐珞、丝、木材、金属、瓷、骨质等器材。照片藏品按其摄制技术分为下列各类③：

1）底片（玻璃片和胶卷），这类底片在印制相片时是反色的（即黑底印出白色，白底印出黑色）；

2）照片：①银板照片（用原始方法在银感光片或镀银的铜感光片上摄制的）；②用印像纸印制的照片（还有用玻璃、布料、瓷料等印制的）——又可分为原印照片（按底片的大小印制的）和放大片；③特种玻璃制的透光放映片（幻灯片和展览使用的放映片）。大型透光放映片的尺寸有时会在1平方公尺以上。

底片和照片又可分原片和复制片两种。

---

① 在发表过的著作中，关于这类问题的作品，最好的是《博物馆工作》（1925年第2期）。列宁格勒国立俄罗斯博物馆出版。——原文注

② 银板照片是早期用原始方法摄制的照片，用碘化银在光线作用下发生变化的原理摄成。先使银的或铜镀银的感光片在黑暗中受碘薰蒸之后，在感光片上就出现一层薄的碘化银。摄影时借照相机暗箱的帮助，使感光片受到光线的作用，就在感光片上面留下了"暗影"，然后再用水银气体使"暗影"显现出来。因此，这种摄制在金属片上的早期照片，永远都是只有一份的，若想再要一份时，只有重新另摄制一次，因此没有另外留下的底片。——原文注

③ 在把照片藏品按响制技术分为各类之后，收藏时还应当考虑到照片的摄制年代，以便保证按特殊的条件来保藏早期的照片。——原文注

原片是从实物（在野地、院内和照相室内），从个别人物，集体人物以及各种事件、物品、建筑物等上面直接摄制的底片。

这类底片原件和用这种底片印制出来的照片，其价值比较复制品大。对它们的保管工作应特别谨慎，因为其中有许多底片是无法重新摄制的。许多具有特别宝贵的博物馆意义的照片藏品[①]就是从这类底片区分出来的。

复制品是从复制物上摄制的照片：如，从底片（副本底片），从照片，从印刷的插图和文录等上面摄制的。在复制品中也同样可以区分出应予以特别仔细保管的照片藏品。

供陈列用并经过陈列加工的放大照片，应当是照片藏品中的一种特殊藏品。这里指的是经过艺术加工修饰的放大照片、彩色照片、照片剪辑、回转镜头摄制的照片（修饰过的）和大幅照片等等。许多这类照片藏品在保藏时应按已装配好的样式来放置（如，配有照片框架的，装好玻璃的），在贮藏室的设备方面，比较重要的照片藏品还须要其它的一些保管条件。

依照博物馆的类型及其藏品的成分，博物馆照片藏品的内容分类可能是非常详细和多样的。

博物馆应根据馆内主要照片藏品的题材来编制自己的照片藏品分类体系。这种分类表可用于编制卡片目录，以及用于排列照片卡和排列收存放大照片的纸夹。

在确定照片藏品的收藏价值的时候，应该特别注意这类藏品作为历史史料的意义。在确定某些底片和照片的价值时，必须考虑到其中有许多底片和照片是独一无二的文献材料，照片上的事务和现象，都是现在无法重摄的。这类照片多半是历史、文化、艺术和自然界等方面的纪念照片，其原来的形象现在已不存在（例如：受战争破坏了的物品，年久损坏的艺术、历史和文化方面的纪念物，过去存在过现在已经消失了的自然和文化方面的风景——已砍伐掉的森林，用作水库以前的陆地，改建以前的城市和乡村，原版已损坏了的文献的照片副本等等）。此外，应当选择出来作为有特别价值的照片藏品：有在本地区占重要地位的历史事件和历史情节的照片（如，历史性的革命事件和战斗情节等等），有著名的革命活动家的照片，本地著名人物的照片——苏联英雄，科学、技术方面的先进人物，工业、农业方面的生产革新者，文化、艺术方面的活动家等等。这类照片还可以按其价值，按题材分编为各种照片集。在照片藏品中，具有纪念意义价值的照片往往分为专门的一类（如，有历史人物的签名、题词等等的照片），此外在特殊情况下，具有艺术价值的复制照片（如，曾在照片展览会上展出并获得奖金的当地摄影家的作品）。

藏有大量照片藏品的博物馆，进行照片和底片的登记工作，最好使用专门的登记簿——一册登记底片，一册登记照片，但是在照片登记簿内必须注明它的底片号，在底片登记簿内必须注明这份底片有无印出的照片及其号数。

博物馆照片藏品登记簿的登记格式如下：

照片登记簿的登记格式

1	2	3	4	5	6	7
No 登记顺序	登记日期	照片到馆日期	照片名称和描述	照片印制技术（无光纸或有光纸，暗棕色，黑色，着上绿色，蓝色等等）曾否经过修饰	完整程度（破损情况——污损褪色等等）	照片尺寸

① 现在档案工作的专家们，正在实验室研究各种底片和照片的防护法和修复法。——原文注

8	9	10	11	12	13	
照片份数	摄制日期和摄制者姓名	照片来源（从其它博物馆或从塔斯社照片贮藏室拨来，购买，订货，捐赠等等）	文件（登记号，来文机关，收到赠品文件号等等）	底片号	附注：（保藏地点等等）	

上面的表格式样可用双页登记簿将 1～13 项展开平列。

底片登记簿的登记格式

1. 登记顺序号

2. 登记日期

3. 底片到馆日期

4. 底片名称和描述

5. 底片尺寸

6. 底片材质（玻璃片或胶卷）

7. 完整程度

8. 底片原件或复制底片

9. 底片摄制日期，摄制室名称和摄制者姓名

10. 底片来源（捐赠，购买等等）

11. 底片价值，文件（文件登记号和登记日期，数量，文件号等等）

12. 底片有无印出的照片和照片号

13. 保藏地点

14. 附注

凡相同的照片在登记时用同一个登记号（并用附加顺序号码）。

照片藏品需要进行详细的编目（按照照片的内容和它的外貌特征）。

人像（个人的和集体的）的照片和底片的编目是从被摄照人的姓氏、名字和父名开始（若缺乏全写的名字和父名时，则用缩写的名字和父名）。然后注明照片上的样式（胸像，半身像，全身像，头部像侧身像或正面像等等）。再注明照片上的服装和背景（黑色的，淡色的，阴暗色的，在室内或在室外等等）。

集体照片编目时，应在姓名之前，标明其顺序（如，从右到左，并排等等）。

有关事件、生产过程、地区景色以及建筑物和物品等照片的编目，是从主题的名称开始，详细地说明照片的前景结构和背景。最好是指出照片上可供断定摄制本照片时的季节特点（落雪的野地，雪复的树林，花草茂盛的花园等等），确切地标出摄制照片的地点，指出照片上当时事件的参加者。在描述一栏如用特写来说明的内容更为有用。

对于新建筑物的照片，在编目时不仅要注明摄制照片的日期，还应注明建筑物的竣工日期，建筑师——建筑图案设计者和建筑设计机关，建筑物的用途（住宅，俱乐部，学校等等），楼房层数和摄影点（建筑物正面或从院内摄制的，或正面的一部分——入口，内部状况等）。

照片藏品的编号一律写在藏品的左下角（底片写在底片的药膜上面，照片则写在背面）。底片的编

号有时可写在底片的右上角，但这种情况只适用于底片的左下角是洗印照片时必须洗印出来的部分，才能把编号写在上面。

登记符号在玻璃底片上是用普通的铅笔（或墨）写在底片的药膜上的，胶卷底片则写在底片的空白边上面，幻灯片是用墨写在黏于幻灯片上的框边或标签之上。底片保存在封套里，并在封套上写出说明和编号。

照片藏品上面的编号可使用普通铅笔或墨水编写，不得使用化学墨水和化学铅笔。

装配照片框架时，登记符号应写在框架边缘上或框架边缘的背面。照片的背面也必须用普通铅笔写出简略的记载：如，照片的题目，照片的内容和摄制的时间、地点。

照片藏品贮藏室内，应保持一般仓库所要求的温度和湿度。温度是 12 ~ 18 度，湿度是 55% ~ 65%。不能使这项标准发生剧烈的变动。保持空气的清洁和流通也是保藏的必要条件。

保藏照片所要求的特点与保藏玻璃和纸张所要求的条件基本相同，照片上面的药膜对于温度和湿度过大的变动、高温度（特别在湿度增高时）、光线、化学作用和压力的损害等都是很敏感的。

湿度过大会使涂在底片上的药膜发生膨胀，药膜会从玻璃上脱落，发黏和产生皱纹等等。

一切照片藏品对于光线都是敏感的，其敏感程度视底片和照片的制造技术而定。

组织正确的博物馆照片藏品应将每份珍贵照片，翻制一份底片保存，因为底片较印在纸上的照片更能保证形象的完整。

对于底片的保藏，主要是保持标准的温度和湿度，并防护使其不受光线的作用（保藏在能关闭的橱柜和有盖的箱子内）和压力的损害。底片受到损害常常是由于擦坏了片上的药膜和弄上了油迹——手指印。为了避免这类损害，在拿取底片时应当拿边缘而不要触及照片上的药膜。在放置底片时，不能把两块涂药膜的面对着放。

照片藏品的损害常由洗涤不净而引起的——海波的迹印会使得药膜受损。洗涤不净的底片应交给照相实验室重新洗涤。洗涤得干净的底片保藏几十年仍然清晰。国立历史博物馆的底片保存了四十多年仍然是很好的，其原因就是它们都是从馆内照相室和实验室送来的，当初都经过了良好的加工。

湿度的变动会引起纸张和药膜的不同反应而使得照片发生卷曲状况；高温度会使照片容易折裂。照片对于光线是很敏感的，如果缺乏防护措施，不仅会使照片褪色，而且还会完全失色。照片藏品入藏时的第一任务，就是要把全部有褪色情况的照片翻印下来。翻印之后，就可得到正规的（按一般方法摄制的）底片和形象清楚、颜色新颖的复制照片。

霉（由于潮湿所生）和蛀纸虫也同样会使照片遭受损害。擦伤、手指印、边缘扯破等都是照片保藏不良时常有的损害情况。

集中贮藏照片藏品的房屋，应特别仔细地配置防火设备，并禁止在屋内吸烟，因为照片和胶卷都是易燃物品。

保存照片藏品应使用特制的家具。

底片应收存在封套内或用纸衬垫，以免药膜发黏或受到压力的损害。

保藏底片有不同的制度，一般的情况是按号码的顺序放置，以保证取用迅速。如果底片数量很大，可以先按类别分开（根据本馆的主题），在各类中再按顺序号收藏。按底片的尺寸来收藏也是有好处的。胶质底片一般是用有盖的匣子收藏。

保藏底片的最好方法是把底片放在封套里面，然后再收存到抽斗内（与卡片抽斗相似），这种抽斗柜每个单元有四十个抽斗（如图1），或是收存到有盖的匣子内，匣子放到格架上或橱柜里面。这样可以

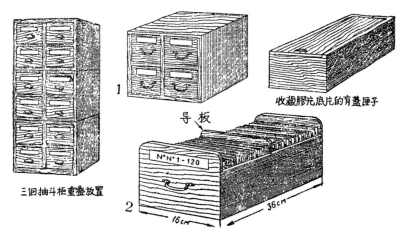

图 1　收藏底片封套的抽斗柜：①四斗柜；②抽斗

保证：1. 藏品携带容易和能够灵活有效地利用房屋的空间（抽斗柜可以重叠起来放置），2. 藏品能密闭保藏（防止受光线的损害），3. 容易取出，因为抽斗内置有导片，而不致受到压力的损害，4. 底片可按主题排列。

这种抽斗可以抽出来放到带门和锁的格架上面（保藏照片的格架）。

中央列宁博物馆①收藏底片的格架是比较好的（图2），这种格架上面装有能锁的门或活动锁板，可以防止底片遭受毁坏，光线侵蚀和盗窃。

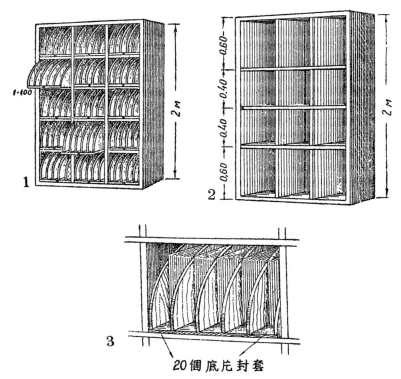

图 2　收藏底片封套用的有格子和活动格槽的底片架

_____

①　列宁博物馆的主馆，1936 年在莫斯科落成并开放。另有七座分馆，最早的分馆于 1924 年在列宁格勒创立。

中央列宁博物馆的底片架内，装置有活动的格槽，每个格槽内可收存 100 分底片封套（每层架上有三个格槽），格槽上装有半圆形的搁板。底片（封套中的）侧放在格槽之内，查取也很方便。大型的底片则另备有专门的底片架来收藏。

不合理的收藏底片的方法是把底片按顺序号重叠起来，虽然也用纸张衬隔或装在封套内，然后平放在普通的盒子里面，再把盒子放置在橱架上（如，国立特列洽可夫画廊[1]，苏联建筑展览馆，国立历史博物馆[2]）或收置在底片架上（如，苏联革命博物馆）这种收藏底片的方法，在按号码查取底片的时候，必然要用手来搬动许多底片，搬动时就会损害底片边上缘的药膜，而且查取底片所花费的时间也会比从抽斗内取用的时间多得多。这是由于在盒子内不能安装搁板，没有搁板就不能迅速查取底片。

手提式底片箱（国立特列洽可夫画廊）比较适用于收藏大型的底片（24 × 30），箱内置有搁板（呈梳齿形，做为放置底片之用）。这种方法也便于搬移底片，因为大型底片若是平放在盒子内，在搬动时就会互相挤压而致破折。

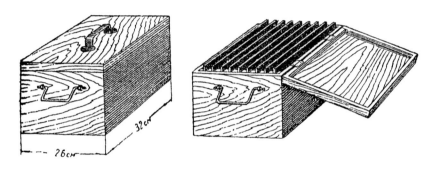

手提式底片箱内放置底片的齿形横条

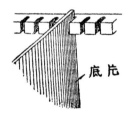

图 3　收藏大型底片的手提式片箱

尺寸不同的底片，不能放在同一个匣内，在取用底片时，无论如何不要单拿一个角，因为这样会由于底片本身的重量而使玻璃破折。

胶卷最好是先用封套装好，然后放入有盖的底片匣（如图 1）或是金属匣内。电影胶卷则必须用金属制的匣子来收藏。

在收藏底片时，可把特别有价值的底片区分出来（用不同颜色的封套来区别或是分别藏入专门的匣子内）。

用在摄影灯上的幻灯片和展览用的小型幻灯片也可用以上的类似方法来保藏。前一种幻灯片的四周必须镶上边条然后才能在药膜之上加盖防护玻璃。展览用幻灯片是用毛玻璃来做防护玻璃（加在幻灯片上）或者直接在药磁上涂一层油画颜料（指大型的幻灯片）。

---

① 现多称"特列恰科夫美术博物馆"，于 1856 年创立，位于莫斯科，下同。

② 1883 年向公众开放，位于莫斯科。

幻灯片可用封套和抽斗来收藏。国立特列洽可夫画廊有一种专门收藏幻灯片的橱柜，橱内分为许多狭窄的小层，每层上装有适合幻灯片尺寸的许多小格（如图4）。

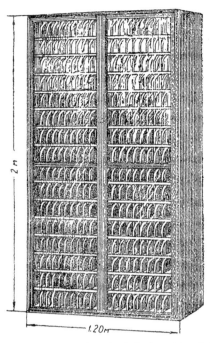

图4   收藏摄影灯用幻灯片的橱柜。橱内共分 **16** 层，每层有 **20** 个小格，每个小格内可收藏 **10** 块幻灯片（国立特列恰可夫画廊）

供查考使用的照片（按底片尺寸印制的）应当印制两份，一份贴在照片卡上面（卡片格式见 144 页），然后排列入照片柜抽斗（图 5~6）内，另一份放入封套（图7），用特别的匣子（图8）或厚纸夹保存起来。照片藏品按本博物馆所批准的分类表的项目排列。若是编制出各种类型的卡片目录（登记目

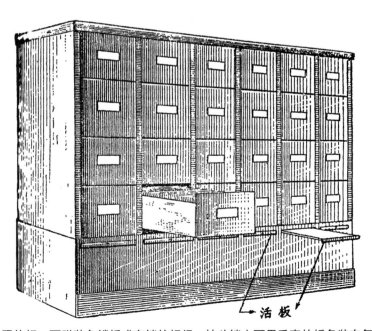

图5   **24** 个抽斗的照片柜；可附装鱼鳞板或有销的柜门；抽斗销亦可用垂直的板条装在每直行抽斗的隔板上

录卡、方位卡片，字顺卡片、专题卡片等等），就可以保证照片藏品在科学工作方面的利用，以及各种照片的迅速统计和检查（图9）。

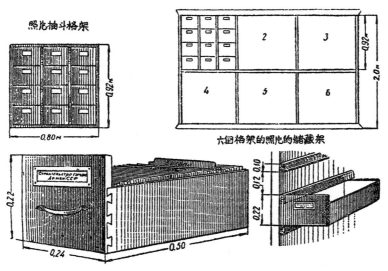

图6　照片储藏架和抽斗（苏联建筑展览馆）

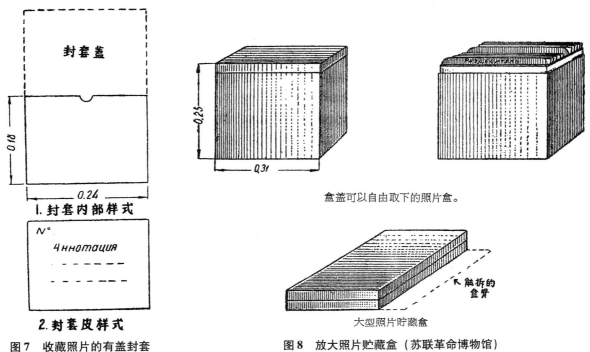

图7　收藏照片的有盖封套
（中央列宁博物馆）

图8　放大照片贮藏盒（苏联革命博物馆）

放大照片可用普通纸夹（国立特列洽可夫画廊）来保存，或是如同版画一样地装上照片框（苏联建筑展览馆），然后装到能展开的纸夹里面（图10）。纸夹平着放入照片橱的各个格层。这种照片橱的格层可以自由抽动，每层的距离为10公分，在必要时可以抽去一些搁板而增大格层的容量（图11）。收藏大型的放大照片所用的装有活动抽斗或活动格层的照片贮藏橱，也可以用来收藏其它大型的纸质类的藏品（图11）。

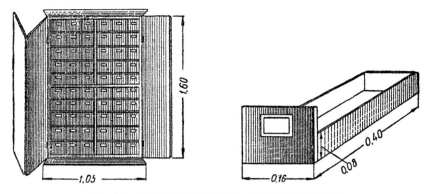

图9　有折叠门的目录卡片柜（苏联建筑展览馆）

照片藏品还可以用几种规格固定的匣子来收存置于架子上（苏联革命博物馆），但最好是把装照片的匣子收到能够关闭的橱柜里面。

照片册应平放在照片橱和照片架的格层上面，或是平放在能自由抽动的格槽里面；小型的照片册可以如同图书馆里的书籍一样，直立在照片架上。

照片卡格式（尺寸 23×18 公分）

底片号	本照片系 —	摄制日期
照片号	（机关名称）	
主题	照片名称	来源
	贴照片处，尺寸 13×18 公分	照片内容

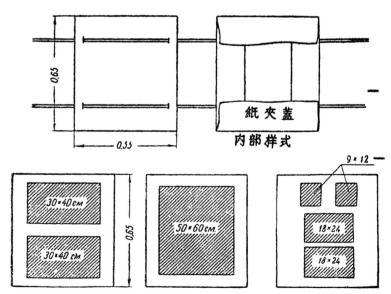

图10　收藏大型照片的活动纸夹。照片放置在用厚纸做的压条下面，或直接贴在纸夹上面。
（苏联建筑展览馆）

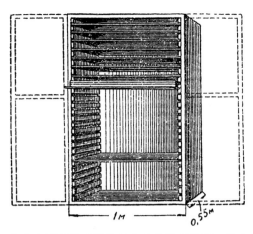

图11　收藏大型照片或照片纸夹的普通照片橱，装有能自由
抽动的格层（国立历史博物馆照片档案部）

最好是能把全部照片册都先用厚纸匣来装好，然后再放到照片架上或照片橱内。

　装有框子和玻璃的展览照片，在收藏时可以立放在分成格子和装有预防互相摩擦的隔板的架子上。

　照片藏品最好不加框子收藏在纸夹里面，框架可单独另放在专门的橱架上。

　照片藏品（装有框子和玻璃的）在搬运时，应装入配有隔板和提柄的专门匣子里面。

（陈国英译）

高尔基省地志博物馆主题陈列计划（历史之部）

高尔基省地志博物馆科学工作者　波达波娃

"地方在封建主义瓦解和资本主义制度形成时期"（十八世纪前半期）

主题陈列结构：

1. 下诺夫哥罗得省的大封建主的领地。
2. 农业技术的低劣。
3. 下诺夫哥罗得省农奴制的手工业工场和冶金工厂。
4. 下诺夫哥罗得省资本主义的手工业工场的产生。
5. 国内外的贸易，马卡尔也夫的定期市集。
6. 农奴贫困的生活条件。
7. 在布加乔夫领导下的农民起义及下诺夫哥罗得省的农民参加此次起义情况。
8. 农奴制度的盛行，贵族专政的巩固。
9. 教育、科学、艺术及社会思想的发展。

陈列内容	展品一览表	展品附注
1	2	3
1. 下诺夫哥罗得省大规模世袭领地的拥有者	1. **图表**　十八世纪末下诺夫哥罗得省的农民数字： 　　农　　奴——320147 人 　　官 家 的——149757 人 　　修道院的人——23748 人 　　（下诺夫哥罗得的修道院） 　　佃　　农——164470 人 　　雇　　农——42754 人	
	2. **语录**　沙俄最大的封建领主之一是伯爵谢列麦捷夫，他们的领地包括俄罗斯 17 个省，其中在下诺夫哥罗得省有六座领地，占地 196000 俄亩及 30000 名以上农奴。 伯爵奥尔洛夫在下诺夫哥罗得省的下诺夫哥罗得县及巴拉赫宁斯克县护有 27000 名农奴。	摘自阿尔汉哥尔斯基著《工业无产阶级史概论》第 77～79 页 1950 年版。
	3. 十八世纪贵族用的一部分家具及生活用品（穿衣镜、烛台、枝形挂灯、安乐椅等等）	得自犹林的伯爵谢列麦捷夫宫室及伯爵奥尔洛夫的庄园。
2. 农业技术的低劣	4. 十八世纪农民的劳动工具：犁、耙、菩提树皮制的篮子，风磨及其它物品。	

续表

陈列内容	展品一览表	展品附注
1	2	3
3. 下诺夫哥罗得省农奴制的手工业工场及冶金工厂	5. **语录**　十八世纪中叶的下诺夫哥罗得工业区是伏尔斯马，鲍格劳得斯克，特别是巴夫洛伏区，巴夫洛伏区的九个村有 1200 农户，居民 6604 人，可耕地 3745 俄亩。 在巴夫洛伏有 20 座肥皂厂，4 座打铁作场，50 座制革厂及 323 名熟练的钳工能手。 在鲍格劳得斯克还有 46 座制革厂。	摘自阿尔汉哥尔斯基著《工业无产阶级史概论》第 97 页
	6. **地图**　十八世纪的威克松矿厂分布图。	《苏联冶金工厂分布图》1937 年科学院出版 本馆藏品
	7. 锁、刀、叉及其它——十八世纪前半期的巴夫洛伏工厂里及威克松工厂里出产的金属制成品	
	8. **文字**　威克松矿厂建立于十八世纪后半期，是大规模领地拥有者巴达赛夫兄弟的产业，他们在下诺夫哥罗得省拥有 92000 俄亩土地及 10000 名以上的农奴。森林，露出在地面上的矿藏一系列连绵交错的小支河流，造成了发展矿业的有利条件。	
4. 下诺夫哥罗得省资本主义手工业工场的产生。	9. **图表**　十八世纪在下诺夫哥罗得省的资本主义手工业工场 城内的工厂： 　染　　　坊——8 　磨　　　坊——2 　铁　匠　铺——1 　蜡　烛　坊——4 　陶器制造坊——1 　粉　　　坊——1 　制　革　场——9 　啤酒酿造厂——1 　制　绳　厂——11，在这厂里共有 497 名雇工	阿尔汉哥尔斯基著《在下诺夫哥罗得边境工业无产阶级的起源》，《俄罗斯的劳动》杂志 1925 年版
5. 国内外的贸易马卡尔也夫定期的市集。	10. **平面图**　马卡尔也夫定期市集，商业队伍的分布点，商品一览表。	摘自省档案库
	11. 十八世纪的钱币	本馆藏品
	12. 运到马卡尔也夫定期市集上的俄国布匹及外国布匹。	"
下诺夫哥罗得的银行办事处	13. **文献**　关于下诺夫哥罗得的银行机构的文献资料	档案中找到
6. 农奴的贫困状况	14. **厨灶无烟囱的农舍**　及其陈设：（在博物馆小园里）	运自高尔基省拉金斯克区
	15. **模型**　小茅屋的炉灶和农民的生活用品—食具，灯台，草编的靴鞋及其它。	本馆藏品
	16. **簿册**　伯爵奥尔洛夫庄园中登记处罚农奴用的账簿。	"

续表

陈列内容	展品一览表	展品附注
1	2	3
7. 布加乔夫所领导的农民战争	17. **结婚名册** 根据伯爵奥尔洛夫的意旨编制的。	"
	18. **鞭子** 体罚农民用的。	"
	19. **带颈圈的锁链** 拘禁工人用的。	
	20. **语录** "农奴制度，特别是在俄国，这种制度保持得最久，表现的方式也最残暴，它与奴隶制度没有什么区别。"	《列宁全集》第 4 版第 29 卷第 439 页
	21. **地图** 遍于下诺夫哥罗得省各区的农民起义	
	22. **文告** 布加乔夫颁布的文告。	照相影摹
	23. **命令** 叶卡吉琳娜颁布的对付布加乔夫的措施。	"
	24. **图画** 《农民们加入布加长乔夫队伍》。	斯加略画家的作品
	25. **语录** "最主要的是农民只有在工人阶级领导下的起义才能得到胜利，除此以外，讲到拉辛，布加乔夫，我们不要忘记，他们曾是沙皇的信徒，他们虽然反对地主，但是支持所谓"好沙皇"。	《斯大林全集》第 13 卷第 113 页 斯大林与德国作家路得维格在 1931 年 12 月 13 日的谈话
	26. **农民起义的武器**（短锤、斧钺、棍棒、军用镰刀）。	本馆藏品
8. 农奴制度的盛行，贵族专政的巩固。	27. **特权书状** 1785 年颁赐给贵族的。	
	28. **证书** 确认地主保瓦利辛为贵族而授予他的证书。	原本
	29. 沙皇帕维尔一世赐给贵族阿拉克切也夫的特权书状。	原本
	30. **命令** 叶卡吉琳娜第二禁止农民控告地主。	照相影摹
	31. **地图** 下诺夫哥罗得总督辖区。	"
9. 下诺夫哥罗得开始杜马的活动。最初的城市建设设计。	32. **平面图** 1789 年的下诺夫哥罗得省。	本馆藏品
10. 教育、科学、艺术和社会主义思想的发展。 学者，发明家及他们的发明。	33. **书** 十八世纪的书籍，《罗蒙诺索夫全集》，《俄罗斯文法》。	1784 年出版 1755 年出版
	34. **照片剪辑，罗蒙诺索夫的肖像。**	
	35. **杯子** 彩色玻璃杯子，罗蒙诺索夫的发明。	十八世纪
	36. **古利宾肖像** 及其传略。	彩色油匣，1818 年的画家凡琴涅茨基作
	37. **照片剪辑** 蛋形圆表及说明文	
	38. **照片** 跨越涅瓦河桥的模型。	
	39. **照片** 河艇。	

续表

陈列内容	展品一览表	展品附注
1	2	3
	40. **表**　吉利宾的学生伊凡·彼雅吉里科夫所制。	
	41. **语录**　"在科学发展史中有不少勇敢人物，不管有何等障碍，都能不顾一切而打破旧说创立新说。"	《斯大林论列宁》：1934 年出版第四版第 43－44 页，1938 年 5 月 17 日斯大林在克列姆里宫招待高级工作人员时的演说
	42. **剪辑**　沙姆苏雷恩科夫的发明，自动马车图	摘自奥尔洛夫编辑：《俄罗联故事集》，青年近卫军出版社出版 1950 版
下诺夫哥罗得的革命作家拉弟舍夫	43. **照片**　拉弟舍夫肖像	
	44. **书**　《从彼得堡到莫斯科旅行记》	拉弟舍夫著 1790 年出版
	45. **语录**　1790 年及 1797 年拉弟舍夫到达下诺夫哥罗得省。	
下诺夫哥罗得最初的作家及翻译者	46. **书**　《唐·彼得罗普罗高杜兰吉或被惩罚的游手好闲的人》。	《哲学家达也夫的父亲》卡达也夫著，1794 年出版
	47. **书**　《我休息是替别人休息》	奥尔洛夫著，1799 年出版
	48. **书名页**　下诺夫哥罗得总督统治下最初出版的一张书名页。	照相影摹
用农奴演戏的剧院开幕	49. **语录**　关于 1795 年沙塞夫斯基公爵主持剧院开幕的记载。	
下诺夫哥罗得的古建筑	50. **照片**　18 世纪后半期的房屋及教堂	

（韩　维校）

图表

历史部分　　　　　主题陈列　　　　　平面图
其中一部分："教育、科学、艺术及社会思想的发展"

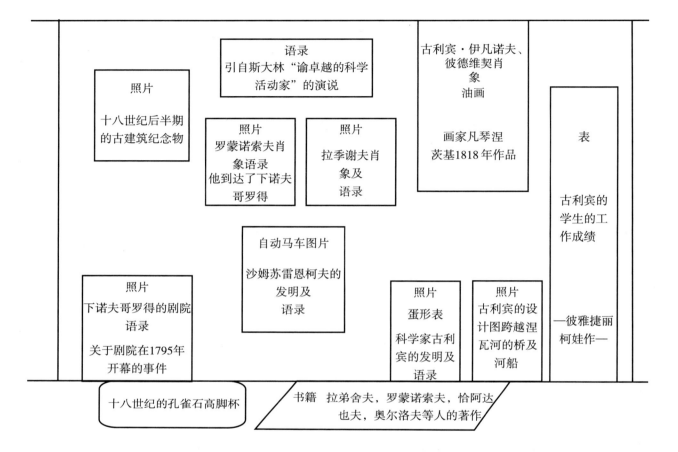

高尔基省地志博物馆陈列结构（自然之部）

1955 年

高尔基省地志博物馆科学工作者　Г·契什柯娃[①]

自然之部的陈列应当反映高尔基省的天然富源及其用于国民经济的情况。陈列中必需反映出高尔基省的自然特点、省的带状位置和最具有特征的地形，动植物界以及人类进行的改造活动。陈列要展示自然现象的相互联系。在地方材料中还要表现人类在改造自然中的作用和以目的在于提高产量创造我国产品丰足的米丘林——维廉士——李森科学说为基础的苏维埃创造性的达尔文主义的成就。

陈列应包括两大部份：

Ⅰ．"省的自然和自然富源"。

Ⅱ．"地方的自然历史区及其典型的景观：1. 森林；2. 河流及其土壤；3. 可耕地带"。

第一部分说明地方自然的一般特性，第二部分陈列具有特征性的地形。

反映高尔基省左岸地区必须陈列"森林"的景观模型：1. 丛林密茂的维特卢加区的枞树林；2. 诺尔尼诺——沃洛达尔斯克区周围的松杉林和越橘丛。

陈列中根据克斯托夫区的库兹涅茨兴森林周围的橌树林作成景观模型，来反映高尔基州沿伏尔加河右岸地区。

"河流及其洼地"的景观模型在自然之部的陈列中目前应该反映伏尔加河及其洼地和果罗捷茨区（即淹没区）的动植物界。由于人类的改造活动，使果罗捷茨区的自然有了改变，陈列应根据这种改变反映出这个区在淹没前后的自然环境。

"高尔基海"开辟以后陈列的面积扩大了，这时陈列就得有"高尔基海"、"森林草原地带"和"耕耘地带"的景观模型。

作为自然之部经常陈列的应该设立一些具有一般的教育意义的主题展览，如：

　　1. 地球上生物的发展。

　　2. 人类的起源。

第一部分"自然与自然富源"包括以下主题：

　　1. 地方的一般地理特性。

　　2. 地质学和地方的矿产。

　　3. 地方的地势。

　　4. 地方的土壤。

---

①　原文为"车什柯娃"，改为与目录一致。

5. 地方的气候和生物气候学。

6. 地方的河流。

省的动植物界可在生物气候学和地方的各种景观模型中得到反映。

自然之部的主题陈列计划

第一部份："高尔基省的自然和自然富源"。

主题 1. 高尔基省的一般地理特性。

陈列资料展示出省的地理位置，省在苏联地带的地位，特点和自然条件的性质。

语　录　——"自然界……一切是辩证地发生，而不是形而上学地；它不是在永远相同的经常反复的圈子里运行，而是体验着真实的历史。"

图　表　——苏联欧洲部份的自然地理图和高尔基省分图。

图　表　——高尔基省行政经济地图，注明区界、区中心、个别大村庄和著名地点（自然的纪念物，有历史性意义的地方）。

地球仪　——直径一公尺。苏联在世界地图上的位置。特别区分出高尔基省部份。

图　表　——苏联欧洲部份的自然地带，附高尔基省分图。

略　图　——省领土面积与外国领土面积对比图。

图　表　——省的疆界的变化（1918～1954 年）。

图　表　——高尔基省的自然地带。

照相册或巨幅照片　——省的风景区。

陈列橱　——彩色照相原版。

水彩画　——克尔热涅茨河（谢苗诺夫区）。

水彩画　——维特卢加河上（维特卢加区）。

图　表　——高尔基省游览路线。

照相册　——克尔热涅茨河上的学生游览队伍。

陈列橱　——当地地志学旅行家寻获的实物标本。

照片剪辑陈列橱　——研究自己的地方，地志学者照片，寻获物和关于地志学家的成就，新矿产的发现和省内其他自然富源的说明文。

语　录　——"赏识一下自己的祖国吧！自己的地方，自己的集体农庄，自己的山脉与河流。别耽心这些山河微小，要知道大的事业是从小处发展起来的。在你对祖国和地方的热爱中，你可以找到，帮助你掌握我们地下秘密的富源的力量和武器。"

——阿·耶·费尔斯曼院士著《石头回忆录》

陈列橱　——有关地方自然的方志。

主题 2. 地质学

主题内容：做为苏联一部份的当地一般地质材料。高尔基省地理结构的特点。高尔基省境内有过的各地质代和各纪地层的一般特性。高尔基省地区的地质研究。研究者的照片及其出版的著作。高尔基省境内发现的古生物学材料。

语　录　——"地质学产生了，它察出地层不仅是一层跟着一层的形式，一层堆着一层的排列，而且其中还保存着死动物的贝甲和骨骼、绝种的植物的茎、叶和果实等等。因此必须承认不仅整个地球有它的时间发展历史，而且它现在的表层和生活在上面的动植物也不例外。"

——费·恩格斯著《自然辩证法》90～91 页

图　表　——苏联欧洲部地质图和高尔基省分图。

图　表　——高尔基省地质图。

壁　毡　——高尔基省地质断面图。

模　型　——地质表（费尔斯曼绘制）。

表上标签　——"如果我们把地球的整个历史从太古代到现在假定为二十四小时，把用放射能的方法算出的整个时代的时间相应地缩小，那么在我们的表上太古代和原生代将占 17 小时，古生代占 4 小时，中生代占 2 小时，新生代占 1 小时，而人类只是在午夜前的五分钟才在生命的舞台上出现。"

——阿·耶·费尔斯曼院士著《原子和时间》
载于《科学与技术》1946 年第一期

语　录　——"整个自然……从极小部份到最大体积，从细砂到太阳，从原始生物到人，永远在发生、消灭，在不断的过程中，不断地运行变化。"

——恩格斯著《自然辩证法》93 页

实物的略图——露在省区表面的沉积物挂状剖面地质图。

模　型　——煤炭时代。

陈列橱　——省领域内发现的具有煤炭时代特点的岩石和动植物化石。

模　型　——二叠纪。

模　型　——依恰科夫洞穴。

陈列橱　——高尔基省境内发现的具有二叠纪特征的岩石和动植物化石。

模　型　——侏罗纪。

陈列橱　——高尔基省境内发现的具有侏罗纪特征的岩石和动植物化石。

立体展品或水彩画——箭石和真贝壳改造的图画（用图解说明箭石改造的情况和箭石的后代——箭石的真贝壳）。

模　型　——白垩纪。

陈列橱　——高尔基省境内具有白垩纪特征的岩石和动植物化石。

图　表　——第四纪古生地质图。

模　型　——（冰河时代），猛犸象，有鬃毛的犀，巨鹿。

表　格　——第四纪的划分。

立体展品　——用猛犸骨穿起来猛犸的实物侧面像。

实物标本陈列橱——具有冰河时期特征的岩石和植物化石；有鬃毛的犀，古野牛、巨鹿及其他兽类的骨骼。

照相及对他们的简评——高尔基省境内的地质研究家：

1）В·П·阿马利茨基。

2）А·П·巴甫洛夫。

3）Н·М·罗曼诺夫。

4）А·А·巴基罗夫。

陈列橱　——刊物上发表的研究高尔基省地区的地质学家的作品。

主题 3：矿产

陈列展示了高尔基省境内蕴藏着各种矿产及其他用于国民经济的情况。

根据矿物原料的经济特征说明其主要形状。

导　言　——

图　表　——高尔基省的主要矿床。

陈列橱　——建筑材料和用当地原料的制成品（实物标本）：

筑路毛石。

石灰石——轻石灰，石膏、热石灰；涂饰用雪花石膏、雪花灰泥块、彩图雪花石。

硬石膏——斯·巴尔努料沃艺术工艺互助组的硬石膏制品；石膏滑轮和石膏砖，制砖用的黏土，红色砖，瓦。

易溶解的黏土——陶器。透化硬砖用黏土——玻璃状砖瓦。玻璃砂——中级玻璃和玻璃器皿。砂酸盐砂——砂酸盐质瓦。铸模用砂子。

照　片　——铁道路基（利用砂砾所筑）。

实　物　——圆巨石，小石，砾砂。

照　片　——利用砂砾铺筑公路。

陈列橱　——可燃矿物的实物标本及其应用。做燃料用的各种泥煤，雕刻用的泥煤，泥煤焦炭，泥炭煤球，油母页岩。

实物标本陈列橱——化学原料，矿物质颜料：甲烷的，铁矿的——铁质赤铅。蓝铁矿——灰青赭石。石膏——白色颜料及其他。黄铁矿。照片——博尔区甲烷矿床。农业矿——矿物质肥料。

照　片　——凝灰岩的矿床。

陈列橱　——凝灰岩，泥灰石，白云石片，磷灰岩，做肥料的泥炭。

语　录　——"世界上没有一个地方，像这里这样储存着那么多样的自然财富，那样巨大的蕴藏量，以及号召人们去劳动、去斗争的伟大远景"。

——阿·耶·费尔斯曼

主题 4. 地方的地势（地形学）

主题内容：做为苏联地势的一部分的高尔基省地势的一般概念。省地势的形成史和远地质时代影响地形改变的原因。冰河在地势形成中的作用。现代地质活动家——水、空气、温度的变化和有机体。人在改造地势中的经济活动。

图　表　——省的地形测高图。

模　型

说明文　——现在地势形成的因素。地壳的隆起和下降。

褶曲长垣——地壳运动的结果。楚瓦什丘陵地。

图　表　——苏联欧洲部分古代冰河作用范围图（附高尔基省地区的分图）。

实物标本　——巨砾，带状胶泥，片状砂，巨砾上的冰河时期创痕。

照　片　——高尔基省地区的巨砾。

图　表　——高尔基省地区冰河作用产物分布图。

模　型　——高尔基城边的伏尔加河流域。三种阶地的存在：1）河弯；2）上河弯；3）冰河时期形成的。

图　画　——奥卡河流域。

照片剪辑　——彼乔拉村境内地层陷落现象和与塌陷进行斗争的措施。

照片剪辑　——人类对地形的改造活动。伏尔加河的地层陷落，河岸的冲积层，加固河堤的时刻，沼泽的排水工作。

主题 5. 气候和生物气候学

高尔基省气候的简述。省在苏联气候图上的位置。生物气候观测对象。

照　像　——A·M·沃耶科夫（1842～1918），现代气候学创始者之一。

图　表　——苏联欧洲部分气候图和高尔基领区的分图。

图　表　——气象台网和高尔基省各气候区。

模　型　——高尔基城的第二种气象台。

实　物　——标准气象亭和仪器（最高寒暑表，最低寒暑表，阿弗古斯特测湿器）。

实　物　——气象和自动书写器（自记温度计和自记寒暑表）。

实　物　——维尔德风信标。

表　格　——高尔基省的风蔷薇（一种图表，根据罗盘针记出风在一年，一季或一月各方向的反复次数）。

无液测压器——空盒气压表。

说明文　——关于无液测压器的结构。

图　画　——参加北极考察队的高尔基城人费多罗夫在气象仪器后观测（画家马祖罗夫画）。

实　物　——雨量计。

文　件　——一月、一周、一昼夜的预测。

气候表　——适用于高尔基城各区。

表　格　——高尔基省的雪盖。

表　格　——省气候特性的简述。

表　格　——高尔基省温度和空气温度的年程。

表　格　——高尔基城区内五十年来的降雨量（用玻璃试管内装有色的水表示）。

表　格　——高尔基城区内五十年来的空气的平均温度。

水彩画　——云层的性质。

照片剪辑　——气候预测材料的编制过程。

　　照片：收听无线报告。

　　照片：将材料记入图表。

　　照片：分析空中气象图表。

　　照片：发放无线观测器。

说明文　——关于一昼夜前预报天气的方法。

剪　辑　——预报天气的地方标志。水彩画和说明文。

照　片　——避雷针。

说明文　——有关避雷针的知识。

水彩画　——1）雷雨时人在树林和田野里的的正确行为。

标题："生物气候学"

1）春季

油　画　——花朵绚烂的花园（开花期）。

陈列橱　——春季植物及其开花期。

生物群　——移飞中的山鹬（早期和晚期）。

照　片　——伏尔加河的流冰（早期和晚期）。

水彩画三幅——自然的历书——三月、四月、五月。

　　　　（需包括一幅本地自然风景画）

　　　　画家拉尔夫斯基画。

标　签　——各月的平均月温度，降雨量，动植物生活中的季节现象，农业工作的主要形式。

陈列橱　——假鸟，假兽（爬虫类和昆虫类）。鸟类的飞来期，爬虫的苏醒期，鱼类的产卵期，昆虫的出现期。

生物群　——黑山鸡的飞集处（交尾期）

标题："夏季"

陈列橱　——开花的夏季植物和果实的成熟（开花期和果实成熟期）

生物群　——巢内的鸣禽（雏鸟的出现期）。

照　片　——割草（割草期）。

水彩画三幅——自然的历书——六月、七月、八月。

陈列橱　——假禽，假兽，蛙的发展；田地，树林和花园的害虫（雏鸟的孵化期，害虫的出现期）。

生物群　——自然环境里的雌刺猬和小刺猬。

陈列橱　——植物发展的生物气候学光谱。

　　　陈列木本，草本植物，灌木和农作物制成的干腊植物标本（植物从蕾苞到果实或从种子到结种的发展期）。

标题："冬季"

油　画　——冬猎图。

陈列橱　——植物对冬季的适应（干蜡植物标本材料）。

生物群　——用冬季风景做背景陈列的伶鼬。

生物群　——云杉交啄鸟（雏鸟出现期）。

水彩画三幅——自然的历书——十二月、一月、二月。

陈列橱　——假软毛兽和鸟类对冬季条件的适应。

生物群　——以冬季色彩的自然环境做背景陈列的貂。

注：各季的自然历书需有一幅风景水彩画。注明平均月温度，降雨量，动植物生活中的时令现象和主要农事的期限。

主题6. 高尔基省的河流：

省内水系资源的一般特点。省的河流和人类经济活动。河，湖和池沼在地势的改变中的意义。小河流及其在省的电气化事业中的作用。

图　表　——伏尔河流域图和高尔基省领土的分图。

图　表　——高尔基省水路图（包括湖泊网和成沼地）。

图　画　——伏尔加河（画家拉尔夫斯基所画）。

文　字　——伏尔加河在高尔基省境内全长 277 公里，有十二条支流在这个省境纳入它的河床，其中七条从左面流过，其余的五条从右面汇合。

说明文　——关于在奥卡河河口附近伏尔加河河床的变化。

图　表　——下诺夫戈罗德附近的伏尔加河（根据 1881 年罗果京的资料）。

图　表　——高尔基城附近的伏尔加河（现代地图）。

说明文　——伏尔加河的水压把支流的河口从上向下排挤，以致在伏尔加河上的支流河口附近淤积了大量的淤泥和砂砾，加上伏尔加河本身的水力使得它略微改变了河流的方向。

图　表　——克尔热涅茨河注入伏尔加河的汇合处（根据 1881 年罗集京的资料）。

图　表　——克尔热涅茨河口（现代地图）。

表　格　——高尔基省各河流的解冻和冻结（包括伏尔加，奥卡，翁查，维特卢加，克尔热涅茨，苏拉各河）。

水彩画　——伏尔河上的流冰。

水彩画　——伏尔加的泛滥。（画家拉尔夫斯基创作）。

水彩画　——伏尔加的平水时期。

水彩画　——伏尔加河上冰盖的形成。

说明文　——关于伏尔加和"大伏尔加"问题在国民经济中的意义。

水彩画四幅——取同一个河流四季风景反映河流的生活。

图　解　——对照水彩画（风景画所取的一定角度）展示伏尔加河水面在各季的涨落情况。

图　画　——奥卡河。（画家拉亦夫斯基创作）。

图　画　——维持卢加河。

图　画　——克尔热涅茨河（画家拉亦夫斯基作）。

模型二件　——反映河流的活动：

　　1）淤泥和砂的转移和积聚，旧河床的形成。

　　2）浅滩的转移，航路的转移和变化。

照片剪辑　——防范山洪和泛滥的措施，浚渫航路的措施。

照　片　——湖泊的类型

　　1）下陷的（喀斯特湖）：布斯腾村附近的圣湖（契尔奴兴区）。《高尔基省地方自然地理的评述》（斯坦科夫著，106 页，图 39）。

　　2）混源湖（发源于喀斯特的现代湖），斯维托洛雅尔湖，培尔斯湖。

　　3）人工湖——水池（河堰）——维列其明池。

水彩画　——博尔区的沼地。

照片剪辑　——改造池沼（照片，说明文，实物标本）。

　　1）泥炭地——泥煤标本及其用于国民经济的情况。

　　2）沼泽的疏干，沼泽利用做为牧场，菜园和耕地。

　　泥煤采掘地的凹均利用做为养鱼场。

模　型　——含水层。

模　型　——普通井和自流井。

说明文——关于地下水的利用，井的动态和照料井的规则。

照片剪辑——省区内的矿泉（图表，照片，说明文——简述：水的成份，温度，喷出量和效用）。

照片剪辑——水池和水库的建设。

说明文：关于水池和水库的建设。

照片：克斯托夫区基洛夫集体农庄的新水池。

说明文：基洛夫集体农庄在 1950 年建造水池二个，总面积是 25 亩，1951 年春季雨后在水池内养上了一些光滑如镜的鲤鱼。

照片：基洛夫集体农庄在水池中饲养镜鲤。

说明文：水池养鱼业的敌人介绍，镜鲤在水池内主要的自然饲料。

水彩画——镜鲤（кари）

图　解——镜鲤数量逐年增长（1946～1952 年）

剪　辑——工业杂交种配（кари 和 сазан）

图　表——高尔基省的养鱼业和捕鱼业。

照片剪辑——小河流的利用：

1）照片，文字——关于小河流（克尔热涅茨，乌佐拉，维特卢加）用于浮运事业。

2）照片，文字——古季马河的土地改良（弃地的利用）。

3）照片，文字——关于小河流做为水力源的利用。

4）照片和文字——关于小河流（古季马、克尔热涅茨，维特卢加）做为业渔和劳动者休息场所的利用。

主题 7. 地方的土壤

高尔基省土壤的特性，省在苏联土壤带的位置，气候、植物和动物有机体在土壤形成过程中的作用。栽培性良好的土壤——人类劳动的产物。

说明文——"土壤——自然的第四界"

照　片——B·B·多库恰也夫。

图　片——高尔基省的土壤图（根据谢列勃里亚科夫教授的材料）。

陈列橱——研究下诺夫歌罗德省和高尔基省土壤的文献：

1）B·B·多库恰也夫著：《下诺夫哥罗德省机关关于下诺夫哥罗德省土壤情况的报告》。

2）A·C·法吉扬诺夫《高尔基省的土壤》。

图解模型——（实物标本），省的各类土壤分布图。

法吉扬诺夫著《土壤》34 页图 11。

表　格——含碱土壤与黑土壤相对的化学成分。

模　型——土堆的断面图，展示一年生植物的根与土壤的关系。

模　型——土堆的断面图，展示多年生植物的根与土壤的关系。

说明文——多年生草本混合体可形成团粒结构土壤的显明意义。

剪　辑——（实物标本，表格，图解）。团粒结构土壤的物理化学性。

剪　辑——无结构土壤的物理化学性。

整块土壤——高尔基省具有农业土壤特性的土壤。

水彩画五幅——土壤的类型和省的植物。

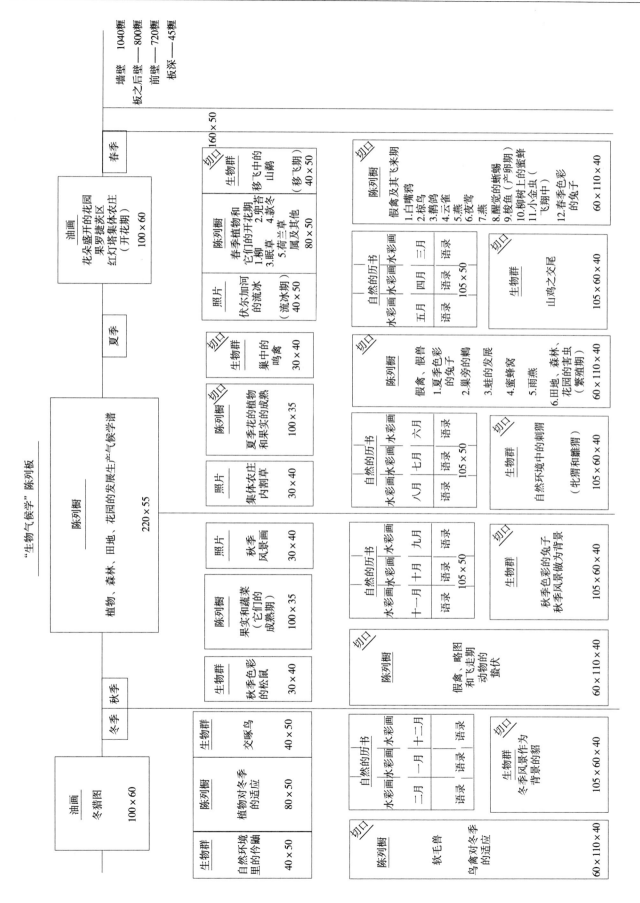

剪　辑　——土壤的物理结构（用实物标本和说明文展示土壤的结构）。

表　格　——具有高尔基省地区土壤特性的土壤化学成分（施肥前后）。

实物标本　——（矿层的风化——冰川沉积和二叠纪沉积）。

陈列橱

模　型　——动物和植物在土壤形成过程中作用（植物的根系统，挖掘动物——蚯蚓）。豆科植物的根与含氮菌的根瘤。

说明文　——关于蚯蚓的意义。

照片剪辑　——土壤的温度在可耕地中的意义。

说明文　——高尔基省土壤差异的百分比。

（宛义译、韩维校）

鞑靼苏维埃社会主义自治共和国国立博物馆主题陈列计划

——社会主义经济文化之部——

引言

1. 鞑靼苏维埃社会主义自治共和国是一个工农社会主义国家。	节录鞑靼《苏维埃自治共和国宪法》。
2. 鞑靼的领土与西欧各国的比较。	统计图。
3. 鞑靼是一个先进的工业化的集体农庄共和国。	苏联最高苏维埃主席团、苏共中央和苏联部长会议致鞑靼30周年祝词。
4. 鞑靼的行政区。	地形图。
5. 各兄弟共和国赠送祝贺鞑靼30周年的礼物。	陈列柜内陈列巴什基里亚、楚瓦什、乌德摩尔梯等共和国和州赠给鞑靼30周年的礼物。

第一部分　工业、建设和运输

1. 弗·伊·列宁关于重工业的发展。	语录。
2. 苏联工业生产量1954年比1950年增长的比较。	以图画做背景的图表。
3. 鞑靼的工业生产量的增长（按卡赞省与1913年的相比数字）。	图解。
4. 鞑靼的工人数字的增长（与1913年相比）	图解。
5. 鞑靼在1954年中几种最主要工业的产量。	以图画做背景的图表。

1. 石油工业

1. 鞑靼是"第二巴库"的组成部分。	叠化装置；用24个镜头表现正在发展中的石油工业各区的现状。
2. 东部建立了一个巨大石油工业区——"第二巴库"。	地图和简介。
3. 蕴藏石油矿层的条件。	含石油矿层的标本，图解。
4. 鞑靼的石油属于泥盆石油。	用器皿装石油标本，简介。

5. 石油是国民经济中最重要的原料。　　　　　　经过蒸馏的石油制成品。

6. 鞑靼石油产地的研究及其发现的历史。　　　　表格。

7. 地质学家——1948 年在鞑靼发现泥盆石油的参　照片。
加者。

8. 兄弟民族对发展鞑靼石油工业的帮助。　　　　地图。

9. 鞑靼最初出油的凿井。　　　　　　　　　　　照片。

10.《鞑靼石油工人的早晨》。　　　　　　　　　　画家 Г·乌斯曼诺夫作布底油画。

11. 1950～1954 年间鞑靼的凿井工作量的增长。　立体图解。

12. 掘凿架。　　　　　　　　　　　　　　　　　可以表示连续的钻孔方法的自动模型。

13.“鞑靼石油”的开采采用倾斜钻探和双柱钻孔　模型。
并用法。

14. М·吉马佐夫钻孔小组是苏联石油工业的先　照片、社会主义生产任务，图表。
进组。

15. 快凿法倡议者——能手 М·努尔加列耶夫和　照片、特急电一页，社会主义生产任务。
Г·盖依弗林。

16.《先进的钻孔能手》。　　　　　　　　　　　画家 С·拉特尼茨基作画像。

17. 结合“鞑靼石油”的情况制定的掘凿架工业　简介、照片。
建设的新方法。

18. 鞑靼石油与巴库石油的采掘量相等。　　　　语录。

19. 1950～1954 年间鞑靼石油采掘量的增长。　装有灯光的立体图解。

20. 采掘石油的摇动唧筒。　　　　　　　　　　自动模型。

21. 石油的渐进采掘法——按循环律注水法。　　自动模型，表现人工加大水层压力的原理，石油
　　　　　　　　　　　　　　　　　　　　　　借这种原理上升到地层表面。

22.《采掘石油的先进能手》Ш·马蒂古林、К·　画像（画家 С·拉特尼茨基作）。
瓦列也夫、А·哈姆茨基。

23. 瓦斯——采掘石油时的副产物。　　　　　　简介、略图。

24. 鞑靼各城市的煤气化。　　　　　　　　　　照片。

25. 石油工业的发展改变了鞑靼共和国东南区的　一套照片。
面貌。

26. 阿克希阿石油工人村。　　　　　　　　　　装有反射镜面的布景箱，表现旧的阿克布阿希转
　　　　　　　　　　　　　　　　　　　　　　变为一座繁荣的新的石油工人城。

27. 职业石油工人工资的增长。　　　　　　　　工人的账簿。

2. 金属加工工业

1. 苏共中央七月全体会议关于工业上技术进步的 报告语录。
报告。

2. 灌木铲除机——卡赞机械厂产品。 模型。

3. 机械厂生产汽力装置。 照片。

4. 机械厂采用高速切削法。 新设计的刀，高速切削器的荣誉证书，照片。

5. 由"镰刀和锤头"工厂运送铺筑高线铁路和铁 照片。
索道的零件到斯大林格勒水电站的建设工地上去。

6. 卡赞各厂生产各种农业机器的后备零件。 产品标本。

7. 自动车车库装备厂生产钻孔机床。 照片。

8. 卡赞和奇斯托波尔各厂的金属的动力切削。 切削刀，用电力切削及普通切削的刨片。照片和
略图。

9. 奇斯托波尔修船厂里在为"大伏尔加"装修 照片、简介。
船只。

10. 卡赞"谢里艾列克特罗"工厂为集体农庄发 照片、简介。
电站生产装备。

11. 奇斯托波尔钟表厂的生产。 各型钟表。

12. 奇斯托波尔钟表厂制"胜利"牌钟表生产量 图解。
的增长。

13. 钟表劳动生产率的增长与成本的减低。 集体公约，图解。

14. "胜利"牌钟表质量的改进。 各年出品的各种钟表。

15. 安装钟表的跳动传送带的应用。 照片，简介。

16. 制造零件的自动线路。 照片。

17. 厂内用雕刻外圈的方法制订的制造钟表的新 按新旧两种方法制成的圆圈标本，简介。
方法节约了材料。

18. "比什马施"厂在 1950～1954 年间生产额的 图解。
增长。

19. 新型打字机。 打字机。

20. "比什马施"厂争取节约金属的斗争。 用新旧两种方法截断的金属零件的残片。

21. "比什马施"厂合理化建议者 Г·И·依甫列 新设计的切削工具，简介。
夫所制订的新方法——用弹簧固定切削零件的
两端。

22. 新住宅的卫生技术装备——建筑材料机械厂　该厂产品。
出产。

3. 化学工业

1. 共和国的先进企业——第八电影底片厂的劳动　一套彩色照片、简介。
红旗勋章。

2. 开辟新品种的电影底片和照相底片的生产。　有色高感应底片及印痕。

3. 工厂产品的应用。　放大的电影镜头，X 光照片、正面的照相幻灯板。

4. 超额完成生产计划竞赛。　各小队、车间的社会主义生产任务，荣誉证书。

5. 厂内的优秀生产队长——鞑靼最高苏维埃代表　照片、简介。
M・A・纳兹罗娃和 E・A・多姆拉切娃。

6. 劳动生产率的增长。　图解。

7. 制造底片的重要材料的节约。　材料标本、图表。

8. 厂内的新技术。　新机器和装置照片、简介。

9. 出版影片的新车间。　彩色放大镜头。

10. 工人和专家干部的训练。每五人中有一人在　照片剪辑。
厂内学习。

11. 卡赞橡胶工艺品厂。　简介、照片。

12. 工厂的出品。　产品。

13. 供气象研究的探空气球。　探空气球。

14. 在"北极四区"气象站发送卡赞厂制成的探　照片。
空气球。

15. "劳动的胜利"玻璃厂。　产品，简介。

4. 建筑材料业和林业

1. 新钢筋混凝土厂的建设。　照片、简介。

2. 钢筋水泥制品和建筑装修另件。　产品标本。

3. 志愿参加新厂建设的青年团员们。　青年团许可证、照片。

4. "建设者"制砖联合工厂。　砖头、照片。

5. 修开也夫石膏矿场。　产品、照片。

6. 库尔卡琴石灰采石场。　产品、照片。

7. 《舍莫尔丹林业场》。　鞑靼功勋美术家 K・马克西莫夫作布底油画。

8. 鞑靼木材的供应量逐年增加。　图解。

9. 林业工作的综合机械化。　　　　　　　　　照片剪辑。

10. 伏尔加岸边胶合板厂。　　　　　　　　　　胶合板、照片。

11. "无产阶级"林场。　　　　　　　　　　　　照片。

12. 华西里耶夫林场。　　　　　　　　　　　　产品、照片。

5. 毛皮工业

1. 关于提高劳动生产率的苏共中央七月扩大会议。　文件节录。

2. 荣获列宁勋章的卡赞毛皮联合工厂是国内最大　用毛皮制成的图解、简介。
的工厂。

3. 联合工厂出产的主要产品达四十种。　　　　产品：女外套、儿童大衣、帽子、领子。

4. 争取提前完成生产计划的竞赛。　　　　　　联合工厂全体人员的责任。

5. 1954 年超额完成生产计划与 1955 年的计划。　皮毛制成的表格。

6. 联合工厂的新技术装备，生产的机械化和自　一套照片、简介。
动化。

7. 劳动生产率的提高、原料的节约及每平方公尺　略图、表格。
生产面生产额的扩大。

8. 提前完成五年计划的先进生产者。　　　　　一套照片。

9. 联合工厂内劳动生产率的增长与成本的降低。　图解。

10. 为争取质量优良的产品而斗争的先进生产队。　荣誉证书，照片。

11. 联合工厂的工作人员制定和扩充了改良羊皮　照片、简介。
的过程，荣获斯大林奖金。

12. 改良羊皮的工艺过程。　　　　　　　　　　加工的各阶段的羊皮剪辑，作业照片。

13. Л·潘尼卡罗夫建议，用钳子张皮的新方法。　按潘尼卡罗夫的方法用金属框拉直的羊皮，旁边
悬挂旧法用钉张皮的照片。

14. 施维佐夫系统的调毛器。　　　　　　　　　调毛器及其工作略图、照片。

15. 毛皮工人福利的提高，1954 年中社会保险，　表格，一套照片。
联合工厂和职工会的资金用于文化生活的需要
费用。

16. 卡赞毛皮工人休息的地方。　　　　　　　　图画。

6. 纺织缝纫工业

1. 1950 ~ 1954 年间鞑靼工业织物产额的增长。　图解。

2. 亚麻联合工厂的产品。　　　　　　　　　　产品标本。

3. 亚麻联合工厂产品在国民经济上的意义。　　略图。

4. 1950～1954 年间联合工厂内劳动生产率的增长。　图解，以照片做背景。

5. 联合工厂产品品种的扩充。　新产品标本简介。

6. 积极参加开拓新品种原料的一群工作者。　照片，简介。

7. 争取提前完成 1955 年计划的斗争。　证件剪辑。

8. 新技术的运用。　略图，一套照片。

9. 斯大林奖金获得者亚麻联合工厂著名女织工
Н·И 拉芙莲奇耶娃——大量训练工人以高产量
的劳动方法运动的创始人。　半身像，简介，证件。

10. 拉芙莲奇耶娃工作法的承继者，先进生产者。　一套照片。

11. 拉芙莲奇耶娃工作法在全国纺织企业内的
推广。　地图。

12. 亚麻织物生产的工艺过程的主要工序。　各工序的产品剪辑，作业照片。

13. 苏联第四日用品工业部卡赞厂产品。　产品。

14. 厂内应用的新缠线圈机。　照片。

15. 手制及机制的缠线圈。　比较标本。

16. 第四厂的优秀缝纫机手。　照片。

17. 第四缝纫厂的新车间。　照片。

18. 卡赞市缝纫厂产品。　产品标本。

19. 卡赞市第七市工商个体缝纫作坊。　照片。

20. "康费锡昂"生产组开辟了彩色织品的生产。　产品标本。

21. 织物上的花样装饰采用了鞑靼的民族风格。　织物、头巾等。

7. 皮鞋工业

1. 鞑靼的皮革和皮鞋工业生产在 1950～1954 年间
的增长。　图解。

2. 卡赞"克茨尔库契"皮革厂生产各种彩色皮。　皮革标本剪辑，简介。

3. 厂内在验收制成品。　彩色照片。

4. "克茨尔库契"皮革厂的产品畅销全国。　皮革制地图。

5. 卡赞"斯巴尔塔克"联合工厂的产品。　各种皮鞋（1955 年的样子）。

6. 1950～1954 年间皮鞋联合工厂劳动生产率的
增长。　图解。

7. 联合工厂内生产的机械化和自动化。　一套照片，简介。

8. 用节约的材料制成的鞋。　表格。

9. 群众制鞋质量的改进。　　　　　　　　　1950 年和 1954 年出品的鞋比较陈列。

10. 产品种类的扩大。　　　　　　　　　　　生产中的各种式样。

11. 卡赞毡甄联合工厂每平方公尺生产面的生产　图解。
量的扩大。

12. 毡甄生产的革新者 Γ·季玛杰耶娃。　　　　照片、简介。

13. 毡甄联合工厂的产品。　　　　　　　　　甄靴。

14. 卡赞"因波锡夫"工厂。　　　　　　　　皮鞋标品。

15. 卡赞皮制服饰用品工厂。　　　　　　　　各种皮制服饰用品、简介。

16. 阿尔斯克区"劳动"生产组生产鞑靼民族形　产品标本。
式的鞋。

17. 卡赞人造皮革厂。　　　　　　　　　　　人造皮标本。

8. 食品工业

1. 1950～1954 年间共和国各食品企业的主要食品　图解。
生产量的增长和 1955 年的计划。

2. 卡赞 M·伐赫希托夫油脂联合工厂内肥皂生产　肥皂制成的立体图解。
额的增长。

3. 食品工业企业的改建，卡赞通心粉厂。　　　简介、照片。

4. 卡赞烟草厂的新的通风设备。　　　　　　照片。

5. 新企业的建设，新面包厂。　　　　　　　简介、照片。

6. 卡赞羊肠线厂。　　　　　　　　　　　　产品标本、简介。

7. 卡赞的新制粉联合工厂——国内最大制粉厂　照片册。
之一。

9. 铁道运输业及汽车运输业

1. 鞑靼共和国的交通路线。　　　　　　　　地图。

2. 《鞑靼最大的铁路枢纽——尤基诺站》　　　画家 H·库茨涅佐夫作油画。

3. 铁道运输上的新技术。　　　　　　　　　火车头、车箱、模型。

4. 装设有自动区截制的铁路线。　　　　　　自动模型，表现列车行进时灯光信号设备的自动
动作。

5. 铁路运输业的先进工作者们。　　　　　　一套照片。

6. 新铁路阿格里斯——普罗尼诺——苏尔古特线　地图，一套照片。
的建设。

7. 布古尔马——巴甫拉线上的汽车。　　　　照片。

8. 共和国石油区的新路线的建设。　　　　　　　照片。

10. 水运和空运

1.《伏尔加》。　　　　　　　　　　　　　　画家 H·罗吉昂诺夫作布底油画。

2. 鞑靼小河流运输的开拓。　　　　　　　　　地图。

3. 1954 年与 1950 年相较下的卡赞河口的工作及运　图解。
转的增长。

4. 转运货物中的新事物——推运法。　　　　　布景箱，照片。

5.“大伏尔加”型装运干货的内燃机轮。　　　模型。

6. 电机客船。　　　　　　　　　　　　　　　模型。

7. 古比雪夫水电站的建设。　　　　　　　　　照片，简介。

8. 未来的古比雪夫海。　　　　　　　　　　　地图。

9. 列宁伏尔加——顿河运河。　　　　　　　　略图。

10. 卡赞成为五条海的海口。　　　　　　　　简略地图。

11. 未来的卡赞河口。　　　　　　　　　　　布景箱。

12. 卡赞河口建筑中的各种工作。　　　　　　一套照片。

13. 建造河口码头的金属连锁板。　　　　　　标本。

14. 卡赞的航空站——航空线上的重要枢纽。　地图。

15. 卡赞航空站的建筑。　　　　　　　　　　一套彩色照片。

11. 市政建设

1. 第十九次党代表大会关于城市完善设备的指示。指示文件。

2. 建设中的信号设备与卡赞的完善设备的增长。图解。

3. 卡赞市内新的列宁纪念馆的开幕。　　　　彩色照片。

4.《卡赞市的新歌剧芭蕾舞院》。　　　　　艺术家 M·乌斯曼诺娃作壁毡。

5. 近年建成的新住屋。　　　　　　　　　　一套照片。

6. 城市建筑主要干线草案。　　　　　　　　图画。

7. 布拉克的完善设备。　　　　　　　　　　布景箱（一个区改建前后轮换陈列）。

8. 五一广场的改建。　　　　　　　　　　　布景箱。

9. 车尔尼雪夫斯基街的改建。　　　　　　　照片。

10. 城市改建布特列罗夫街的星期劳动。　　照片。

11. 巴甫拉村铺设水管工程。　　　　　　　照片。

12.《卡赞医专的新建筑设计》。　　　　　　远景设计，水彩画。

13.《十二月党人街上的住宅设计》。　　　　远景设计，水彩画。

14.《新的石油工人村的设计》。　　　　　　远景设计，水彩画。

15. 卡赞的一群建筑师与讨论新的设计。　　　　　　照片。

16. 鞑靼斯坦街住宅的建设。　　　　　　　　　　　照片。

17. 鞑靼共和国各城市的建设。　　　　　　　　　　一套照片。

18. 砌石匠用四人一队的新工作法。　　　　　　　　照片，略图。

19. 钢筋水泥用于大群建筑的优点。　　　　　　　　表格。

20. 卡赞的矽酸盐厂产水泥混凝土制品。　　　　　　照片。

21. 水泥混凝土板的采用于多层楼板建筑。　　　　　照片。

22. 工人村内小幢住宅的建设。　　　　　　　　　　布景箱，照片。

23. 鞑靼共和国的先进建筑师。　　　　　　　　　　一套照片。

24. 卡赞的照明装置和柏油道路。　　　　　　　　　图解，照片

25. 城市的绿化。　　　　　　　　　　　　　　　　一套彩色照片，语录。

26. 卡赞市的交通（无轨电车、电车、公共汽车、　　一套照片，简介。
出租汽车）。

27. 建造中的鞑靼共和国的伏尔加水电站的影响。　　语录。

28. 伏尔加河水流近卡赞城的地方。　　　　　　　　照片。

29. 卡赞市的防护工程。　　　　　　　　　　　　　简略地图。

30. 卡赞防护工程建筑幛壁之一部。　　　　　　　　布景箱。

31. 城市防护工程的建筑工作。　　　　　　　　　　一套照片。

32. 古比雪夫城从淹没区迁到新地方。　　　　　　　建筑设计。

第二部份　农业

1. 鞑靼苏维埃社会主义自治共和国农业的一般特性

1. 现代的社会主义农业较革命前小商品的优越处。　苏共中央九月全体大会决议。

2. 社会主义工业化是创造农业丰产的基础。　　　　同上，语录。

3. 1913 年时卡赞省的土地属于谁？ 鞑靼共和国各　表格。
集体农庄的耕地面积。

4. 耕地和技术装备（利用 1913 年及 1954 年的资　表格。
料相较）。

5. 共和国内播种面积的扩大（利用 1913、1914、　图解。
1950 年 1954 各年的资料相较）。

6. 卡赞省（1914 年）和鞑靼共和国（1954 年）　图解。
播种面积的组织。

7. 鞑靼共和国几种主要的作物。　　　　　　　　　各类作物种子标本。

8. 主要豆类作物播种面积的扩大。 图解。

9. 大麻和山芋播种面积的扩大。 图解。

10. 产品牲畜总数的增长。 表格。

11. 党和政府关于进一步发展农业的决议。 报纸剪辑。

12. 斯托尔比辛区伏罗希洛夫集体农庄庄员们阅 照片。
读苏共中央九月全体会议的决议。

13. 鞑靼苏维埃自治共和国各集体农庄向国家缴 用谷粮制成的图解。
纳粮谷量的增长。

14. 城市以干部支援农村。 申请书，照片。

15. 来自城市的一个集体农庄里的农业专家们。 照片。

16. 一群表示愿意做集体农庄主席的工业工作者。 申请书。

17. 去开垦荒地的青年团团员们的申请书和许可证。 文件剪辑。

18. 欢送垦荒的青年团员们。 照片，简介。

19. 哈萨克斯坦巴甫达尔州的卡赞第一及卡赞第 照片。
二集体农庄。

20. 共和国的集体农庄庄员们由于施行新的农业 语录。
税率而获利。

21. 一个集体农庄庄员家庭收入的增加。 图解。

22. 集体农庄的主要工具和不动基金的增加。 图解。

23. 集体农庄商品产品的增长。 图解。

24. 新彼斯米扬区的部门繁多的集体农庄"乌内 略图。
什"的组织。

25. "乌内什"集体农庄的主要工具与不动基金的 图解。
增长。

26. "乌内什"集体农庄发付劳动日的谷粮和金钱 图解。
的增长。

27. 关于鞑靼自治共和国农业中先进经验的著作。 图书。

28. 上乌斯龙区伏罗希洛夫集体农庄 1955～1960 彩色幻灯板，图解，集体农庄主席在磁板上的发
年的五年计划。 言记录（参观时放送）

2. 农业机器站

1. 苏共中央九月全体会议关于农业机器站在进一 文件语录。
步发展农业事业中的主要任务。

2. 鞑靼自治共和国的拖拉机站网。　　　　　　　地图图解。

3. 共和国拖拉机站的技术装备的增长。　　　　　语录。

4. 开入拖拉机站的新机器。　　　　　　　　　　一套照片。

5. 带集藁车的自动推动联合收割机。　　　　　　模型。

6. 主要农事的机械化在共和国内的增长。　　　　图解。

7. 拖拉机和联合收割机生产额的增长。　　　　　图解。

8. 苏共中央九月全体会议关于在农业机器站内改　语录。
进党的政治工作的决议。

9. 苏共新舍什明区委员新舍什明农业机器站地区　照片。
一群指导员。

10. 社会主义劳动英雄，布依农业机器站的机　　　照片。
械师。

11. 姆拉林拖拉机站的康拜因机①手，社会主义劳　照片。
动英雄加里弗宁和卡利姆林。

12. 共和国的名康拜因机手 З·Ф·法德霍夫（杰　半身像，证件。
利盖耶夫农业机器站）。

13. 共和国的优秀机械化专家们。　　　　　　　　一套照片。

14. 机械师 В·Н·德罗比宁改良的自动推进康拜　图画。
因机上的键盘输送机。

15. 工程师 Ш·И·依巴图林的合理化建议——拖　略图。
拉机的自动调节。

16. 按照农学家 А·П·维亚特金法的耙土和播种　略图。
结穗作物的无圈斜线交义法。

17. 苏共中央九月全体会议关于在农业机器站设　　节录。
立经常机械化专门干部的意义。

18. 乌萨农业机械化学校里正在上课。　　　　　　照片。

19. 一群从工业企业来到尤金农业机器站的工程　　照片。
师和机械师。

20. 模范农业机器站。　　　　　　　　　　　　　布景箱。

21. 索柯尔农业机器站的建设（按模范设计）。　　一套照片。

22. 斯托比辛农业机器站修理拖拉机的主要方法。　略图、照片剪辑。

---

① "谷物联合收割机"旧称，下同。

23. 杰甫利盖耶夫农业机器站的流动技术作坊。	照片。
24. "收获"电台——农业机器站内的调度连系工具。	自动电台。
25. 布依农业机器站及其负责的地段。	地图、简介。
26. 布依农业机器站负责的几个农庄农事工作的机械化和收获量的增长。	图解。
27. 国内优秀生产队之一，社会主义劳动英雄 Г·С·斯托罗日夫小队。	照片、简介。
28. 新舍什明农业机器站负责的地区内各集体农庄采用了进步的农业技术方法，收获不断增长。	图解。

3. 农业的电气化

1. 苏共中央九月全体全议关于农业电气化的意义。	文件节录。
2. 鞑靼自治共和国农村发电站的分布。	电动地图。
3. 农村发电站数量及其强度的增长。	图解。
4. 农村的电灯和电台数量的增长。	图解。
5. 国家能系统电气化的区、集体农庄，国营农场和农业拖拉机站。	地图略解。
6. 莫洛托夫集体农庄的水电站。	布景箱，表现一个水电站及电力用于各种农作物的情况。
7. 新舍什明区列宁庄间水电站。	照片、简介。
8. 列宁水电站电力的运用。	表格。
9. 集体农庄生产的电气化。	一套照片。
10. 电气化了的清除联动机。	自动模型。

4. 粮食生产

1. 苏共中央一月全体会议关于扩大谷物生产的任务。	文件语录。
2. 卡赞选种站培育的农作物品种的推广区。	地图。
3. 选种站培育出来的谷类作物。	作物标本数束。
4. 选种站培育"卡赞"黑麦的工作。	照片、简介。
5. "卡赞"、"阿凡格尔德"和"维亚特卡"各种冬麦的收成比较。	表格。

6. 卡赞黑麦品种的推广区。　　　　　　　　　　　地图。

7. 品种试验段与试验田。　　　　　　　　　　　　语录、照片及地图。

8. 共和国各集体农庄的田地用磷灰岩和泥炭做肥　照片、语录。
料（Б·Н·加里仲托夫教授的工作）。

9. 卡赞农业专科学校植物培养教研室研究各种新　标本数束。简介。
作物。

10. 鞑靼各高等和中等农业学校对干部的训练。　　一套照片、简介。

11. 各类品种播种的扩大。　　　　　　　　　　　　利用种子和草堆制成的表格。

12. 农作物中已分类的各品种的收获量。　　　　　　成束的作物标本，表格。

13. 谷类作物的交义播种法和窄条播种法及其效　　表格。
果（援引各先进集体农庄的例子）。

14. 共和国各集体农庄的交义播种及窄条播种。　　图解。

15. 玉蜀黍的方形丛播。　　　　　　　　　　　　　照片、略图。

16. 玉蜀黍采用方形播种的效果（援引各先进集　实物标本、表格。
体农庄的例子）。

17. 阿尔麦季也夫区"查依"集体农庄热烈展开　照片、简介。
翻地工作。

18. 鞑靼各集体农庄采用空气热烘种子的方法。　　表格。

19. 新彼斯米扬区"乌内什"集体农庄的种子的　照片，简介。
春莳法。

20. 酸性灰白壤施用石灰肥时收成的增加（根据　实物展品、图解。
比斯特列琴试验田的资料）。

21. 布依区斯大林集体农庄在为黑麦进行辅助　　照片、表格。
授粉。

22. 用飞机通过化学方法与农作物害虫做斗争。　　图解。

23. 共和国的集体农庄采用矿物肥料的越来越多。　各种肥料标本。

24. 斯托尔比区"纪念列宁"集体农庄在替燕麦　照片。
追肥料。

25. 土壤条件和气候条件相同的德罗查诺夫区日　语录。
丹诺夫集体农庄和恰巴耶夫集体农庄的比较。

26. 恰巴耶夫集体农庄主要的增产的方法。　　　　简介、种子标本、成束作物。

27. 恰巴耶夫集体农庄主席，社会主义劳动英雄　照片。
Л·В·吉尔贡诺夫。

28. 日丹诺夫集体农庄 1954 年内主要农作物的　　　谷物数束，表格。
收成。

29. 恰巴耶夫集体农庄和日丹诺夫集体农庄的农　　一套照片，简介。
业技术措施的比较。

30. 德罗查诺夫区日丹诺夫集体农庄和恰巴耶夫　　表格。
集体农庄的经济指标。

31. 鞑靼自治共和国各集体农庄的轮作。　　　　　统计图画册。

32. 马尔采夫耕作法在鞑靼共和国田地上的采用。　语录、照片。

33. T·C·马尔采夫——库尔干省沙德林斯克区　　　照片。
"列宁遗训"集体农庄的田地农作家，农庄试验所
所长。

34. T·C·马尔采夫的农业技术的基本原理。　　　语录。

35. 按照 T·C·马尔采夫耕作法整地的工具。　　　模型。

36. 德罗查诺夫区恰巴耶夫集体农庄采用马尔采　　照片。
夫耕作法整地。

37. 在非黑土地带应用马尔采夫耕就法的收获。　　一套照片册。

5. 技术作物

1. 技术作物和油类作物播种面积的增长。　　　　图解。

2. 大麻田。　　　　　　　　　　　　　　　　　巨幅照片。

3. 《罂粟田》。　　　　　　　　　　　　　　　　布底油画。

4. 《向日葵田》。　　　　　　　　　　　　　　　布底油画。

5. 舒古罗夫区"乌内什"集体农庄播种面积扩　　图解、大麻纤维标本、种子。
大，向国家缴纳的种子以及大麻种植的收益的
增长。

6. 播种面积的扩大与集体农庄向国家交出的罂粟　标本、照片、简介。
原料的增长。

7. 糖萝卜——鞑靼共和国的新作物。　　　　　　照片、实物展品、简介。

8. 先进生产者栽种亚麻和芥菜的经验。　　　　　照片、实物展品。

9. 已分类的技术作物和油类作物的品种。　　　　作物标本和栽种方法的简介。

6. 蔬菜栽培业

1. 苏共中央九月全体会议关于提高山芋和蔬菜的　节录。
任务。

2. 鞑靼的山芋和蔬菜播种面积的增长。　　　　　图解。

3. 已分类的鞑靼共和国的蔬菜品种。　　　　　　蜡制或石膏模型。

4. 围绕鞑靼的大工业中心建立了种菜地带。　　　地图图解。

5. 方形丛播法和方形种植法是提高山芋和蔬菜收　照片、略图。
成的途径。

6. 斯托尔比辛区伏罗希洛夫集体农庄内由于采用　图解。
方形丛播，山芋的收获量增高。

7. 泥煤腐植土钵的采用。　　　　　　　　　　　土钵标本、语录。

8. 各集体农庄制造泥煤腐植土钵。　　　　　　　照片、造钵的车床。

9. 第五国营农场卡赞河湾地区种菜业收成的增长。　图解。

10. 上乌斯龙区伏罗希洛夫集体农庄的先进的温　　照片、简介。
室农作业。

11. 工业组织支援了各集体农庄的温室农作业的　　简介，尤金集体农庄的温室布景箱。
建设。

12. 利用温室取暖和露天栽种早期蔬菜。　　　　　蔬菜联合工厂布景箱。

13. 科学家帮助鞑靼各集体农庄栽种山芋和蔬菜。　照片、文件。

14. 蔬菜和山芋的栽种机械化。　　　　　　　　　花果园用拖拉机，KOK－2 号康拜因模型。

15. 叶拉布区"红色游击队员"集体农庄——共　　照片剪辑。
和国的先进的种菜场。

16. "纪念列宁"集体农庄的温室联合工厂。　　　模型、简介。

17. З·И·乌萨契娃——"纪念列宁"集体农庄　照片。
种菜队的先进小队长。

18. "钢锤"集体农庄的瓜田。　　　　　　　　　照片。

7. 园艺

1. 关于发展园艺的第五个五年计划。　　　　　　语录。

2. 鞑靼共和国修复花园的过程。　　　　　　　　图解。

3. 《集体农庄的花园》。　　　　　　　　　　　麻布油画，鞑靼共和国功勋艺术家 K·马克西莫
　　　　　　　　　　　　　　　　　　　　　　夫作。

4. 已分类的各种果实和浆果的品种。　　　　　　蜡制或石膏模型。

5. 鞑靼的果树苗圃网的增多。　　　　　　　　　简介。

6. 布英斯克果苗圃果树苗供应量的增长。　　　　图解。

7. 在布英斯克果苗圃里。　　　　　　　　　　　一套照片。

8. 鞑靼浆果试验所。　　　　　　　　　　　　　照片、简介。

9. 鞑靼各城市的公私园艺业的增长。　　　　照片、简介。

10. 上乌斯龙区伏罗希洛夫集体农庄花里园面积　图解、一套照片。
的扩大。

11. 伏罗洛夫集体农庄花园里的果树和浆果园。　活植物。

12. 明泽林斯克区的富裕的"友谊"集体农　语录。
庄——一个先进的园艺场。

13. "友谊"集体农庄的米邱林园艺家 B·M·柯　照片。
斯金。

14. "乌内什"集体农庄的米邱林园艺家 Ш·　照片。
Ш·萨利姆季扬诺夫在栽种葡萄。

8. 饲料基地

1. 饲料作物播种的增长。　　　　　　　　　图解。

2. 割草、耙集、垛草的机械化的增长。　　　表格。

3. 垛草拖拉机。　　　　　　　　　　　　　照片。

4. 阿特宁区列宁集体农庄的草秣保藏法。　　照片。

5. 秣草保藏室。　　　　　　　　　　　　　布景箱。

6. 各种草的混合播种及其收获量（根据彼斯特列　标本数束，表格。
琴试验田的资料）。

7. 饲料煮沸器。　　　　　　　　　　　　　模型。

8. 第五国营农场的饲料房。　　　　　　　　布景箱。

9. 国立卡赞兽医学院教授 A·И·彼得洛夫设计　照片、简介。
的牧场犁。

10. 维索柯尔区"胜利"集体农庄争取巩固饲料　表格、一套照片、作物标本。
基地的斗争。

11. "克兹尔拜拉克"集体农庄的绿色传送装置。　图画册。

12. 玉蜀黍作为谷类和饲料作物的意义。　　　语录。

13. 玉蜀黍在鞑靼播种面积的扩大。　　　　　玉蜀黍制图解。

14. 已分类的鞑靼的玉蜀黍品种。　　　　　　各种玉蜀黍。

15. 每公顷玉蜀黍的产量。　　　　　　　　　灯光略图。

16. 玉蜀黍的营养优点（与其他饲料作物相较）。　图解。

17. 玉蜀黍的国际种植，方形丛播法。　　　　布景箱。

18. 卡赞选种站培育的几种玉蜀黍品种及其收获量。　玉蜀黍。

19. "卡赞 108 号"种的玉蜀黍的性质。　　　　　玉蜀黍制表格。

20. 选种站的科学工作者伐列耶夫在试验室里。　　照片。

21. 开比茨基区伏龙芝集体农庄在玉蜀黍附近制　照片。
造泥煤腐植土钵。

22. 斯托尔比辛区"曙光"集体农庄在收割玉　照片。
蜀黍。

23. 鞑靼各集体农庄栽种玉蜀黍的优秀成就。　　成束的玉蜀黍，简介。

9. 牛

1. 苏共中央九月全体会议关于提高畜牧业产量的　节录。
迫切任务。

2. "基姆"国营农场乳品厂。　　　　　　　　巨幅照片。

3. 鞑靼各集体农庄牛的总头数的增长。　　　　图解。

4. 已分类的良种牛。　　　　　　　　　　　　地图、良种牛的石膏或蜡制模型。

5. 1950 和 1954 年间全鞑靼乳品厂中繁重工作的机　表格。
械化。

6. 伏罗希洛夫集体农庄的乳品厂。　　　　　　布景箱。

7. 伏罗希洛夫集体农庄的牧场。　　　　　　　布景箱。

8. 自动饮水器。　　　　　　　　　　　　　　实物标本。

9. 乳品厂的高架铁路。　　　　　　　　　　　模型。

10. 牛圈。　　　　　　　　　　　　　　　　　模型。

11. 畜牧业供给国家的产品。　　　　　　　　　图解。

12. КСХИ 实习农场的挤奶妇女与保持记录的牛　照片。
"日加卡"。

13. "日加卡"牛一昼夜的食量及其产奶量。　　表格、饲料标本。

14. КСХИ 实习农场乳品厂在舍饲期的日程及挤奶　表格。
量的增长。

15. 高山区布琼尼集体农庄的牧牛妇丽亚桑诺　照片、简介。
娃·Е·Н 和 А·Я·雅新娜。

16. 伏罗希洛夫集体农庄由于牲畜业的发展，牛　语录。
的总头数在 100 公顷耕田、草地和牧场上增长，
收入也增加。

17. 上乌斯龙区伏罗希洛夫集体农庄乳品厂在夏　表格，实物展品。
季期间的日程与食粮。

18. 共和国内各集体农庄的先进挤奶妇。　　　　　一套照片。

19. 第五国营农场养牛的冷饲法。　　　　　　　　照片。

10. 养羊业与养猪业

1. 苏共中央九月全体会议关于发展养牛业。　　　节录。

2. 牧场上。　　　　　　　　　　　　　　　　　巨幅图画。

3. 鞑靼共和国各集体农庄猪羊总头数的增长。　　图解。

4. 共和国的集体农庄供给国家羊毛。　　　　　　图解。

5. 在阿尔斯克区伏罗希洛夫集体农庄剪羊毛。　　照片。

6. 鞑靼各集体农庄采用电剪剪羊毛。　　　　　　电剪联合机、简介。

7. 新彼斯米扬区"乌内什"集体农庄的人工受精　照片、简介。
试验室。

8. 容纳五百头羊的农场。　　　　　　　　　　　按典型设计的模型。

9. 奇斯托波尔区"收获"集体农庄的羊群。　　　照片。

10. "收获"集体农庄的养羊专家和卡赞兽医学院　剥制标本，巨幅照片。
的科学家们培育的一群新的良种肉毛羊。

11. "收获"集体农庄出产的细羊毛（与粗毛比　　实物标本。
较陈列）。

12. 集体农庄养羊场主任巴尔明。　　　　　　　　照片。

13. 可容百头下崽母猪的养猪厂。　　　　　　　　根据典型设计制成的布景箱。

14. 斯托比辛区"红霞光"集体农庄的猪群。　　　照片、简介。

15. "红霞光"集体农庄养猪场的粮食。　　　　　实物标本，简介。

16. "红霞光"农庄养猪场的日程。　　　　　　　表格。

17. 鞑靼各国营农场和集体农庄的优秀养猪妇。　　照片。

11. 养马业

1. 卡赞跑马场。　　　　　　　　　　　　　　　巨幅图画。

2. 各农庄马头数的增长。　　　　　　　　　　　图解。

3. 国家马场、马厩、农庄的良种畜场的数字。　　简介。

4. 新波斯米扬区"乌内什"集体农庄的良种　　　照片，简介。
马群。

5. "乌内什"集体农庄的农庄兽医诊疗所。　　　照片。

6. 一〇六号马场的跑马场上在训练二岁马。　　　照片。

7. 阿列克赛耶夫区"纪念斯大林"集体农庄的良　照片、简介。
种马场。

8. "纪念斯大林"集体农庄出产的卡赞跑马场的　　照片。
记录保持者"甲胄"。

9. "纪念斯大林"集体农庄奥罗夫种的良种马群。　照片。

10. "纪念斯大林"集体农庄的马厩。　　　　　　模型。

11. 鞑靼的优秀养马家。　　　　　　　　　　　照片。

12. 家禽业、养鱼业与养兽业

1. 苏共中央九月全体会议关于继续发展养禽业的　文件语录。
任务。

2. 共和国各集体农庄家禽鸡总数的增长。　　　图解。

3. 非品种鸡及来亨鸡的产卵量及比重。　　　　鸡的剥制标本及鸡蛋制成的立体图解。

4. 人工孵育站的雏鸡生产量及给各农庄的出售量　图解。
的增长。

5. 尤金人工孵育器孵出雏鸡。　　　　　　　　照片、简介。

6. 明泽林斯克区"友谊"集体农庄的优秀养禽员　照片、简介。
Ａ·Н·波波娃在养禽场内。

7. 阿特宁区基罗夫集体农庄的养禽场。　　　　彩色照片。

8. 农庄的火鸡场。　　　　　　　　　　　　　照片。

9. 阿尔斯克区伏龙芝集体农庄池塘和水禽。　　照片，简介。

10. 上乌斯龙区伏罗希洛夫集体农庄在建造鸟舍。照片。

11. 共和国各集体农庄池塘挖掘面积的扩大。　　图解。

12. 楚利林区莫洛托夫集体农庄的鱼苗场。　　　照片，简介。

13. 楚利林区莫洛托夫集体农庄的鱼秧供应共和　地图图解。
国各区。

14. Ａ·В·陆金教授和同事们在楚利林区"马加　照片。
里夫"集体农庄的水池上。

15. 共和国养兽业的发展。　　　　　　　　　　简介。

16. 比留林养兽场皮毛发售额的增长。　　　　　图解。

17. 斯大林奖金获得者比溜林兽场的高级养兽技　照像，简介。
术员 Ф·В·尼基丁。

18. Ф·В·尼基丁培育的几种家兔的新品种。　　剥制标本及兔皮。

19. 比留林兽场的养兔场。　　　　　　　　　　布景箱。

20. Ф·В·尼基丁式的养兔栏和动物养育室。　　模型。

21. 比留林兽场的水貂场，黑貂场和银黑狐场。　　　　一套照片。

22. 银黑狐。　　　　　　　　　　　　　　　　　　剥制假兽。

23. 各集体农庄的优秀养兽场。　　　　　　　　　　一套照片。

13. 养蜂业

1.《集体农庄的养蜂场》。　　　　　　　　　　鞑靼功勋画家 K·马克西莫夫作油画。

2. 鞑靼的养蜂业。　　　　　　　　　　　　　　语录。

3. 家庭养蜂数量的增长。　　　　　　　　　　　图解。

4. 鞑靼养蜂试验站。　　　　　　　　　　　　　一套照片。

5. 含蜜植物。　　　　　　　　　　　　　　　　干腊植物标本。

6. 荞麦田中的养蜂场。　　　　　　　　　　　　照片，简介。

7. 克兹尔尤尔杜兹区"曙光"集体农庄的养蜂员　照片，简介。
A·И·卡尔波夫。

8. 尤金区"先锋队"集体农庄的养蜂员 Н·И·　照片。
济宁。

9. 养蜂用具。　　　　　　　　　　　　　　　　实物标本。

第三部份　文化

1. 教育

1. 鞑靼自治共和国是一个人人识字的共和国。　图解。
学校和学生数量与 1913 年相比较大为增长。　简介。

2. 教师数字的增长（与 1913 年比较）。　　　语录。

3.《最高的奖励》。　　　　　　　　　　　　　布底油画。

4. 荣膺勋章的老年教师。　　　　　　　　　　　照片。

5. 各学校的工艺训练。　　　　　　　　　　　　照片、简介、儿童的创作。

6. 第二十四中的化学教室内。　　　　　　　　　照片。

7. 新彼斯米扬区农村学校的外景。　　　　　　　照片。

8. 阿格雷兹第十中学自然科学家小组的组员们　照片。
在选择玉蜀黍的品种。

9. 在鞑靼第八十中学的俄语课上　　　　　　　照片。

10. 共青团员们——学校青年的领袖。　　　　　照片、简介。

11. 各学校的少先队工作。　　　　　　　　　　一套照片、简介。

12. 新学校的建设。　　　　　　　　　　　　　第 99 中学的模型及简介。

13. 儿童的校外机构。　　　　　　　　　　　　　一套照片，组员的活动。

14. 共和国的学生与人民民主国家的学生的友谊。　中国朋友的来信、礼物。

2. 高等教育

1. 鞑靼的专科大学网。　　　　　　　　　　　　语录。

2. 卡赞——大学城。　　　　　　　　　　　　　一套照片及简介。

3. 鞑靼各高等学校学生在苏联的各个角落里劳动。　分布图。

4. 《卡赞国立红旗劳动勋章乌里扬诺夫列宁大学》。　布底油画。

5. 大学里的列宁教室。　　　　　　　　　　　　照片。

6. 卡赞大学成立 150 年。　　　　　　　　　　　祝词，纪念文件。

7. 大学为国民经济的各个部门准备着廿五种专业干部。　照片剪辑。

8. 大学里有 31 个民族的大学生在学习。　　　　照片，简介。

9. 大学里的科学家。　　　　　　　　　　　　　照片剪辑、科学著作。

10. 科学干部的训练。　　　　　　　　　　　　　学位论文。

11. 大学里新建筑的建设。　　　　　　　　　　　照片。

12. 大学的科学图书馆——国内最大图书馆之一。　照片，图书馆与苏联及国外各省联系的机关分布地图。

13. 人民民主国家的大学生在卡赞各大学学习。　　照片、信件，礼物。

3. 科学

1. 苏共第十九次代表大会关于科学的任务。　　　文件节录。

2. 鞑靼的科学研究机构网和科学工作干部。　　　简介。

3. 苏联科学院卡赞分院。　　　　　　　　　　　油画、科学家的著作、简介。

4. 荣获斯大林奖金者 А·Е·阿尔布佐夫院士。　　照像、亲笔题名的"选集"、阿氏设计的化学仪器。

5. 荣获斯大林奖金者 Б·А·阿尔布佐夫院士。　　照片，作者亲笔著名的科学著作。

6. 荣获斯大林奖金者 Г·Х·卡麦教授。　　　　　照像、证件、科学著作。

7. 荣获斯大林奖金者 А·Л·斯徒坚佐夫教授。　　照像、科学著作、中文及罗马尼亚文的译本。

8. 卡赞的科学家支援伏尔加河上水电站的建设、研究区的地质结构。　别尔加教授设计的测定岩石装置——气体滴量计、简介。

9. 苏联科学院分院对农业的帮助。　　　　　　　各种科学性代表会议文件、杀虫剂。

10. 苏联科学院分院的科学家们对工业企业的帮助（金属的电气化学加工）。　实物标本、照片。

11. 科学院分院的科学家们编著的鞑靼史。　　　　书籍、照片。

12. 兽医科学研究所对治疗牲畜的寄生虫病所作   新药剂、鞣制的皮革标本（生长牛蛆幼虫的皮和健
的工作。   康的皮）。

13. 地质学家对形成石油矿的条件的研究。   照片、简介。

14. 伏尔加—卡马木材浮运分所制定的专为在   结构略图，照片。
"大伏尔加"河运送的木排的新结构。

15. 卡赞数学家学校。   照片、简介。

16. 卡赞地理植物学家学校。   照片、简介。

17. 卡赞天文学家学校。   照片、简介。

4. 文教工作

1. 共和国在最近十年的预算中为文教工作拨款   灯光图解。
数字的增长。

2. 共和国的文化教育机构网。   表格。

3. 演讲宣传。   演讲许可证、简介、照片。

4. 农村图书馆及其藏书的增长。   照片、简介。

5. 共和国国立列宁图书馆。   照片。

6. 鞑靼业余艺术团体在全苏业余艺术观摩会上。   广告和节目、照片。

7. 业余艺术团体。   一套照片。简介。

8. 业余艺术活动的参加者——少先队员们的二   巨幅照片。
千人大合唱。

9. 工人俱乐部中的优秀俱乐部——"建设者"   一套彩色照片、简介。
俱乐部。

10. 阿特宁区文化馆。   一套照片、简介。

11. 共和国的广播事业。   照片、简介。

12. 对农村居民的电影供应工作。   照片、简介。

5. 集体农庄的文化

（举阿格里兹区伊什波比村为例）

1. 伊什波比村的位置。   地图。

2. 鞑靼伊什波比村的新旧面貌。   1913 年和 1955 年关于该村资料的比较图表。

3. 集体农庄的党组织。   照片。

4. 卡冈诺维奇农业劳动组合的成员们富裕地生   图解。
活着。

5. 集体农庄庄员的孩子们受到爱抚和关切。   一套照片、简介。

6. 农村俱乐部——群众政治、文教工作中心；

a）俱乐部苏维埃。	照片。
6）演讲厅，演讲组。	照片、给演讲者的奖状、简介。
в）图书馆。	照片、读者登记卡。
г）剧团（俄文和鞑靼文）	照片、鞑靼文化部的奖状、简介。
д）农村歌舞团。	荣誉证书、照片。
e）农村作曲家和诗人。	当地作家"阿格雷兹"的歌谱及歌词。录音片。

7. 农村邮局	农村收到的报纸、杂志照片辑（与 1913 年的资料比较），简介。
8. 体育和运动成为村中青年日常生活中不可缺少的一部分。	奖状，一套照片，简介。
9. 村中的知识分子。	图解、简介。
10. 村里的中学——国内优秀中学之一。	一套照片、简介。
11. 苏维埃政权建立以来，村中居民约有四百人受到高等或中等专门教育。	本村人出外工作所在地分布图。
12. 苏联英雄阿萨弗·阿勃德拉赫曼诺夫——本村人。	文件剪辑、英雄从前线的来信、照像。

6. 文学与出版物

1. 苏共中央关于文学的任务。	苏共中央致苏联作家第二次代表会的祝词。
2.《列宁全集》和《斯大林全集》的鞑靼文版。	书籍、简介。
3. 全共和国发行报纸 128 种。	附报纸标题照片复制品地图。
4. 全共和国发行杂志 8 种。	杂志剪辑。
5. 斯大林奖金获得者——作家 Г·巴希洛夫和 К·纳箕米。	照像、小说《光荣》和《春季的风》俄文版及鞑靼文版。
6. 共和国的作家们在最近十年创作了许多伟大作品（И·加季、Г·阿勃萨里亚莫夫、И·察宝金）。	作家照像、作品剪辑。
7. 共和国的戏剧作家和诗人：Т·基察特，И·伊桑倍特，Ш·蒙努尔。	照像、作品集。
8. 第二次全苏作家代表会上的共和国作家们。	委任状、照片、К·纳箕米在会上的演说文。
9. 鞑靼作家的作品译成苏联各族和各人民民主国家文字的译本。	书籍。

10. 俄罗斯及外国作家作品译成鞑靼文的译作。   地图图解。

11. 鞑靼图书出版局，图书发行量的增长。   图书、图解、简介。

7. 艺术

1. 共和国的剧院网。   图画背景表格。

2. 共和国剧院的主要演员。   合影、相册。

3. 苏联人民演员 Н·И·雅库森科。   照相册、磁板录音片。

4. В·И·卡恰洛夫大剧院。   剧院剧目（一套照片）戏剧"游历的年代"舞台布景箱、舞台装置草图、纪念 150 周年祝词、简介。

5. 鞑靼国立 Г·卡马尔阿克得米剧院。   剧目（一套照片）鞑靼剧作家 Г·卡马尔作"不幸的青年"的舞台布景箱、巡回演出时赠送剧院的礼物、简介。

6. 鞑靼国立歌舞院。   斯大林奖金获得者 Н·日冈诺夫的歌剧"阿尔登契"舞台布景箱、舞台装置，兄弟共和国劳动者们所赠礼物、简介。

7. 共和国各剧院和国立鞑靼音乐馆近十年的巡回演出。   地图、巡回演出戏报、音乐馆演员的录音目录。

8. 去布加勒斯特第四届世界青年和学生联欢节的代表们——音乐馆的演员们。   国外代表礼品和联欢节文件剪辑。

9. 荣获斯大林奖金的作曲家 Н·Г·日加诺夫和 А·С·列曼两教授。   照像、日加诺夫作歌剧"阿尔登契"音乐录音片、简介。

10. 作曲家 Ф·雅鲁林的芭蕾舞"舒拉列"在全国各剧院上演。   苏联大歌剧院及其他戏院的戏报、节目、磁板录音片。

11. 作曲家 С·萨伊达舍夫和 Р·雅兴。   照片。

12. 音乐院、音专、音乐学校。   照片、简介。

13. 荣获斯大林奖金者——艺术家 Х·А·雅库波夫和 Л·А·伐塔霍夫。   照像及其作品的复制品。

14. 艺术家——全苏及俄罗斯展览会的参加者 К·Л·库吉尔金、Н·Д·库兹涅佐夫、К·Е·马克西莫夫等。

15. 鞑靼画家图画展览会。   照片。

16. 艺术学院、艺术性学校。　　　　　　　　　照片、简介。

8. 卫生

1. 第十九次代表大会关于进一步发展卫生事业　文件节录。
的任务。

2. 用于卫生事业拨款数字的增长。　　　　　　图画背景图解。

3. 医疗机构网（与 1913 年相较）。　　　　　语录。

4. 布英斯克区"前卫"集体农庄的优秀医疗所。　照片、简介。

5. 新彼斯米扬区的农村医院。　　　　　　　　一套照片、简介。

6. 第 12 诊疗院——共和国的优秀诊疗院。　　一套照片、简介。

7. 电影底片厂保健站。　　　　　　　　　　　照片、简介。

8. 卡赞国立列宁医师进修学院。　　　　　　　照片、简介。

9. 休养所与疗养所网。　　　　　　　　　　　一套照片、"别尔苏特"休养所布景箱。

10. "依热夫斯克温泉"疗养所。　　　　　　　照片、矿泉水。

11. 妇幼的保护。　　　　　　　　　　　　　　一系照片、简介。

12. 斯大林集体农庄幼儿园。　　　　　　　　　一套照片、简介。

13. 卡赞市列宁区的幼儿园。　　　　　　　　　照片、简介。

14. 卫生飞行勤务。　　　　　　　　　　　　　照片、文件。

9. 体育和运动

1. 苏共中央关于发展群众体育运动和提高运动　语录。
员技能的任务决议的执行。

2. 国家记录保持者的增长。　　　　　　　　　图解。

3. 运动能手、运动员、体育家、集体农庄的运　语录，照片一套、锦标、奖状。
动团体。

4. 在卡赞"发电机"运动场上。　　　　　　　一套竞赛照片。

5. 优秀的运动团体。　　　　　　　　　　　　通信筒、锦标、锦杯、奖状、军业证书、照片。

6. 几种民族形式的运动。　　　　　　　　　　照片。

（罗莓译）

波兰博物馆的革新

波兰　斯坦尼斯瓦夫·洛伦茨（Stanislaw Lorentz）

波兰的博物馆在上次世界大战期间完全瓦解了，并且在纳粹的占领下遭到了极重大的损失。它们的许多藏品有的被毁坏，有的失散了，它们的许多文物尚待找回和修复。由于需要重建博物馆，需要按照新的方法展览藏品以及恢复与保藏遭到破坏的许多油画、雕刻和其他艺术品，因而建立了一些中央行政机构和修复工场，这些修复工场与大博物馆所附属的修复工场无关。属于文化艺术部的博物馆与文物保护管理局就是这方面的中央行政机构。这个机构不仅要负责保护直接属于它的一百十七个省立博物馆，而且还要负责保护二十八个属于社会机构和宗教机构的博物馆（其中有八个是天主教主教管区博物馆）。波兰还拥有二十个技术或自然历史博物馆。

大部分博物馆是旧博物馆在战后加以重建或改组的，但也有一些博物馆是在最近时期内建立起来的，像波兹南乐器博物馆（图1），设在恢复起来的波兹南文艺复兴市政厅内的城市历史博物馆和克拉科夫的瓦维尔（Wawel in Cracow）历史博物馆。以前属于私人的某些城堡和宫殿构成了第二批新的博物馆，包括着特别是万促特（Lancut）【在微索夫①（Rzeszów）附近】博物馆，柏士谢那②（Pszczyna）【在西里西亚】博物馆、涅博罗夫（Nieborow）③【华沙附近】博物馆和罗加林（Rogalin）【在波兹南附近】博物馆等，目前正在皮斯科瓦·斯卡拉④（Pieskowa Skala）【克拉科夫附近】城堡成立一个专门介绍波兰文艺复兴时代情况的博物馆，在这个城堡里，当人们在恢复内院的时候，在巴鲁克式

图1　波兹南乐器博物馆

---

① 现多称"热舒夫"。
② 现多称"普什奇纳"。
③ 现多称"涅伯鲁夫"。
④ 现多称"佩斯科瓦·斯卡瓦"。

的上层建筑下面发现了美丽的文艺复兴时代有屋顶的走廊。在克拉科夫，目前正在雅吉隆（Jogie llonian）大学（一三六四年成立）的哥特式建筑物内设立一个波兰科学博物馆。其他博物馆，例如基尔斯①（Kielce）区博物馆和塔尔诺②（Tarnow）主教管区宗教艺术博物馆也已在战后大大地扩充了。

波兰的中央博物馆就是华沙国立博物院。它介绍了波兰艺术的各个方面（油画、雕刻和一般的艺术品）；它还设有专门展览古文物（图 2）和欧洲艺术品的陈列室，收藏一批绘画和版画并且有一间展览钱币和奖章的陈列室。它还设有一个科学实验室、修复工场，辅助工作场，一个专门性的图书馆，其中有关于美术文艺和博物馆学方面的图书，一批照片（底片和相片）以及有关艺术方面的文件。在克拉科夫和波兹南也有收藏波兰和外国艺术品的国立博物馆。专门性的中央博物馆包括华沙史前考古学和中世纪初期博物馆，华沙民族博物馆和克拉科夫民族志博物馆。

图 2　华沙国立博物院，古典文物部的一个陈列室

国立博物院和在全国最重要地区（西里西亚的贝托姆（Bytom）、革但斯克（Gdansk）基尔斯、卢布林（Lublin）、罗兹（Lódz）、奥尔兹丁（Olsztyn）、微索夫·什切青（Szecin）、托伦（Torun）和弗罗茨瓦夫（Wroclaw）的十个博物馆控制了整个区域性和地方性的博物馆网。

有一些历史博物馆是专门纪念伟大的学者和艺术家的——例如，在著名天文学家哥白尼（Coperni-cus）工作和逝世地方弗罗姆波克（Frombork）的哥白尼博物馆，在伟大音乐家弗雷德里克·萧邦（Frederick Chopin）诞生地泽拉佐瓦·沃拉（Zelazowa Wala 在华沙附近）的弗雷德里克·萧邦博物馆，华沙的亚当·密茨凯维奇（Adam Mickiewicz）博物馆；克拉科夫的扬·马特科③（Jan Matejko）博物馆和一九五四年十月在华沙开幕的玛丽亚·斯克洛多夫斯卡——居里（Marie Sklodowska－Curie）博物馆。

国立博物院和其他大博物馆采取了若干不同的方式给地区性和地方性博物馆以帮助。例如，各方面的专家对于他们同行的支援，特别是较大博物馆的修复工厂对于小博物馆的艺术品和各种标本的修复，它们的照相部门供应小博物馆的需要。大博物馆还帮助小博物馆组织常设的和流动的展览会，帮助它们解决各种财政上和行政上的问题。

我国博物馆科学活动中最重要方面之一就是考古研究工作。关于地中海盆地的考古工作，华沙大学

①　现多称"凯尔采"。
②　现多称"塔尔努夫"。
③　现多称"扬·马泰伊科"。

和在开罗的法国东方考古研究所于一九三六——一九三九年一道在埃德弗（Edfu 埃及）进行了发掘工作。发掘的结果发现了许多文物，波兰所分到的一部分文物丰富了华沙国立博物院的古代艺术部，该部拥有波兰最大的埃及、希腊和罗马的古文物陈列室。不幸的是，自战争结束以来，这种发掘工作没有再继续进行了。

另一方面，华沙、波兹南、克拉科夫和罗兹的史前考古学和中世纪初期博物馆在一九四八年开始共同对波兰国家的起源和从七世纪到十二世纪的发展进行了有系统的研究。这种研究工作至少还要继续进行十年或者十五年。研究指导部目前正在二十五个古遗址上进行发掘工作，其中最重要的是在格涅兹诺（Gniezno）、克鲁什维察（Kruszwica），波兹南、西里西亚的奥波尔（Opole）、革但斯克、克拉科夫、比斯库平（Biskupin），什切青和华沙附近的索博特卡（Sobótka）。研究指导部的一个专管部门经常发表研究工作的结果和通俗的科学评论，并且出版从希罗多土斯（Herodotus）起到十三世纪的编年史家为止的有关波兰领土的历史来源的书籍。其中有一个部门目前正在编制波兰在中世纪初期的历史地图集。研究指导部附设有化石植物学和人类学工作室已经得到地质、化学、物理学、树木学和鱼类学等科学研究机关永久性的合作。一个科学委员会指导着全部的工作，每年召开圆桌会议，出席会议的有参加发掘工作的一百五十名科学工作人员。

另一种研究工作是由我们博物馆的修复工场的实验室进行的。这种研究工作的一个有趣的例子就是华沙国立博物院对莱昂纳多·达·芬奇（Leanardo da Vinci）的《一个抱貂女人的画像》所进行的研究工作。研究的结果曾送给罗浮（Louvre）博物馆①的实验室，该馆在回答中供给了宝贵的情报和比较材料来帮助我们。

波兰博物馆经常采取组织临时展览会的方式，进行科学和教育活动，特别是文化史上重大问题的展览会。到目前为止这类展览会中最重要的一次是关于波兰文艺复兴的展览。这次展览会是在华沙国立博物院的四十一个房间中举行的，从一九五三年十月到一九五四年六月。它说明了问题的各个方面——经济的、社会的和政治的历史，以及科学、教育、文学、音乐、建筑和美术的发展。

我们的大部分教育展览会都是流动性的，一九五三年举办了四十六次流动展览会实有观众一百九十万零八千人。这种展览会的主题和性质各不相同。绝大部分展览会是由博物馆的艺术品和考古学以及民族学标本所组成。有时候，除了展览原作品以外，还包括复制品和照片。每年，我们举办一次古代艺术展览会，在这种展览会中不仅展览了照片之类，而且还展览了许多真实的古文物，例如花瓶和其他艺术品。介绍十九世纪的波兰油画和通俗艺术的展览会特别受到公众的欢迎，某些展览会以伟大的学者和艺术家像哥白尼、萧邦和密茨凯维奇为主题或以民族英雄像科斯久什科（Kosciuszko）为主题；另外一些展览会是与世界性的庆祝纪念日有关系（莱昂纳多·达·芬奇的复制品展览会）或是为了使公众了解现代艺术（卡特·科尔维兹 käthe Kollwitz 展览会）而举办的。所有这些展览会都曾巡回到只有几千人口的地方小城镇去举行过。

在过去三年中，华沙民族学博物馆举办了一种特别的流动展览会。这个展览会设在一只小船中，夏季在维斯杜拉（Vistula）河两岸的城镇中举行展览。

一九五四年，准备了一种新型的巡回展览会。这种展览会的设计是要使它在运输期间占空间尽可能的小，重量尽可能的轻。这样的展览会第一次是在联合国文教、科学，组织第八次大会在蒙得维的亚（Montevideo）开会（一九五四年十一月到十二月）时在那里举行的（插图：3～5）。

———————————

① 现多称"卢浮宫博物馆"。

图3　华沙国立博物院巡回展览

图4　同上

图5　同上

画板的支架和接头都是用强铝做的。架子共包括二十一根纵杆（直径为二十公厘，长度为二百一十公分）和四十根横杆（直径为十二公厘）；在蒙得维的亚，用了三根短杆（1.25 × 0.20 公尺）撑住了写有"波兰"两字标题的画板。接头的形状和大小像一只鸡蛋，它有两个口，纵杆和横杆插进去的时候成相交的直角，杆子是用一只螺丝钉旋在接头上的。

总共二十块由三合板做成的画板（87 × 60 公分），厚一·五公厘。照片同时贴在画板的两边；照片尺寸的大小是同样的，这样可以防止画板的弯曲。说明直接写在画板上。一旦照片和说明都安排好，就在整个画板的表面涂上一层透明的漆。每块画板有四个洞，上面两个，下面两个，以便用钩子把它挂在杆子上。两只用强铝做的小桌子（67 × 37 公分）使展览的设备齐全，并增加了它的力量，在蒙维得的亚，这两只小桌子被用来展览刊物。

这个展览会由两套画板组成，那就是说共有四十块画板；由于两边都可以利用，所以就有了八十面，可以展览一百六十帧照片。为联合国文教、科学、组织准备的第一套画板在一边介绍了波兰的博物馆，文物保护和艺术研究的情况，另一方面介绍波兰国内文化播传的情况。第二套画板在一面说明波兰科学的发展，另一面说明波兰的公众教育情况。

画板、桌子、一百个接头和许多钩子是装在一个特制的帆布包中运输的。这个包打起来重四十五·二公斤（一百磅）。六十一根铝杆则装在套子样的口袋中，每一根杆子在口袋中都有它自己的特定地位。这个口袋长二百零十公分，直径为二十八公分；打成包的时候重二十五·八公斤（约五十五磅）。因此整个展览会连同预备画板共重七十一公斤（一百五十五磅）。

至于讲演会——这是一种历史悠久和非常通俗的教育媒介——是波兰博物馆经常进行的活动。例如一九五三年，在许多不同的博物馆中举办了七千八百六十八次讲演会，讲了一千三百四十个关于艺术和文化史的题目。讲演是由博物馆教育部门的工作人员担任的，有时在博物馆里讲，有时在学校、工厂和其他工作场所讲。弗罗茨瓦夫博物馆在这方面是杰出的，它同这个城市及其郊区的大工厂都建立了联系。

华沙国立博物院的教育部门共有二十五个常任工作人员；较大的城市中每个博物馆约有十个人，全国博物馆共有二百多个这类工作人员。工作条例最后一条要求工作人员不断地努力想出新的活动方式，同时改进现有的活动方式。

在这方面已经作了进一步的努力，设立了一种新式的机构——教育博物馆；这种博物馆在某种程度上同青年博物馆很相像，但是含意不同，而且是附属于一个说明它所在地区的历史的博物馆的。一九五一年在波兰西部的果若夫设立了第一个这种博物馆。它有十八个房间，设置了一个自然历史部门，一个历史部门和一个地志部门。头两个部门简要地用通俗的方式介绍了关于物质和宇宙的结构，地球上生命的起源，人类的起源和人类社会的发展等方面现有的知识和学说。地志部门说明了这个地区的特点——地理特点，自然特点和历史特点。一九五四年，在拉当设立了第二个这样的博物馆。

这种革新引起了一个相当困难的问题，这个问题需要进一步考查研究，然后才能增加这种博物馆的数目。我们大部分的博物馆学家都表示反对建立青年博物馆；他们宁愿设立能同样为青年和成年人服务的教育博物馆，这种博物馆的组织要能促进对于某些地区所特有的问题的了解，要超越当地的范围——像果若夫（Gonzów）和拉当（Radom）的博物馆所做的那样。

这种意见，像有关博物馆教育和社会作用的各种意见一样，使我们不得不首先考虑这种机构究竟应该为谁服务。在每年参观我们博物馆的四五百万人中，外国参观者为数很少。参观人中的绝大部分是青年；我们还努力于尽最大可能吸引工人和农民观众，他们在过去是极难进入博物馆的。这就意味着，教育部门的方法必须是可以伸缩的，按照对象的不同，是学生，城市工人或是农民团体来加以调整运用。我们并不自称已经解决了所有的一切问题，目前我们正在仔细研究我们教育活动的现时的效果，努力改进和发展所使用的方法。讲演计划和几年前为博物馆导引员草拟的说明构成了大量的材料，不过这些材料仍然是一些讨论的主题。

在这篇文章中，我力求说明波兰在过去几年中博物馆所遵循的方针，而不是提供关于博物馆本身和它们的藏品的材料。在战后的头十年中，我们所作的努力主要在于重建我们的博物馆和博物馆中采用新的陈列方法。因此，我们在基本建设方面的活动不多，但是在今后的十年中将要建造许多新的馆舍。尽管如此，在陈列和一般藏品的组织工作方面我们还是已经取得了相当大的进步。在陈列方面，我们只须提到华沙国立博物院的古文物陈列室，克拉科夫瓦维尔堡历史博物馆和波兹南乐器博物馆就够了；关于第二点，我们可以提到华沙国立博物院油画部的储藏室，它们备有可以安放五千张图画的活动屏风（图6）。

图6　华沙国立博物院，波兰油画部储藏室

在责成我们的博物馆丰富它们的藏品和发展它们的科学与教育活动的时候，我们希望它们不仅应该为波兰服务，而且还应该对促进国际谅解有所贡献。

（原载联合国文教科学组织《博物馆》杂志第8卷第1期［1955］）

（达苑华译，道真校）

匈牙利博物馆的重建工作

匈牙利　费伦茨·富莱普（Ferenc Fulep）

　　三年前，匈牙利特别庆祝了它的博物馆一百五十周年。匈牙利国立博物院建于 1802 年，它接受了一位贵族私人收藏的许多勋章和古物、一个绘画陈列室和一些成套的地理图，几年以后，它又增加了一批关于自然历史的文物。

　　后来在布达佩斯成立了五个主要博物馆以分别收藏国立博物院的个别文物，它们仍保留国立博物院的名称，在行政上亦仍旧归国立博物院领导。这些博物馆是：历史博物馆、自然历史博物馆、美术博物馆、装饰艺术和民族博物馆。在 1949 年，这些博物馆都成为独立的博物馆了。

　　上世纪末及本世纪初，又在各省建立了一些博物馆，这是由若干镇、区和民间会社发起的，并由它们一直负责管理到 1949 年。

　　第二次世界大战使匈牙利的各种博物馆受到了严重的影响。它们的藏品遭受了巨大的损失。但是这些博物馆在第二次世界大战结束以后已经逐渐恢复。目前并在国内占着比较重要的地位。过去，这些博物馆主要是——事实上，几乎专门是——进行科学研究工作的，现在他们却担任了一项以研究工作为基础的新任务——提高人民的文化水平。这些博物馆举办了许多特别着重于匈牙利作品的教育性展览会，目的在于使一般公众知道创造性艺术的各种成就。这些展览会包括远古时代直到今天的各个历史时期，它们不仅使人们对匈牙利的民族艺术作品和历史性文物有一个清楚的概念，而且还使人们清楚地了解匈牙利的民族传统。它们用最新的方法表现出自然科学的最近的成就。

　　1949 年，所有的博物馆，包括区和镇所设立的博物馆在内的行政领导责任都移交给国家了，在这以前，这些博物馆一直是独立的。这些博物馆现由教育部领导，它们的科学工作列进了匈牙利科学院的计划。但是私人和教会的藏品仍归原物主所有。因此，修复爱斯杰格姆①博物馆（Esztergom Museum）著名画廊中最名贵的绘画的费用是由国家来担负的，国家还提供专家来帮助进行修复工作。

　　战后第一件要处理的事项，就是重建那些遭受最大损害的博物馆。在国立博物院的恢复（图 1）工作方面花了很多的力量和金钱。美术博物馆也重建了；以前，该馆是没有内部照相设备的，因而有许多重新布置的工作要做。博物馆的重建工作在布达佩斯和若干省差不多已完成了。目前在匈牙利约有七十个大小博物馆，教会和私人的在外；这些博物馆大部分是在战前建立的，但有几个，例如在新兴工业城市斯大林城和科姆洛（Sztalinuaros and Komlo）的博物馆则是在一九四五年以后建立起来的。

　　匈牙利人民对于过去和民族传统正越来越感兴趣。在一些小城市和农村中，居民们带头收集当地的文物，一些古代的民间艺术或服装的标本用来说明当地的历史。由于当地居民的这种行动和对民族传统的爱好之得到鼓励，因而有可能保留很多文物，并把它们收集成当地的藏品。

---

　　①　现多称"埃斯泰尔戈姆"。

图1　匈牙利国立博物院，建于1846年。

　　自匈牙利解放以来，参观博物馆的人数大大增加了。原因可能有好几个。由于人民文化水平的提高，各处的工人对于历史、艺术和自然科学都很感兴趣。参观展览会的人数正在不断地增加。

　　自解放以来，这些展览会的性质起了根本性的变化。它们所展出的不再仅是供参观者从美学方面欣赏的一批不加说明和罗列物品的展览；而是目的在于让人们知道学术上最近的发明和收获。历史展览会说明了自最古时候以来的历史演变。它们展出了使用的工具，因而参观者能够了解这些工具是作什么用的；它们还说明了人类是怎么从一个时代到另一个时代同各种自然力抗衡斗争，并取得了多大程度的发展。自然历史展览会陈列了公众所能理解的最近发现的物品，另外举办了一些专门性的展览会来讲述各种矿物在工业中的应用。这样，这些展览会就同目前的实际发展和参观者的日常生活有了联系。同样，在各省经常举行综合性的展览会，说明各个地区的生活情况。这种展览会解释了某一地区的地质结构，生活所需的自然环境，人类在这个地区的出现；然后，通过研究考古发现、历史文件或铭刻说明居民的历史和生活方式；接着叙述到现代，参照民族学的材料描绘这个地区的生活情况，直到解放为止；最后表现解放以后的生活情况、新工业和农业的一起形成，地区的外观和居民的生活方式所起的各种变化。这种展览会忠实地反映了国家的发展情况，大大地吸引了参观博物馆的人们。从下面的统计数字可以看出这种展览会受欢迎的程度——在第二次世界大战以前，参观国立博物馆的人数每年在三万到四万之间，而1953年则已达到五十万。就全国来说，在1949年参观这种展览会的人数为二百五十万，1952年则达到三百三十万。同时期内，展览会的次数从六次增加到了七十四次。

　　这种数目的增加一部分是由于进行了宣传运动。在全国各地的日报和定期刊物上发表了几百篇关于这种展览会的文章、公报和报告。电台定期广播博物馆所准备的讲演稿和说明材料，使公众经常知道展览会在什么时候开幕。凡有可能时，就为每一次展览会出版小册子或指南。在各省，通常在举行展览会时组织博物馆日。在这些日子中，由专家们就展览会所展出的内容作通俗的讲解，听众一般是踊跃的。在首都，主要博物馆定期举行讲演会以便使公众了解艺术作品。博物馆的"博物馆之友俱乐部"是一个新的和非常重要的宣传工具，这个俱乐部的会员包括对于博物馆活动感兴趣的工厂工人、公务员和学生。他们同科学研究工作者进行讨论。当他们回到工作岗位上时，他们引起了同事们的兴趣。

　　下面是各种不同类型博物馆的工作概况：

　　匈牙利国立博物院：历史博物馆。这个博物馆设在一幢富丽堂皇的1846年建筑的大厦内。它拥有大

175

量的科学工作人员。专门调查研究在匈牙利发见的或可能发见的考古文物，保藏这些文物以及作出科学的记述。发掘工作大部分是由与该馆有联系的考古学家进行的。储存在该馆仓库中的许多文物，战后已经检查过，并根据清单进行了核对；附有物品照片的索引卡片已编制完毕。各省博物馆的仓库目前也正在进行分类工作；还准备制作附有照片的索引卡片，这种卡片由历史博物馆保存一份。历史博物馆是对全国各地所有考古文物负监督之责的中央机构。过去两年，由发掘工作得来的手稿、笔记、报纸、考古地图和文件材料不断地汇集。这些文物全部都送往历史博物馆，因为中央档案是在那里保存的。这些文物的管理和使用都由法律加以规定。历史博物馆有一个修复工场，修复和保藏新近收到的物品和库藏的物品。这个修复工场有一个部门担负修理各省小博物馆送来的材料，因为这些博物馆没有这种设备来进行修复工作。还有另外一个部门，即勋章室，负责保藏和研究该馆收藏的古钱币。

　　解放以来历史博物馆曾举办了一些重要的展览会。在这些展览会中应该提到1948年为庆祝"匈牙利独立战争一百周年"而举行的大规模的历史展览会。这个展览会很好的纪念了那次历史事件，参观人数达百万人。该馆第一个以匈牙利国家各族人民的早期历史为主题的长期展览是在1950年开幕的。它叙述了这个国家的历史，从最古的时代直到匈牙利的征服。第二部分题为《匈牙利人民的历史——从征服时代到1848年》（图2）完成于1951年。在这两部分展览中，都利用了该馆以前所有的或战后发掘出来的材料。在该馆所举行的许多大规模展览会中，特别值得注意的是"拉科齐展览会（Rak-oozi Exhilition）"，那是经由其他机构协助举办的以纪念在德兰斯瓦尼亚亲王弗兰西斯·拉科齐二世（Francis Rakoczi II Prince of Transylvania）领导下进行的匈牙利独立战争（1703～1711）开始二百五十周年。

图2　国立历史博物馆的古物陈列，陈列室面积为45×33呎用巨大枝形吊灯照明，陈列橱（宽7$\frac{1}{2}$公分高3公分10公厘，深度高于陈列品1公分2公厘）装置在砖石座上，橱柜本身装有金属框及可滑动的橱门，作为说明时代分期之用，如说明某一时期的植物区系或动物区系图的木制窄条放在橱柜之间。陈列室中央为发掘出之骨骼。

　　该馆的科学工作人员目前正在进行重要的研究工作。战后，曾在匈牙利科学院出版的丛刊《匈牙利考古学报期刊》、《考古学杂志》和《匈牙利科学院 Acta Archaeologvca 考古学报》上发表了各种专题论文，研究报告以及考古和历史的文章。此外，该馆《年鉴》和《Foha Archaeolagvca》第六卷正在印刷中。

　　匈牙利国立博物院：自然历史博物馆。设有矿物学、地质学、古生物学、植物学、动物学和人类学各部。1944年那里有二十四位科学工作人员和四位助理员；目前有科学工作人员七十一位和四十位助理员。该馆一直在积极地增加藏品并按着合乎现代要求的方法布置它们。例如，为了达到这个目的，植物学部在过去数年中安装了五百〇四个大的铝制防火柜。各部门都对改组的工作作了巨大的贡献，改组的目的除了检查所藏有的物品以外，还要区分和核对匈牙利的库存品，以便有条不紊地收集匈牙利本土的物品，而这些到目前为止无疑是被人们所忽视的。该馆同国家的实际生活有着密切的联系；动物学部和植物学部的研究工作者目前正在研究同发展农业和牲畜饲养有关的科学问题。战后，该馆举办了许多次现代展览会，在巨大的布景箱中，展出了世界不同地区的自然环境。在这些展览会中，可以提到"非洲的生物界"（图3），"地球和生命的进化历史"以及一些矿物学和植物学的展览会。除了在布达佩斯举办大规模展览会以外，该馆还举办了几次巡回展览会到各省的小城市和农村去展览——例如展出各个地区所发现的有害的昆虫和扑灭它们的办法。在馆内还举办了定期的通俗讲演。

图3　国立自然历史博物馆的"非洲的生物界"陈列布景箱之一部。

　　该馆工作人员所写的重要的科学研究报告，发表在年鉴和各种刊物上。

　　匈牙利国立博物院：美术博物馆。美术博物馆设有古文物部、匈牙利文物部、古代画苑大师画廊、现代匈牙利画廊、雕刻部和印刷品陈列室几个部分。它还收集了许多古代铸造品和文艺复兴时代的铸造品。解放以后该馆的库藏大为增加。最主要的增加是现代匈牙利美术作品，那是原先由布达佩斯市管理的现代艺术部的美术藏品与市府画廊的匈牙利藏品的总和。该馆有一个具有现代设备的修复工场。在曾经遭到损坏，战后修复好了的艺术品中，我们可以提到提埃波洛的《圣詹姆斯征复摩尔族》（Tiepolo：《St. Jamesc onquering the Hoors》）（Giovanni Santi：《The Virginenthromed with Saints》）乔凡尼·山提的一个学生所画的《带着圣徒登极的圣母》，蒙卡奇的《匈牙利的征服》（Munkacsy：《The Hungaian Conquest》），基斯依本的《祭坛图》（Kisszeben：《Altarpiece》）和上面提到的画苑大师之一斯波列托的木制《耶稣受难像》。

　　1949年以来，该馆一直在重新组织它的永久性藏品，例如埃及、希腊和罗马的藏品以及现代匈牙利绘画和古今雕刻等匈牙利文物的收藏。印刷品陈列室时常举办定期展览会，陈列出一部分库藏，如"伦勃朗与其同代人物"展览会（Rembrandt and his contempories）和"达乌米尔与其同代人物"展览会（Daumierand his contempories）各个部门也都曾举办了好几次临时展览会，例如"卢卡斯·克拉纳赫"（Lucas Cranach）、"库佩兹基与其同代人物"（Kupelgky and his contempories）、"儒勒·卢德内"和"拉迪斯拉斯·德·保罗"（Jules Rubnay and Ladislas de paal）等展览会。

该馆的科学工作人员非常活跃，出版了《匈牙利美术博物馆公报》。

匈牙利国立博物院：装饰艺术博物馆。装饰艺术博物馆成立于 1872 年。它藏有匈牙利和外国的作品，其中包括像家具制造师杰出的艺术标本、陶瓷、金匠和银匠的作品、纺织品和皮革制品。第二次世界大战以后，收集的范围扩大，包括了现代装饰艺术品和现代工业艺术品，库存物品在六万件以上。该馆对匈牙利装饰艺术史所进行的研究，使从事这方面工作的现代艺术家得以知道这种艺术的进步传统，对于匈牙利现代装饰艺术的发展是有贡献的。

该馆的藏品和建筑物，战时都遭到了严重的破坏。这些藏品的重新组织，得力于该馆工作人员，绝大部分青年干部的帮助。由于缺乏地方使这个工作受到了妨碍，但是这个问题现在已经解决了，今后将可以适当地布置它的展览和车间。对于修复和保藏工作该馆特别活跃，为此目的，1950 年建立了一个国内最新式的具有各种必要设备的修复工场。

该馆与从事装饰艺术工作的匈牙利艺术家们保持着正常的关系，它给工厂（纺织工厂和陶瓷工厂）的设计师和装饰人员提供专门性的意见并为他们举办讲座。它通过一系列的讲演向公众讲解历史上各个不同时期的装饰艺术和匈牙利各种老作坊的产品，从而提高了博物馆参观者的艺术欣赏力。解放以来已经举行了若干次展览会："陶器历史"（图4）、"匈牙利陶瓷工场"、"欧洲现代金匠和银匠的作品"、"十八世纪和十九世纪的服装"、"十八世纪和十九世纪的匈牙利家具"以及"纺织生产技术"等展览会。该馆最近曾举办了一次盛大的展览会，介绍著名的亨伦德瓷器工厂的历史。

图4 国立装饰艺术博物馆的陶瓷史陈列，橱柜置于奶油色木座上，玻璃部分的高为 $3\frac{1}{3}$ 呎，宽为 $2\frac{1}{4}$ 呎，长 $5-6\frac{1}{2}$ 呎，顶上高 $1\frac{1}{2}$ 呎的部分为安装电灯设备之处。

该馆的科学工作人员曾发表了许多研究报告、文章和专题论文。该馆的年鉴正在印刷中。

附属于该馆的是远东艺术博物馆，远东艺术博物馆在最近几年中曾举办了几次展览会，例如"中国艺术"、"印度艺术"以及"印度支那和印度尼西亚艺术"各展览会；最后的一个展览会目前仍在开放。该馆的另一个部分为纳吉德旦（大布达佩斯）城堡博物馆（Museum of the Castle of Nagyleteng，巴鲁克①式的城堡），这里的房间已经重新改建并重新加以布置了（图5）。

图5　城堡内房间之一部。

匈牙利国立博物院：民族博物馆。民族博物馆负责收集、保藏和研究匈牙利人民自十八世纪到现在的民族文物以及匈牙利的民间音乐。这样收集起来的材料曾在各种科学展览会中陈列过。该馆收集了一批说明多少年来农民生活的物品以后，目前正准备收集一批说明手工艺人的传统习俗的材料。解放以来，该馆的收集活动大为增加。1945 年以前，它只有八十五名收集人员，目前，它在全国各地委托代理人从事这方面工作的收集人员约有五百名。结果该馆的实际工作人员也增加了；目前包括有三十名科学工作者。战后重新组织了库藏、库房反映出典型的井井有条，从所使用的各种类型的科学索引卡片中可以一般地了解该馆收藏的内容。工作人员目前正在研究匈牙利人民艺术的各种传统（例如《民间艺术》丛刊中所发表的对于著名的梅泽克维什德 matyo 刺绣（Matyo' embroidery of Mezoko-vasd）的研究报告）。

但是该馆的馆舍却颇不适于作博物馆工作之用，它拥有大批国际方面的藏品，这些藏品是上个世纪伟大的探险专家们从非洲、新几内亚和大洋洲等地区带回来的。解放以来，这个博物馆已经举办了几次关于陶器、牧人生活（图6）、匈牙利民间服装、十八世纪末到今天的匈牙利的农村历史，说明人民生活中所发生的变化。还举办了一个纪念伟大的匈牙利探险家路易斯·比罗（Louis Biro）的展览会等等。

该馆工作人员所写的科学研究报告发表在《民族学》和《Acta athrographra》杂志上和目前在印刷中的《博物馆年鉴》上。

除了这五个主要博物馆之外，还应该提到市政府领导的布达佩斯历史博物馆。解放以来，该馆的一

---

①　现多称"巴洛克"，下同。

图6　国立民族博物馆的匈牙利大平原提萨加农村生活陈列（1744～1951）。陈列的家具为该村原物，
农舍根据该村牧人设计，前面地上为渔具和农具，壁上为照片及带说明的地图。

个部门曾在布达要塞中进行了大规模的发掘工作并举办了一个大型的匈牙利中世纪文物展览会。阿克金克姆①博物馆（Aquincum Museum）的考古部曾在罗马时代帕诺尼亚首都（The capital of Roman Pannonia）的遗址上进行了重要的发掘工作，并就在原地的一幢建筑物中展览了所发现的出土文物。

裴多菲山多尔②文学博物馆（Petofi Sandor Museum of Literature）收藏了本国作家们的许多遗物。

两年前成立的戏剧历史博物馆目前正在筹备第一次的大型展览会，这次展览会将展出十九世纪上半期的戏剧史和戏剧在争取匈牙利民族和语言独立的斗争中所起的作用。

自从各种博物馆由国家领导以来，各省博物馆也有了巨大的进步。曾经做了必要的库藏分类，编制了目录，以及在各地举办了一些展览会。已经邀请了几位专家在帮助进行这项工作，预计到1955年底，各省博物馆的库房都可以整理就绪。较小博物馆的设备和布置工作，将有当地的博物馆专家参加进行。为了分类，必须准备好附有照片的索引卡片，这项工作在一些博物馆中已经开始了，1955年内各省博物馆将会全部完成。

在过去几年中，几乎所有这些博物馆全都举办了介绍各地生活情况的现代展览会。这些展览会决非老一套的，它们的目的在于生动地介绍某一地区所特有的文化情况。例如在匈牙利南部的斯萨格德（Szeged）③所举办的一个名为"费伯湖（Lake Feber）的鸟类生活"的自然历史展览会，叙述了那一地区的鸟类生活，那是特别具有科学上的兴趣的。该馆还有民族学、考古学和艺术等方面的藏品。

佩斯地方拥有世界意义的材料，这种材料是在新石器时代的地层中找到的。这些出土文物在佩斯博物馆的一次考古学展览会上展览过。佩斯地方会堂内罗马时代后期的油漆彩画的地下墓窟吸引了许多参观者。此外该馆还举办了自然历史、民族学和艺术的各种展览会。还应该提到德布里森④、米斯科尔奇⑤

---

① 现多称"阿昆库姆"。
② 现多称"裴多菲·山陀尔"。
③ 现多称"塞格德"。
④ 现多称"德布勒森"。
⑤ 现多称"米什科尔茨"。

和奇奥①（Debrecen，Miskolc and Gyor）的镇博物馆，在一些较小的博物馆之中有斯森特斯（Szentes），霍得梅佐瓦萨希莱（Hodmezovasrhely）（图7），凯兹特莱②（Keszthely），维兹普里姆③（Veszprem）（图8），索普朗（Sopron）等地的博物馆，乡村博物馆也是不能忘怀的。

图 7　古物陈列，陈列室连同壁龛共长 83 呎，陈列橱为钢框装置在砖座上面，橱长 $6\frac{1}{2}$ 呎，高 $3\frac{1}{2}$ 呎，

深 $1\frac{1}{4}$ 呎，照明为霓虹灯装在橱内（这是陈列室内的唯一光源）。

图 8　维兹普里姆博物馆的"倍康莱住宅"之一角，住宅建筑在博物馆的旁边，
室内家具大部为以木工著名的萨提加村制造。

---

①　现多称"久尔"。
②　现多称"凯斯特海伊"。
③　现多称"维斯普雷姆"。

　　值得注意的还有匈牙利北部埃格镇①（Eger）的博物馆，该馆设在中世纪要塞的地窖中；这些地窖在地平线以下很深的地方，现在已经清理出来了。匈牙利东北部萨罗斯帕塔克城（Sarospatak）的博物馆是设在古老的拉科齐城堡中的，该城堡的内部已全部重新修复。许多人到斯佐姆巴斯莱②（Szombathelg）去参观那些虽然遭到严重破坏但仍很精致的镶嵌细工。战后，在维斯格拉德（Viisegrad）地方马蒂亚斯国王（king Matchiers）城堡的风景如画的废墟旁设立了一个小博物馆，这些废墟已经清理出来了。

　　从上面所述的情况可以看出，解放以来的十二年中匈牙利各种博物馆所取得的成就是非常惊人的。这种发展情况反映了匈牙利人民对于这些作为国家文化遗产保护者的机关的高度关怀。

原载联合国文教科学组织《博物馆》杂志第 8 卷第 2 期［1955］

（达苑华译，李世昌校）

---

① 现多称"埃格尔"。
② 现多称"松博特海伊"。

贝尔格莱德国立博物院的改组

南斯拉夫　德约杰·马诺—齐西（Djordje Mano – Zlssi）

贝尔格莱德国立博物院①有一个需要谨守的传统，那就是：继续贯彻一个久已确定的政策，努力收集一批文物以阐扬塞尔维亚民族的历史和文化，并把它视为一桩须要和争取解放，争取文艺复兴乃至争取建立一个新国家的斗争，同时进行的平行工作。

这个博物院包括的方面原来就很广泛，而在过去几年中又向许多方面作了新的开展，并且负责筹备了一些专门化的机构。1881 年，国立图书馆成立为一个独立的单位，接着是 1901 年的民族博物馆、1935 年的陆军博物馆、第二次大战结束之后的应用艺术博物馆和伏克·卡拉德齐奇（Vuk Karadzic）和多西丹·奥布拉多维奇（Dositej Obradovic）纪念博物馆，最后是新近的历史博物馆。

国立博物院在第二次世界大战之后恢复了也如在第一次世界大战之后一样；而这一次，它的藏品大部分都在地下室中得到了安全的保藏；1945 年解放后，它是交战国中首先向公众重新开门的几个博物院之一。在两次大战中间这段时期，它是以保罗亲王博物馆的名称而设在新王宫中的，具有当时最新式的院落和设备。但是只有在 1952 年，当这个博物院迁移到市中心区前信托银行大厦内以后，才有可能从科学、教育和审美观点来做好它的藏品的安排，才有可能叫它发挥目前的社会功能。

考古学方面的收藏数量已经相当可观，加上钱币、勋章、中世纪的碑铭、文物和艺术品种的搜集，以及一些南斯拉夫的和外国的油画和雕刻的展览等等都仍然还是由国立博物院负责，因此，它就成一个考古与美术双方兼顾的博物院了。

这个博物院大致分为下面几个部门：行政管理部门，以维杰科·彼特罗维奇（Veljko Petrovic）院士为主任，史前时代、古典时代、中世纪、古钱币古碑铭合为一个部门；现代南斯拉夫艺术和外国艺术的展览室为一个部门；教育活动、出版与文化联络等成一专门部门；还有一个负责装护与修整工作的工场。由于这是一个多面性的博物院，收藏的东西很复杂，本来就很难制订一套统一的陈列方法，加之这座房屋原是按银行用途设计的，而不是按博物馆用途设计的，在这样建筑条件的限制之下，进行统一的陈列就更有困难。

在十九世纪所获得的物品中，大部分是来源于塞尔维亚人的，从本世纪开始，征集人员开始对整个南斯拉夫民族的区域发生兴趣，自从上次世界大战结束以来，经过周密的计划曾经得到的好几批收获，其中有一些是具有世界兴趣的。不过除了外国陈列室以外，几乎所有的陈列品都是从南斯拉夫领土上得来的。

在安排方面，本博物院的主要问题就是如何使一幢银行大厦适应一个现代博物馆的要求。除了永久性陈列的需要以外，我们还必须考虑博物院内各方面和行政方面的需要。银行的地下库房由于具有保险

---

① 现多称"贝尔格莱德国立博物馆"，1844 年设立，南斯拉夫最早建立的综合性博物馆。

装置，正好用来储藏后备藏品和研究藏品，因为按照原来的情况，那里恰恰适宜于做收藏勋章、考古文物和一些中世纪文物之用。本院目前正在进行改建工作，安装新的设备，以便展览那些雕像碑铭等类最占地方的东西。所有这一切都是可以在底层里进行的，在那边还设立了整修工场，和制模间、木工间、配架间和照相间等工作室。为了光线的缘故，整修实验室和图书室都必须摆到上面一层里去，我们就只好把本来可以作展览之用的一部分空间拨出来给它们。研究室、地图室、照片室和办公室都设在一楼以前的银行办公室内。其中有几间离陈列室很近。总而言之，在考虑一切问题时，博物馆的展出工作以及跟服务社会群众关联最密切的各个部门都受到了优先的照顾。

虽然不可能在展览厅和其他的公共服务部门之间划出一定空间，但是我们至少已经设法使它们的配置合理。例如，我们为行政部门，展品收交部门，以及通往各工作室、照片室、图书馆和研究室的过道，另外安排了一个专设的入口，不让它同参观人所走的入口挤在一起。第三个入口通往一间准备作为临时展览室、讲演室和"博物馆之友"俱乐部之用的地下室，这一部分地下室和其余部分是用墙壁隔开的。锅炉房和燃料间另有一道专用的入口。

图1 贝尔格莱德国立博物院古物部中央大厅。

这样就有可能在一楼的两个大厅（以前的银行办公厅）中安排固定性的陈列品了。这两个大厅有大理石面的柱子，位于观众入口门厅的左右两侧。这两间大厅看起来特别适宜于陈列最大最重的雕刻和碑铭。较大的一间是一个有玻璃屋顶的大厅，非常适宜于陈列考古文物，其中包括有许多雕刻、柱头和石棺（图1）。较小的一间分配给南斯拉夫的现代雕刻，包括麦斯特罗维奇（Mestrovic）、罗山迪奇（Rosandic）以及其他艺术家们的大理石雕刻品在内（图2）。在二三两层楼上，我们把那环绕着内部采光井、楼梯和门厅的两块方框形空间打通开来改成了上下两组陈列室。

图2 贝尔格莱德国立博物院现代南斯拉夫雕塑馆。

　　此外还有必要把这幢大厦的原来设计及其建筑方面的限制拿来跟我们准备陈列的展品协调起来，也就是跟我们陈列计划背后各项意图协调起来。我们的基本意图是说明我国物质文化和艺术的发展是有其连续性的。

　　这种连续性，有的属于人类一般生活方面，有的属于经济生活方面，有的属于学术生活方面，其中还隐含有本土的和外来的各种影响的相互接触与相互制约——有时彼此衔接有时又彼此对抗——这一切不应该仅仅用人为的方法交代一番了事，而应该使观众于研究了展出材料之后自然总结出来。当我们力求说明从远古到最近这种发展的连续性的时候，我们有时会碰到某一地区和某一历史阶段，始终找不到原始作品。遇到这种情形，我们就使用复制品或者仅仅提请人们注意某些可供说明的材料。我们在一楼展出考古学藏品，这样我们就能够把从史前时期到中世纪早期本土文化的这一特点①充分显示出来，并且清楚说明了其中的各个不同组成部份，在新的社会组织和较高文化的背景下（例如在希腊罗马时代或在民族迁移时代），如何逐渐生长起来。在中世纪部分（这个部分设在二楼），我们可以看到，在新旧社会形式和种族形式的背景下，在外来文化（拜占庭艺术和罗马艺术）的影响下，这个民族是怎样在继续自发地发展着。在同一层楼的其他几个房间中，参观者可以对这个国家的新艺术得到一些概念。在以土耳其的占领而结束了的中世纪之后，新的社会运动（民族解放和中间阶级的成长）和文化运动（巴鲁克的发展和其他各种风格或学派的出现）对于这一文化给予了新的和具有民族特征的表现方法。但是我们在这一层楼没有足够的空间来把民族的和外来的艺术再作进一步的比较。足以表现这种比较的材料陈列在三楼上，那里的展品可以说明新式的本土艺术和较早的外来艺术。三楼上平行着的两翼特别适宜于显示这一对比，并且可以从印象派时代起就一直探索下来。在外国作品陈列室中，最重要的和最古老的藏品的展出形式，目前还无法顾及博物院关于组织展览方面的基本意图。结果是，从这个观点来看，我们还没有贯彻我们的尝试，那就是没有按照一套统一的和匀称的计划来安排展览品的整个陈列工作——这一尝试在目前世界上任何地方也还是很少先例的。

　　在心里抱着这样一个意图，于是在处理上古时代时，我们曾经试图做到要把创造性艺术的一切复杂方面在相应的物质文化的背景下充分显示出来。在处理中世纪的时候，我们把重点放在纯艺术和应用艺术，建筑艺术的关系上面，而把最末一间陈列室全用于纯艺术的陈列。这样作的理由是，在史前时代物质文化是最显著的社会面貌；工业和艺术都跟它有关联，而艺术的起源和发展是只有从社会意义上来解释的。如果我们不熟悉古代的物质文化和精神文化，我们就不能恰当地理解那些源起于这一时期的艺术品。不论在古代或在中世纪，手工艺和纯艺术都还没有区别开来，这是我们所以把这两者放在一道展览的另一理由。但是纯艺术却不断地重要起来，自从十八世纪以后，就越来越没有必要再采取这种双方平行解释的方法来使人了解它们了；同时为了真正了解盛行部落制，奴隶制或封建制的各个时代，那末对于社会的、经济的和宗教的各种推动力的解释就成为十分重要。因此，我们必须指出它们的各种生产方法、各种工矿用具、各种宗教因素，以及由于武装冲突和贸易关系所产生的各种社会刺激。用这种方法，我们就能够提得出一个创造性的艺术家究竟是什么样子，他的性格如何，他在各个不同的历史时期中是怎么样行动的。

　　在二楼的中世纪部门，我们对风格问题给予了特别的注意。在现代艺术部门，我们只注意对于油画的解释，设法指出其中的各种趋势，各个流派及其有关人物，而在附近的陈列室中，则对绘画和雕刻的装饰因素做出类似的说明。不用说，这里的社会背景是人们比较熟悉的，而且确也反映在当时或后来的作品上面了。为了避免使我们的做法和应用艺术博物馆或历史博物馆的做法之间发生冲突，我们总不肯

---

　　① 指上文所说的连续性。——译者注

再重复使用现代家具或历史文件的副本。但是，的确，这种东西也未尝不可以用来达到不同的目的，只要看展览的观点目的如何。因此，我们除了陈列原作壁画、细巧人物像、圣像、织绣品、勋章和雕刻以外，我们也陈列了若干壁画复制品和雕刻模型，以便对中世纪的风格描画出一幅完整的图像。虽然这种材料是专门属于壁画陈列室的。

我们在博物院的安排工作当中所碰到的一切问题，都是由于如何使这幢大厦的特点适应博物院展览的要求这一方面引起的。各个房间的建筑结构必须加以调整以配合展览的各个主题。

第一个问题产生在银行的总办公厅，这间办公厅是一个有着玻璃屋顶的大厅，周围有大理石面双重列柱环绕。从某一观点来看，这间大厅提供了一个相当堂皇的局面，但是可以用来做安放展览品和陈列橱的背景的墙面就几乎没有了；陈列橱只能放在这个房间的三面墙壁上的边窗之间，也就是临街的各个窗户之间。最初，由于博物院缺少一个花园，这间大厅就被用来作为一种大院庭或是一种古典式的列柱长廊，使人一见就会引起思古的幽情。但是总得有个办法，布置出一条巡回路线，通往大厅四周和背后的各个部门去。我们放弃了用砖石工把第二排柱子连接起来的主张，而采用了高约 2.2 公尺的间隔装置，这样就避免了使这种高古柱廊的气韵有遭到破坏的危险。在柱子之间，按照一个合理的计划，布置出了对称的过道。这样，大厅的中央部分就被划分了出来，而同时又有可能在间隔装置的外边，通过三个长廊形的陈列室——史前室、上古室，和初期中世纪室——作平行的活动。这三个陈列室在他们接头的地方很自然地用隔板和陈列橱隔开以表示各个时代的交替。这样改装的第一个效果就是提供了一种俯瞰全局的气象；它使各个房间、各条走廊和大厅一重一重地呈现出来，因而就把各部分被自然地隔开来的空间都联为一气了。同时它在两个不同的建筑设计之间提供了对此。在人们自由走动的那一部分，我们试图给人们以一种动的印象，和这一印象相对照，在那列柱长廊中又保持了古代古典世界的那种静的气氛。在大厅的三面跟间隔装置平行着的第一排柱子之间原来设有柜台，现在仍然给它们保留着，只是把它们改装为陈列橱，可以从大厅或走廊两方面看到（图3）。大厅的第四面，也就是入口和门厅的所在，在柱子之间安放了希腊和罗马的柱头装饰，留出了必要的空间作为过道。柜台陈列橱和柱头装饰并不妨碍走廊中的视线，反而同那些大件雕刻非常调和，并且使整个场面添了一种活泼而亲切的情调。这些巨大柱头安放在这里，就把它们如何从源起于拜占庭初期的大会场和装饰雕刻逐渐发展起来当中的各个特征都是显示出来了，而假如把它们放到中央大厅里去，就不会有这样效果，因为在那里，即使是从一定距离看去，它们和那里的古典文物的一般气氛也是决不相容的。

图3 贝尔格莱德国立博物院古物部柜台改为陈列橱。

由于有关作品的重量关系，南斯拉夫的现代雕刻只好安排在一楼的另一个房间里，虽然从时代次序方面来讲，它的适当地位原应当是在三楼的房间。这种情况很好地说明了建筑情况使我们在计划展览方面所受到的限制。

一个类似的偶然情况使得我们有可能用一种纵断面的方式来表达从上古时代到中世纪的连续性。建筑物和展览计划之间的互相配合在这里就反映出来了，陈列古代雕刻的大厅上面恰巧就是壁画陈列室，二者之间有一种视觉上的自然联系。看过下面的罗马胸像，一抬头就可以看到中世纪的寺院画像了。在二楼，大厦两翼之间的横的联系也使我们有可能保持类似的连续性，叫人们只消朝一个方向走动；在这里，一张说明从中世纪到二十世纪初叶艺术发展情况的图表对于我们是有帮助的。最后，在三楼，我们也尽量设法在大厦的两翼中表现本国和外国现代艺术的整个情况。

在它的安排方式方面、它的科学性的组织方面和它所表达的思想性方面，这个博物院完成了一个有广泛教育意义和社会意义的职责。我们选择了最优秀的和最富有代表性的项目，因而只陈列了属于某一个时期和某一个地区的最精美的标准作品，由于这样，我们就能够给予这种教育工作以一种非常重要非常实际的支援。我们用了各种技术手法、各种说明方式，最后还有，把我们所掌握的材料作了最充分最合美学原则的运动，来使一般公众比较易于了解。因此，我们必须对展览品作出各种专门性的说明，并指引人们对于其中某一部分特别注意。

在考古陈列方面，我们所遵循的原则是要对那个时代提供一幅无所不包多方多面的图画，还要分析各个文化类别，以便使人们清楚的了解它们。以这为背景，我们说明了这些展览品的起源和目的，它们的使用方法，它们在社会上的作用，也说明了我们从人类使用的生产手段中、从他的日常用品和艺术作品中，所能探索到的关于人类本身及其所处环境的一些概念。为此，我们利用了图画和标签，以综述当时的社会特点和我们所知道的关于那一文化所属类别、所在地区和所留铭刻的情况。这种文件性材料要以简明扼要的方式表达出来，以免参观者感到厌倦或者妨碍他们对眼前展品的直接欣赏。为了使过去的情景宛然重现，我们重新建造了坟墓以及其中的骨灰瓮和殉葬物，在像座上布置了举行葬仪的场面，重新塑造了房屋、居住区和剧院的模型。同这些展览品一道陈列出来的有考古现场的地形图和平面图、地层剖面图和在实地拍摄的照片。所有这一切说明的材料都要力求自然，以免使参观者感到厌倦。在某些场合，我们还对各种现象作了比较和对比。展览品是按照地区或者类型（物资的或范畴的）分组陈列的。使用这种方法时须要合乎分量和保持灵活，要适当照顾对于视觉上的影响，要保持各个展览品间的一定比例，要保持风格的一致以及形状上和色彩上的效果和协调。在雕像的旁边，我们陈列了圆形浮雕画像，另外又陈列了一些钱币和其他的当时物品。古钱币藏品是作为单独的一组陈列出来的，以便于对许多年代以来的钱币、经济和趣味进行比较和研究。

与这相类似的多面性在中世纪部门中也同样可以看到，在那一部门，按照一个比较的原则陈列了壁画、装饰雕刻、装在窗门斜框上的以寺院建筑和城市景物为题材的放大透光画、手工艺品以及一些足以说明采矿业对一个时代的繁荣所作贡献的展览品。原作壁画和古老的窗框的摹本和复铸品也一道展览出来，以便让人们进行仔细的研究和比较。某些原作壁画是直接嵌进墙里去的，按照需要尽量嵌深，四周镶上一条窄窄的薄木边。如果这些壁画是从废墟中取出来的话，就在它们对面陈列出在发掘现场拍摄的照片，以说明它们在废墟中时是个甚么样子。肖像和木刻深浮雕简单地靠墙陈列着，织绣品用玻璃罩着，珐琅、细巧人物像和珠宝首饰陈列在陈列橱中，这些东西从一间陈列室到另一间陈列室依次说明了各种风格的发展过程，这样就把一个时代的整个面貌描绘出来了。现代展览品陈列在若干较小的、较有亲洽之感的房间中，在那里，展览品是按照风格、学派、地区和作者来分组的。最后，在走廊里、门厅里和楼梯上，我们都以大理石作背景陈列了我们伟大的历史性油画和大理石雕刻或青铜像。在二楼的几个早期的陈列室内，简化的表现方式仍然可以使人们对于当时的气氛和时代得到一些概念，在三楼，我们倾向于使用艺术品陈列室的办法，用薄而可移动的屏风把可利用的空间隔开来。

　　表现方法和陈列展览品最有利的方式要以有关的背景和材料为定，在这方面，我们是以常识为指导的。总的说来，我们一切以简单明了为目的。只要能使得展品各得其宜，我们总要努力或是达成一种庄严之感或是取得一种亲切之味，而不论在任何场合，我们都要设法给与观众们以一种宁静肃穆的印象。我们在博物馆中还得要创造出一种合乎逻辑的格局规划，使参观者可以在其中朝着一个方面行动，并且要安排出一种引人入胜的图景使人们一看就会感到既实用又自然。我们在各层楼上大都或多或少统一地达到了这个目的，我们把陈列室安排在两边，各室的门都开在一条直线上，用一种中和的乳酪色调油漆了墙壁、门框和窗棂，在杂色的角密岩大理石上涂上了一层浅素的薄浆，以免由于色彩的差别而损害陈列的效果。窗是毛玻璃的，各层楼上的地板是木质的，同时每一列陈列室都用一条长地毯一直铺到头。在作为展览品（其中许多是有颜色的）背景的浅色墙壁上都衬上了丝绒帷幕，而帷幕的布置主要还须在创造图景上着眼。在一楼我们采取了类似的措施以陈列南斯拉夫的大型雕刻。在这里，我们须得要把色调上太过强烈的对比冲淡下来，我们用了灰色的帷幕衬着那五色斑烂的嵌花地板，这样一来，那些青铜雕刻和大理石雕刻之间色调上的变换就显得和缓了。

　　在安排考古部门的时候，我们必须处理的问题是：如何在我们已经提到的两种建筑结构环境中陈列大小、材料和颜色都大不相同的展览品。参观者可以自由走动的那部分是一系列用陈列橱隔出来的狭长形的房间，各房里规律地安设着柱头和窗子，悬挂着丝绒帷幕。灰色的漆布同那些乳酪色的墙壁、支柱和隔板、棕色的壁脚板、多色的柱头以及灰色的帷幕等等交融无间，形成了一种复杂的和谐。我们作了一切努力来使陈列橱和雕刻品的安排得到平衡。为了减少陈列橱的数目，我们采取了一种方便办法，把它们就安设在间隔装置本身中间。这些间隔装置本来已经尽了双重任务，既要作隔板使用，又要作衬托雕刻的背景。在某些独立放着的陈列橱的背面我们挂上考古地图。我们也用了丝绒帷幕来衬托雕刻品、大型陶器乃至陈列橱本身（插图4）。在另一方面，具有古典气氛的博物馆的列柱廊部分，由于有了那些多色的大理石和嵌花地板的鲜艳颜色也就显得精彩焕发起来了。在支柱上我们涂了一种不耀眼的灰褐色，这种颜色同大理石和地板的颜色互相调融。而那些大理石和青铜雕刻则又非常有效地衬托出它们背后的巍峨背景。

图4　贝尔格莱德国立博物院拜占庭王朝陈列室。

在安排陈列橱的时候，我们使用了各种特殊形式的座子和内部隔板。在陈列珠宝和雕刻品的陈列橱的背面我们安装了镜子。在某些情况下，我们使用玻璃架或者丝绒屏幛和毛玻璃来衬托展览品。此外为了达到同样的目的，我们还使用了聚光灯和消除反光的装置。

日光灯无疑可以加强展览品的魅力和效果，我们把日光灯和普通的白热电灯配合着使用，以免展品变色，并保持颜色的温暖感。这种灯在陈列橱内，可作白天光线使用。在下午和晚上，它使艺术部门的展览品具有一种特殊的魅力。博物馆在晚间每周开放两次，许多人利用一下这个机会来参观这种照明。

我们用不同的照明办法，用仔细选择背景和安排场面的办法，就能够引起人们对于某些重要展览品的特别注意。为了使展品尽量发挥效果，有的采取特别编组整套陈列的办法，有的采取个别陈列的办法。

凡是属于专门兴趣的东西、新发现的东西、关于其一特定学派或特定时期的东西，在展出时就都要附上精审而自然的解释材料（揭贴、标签、说明板、用黑墨写的——在某些情况下写在毛玻璃或者金属上面的——注解），这些材料可以钉在柱子上、隔板的上部、陈列橱和像座的上面。在门厅中安放了玻璃镜框，参观者可以从上面看到博物馆的布置计划和路线说明。所有的解释都同时附上法文。

除了固定性的展览以外，我们还安排了若干专门题材的临时性展览。为了继续执行在上次世界大战以前所建立的传统（例如意大利肖像展览和法国油画展览），本博物院在大战以后组织了一系列重要的临时展览，其中可以列举的有关于南斯拉夫民族史的考古展览、十九世纪和二十世纪前半期的南斯拉夫油画展览、法国浪漫派油画展览、现代法国油画展览、英国水彩画展览、十八世纪绘画展览、塞尔维亚的巴鲁克和肖像画展览。目前我们正在第一次组织专门展览来纪念我们自己的一些艺术家，例如：德久科维奇（Djurkovic）、托多罗维奇（Todorvic）、普里迪奇（Predic）和约凡诺维奇（Jovanovic）等。每次展览都出版了目录。

1925 年，国立博物院出版了它的参观指南，不久还将出版该院科学目录的第一卷。本博物院出售院藏藏品的模型和照片。目前正在作着巨大努力，以期利用国立博物院的丰富藏品来达到科学和教育方面的目的，为了这个目的，博物院已经组织了一批讲解人员为小学生和社会团体进行服务。他们为教师和学生们开办过若干课程，晚会和公众讲演会也时常举行。图书馆和照片室向研究工作者和教师们开放。博物院的修整和装护工场负责照管我们的历史和艺术藏品。最后，本博物院还在进行着发掘工作，它的专家们同塞尔维亚科学院考古研究所、国立大学和塞尔维亚美术学院正在通力合作中。

原载联合国文教科学组织《博物馆》杂志第 8 卷第 1 期［1955］

（达苑华译，绍熙校）

印度遗址博物馆

印度　赤哈布拉（B. Ch. Chhabra）

遗址博物馆，从某一意义上说来，可以说是博物馆学的初阶。因为它范围固定，内容单纯，既不会令游客们望洋兴叹，也不像大都市里那些辉煌的博物馆有那么多复杂问题叫人头痛。在乡村地区，一个遗址博物馆是个不平常的实施"娱乐教育"的中心。对于当地居民，它是游乐和夸耀的资源；对于学者专家，它简直是真正的珍宝。

遗址博物馆之所以得名，是由于它所保存的都是从有着相当面积与历史意义的遗址里发见和发掘出来的那些搬得动的古物，而博物馆也就建筑在这遗址本身上面，可以在发掘出来的废墟中心，也可以在它的邻近。遗址博物馆可以专为陈列而特建新舍，也可以就利用遗址中的其一古建筑物陈列展览。有的遗址博物馆还建有庇厦或栅围，以一种露天展览室的形式来陈列比较沉重的大件——如石柱，石像，石雕，碑刻以及这等类的东西——只要能避免人为的毁损和风雨的侵蚀。遗址博物馆的另一名称是古物陈列所。

例如在罗马就有一个国民会场①古物陈列所，和一个帕拉丁②古物陈列所。前者利用往日圣玛利亚修道院的若干房屋，主要陈列从古罗马国民会场最古地层里出土的物品；后者则设置于访问修道院（纪念玛利亚对伊丽沙白的访问——译者）的残存部分，介于弗拉浮氏邸宅（Domus Flavia）③与奥古斯都氏邸宅（Domus Augustana）之间，里边收存着从帕拉丁山上古建筑里取来的许多雕刻和壁画，其中最上等的精品则已收到国家博物院里去了。这两处虽然实际上都是遗址博物馆，但因处在现代都市的罗马城中，所以不像通常远在穷乡僻壤的那些遗址博物馆来得显著。

印度的遗址博物馆，虽然为数不多，但由于它们每一处实际上都是沙漠中的一块绿洲，因而就具有一种特殊的重要意义。这些遗址博物馆所在的村庄过去都是微不足道的，现在却重要起来，成为朝圣者和旅行家们的活动中心了。因为游客们大多数是佛教信徒，所以建设了这些遗址博物馆之后，跟着又在靠近这些博物馆的地方新造了一些"毗诃罗"（Vihara），意即佛教寺院，作为在印度复兴佛教的活动中心。它们从印度的国内国外吸引着大群的游客。人民和政府特别修筑了很好的公路，建造了休息的馆舍，既帮助了游客，也同样便利了当地的民众，于是这些以前的荒凉地区现在都熙熙攘攘活跃起来了。自不待言，这一切就相当地改善了乡村的经济，并且对于乡村民众文化生活方面的补益也是同样巨大的。此外，自从1955年举行的佛陀灭度二千五百年纪念以来，这些佛教中心更是日益引起了文明世界的注意。这一切都很好地说明了博物馆对于社会确曾做了不少有用的事业。

在印度，经过考古司、各大学和各学术团体做过发掘工作的地方很多，但没有遗址博物馆的则仅有

---

① Forum，古代罗马公民集会场所。——译者注
② Palatine，古代马城的七丘之一。——译者注
③ 现多称"弗拉维安宫"。

少数几处。它们都维持得很正常，并且日益得到大众的欢迎，它们的好处也得到愈来愈多的证明了。在收藏方面最为杰出而且丰富的是达克西拉（Jaxila）① 的博物馆，这里保存着的主要是印度希腊时代的古物，对于犍陀罗（Ghandhara）雕刻的研究可以说是举世无匹的。在哈拉巴（Harappa）② 和摩享殊达鲁（Mohenjodaro）③ 这两个著名的史前遗址也已各有一所遗址博物馆了。

　　下面就对印度本部的遗址博物馆作一简单的介绍。它们一共有八处，它们是分布为同等数目的南北二群。北群包括萨那特（Sarnath）④，那烂陀（Nalanda），伽殊拉诃（Khajuraho）⑤ 和桑质（Sanchi）⑥；南群包括孔达浦尔（Kondapur），阿马拉伐提（Amaravati）⑦，那伽树那孔达（Nagarjunakonda）⑧ 和哈姆庇（Hampi）⑨。它们都是由印度政府教育部考古司主持的，在行政上则直接隶属于考古司内的博物馆专员，这位专员定期到各遗址博物馆视察，保证它们的正常进行。因此这八个遗址博物馆的管理方式大都是一致的。

　　萨那特（Sarnatb 图 1. 2.）。印度现有的遗址博物馆中，以在萨那特⑩的博物馆为首屈一指。萨那特是乌达尔省（Uttar Pradesh）贝拿勒斯（Banaras）城北四英里的一个小村落。贝拿勒斯位于圣水恒河之上，是印度教湿婆大神（Siva，又称大自在天 Visvanatha，意即宇宙的主宰）的第一圣地。对于佛教，萨那特也是同样地神圣，在这地方，二千五百年前乔答摩·佛陀第一次说法，佛家语言叫做"初转法轮"。考古发掘在这一遗址上发现了远自公元前三百年孔雀王朝阿育王时代以来一直到公元一千二百年前后的若干佛教寺院的遗迹。博物馆成立于 1904 年；现在的建筑物约占当初僧院全部规划的一半。这儿保存着一万二千件以上的古物，代表着印度雕刻艺术的各个阶段，如摩利耶（Maurya 即孔雀王朝），巽伽（Sunga），案达罗（Andhra），贵霜（Kushana），笈多（Gupta）等等朝代。收藏品中有著名的阿育王石

图1　萨那特。博物馆正面。

① 疑为"塔克西拉（Taxila）"，现位于巴基斯坦。
② 现多称"哈拉帕"。
③ 现多称"摩亨佐–达罗"。
④ 又称"鹿野苑"，下同。
⑤ 现多称"克久拉霍"，下同。
⑥ 现多称"桑吉"，下同。
⑦ 现多称"阿默拉沃蒂"，下同。
⑧ 现多称"纳加尔朱纳康达"，又称"龙树山"，下同。
⑨ 现多称"亨比村"，下同。
⑩ 古代鹿野苑。——译者注

柱的雕狮柱头，印度共和国的国徽即取像于它；还有一尊佛陀坐像可称为笈多艺术的杰作。除了佛教古物之外，还有无数婆罗门教的雕刻，其中有很多陈列在馆旁的庇厦下边。这一博物馆拥有广大观众，并有为研究工作者而设的种种便利。

图 2　萨那特。博物馆保存着婆罗门雕刻的棚厦。

那烂陀（Nalanda，**图 3**）。这是古代那烂陀佛教大学院的故址，靠近拉吉尔（Rojgir）地方，在比哈尔（Bihar）的巴特那①区。博物馆开办于 1917 年，收藏品中有石像和青铜像、古钱币、硬陶片、印章、泥像，砖石铭刻，铜牌铭刻等等，对于研究笈多朝晚期和巴拉（Pala）时期的印度艺术和造像，这里提供了最精美的资料。离遗址最近的村庄是巴伽昂（Bargaon），不过博物馆在它的周围地带也导致了各种其他的建设。

图 3　那烂陀。博物馆正面。

---

　　①　Patna，古代华氏城。——译者注

伽殊拉合（Khajuraho）。伽殊拉合在中世纪曾做过中印度旃德拉（Chandellas）王朝的都城，现在是芬底亚省（Vindhya Prodesh）查达浦尔区（Chhattarpur District，过去的查达浦尔邦）的一个村庄。此地以印度教和耆那教的寺院遗址及其大量的雕刻遗物而著名。这里虽未做过发掘工作，但早在1910年已经建立了一座围墙院子，保存在这里所发见的众多石像和各种雕刻，有的残损了，有的还完好。这座露天院落，往日曾依当时驻扎奔德尔康（Bundelkand）①的行政专员嘉丁W. E. Jardine的名字而被命名为嘉丁博物馆。这里的无数寺庙代表着所谓印度阿利安式（Indian Aryan Style）的建筑。它们都是雕镂装饰，极尽精工。单在康达利亚摩诃提婆（Kandariya Mahadeva）②一寺的壁上就有雕像八百躯之多，举世公认是人体美的巨制。印度政府现正采取步骤，发展这里为一大游览中心，目前已有一个计划，准备在现有的露天博物馆上面加造一所正规的遗址博物馆。

桑质（Sanchi 图4）。桑质是波巴尔邦（Bhopal）的一个小村庄，现在以山上的古代佛教宰堵婆（Stupas）和寺院著名。山上的遗址博物馆建于1919年。发掘和兴建工作都是在当时的考古总监马歇尔爵士监督之下进行的。这所博物馆的藏品，包括溯自阿育王时代直到公元1200年间的雕像，石栏和石门的残石，青铜和红铜的物品，硬陶片，古钱币等等，其中包括阿育王石柱的一个雕狮柱头。山上最近还盖了一幢佛寺，按常规进行着礼拜。一个新市镇正在山下成长着，同时桑质正在吸引着大批的游客。

图4　桑质。博物馆收藏阿育王石柱的一个雕狮柱头的雕塑陈列室。

孔达浦尔（Kondapur）。孔达浦尔村在海德拉巴（Hyderabad）邦。这所遗址博物馆收藏的主要是案达罗朝的古物，1941年海得拉巴邦考古司所作部分发掘的出土品。该馆直属于印度政府教育部考古司。馆藏古物中值得注意的有槌纹钱币，萨坦拉哈那钱币（Satarahana Coins）和佛像。

阿马拉伐提（Amaravati）。阿马拉伐提遗址博物馆包括一座庇厦，里面陈列着石像和雕刻，全是佛教的，并且大部分都是远在1797年就发现的。阿马拉伐提位于讫里史那（Krishna）河右岸，属于案达

---

① 现多称"班得尔肯德"。
② 现多称"坎达里亚·摩诃提婆神庙"。

罗的昆都尔（Guntur）① 区。这一博物馆以基督纪元初期雕刻的特殊风格著名。

那伽树那孔达（Nagarjunakond）。这一遗址是与阿马拉伐提相关联的，也是在讫里史那河右岸。收藏在这里的石雕数量，由于遗址发掘工作新近全面开展，大有收获。因而日益在增加中。对于南印度早期艺术的研究，这两处遗址博物馆的价值是无出其右的。

哈姆庇（Hampi 图5）。哈姆庇是公元1400～1600年间强大的毗雅衍那伽拉王朝（Vijayanagara）的都城。和伽殊拉合一样，哈姆庇遗址博物馆也是意在收存这些散乱废墟中发见出来的石像和雕刻，陈列的地点就利用旧时的营房。哈姆庇现在是案达罗省白勒利区中敦伽巴德拉河（R. Tungabhadra）南岸的一个小村落。

图5　哈姆庇。做为博物馆之用的旧时营房。

在这些遗址博物馆大多数地方都可以买到导游书，有些地方还买得到图画明信片。在那些目前还买不到这类资料的地方，现在正作着各种努力来设法供应，并为公众提供更多的便利。

原载联合国文教科学组织《博物馆》杂志第9卷第1期［1656］。

（绍熙译）

---

① 现多称"贡土尔"。

苏联国立爱尔米塔什（冬宫博物院）组织条例

一　总则

1. 国立爱尔米塔什为具有全苏联意义的科学研究及文化教育机关，为苏联人民及世界人民的文化和造型艺术的历史博物院。

国立爱尔米塔什的基本任务是科学地宣传文化遗产，以对广大劳动人民进行共产主义教育。为了完成此项任务，国立爱尔米塔什搜集、保藏和研究反映苏联各族人民及世界各国人民社会发展主要阶段的各项文化艺术作品，并使之通俗化。

2. 国立爱尔米塔什受苏联部长会议艺术委员会的管辖，其业务亦由该会指导。而实际领导博物院工作的是造型艺术机构总管理局。

国立爱尔米塔什按照本条例及苏联部长会议艺术委员会的指示进行工作。

3. 国立爱尔米塔什享有法人的一切权利。

4. 国立爱尔米塔什有带国徽的常用印章一枚，上刻：苏联部长会议艺术委员会——国立爱尔米塔什。

5. 国立爱尔米塔什设于列宁格勒，据有大爱尔米塔什、小爱尔米塔什、冬宫和爱尔米塔什戏院等建筑物。

6. 所有入藏于国立爱尔米塔什，并登入该院登录簿内的物品，均属国家的不可侵犯的财产。唯有苏联部长会议艺术委员会在个别情况下所发的特殊的书面通知，始能将国立爱尔米塔什的陈列品借与其他博物馆或机关作短期或长期的使用。

7. 国立爱尔米塔什的组织及其编制由苏联部长会议艺术委员会按法律规定程序批准。

该院工作计划由造型艺术机构总管理局提请苏联部长会议艺术委员会批准。

8. 国立爱尔米塔什，为了执行摆在它的面前的任务：

（1）保藏该院所有的博物馆珍品，建立必要的条件，以保证其完整和安全，进行科学的登记，记载其现状和变动，并以可靠的科学方法进行修整；根据博物馆中的实际经验和与其他博物馆交流的经验来拟制并实行进一步改善保管、登记和修整艺术品的办法；

（2）通过国家采购委员会，用组织考察队以及自其他机关拨赠的方式充实自己的搜藏；

（3）为了适合一般性的参观，在固定陈列和临时展览中展出各项物品，力求构成一幅有联系的，有科学根据的文化艺术历史发展的图景。各项陈列须经造型艺术机构总管理局议决，由博物院院长提请。苏联部长会议艺术委员会批准；

（4）根据马克思列宁主义关于社会、文化艺术发展的学说全面地研究本院所藏文物。在博物院的科学会议和大会上讨论科学研究工作的成果，准备出版科学目录，科学研究及通俗科学性质的著作（论文集、论文）；

（5）供应固定陈列和临时展览用的目录，说明、导引手册；

（6）用以下方式进行科学的宣传和达到艺术的普及：

组织个别参观和集体参观来院参观固定陈列和展览，供给他们熟练的导引和咨询人员；

在院内外举办有关文化艺术史方面的讲演；

为一般学校，工艺学校的学生和高等学校的学生举办有系统的实习，为教师们则组织学员小组，咨询处和研究班。

（7）组织考察队搜集和研究具有博物馆意义的考古、艺术文物（单独组织，或与苏联其他科学机关合办）；

（8）通过国立爱尔米塔什附设的研究部培养专家。

二 博物院的管理

9. 国立爱尔米塔什设院长一人，由苏联部长会议艺术委员会任免之。

院长根据首长制领导博物院全部工作。

院长下设咨议机构性质的国立爱尔米塔什学术委员会。学术委员会的职务及其成员须经苏联部长会议艺术委员会的同意，由高等教育部最高审核委员会批准。

院长在苏联部长会议艺术委员会所批准的工作计划和预算的范围内行使其业务上和经济上的独立自主之权。

为此，院长应当：

根据现行法令实行博物院藏品国有的严格登记和保藏，并保证其完整和安全；补充工作人员时，保证以熟练而又对社会主义建设事业表示忠诚的干部充任；

领导博物院的科学研究，科学教育和陈列展览工作；

领导博物院工作计划的编制与执行；

在规定期限内提出关于博物院科学研究、保管和科学教育及个别部门的业务报告；

领导学术委员会的活动；

制订博物院内部的必要规程及博物院内部工作程序的章则。

院长具有下列权限：

在编制规定范围内任免，调动科学工作人员及职工，但以苏联部长会议艺术委员会名义来院的工作人员以及须由国立爱尔米塔什提请苏联部长会议艺术委员会任免的人员除外，对破坏劳动纪律者得给以纪律处分，对应行奖励的工作人员得给以奖赏；

得确定科学、技术及行政财务人员的权利与义务；

得在政府和社会的组织中，在法院和公断机关中充当国立爱尔米塔什的代表；

按照既定的法律程序处理在预算和拨款范围内的一切资金和财产（财产的接受与转移，须按照现行的法律规定，并取得艺术委员会的事前同意，在各信贷机关开立普通的和特殊的活期存款的户头，并支配这些存款，处理应支应付的款项，在苏联各信贷机关建立为博物院业务所必需的一些业务关系，缔结为执行批准了的博物馆财务和科学计划所必需的各种合同）。

在自己权限内得委任博物院工作人员。

国立爱尔米塔什院长根据本条例执行工作，不须另给以特殊的委任状。

国立爱尔米塔什院长按照现行法律对国家收藏的艺术珍品的保护，对工作计划的执行，财务预算项目的监督和事务上的经济管理负有完全责任。

10. 国立爱尔米塔什院长有两个副院长，第一为科学部门的副院长，第二个为行政部门的副院长。

科学及行政副院长由国立爱尔米塔什院长提请，苏联部长会议艺术委员会任免之。

科学副院长按照院长的指示，领导博物院一切科学研究、科学教育、陈列展览、出版等业务及登记保管的科学方面工作。对科学工作的政治思想水平，质量和情况负责，领导博物院计划和科学报告的编制，领导研究部工作和提高科学工作人员业务能力，提出博物院科学工作人员的学位候选人请院长批准，组织科学会议和大会，分配科学工作方面的资料。

在科学副院长下设立博物院的讲演、参观及其他宣传工作的方法委员会。委员会的成员及其条例由院长批准。

行政副院长按照院长的指示领导博物院一切财务和行政事务，有优先签署有关财务的文件之权。关于科学研究和科学教育方面的费用开支，行政副院长须征得科学副院长的同意，关于登记保管工作，须征得博物院总保管员的同意。

11. 国立爱尔米塔什的总保管员领导博物院藏品的登记，保管和修整工作，总保管员由院长提请苏联部长会议艺术委员会任免。

总保管员直属于院长，对博物院藏品的完整与安全，对登记、保管，修整的情况，对博物院藏品和个别陈列品的出纳与移交负责。

总保管员领导国立爱尔米塔什的登记保管部和修整部的工作，根据院长的指示和博物院珍品登记保藏方面的现行法令负责监督内部保卫工作，陈列室及藏品库的工作。

总保管员按照苏联部长会议艺术委员会的现行法令和指示，拟订并提请院长批准，登记保管部和修整部的特殊条例以及保证博物院藏品的精确而严格的统计，登记和充分安全的内部章则。

总保管员经常领导登记、保管及修整方面的科学工作，并检查这方面的工作情况，监督博物院工作人员执行苏联部长会议艺术委员会所批准的有关博物院珍品登记保管及修整工作的各项法令，检查各部门对院长和艺术委员会所发布的有关这些部门工作各项问题的命令和博物院工作的执行情况。

总保管员不同意院长的命令时，可按照苏联部长会议艺术委员会系统的各艺术博物馆和博物馆珍品登记，保管的法规行事（第一章第十八条）。

在总保管员下设修整委员会。委员会成员及其条例由国立爱尔米塔什院长批准之。

三　博物院的组织

12. 国立爱尔米塔什由科学部、登记保管部、行政管理部、保卫部及人事部组成之。

13. 国立爱尔米塔什各部设主任，由院长任免之。

国立爱尔米塔什各部条例及其办事细则，由院长批准之。

人事部，专家室、防空队、内事处、消防队、警卫队均直接受院长管辖。

14. 国立爱尔米塔什的科学部由下列各科组成：

　　（1）科学教育工作科；

　　（2）俄罗斯文化史科；

　　（3）苏联境内原始文化艺术史科；

　　（4）苏联东方各族人民文化艺术史科；

（5）古代世界文化艺术史科；

（6）西欧艺术科；

（7）国外东方文化艺术史科；

（8）货币及徽章艺术科；

（9）科学图书馆；

（10）博物院科学档案室；

（11）出版部；

（12）摄影室。

科学部各科主任隶属于科学副院长，登记保管工作隶属于总保管员。

15. 国立爱尔米塔什登记保管部由下列各科组成：

（1）登记保管科；

（2）修整科。

登记保管部在总保管员的领导下进行工作。

16. 国立爱尔米塔什内属于科学和登记保管部的计划与报告的编制，各科学部门工作的配合，生产计划及院长、科学副院长、总保管员的命令的执行情况的监督，统由国立爱尔米塔什学术秘书执行，学术秘书由造型艺术机构总管理局任命之。

学术秘书直属于科学副院长。

17. 科学部各科主任负责他们所经管的博物院藏品及科学辅助资料的完整与安全，领导各自部门的一切工作，负责院长所批准的各自部门工作计划的按时完成并保证它的质量。

科学部的各科设主任科学工作人员，主任保管员，科学工作人员，保管员，及科学技术工作人员。每科设一个学术秘书。各科分设各组，设组长领导工作，组长隶属于科主任。

各科工作人员进行科学教育，登记保管及科学研究工作。

经院长指示批准作为保管员的科学工作人员应对他所管理的博物院藏品负物质上的责任。

18. 行政部由以下各科组成：

（1）财务计划科；

（2）会计室；

（3）办公室；

（4）建筑部门；

（5）技监室；

（9）基本建设科；

（7）事务科；

（8）供应科；

（9）汽车房。

各科主任隶属于行政副院长。

四 博物院的经费及会计制度

19. 国立爱尔米塔什列入苏联的国家预算，按照苏联部长会议 1949 年 5 月 18 日第 7093 – P 号命令有专门经费。

国立爱尔米塔什通过法定程序有权组织企业化的辅助企业。

这些企业的条例由苏联部长会议艺术委员会造型艺术机构总管理局批准之。

20. 国立爱尔米塔什的统计与会计制度应按照苏联部长会议艺术委员会为各中央机关所规定的有关规则与格式来进行。

国立爱尔米塔什的一切款项簿册单据和报告由院长或行政副院长及总会计员签署之。

21. 国立爱尔米塔什业务的监督与检查，由苏联部长会议艺术委员会负责。

（韩承铎 张琪玉译，颜明宜校）

编　后

　　《博物馆译丛》主要是介绍苏联和人民民主国家有关博物馆学基本理论和先进经验。其次，有选择地介绍资本主义国家有关博物馆的管理方法和技术设施，提供参考。同时，报导世界各国博物馆的情况与动态。我们希望这个刊物对我国博物馆工作者能够有所帮助。但是我们缺乏经验，加以目前材料来源不畅，目前还只能是试办性质。

　　本期内容，在博物馆工作方法方面介绍了苏联博物馆有关征集、保管和陈列工作的经验。其中以陈列工作为重点，分别介绍了地志博物馆中自然、历史和苏维埃时期三个部分的主题陈列计划。本拟全面的介绍苏维埃时期之部的陈列方法但因篇幅关系，本期只选入"社会主义经济和文化"部分，至于其中历史部分留待以后介绍。此外，本期介绍了波兰、匈牙利、南斯拉夫以及印度的不同类型博物馆的情况。

　　《博物馆译丛》所介绍的经验，对我国博物馆工作者说来，须考虑具体条件，结合本馆特点，创造性地运用，才能发挥有益效果。

　　本期在选材上、编译上存在许多缺点，希望读者提出批评和建议，帮助我们把这个刊物办好。

博物馆藏品科学编目法

A·M·拉芝贡著

苏联地志博物馆科学研究所编

博物馆科学工作研究所筹备处校译

文物出版社

·1957·

МИНИСТЕРСТВО КУЛЬТУРЫ РСФСР

НАУЧНО——ИССЛЕДОВАТЕЛЬСКИЙ ИНССИТУТ
КРАВЕДЧЕСКОЙ И МУЭЭЙИОЙ РАВОТЫ

НАУЧНОЕ ОПНСАИЕ
МУЭЕЙННЫХ ПРЕДМЕТОВ

(Методические указания)

ГОСУДАРСТВЕННОЕ ИЭДАТЕДЬСТВО
КУЛЬТУРНО – ПРОСВЕИТЕЛЬНОИ ЛИТЕРАТУРЫ

МОСКВА——1954

目　录

博物馆藏品研究和科学著录的任务

苏联共产党中央委员会和苏联政府关于动员为全苏联人民创造更丰富的物质福利和精神文化而奋斗的决议，向文化工作者提出了更高的要求。

凡是对提高文化事业方面具有重大贡献的材料，都应当收进博物馆，博物馆所保藏的一切历史文物，都在叙述着我国人民所经历的卓越历史道路，并证明着他们的创造才能。

在共产主义建设的新阶段上，博物馆的全部科学和文化教育工作，都应当服从于主要的任务——对劳动人民进行共产主义教育。为了实现这项任务，必须坚决提高博物馆的工作，使其达到更高度的思想理论水平。

因此，改进科学工作是最重要的条件之一，博物馆的全部搜集、陈列和群众政治性的活动，都要建立在这个基础之上。作为科学研究和文化教育机关的博物馆，其特点在于对物质和精神文化的历史文物进行搜集、保藏和陈列。所以博物馆科学工作的重要方面，就是对于历史文物的研究。

博物馆藏品的研究和科学著录，其目的是要对博物馆内所保藏的历史文物，给予全面的科学论述，说明它们作为历史资料的价值，并揭示出它们在博物馆藏品中的意义。只有对博物馆藏品进行研究和科学著录，才能使研究工作和陈列工作，建立在利用物质文化和精神文化的历史文物的真正科学基础之上。若对博物馆藏品不加研究，也不进行科学著录，那末，对它们的利用，就只会停留在表面，况且没有经过研究的博物馆藏品，陈列出来很容易导致思想上和事实上的错误。

博物馆藏品的研究和科学著录工作，一方面有着博物馆科学工作的独特方式，同时也有许多地方和历史学家、文学家、艺术家或生物学家的科学工作是相同的。但是在博物馆内所进行研究和著录的对象，不能仅限于一定类型的历史文物——知识的史料，而首先是贮藏室内保存着的具体的博物馆藏品。

博物馆藏品的研究和科学著录，应当以马克思列宁主义的方法论为根据。马克思主义辩证法要求研究各种现象时，须进行严格的阶级分析，要有原则性和党性。弗·伊·列宁曾经说过："……唯物主义是具有党性的，在评定任何事物时，必须直接地、公开地站在一定社会集团的观点上面。"无产阶级的党性和研究各种现象时所采取的科学态度是完全一致的。而资产阶级的博物馆学正与此相反，在研究历史文物方面，是在无党派性和客观主义的幌子下来维护反动资产阶级的利益。苏联的博物馆工作者，在进行博物馆藏品的研究和著录时，是采取真正科学的客观态度，因为他们表现着先进阶级的利益，而先进阶级是关怀于查明真理的。

博物馆藏品的研究和科学著录工作，应依靠于查考各种各样的资料，这些资料的性质是以所研究和著录的历史文物和它的专门特点为转移的。应查考的资料计有：关于所研究的时代的历史专著、札记和文艺作品、已发表的文献资料、博物馆的藏品目录、博物馆指南和鉴定、没有公布过的档案材料、博物馆藏品汇编、参加过历史事件的现存人物的口述证明等等。在资料中具有极重要作用的是根据现存藏品而编制的保管记录文件。科学著录的成绩在很大程度上是取决于每件文物到馆时的随同记录文件，以及入馆后对这件文物所作的科学鉴定、登记和注册等记录文件的质量。但是也有这样的情况，当某件文物缺乏有关的材料时，研究者必须先进行查者必要的资料，方能对这件历史文物作好充分有价值的科学著录工作。

对于某件或某批博物馆藏品的研究成果，可以编写研究专论、科学论文和作研究报告；博物馆可出版关于藏品研究成果的著述，同时还可以写作学位论文，论文内容可用关于藏品的研究材料。在一般情况下，博物馆藏品的科学著录应作为藏品研究的定期总结。科学著录的卡片，须编排为专门的目录，这将是最有价值的资料，同时也就是博物馆的科学研究、陈列和群众政治工作等项的基础。

*   *   *

虽然博物馆藏品的研究和科学著录工作具有很大的重要性，但是这项工作的目前状况，在多数的博物馆内，特别是在地志博物馆和纪念博物馆内，还是不能令人满意的。有些博物馆对于馆内所保藏的历史文物，完全没有进行研究和科学著录，有些博物馆则把历史文物的科学证件变成了财产清册的摘录材料，使其失去研究的价值，同时也没有引用其它的参考资料。此外，就是在财产清册上，也还经常有完全记录错误的地方。

有些博物馆在藏品研究和科学著录工作方面所积累起来的优良经验，目前也还没有得到大力的推广。

博物馆藏品的研究和科学著录工作方面的这种不能令人满意的状况，也就是目前在博物馆藏品的补充、登记和保藏，以及陈列等项工作中存在着巨大缺点的原因之一。应当特别提出在陈列工作中关于真正历史文物的充实程度，是很不够的（特别是关于苏维埃时期的文物陈列工作）。还有些这样的情况，由于在陈列历史文物时，没有经过深刻的研究和科学著录，就使得所陈列出来的文物只能起图例的作用，而不能作为揭示主题思想倾向的重要工具。

由此可见，改进博物馆藏品的研究和科学著录工作，可以说是提高博物馆全部工作的有效方法。

博物馆各类藏品的科学著录

博物馆内保存着物质文化和精神文化方面各式各样的历史文物。每件历史文物的研究和著录工作，都有着自己的特点。在研究某件历史文物时所使用的研究方法和采用的著录格式，是以所研究的这件文物的性质而决定的。虽然历史文物是多种多样的，但在著录时可以把它们区分为几种类型。属于同一类型中的每件历史文物，虽在研究方法和著录格式方面，仍还有着一些小的区别，但是并不是决定性的区别，因此，对于同一种类型的历史文物，可以使用相同的科学著录格式。

历史文物可分为下列几类：

1. 实体文物；
2. 书面文物；
3. 艺术作品；
4. 照片资料；
5. 图片资料。

这几类文物的科学著录卡片，其项目格式是大致相同的，基本上都是为了达到科学保藏的目的。所以博物馆的科学著录卡片，其内容都应包括财产登录号、照相底片号、藏品的名称和照片、有关记录文件的代号和号码、来源和保存地点。其次的科学著录项目是关于揭示这件文物在博物馆藏品中的科学意义，以及在研究时所使用的各项材料，这些著录项目，各类文物也是相同的。最末的项目是著录者的姓名和著录时间。此外，科学著录卡片还可以有附件（如照片、画片等等）。

科学著录卡片的进一步内容，是反映这件文物的特点和对文物的研究过程。

虽然各类文物在科学著录时所用的项目名称是大致相同的（如外貌的描述、内容、历史），但是各个项目的具体内容则不相同了。

        *   *   *

研究作为历史资料的实体文物以及确定它们作为博物馆藏品的意义，这是博物馆科学工作的基本任务之一。这项工作的意义又是由作为历史文物贮藏库的博物馆的本身特点而决定的，在历史文物中，实体文物占着最显著的地位。研究实体文物的工作是很必要的，因为历史史料学大半还从事于研究书面文物，而考古学所研究的对象，则只有实体文物，即考古学文物。

在进行实体文物的研究和科学著录工作时，首先是以博物馆的藏品作为研究的对象。在研究藏品时，一般还不可能提供出关于这件文物的全部资料，还必须把研究藏品的工作和对历史文献、档案、现代尚存人物的书面和口述证明、文艺作品、美术作品等的深刻研究工作结合起来，若是有相类似的实体文物，还要进行相互间的对照研究。

我们现在开始研究实体文物的科学著录卡片，因为卡片内容在很大程度上是反映着研究实体文物的过程（见附件1、6：（1）～（7））。

在实体文物的科学著录卡片上，应给予博物馆藏品一个正确的名称，一般情况下，这时所给的名称与在原始登记和科学登记时所给的名称是大致相同的，因为在这个阶段上，这件藏品应当是已经经过了科学鉴定的。但是研究者也不能盲目地信任过去所给的名称，特别是对于那些确定得很复杂的名称。同时研究者还必须审查过去所给的名称是否符合于博物馆的术语，必要时就应在科学文件上补充。此外，还应经常注意，对于文物进行专门的研究已经是科学工作的最后阶段，所以科学著录的材料，应具有充分的科学可靠性。以后在对这件藏品进行进一步的工作时，研究者可以把科学著录卡片作为科学文件来引证。这项意见不仅只是对确定文物名称的问题而言，可以说是对科学著录工作方面的一切项目而言。

除了文物的名称之外，研究者应在科学著录卡片上记出这件文物的来源、到馆时间和保存地点，还要记出关于研究这件文物的全部有关文件。因此，在编写这些初步的保管项目的时候，研究者就必然要接触到关于这件文物的科学登录文件（如到馆文件、传说、考查队笔记、收到簿、财产登录簿等等），而且在整个研究过程中，都要经常地利用到这些文件。

博物馆藏品的外貌的描述，这是科学鉴定最重要的项目之一。它应当是这件藏品经过细密和全面研究后的总结。在必要的情况下，还要把藏品送交专门的实验室去研究（进行化学分析、爱克司光透视等等），但应当注意，必须在有技术高明的专家并能充分保证藏品不致遭受损害的条件下，才能把藏品送往实验室去进行研究。

在博物馆藏品外貌描述的项目内，研究者应编写关于这件藏品的材料问题（如铁、青铜、木料等等），以及藏品的形状和尺寸；若系模型类的藏品，还必须注明它的比例尺，对于贵重金属的藏品，应注明成色和重量；还要简明指出这件藏品的制造技术（如青铜铸造、象牙雕刻、生铁铸成等等）；若是在藏品上有图画和题词，也要在卡片上注明；若是机器类的藏品，著录时必须指出它的制造厂招牌和主要的技术材料。对于藏品形状的著录工作，应特别加以注意，因为藏品的形状，技术制造和质料性质等项目，都是确定这件文物的制造、日期和对它作科学鉴定的极宝贵资料。关于藏品的科学鉴定工作，须要具有各方面的专门知识，应经常注意各种参考资料（鉴定书）、文献，以及有关的科学部门各专家的意见。外貌描述的最末项目是关于文物的完整程度和修理情况。

关于文物历史的说明工作，有着特别的意义。博物馆藏品在到馆以前的历史，大半可以根据登记文件、科学出版物目录和博物馆指南等来编写（系指过去曾发表过或展览过的文物而言）。

苏联陆军中央博物馆在编写阿尔泰边区游击队自制武器的经历说明时，曾利用了独特的和很宝贵的资料。所用的资料是当博物馆考查队在刚发现这种武器时以及从当地运送这件武器来博物馆的过程中所摄制的真实照片（著录者：尼康诺娃同志）。

文物的制作及其产生的历史，一般是在对文物进行了深刻的科学研究工作并参考了发表过的和未经过发表的档案材料之后而编写的。例如，在研究普加乔夫战旗历史的进程中，著录者（H·M·德鲁瑞宁）就研究了关于普加乔夫所领导的农民运动，特别是与尼诺哥罗得斯克省农民起义有关的农民战争的档案材料，因为这面战旗就是在该省农民起义时所使用的。在苏联陆军中央博物馆进行阿尔泰边区游击队自制武器的著录工作时，研究者从文物的文献史料和回忆录内，以及用研究战斗区域的方法等等进行研究了这件文物的进一步历史。同时，还阅读了当时事件的参加者——阿尔泰游击队员们的报导，这项工作不仅帮助确定了回忆录上面的材料，而且还收集到许多有关游击队使用自制武器的补充实物证明。

苏联陆军中央博物馆在进行某步兵团的荣誉红旗的著录工作时，著录者曾仔细地研究了红军档案馆内的有关材料，以及国立列宁图书馆、加里宁博物馆、国防部命令局和颁奖局、苏联陆军博物馆等所保藏的有关资料和工农政府法令汇编中的有关文件。此外，还利用了有关国内战争时期的回忆录。如此广泛地查考资料的结果，就能编写出这个步兵团的历史，并科学地鉴定了作为陈列品的荣誉革命红旗，揭示出人民在国内战争时期的英勇历史（著录者：雷布金娜）。对于文物的历史进行了研究之后，就能知道这件文物产生的时间和地点，著者姓名，这件文物的用途，以及和它相关联着的具体历史事件，有关的人物等等。

在确定了文物的历史和它作为历史资料的意义之后，卡片的编写者就可以确定这件文物的真实性和它在博物馆藏品中的科学意义，并可以解决在陈列工作中应如何利用这件文物的问题。

最末的项目是列举出卡片的编写者在进行研究和著录工作中所使用的有关材料和文献。

＊ ＊ ＊

书面文物是集中保藏在博物馆内的博物馆最重要材料的一部分。对于文件、文献、手稿和印刷品等类文物的研究和科学著录工作，也是博物馆科学工作者的责任。

书面文物科学著录工作的任务是由博物馆的性质和它的类型而决定的。例如，历史文献博物馆就多着重于研究手稿的形式，文件上的词汇和文法结构等等。又如属于历史学类型的博物馆，则应注重于从揭示这件文物作为历史资料的观点上来研究各种文件和手稿。

书面文物的科学著录工作，应当以对文物进行深刻和全面的研究为根据，同时，对于文物的外貌、内容、产生时历史和经历，都要进行研究（见附件2、6：（8）～（9））。

科学著录的内容，应包括藏品的名称和它的登记号码。名称应以标题性的词汇作为首字，须明确而简练。例如："俄国社会主义工党莫斯科委员会的传单"，或"列宁格勒制造厂旋工——葛朗诺夫的小册子"。

对于手稿或文件的外貌描述工作，必须仔细地研究它的材料（如纸、皮、桦树皮、丝织品等等）和制作技术（如，手稿、打字稿、印刷品、油印品等等）。对于材料和制作技术的研究工作，以及进行细密的考古学分析，能够提供出关于这件文物的创作时间，科学鉴定，揭示产生历史和经历等方面的极宝贵材料。外貌描述还应包括这件文物的装潢：装订方式、封面、装饰、图画、落款等等，同时还要注明文物的尺寸。有科学根据的外貌描述，能够提供出判断这件书面文物是原本或是副本的材料。但是若系古代的书面文物，则不可能从外貌上来区别它是原本或副本，这个问题是需要另外进行严密的和全面的史料学的资料分析之后，才能解决的。外貌描述的末项是关于这件文物的完整程度和修理情况。

其次的项目是书面文物的内容描述，内容描述必须指出书名（或题目名）、著者姓名（能知道的）、手稿或文件的页数、出版项（若原件上附有时）：出版日期和地点，出版机关。然后再极简明地叙述这件文物的内容。

例如："科斯特罗马城布尔什维尔克——战斗队队陈员 К·Н·科楚耶夫的告别信"这件文物的内容描述（著录者：历史学硕士 О·А·伊万诺夫）如下："К·Н·科楚耶夫自己在信上写着，这信是写于1907年12月20日晚9时30分即遇害前两小时，信是写给他的亲人和同志们的，内容是向他们告别，К·Н·科楚耶夫并说，他虽是死了，但确信革命事业最后必定会胜利的。"

在内容描述的末项，应指出这件文物的全部特点：如，文件上的签名、图章、题词、其他的记号等等。

书面文物的历史是科学著录工作中最复杂和最重要的部分。在这个项目内应揭示出这件文物作为历史史料的意义，并应得出论证这件文物在博物馆藏品中的科学意义的全部必要材料。在这个项目内，也和实体文物的著录相同，首先写出这件文物的经历（到馆前的经历；原本的保藏地点；它的陈列；出版和再版等情况），然后再记载经过进一步研究的这件文物的历史：创作的时间、地点和原因；版权（个人或集休）；这件文物传播的地点、方法和时间。

研究工作的总结，是由揭示这件文物在博物馆藏品中的科学意义来表现的，因此，应把这件文物在博物馆陈列品中的意义，作出一项专门的说明。

书面文物科学著录卡片的末项，应列举出在研究和著录工作中所使用的有关材料和文献。

＊　　　　　　　　　　＊　　　　　　　　　　＊

艺术作品是博物馆藏品中很普遍的一种文物，同时博物馆对于这类文物，也是要进行研究和科学著录的。

在艺术博物馆内，艺术作品就成为主要的材料了，而且科学工作的主要任务也就是研究艺术作品。但是在非艺术性的博物馆内，对于藏品中的艺术品文物，也是要进行研究和著录的，其目的是要阐述它们在博物馆藏品中的意义。其所以必须这样做，是因为在各种类型的博物馆内，艺术作品都占着非常大的地位，它可以作为历史的资料，同时又是使陈列品成为显著提高艺术表现和富有感情影响的要素。

在对艺术作品的分析和科学著录的基础上，应深刻地进行研究艺术作品本身，以及能以说明它的材料，如时代、创作时的具体条件、创作者及其创作道路、创作题材和这件作品的经历等等。这就是说，进行研究的材料范围应包括有关的文献、档案材料，艺术作品汇集、参考工具书和其他材料等等。

这项研究工作的总结应表现在科学著录卡片上面（见附件3、6：（10））。科学著录卡片的开始部分是：作品名称，创作者姓名，这件作品是原本、修改本（指原创作者修改的）或是副本，来源和到馆时间，最后是这件文物的保存地点，由此可见，艺术作品科学著录卡片的开始部分和其它类文物的科学著录格式，差不多是相同的。

在"外貌描述"的项目内，须注明这件创作品的材料和创作技术"如麻布——油画，马粪纸——木炭，绘画纸——水彩等等"；艺术作品的尺寸（按厘米计算），应连框架计算在内，不连其它的装潢，若系雕刻品则不仅要记出高度和长度，还要记出深度，必要时还须记出重量；作品上所有的全部签名和题词，在著录时都要注明，因为这是可以作为科学鉴定的一项材料。但应指出，对于科学鉴定工作有决定意义的是从全面研究中所得出的结论。此外，在本项目内还应记明这件文物的完整程度和修理情况。

在"著者项"内，必须指出这位创作者的生活年代，毕业于什么学校，属于那一个艺术派别，并简明地叙述他的创作道路的基本阶段，同时，确定他是代表那一个社会集体的利益，也是很重要的。

关于创作品的内容和艺术形式的项目，在著录时就需要进行巨大的工作了。在许多情况下，关于创作品的主题和题材、体裁、艺术学派等问题，只有在研究了适当的书籍与专家商榷之后，才能够确定。此外，在本项目内，还应注明创作品的结构和色调。

在解决上述各项目中的问题时，著录工作主要是对艺术作品的本身来进行研究。而对于科学著录卡片内的下述各项目中的问题，在进行著录工作时，就大半需要研究各种资料，才能得到解决的。

研究者在研究文物的创作历史时，就可以确定这件艺术品的创作地点和时间，主题的产生历史和创作过程。同时，若是在有创作准备材料的情况下，则对它们进行研究，也是很重要的，例如：草图、素描、创作者的原始方案，这些材料都是能在不同程度上对著录者有所帮助的。属于历史题材的艺术作品，在确定它所描绘的历史事件的历史可靠性时，最好是应该知道著者在进行这件艺术品的创作时，是使用过那一些资料（如所使用的自然物、照片、档案材料、现代人的回忆录等等）。

艺术品到馆前的历史，是根据登记保管文件以及各种参考资料、陈列品目录、艺术作品汇集目录、博物馆指南、回忆录和其它材料等而编写的。

在任何情况下，若所著录的艺术品是复制品或仿制品时，则必须指出复制的地点、复制方法、仿制者的姓名、所在地点。

　　由于上述各项目的研究工作，就可提供出解决这件艺术品在博物馆藏品中的科学意义的材料。

　　在艺术作品科学著录卡片内的末项，应注明著录时所使用的有关材料和文献。

*　　　　　　　　　*　　　　　　　　　*

　　照片资料　纪录性的照片作为历史资料是具有很大价值的，同时，在博物馆内也广泛地使用照片资料作为陈列品。

　　在博物馆的藏品中，保存着许多底片和照片，其中有些是原片，有些则是重摄片。从实物身上直接摄制的原片，当然是特别宝贵的。因此，首先来讲关于原片的研究和科学著录工作，但是在博物馆的陈列品内和科学工作中，也还是可以利用重摄的照片，并且对于重摄片，也是要进行研究和科学著录的。

　　博物馆对照片资料应进行独立的批判研究工作，这样可以预防在陈列工作、科学工作和群众政治工作中发生错误。

　　照片资料的研究和著录工作，也和其它类型的文物一样，要求利用尽可能多的广泛资料来进行全面的研究。例如，有一套关于打捞1919年在卡波尔斯克海峡被苏联海员击沉的英国潜水艇的照片，在进行著录时（苏联陆军中央博物馆著录），曾利用了有关的文献、期刊、苏联陆军博物馆所存的文件、当时和英国武装干涉者作过战的红军人员的回忆录以及其它有关的资料（著录者：雅兴）。

　　必须在对照片资料藏品的本身、有关的登记文件和各种资料进行了研究之后，才能编写出科学著录卡片上所要求的全部项目（见附件4、6：（12））。

　　科学著录卡片的头几个项目如照片名称、到馆来源和时间、保存地点等所包括的内容材料是从到馆文件和博物馆资料登记册上摘引下来的。同时，还希望能够再从馆内的其它材料上面摘引出与这份照片资料有直接关系的材料。

　　在照片资料的外貌描述栏内，必须指出它的质料，摄制技术，照片尺寸，这份照片是原片或是重摄片，经过修正的地方，照片的表面性质（如亮光的、暗光的等），厚薄程度，照片上的签名、题词以及照片的完整程度和修理情况。

　　其次，应指出摄制者姓名，照片的内容（照片上所摄取的是什么事件、什么实物、什么文件和人物等等），还要标明主题、题材和结构。

　　在"文物历史"项目内，应记载出这份照片到馆前的经历材料，拍照的时间和地点，被摄取对象的说明，被摄取的事件和对象的历史考证，并指出这份照片曾否经过发表，重摄和陈列等情况。

　　其次一个项目是关于这份照片资料在博物馆藏品中的科学意义，并列举出在科学著录时所使用的有关资料。

*　　　　　　　　　*　　　　　　　　　*

　　图片资料（如：图案、地图、设计图、图表和其他类似材料）的科学著录工作，有着自己的专门特点。

　　图片资料的科学著录卡片，也和实体文物、书面文物及其它资料的著录卡片相类似（见附件5），其内容是图片的名称和它的全部登记材料。

　　在"外貌描述"的项目内，应确定图片的质料和它的特征（例如，透明水纹纸——绘有戴王冠的狮子像；布料——棉布，白色等等）。还要注明这件文物的制作技术（墨绘，铅笔画，水彩画，油画等等），图片的尺寸（长度和宽度）。必要时对于图片上的全部签名和题词，也要记录出来。在本项目的末尾，应记出这份图片的完整程度和修理情况（指修理过的）。

对于图片创作者的事实加以确定，有着极大的意义。在许多情况下，这个项目内的记载可以有助于确定我们祖国许多科学家在各种科学领域和技术门类中的优先地位。

在科学著录卡片上，若是仅写出创作者的姓名，这是很不够的。必须尽可能地查考出关于创作者的全部材料，如生活年代、创作的简历、社会出身等等。这些关于创作者的材料，都应写在卡片上面。在创作者介绍栏之后，应简明地介绍图片的内容；若系绘面，则须确定它的主题、题材和结构；若系地图则须指出它所附文件的材料内容、比例尺和地图投影，整个的"内容"项目中的记载，应提供出关于这份图片的明显概念，其重要性不仅是为了保存的目的，而且还在于说明这件文物的科学价值。

图片文物的历史，著录时一般分为两部分：1. 到馆前的经历，2. 创作史。在编写第一部分历史时，必须研究有关的登记保管文件、目录、参考资料和指南；编写第二部分历史时，必须查考关于明确这件文物的创作地点、时间和创作历史的全部可能得到的有关资料。还应列举出关于描写这件文物的历史参考书。本项目的末尾应注明这件图片资料的发表经过和展览情况。

图片资料科学著录卡片的其余项目，和前述几种文物的著录项目是大致相同的。

自然物品的科学著录[①]

自然物品的科学著录工作有着它自己的特点。对于众所周知的各种植物、动物和矿物等等，都是要进行著录的，但是若因著录本身而花费许多无益的时间，也是不对的。因此，对于自然物品的著录工作，必须按这组或那组的植物、动物等来进行分组著录。这种分组著录就已经是对同类的许多自然物标本进行综合研究的结果。

只有在下列的几种情况下，才需要对个别的自然物标本，进行单独的科学著录工作：

1. 博物馆内若有这样的自然物标本，它尚为科学界所不知道，也就是谁人也没有在任何时间和地点对它进行过著录，而且连名称都还没有的这种自然物标本，就要进行单独著录，并在著录时给它起一个科学名称，同时再向社会上发表出来。

2. 博物馆内若有这样的标本，它和过去有过的同类标本的出入很大，例如，具有植物白化现象或雌雄同体的生物、长得畸形的生物等等。对这些标本应加以研究和单独进行详细的著录，因为若是忽略了这类的标本，就会损失掉有利于科学研究的条件。

3. 博物馆内若有技术作物新品种和畜牧新品种的样品，而这些样品是在研究出来后还没有得到推广，在或多或少程度上还有着唯一新品种的性质时，就要对它们进行单独的著录。在著录时不仅需要详细地介绍这件标本，而且还要说明产生它的历史，即育种专家对这件新品种的培育过程，若还不能称为"品种"的，就仍简单称之为标本。这类的科学著录工作，在各地志博物馆内是很必要的，因为在我国的各省和各边区内，现在全都有自己培育出来的各种技术作物和家禽、家畜等的新品种。在进行这类著录工作时，还必须注意到，不能对这类新品种作"一般性的"著录，而只能是编写馆内现有的这件标本，应严格进行单独的著录。在许多情况下，博物馆所得到的新品种或实验室样品，都是刚培育出来的，所以尤其应该进行仔细的研究和详细的著录。若是缺乏详细的著录，就会使这种样品失去它的科学价值，因为它还是一项"人所不知"的事物。

[①] "自然物品的科学著录"这一节，系由生物学博士 H·H·普拉维里谢柯夫教授编写的。——原文注

博物馆藏品科学著录工作的组织

博物馆藏品的专门研究工作和科学著录工作是很艰巨的。要想在这项工作上取得成绩，必须提高博物馆的全部工作，只有在全部工作都实行正确计划的条件下，才能达到这个目的。参加制定计划的人员是博物馆的馆长（科学业务副馆长）、藏品部主任和各部的主任。

在编制博物馆藏品研究和科学著录的工作计划时，必须考虑到现有能参加科学著录工作的科学工作者的人力，博物馆的性质和研究藏品的次序。

首先应列入计划进行研究和科学著录的藏品如下：

1. 在陈列中的或准备陈列出来的藏品，其中首先是在陈列品中具有主导意义的陈列品，或称之为"重点陈列品"；

2. 在博物馆藏品中具有头等科学意义和艺术价值的单独的或全套的藏品；

3. 与现代的和过去的重大实际问题有关系的全套藏品。

科学著录的工作应当不仅只列入博物馆的总计划之内，而且还应当列入担任具体的藏品研究和科学著录工作任务的博物馆工作者的各个年度生产计划之内。

若是在编制计划时把博物馆科学工作者的工作都制定为专业化，就会使得工作收到很大的效果，因为科学著录工作必须要求具有对一定范围问题和一定历史时代方面的高深知识。

博物馆藏品部和陈列部工作者，按规则是应当参加藏品研究和科学著录工作的。藏品研究和科学著录的结果，应提出来进行集体讨论，只有在各专家和参加藏品研究和科学著录工作的科学工作者们一致认可之后，关于这件藏品的研究和科学著录工作才算完成，这份科学著录卡片才有权利归并入其它适当的卡片之内。

已在高度科学水平上完成的各种历史文物的著录工作，可以在博物馆出版的科学札记上发表出来。

对于全部工作的监督，由博物馆的科学业务副馆长和藏品部主任担任。

附件 1. 实体文物科学著录卡片格式

<table>
<tr>
<td rowspan="4" style="border:1px solid black; width:200px; height:300px; text-align:center; vertical-align:middle;">贴

照

片

处</td>
<td>博物馆名称</td>
</tr>
<tr><td>登录号</td></tr>
<tr><td>底片号</td></tr>
<tr><td></td></tr>
</table>

文物名称（式样、名字）

来源和到馆时间

保存地点（贮藏室、架子、搁板等的编号）

                           *   *   *

1. 外貌描述：

    （1）材料、形状、尺寸、重量、成色；

    （2）制造技术；

    （3）说明；

    （4）图画和题词；

    （5）完整程度；

    （6）修理情况。

2. 历史：

    （1）制造时间、地点、制造者；

    （2）到馆前的经历；

    （3）与文物制造相联系的历史事件；

    （4）发表情况、复制情况（复制的地点、时间、复制者）；

    （5）陈列情况。

3. 在博物馆藏品中的科学意义。

4. 著录时所使用的资料（档案材料、文献材料、传说等等）。

5. 附件（照片、画片、书面证明等等）。

6. 著录者。

7. 著录时间。

附件 2. 书面文物科学著录卡片格式

<table>
<tr>
<td>
贴

照

片

处
</td>
<td>
博物馆名称
登录号
底片号
</td>
</tr>
</table>

文物名称（式样、名字）

来源和到馆时间

保存地点（贮藏室、架子、搁板、文件夹等的编号）

*　　　　　*　　　　　*

1. 外貌描述：

　　（1）质料（纸、牛皮纸、白桦树皮、织物等）和制作技术（手抄、打字、印刷等等）；

　　（2）尺寸；

　　（3）装潢（装订、匣装、封面、落款、装饰、花样等等）；

　　（4）原木、副本、再版本；

　　（5）完整程度；

　　（6）修理情况。

2. 内容：

　　（1）书名（题目名）；

　　（2）著者姓名；

　　（3）出版项和页数；

　　（4）内容概要和写作日期；

　　（5）签名、题词、图章、文件上的其它记号。

3. 历史：

　　（1）文件到馆前的经历；

　　（2）原本保存地点（以便复抄和重印）；

　　（3）陈列情况；

　　（4）评论和批评；

（5）文件的写作地点、时间和写作的原因；

（6）写作者；

（7）传播的地点、时间和方法；

（8）发表情况和再版情况。

4. 在博物馆藏品中的科学意义。

5. 著录时所使用的资料（档案材料、文献材料、传说等等）。

6. 附件（照片、书面证明等等）。

7. 著录者。

8. 著录时间。

附件 3. 艺术作品科学著录卡片格式

<table>
<tr>
<td>

贴
照
片
处

</td>
<td>

博物馆名称

    登录号

    底片号

</td>
</tr>
</table>

艺术品名称

创作者姓名

原本、摹本或副本

保存地点（贮藏室、架子、搁板、文件夹等的编号）

*   *   *

1. 外貌描述：

  （1）质料；

  （2）创作技术；

  （3）尺寸；

  （4）重量；

  （5）装饰；

  （6）签名和题词；

  （7）完整程度；

  （8）修理情况。

2. 创作者的考证。

3. 内容和艺术形式：

  （1）主题；

  （2）题材；

  （3）结构、色调；

  （4）体裁、学派、趋向。

4. 创作的历史：

  （1）主题的产生，创作的时间和地点；

（2）创作过程（所使用的自然物品、照片和其它材料）。

5. 艺术品的经历：

（1）到馆前的经历；

（2）在本博物馆和其它博物馆内以及其它展览会上的陈列情况。

6. 发表情况和再版情况：

（1）出版地点（再版地点）；出版方法；出版份数；再版情况（再版者姓名、时间、地点、再版目的）；

（2）评论和批评。

7. 在博物馆藏品中的科学意义。

8. 著录时所使用的材料（档案材料、文献材料、传说等等）。

9. 附件（照片、图片、书面证明等等）。

10. 著录者。

11. 著录时间。

附件 4. 照片资料科学著录卡片格式

| 博物馆名称 |
| 登录号 |
| 底片号 |

贴

照

片

处

照片名称

来源和到馆时间

保存地点（贮藏室、架子、搁板、文件夹等的编号）

                *   *   *

1. 外貌描述：

   （1）质料；

   （2）摄制技术；

   （3）尺寸；

   （4）原片或重摄片；

   （5）表面性质；

   （6）厚薄程度；

   （7）修正地方；

   （8）签名和题词；

   （9）完整程度；

   （10）修理情况。

2. 内容：

   （1）摄制者；

   （2）内容概要（美术说明、主题、题材、结构）。

3. 照片文物的历史：

   （1）照片文物到馆前的经历；

   （2）原片的保存地点（以备复制之用）；

   （3）照片文物的摄制地点和时间；

    （4）关于摄制对象的说明；

    （5）照片文物上面的人物和事件的历史考证；

    （6）发表情况和重摄情况；

    （7）陈列情况。

4. 在博物馆藏品中的科学意义。

6. 著录时所用的资料。

6. 附件。

7. 著录者。

8. 著录时间。

附件 5. 图片资料科学著录卡片格式

<table>
<tr><td>

贴

照

片

处

</td><td>

博物馆名称

登录号

底片号

</td></tr>
</table>

图片名称

来源和到馆的时间

保存地点（贮藏室、书橱、搁板、文件夹等的编号）

         *   *   *

1. 外貌描述：

  （1）质料；

  （2）制作技术；

  （3）尺寸；

  （4）原本或摹本；

  （5）签名、题词；

  （6）完整程度；

  （7）修理情况。

2. 创作者和关于创作者的说明。

3. 内容：

  （1）内容概要；

  （2）图案、设计图、地图等的说明；图片的主题、题材和结构等的说明；

  （3）比例尺、地图投影。

4. 图片文物的历史：

  （1）图片文物到馆前的经历；

  （2）原本的保存地点（以备复制之用）；

  （3）创作过程（创作时所使用的自然物品、照片与其他资料），图片文物的创作地点和时间；

  （4）在图片上所绘事物的历史考证；

（5）发表情况和复制情况；

（6）陈列情况。

5. 在博物馆藏品中的科学意义。

6. 著录时所使用的资料。

7. 附件。

8. 著录者。

9. 著录时间。

附件 6. 各种科学著录卡片示例

贴
照
片
处

(1) 苏联国立革命博物馆

登录号 4320
底片号 3660

文物名称：普加乔夫战旗。

来源和到馆时间：莫斯科军械库于 1928 年 4 月 14 日移交本馆。文据号 2466。

保存地点：第 1 陈列室，第一部第 2 号橱的旁边。

外貌描述：旗帜是用粗麻布制成的穿在黑色木杆上，麻木作长方形，长 126 厘米，宽 108 厘米，旗的中间镶着深红色的细麻布，并有两条用灰色布料做成的布条交叉在上面，旗的四周镶有灰色的花边。旗裤是用线缝在旗杆上的，旗杆下端较粗，钉有两个圆形的铁叉；旗杆上端用铁丝缠着。旗杆的长是 15.7 厘米。旗杆上的颜色，有的地方已被磨掉，旗杆本身已开裂，麻布已陈旧、肮脏和损破。

旗帜业经修理过（在粗麻布部分经过修理）。

历史：这面战旗制于 1774 年 7 月 23 日，在尼诺哥罗得省的雅得金城。这面战旗是在普加乔夫渡过伏尔加河向中部黑海地区进军之后，攻击雅得金城的起义部队所使用的。当时，得到这面旗帜者在旗杆上注着："荣誉公民札赛普金"。嗣后这面战旗就被当作胜利品送到嘉桑城的武器库保管。在 1836 年尼古拉一世巡视嘉桑时，就令将它送到莫斯科武器库保管。在 1863 年，这面旗帜随同其它许多物品，从武器库移运入军械库，1928 年时，由军械库转送入苏联革命博物馆，并在 1929 年进行过修理。

历史考证：1774 年 7 月 17 日，普加乔夫在嘉桑失利后，渡过伏尔加河沿尼诺哥罗得城的方向转移向西南方。从此时起，普加乔夫在农奴中进行了激烈的鼓动工作（曾印发了著名的宣言"控诉政府的暴政……"，响应普加乔夫的号召者日益扩大，农民队伍也招募起来了，他们把地主抓起来押送到起义军的总部）。尼诺哥罗得省所属的县分（如，雅得金、库尔米、阿拉台、阿尔札马、尼诺哥罗得等县）很多都爆发了起义。参加"新教"起义人数最多的是楚瓦斯族的居民，因为他们深受着地主、正教徒和沙皇官吏的三重压迫。根据"官方消息"仅在雅得金一县内，就有 27 个村镇的人民被认为是参加了新教徒的"一致骚动"；他们的主要目标是打倒神父、教士和他们的妻子（其中被杀者 37 人，大部分都被押送到普加乔夫总部）。

从各方面来加入普加乔夫军队的人数日益众多，普加乔夫通过楚瓦斯人的暗探报告，知道尼诺哥罗得城的实力很雄厚，他自从在嘉桑失利后，就作保全兵力之计。所以他从库尔米转向东南方的阿拉台，再进入到沙林斯克、平芝、萨拉托夫等地区。这些城市都没有反抗，只是到了雅得金城才遭到了拦阻。因为这个城里是那些压迫当地楚瓦斯人的富商和官僚的集中地。雅得金城当时处于声势浩大的农民军包围之中。城内为首者是军务大臣陆卡·李虎金，他得到了市长阿列克赛·贝尔雅柯夫和当地商人的支持，他们纠集民众起来抗拒普加乔夫的部队，普加乔夫的主力绕过雅得金城向库尔米前进，这时，梅林公爵率领着的追击部队已赶到雅得金。但是，有数百人的一个支队，却离开了普加乔夫的大部队而径直去进攻雅得金城（大概是由于当地的楚瓦斯人急欲清算藏身在这个城里的万恶官僚和富商，雅得金城里的民团由李虎金率领出城，渡过苏拉河来和这个支队进行激战。结果普加乔夫的队伍失利战死者 3 人，伤者 12 人，被俘者 35 人，普加乔夫的人在败退时，遇到了梅林正式部队的袭击，又有 203 人被俘。雅得金的统治者对被俘的楚瓦斯人极为虐待。叶卡特林娜对于此次"功绩"曾升赏了军务大臣和市长的官爵，还有 19 个商人得到了钦赐的宝剑。

这一面旗帜，是普加乔夫军队中的旗帜之一。普加乔夫向来认为旗帜有着很大的作用。还在他准备起义的时候，就备藏了旧军队的旗帜和买绸子来做了些新的旗帜（1773 年秋季在塔罗夫的农舍中）；1773 年 9 月 17 日在托尔卡契夫村庄当众宣读起义宣言和发布命令之时，就树起了准备好的五面大旗。后来，当他的军队扩大编为许多团队时，每个团队都各有一面红绸或黄绸的旗帜，旗上绣有一个十字架，还有耶稣的像或是圣僧尼古拉的像。所陈列的这面从雅得金城得来的战旗，系由普通的麻布做成，上面又只有两条交叉着的布条，显然，这是当地农民专门准备了为起义时使用的。

在博物馆藏品中的科学意义：这面旗帜是近代史上普加乔夫起义时所用过的唯一的遗物，它揭示了当时农奴们是广泛地和积极地参加了起义。

参考资料：

1. 《莫斯科军械库的藏品目录》，莫斯科 1884 年出版，第 3 册 104～105 页。

2. 中央档案馆编：《普加乔夫的事迹》，莫斯科 1929 年出版，第 2 卷 304 页，又 1931 年莫斯科—列宁格勒出版的第 3 卷 273、381～382、388 页。

3. H·都布洛文编：《普加乔夫及其同谋者》，圣彼得堡 1884 年出版，第 3 卷 114～115 页。

4. 《旗帜》（军事百科全书）圣彼得堡，1912 年出版第 10 卷内。

5. Л·雅科夫列夫编：《俄国的旧式旗帜》，莫斯科 1865 年版。

著录者： H·德鲁瑞宁。

著录日期： 1931 年 12 月 1 日。

（2）国立历史博物馆

贴
照
片
处

登录号 469/л—68257
底片号 25989—25992

文物名称：剑，战斗用的白刃（从 17 世纪始用）。

检阅用的武器（从 19 世纪下半纪始用）。

来源和到馆时间：由前军事史博物馆于 1926 年移交。文据号，2446。

保存地点：在 19 世纪上半纪展览过，"1812 年卫国战争"第 28—a 号陈列室的陈列橱内。

说明：剑身是钢的，一面有口，呈黑色，从剑背至剑口，两面都刻有细纹。剑身上部的黑底上面均刻有金色的花纹；一面的中间刻有复杂的戈列金公爵徽章，徽章下刻有罗马武士像，它的旁边则刻有狮身女首像；两旁还刻着些飞马；在剑身另一面的中间刻有简写姓名的字母"D·G·"（季米特里·戈列金），字母的下面，也刻有如同前一面的那些雕刻像，像的两旁刻有精致的细花，罗马武士的右手正作签字的姿势。在人像下面直到剑身的末端，都刻有金色的橡树叶和桂树叶，用来象征勇敢和光荣。在每一片树叶上面，都刻载着每个战役的地名和时间，系从法国军队撤离莫斯科时起，直到占领了巴黎为止。

剑身的右面刻载着："1812 年：10 月 6 日塔鲁金诺，10 月 12 日占玛洛雅洛斯拉维茨，10 月 22 日瓦季玛，11 月 5、6 日克拉斯诺，11 月 13 日柏列金，11 月 26、27 日威里诺，12 月 24 日克尼格斯堡；1813 年：2 月 20 日柏林，3 月 9 日得列茨金，3 月 21 日纽伦堡，3 月 24 日麦克伦，4 月 20 日纽特金，4 月 26 日得列茨金，4 月 30 日威廉堡，5 月 7、9 日巴乌金，5 月 14 日罔纳，5 月 22 日纽柏克，6 月 5 日莱比锡，6 月 9 日威托里雅，6 月 16 日路易沙里，8 月 9 日瓦拉赫纳，8 月 11 日伯尔尼，8 月 14 日科茨巴赫。

剑身的左面刻载着："8 月 14 日得列茨金，8 月 15 日得列茨金，8 月 16 日比利奇格，8 月 18 日库里木，8 月 25 日邓尼维茨，8 月 26 日达尔玛，9 月 4 月赫尔泽，9 月 7 日诺林多尔，9 月（日子看不清了）瓦伦堡，10 月 4、5、6 日莱比锡，10 月 18、19 日罔纳，11 月 18 日阿季格，11 月 20 日莱茵区杜赛尔多尔夫，12 月 5 日莱茵区格龙尼根，12 月 9 日莱茵区巴塞尔和沙芬奴金，12 月 18 日甘弗，12 月 21 日莱茵区拉斯塔特，12 月 21 日丹其格；1814 年：1 月 20、21 日布里恩，2 月 6 日蒙特洛，2 月 15 日占巴尔秀尔，2 月 15 日占奥尔切札，2 月 25 日劳伦，2 月 28 日波尔多，3 月 9 日里昂，3 月 13 日拉菲尔—沙赛奴茨，3 月 19 日巴黎"。

在剑背上刻有姓名"伊·布楚耶夫·兹拉托乌斯特，1827 年"剑柄是铜包金的，柄头如小茶碗状，周围缠银丝，剑鞘是黑漆皮做的，鞘尖是铜包金的。

尺寸：剑身长 95 厘米，剑背宽 3 厘米，全长 115 厘米。

历史：此剑系 1827 年在兹拉托乌斯特刀剑制造厂造成，该厂是 1816～1817 年时成立的。依万·布楚耶夫是该厂"剑身"和"雕饰"车间的美术刀剑制造名匠。

此剑是为了在 1812 年卫国战争 15 周年纪念时赠给参加过战争的季米特里·弗拉基米洛维奇·戈列

金公爵的（生于 1771 年，死于 1844 年）。嗣后这柄剑落到波布林斯基伯爵家中，在纪念 1812 年卫国战争时，曾由他家中拿出来展览过，后来就随同其他物品一齐转入了军事史博物馆。

军事史博物馆在 1926 年停办时，这柄剑随同其他物品转入了国立历史博物馆由该馆兵器部保存。关于这柄剑的说明，曾发表在国立历史博物馆的著作集内（1948 年第 18 分册），即在《17~19 世纪物质文化论文集》内，M·M·邓尼索夫所写的论文《兹拉托乌斯特刀剑制造厂造的美术剑》，（此文在论文集第 221~222 页，图表 1 内的 4~7 图）。此剑现陈列在国立历史博物馆第 28—a 号陈列室内。

在博物馆藏品中的科学意义：这柄剑是历史的材料，又是 19 世纪上半纪俄国兵器制造名匠美术创作的标本。

文献：兹拉托夫斯特武器管理处 19 世纪上半纪的档案材料，兹拉托夫斯特省的档案材料。

《祖国札记》1826 年圣彼得堡版第 26 页，军事百科全书第 13 卷内的《戈列金》，与徽章专家 r·鲁柯夫斯基进行的口头商榷。

附件：国立历史博物馆照片材料部保存的底片：剑的全身照相底片，剑身的右面和左面的照相底片。

著录者：M·M·邓尼索娃。

著录时间：1954 年 5 月 7 日。

（3）国立历史博物馆

<table>
<tr><td>

贴

照

片

处

</td><td>

登录号 ГИМ79753。

金属类号 2047 和 2048ж

底片号 5864 和 5865

</td></tr>
</table>

文物名称：矿灯，系从梁赞省斯科宾县矿工贝斯巴里科夫手中得来的。

来源和到馆时间：1936 年 8 月 8 日向矿工贝斯巴里科夫购买的。文据号 2568。

保存地点：在金属部贮藏室第 4 号橱内。

外貌描述：两个矿灯都是用铁和铜制成的。

尺寸：2047 号矿灯 10.5×11×8.3 厘米。

2048 号矿灯 14×17.5×8.7 厘米。

制造技术：锻制铁片焊接成的。题词：在 2047 号矿灯上有两行字"上帝保佑"和"531"，没有商标。灯的外面生了很厚的锈，特别是 2048 号矿灯上生锈的地方已有些裂纹。

说明和分析：两个矿灯都是同一种类型的，在形状和零件上略有不同。这类矿灯全都是由铜和铁制成的，贮油器很浅，灯口突伸在外部，2047 号灯差不多作圆筒形，灯口突伸在外部，而 2048 号灯是梨形的，突伸出匀称的灯口。在贮油器的上部开得有小孔，以作上灯油及换灯芯之用。灯上还有铰链式的开关机（2048 号灯是铜制的），开关机的头部作心形。小孔下面，装有调节灯心的小铁片。在贮油器的后部装有把手，在 2047 号灯的把手上刻有"上帝保佑"和两把交叉着的锤子，在 2048 号灯的把手上是平的，没有刻上什么东西。把手上还缀有粗铁丝两根，一根较粗，以备下矿井时将铁丝扣在身上和挂在墙上之用。据此灯的原主说，两个灯都是点石油，灯心是用破布和麻屑做成的。

这两个矿灯的样子是仿照古代的灯样制造的，这类矿灯一般都是用黏土或铜制成。

文物的历史：矿灯制造的地点是俄国，在十九世纪的下半纪，制造者的姓名不详。

这两个矿灯是矿工贝斯巴里科夫的，他系 1868 年生于梁赞省斯科宾县的谢基里诺村，他的名字和父名是维克多·依万诺维奇。十二岁，他就在矿厂充当守门夫。他说像这样的矿灯在 50 年前就有了（即在 1870～1880 年之际），从那时候起一直用到苏维埃时代才改用"汽灯"，而现在则全用电灯了。虽然这两个矿灯的形状不完全相同，但都是在一个时候所用的。

一般性的历史说明：这类敞口矿灯，当时各矿厂内都是普遍使用过的，在用时也不产生有毒的气体。在国立历史博物馆内还有一些这类的矿灯，有从卡鲁日斯基区得来的（73976 号、2046 号），还有从顿巴斯和乌拉尔得来的。西欧也使用过这类的矿灯（国立历史博物馆的 77330/ж 1973 号藏品，大概从威斯特发里或卡列茨得来的）。在苏格兰所使用的矿灯还带有两个贮油器，大概是为了使灯光更亮些。这种灯的灯光微弱，特别在点用煤油或石油时，按规则是应当加用玻璃罩的。

在煤矿内使用敞口灯是非常危险的，因为敞口灯很容易点燃了矿井内的煤气。在 1815 年载维曾发明了一种带金属沙罩的矿灯，但因为敞口灯的价格低廉，所以直到 20 世纪还在普遍使用。资本主义的生产是不会因为保障工人的健康和生命而花钱去进行安全措施的。

在使用这类铁制的矿灯以前，曾有过洋铁片制的矿灯，更早期还有一种点蜡烛的"灯笼"（国立历史博物馆考查队从顿巴斯和乌拉尔矿区得来的）。在漆黑的矿井内，这些唯一的灯所发出的光亮是很微弱的，工作时是在黑暗中摸索着进行，而且灯心很快的就会燃完，要常用小钩去钩扯灯芯。经常在换班前油就要不够，所以矿工们都得随身带着一小瓶石油，以备在 12 小时的工作时间内添用。矿厂发给矿工的矿灯，小灯每盏要缴纳 5 个卢布，而大矿灯（2048 号）则每盏要缴纳 10 个卢布。矿工在下班时把灯带回家去，上班时又带入矿井。梁赞省的煤矿开采，始于 1870 年。矿工经过软梯上下 100 公尺深的矿井，不但危险而且相当吃力。在塞克林矿井曾发生过矿井爆炸，当时有许多人受毒致死，就是因为出入口的通路难行。在苏维埃政权下，装设了电梯和电灯，与过去相较，完全是两种绝不相同的状况。

1906～1907 年间在塞克林矿厂曾发生过暴动，罢工和游行示威，贝斯巴里科在这运动中遭讨伐队击伤，还坐了 9 个月的监狱。

使用敞口的矿灯，早就知道是危险的事情，所以在矿灯上刻着"上帝保佑"。在贝斯托拉斯基矿灯的灯把上画着三个十字架（见国立历史博物馆 77330/ж 1973 号藏品）。过去在佳节的时候，矿工们都穿着新衣尽情游乐，以抒胸中积蓄的恐怖气氛。

据国立历史博物馆科学工作者巴吉列夫同志在顿巴斯区考查队中收集来的报告说：顿巴斯把这类矿灯称之为"上帝所赐"，这个名字彷佛是从乌拉尔矿区传来的。顿巴斯矿工在 1890 年前曾用过麻子油矿灯，后来在较大的矿厂内，例如，在尤卓夫克矿内就改用较为安全的载维式和沃里弗式的矿灯，因为在很深的矿井内，瓦斯气体极重，采煤时不用这补矿灯是不行的。

在博物馆藏品中的科学意义：敞口矿灯是一件实体文物，它说明着 19 世纪的最后 25 年和 20 世纪的初期，在矿井内所用照明设备技术上的各种问题。

这种矿灯作为陈列品，可以证明俄国在帝国主义时代的生产力，同时也证明了当时俄国矿工们是在如此恶劣的条件下进行劳动的。

文献和资料：（1）1938 年 8 月 8 日矿工贝斯巴里科夫的口述；（2）布洛克葛乌兹，格朗纳特和其它百科词典中的："矿业""灯"等词汇；（3）《工业和技术》百科全书，1904 年圣彼得堡版第 5 卷内的《矿业》和插图第 76、176、215。

著录员：Н·Р·列维松。

著录时间：1939 年 6 月 15 日。

（4）国立历史博物馆

登录号 Д $\dfrac{720}{79806}$

底片号 4266

```
贴
照
片
处
```

文物名称：围巾。19 世纪初农奴手工厂场的产品。

来源和到馆时间：1938 年 10 月间向 Н·Л·拉蒙诺娃购买的。

保存地点：织品部贮藏室第 44 号橱内第一部第 4 号搁板。

外貌描述：围巾是喀什米尔的羊毛织成的，长 251 厘米，宽 56 厘米。两旁、中间和两头都织有不同的花纹，中间的条条是用针缝的很窄的细横道。围巾是"两面的"，像乌克兰的"散单"一样，不过比它要薄得多。围巾上有粉红、浅蓝、草黄、大红四色平行条纹并在一起织成的窄边。"两面"织的一样，上面缀着杂色的花朵和绿叶。围巾的周围是白底子上织着一束束带叶的花边。围巾的两端在白底子上绣着些鲜艳的"大黄瓜"，配以各样色彩的花草。在黄瓜的中间绣着绿色的细花环。黄瓜上面也绣着和花边上相同的花束。在围巾两头各花的中间，绣满了大的绿豆。围巾的两端都缀着毛织成的穗子，是用各种各样颜色配合的。在围巾的一个角上绣着两个字母，"Н·М·"（挪吉日达·梅林娜）这两个字母是围巾所有者的姓名的起首字母，这个所有者系一个地主，在他的庄园内绣织出许多很艺术的手巾、披巾和围巾；这些物品到现在也还没有失去它在美术和技术上的价值。这种围巾很容易受到虫蚀。在国立历史博物馆内已由科学修理员 М·Н·罗日吉斯维斯基进行过修理。

历史：这条围巾是 1810～1815 年间在过去的尼诺哥罗得省鲁科扬诺夫县司科罗都莫夫克村的世袭地主梅林的庄园中织成的。由女地主挪吉日达·阿波罗诺夫娜·梅林娜在庄园手工工场内亲自监织的。

在 1936 年以前，这条围巾是在私人的手中，在莫斯科艺术剧院和瓦赫坦果夫剧院当服装顾问的挪吉日达·彼得罗夫娜·拉蒙诺娃的手中（挪·彼·拉蒙诺娃生于 1859 年，在 1875 年前住在尼诺哥罗得省鲁科扬诺夫县，这条围巾就是在这个县里织的，这条围巾在以前是挪·彼·拉蒙诺娃的母亲的东西）。

这种围巾在拿破仑征伐埃及之后，系欧洲最时髦的物品。

关于这条围巾的记载，国立历史博物馆 1941 年的著作集第 13 期上面发表过，系 Л·И·雅库尼娜写的："19 世纪初期农奴手工工场所织的围巾"。这条围巾过去没有陈列过。

在博物馆藏品中的科学意义：这条围巾的样子和它的织绣技术（两面织绣的），在现有藏品中是唯一无二的。它有着很高的艺术价值。在围巾上商标"Н·М"，这样商标形式也是很少有的。

材料来源：围巾所有者的口述；《手工工场和商业》杂志，1828 年第 10 期；1905 年圣彼得堡出版的《俄罗斯画集》第 1 辑；1829 年—1835 年的莫斯科展览会"尼诺哥罗得省工厂状况"；《手工工场和商业》杂志 1830 年第 10 期等等。

著录者：国立历史博物馆一级科学工作者 Л·И·雅库尼娜。

著录时间：1954 年 5 月 23 日。

（5）国立历史博物馆

```
┌─────────────┐
│             │
│    贴       │
│             │
│    照       │
│             │
│    片       │
│             │
│    处       │
│             │
└─────────────┘
```

登录号 81679—л·Ⅳ·1402。

底片号 868。

文物名称： 军用水壶。18 世纪初期的行军装备。

来源和到馆时间： 1889 年买来的，详情在文件内没有记载。

保存地点： 国立历史博物馆第 21 号关于北方战争的陈列室内。

说明： 军用水壶是行军、旅行和打猎随身携带的盛水器皿。军用水壶是步兵、骑兵行军时和马刀、弹药及其他军用品一同携带的装备。

军用水壶是用葫芦瓜做成的，外壳是浅褐色的。尺寸：高 19.3 厘米，宽 15 厘米，深 12 厘米。军用水壶上有两个孔眼、一个孔眼是壶口，位置在中部较高处，壶口嵌有角质的边框，壶口眼上应有一个木塞，现已丢失。另一孔眼是半椭圆形的，孔眼极小，同前一个孔眼并列，也嵌有角质的边框。军用水壶的两边有四个间隔相等的角制扁环，以作携带时穿细绳之用（后来改用粗线绳）。在军用水壶较宽的中部装上一个把手，把手上雕刻着美丽的图案，中央刻着玫瑰花，花的四周向外散出些线条，构成一个弧形，如同光线向外放射一样。在光线放射形的中间，刻着几个表示日期的字母。

在仔细研究外壳的时候，可以在三条放射形的光线内，分辨出刻有斯拉夫的字母，最后的一个字还可以看清楚，是写着"希望"。全部的意思还不能明白，但是确可断定这些字是俄国人写的。

历史： 这个样式的水壶，是用南方所产的葫芦瓜做成的。这种瓜即称为"器皿瓜"的一种。因为它的外壳坚硬，内部容量较大，可用为盛水的器皿；在巴尔干、土耳其、莫尔达维亚和俄国南部常使用这样的器皿。这个水壶大约是一个南方军人所用的，因为在 17 世纪之初，有许多俄国的南方人，都参加了当时的战争。

在这个军用水壶上刻着的日期（1702），这个年代是和伟大的北方战争相联系的，在 1702 年内发生过两次战事：

1. 1702 年 7 月 18 日俄国军队在 В·谢列明切夫率领下在波罗的海附近击溃了斯里平巴赫；

2. 更著名的一件战事是彼得大帝亲自率领俄军进攻芬兰湾，经过了 10 月 11 日的猛攻之后，占领了诺特堡（奥列司克），就是占领了司里塞尔堡城后改的名字。

大家都知道在一万二千进攻诺特堡的军队之中，也是有乌克兰军队在内的（参阅：А·Я·叶菲明科所著的《乌克兰人民的历史》第 265 页）。叶菲明科指出："德涅伯河右岸的哥萨克人曾利用北方战争的机会，以便在俄国保护下，可以得到在反击波兰地主侵略和保卫自由斗争中的临时支持者，德涅伯河左岸的哥萨克人也曾在俄国的旗帜下在立陶宛，里夫兰几亚及涅瓦河一带进行战斗。"

关于这个军用水壶，根据现有材料可以作出下面的结论。这个军用水壶是俄国南部军人的物件（买的或是军事战胜品），这位军人曾参加过伟大的北方战争，关于这件事在军用水壶上记载得很清楚。水壶的物主是一位有学问的人，懂得军事并善于作图案画，图案大概是在行军时作的，所以没有画完。完全可以相信，这位物主曾是俄国的或是乌克兰的军队指挥者。

在博物馆藏品中的科学意义：这个军用水壶可以说明 17 世纪末到 18 世纪初期的旅行用具或军用装备的式样。

这个水壶的制造材料和制造技术的特点，以及它和 18 世纪初的北方战争的有关系，完全可以作为纪念 18 世纪初期时代的陈列品。

著录时使用的参考材料：C·M·索罗维罗夫编的《俄国古代史》第 16、17 卷，第 3～4 分册。巴斯卡科夫著的《1700～1721 年北方战争》，1890 年圣彼得堡出版。A·Я·叶菲明科著的《乌克兰人民的历史》，第 1～2 卷，1906 年圣彼得堡出版。

著录者：C·K·普洛斯维尔金娜。

著录时间：1949 年 12 月 15 日。

（6）苏联国立革命博物馆

贴

照

片

处

登录号 4622

底片号 24552 和 24553

文物名称：（样式、名字）前土地自由党人米海依尔·罗吉昂诺维奇·波波夫的文件夹。

来源和到馆时间：亚历山大·米海依诺维奇·拉特仁斯基教授赠送给博物馆的（住址：罗斯托夫—顿河城中央大街 20 号第 4 住宅）。

保存地点：物品贮藏室第 9 号房第 55 橱上层第 3 号搁板。

外貌描述：文件夹是用厚马粪纸做的，外面糊上一层带亮点的棕色纸。文件夹有两层外皮（每层的尺寸：25×19 厘米），两层外皮之间是用浅褐色的松紧布做脊背裱联起来的。这层脊背外面宽 9 厘米，里面宽 7.5 厘米。文件夹的四角都裱有这种松紧布，并在文件夹里面还有用松紧布作成的布环，以作插铅笔之用，这种笔插在上层外皮的侧面有两个，在下层外皮侧面有一个。文件夹的下层外皮上，糊有一个口袋，口袋上面还有口袋盖，口袋和口袋盖都是用黄色亮光纸做的，在口袋盖的外面和里面，有拉特仁斯基教授的亲笔提词："这是米·罗·波波夫亲手做的文件夹。其中保存着他在要塞中被囚禁时的信件，1905 年时，从司里塞尔堡要塞内和信件一齐迁移出来，后由米海依尔·罗吉昂诺维奇·波波夫的侄儿亚·米·拉持仁斯基教授转送给博物馆"。

完整程度：文件夹里脊背上有两处布面已撕破，裱糊处已有裂开的地方。

修理情况：这个文件夹在 1951 年进行过修理。

历史：

1. 制作时间是 1896～1905 年，制作地点是司里塞尔堡要塞，制造者是前土地自由党人米海依尔·罗吉昂诺维奇·波波夫。

2. 这件文物到馆前的经历：

这个文件夹是米·罗·波波夫被囚禁在司里塞尔堡内时自己所做的，他在这个文件夹内保存着亲人们的来信，在 1905 年恢复自由时，仍用这个文件夹保存着这些来信迁移出司里塞尔堡，米·罗·波波夫逝世后，这个文件夹落到他的侄儿亚·米·拉特仁斯基之手。

3. 这件文物从 1930 年到卫国战争前，曾在革命博物馆内陈列过，现在在贮藏室内保存着。

在博物馆藏品中的科学意义：这个文件夹是司里塞尔堡被囚者们在狱内所制的文件夹样式。它证明着被囚禁了 12 年的人和亲人来往的信件。

这个文件夹是可以作为博物馆陈列品的，因为它是一件真实值得纪念的文物。

著录时使用的参考资料：米海依尔·罗吉昂诺维奇·波波夫的侄儿亚·米·拉特仁基教授写给革命博物馆的亲笔信（1928 年 8 月）。

米·罗·波波夫著的《幻想着自由》，在 1917 年出版的《往事之声》杂志第 7、8 两期（1902～1905 年的事件）。

М·Ю·阿申布年涅尔著《司里塞尔堡监狱 20 年，从 1884～1904 年》1906 年出版，往事出版社。

В·Н·费格涅尔所著《难忘的劳动》第 2 卷，1929 年出版，政治犯苦役协会出版社。

М·В·诺沃鲁斯基所著《一个司里塞尔堡人的笔记》，1920 年装钉事业出版社，第 94 页。

著录者：科学工作者 Е·В·李特维年科。

著录时间：1954 年 3 月。

（7）国立卡·阿·季米列捷夫生物博物馆[①]

```
┌─────────────┐
│             │
│    贴        │
│    照        │
│    片        │
│    处        │
│             │
└─────────────┘
```

登录号 Φ14

底片号 Φ2635

陈列品名称： 乌克兰草原白种猪标本。

来源和到馆时间： 全苏伊万诺夫院士配育"阿司卡尼亚—诺瓦"猪种科学研究所制赠。1949 年 10 月 21 日到馆。文据号 514。

保存地点： 陈列在"米丘林生物学应用在牲畜类中的成就"陈列室。

外貌描述： 标本是作宁静的姿势；系由伊万诺夫配种和育种科学研究所的葛列次卡同志用刚剥下来的猪皮制成的。活猪的记录：全重 297 公斤，长度 167 厘米。腰围 165 厘米，高 90 厘米，腰粗 65 厘米，牙齿全满，全身都很完整。

内容： 这头猪的品种是配种专家 M·Φ·伊万诺夫院士配育出来的，据全国猪种全书所载，它是用得鲁日克猪种配交后传下来的，得鲁日克种是乌克兰草原猪的第 87 号品种（Π·K·63 区的）；这种猪是爱里特品种的，它的登记号是第 167 号；母猪的平均生育力为猪仔 10.5 头。这头标本猪是产于 1946 年 5 月 29 日；杀制日期是 1949 年 4 月 1 日。

这件标本的历史： 这种猪是乌克兰草原白种猪的代表，这种猪的品种系由 M·Φ·依万诺夫院士在乌克兰南部草原地带的阿司卡尼亚—诺瓦地区所配育出来的。是用英国的白种猪和乌克兰当地的猪种交配，经过复杂的交配，淘汰，养护和饲育而成功的。

在博物馆藏品中的科学意义： 这个标本是很贵重的一种陈列品，它说明了 M·Φ·伊万诺夫院士把米丘林的方法应用于牲畜类的研究成果，从而使得各地区都普遍发展着配育新种肥猪的工作。

著录时所用的参考资料：

1. M·Φ·依万诺夫院士著的《猪种学》。

2. 全国猪种全书。

3. 全苏伊万诺夫院士配育"阿司卡尼亚—诺瓦"猪种科学研究所于 1949 年 10 月 10 日寄来的节录材料。

附件：

1. 全苏伊万诺夫院士配育"阿司卡尼亚—诺瓦"猪种科学研究所于 1949 年 10 月 10 日寄来的节录材料。

2. 全苏伊万诺夫院士配育"阿司卡尼亚—诺瓦"猪种科学研究所于 1949 年 10 月 15 日寄来的第 05——972 号公函。

3. 国立 K·A·季米列捷夫生物博物馆 1949 年 10 月 21 日的第 13 号文据。

著录者： З·Я·谢夫切里和 З·C·博戈司罗夫斯卡娅。

著录时间： 1954 年 3 月 19 日。

[①] 现多称"卡·阿·季米良泽夫国家生物博物馆"。

（8）苏联国立革命博物馆

```
贴
照
片
处
```

登录号 1126

底片号 14562

文物名称：H·弗列罗夫斯基著的书《俄国工人阶级状况》，H·弗列罗夫斯基的观察和研究，1869年彼得堡版。系卡·马克思私人藏书之一。

来源和到馆时间：这册书是约·维·斯大林七十寿辰时，德国统一社会党中央委员会于 1949 年 12 月 21 日赠送的礼物。

保存地点：陈列在本馆第 20 展览室。

外貌描述：质料：纸、马粪纸、布、烫金的书皮。尺寸，26×17 厘米。全书共 494 页。书皮是用马粪纸装订的，马粪纸上面再裱糊一层浅褐色的布面，书脊是紫红色的，封面和书脊上都有烫金的德文标题：弗列罗夫斯基《工人阶级状况》。在书内许多页数上面的空白处，都有用墨水写的俄文和德文的标题和评注。这册书在保管方面已不十分完整，纸色已发黄，有些页边已破损。

历史：H·弗列罗夫斯基著的这册书于 1869 年在彼得堡出版，书的内容是讲述他对于俄国工人阶级状况的研究。

马克思在研究国际工人运动的时候，曾阅读过许多关于工人阶级状况的资料。马克思曾仔细地研究过 H·弗列罗夫斯基的这册书，这一点可从马克思亲笔在这本书上写的标题和评注来证明：标题都是用俄文和德文写的。这册书是属于德国社会民主党图书馆的藏书，因为在这册书内的许多页面上盖有党的图章。

在博物馆藏品中的科学意义：这册书是唯一的历史文献，它具有值得纪念的价值：由于马克思曾用它作为研究俄国工人阶级状况的材料，就使它具有更大的意义了。

著录时使用的资料：文献资料：图书馆的图章，证明他曾属于德国社会民主党图书馆，还有皮克和格罗提渥共同签名致约·维·斯大林的信。

著录者：保管主任 B·C·米海依罗夫斯卡娅。

著录时间：1954 年 3 月 18 日。

（9）苏联国立革命博物馆

```
┌─────────────┐
│             │
│   贴        │
│   照        │
│   片        │
│   处        │
│             │
└─────────────┘
```

登录号 5694
底片号 19243

文物名称：（样式、名字）《正教的教义问答》С・И・莫拉维也夫—阿波斯托尔编。

来源和到馆时间：系本博物馆向国家档案馆暂时借用的（借用的时间和方式不详，由于缺乏文件和转移的文据）。

保存地点：在第一分科第 2 陈列室第 5 陈列柜内。

外貌描述：教义问答共三大页，是用灰色的绘图纸写的，纸面上有蓝色的花彩和白色的水纹（尺寸 22×36 厘米）。正文是用 19 世纪初期的文牍体和通俗易识的大写字母抄写的。

题词和图章：在正页的左上角有用蓝墨水写的"No136"，在左下角有用红墨水写的"$\frac{32}{247}$"；在中间的上面有用铅笔写的"从法文翻译的"，在下面也有用铅笔写的"12 月 14 日"（在左下方），并写着"1825"（在右下角）；折页处的中间盖有一个不大的圆图章："俄罗斯苏维埃社会主义联邦共和国国家档案馆第二科"。在第 1 和第 3 页的下面印有号码"10"和"11"。

完整程度：每页的页边都磨坏了一点。在每页上都有折叠过的痕迹。

著者：谢尔盖・伊万诺维奇・莫拉维也夫—阿波斯托尔：曾任过车尔尼雪夫斯基团的中校（1796～1826 年）；他是十二月党人秘密团体的领导者之一。

内容概要：著者用问答的方式，把宗教的教义应用了来作反对沙皇的武装斗争，他引证了圣经上的话文，说是上帝给了我们自由，但却被沙皇剥夺去了。"俄国人民和军队的命运，现在已到了抛弃长期受奴役的时候了"，"大家一齐奋起吧！打倒沙皇的暴政，恢复俄国的信仰和自由"。

签名：缺。

编写地点：基辅省，瓦西里科夫县。

编写时间：1825 年 12 月末。

题词和图章：（著者的和收件人的）均缺。

原本的下落：谢・伊・莫拉维也夫—阿波斯托尔写的原始本，已经不知下落，后来的复抄本在"外国的方言内有很多的地方已经修改了"。

复抄本的说明：根据 Б・Е・谢罗次科夫斯基的记录，现在的这份文件，已是复抄本的再抄本了。这件抄本可能是在第一军司令部复抄的，或是在彼得堡审查委员会复抄的。

文件的历史：这份教义问答是由谢・伊・莫拉维也夫—阿波斯托尔在 М・П・贝斯徒日—留明的帮助下，根据 19 世纪初期的马松党、烧炭党和西班牙国民党的教义而编写的，编写时间是 1825 年 12 月 31 日夜，地点是在瓦西里科夫县，当时车尔尼雪夫斯基团曾在该县起义，谢・伊・莫拉维也夫口述正文，由这个团的司书霍贝尔斯基进行笔录，随即分散到各司书的家中抄写了十一份。在 12 月 31 日夜间，在车尔尼雪夫斯基团开赴前线时，举行了祈祷仪式，祈祷后由牧师达尼依尔・凯赛尔向全体宣读了这份教义问答。后来在基辅的基里罗夫斯基大街上被准尉莫札列斯基丢失了三份。车尔尼雪夫斯基团起义的军官们曾向兵士和农民们宣读和解释了这份教义问答。

在博物馆藏品中的科学意义：这份文件是现代可以凭信的关于十二月党人在早期进行武装革命起义时，所使用过的复抄文件之一。它反映着资产阶级贵族运动中的领导人，打算借助宗教来笼络兵士群众和引导他们举行建立共和国制度的起义企图，没有得到成功。

说明所用的材料：

1. 中央档案馆编《十二月党人起义》资料集。莫斯科和列宁格勒 1929 年出版。第 4 卷（特别着重于 251、260、277、287、446 ~ 447 页）和第 6 卷（特别着重于 19、41、47、78、147 ~ 148、188、201、223、273 ~ 300 页）。

2. 李信中尉的报告（俄国档案文献，1871 年出版，第 287 页）。

3. 与中央档案馆编辑《十二月党人起义》资料集第 4 卷的编者 Б·Е·谢罗耶次科夫斯基进行的商榷。

使用的文献：

1. П·Е·赛果列夫著《谢尔盖·莫拉维也夫的教义问答》（《十二月党人》丛书），1926 年出版。

2. М·В·涅次金著《车尔尼雪夫斯基团的起义》（《苦役和流放》丛书第 21 辑，1925 年出版）。

附注：据谢·伊·莫拉维也夫—阿波斯多尔自己的记录："当宣读教义问答时，兵士们对之不发生特殊的兴趣"，他就"决定重新拿出大公爵康士坦丁·巴夫罗维奇的名誉来作战"。

著录者：H·M·得鲁瑞宁。

著录时间：1931 年 11 月 2 日。

（10）苏联国立革命博物馆

贴
照
片
处

登录号 370
底片号 A—116、A—2295

图片名称：图画《普加乔夫的法庭》。

作者：B·Г·贝洛夫。

来源和到馆时间：这幅图画是在 1924 年 9 月 2 日由国立特列洽可夫画廊借给国立革命博物馆暂时陈列的。

保存地点：陈列于第 2 展览室。

创作者介绍：瓦西里·格里戈利也维奇·贝洛夫（1833～1882 年），他是在司吐赛的阿尔扎马斯基学校和莫斯科油画与雕刻职业学校毕业。他在 1870～1877 年时，是流动展览会的创始人和领导人之一。担任过莫斯科油画与雕刻职业学校的院士和教授的职位。

他是民粹主义写实派的温和分子的代表人，善于作世态画的画家。开始时他是代表农民民主派利益的小资产阶级急进派，后来在资产阶级贵族反动派和美术学院派的影响下，就逐渐地丧失了他的急进派观点。

题材说明：在一所绅士房子的台阶上，坐着 1773～1774 年农民起义的领袖耶米里扬·普加乔夫，他的周围围绕着拥护他的人们，站在他背后的有哥萨克人，巴什基尔人和分裂派信徒，台阶旁边骑在马上的是赫洛普萨。台阶前面站着一个双手背绑着，面有怒容，身着背心，头戴假发，脚穿拖鞋的被抓来的地主。普加乔夫一挥手帕，就判决了他的死刑；普加乔夫的鞑靼人们把这个地主拉向绞架去执刑。在右边立着一个光脚的牧师，准备着接受誓言。这幅图画的背景是许多被捕来在等候审判的地主，聚集在一块起誓。台阶后面是一付绞架，绞架后面是正在焚烧着的房子，这些火是起义者们燃放的。

外貌描述：（质料、技术、尺寸、装饰）在粗麻布上画的油画。尺寸 120×255 厘米。描绘方法是写实派的。使用灰的色彩。图画还没有完工；牧师的双脚，一个跪着的女人和躺在她前面的尸体，都没有着色；牧师的手中还没有画上十字架。图画装在本色的橡木框内，还有一个框架。

完整程度：保存完整。

绘画时间：1875 年。

绘画地点：莫斯科。

创作的历史：这幅图画是贝洛夫后期的创作，当时，这位艺术家已从创作揭露性的和平生活的题材，转入了创作历史性的题材。依照贝洛夫的构思，普加乔夫的故事应包括三项内容：

1. 地主与农民；

2. 起义；

3. 普加乔夫的法庭。

贝洛夫为了完成《普加乔夫的法庭》的创作，他曾到过伏尔加河和乌拉尔，绘制了许多份草图和略图。在 1873 年他曾作好了一个方案，但又被他抛弃了。在 1875 年时，他又进行作第二次的方案，但是没有完成。到了 1879 年的时候就作完了这个最后的方案。在工作过程中，贝洛夫逐渐地从民粹派对普加乔夫的感情，转变为资产阶级贵族对普加乔夫的行为的斥责，认为普加乔夫是"暴徒行为"。

签名和题词：在这幅图画的右下角署名为"В·Π·"。在图画的背面上，没有任何题词。

图画的经历：这幅画 1882 年第一次在莫斯科美术协会举办的贝洛夫作品展览会上陈列过，就由 Π·М·特列洽可夫购买到手。在 1924 年以前，这幅图画一直是属于特列洽可夫画廊中的陈列品。

在博物馆藏品中的科学意义：这幅画明显地表现出地主、贵族与起义的哥萨克小生产者和少数民族之间的不可调和的对立仇恨；对于起义的农奴则描绘得不够，并且没有反映出这次运动的群众性质；对于普加乔夫和他的同伴，则缺乏革命性质的描绘。在受审的贵族和跪着的妇女们的画像上面，暴露出作者的小资产阶级艺术思想，动摇于自由民粹派和保守的资产阶级贵族的习惯之间。表现为写实派的描绘方法和学院派的舞台艺术结构相结合的产物。

这幅图画的珍贵之处，首先在于它是关于普加乔夫起义的一幅描写画，其次在于它是思想转折时代的一件文物，它也是贝洛夫小资产阶级动摇思想的明显证件。

在陈列时应指出原作者的错误地方和他的阶级倾向。

著录时所用的资料：

1. 国立特列洽可夫画廊存的这幅图画在 1873 年时的草图。

2. 列宁格勒俄罗斯博物馆美术部内存的这幅图画的第三次方条。

3. 基辅绘画陈列馆内的《普加乔夫》画像的草图。

4. 国立特列洽可夫画廊陈列馆内存的贝洛夫的图画和绘画。

5. Н·Π·索卜科著的《贝洛夫的生平创作》。1892 年，圣彼得堡出版。

6. Н·Π·索卜科编的《俄国艺术家辞典》第 3 卷第 1 分册内的"贝洛夫"，1909 年，彼得堡出版。

7. 贝洛夫著的《艺术概论》、《艺术杂志》，1871 年第 1～10 期，1873 年第 1 和第 9 期；《蜜蜂杂志》1875 年第 11 期。

8. В·В·斯塔索夫著的《贝洛夫和莫索尔格斯基》俄罗斯古代出版社，1873 年 5 月出版。

9. 《平凡的观察家》，《俄国时报》上的论文，1882 年第 152 和第 312 期。

10. 《19 世纪的俄国油画》，论文集。莫斯科，拉尼昂出版社，1929 年。

11. О·Я·米亚科夫斯基著的《瓦·格·贝洛夫》。1931 年，莫斯科出版。

著录者：Н·М·得鲁瑞宁。

著录时间：1932 年 3 月 30 日。

（11）国立文学博物馆

<table>
<tr><td rowspan="5">贴
照
片
处</td></tr>
</table>

登录号 4707
底片号 4797

文物名称： 阿·谢·普希金著的《瓜园的喷水池》叙事诗中的插图。

绘作者： 布留罗夫·卡尔罗·巴夫罗维奇，（1799～1852 年）。

原本、复印本或副本： 原本。

保存地点： 第一绘画研究室的贮藏库。

外貌描述： 图纸、画笔。尺寸 24×34 厘米。保存完整。

绘作者介绍： 布留罗夫·卡尔罗·巴夫罗维奇（1799～1852 年），是一位写生画家和铅笔画家；卓越的彩色画家和美术家；系近代新古典派的著名代表人物，也是名画《浮华的最后一天》的作者。

内容和艺术形式： 附在阿·谢·普希金的《瓜园的喷水池》叙事诗内的插画，画名是《玛丽娅》。这幅画的左上面，画玛丽娅坐在窗口旁边，正在沉思的样子，低垂着头，双手抱着膝盖，她的背后有一扇开着的窗户，她就靠在这一扇窗户上，她的面前摆着一张小桌子，桌子上放有一本福音，墙上挂着一幅基督像和一盏油灯。

在第二幅像上，玛丽娅的像设计得较大一些，头不低垂，其余同第一幅一样，没有详细的记载。

她坐着用双手抱着膝盖。简洁的和精确的画意，使人感到没有其它任何印象和夸张的地方，表现出玛丽娅是完全抛弃了现实而处于深切悲痛的形象。

创作的历史： 这幅铅笔画是油画《瓜园的喷水池》的准备创作，（布留罗夫在这幅油画上的工作时间是从 1838 年到 1849 年）这幅油画现在保存于彼得堡全苏普希金博物馆。

这幅图片的经历： 这幅画未到国立文学博物馆以前，是在原作者的兄弟建筑学家兼画像家亚历山大·巴夫罗维奇·布留罗夫的家中。在 1937 年这幅画由国立文学博物馆向亚·巴·布留罗夫的孙子 Б·П·布留罗夫手里买来的。

这幅画于 1949 年在莫斯科"纪念普希金一百五十周年诞辰"的全苏纪念会上展览过。

在博物馆藏品中的科学意义： 这幅画在造型艺术中是一幅极优秀的玛丽娅的形象，创作者对于普希金的原诗有了深刻的理解，所画出来的形象也很接近原诗中描写的形象，同时这幅画还具有很高的艺术描绘才能。

著录时所用的资料： 文学方面的资料：

1. Н·卡瓦林斯卡娅著的《19 世纪上半纪的俄国艺术史》，1951 年，莫斯科出版。

2. М·热列兹诺夫著的《布留罗夫在艺术中的作用》，《祖国札记》第 57 卷，1856 年 7 月出版。

3. А·莫克里茨基著的《卡·布留罗夫回忆录》，同前书，1855 年第 12 期。

著录者： 一级科学工作者，М·Н·扎吉米得科。

著录时间： 1954 年 3 月 19 日。

（12）苏联国立革命博物馆

```
贴
照
片
处
```

登录号 1426
底片号 1264

照片名称：罗曼·马特叶耶维奇·谢勉奇科夫的相片。

来源和到馆时间：原片系由革命博物馆向从前里加的布尔什维克战斗组织的一位队员手里暂时借来以作重摄之用。文据号 146。

保存地点：在照相材料部第 3 号橱内第 2 号匣子里。

外貌描述：这张照片系由原照片上重摄下来的。照片的尺寸：11.5×17 厘米。用亮光纸冲洗的。拍照者的姓名不详。底片曾经修正过，照片上没有题词。

这是一位青年工人谢勉奇科夫的相片，拍照地点是在里加的中央监狱接待室。他坐在椅子上，左腿跷在右腿上，留有少许胡须，光着头。仍穿着自己原来的衣服：深色大衣和浅色裤子。上衣的左上边口袋内插着两朵大花，大概是玫瑰花。照片保存甚为完整。

照片的历史：原照片保存在从前里加战斗组织的一位队员手里。罗曼·马特叶耶维奇·谢勉奇科夫是伊万诺沃—沃兹涅辛斯基省内一个普通工人，他是伊万诺沃—沃兹涅辛斯基省的布尔什维克组织内的成员。后来在 1905 年时，他是里加布尔什维克赤卫队的领导者。由于叛徒出卖而遭逮捕，被军事法庭判处死刑，后在新组的法庭重审时，改判为苦役。他受审和判决都在里加市，服苦役的地点是在斯摩稜斯克和司里塞尔堡，后又转到涅尔成斯克服兵役。1911 年在该地的阿尔卡茨监狱的医院内逝世了。

在 A·梁宾宁著的《札哈拉》一书内也曾刊有和这张类似的相片，并说明罗·马·谢勉奇科夫同志是伊万诺沃—沃兹涅辛斯基省组织中的成员。

在博物馆藏品中的科学意义：这张相片是俄国第一次资产阶级民主革命时代中革命工人的杰出代表的相片，他是布尔什维克赤卫队的积极队员，是一位坚忍不拔忠实于社会主义革命事业的战士，英勇地经受了这个时期沙皇苦役的一切威胁，后来牺牲在反动年代中的沉重苦役之下。

资料的来源：

从前伊万诺沃—沃兹涅辛斯省和里加市的布尔什维克组织的成员们的证明。

文献方面：A·梁宾宁著的《罗曼·马特叶耶维奇·谢勉奇科夫》（伊万诺沃—沃兹涅辛斯基省工人运动的资料）。1922 年伊万诺沃—沃兹涅辛斯基省出版。

著录者：O·A·伊万诺娃。

著录时间：1932 年。

校译后记

　　我国的博物馆事业，在解放后才有了新的发展，但成熟的经验不多，极需学习国外的先进工作方法和经验，作为工作上的参考。为了适应目前博物馆工作者的迫切需要，特选择一些这方面的材料。不过限于水平和编校时间的仓促，在译文及专业术语方面颇有一些晦涩及不够确切之处。希望读者提出宝贵意见，加以指正，以便再版时更正。

博物馆科学工作研究所筹备处

博物馆藏品的管理

俄罗斯苏维埃联邦社会主义共和国
部长会议文化教育机关事务委员会
博物馆工作及地质工作科学研究所主编

中华人民共和国文化部文物管理局编印

博物馆藏品的管理

（实用手册）

М · В · 沃叶沃德斯基

А · Г · 吉纳尔

А · И · 路歇斯卡娅

А · И · 米哈依洛夫斯卡娅   等合编

Н · Н · 普拉维里西奇柯夫教授

А · А · 雅可夫列夫教授

宋惕冰译　　戴黄戎校

中华人民共和国文化部文物管理局出版

目 录

附录

阿夫古斯特式干湿球湿度计相对湿度计算表

序　言

博物馆工作及地志工作科学研究所鉴于地志博物馆的一些特点，企图在这一本研究博物馆藏品管理的手册里，把博物馆所能搜集到的各基本种类的藏品尽可能地都包括进去。博物馆工作及地志工作科学研究所认为：必须说明博物馆藏品管理的组织，同时，在必要程度内，也必须说明管理某种博物馆藏品所要求的材料和技术上的一些问题。这本书的整个结构以及其各个分章的构成，都是根据这个原则编写的。

这本书的第一编（即总论），集中地说明了博物馆管理的一般组织方面的问题。第二编（即各论），第一章说明藏品保管工作的一般物质条件，其他各章，说明了对各类物质藏品的管理。每一章专门说明对于某一种文物的管理。首先，对这种藏品材料作一般工艺技术上的说明；其次，说明这种材料容易发生的几种基本病害和损坏；最后是保管这种文物的一些规则（分条说明）。

本书的各章之间，常常有对某些规则故意重复介绍的现象。这是为了避免频繁地引证其他各章，也避免了在说明该种物质藏品的管理方法上，有不全面的情形。

这本书的各个部分都强调地指出：如果没有某种材料藏品的专家修复员参加，就一点儿也不能采取深入的保存措施。这是因为不在专门实验所内的、缺乏经验的生手往往会给博物馆的文物造成无法修复的损坏。

对于自然、历史方面的藏品材料，在某种情况下，是可以多加说明管理的方法和设备的。因为，关于这些材料藏品的管理方法问题，还是第一次广泛地介绍在博物馆方法学的文献里。

遗憾的是这本书没有附上插图说明，关于插图以及如何在交流经验的基础上把某些问题确定化和具体化，将是在本书再版的时候必定要添加的。

博物馆工作及地志工作科学研究所博物馆方法部主任 А·И·米哈依洛夫斯卡娅编写了这本书的总论；艺术学硕士 А·И·路歇斯卡娅编写了各论中的第一章（藏品保管的一般物质条件）和有关历史文物的各章；Н·Н·普拉维里西奇柯夫教授编写了关于动物学的物质材料一章；老的科学研究员 А·Г·吉纳尔编写了关于植物学的物质材料一章；М·В·沃叶沃德斯基副教授编写了人类学的标本一章；而地质学和矿物学的标本一章是由 А·А·雅可夫列夫教授编写的。Н·Н·普拉维里西奇柯夫教授校订了这本书的自然、历史方面的藏品材料部分，关于其他藏品材料的部分，是由已故的语文学硕士 Ю·А·阿尔马左夫和 М·В·法尔马考夫斯基教授共同校订的。

总　论

一、博物馆保管工作的一般任务；博物馆藏品的概念

1. 博物馆藏品的保管任务，乃是为着给无论是在贮藏室或者是在陈列室里的博物馆搜集品创设一些这样的条件，这些条件是要能够保障这些搜集品的完整而免于被盗窃；要能够防止陈列品遭到可能损害或破坏；以及使这些搜集品能够便利于展览和科学研究上的使用。

正确建立的博物馆藏品保管制度，应当规定出保藏各种博物馆藏品所应遵守的一切要求。

2. "藏品"这个字，常被理解为博物馆的全部藏品，而不管这些藏品是在何处。

在贮藏室里的和在陈列室里的各种博物馆藏品，应当看作是一个统一的整体。任何一件博物馆的陈列品都可以从陈列室被移转到贮藏室里去，相反地，放在贮藏室里的藏品也可以被利用于陈列中。

二、博物馆的建筑物及其设备

（一）博物馆的建筑物

1. 博物馆的建筑物不但要适合于种种陈列上的要求，而且也要适合于各项博物馆藏品的保管任务。

应当利用建筑技术上的最新成就，并考虑到博物馆藏品的保管和陈列方面所提出的一切要求，用来建造博物馆的新房屋。

利用那些非专为博物馆用的建筑物布置作博物馆时，应当具有特别装置的并适合于保管博物馆藏品的各种房间。

2. 博物馆的建筑物因为要适合于保管博物馆藏品的各项任务，所以应当是耐火的——即带有金属和钢骨水泥结构以及铁皮屋顶的、石造或钢骨水泥的建筑物。博物馆的建筑物应当和其他的建筑物特别是要和那些在消防方面不可靠的建筑物隔离（参看"四"）。

博物馆的建筑物应当布置在不易淹没的、干燥的、地势较高的居民点里，并且要尽可能地远离开主要的运输干线、大的贮水池以及烟雾弥漫的各种工厂区。

在那些易受地震的区域里，各种博物馆的新建筑应当用能以防备地震的结构建筑起来。在必须将博物馆布置在非专供博物馆用的建筑物里时，就应当布置在那些层数较少的、其结构根据建筑技术监督标准是相当坚固的那些房里。

3. 博物馆的建筑物应当有以热水取暖的暖气设备，这种设备在消防方面是最安全的，并且能够对博物馆的房屋保持有为保护放在其中的博物馆藏品所必须的固定的温度。在用热空气使屋子变暖时，必须保持所供应空气的清洁和适当的湿度。

在使用火炉设备的情况下，就应当用足够的砖垒在火炉的周围使炉子与邻近的间壁隔离开，并且要在火炉前的地板上铺上几块铁皮。

4. 博物馆的建筑物应当装置自来水和排水设备。应当把水和装置着水龙带的消防水龙头接通（参看"四"）。

5. 在博物馆建筑物内只能使用电灯光照明，并且电线网应当按照最容易着火的房屋的标准来装置，其装置计划必须取得当地电力供应局的同意和批准。

对于电线的绝缘以及不使电线网负荷过重的问题，应当予以特别的注意。为了最合理地布置灯光和配置电气照明网的外部装饰，各陈列室的电线网就要按照与博物馆的科学管理相符合的原则建立起来。

6. 博物馆的建筑物要用一切的防火设备装备起来，并且要将其当作一个最容易着火的目标看待。为了避免水和其他液体对于陈列品起着有害的作用起见，防火设备也可采取各种干燥的方法来熄灭火焰（药味灭火器、沙、用防火液浸湿的毛毡等）（参看"四"）。

7. 博物馆的建筑物应装置有通风设备，并且还要附有能够把流入的空气中有害的混合物清除出去的滤过器。

博物馆的建筑物（在各大型博物馆中）最好要装置有能以调整博物馆室内的温度和湿度的调节空气的设备。

8. 博物馆附近的地区应当这样来组织，使得在博物馆的临近没有木造的建筑物。而那些附属的建筑，应当用防火的材料来建造。为了能获得更多的光线和空气，以及为了消防安全起见，在房屋的周围最好能有一片空地。博物馆的周围，最好能有一片绿荫，而靠近房屋的地方，最好能有一个不大的水池。最好是有一排绿树，能以把博物馆的房屋和街道隔离开来。

木造的建筑物，例如在露天里的各种陈列物，则应当布置在距离博物馆的房屋一百公尺以外的地方。

（二）建筑物的管理和照料

博物馆的建筑物要有着系统的管理和照料，以防止发生过早的陈旧现象和破坏现象。博物馆建筑物的内部，应当保持正常的温度和湿度。

博物馆的建筑物常常受到许多因素的影响，其中最危险的，要算是能引起发潮的水气的渗入。潮湿能够减低建筑物的坚固性，能够破坏砖石建筑物的砌缝和灰泥，能够加速木料的腐烂。能破坏砌缝和灰泥的风化作用，冷冻常常给房屋带来极大的损害。电灯和排水设备安装的粗劣，或者不能及时修缮建筑物，都会加速建筑物的损坏，而且能够破坏保管藏品的正常条件。

1. 为了确定一切必要的修缮工作，技术监督人员、博物馆馆长和藏品保管员，每年至少应当对博物馆建筑物检查两次以上（秋季和早春的时候）。检查的结果，要记载在特别的文件中。关于当前的全部修缮工程和消灭损坏事故的措施，应当立刻执行。

2. 为了防止潮湿，必须不让雨雪渗入搁楼①或地下室，也不让地下的泥水渗入建筑物，因此要在建筑物的左近设备排水装置；必须注意使下水道通畅；不可使墙壁冻透，因为，这样会使屋内有冻缩的水分出现；同时也不可使屋内的空气过分潮湿。

3. 屋顶和搁楼必须特别注意管理和照料。

屋顶漏雨往往会给房屋带来极大的损害，因为这现象能引起屋梁和天花板的腐烂。博物馆的建筑物应当覆上铁皮的屋顶，为了避免铁皮屋顶生锈，在不超过二、三年的期间，就要将屋顶用油漆重涂一次。铁皮屋顶的修缮必须按期进行（如补漏、换铁皮等）。锌皮和铜皮的屋顶，要在开缝的地方焊接起

---

① 搁楼（чердак）：是在天棚与屋顶之间的小屋子，一般用来存放用不着的物品之类；搁楼是借用上海的一种通称。——校者注

来。厚纸板的屋顶要涂上树脂。

为了防止屋顶的损坏，必须使屋檐上的水槽保持清洁，不要让落叶、尘屑和冰等积聚在那里。

屋顶上的玻璃天窗必须经常检查，看看各个玻璃间接缝（即用无头钉和油灰抹严了的板条来压在各玻璃间的接缝）是否坚固，并将破碎的玻璃换上新的。

［原注：如果顶盖的玻璃不是毛玻璃，那么夏天要用白粉涂上，以避免过度强烈的和直射的光线。夏天，为了减低顶盖玻璃之间的温度，可以用抽水机将水喷射到玻璃屋顶上。］

冬天，必须及时地将屋顶和天窗上的雪扫去，不让很厚的雪层积聚在那里。

扫除屋顶上的雪，要用木锹，免得用铁锹会将屋顶的玻璃打坏。

在搁楼上，暖气管应当隔离开来，免得靠屋檐的雪融解。

搁楼必须完全不存放无用的物品。搁楼的通风，可以利用安装上窗纱的屋顶窗。这些窗子在夏天是要常常按照规定打开的。过冬的时候，必须将他们严密地关上，以免雪的侵入。搁楼上的门必须关严，以免暖和的空气从楼梯间里渗入，因为在冬天，这样就会使搁楼的结构发生潮湿，使木料部分腐烂，并促使室内的菌类出现。木结构的腐烂部分要立刻拆除，并换上涂了防腐剂（如木油、氟化钠等）的新木板。每三件就要把螺丝钉重新加以扭紧，把铁箍加以修理。

4. 必须注意使自来水、下水道和暖气设备经常保持通畅得用。如果发生了毛病，就应当立刻修复。

必须将自来水管和厕所中的水箱用毛毡包好，在毛毡的外面里以涂上油漆的帆布，这样使之和外界隔离，以免水管上发生结露的现象，特别是在一年中开始暖和的季节里。

在没有采暖设备的屋子里，必须及早地把水管中的水放去，把自来水关好，以备度过寒冷的季节。

下水道必须每月检查一次，并按期用自来水将它冲洗干净。

采暖季开始以前，必须检查暖气设备或者火炉是否可用（要作出技术检查和防火检查的记录）。

5. 为了保护房屋不受损害，必须使屋内经常保持固定的温暖条件，这一点只要将暖气调节适度或者将火炉经常烧暖便可以达到目的了。屋内温度只允许逐渐改变。采暖的房间和没采暖的房间之间，应该有一个过道间，以避免暖和的空气传到冷的房间里和冷的空气传到温暖房间里；或者是在它们之间保证已采暖的房间完全隔离开来。

在没有采暖的屋子里，寒季一开始，就要把窗户关上；而到了春天，应当尽早一点将窗户打开，以便使外部的温度和建筑物内部的温度逐渐平衡。

6. 通风管必须有滤过器的设备，而且必须按期将管内的烟渣和灰尘除掉。

（三）藏品保管室和它的设备

1. 不曾陈列的博物馆藏品，要放在专门设备的保管室里。用作保管室的房间，必须是宽大的、光亮的、干燥而且温暖的、通风良好并有暖气设备的，以便保证有极好的一些条件来保存藏品。绝对不可将藏品保管室仅只看作是收集那些不在陈列馆陈列的博物馆藏品的房屋。

实质上，藏品保管室就是科学实验室和资料室。它能够保证为了全面地利用博物馆藏品而对这些藏品进行科学鉴定和研究的工作。自然，在这种情况下，藏品保管室必须具有非常便利于进行研究工作的特别设备和家具。藏品保管室里也必须给那些研究藏品的人们设备工作地点。

藏品保管室要和其他的房屋隔离，同时却须和陈列室保持着很方便的联系。

藏品保管室必须最大限度地满足防火安全的需要，必须有太平门和相应的防火设备。

最好将藏品保管室设在楼下，但事先可由技术监督员检查一下地板能够负荷多少藏品。

2. 在设立藏品保管室时，最好适当地布置一个统一而集中的、由联合在一起的若干房间组成的保管室。

分散在几所建筑物里的地方博物馆，也可以在不同房间的博物馆各部分里设立藏品保管室。

3. 应当根据各种藏品保存上的特性，将藏品保管室分别设立在不同的房屋内。

最干燥、最光亮的房间应当用来保管绘画文物，因为这类文物对于潮湿、光线不足是最敏感的。干燥的房间也可以用来放置纺织物。陶器、玻璃和石器等可放在比较阴暗和潮湿的房间里。金属器可以放在阴凉而干燥的房间里；但是，必须要注意到低温度对锡器的有害作用；因此，必须把锡器放在比较温暖的条件下。木器虽不需要温暖，但需要放在光线充足和干燥的房间里，可是空气也不能过于干燥。

纸张类必须放在干燥和空气流通的房间里。

用兽皮做的动物标本和各种兽皮可放在干燥的房间里，以免腐烂生霉，或生蛾子。蚁醛液泡制的动物标本，不能放在阴凉的房间里（详阅本书的各论）。

4. 设备得合理的藏品保管室，除能保证满足保存上的需要外，还须保证使藏品容易找到，便于对它们进行操作，而且有可能对藏品进行研究。

5. 保管藏品的家具构造，应当尽可能有一致的标准，以便能够更充分地利用藏品保管室的房间。

6. 将家具放置在藏品保管室时，必须很有计划地利用保管室的面积。橱柜和板架，应当沿着保管室的墙安放，或者在墙上安装上铁椿（штанга），以便悬挂藏品。板架和橱柜垂直地向纵面墙壁放置（和书库里的情形相同），中间的过道须剩下 2.5 公尺至 3 公尺以上；板架之间的距离，要根据架子的深浅和藏品的大小而决定，但不得少于 1 公尺至 1.5 公尺。在布置藏品保管室的时候，不应当将藏品沿着不够干燥的墙安放。

7. 保管藏品用的家具包括直拉支架、板架、橱柜、抽屉柜和托架。橱柜和板架最好不要高过 2 公尺，免得使用轻便梯子。

在很高大的房间里，应该放置二层隔开的橱柜和板架。藏品保管室的一部分面积，可利用来陈设笨重的物体和用特别支架托住的物体（如模型、塑像等）。保管室里应当有专设的巨型工作台，以便在上面摆放需要进行研究的那些藏品。

8. 最好将照片等放在一间特设的房间里。照片橱和科学档案库，也最好有专用的房间来放置。

9. 全部保管藏品用的家具都要用干燥的木料做成，这木料最好是用防腐剂和防火的材料加工的。家具要按期检查，以免木蛀虫的繁殖。

10. 放置各种不同类型的藏品，应当用各种不同类型的家具。画片可以分挂在罩上铁线覆网，而且附有直立支架的框架上。这些框架都是对墙垂直地摆放着，有时这些框架还是活动的。铁线覆网也可以用木格子来代替。保管体积大而不太笨重的物体，应当用有活动搁板的玻璃橱（如保管陶器）。保管单页的、纸张类的材料应当用带有不装玻璃的密闭橱门和带有许多小抽屉的橱柜。同类构造的抽屉橱柜也可以用来保管纺织物。用装有薄木板供悬挂衣架的衣橱来保存服装是比较方便的。不需覆罩玻璃的、裸露着保管的藏品（如陶器、木器等），应当用由几个相同部分组成的活动板架。裸露着保管的藏品，也可以用各种不同形式的托架（如放置武器用的托架等）。古俄罗斯绘画（圣像）应垂直地保存在用木板隔成许多槛栏的板架上，或者分放在三脚架上。装入框里的绘画也应该垂直放在板架上。

保存兽皮或鸟类及哺乳动物的剥制标本。要有专用的大箱子。这些大箱子用来保存小型头盖骨也是方便的。大箱子的制造规格，必须严格的一致：这一点乃是为了使所有的抽屉都能适用于任何一个大箱子，也是为了所有的大箱子都能重叠地放起来，这样放便能大大地少占地方。一般使用下面两种大箱子。

第一类型——上面开盖的大箱子。这种大箱子是用干松木板做成的。它的侧壁是用 2.5 公分厚的木板和五公厘厚的三合板做成窗棂形，箱盖必须能严密地紧闭，因此，在板壁的内部要钉上平板条，或者刻上凹槽。大箱子的尺寸是：长 120 公分，宽 60 公分，高 55 公分，箱盖高 8 公分。两侧板壁外部装上木把手。这样的大箱子可用来保管巨大的哺乳动物的兽皮（狐狸和更大的动物），和巨大禽类的剥制标本（大鸥、鹅、老鹰、鹤等）。

第二类型——装有侧门和抽屉的大箱子。这种大箱子的尺寸是：长 120 公分，宽 60 公分，高 55 公分。箱壁用厚 2.5 公分的木板做成窗棂形。上面、后面和下面（底）的板壁都有两根横木；侧壁也有一根平行于底面的横木。横木的宽度是 7 公分。侧壁的横木上要钉上把手。用 5 公厘厚的三合板把窗棂形的箱壁空白钉严。大箱子的前壁是各种构造不同的小门。这种"环棂型"的大箱子，是用它前面的整面板壁来充当能以敞开和插下去的门的。做门的前面板壁，在下面有插栓环，从外面，即在两侧可以插栓。（假若需要的话，在上面可以装上暗锁。）在箱内活动板壁门后，有一个约 3 公分深的凹槽的框子。活动板壁门便插在这个凹槽里面。改装后的"环棂形"大箱子是这样的：前面的板壁改成两扇可向两边开合的小门。插栓环钉在侧壁上，插栓和锁装在靠小门的内缘。小门本身的内边上有合缺槽，这槽可使两扇门一个把另一个掩住。

在这两种类型的大箱子里，都可以安上抽屉。这些抽屉是无盖的。它们的侧壁可用 1.5 公分厚的木板，底用薄三合板，中间加上一块横的窄平板。抽屉侧壁的高度，可由抽屉的用途来决定。抽屉前壁上要安设两个耳形的把手。因为抽屉板壁高度的不同，普通一个大箱子可容纳这样的抽屉三个到六七个。大箱子内部，在其侧壁上，可钉上六七对宽 2 公分的平行于底的板条。每对板条之间的距离为 2 公分。每对平板条形成榫槽，其间有钉在侧壁上的厚 1.5 公分的平板。在安小门的框子的内部，应当刻上和这些榫槽一样的槽缝。为了使任何一个抽屉，可装入任何一个箱子，必须使各个部分的制造规格严格划一。

当箱子里放置大的剥制标本或头盖骨时，抽屉可以少一点；在相反的情况下，就可以多放几个抽屉。要使每一个抽屉都可以用来放置不拘尺寸大小的任何物体，要使箱子可以装入尽可能的多一些抽屉，那么抽屉的侧壁便不能太高。（一个箱子可容纳多少抽屉，要由抽屉侧壁高度来决定。因此抽屉的侧壁过高，显然对于放置较小的物体是不合适的。抽屉的侧壁低，则对于大的或小的物体是同样适用的。）

这两种箱子的非常方便的地方是：（1）拉抽屉就可以很容易地从箱子中把藏品拿出来。（2）活动板壁单门或双扇门能够使箱子一个架在一个上面（如是上面开盖的箱子，自然也可以一个架在一个上面，但是要将藏品拿出来，却不方便）；而且向两边开关的两扇小门，可以同时将叠在一行上的箱子全部打开（有活动板壁门的箱子是不能这样的，因为它会将下面的箱子掩盖住）。

在箱子底上，紧沿侧壁的边缘，需要钉上两块窄板。窄板的宽度和厚度都是 5 公分。这两块窄板可以使空气在箱子底下通过；而在架起来的箱子之间，还可以保护上面的板壁（箱盖）不受到压力。把箱子重叠起时，要使钉在底上的窄板恰好压在箱子的侧壁上。

在制造箱子时，必须特别注意各部分的精密适合以及选择质料好的木料。

为了容纳这样抽屉是不适合于制造高橱的，因为这时候箱子的抽屉里，也可放置装有小型剥制标本的规格一致的匣子等。

边上安有小门并带抽屉的箱子也可用来保管历史文物——服装、织物和薄页材料的藏品（如纸张、板纸、金属薄片）。

收藏细小的物品以及薄页材料的藏品，必须要用规格一致的、盖子可以揭开的匣子；这些匣子必须紧凑地装在板架里，而在尺码上也要和这些板架相称一致（如：25×50；50×75；75×100）。保存纸张和植物标本等，可以用几种尺码不同的纸夹。纸夹的大小，要由藏品的大小和幅面来决定。

专为用保管人类学的标本的，应当是带有抽屉和能紧密关闭的小门的特别木橱。木橱的大小可以由抽屉的多少来决定。太高的橱是不方便的。（因为不容易构着上面的一些抽屉），太宽的橱又嫌笨重。最方便的是容有三直行抽屉，每行抽屉各二十个（标准规格）的木橱。

保管昆虫等可用里面糊上白纸的小箱或匣子，这些小箱和匣子底上还要敷上泥炭。匣盖（用玻璃盖也可以）应该很精密地配上，最好是镶上合缺槽。用两种规格不同的小箱（匣子）比较方便，而保管人类学标本的木橱内，抽屉的规格却要一致的，因为这能够任意调换木橱内的各个抽屉。

［原注：苏联科学院动物学研究所和莫斯科动物博物馆给木橱规定了下开的尺码：长 42 公分，宽 37.5 公分，高（包括盖）7 公分，侧壁和后壁厚度是 1 公分，前面的板壁厚 2 公分，玻璃盖的框子是宽 2 公分。露在外面的框子的厚度是 0.5 公分，框内有纵沟（即便于从内部把玻璃安上——校者注）。前面板壁（和盖）的边缘是倾斜的，这就能够易于将盖取下。底的厚度是 0.5 公分。］

这些带玻璃盖的、很好的精细木工的、表面擦得光亮的小箱，可以用来保管加工过的藏品。保管没有分类的藏品，也可用形状同样大小但成本比较便宜的小箱，即．底和盖用薄的三合板或纸板制成。底和盖的板壁用普通木料制成，不用涂漆。合缺槽和普通匣子上的一样（纵沟在外面），或者用双层合缺槽（中间隔以板条）。

［原注：如小箱不是都装在木橱内，而只是摆在架子上，莫斯科动物博物馆所采用的尺码是很方便的，即：长 36 公分，宽 23 公分，包括盖在内的高 6.5 公分，盖高 2 公分，壁厚 1.5 公分，双会合缺槽（中间隔板条），底和盖都是三合板的，但用厚纸板也可以。］

厚纸板匣子的尺码是多种多样的，并且也有完全用厚纸板制成或者用纸板与木板（板壁是木板）制成的。人类学协会纸匣的标准尺寸是：长 34 公分，宽 25 公分，包括盖的高 5.5 公分，盖壁高 2 公分。盖是浮放着的，从底壁内部黏上厚纸板，而形成安放匣盖的凸出部，凸出部的边缘用天鹅绒纸黏好。如果匣子盖安放得严密的话，虽然匣子构造"简单"，但是灰尘却绝不会渗到匣子里去。完全用纸板做成的匣子，尺码小一点是比较方便的。因为这样，它们通常能够更紧密地关起来，而匣壁也不会弯下去。使用尺码是 20×30 公分的匣子是方便的。要保管蝴蝶时，用尺码大一点的匣子，30×40 公分的尺码是方便的。因为匣子或小箱的尺码小些，便能够更经济地把它们摆放在架子上。

保存人类学展览标本的小箱子或匣子，是不可能确定一定规格的。小箱的大小要由它们所装的藏品来决定。最好箱盖的框子要尽可能窄一点，而小箱的高度不得少于 7~8 公分；这种小箱在必要时，也可用来保存生物学的标本。

11. 保管室有窗帘和百叶窗，也有足够应用的小设备品——如卡子，末端有软卡板的吊带，及其他。

12. 保管室的进口设一个分类间是最合宜的。新来的藏品首先进到这个分类间来，在这里开封、分类并加以检查，以便把那些有"病害"的藏品送到"隔离所"去。

13. 每一个博物馆都应当有一个"隔离所"。这是用来在其中保存那些染了传染性"病害"的藏品的特别房间。这个"隔离所"，无论在保卫方面、设备方面以及管理条件方面，都应当符合于主要保管室所提出的那些同样的要求。

规模大的博物馆里，最好能有自己的消毒室。其他博物馆也必须利用保健科的消毒室，但是要根据各种藏品不同的性质来使用消毒剂。

14. 保管室里应当有下列家具：搬运藏品用的（如担架、皮带、大车、帆布和绳索等）；打扫房屋用的（如毛掸子、除尘器）。应当有足够的包装材料（如包装纸、细绳等），以及储备一些保存藏品用的材料（参看本书的各论）。这些东西都要放在专设的储藏室里。此外，还应当有一个专设的仓库，用来保管待用的玻璃橱、托架、框子、贴照片的厚纸、玻璃等。

15. 地下室，特别是和保管室连接的地下室，自然要根据它们的特殊情形来装备好，以备在特别的或发生破坏的情形时使用。

（四）符合保管博物馆藏品各种要求的展览室的装备

成立和布置陈列室的时候，除了创造陈列藏品的极良好的条件外，还必须保证藏品的完整、不被偷窃、不会发生早期陈旧的现象和损坏现象。

1. 为了使藏品不受到偷窃，陈列用的家具（各种玻璃橱柜）都要安装上暗锁以及用铅印封上的露在外部的小环。贵重的藏品不应当放在没装玻璃的托架上，或者放在玻璃橱窗的外面。露天展览的时候，巨大的陈列品的周围没有玻璃橱时，必须围以栅栏；而模型必须要用玻璃罩盖上。陈列室的窗户要安装内部的百叶窗（用木栅栏或金属栅栏）。

2. 为了使藏品不受到光线的作用（被阳光晒焦、晒得发热），陈列室的窗户可以挂上用薄而致密的、明快的、中性色调的布料做成的窗帷。通常窗子的下部和玻璃天棚，可以装上毛玻璃。对光线特别敏感的藏品（如水彩画、文件、织物等），要添加上专设的覆盖（在玻璃橱内时），罩上帷幔（在托架上时），或者将它们摆在用人工照明的陈列室里。玻璃橱内需要照明时，照明的灯光要罩上毛玻璃的灯伞或灯罩，以及利用玻璃使灯光和藏品隔离开来（在玻璃橱内照明时）。

展览陈列品用的家具，应当放在不受窗外阳光直射的地方。

博物馆的窗户还要装设第二层致密的窗帷，在博物馆不工作的时间便要拉上。

3. 为了使玻璃橱不会有灰尘的侵入，玻璃橱柜可以做得完全密闭的（橱门上垫上橡皮衬垫）。打开的窗户和通风孔一定要用纱布蒙上，以防止灰尘和苍蝇飞入。必须经常打扫房屋内和藏品上的灰尘（参看"三"）。

4. 为了防止藏品温度的增高或着火，藏品照例应当放在离采暖设备或电灯 1.5 公尺至 3 公尺以外的地方。陈列室必须有相应的防火设备（参看"四"）。

5. 陈列室应有观测温度和湿度的仪器（参看本书各论"一"）。

6. 陈列各种博物馆藏品的时候，必须根据各种藏品的不同特性，采取本书各论内所谈到的保存措施。

三、房屋的清扫

争取博物馆内清洁可以用下列两种办法：（一）用预防的办法；（二）用打扫的办法将房屋（陈列室和保管室）的灰尘和泥土清除。

（一）防止灰尘的预防办法

1. 参观者不得穿外套和套鞋进入博物馆。

2. 博物馆的入口必须有清除鞋上泥土的设备（如台阶上的金属踏板、刷鞋的刷子、在入口的过道间设置的金属格子形擦鞋板和擦鞋席垫等）。值日的技术工作人员，必须负责注意进入博物馆的人们鞋子的清洁。

在那些工艺性的建筑纪念物（特别是宫殿、庄园内）并有贵重嵌木地板的博物馆内，必须在普通鞋子的外面套上一双布鞋。这些布套鞋必须每日刷干净，并检查它们是否能够合用。

3. 为了避免尘埃从窗子里渗入，最好在博物馆房屋内利用带有当新鲜空气流入时可以阻止灰尘的滤过器的特别通风设备来实行通风。利用窗户通风的时候，必须有能防止尘埃由换气窗或由窗户缝侵入的覆纱的窗框。这样的纱布滤过窗，在使用暖气采暖时也可以使用。

4. 为了预防博物馆藏品落上尘埃，要将陈列品放在玻璃橱柜内，要将在托架上的陈列品装上玻璃，并且在可能限度内只将不能装玻璃或容易除去灰尘的陈列品，裸露着陈列。

玻璃橱柜的小门，要加上橡皮垫，以便使橱门能紧密地关闭上。托架最好能蒙上帷幔。摆设陈列品的家具，必须在博物馆闭馆的时候，给它覆上苦布套子。在保管室内，家具必须经常覆上苦布套子。

保管室办公用的家具，也必须有防止灰尘渗入的设备（橱柜必须有能紧密关上的橱门，板架必须有帷幔）。

（二）博物馆房屋的清扫

1. 博物馆房屋的清扫，就是将地板、脚踏板、地毯上的灰尘和泥土除掉；就是将门、窗和橱柜上的玻璃擦干净；就是将照明设备、博物馆家具和藏品上的灰尘除去。

2. 展览室的清扫，在每天早晨开馆前，由学习过起码专门技术知识的技术人员来执行。保管室每天必须在藏品保管员的监视下拆除了封条然后进行清扫。与清扫的同时还要按通风规则，使各个房间通风。在藏品保管员的领导下，要按期进行各房间的大扫除和藏的清扫。最好每月不少于一次，规定出专门日期对外禁止开放以便进行这样的大扫除。

3. 用净水润湿但绞干了的包上抹布的刷子，刷去墙上（没挂壁画）和天花板上的灰尘。但是，如果墙上的颜色会受到湿布的损坏时，便不能这样做。地板应当用刷子刷干净，这时要利用润湿的碎报纸，或者很小心地利用干净的湿锯屑。嵌木地板，一般应当用除尘器来除去灰尘。

4. 应常用蜡脂（不含颜色混合物的纯蜡脂）来涂擦博物馆房屋内的地板，而且最好用纯蜜蜡做成的蜡脂，这种蜡脂可由博物馆自行制造。嵌木地板（尤其是从贵重的木料选来的），绝对禁止用水洗刷。

5. 地板（木地板、石地板、大理石地板、油漆布地板等）的洗刷，会使湿度增高，所以，只能在非常需要的时候进行。洗刷后，必须立刻将房间通风，并注意观察室内的湿度情况。

应当先用干净而不粗糙的抹布洗刷地板，然后再用绞干的湿抹布或干净的麻绳拖把将地板擦净，水里面可以加入少量的消毒剂（蚁醛、木溜油等）。洗刷涂了油漆的地板或油漆布的地板，可以在水中加入松节油（每桶水加一茶匙）。博物馆房屋内禁止用煤油擦地板。

6. 为了避免锯屑带来害虫，只有在确知锯屑没有感染木蛀虫的时候，才能够应用湿润的锯屑来扫陈列室的地板。

7. 只是平常使用的地毯上的灰尘，才可用除尘器清除出去。擦鞋用的狭长地毯，必须经常拿到户外打灰，或者用雪擦洗，然后，再使之变干。

8. 采暖设备和装在墙上的照明设备，必须每日用湿抹布擦拭干净。

9. 门窗和玻璃橱上的玻璃，用清洁而干燥的抹布（亚麻布或棉布）擦拭。玻璃和镜子，用酒精加上几滴阿莫尼亚水擦拭；但是，玻璃的表面不能用力擦拭。图片上的玻璃，用软毛掸或是旧而干净的破布擦拭。

10. 部份涂了油漆的家具（玻璃橱、托架、陈列的家具和家具样品等）和图片的框子，用软而干的抹布擦试，覆钉有织物的家具，用软毛掸或软刷（顺着布芒）将灰尘刷去。

11. 雕刻品用毛掸子除去灰尘或将除尘器移置来吹去灰尘。

12. 必须在藏品保管员的监督下，依靠富有经验的技术工作人员的力量，才能将博物馆家具和巨大的藏品移开而进行博物馆藏品的按期大扫除。大扫除的时候，家具（圈椅、沙发、椅子等）的移置，必须遵照家具使用规则进行（搬移的时候，不要拿着椅背和把手，要托住座部）。

四、防火措施

下列四点对于预防火灾的发生及蔓延和对于将火灾全部扑灭说来，是有着极重要的意义的：

（一）建筑物的材料与结构以及建筑物的设备。

（二）对发生火灾可能性的预防措施。

（三）防火用具的现有数量和可用程度。

（四）正确地组织博物馆消防队，并和市消防队取得应有的联系。

（一）博物馆建筑物的材料与结构

1. 博物馆的建筑物必须是用防火材料建筑的，应当和四周围的建筑物隔离（可利用防火墙、绿色林带等）。不应当将博物馆建筑在有失火危险的工厂附近。

2. 如果不能遵照上面的这条规则（如对宫殿博物馆、纪念博物馆等说来），就应当尽一切可能将房屋易着火的部分，特别是木料部分，作防火的加工修缮，并加强其他防火措施。

3. 博物馆的房屋应当有适当数目的出口，出口的数目和位置必须和当地消防队共同商量。

4. 在藏品保管室、藏书室以及诸如此类的房屋内，橱柜、板架、玻璃橱等设备必须布置得留出相当宽的过道以便尽量迅速地将物品搬出。必须严格禁止将任何东西放在过道中间。

陈列室玻璃橱以及托架之间的过道应当不少于二公尺宽，而主要过道应当不少于三公尺宽。

5. 博物馆的建筑物应当有能在失火的时候把建筑物的个别部分隔离起来的带有金属防火门的阻火壁或铁窗扉（代替阻火壁）。

将铁窗扉放下或将阻火壁门关上的时候，必须确知从外面通向失火地点的通道，以便将火扑灭，将物品搬出。

（二）消除可能发生火灾的来源

1. 凡是有火灾危险的地点，如：锅炉房、燃料仓库、博物馆设备（玻璃橱、浅箱、框子等）仓库、木工间、修复工场、其他工场和实验室等，必须和博物馆房屋隔离。

2. 搁楼上禁止设立仓库和保管器材。这里只能摆一些盛满干沙的箱子或袋子。

3. 博物馆房屋内不应当容许外人居住。博物馆工作人员住地，应当适当地隔离开。

4. 博物馆房屋内不许使用任何带火焰的照明或加热的器具（如汽炉子、煤油灯等），也不得装设临时性的铁炉子。

5. 修复员和其他工作人员使用易燃性的物质在博物馆房屋内工作时，应当相应地遵守操作规则；并且应当对这类工作加以不断的监督。

［原注：必须特别禁止在下班后，将破布、棉花以及类似的浸有松节油或干燥油的吸水物品留在博物馆房屋内，因为这些东西有自燃的危险。］

6. 如果博物馆或博物馆的某些部分没有电时，应当使用手电筒。只是在万不得已的时候，才能使用"蝙蝠"牌的油灯或者点洋蜡烛的灯笼。

7. 除了专设的吸烟室外，博物馆所有房屋内一律禁止吸烟。对于吸烟室应当进行不断的监督。

8. 装置炉子的时候，必须保证将博物馆房屋的木料建筑部分作应有的隔离，这些问题事先要和消防队商量。炉膛火门前面的地板，必须围上铁皮。

冬季，由经常检查炉子是否合用的特别技术委员会事先检查好烟囱，才能开始生炉子。

9. 必须经常打扫烟囱，检查烟囱是否合用（这只要将烟囱涂上灰泥，将烟囱顶部刷白便易于检查。）

10. 不得装设临时性电线。

11. 经常使用的电线，必须符合现行电线装设规则，并须有系统地加以检查（每次不得超过三个月）。

12. 不得使线路负担过重，也不能用其他指望能适应较强电流的易镕线或自作的"安全丝"来代替安全器中的易镕线。

13. 博物馆的电路应当有总开关，非工作时间须将电路遮断。值日用的电灯，应当有专设的线路。值日用的照明灯应当在博物馆房屋的入口连通电路。

14. 容易着火的陈列品（塑胶或赛璐珞做成的陈列品以及模型等）必须装上玻璃。用塑胶和赛璐珞做成，并带有人工花草的模型，最好能罩上玻璃罩。玻璃罩可用金属螺丝固定。

电影片和胶板应当放在金属盒子里，以免着火。

一切电气化的陈列品，应当附有绝缘垫，并由电气技术员、消防监督员定期进行检查。陈列室的全部电路，也必须取得当地电力供应局的批准。

15. 作为博物馆房屋设备附属性质的纺织物（托架套、擦鞋地毯等），最好由专门人员用防火液加以浸渍。透视画的底布是最容易着火的，因此也应当同样用防火液体浸渍。

（三）消防器材和设备

1. 博物馆必须列入市区特别保护目标之一，并应受到相当的消防设备的供应。

2. 博物馆建筑物内必须装设自来水。如果没有自来水，便须在博物馆院内装设轻便贮水器。如果市内没有自来水，博物馆地区内便须有井，便须有贮水的水池，便须有合用而盛满水的水桶和水龙带。而且，靠博物馆房屋的围墙及搁楼，必须有盛满沙子的箱子或袋子（参阅"9"）。

3. 博物馆建筑物内必须装设水龙头。水龙头的数目和装设地点，应当使这些水龙头的作用范围可以包括博物馆的全部面积。一切带有水龙带的水龙头设备，应当装设在木橱里，外面标明"水龙头"字样。在任何情况下，必须禁止堵塞住通往水龙头的道路的通畅。

4. 博物馆建筑物必须有屋外消防设备——一架金属防火梯或数架金属防火梯（在博物馆房屋面积较大的时候），以及装设在屋外的有一定距离的水龙头（根据本地消防局所规定的标准）。

屋外消防设备是否合用，必须按期进行检查。

5. 博物馆房屋内必须有消火器，消火器的数目和装设地点，必须和消防局磋商（平均每面积在五十平方公尺装设一个消火器，并且每三个房间就要有一个以上的消火器）。

6. 消火器必须按期从新填换消火剂。消火器和水龙头是否合用，必须按期进行检查。

7. 选择消火器的时候，应当注意到它们是适用于采暖的房屋里或者适用于不采暖的房屋里。同时也应当注意到它们对陈列品可能发生的作用。

8. 为了避免损坏陈列品，应当尽可能利用干性的消火器材——干性的灭火器、沙、石棉被和用防火液体浸渍的毛毡等。因为水对陈列品会能发生坏作用，只是在万不得已的时候，才能应用它。

泡沫消火器也是有害的，因为这种消火器内含有最易损坏纺织物、书籍等的碱类。如果使用了这样的消火器，在火灾扑灭后，必须立刻把留在陈列品上的余痕消除掉。

9. 博物馆建筑物内必须有盛满干沙的箱子或袋子、铁棍、铁锹、搭钩杆、水桶、手电筒、防水布、绳子、斧子和锯。

10. 消防器材中还必须有橡皮手套和钳子（剪刀），以便在电线着火时，将电线切断；还必须有防毒面具，以便在起烟时应用。

11. 如遇失火的时候，必须细心地将空气强流的来源消除。

12. 博物馆内最好装置自动火警的信号设备。

13. 博物馆的每一架电话机旁，必须贴上记载消防队电话的号码表。

（四）博物馆消防队的组织

1. 博物馆必须有监视消防安全的全昼夜的值班。

2. 执行博物馆消防工作所需消防员的数目，可以根据博物馆面积的大小和本地消防局的标准来决定。消防员应当有必需的服装，应当在市消防队领导下进行演习。和消防员、博物馆的值日人员在一起所组成的，并执行博物馆内外警卫的博物馆消防队，最好也参加这演习。

3. 博物馆的工作人员都应当参加消防队。他们应当熟悉怎样进行初步消防措施（使用消火器的方法），熟悉消火器对陈列品的作用。博物馆必须制定出博物馆人员在失火的时候应当遵循的消防规章。特别是消防规章上要规定出博物馆陈列品和财产的搬出方法。

4. 博物馆闭馆的时候，博物馆房屋和所有的太平门的一切钥匙，应当由房屋管理员保管。

5. 博物馆应当根据专门的指令，列入必须特别保护的目标之一。

五、博物馆藏品的保管方法

博物馆藏品的保管方法（即藏品的分类和摆放），要服从于藏品保管的下列各项主要任务：一、防止物品受到损坏；二、防止物品的被偷窃或受损失的可能性；三、保证使用物品时的便利。

这一切都应当反映在专设的藏品保管登记册里。

（一）藏品的分类和摆放

1. 把博物馆的所有藏品分为下列两类是合宜的：一、博物馆藏品原物（实物）；二、博物馆自己创造的以及往往是临时性的辅助藏品。这两类藏品最好能分开保管。

2. 博物馆藏品，也应当根据博物馆的性质和它所搜集的藏品，分成不同的科学陈列类别。

3. 基本的陈列上的科学分类，可分为自然历史、历史、艺术和技术及经济藏品等类。

4. 没陈列的藏品，可根据各种藏品在保存上的需要，分置在各保管室里。因此，博物馆藏品的物质材料和技术特性，就是它们在陈列上科学地分类和将它们再进一步地细致分类的决定性的标志。

5. 藏品原物（实物）按下面几类来保存：

（甲）自然历史藏品分为古生物学标本、地质学和矿物学标本、土壤学标本、植物学标本（绝大多数是干腊植物标本）、动物学标本（其中再分为浸在液体中的标本、剥制标本、兽皮、用兽皮做的大小动物标本、骨骼、加工制造过的和没经加工制造过的昆虫学标本）以及人类学标本（骨骼）等。这里每一类藏品都应当按照自然科学上所采用的分类法来分类或摆放。

（乙）历史藏品的保管中，可特别将考古学上的藏品的分出来。应当将考古学上的藏品分套保管。其中每一套都是由某一次考古发掘收集来的，并且由考古学家在一定的时间内鉴定过的。成套的纪念性藏品，以及成套的古币（如埋藏的宝物）通常也分套保管。

历史生活材料和历史上纪念品的保管，分为金属器（将特别贵重金属器分出来）、木器、织物、纸张、皮革和毛皮、骨器、陶器和玻璃等等。由各种物品构成的特别的纪念品（如武器、家具等，）可分出来作为一个专类。

在这些种类里面，日常生活用具，可就它们的用途（如器皿、器具、屋内饰具等）和时代来分类。

（丙）艺术藏品的保管，按美术种类来分类。应当分别保管的是：油画、圣像画、墨水画（版画、石印品和绘画）、水彩画、彩粉画、各种雕刻（大型的、小型的、大理石的、金属的、石膏雕塑等）、纤画、以及壁画等。所有这些藏品的种类，可按时代、学派和作者来划分。

（丁）技术及经济藏品可按工业种类、农业和运输业等来分类。手工业藏品可按各种分工专业来分类；工厂工业藏品可按主要部门来分类；虽然如此，巨大的机器因其具有共同的保管条件，所以可以都在一起保管。

6. 巨大的藏品（装配好了的骨骼、用兽皮做的动物标本、雕塑和机器等）需要很大的面积和特别的设备，因此这些藏品要从一般的保管分类制度中分出来。

7. 集中归由国家登记的贵重藏品，应当从每类藏品中分出，以便在最好的保管条件下将它们存放起来（国家登记的程序，可按俄罗斯苏维埃联邦社会主义共和国文化教育机关事务委员会博物馆管理局的特别指示来进行）。

8. 辅助藏品（主要是博物馆所创造的）的保管，应当和原物的藏品分开来保管。它们的保管，可分为占容积的藏品和占面积的藏品两种；每一种藏品，又可像原物藏品一样，再分为不同的陈列上的科学分类的类别。

9. 将博物馆藏品存放在保管室时，应当估计到，可能随时收到新来的藏品，或者要将展览室的陈列品收回来。因此，必须给每一类藏品保留很大的存放面积。将博物馆藏品放置在橱柜、架子和板架上时，应当保证藏品可以很快地找到，而且容易拿出来。

（二）藏品保管登记

除了作藏品的一般科学管理登记（登记收到的藏品并编制目录）外，为了保证正常的藏品保存条件，还须作特别的藏品保管记录（包括藏品的存放地点、登记、藏品的好坏情况记录，以及对博物馆房屋一般情况的系统观察结果等）。

（Ⅰ.）**藏品存放地点登记**

藏品存放地点登记是必需的。它可以保证很快地找到保管室或陈列室的任何藏品，可以记载藏品的一切挪动情况。

1. 应当将博物馆所有的房屋编号，将陈列室和保管室都编上顺序号码（用罗马数字表示）。每一件博物馆的家具都须用字母标明（如 Щ－陈列台，Ш－橱柜，K－抽屉柜，B－玻璃橱等），在同一陈列室或保管室的家具须用阿拉伯数字编上顺序号码。阿拉伯数字的分数可以表示这件藏品在某家具内的地点（分子代表架子和小箱的号码，分母代表匣子和纸夹的号码）。比如：《ф·Ⅲ，Ш8—2/7》，代表第三保管室，第八橱，第二层架子，第七匣。在博物馆的总查阅目录卡片（藏品目录）上，都要加注上这样的符号。

［原注：如果暂时没有总查阅目录卡片，可以用铅笔将保管号码记在藏品目录上。］

2. 还必须有查阅藏品存放地点的卡片，在这卡片上要注明藏品名称、编号和保管代号。藏品的任何移动位置必须立刻登入这个卡片上。随着藏品的移动位置，卡片可按陈列室来分类，在陈列室内又可按藏品存放地点再来分类。藏品存放地点卡片上最好能有所有的物品的照片，而唯一的和贵重的藏品则必须有照片。

3. 博物馆的每一件家具（木柜、橱柜）和每一个架子、小箱也必须有记载它们的存放地点的目录。标明架子、匣子、小箱号码的以及标明存放在其中（或其上）物品号码的表格，要贴在橱柜和架子的搁板上，要放在纸夹、匣子或小箱内。对于放有碎小物品（如考古学上的，古币学上的物品）的平板台，要编制特别的藏品存放地点目录。藏品的任何移动位置必须登入存放地点目录和表格上。应当有几份藏品存放地点的目录以供陈列；将这些目录放在玻璃橱或橱柜里，免得有碍陈列的外观。最好编制（用图解画）标明放在托架上或玻璃橱内藏品位置的图表（可仿照列宁格勒国立人类学博物馆的卡片），并在藏品图上记上藏品的目录编号。

藏品存放地点登记使我们能够很容易地检查一切藏品是否一个也不缺少。最好也能有陈列室、玻璃橱和托架的照片。

4. 为了登记藏品的移动，每日作藏品保管室"藏品收发日志"，并由藏品保管室负责工作人员在上面签署。

5. 陈列室的藏品，一经交给藏品保管员后，任何移动位置只能在保管员知晓和在场的情形下，才能实行；并且即时登入存放地点登记簿上。

6. 新收到藏品的好坏情况，记载在存放地点卡片上（和在藏品目录上记载的一样）。

（Ⅱ.）关于检查藏品情况的管理记录

1. 当发现物品被偷窃或损坏时，必须作成两份报告，说明损坏的原因和修复它们的办法。报告的副本要送到博物馆管理处。正本留在藏品保管员手里，按年月的次序归入档案。

2. 在修复博物馆藏品的时候，由藏品保管员和进行修复工作的修复员记载专设的修复日志。日志上要记载藏品在修复前的情况，记载修复的各个阶段（附照片），并确切说明修复所采取的方法和修复工作的结果。

3. 必须记载全博物馆范围内总的保存日志。藏品保管员在这日记上记录每口检查陈列室和保管室的结果，并指出一般的保管条件，藏品的情况，以及对已发现的缺点所必须采取的克服办法。这个日志可以按下面的样式作成"藏品情况日志"同时记录博物馆的温度和湿度情况（参看下面的各论）：

1	2	3					4	5	6	7
日期（年月日）	房间名称（室号）	记录时间					藏品情况和保管上的缺点	必须采取的办法	藏品保管员签署	附注
		9 时		16 时						为改正缺点已做了些什么？
		温度	湿度	温度	湿度					

4. 藏品保管员每次打开藏有贵重藏品的保险柜（参看"八"），都记入专设的日志。每次打开玻璃橱、橱柜和其他上锁并由藏品保管员盖印加封的保管室，也都要记入专设的日志上，并注明日期、打开玻璃橱或保管室的时间、打开的原因、打开人的姓名和职务以及再加封的时间（附签名）。

5. 一切有关登记和保管博物馆藏品的文件，应当放在防火柜里。防火柜的钥匙由藏品保管员保管。

六、藏品保管员（保管主任）的责任

博物馆藏品保管员（保管主任）就是保管藏品不缺少，使藏品保持完整，并保证藏品保管条件的负责人员（规模大的博物馆要规定总保管员的职务）。

藏品保管员的责任就是注意观察博物馆房屋的情况，注意观察在陈列室和保管室中的一切藏品的情况，并根据保存工作和科学陈列工作的一切要求，采取措施防止藏品被偷窃，被损坏，以及物品的过早陈旧等现象。

为了完成这些任务，藏品保管员必须作到下面各点：

1. 藏品保管员应拟订能以适应一般情况的本博物馆自己特有藏品登记和管理制度，并使这种制度一贯地实施。

2. 藏品保管员领导博物馆的一切主要业务（参阅"七"），以免使藏品在陈列室和存放地点（橱柜、玻璃橱等）处于无人监督的情况下。

3. 藏品保管员负责各室、各玻璃柜和橱柜的加封，同时，编制应当加封的物品清单，保管铅封器和印章，并每次启封，都要由藏品保管员记入专设的簿子里（参看"七"关于加封的方法及"五"）。

4. 藏品保管员每日巡视自己负责管理的各室，并将房屋和藏品情况记入保存工作日志（包括温度和湿度情况，以及一切发现的缺点等——参看"五"）。

5. 藏品保管员根据附有陈列室、托架、玻璃橱照片或藏品存放地点图表的目录，从科学工作人员手里，接管各陈列室的一切陈列品（参看"五"），并将陈列室的一切财产，交给房屋管理员和分派在陈列室工作的博物馆馆员，而他们对于交给他们的陈列品的保护，对于设备和房屋负有完全责任。

陈列室任何藏品的移动位置，必须取得藏品保管员的同意，并应在藏品保管员或由他全权委托的工作人员在场下进行。

藏品保管员依据博物馆馆长和博物馆管理处的书面指示，作成发出到馆外去的藏品的报告，并签发这些物品的移出证（和博物馆馆长会同签署）。博物馆藏品由藏品保管室移到陈列室的时候，可以只由藏品保管员签发移出证。

6. 藏品保管员监督与检查博物馆的消防措施情况、消防设备完整无缺情况，以及水龙头、消火器和其他消防器材的分布地点等，并和消防队长联系，取得消防岗哨的清单，以便监督与检查博物馆的消防警卫工作。

7. 藏品保管员指导警卫工作，必须督促直属的警卫工作人员，并指示他们怎样警卫存放藏品的房屋。

8. 藏品保管员领导进行各种藏品及存放藏品房屋的按期清扫工作。藏品保管室的打扫，只能由技术人员在藏品保管员或由他全权委托的工作人员在场下才能进行。

9. 藏品保管员对于负责每类藏品的工作人员们的藏品登记和保管工作进行领导。

如果博物馆有大量藏品，房屋又十分宽大的时侯，为了帮助总保管员，可设若干在总保管员直接领导下工作的负责各类藏品的保管员。

10. 藏品保管员组织装置和存放藏品的附属设备品（备用的托架、玻璃橱、框子、贴照片的厚纸、卡子、衣挂等）的管理和登记工作。

11. 藏品保管员检查一切新收到的藏品（必要时可请专家修复员参加），决定有必要把这一些有病害的藏品放置在隔离室，把另一些送到消毒室，并决定有必要采取保存措施，或是有必要加以复原。

12. 博物馆藏品由一个藏品保管员移交给另一个接替他的职务的藏品保管员时，必须按藏品目录和存放地点目录进行藏品清查，并作出一份不仅记录藏品的数量情况，并且还要记录质量情况的接交文件，这便可以保证藏品保管员对委托给他的国家财富，负起个人责任和物质责任。博物馆由一个馆长移交给另一个馆长的时候，也必须作出同样的接交文件。

七、防止博物馆藏品被偷窃的警卫组织和保管制度

1. 博物馆的内外警卫工作，由房屋管理员或警卫队长领导下的警卫员来执行。这种警卫工作，根据专门的指示，通过设立内外警卫岗哨的方法，实行昼夜经常值班制。

警卫队最好配备部分消防员，以组成统一的消防警卫工作。

2. 房屋管理员在藏品保管员的监督下，将博物馆房屋在博物馆员间分工管理，并组织房屋和藏品的警卫工作，房屋的打扫以及对参观者进行技术性的照管。房屋管理员协同博物馆员按接交文件点收每一个陈列部分的全部财产，并对它完全负责（参看"六"）。分派在藏品保管室工作的博物馆员，对藏品保管室的财产负责。

3. 一切房屋、橱柜、玻璃橱都要装配暗锁。博物馆房屋的钥匙要挂上、刻上号码，并登入钥匙目录簿。钥匙目录簿上系一根带子，编上号码，加上火漆封印，并由博物馆馆长或副馆长签署。博物馆没有加封的各室的钥匙，编上号码，放在房屋管理处的橱柜内；房屋管理员则依据有权使用钥匙的工作人员的签署发出或收管钥匙。加封各室的钥匙，应当放在馆长或副馆长室专设的上锁橱柜内，并由馆长或副馆长发出打开加封各室的钥匙。

馆长室专设的加封橱柜，保存着玻璃柜和橱柜的钥匙。这些钥匙，专设一个目录，并编上号码。消防警卫队队长必须知晓这些钥匙放置的地方。

4. 博物馆各室，根据藏品保管员编制的并由负责科学工作部分的副馆长或馆长批准的特别清单加封。

［原注：决定某些房间要加封时，应当考虑到，加封各室须由消防警卫队按期进行检查（房屋的巡查）的必要性。］

加封各室时，用金属封印。

陈列室加金属封印时，必须在藏品保管员（保管主任）及博物馆员（该陈列部分的值日员）在场下进行。启封也必须由房屋管理员在藏品保管员及值班博物馆员在场下进行。

加封和启封，必须登入由房屋管理员掌管的专用记事簿子里。

5. 藏品保管室的加封，以及陈列室内玻璃橱和橱柜的加封，由藏品保管员来执行，这工作也应当登入专为记载加封和启封的日志里。藏品保管员不在的时候，禁止启封。

6. 在非常必要的时候，房屋的启封可由馆长、副馆长或值日的科学助理工作人员在有警卫队的代表参加下进行，并且要作启封报告。

7. 铅封器和印章，要存放在藏品保管员专设的橱柜里。橱柜用他的私印加封。

博物馆藏品携出证的空白表格可放在账簿一起。携出证制成两份，由藏品保管员及博物馆馆长签署。一份在出门时交给房屋管理处，另一份仍交与藏品保管员，附在藏品发出报告里。

8. 规模大的博物馆，可建立博物馆负责工作人员的值班制。这些负责的工作人员，必须监督陈列室内物品的加封和启封，并且有权协同警卫队队长或房屋管理员检查各个消防警卫岗哨。

八、贵重藏品的特别保管制度

1. 贵重藏品（由贵重金属——金、银、白金制成并镶有宝石及珍珠的物品）应当作特别的登记，并

要使之受到特别严格的保管。

2. 博物馆一切贵重藏品不但须登入藏品目录，而且须登入附有照片及详细说明的"贵重藏品目录"。这个"贵重藏品目录"要制成三份，一份留在藏品保管主任手里，一份留在馆长那里，最后一份要送交上级机关。这个"贵重藏品目录"必须装订好，编上号码，并由藏品保管主任、馆长及上级机关领导人员签署。

3. 贵重藏品保管室要与其他藏品隔开。而且须设有铁门并且窗上按装铁栅。

贵重藏品，必须存放在保险柜里。

4. 保险柜的钥匙，要存放在馆长手中。给这个保险柜专设的铅封器，要存放在藏品保管员手里。

5. 保险柜附有专设日志记载接收的和发出的贵重藏品，若记载检查贵重藏品是否全部无缺的情况，这都要由馆长和藏品保管主任签署。

6. 检查贵重藏品的情况，应当每三个月进行一次以上。

7. 如果有专设的贵重藏品保管室，这个保管室便应当设立博物馆消防警卫昼夜值班制。

九、博物馆藏品的运送

博物馆的藏品在博物馆内部、从市内一所建筑物到另一所建筑物或者由一个城市到另一个城市的运送，都可能使藏品受到损坏或弄脏，所以运送总是危险的。

必须遵守保证藏品在运送时完整无缺的那些方法①。这些方法主要便是应用：一、在博物馆内搬移藏品的特别设备；二、发送出馆外时的合理包装；三、各种藏品的正确装载法；四、合适的运输工具。

（一）博物馆藏品在博物馆建筑物内部的搬移

1. 必须教育博物馆的技术人员掌握搬移藏品的基本规则，并事先由一名资历深的技术工作人员负责组成搬运组。

2. 如果没有适当的设备，不许搬移藏品。

3. 搬移小件物品，必须用边高3公分至10公分，并附有可以套在颈上或肩上的皮带的箱子。箱子内部可以格成方格（方格大小可以由藏品的大小及其性质来决定），方格的内部要像包装电灯时那样贴上有折皱的厚板纸或者厚呢绒。

各种物品分放在方格里，塞上（软）纸，使他们固定不动。最细小的物品，要事先装入小匣或小包里。搬移易碎的陶器（瓷制的小雕像等）、雕刻骨器以及其他类似的物品时，必须特别小心。这种箱子只能搬移小件物品。

4. 搬移装载很重的箱子以及中等尺度、但占容积大的藏品，要用附有栏板的担架。这样的担架是带有脚架的。

5. 搬移巨大而笨重的藏品，要使用装有橡皮轮的各种构造的手推车和小车，有时也可用雪橇或滑木。搬移小车和雪橇时，应当在地板和楼梯上铺以木板，以免损坏地板。为了保护精工制作的艺术的嵌木地板，这一点尤其是必要的。

6. 用担架搬移画的时候，如平放在担架上只能限于搬一件作品；如果搬移几张轻的画或幅面大的书

---

① 在这一节利用了 M·B·法尔马考夫斯基所著小册子《博物馆藏品搬移及运送守则》，列宁格勒，一九四一版（由 B·托罗琴斯基主编油印刊行，供列宁格勒市苏维埃文化教育事业管理委员会的各博物馆应用）。这本小册里，可以找到更详细的、附有插图的说明。——原文注

时，必须直立地放在担架或小车上，并且在担架和车上要安上特备的脚架。担架必须装有皮带。搬移直放的画，可以用附有小轮的柜台形状的特别小车。搬运员用两对皮带套在肩上来搬移画是可以的。如果须在嵌木地板上搬移装有架子的大幅画，经过小段距离时，可以用特制的托垫（由席子或帆布做成擦上擦地板用蜡或肥皂）擎住，以便在嵌木地板上滑过。托垫要放在直立着的绘画的框子下部。

7. 博物馆内用小车（装有球形滚轮或轮子的低矮的小车）来搬移雕刻品。如果雕刻品很重的时候，或者用滑板（小橇）也行。巨大的雕塑，要用绳子紧紧地系在小橇上，绳子下面要垫上软布衬。为了防止损坏地板，要在小橇的通道上铺上厚板，并且在陈旧的地板或楼梯上铺上架横木的浮桥跳板。

为了把雕像从台座搬上小橇或小车，或从小橇、小车搬上台座来，要使用各种不同的设备品。

（甲）利用滑板或圆木棒把雕像从台座搬上小橇或小车。可以用两块擦上肥皂的木楔插在雕像和台座之间，把雕像从一头举起，然后，把擦上肥皂的橡木板做成的滑板摆在雕像的底下（必要时，可用起重机把雕像举起），并利用滑板把雕像搬到小橇或小车上。非常沉重的雕像，可以由有经验的专家，利用固定在设于雕像旁的三角架的横木上的带链的滑车来搬移。把雕像从小橇上卸下来，也要利用滑板或圆木棒。

（乙）利用可以摆上小橇和小车的移动滑台。小橇本身从滑台降到地板，是藉助于绳子来进行的。滑台有凸边，以防止小车（小橇）倒出滑台。

8. 搬移蒙有玻璃的平面藏品，应当用内隔板条的箱子。藏品要直放在榫槽里。箱底要包上软垫；箱旁要装上搬运用的把手。

（二）使用大车和汽车运送藏品

藏品由一个建筑物搬到另一个建筑物的时候，常常利用大车或汽车运送。

1. 下雨、下雪、严寒、大风的时候，不应当运送。无论什么样的天气，必须用帆布把汽车的外部盖住，帆布的边要伸折到汽车厢栏板的下面并用绳子把帆布系紧。这样能使藏品避免受到潮湿、灰尘的渗入，也能避免阳光。

2. 用马拉车运送博物馆的藏品，要用有蓬的弹簧四轮大车。如果有汽车运输，最好用载重较轻的汽车或半吨卡车来运送藏品。载重汽车应当有活动栏板。要防止藏品受到震动或损坏，必须使放在车上的箱子和巨大藏品能完全固定不动。因此，要把汽车或四轮马车的底部和栏板垫上用刨花做成的垫子，而箱子和巨型藏品之间的所有空隙，也应当在装载的时候塞满有刨花的垫子。

3. 一切藏品都应当包装好，装入箱子或打上包皮，才能运送。如木制的家具应当用麻屑掩上，用席子包缝。玻璃要事先糊上纸。箱子内部分成格子，使藏品能互相隔离（和小箱内插入的格子相仿）。细小的藏品最好用有抽屉，并有可以摘下的侧壁的木柜。

4. 运送玻璃和蒙上玻璃的平面物品，要用内隔板条、有安玻璃的榫槽的箱子（和在博物馆内搬运用的小箱一样，不过这箱子附有箱盖）。运送长轴画卷，要用特别尺寸的长盒，并且要铺上木板来加长汽车厢底部的长度，或者挂上运挂车。

箱子装载到汽车或四轮大车上的时候，要放得和转动的车轮成垂直，不让重的箱子互相堆积起来。

指定要运送的藏品，应当事先由藏品保管员和修复员加以检查，以便查明运送的可能性，以及采取一些特别预防措施。

（三）藏品的长距离运送

藏品的长距离运送由铁路、轮船、飞机等运送，特别容易损坏藏品。这是因为藏品的保管的条件发生了显著的变化，创造正常条件比较困难，而且是因为由于碰撞和震动，也可能受到机械性的损坏。

因此，必须特别细心地包装运送到远方的藏品，必须遵守保存上的一切要求。

1. 如果没有专门委员会事先检查藏品，藏品（尤其是贵重的艺术品）便不得运送。

2. 炎热的月份，或者寒冷的时期，最好不要运送藏品。

3. 禁止运送没装箱（即使有软包皮）的藏品，并要检查箱子的坚固程度，包装前必须仔细检查这些箱子。装重物用的箱子可做双底（重的雕刻品甚至可做三层底），箱角必须用金属加固。箱盖可用螺丝钉扭紧。箱子内部的表面，必须糊上防灰、防湿的材料，并用柔软的包装材料覆好。

4. 运送藏品的箱子，可用 4 公厘至 5 公厘厚的三合板，加上坚固的框子做成，或用不漏缝的薄木板（带槽），包上金属的箱角（重藏品用）做成。要做成几种不同规格的箱子，这样在运送的时候，或在临时保管室里，便可使这些箱子容易放置。为了装载的便利，宁可把所有的箱子做小些，使箱子的重量总和，在装载时不超过五十公斤至六十公斤。要根据三合板和木板的厚度，采用中等尺寸的钉子。箱底从外面钉上板条，这样便可使箱子不会完全靠到地板；板壁上要安上把手，以便搬运。

5. 箱子要用绳子或铁箍捆上并加封印。

箱子要在各面做上冲洗不掉的很醒目的记号。箱盖可以标上"上"、"小心"、"玻璃"、"请不要翻转"等字样，以及博物馆的号码和箱子的编号等。

6. 每只箱子要附上一张箱内藏品简明目录表。由馆长签署的总目录（按箱子编号的顺序），可由护送藏品的工作人员掌管，或者转寄到接收藏品的博物馆。目录正本可以留在发出藏品的博物馆。

7. 最好用专车运送贵重的藏品，要由技术工作人员护送，并由能采取措施使藏品在运送时保持正常的情况，并能把车厢装上防火设备的藏品保管员监督。

8. 放有贵重藏品的箱子，在装饰时必须特别小心，必须有博物馆工作人员在场。把藏品装到船上货舱的时候，船上货舱的地板必须铺上用刨花做成的垫子，免得藏品落下的时候会碰在地板上。

9. 运送特别贵重和易碎的藏品，最好用客车上的专用车室或轮船上的房舱。

10. 最好不要让箱子存在铁路仓库或码头仓库里作临时性保管。应当保证把箱子直接装载到火车或轮船上，应当在到达的时候，立刻把箱子卸到预先准备好的运输工具上。

11. 装上火车或船上货舱的箱子，可以按照预定计划安放。这些箱子要摆得和车轴运转方向垂直成纵列。禁止将箱子互相堆积高过二行至三行以上，绝对不得将重的箱子压在轻的上面。最贵重的箱子要个别地集中起来，使之靠近出口的地方，以便有遇险或失火等情况发生，能很快地把它们搬出。

12. 在迫不得已的情况下，如果必须把箱子暂时寄放在车站附近的房屋里时，应当按照上节所说的方法来安放箱子。

13. 箱子由车站运达博物馆的时候，要把它们卸放在拆开包装的专用房屋内。没打开包装的箱子，要成行地安放，箱子之间纵着留出一条过道，每隔四、五只箱，要留出一条横过道。

14. 如果必须在较长时期内把没打开的箱子存放在临时保管室内，就应当建立与藏品保管室正常情况相近似的保管条件。

15. 箱子开箱的时候，藏品要由专设的委员会按目录核对，并登记藏品的情况。运达博物馆的藏品（无论它们是否立刻打开包装），都应当在近似运送时的温度和湿度情况下安放，然后再逐渐把温度和湿度调节到和博物馆的正常情况一样。

（四）博物馆藏品的包装

把藏品装入箱子，必须特别仔细。要正确地把藏品装入箱子，必须保证：一、每件藏品都要隔离；

二、每件藏品不会受到过分的压力；三、装在箱内的藏品完全固定不动。为此，必须按照下列的一般的和特别的规则：

1. 把同类的藏品（就材料和重量而言）放在同一箱子里。不可以把玻璃和金属、涂彩釉的重瓷器和轻细的陶瓷制品等放在同一个箱子内。

2. 要用软纸包装每一件藏品，必须特别慎密地保护突出部分。藏品上的可以取下的部分要个别包装；但是，在复杂的情况下，必须画下注明可以拆卸部分号码的分解图样。以便于迅速地把藏品装配好。最好把拆开藏品的各个部分装在一个地方。

3. 把细小的藏品藏入匣子，匣内塞上软纸，使藏品能固定不动。缀有细小物品的平板台也要装入匣子，再衬上软的包装材料。

4. 箱内要分成能装占容积不大的物品的格子，以避免物品互相接触，而每一个方格中的空隙，要用软纸填塞。

5. 箱内（无方格）的全部空隙地方，要塞上软的包装材料（软纸、细刨花、塞满刨花或纸的垫子或托垫等）。

6. 内部有空隙地方的物品（中空的），必须塞以包装材料，不得再把细小的物品塞到里面去。

7. 包装的时候，必须注意到每种藏品的特性，必须遵守应有的保存上的要求，尤其是当藏品长期放在箱内的时候（如运送织物和毛皮等的时候，要把防衣蛾的药品放入箱内）。

Ⅰ　画（画在帆布上的油画）

1. 包装不完整的画（有裂缝、脱皮等现象时），必须把专家修复员请来。

2. 准备包装的画，要按幅面大小加以挑选，这样，便可把同样大小的画放在一起。

每一张要包装的画，可用干净、致密、不吸水的纸张包上或盖上。不可以用报纸。要把画衬框上的圈环或多余的钉子除去。

3. 包装画的方法有下列几种：

（甲）带框子（不是贵重的艺术品）的画，每一箱里要放两张。其中一张画的框子，要用螺丝钉扭紧在箱底，另一张画的框子，要扭紧在箱盖上；而螺丝钉要通过箱盖和箱底钻穿的孔洞，在预定的地方从外面扭进去。箱子要用刻上槽的薄木板做成，并用三合板从内面包上。至于绘画面之间的距离，小张画需5、6公分以上，大张画需10公分至12公分以上。把几张装有框子的画放入箱内的时候，要用螺丝钉在框子上扭上平板条。一张画向箱底扭紧，于是在平板条上再放上两根刻有准备扭螺丝钉槽的横木；在这双横木条上又要扭上另一张带平板条的画，跟着又要用同样的方法继续安放。最上面的一双横木条，要用箱盖压紧。

（乙）没有装框子需要在原框上运送的画，要利用平板条包装（照上面的办法进行），或者用卡子使画固着在箱盖或箱底。这些木卡子是和画原框厚度相等的木条，这些木条是可以在画的边缘用平头螺丝钉扭紧在箱盖或箱底的；在这些木条上又可扭上另外一些较宽的、伸到画表面2~3公分的木条。木条和画的表面之间，要衬上几层纸。

（丙）可以采用把横平板条支住几张画，再把平板条（用螺丝钉）扭紧在箱子板壁上的办法：用纸包好的尺码相同的画，要成对地、画面对着画面叠放在一起；然后，再用钉在箱子板壁上的平板条压紧。平板条下面可以衬上软垫。箱子的板壁和板壁之间，画的下部和上部之间，要系上布绳以便使藏品固定不动。

4. 作流动展览用的画，先钉在陈列板上，再放入箱内。这样和箱盖的大小一致的陈列板，要用木条和平板条把它们固定在箱内，而且（包括箱盖）都用作展览台之用。这样的方法可以不用把画从陈列板上拿下来便可展览。对于运送可钉在一块陈列上的若干小张画说来，这样的方法是特别方便的。

5. 画照例是不连玻璃运送的。玻璃要先用纸糊好，再垂直地另放在有板条榫槽（凹处）的专设箱子里。

6. 2 公尺至 3 公尺以上的画，假若卷起来不致受到损坏的话，就要把色彩层朝上卷在长轴上。长轴（直径约 30 ~ 50 公分，可根据画的大小、色彩层的厚度和弹性来决定）要放入箱子里；这箱子要有带螺丝口的箱盖，而箱盖内部还是用不透水的材料包好了的。

7. 艺术价值高的框子或者和画一块装在一个箱子里，或者放在另外的专设箱子里；而且，在这两种情况下，箱子的内面必须都要衬上软垫，并且要放入使框子能固定不动的垫子。

沉重而大的框子要和画分开运送；很大的框子，要拆开，用纸和席包包好，再放入箱子。包装框子的时候，必须把它们的圈环扭出来。

II 圣像

圣像和画一样包装，用纸裱上或包上，色彩层对着色彩层一对一地安放，用平板条使它们固定直放在箱中。裱纸的工作由修复员来进行。

III 水彩画、图画、版画、石印品

1. 这一类没蒙玻璃的藏品，要夹上白纸，并放入大信封或纸夹中（每一个纸夹中不得超过十张）。纸夹要放入专制的纸板匣内，除了纸夹之外。还要放上用软纸做的衬垫，匣盖可用带子绑好。纸板匣要平放在箱子里，并用软的包装材料周围填好。

2. 蒙上玻璃的藏品，必须用纸条把玻璃糊上（成网状或星状），而上面则用一张整纸糊上。裱糊可用面浆糊或者用洋芋粉煮成的浆糊。如果须作较长期的运送，浆糊中可加上百分之二到百分之三的硫酸锌或硫酸铜溶液。

蒙上玻璃的尺码相同的藏品，要直放在带有板条，里面刻了榫槽，而且箱盖和箱底都垫了软的衬垫的箱子里。箱子里的空隙，要塞上软的包装材料。

3. 画在纸上绷在原框上（建筑上的设计图材料）的图画，要和画、圣像一样一对一地包装，并且用平板条来固定住。

IV 彩粉画

1. 运送彩粉画，要求极端小心，因为彩粉画一受到震荡和触动便能散落下来。禁止把彩粉画直放着运送。

2. 没蒙玻璃的彩粉画（在纸上或厚板纸上），可以用香烟纸把它们包上，使香烟纸的边缘伸到彩粉画的后面，再把这纸的边缘用纸条糊上。然后，再把彩粉画平放在匣子里，色彩层朝上，并轻轻地用揉软了的香烟纸塞紧。原框没蒙玻璃的彩粉画，要用厚的马粪纸垫在后面，同时用香烟纸保护正面。

3. 蒙上玻璃的彩粉画，也要平放着，放在浅的箱子里运送；而彩粉画要用香烟纸包上，玻璃用纸条或整张纸来糊好。彩粉画要装在紧紧地用三合板关住的深框子里来运送。

V 雕刻品

博物馆一切藏品中，最难运送的是石像（尤其是大理石雕像），因为它沉重而易碎。

1. 没烧过的黏土制或灰泥制的塑像，一般不应当运送；蜡制的塑像，只能在不得已的情况下，用客车运送，但必须缜密地防止它们受到热的影响以及机械性的损坏。

2. 装载沉重雕像的箱子底部要用厚木板。重叠着摆上二层至三层做成，并装在用厚而牢固的木条做

成的框子里。箱子板壁，用木板（插在槽里）做成，各箱角要有耐久的加固物，要有一面可以打开的侧壁（代替箱盖）。

3. 雕像的可卸下的部分，要拿下来另外安放。

4. 雕像要直放着运送，并为了减少雕像下部所受到的压力（雕像的脚最容易受到损坏），箱子内部，要用牢固的木板支架来支住雕像。雕像的基础（台座），要用按台座形式锯开的木板支持住，这些木板还要钉在垫底用的板子上。雕像的下面以及雕像躯干和支柱之间，应当做一些软的衬垫，而雕像躯干本身，要用白纸包上。箱子的一面侧壁（小门），也可用一根带软衬垫的支柱来支住，以便在扭紧螺丝钉的时候保证使雕像完全固定不动。

5. 雕像突出的部分（手等），可用软衬垫的夹板来固定住。

Ⅵ　木器

1. 一切贵重的木器，都先用纸包上，再用内衬有软垫的席子包缝，然后再固定在箱子里。装饰有嵌木细工（选有色细木）做成的藏品，要用涂了溶在松节油中的蜡的纸张糊上。桌子和抽屉柜的大理石机要拆下来另外直放着包装。

2. 比较不贵重的东西，要用有软衬垫的席子包缝，放在方格木笼中运送（轻便包装），如果在有必要的时候，再加上作支持用的平板条。

必须在旅途上特别细心保护木器，使不受到潮湿或过分干燥（使不受到太阳晒热，空气的过分干燥等）的影响。

Ⅶ　陶器和玻璃

这一类藏品对于机械性作用是特别敏感的，因此，包装的时候就要求特别细致，以避免受到碰撞和震动。

1. 粘连物品时要用薄纸涂上浆糊（淀粉溶液可按一对八的比例掺上冷水烧开）或用废胶片制的胶水沿内部各接缝的地方糊上。

2. 每一件物品，都要用纸包上，并且当放入箱子的时候，可以塞上刨花和揉皱了的软纸。陶器最好放在陶器可以被安进去的方格笼子里，再把这些方格笼子排成几行，其间用三合板隔开。

3. 平面的物品（碟子、浮雕品等），要直放在箱子里；每隔三、四件物品就要用三合板隔开；箱内的空隙地方还要塞上软的包装材料。

4. 玻璃作的物品（镜子、画上的玻璃等），要用纸条糊上（厚玻璃可以用最坚固的纸），包装时直放。

5. 因为陶器和玻璃藏品在低温时最容易受到机械性作用的破坏，所以冬天要在门窗关闭严密的房屋内包装。

Ⅷ　金属器和武器

1. 包装金属雕像的时候，要遵照包装石像时应当遵守的那些规则。

2. 金银器在放入箱子之前，要放入特制的套子里，或者用香烟纸或棉絮把每件物品包好，然后再放入运送时需特别保护的匣子和专用箱子。铅制的物品，要用纸包上放入木匣（但不是橡木匣）。

3. 铁器和武器包装前必须将灰尘除去，要用擦枪油（石油脂）或者用石蜡溶于二甲苯或溶于甲苯中的特制溶液（三份二甲苯加上一份石蜡）擦净。武器金属部分上的装饰品（镶嵌物），要用在腊或石蜡中浸过的纸或纱布糊好。木枪托上的装饰物，要糊上用丙酮稀释了的茶苯漆（Чапон—лак）所浸过的纸或纱布。

4. 有贵重装饰品（金子、宝石等）的武器，要装在个别的套子里。其他类别的武器，用纸和麻屑或者废布包上后，再放入箱子。

IX　织物

1. 安放织物的时候，要避免弄出绉折，要尽量较少地折叠它。

2. 大的织物——地毯、挂毯、壁锦等——要用长轴正面朝上卷起，事先要致密地刷净和加固（用麻布把破口处缝合）。

3. 锦缎做成的，或有金银刺绣的物品，要完全平铺在大的纸板匣子里；或者可以宽而软地折放在纸匣里（顺着纸板匣纵放），并用碎刨花做成的衣型垫或者揉皱的纸把卷折起来的地方充填好。这对于有长衣拖襟的古代女外衣是特别重要的。衣袖和女服前胸也要塞上衬垫和衣型垫。长衣裙拖襟褶线的地方，应当在最少限度内缝几针，褶线内面可以塞上托垫。金银刺绣要铺上香烟纸。

4. 衣服上的钮扣和缝上去的装饰品，要用香烟纸包上，铁制小件物品尽可能拿下来。

5. 运送衣服，最好不要用普通的箱子。如果没有可放入箱子中的纸板匣，每件衣服就要用纸包好，像黏信封一样黏上。

6. 玻璃球和珍珠的刺绣，要铺上香烟纸，大型的刺绣要连软纸卷在长轴上。绷在衬框上的刺绣要像画一样，用箱子运送。

7. 花边要用香烟纸包好，像信封一样黏上。纸套之间要夹上包在纸里的衬垫。大片的花边，要连香烟纸卷在纸做的长轴上，再用纸包上。

8. 当包装毛织物的时候，要把防止衣蛾和其他害虫的药品〔对位二氯苯、石蜡油精（即俗称卫生球）、除虫菊、樟脑等〕放入纱布小袋内。

X　皮革和毛皮

1. 皮革制品最好在包装前涂上柔润剂（蓖麻油、羊毛脂、甘油和蛋黄做成的乳液等）。

2. 皮鞋要塞满软的布料或者把袜子塞满锯屑套在皮鞋里面。

3. 毛皮要用纸包好，像黏信封一样黏上。尽量不要把毛皮折叠或是紧压。包装前可把毛皮吃干，并用梳子梳好；箱子里要放入防止衣蛾的药品（如果是白毛皮，不要放入石脑油精——卫生球）。

XI　考古学上的藏品

1. 易碎的藏品，要从平板上拿下来，用纸包好放入匣子里。

2. 禁止把各种青铜器——好的青铜器和生有"粗糙"绿锈的青铜器——都放在一起。

3. 其他方面，要遵守按当时材料制品已规定好了的规则。

XII　档案文件

包装档案文件，要用包装纸张的图表材料等类似的方法（参阅"水彩画、版画、石印品"节）。纸夹可以用比较大一点的。

XIII　图书

1. 图书要按书型的大小加以挑选，直放在板壁已糊上防湿纸的箱子里。

2. 有贵重和古老封面的图画，要铺上纸。

3. 没装订的图书，要平放。

4. 不要把新印的书和旧书放在一个箱子里，以免生霉生虫。

各　论

一　博物馆藏品损坏的原因和保管上一般的物质条件

藏品所由构成的物质和材料的特点和特性、藏品材料的加工方法以及藏品在博物馆内和到达博物馆前的保管和使用条件——这一切都能够影响到藏品的情况和藏品的完整无缺。

地志博物馆所保管的藏品，种类是异常繁多的：无机物（石器、金属、陶器、玻璃、地质学和矿物学上的标本等），有机物（织物、皮革、木器、纸张、蜡、角、龟甲、琥珀、动物学和植物学标本等），以及原来是有机物而成份是矿物质的（骨骼、珍珠等）；成份复杂的物品（由色素和胶凝物质组成的颜料等）；由许多材料综合制成的物品（绘画、装饰用器，如家具、珐琅器、有镶嵌物的物品等）。自然，所有这些物品对外界环境的反应是不同的。因此，很自然，博物馆里要创立一种对这样多的不同物品的个个管理制度，几乎是不可能的（尤其是在陈列室里）。既然考虑到这些情况，便应当熟识藏品受到损坏的一般的最重要原因以及藏品的一般保管条件（参阅总论）。

藏品损坏的最重要的外在原因（除了意外事故和自然灾害所引起的损坏，如失火、洪水等）不外下面几种：（一）温度、湿度标准的剧烈变化和破坏；（二）直射阳光的有害作用，阳光过强或不足；（三）有害气体、烟灰和尘埃使空气变脏；（四）动植物害虫的存在；（五）制造物品时，材料加工的不当；（六）物品送达博物馆前和在博物馆内使物品受到的机械性损坏的轻率处理。藏品修复方法的笨拙和轻率，以及不能及时进行修复等——这又是引起藏品损坏的完全另外的原因。

（一）　温度和湿度

1．湿度

在博物馆的条件下，实际上，对于保持藏品的完整有着莫大意义的就是保持正常的温度。温度本身对藏品完整的影响并不那样强烈。其他可影响藏品完整的因素，有的起着较小的作用，如空气中的气体污染物（气体污染物处于真正危险的浓度下，是比较少见的现象）；有的正是和破坏湿度标准相关联着的，比如生霉等。

许多物质或多或少都带有吸湿的性质，也就是说，都能够吸收水分（特别是吸收周围空气中的水分）。纤维结构有机物中的纤维，吸收水分时就膨胀，而在排出水分的时候则又重新收缩。湿度发生剧烈变化的时候，这种现象也就异常剧烈地进行；坚硬材料（木器）在不同方向上发生不平衡的膨胀时，以及当藏品是由不同材料综合制成而这些材料又各有不同的膨胀系数时（比如油画），这种现象往往是特别危险的，在这种情况下，油画作品的基础——底布和木料——比色彩层膨胀得更为厉害。

由于这种现象发生的结果，物品各种组成材料之间的必要联系便逐渐被破坏，于是物品也就能早期地"衰老"。

温度降到零下的时候，渗入物品中的水分便冻结起来，因为水分以巨大力量膨胀，所以当物品材料坚固的时候，冻结的水分便可使这些材料（大理石、多孔的陶器或盛满水的器皿等）裂开。水分可使化学上的化合物分解组成新的化合物（特别是在有机物中，但有时是在无机物中也能如此，如灰泥中也可因分解而"出硝"）。

水分可以加强其他因素的作用（光线、空气中的化学污染物等）。湿度很大的时候，许多物品，尤其是有机物，容易成为繁殖动物性，特别是植物性病害（室内生的蕈子、霉、细菌等）的营养料。自然，物品本身直接发潮往往比空气中有过多水分更加危险，例如结露发潮的玻璃或天窗漏水，或者屋顶、水渠等失修。

水分不足，会引起过干的现象——大部分有机物的弹性减少（油画的色彩层和底色、皮类、植物学的标本、织物等）。

Ⅱ. 温度

温度的变化，会引起藏品的膨胀和收缩。温度发生剧烈变化的时候，这种现象对于由没有足够的弹性、联结性、同一性的传热材料组成的藏品，是有很大的危险，因为它会引起玻璃和若干种石器的裂开，会引起油画色彩层的脱落以及珐琅层的脱离金属基础等。

超过一定温度限度时，有机物开始随着析出水气、气体而分解，或是改变它们的特性。在博物馆的条件下，上面所说的现象，主要可能由下面情况产生的：一、物品靠近采暖设备和照明设备；二、或者直接受到阳光的作用（当阳光通过放大镜，或者通过盛有液体的器皿的时候，甚至也能引起燃烧）。高温对于熔点低的物品（蜡、胶泥、沥青等）也是很危险的。低温主要对于锡以及当渗入物品中的水分结冻的时候，或者倒入器皿中的液体（如盛动植物学标本器皿中的蚁醛液）冻结的时候，会是很危险的。

温度是和湿度直接相关联的。温度的上升，使干燥的过程活跃起来，例如能使带纤维的物质收缩活跃起来；而当温度发生剧烈变化或是片面加热的时候（如靠近采暖设备），这现象就会特别危险。一般说来，温度的各种变化，都反应在相对湿度上。

空气的运动带有机械性作用，并可使干燥加速，因而，它对于藏品是相当危险的。

Ⅲ. 博物馆的温度和湿度标准

冬天的温度是摄氏表十度至十八度，夏天的温度是摄氏表二十五度以内，相对湿度是百分之五十到百分之六十五——这应当认为是博物馆的正常湿度条件。温度一天内的变化，不应当超过二度至五度，湿度的变化不超过百分之三到百分之五。

相对湿度就是：用百分数表示出当该温度下，空气所实际饱和的水分与饱和到百分之百的饱和极限（即水分结成水滴情况的"露点"）之比。温度越高，空气含水分越多，也就是说，空气包含水分的能力就越大；因此，含湿量相同的时候，温度越低，相对湿度便越高。反过来说，温度越高，则相对湿度越低。所以，用调节温度的办法，便可以调节相对湿度。

上面所说的标准是一个必须尽力做到的理想。如果不能做到的话，应当注意到最危险的是：温度、湿度的剧烈变化和湿度标准的破坏。温度本身所起的影响较小；温度之所以有意义，主要因为温度是影响相对湿度的因素。如果没有温度的突变，如果没有水和其他液体冻结的危险，那么低温在正常的湿度下，对于大部分藏品（锡除外）是没什么危险的。

Ⅳ. 温度、湿度的测量方法和登记

测量温度用温度计；测量湿度用湿度计、自动记录湿度计和干湿球湿度计。最方便、最普及的是阿夫古斯特湿度计。这是由两个温度表组成的，其中一个温度表的水银球用一块湿布包上，湿布的下端浸入一杯水中。空气越干燥，水分从湿布中蒸发得越厉害，因而它引起的冷却也越剧烈，而干温度表和湿

度表的度数差别也就越大。专制的计算表（参阅附录），使我们能够根据两个温度表的度数差别，来决定相对湿度的百分数。

1. 一切干湿球湿度计，都应当在地球物理学观测台或气象台（或者用很好的仪器）来检查表示数是否准确。组成每一干湿球湿度计，都应当选择一对表示数极相近似的温度计；度数相差 0.2 ~ 0.3，虽然对测量温度没什么影响，但是对准确地计算干温度计和湿温度计之间表示数的差别说来，可能是很重要的；因为就根据他们表示数的差来把相对湿度计算出来。

2. 干湿球温度计，必须在博物馆各室内都陈设上，或者至少要陈设在主要的一些互相邻接的各室（朝南或朝北的）内，而首先应当放在因某些原因恐怕会破坏湿度标准的各室（采暖和通风等不足的屋角各室）。

3. 为了使表示数准确，要把干湿球湿度计，放在空气流动的地方（但不要放在因通风器而发生的空气直流的通道上），不要放在建筑物外的墙上或者远离采暖设备的地方。

4. 杯子里要注入蒸馏水，或者至少也要开过的水。

5. 要用纱布或其他细软（最好是旧布）而干净、没浆过的亚麻布或棉织品（细麻布、细纱等），作包缠水银球的布片。

6. 必须注意使布片干净，吸水良好，而且能保持潮湿，并且根据需要程度，掉换布片，把杯中的水换去或把水加到需要的高度（在记录表示数之前不可以这样作）。

7. 每日须二、三次在规定的时间，将温度和湿度的表示数记载在特别的本子上（参阅总论"五"）。这个本子有与双柱湿度计各点相对应的一定的纵格。这个本子也可记载外面的大气情况。此外，可以用这本上的纵格，或者另用一本来记载对温度和湿度的情况，藏品的情况等所作的专门观察。

8. 温度低于零下的各室，不能用两个温度表组成的湿度表，要测量湿度，可以用毛发湿度计。

V. 采暖和湿度的调节

在采了暖的房屋内，主要可以用采暖和通风的方法得到正常而稳定的温度和湿度；没生暖气的房屋，可以用通风的方法得到正常的湿度。

1. 为了避免温度和湿度发生剧烈变化，不应使暖气中断。

2. 如果在不得已需要中断暖气的时候，温度可以逐渐降低或增高。

3. 秋初便开始生火，尽可能到春末（苏联中部最潮湿的季节）才停止。生火的强度，要逐渐增加或减少。

4. 潮湿过度的时候，即使温度相当高，也要把火生得很旺（这样便可减少"相对湿度"）。外面空气相当干燥的时候，加强通风；外面空气相当潮湿的时候，便停止通风。

5. 干燥过度的时候（而且本身又没有特别的润湿方法），就要把打扫时用的锯末或纸张加强浸湿，把盛了水的铁盘放在暖气锅炉室或各室的放热器[①]上，而在干燥的冷天，炉子便不要把火生得过旺。

6. 为了避免过于强烈的和不平衡的加热和干燥，所以不要把藏品放在采暖设备附近，也不要放在采暖设备和通风设备中的通风孔近旁。把通风孔设在墙上的时候，则可以用平板或圆盖遮住，以便使气流的方向往室中央流去。

7. 没有生火采暖的房屋，要按期用通风的方法来达到必需的湿度条件；但是这只能在户外空气足够干燥，而且户外温度比户内温度不超过 2 ~ 3 度以上时才行。

---

① 暖气包。——校者注

8. 季节交替的时候，要尽可能较缓慢地平衡户内外的温度。

9. 春天尽量早一点开始透风，要在干燥的冷天或是早晚天气变冷的时候。

10. 秋天和冬天，户外温度比户内温度低，干燥的天气任何时候都可透风，只是别让房屋变得过分寒冷。

11. 冬天，如果博物馆既有采暖的房间，也有没采暖的房间，而当它们的温度相差很大的时候，便根本不应当互相发生联系；不然的话，它们之间便应当有一间中等温度的房间。

12. 藏品搬移到在温度和湿度上都和搬移前大不相同的房间里的时候（比如由没采暖的房间或户外搬移到采暖的房间），应当在中等的温度、湿度情况下，逐渐使藏品"服水土"。已包装的藏品便不要打开，可以根据外面的湿度、藏品的感受性程度等，使已包装的藏品处在中间的温度情况下一～十天，但是，无论如何，不得少于六小时（参阅总论"九"）。

13. 运输的时候，藏品应当有能缓和温度剧烈变化的包封（参阅总论"九"）；搬移的时候，应当包上软暖的毯子。下雨下雪的时候，绝不应当把藏品搬出来。

14. 无论采暖或没采暖的房屋，必须采取措施防止因不正常的排水设备而引起发潮的现象。

15. 无论采暖或没采暖的房屋，如果聚有许多参观者的时候，必须加强通风。

16. 炎热的天气，户外空气比户内空气暖和的时候，通风只能在早晚天气变冷的时候进行。并且在屋顶玻璃顶盖之间的空间大力通风，因为这里受到阳光的作用，温度常常比外面高。

17. 必须仔细注意，使屋顶盖、下水道、自来水管等不发生毛病。如果有漏水的现象，必须立刻采取办法消灭这种现象，并把一切藏品从危险的地方移开；而且必须注意，不使窗户和玻璃顶盖上由湿气凝结成的水落到藏品上（可参阅总论）。

18. 如果发现墙壁、天花板等发潮的时候，必须立刻设法使它们变干。

19. 如果水直接落到藏品上的时候，必须立刻小心地弄干，并且要在一定的时间内使这些藏品受到专门的观察（因为恐怕发生损坏或者润湿别的藏品）。

20. 不要把橱柜、玻璃橱等紧紧推靠着墙壁；而且要注意，不使它们后面的墙壁，或者挂着画和挂毯等后面的墙壁发生发潮的现象。

（二）光　线

虽然人工的光线，特别是天然的光线，是观察藏品必需的条件；但是，它们却会影响到藏品的保持完整。最活跃的光线，便是人们眼睛所看不见的——波长很短的紫外线（起化学上的作用）和波长很长的赤外线（起加热作用）；除此以外，能对许多颜色发生剧烈的作用的还有其他一些光线。直射的阳光，发生的作用最剧烈。反射光和散光也发生作用（尤其是从蔚蓝色的天空、白色的云和雪反射来的光还含有许多紫外线）。玻璃带有大量作用积极的紫外线（但不是起加热作用的赤外线），人工的光线所起的作用，一般要小上许多倍。

最容易感受到光线作用的，便是一切主要部分是蛋白质和碳水化合物的有机物成份的物质。如：植物学上的标木、纤维物质（织物、纸张、木器、皮革等），以及一切有机的染色剂和许多矿物染色剂。

光的作用如果遇到水分的时候，则特别厉害。

光线作用的性质和程度，是各色各样的。光线会引起颜色的变化；它既会引起褪色，颜色发白，也会引起色调变暗，色调变化，或是失去光彩。有些物品则能丧失其经久耐用的性能（如一切织物，尤其是丝）。

最不容易感受到光线作用的是：金属、石器和陶器。

光线除了能起有害作用外，也可以发生有益的作用，它可以恢复油画上因时日关系变暗的油漆的色彩。应当特别指出的有益的光线作用是：光线是一个能大大减少害虫繁殖的因素（主要是各种菌子和细菌）。

1. 不要让阳光对藏品发生直接作用。

2. 装设窗户和玻璃顶盖的时候，最好要使直射阳光不照在藏品上。

3. 如果不可能这样设备，则必须用窗帷、栅栏状窗板或者在春夏二季用粉笔把玻璃涂上色，来遮住阳光。

4. 遮直射阳光用的窗帷，要用能通过足够光线的浅色（白色或中性色调）的布料做成。

5. 除此以外，窗户上可装上第二层由结实布料做成的窗帷（颜色没什么关系），或者装上窗板。这些窗帷或窗板，只是在博物馆开放的时候才拉开。

6. 放着最易感受光线作用的物品的玻璃橱、橱柜、框子等，也要设置上只在参观的时候才拉开的帷幔。个别的玻璃橱，也可以装上只在参观者参观的时候才拉开，而后又能藉助于自动关闭器自动拉上的帷幔。

7. 容易感光的藏品，不要让它们长时受到光线的作用。

8. 容易感光的藏品，最好只在用人工的光线照明下展览。

9. 容易感光的藏品，可以放在不透光的橱柜、纸夹等里面；但是藏品保管室必须经常通风和进行干燥。

10. 电灯照明设备，不要放在藏品的直接近旁，而且必须装上能散光的毛玻璃罩。根本不能用会射出许多紫外线的弧光电灯。

11. 阴暗的仓库必须装设只在工作时间内打开的电灯。

12. 在没有电灯的房屋内工作的时候，可以用手电筒，只是万不得已的时候，才用"蝙蝠"牌油灯。

（三）空气中的气体成份尘埃和烟灰

I. 正常的空气成份：氧气——约五分之一强，氮气——约五分之四。除此以外，空气还包含了数量很不少的中性气体，不定量的水蒸气，二氧化碳，以及一些偶然出现的污染物：亚硫酸气体、硫化氢、氢氧化铵、常常还有氯，这些都对大部分藏品积极发生作用的。

氧气，特别是当和水分在一起的时候，能引起许多物品的氧化（如油画上的油干化变硬，便是吸收了氧气的关系）；许多金属（铁、铜、锌、铅等）能发生特别迅速而活泼的氧化作用（腐蚀）。

二氧化碳（来源：呼吸，燃烧，腐烂）和水分在一起的时候，也变得作用特别积极，因而能溶解许多物质（比如大理石），作用于有机染色剂等等。

亚硫酸气体（来源：燃烧石油和石炭等的烟气）可以由硫磺的特别臭味辨别出来；亚硫酸气体和空气中的水分化合，能够组成可以用于一切物品（除了黄金、白金和宝石等外）的硫酸。硫酸能够破坏有机物，使颜色变色，能使大理石和石灰变为石膏，能和金属组成含硫化物。

硫化氢（来源：腐烂、厕所、污水坑、脏水井等）可以由它的臭蛋气味辨别出来。硫化氢能使某些金属（铜、银、铅等）和许多颜料（如一切铅色的颜料、铅白铬制的颜料、赤铅等）颜色变暗。

氢氧化铵（来源：腐烂、马厩、厕所等）可以由它的特有的辛辣的——"阿莫尼亚水"的臭味辨别出来。氢氧化铵能对铜、银和许多颜料发生作用。

氯（来源：某些物质的分解；应用漂白粉和盐酸的生产部门：洗衣房，锉工作坊、化学工厂等）可以由它的辛辣的气息辨别出来。氯和水分化合，则组成能使染色剂变色或完全褪色的盐酸；能作用于织物和皮革的纤维，能使金属腐蚀。

刮大风的时候，潮湿的带有含氯盐类的海上空气，也对某些物质（如铜、青铜、银）发生作用。

Ⅱ. 不仅是空气成份可以对各种材料起化学作用，而且存在于各种材料中的其他化学物质（如脂肪酸），也能对各种材料起化学作用，因为不管怎样，这些材料总是能和其他藏品接触，特别是在到博物馆前这些藏品曾是日常使用过的时候。这样的物质，比如说可能是烛台上的腊油，器皿中的各种油脂，盐瓶中的盐，织物等类物品上各种成份的污垢，以及当考古学上的物品还在地下时曾与之相接触的各种有机物和物质等（如曾对考古学上的物品发生化学和物理作用的酸和盐，这种作用有时在考古学上的物品送达博物馆后才表现出来）。

Ⅲ. 除了各种气体外，空气里永远或多或少地含有尘埃，各种物质的成份微粒，并常常也含有煤烟。包含在尘埃中的小沙粒，能引起机械性损坏——擦伤；尘埃中所含有的各种物质的微粒，特别是遇到水分的时候，能够发生化学作用；细菌、尘土带来的孢子和昆虫的卵，都能是传染病害的原因。

尘埃和煤烟（即：煤烟和煤的微粒）如果落到藏品上，不但能改变藏品的外形和颜色，而且还能损坏藏品，因为它们常常能形成难于去掉的表层。这对于绘画、文件、图表等是特别有害的。

1. 博物馆的房屋里必须使空气保持清洁，不让空气中充满气体污染物、尘埃和煤烟。

2. 必须注意使厕所、污水坑、马厩等等不发生毛病，使它们受到应有的打扫，而且使它们隔离开来。

3. 必须注意使烟道不发生毛病；而在用暖气设备的时候，必须把锅炉房适当地隔离开。

4. 当选择建筑物作博物馆，或者选择地点建筑博物馆的时候，必须避免靠近可能是空气污染物来源的地方。

5. 必须消灭传染病害的发源地（如污水坑等等）。

6. 如果发现空气中含有有害气体、烟或煤烟的征象时，必须立刻采取措施消灭传染病害的来源，把藏品遮掩起来以免受到有害气体的影响（把房屋隔离，不让受污染的空气流进来，停止通风，或者，相反地加强通风，有时可从建筑物的另一面创造使新鲜空气流入的条件加强通风）。

参观者大量聚集的时候，要加强通风；在不得已的情况下，要规定进来参观的人数。

照例是在打扫的时候，使房屋通风（打开抽气管、换气窗等）。晚上不可把小窗户和窗户打开。为了经常通风，则用专设的能防止雨雪落入的通风孔。

7. 小窗户要用纱布遮上，风大灰多的天，不要把小窗户打开（尤其是向风的一面）。

8. 暖气管和通风管的放氧孔隙，要装上滤过器；而且必须时时清除管中积聚的尘埃或煤烟。

9. 必须清除藏品上无关的物质，因为它们可以对藏品起化学作用（清除绘画、图表、织物和易碎藏品中的无关物质，只能由专家修复员来进行）。

考古学上的物品，必须清除附在它们上面的灰尘和渗入它们中间的盐类。不怕水的材料，这可以用咸化的方法把盐类浸出，不过只能由专家修复员来进行，或由专家修复员领导进行。

10. 要预防藏品受到尘埃的有害作用，必须按期仔细地打扫房屋（参阅本书总论）。

11. 必须要求参观者仔细擦去脚上的灰尘和泥土，为此，在博物馆的入口铺上专设的擦鞋毯或者摆几个小箱子放上鞋刷子。

12. 不许穿套鞋进入博物馆，而在已采暖的博物馆，就是穿上外衣也要禁止。

13. 有精选嵌木、镶嵌细工等类地板的博物馆，参观者必须在自己的鞋上加穿一双博物馆特备的套鞋。必须注意，让这些套鞋随时能够使用，而且保持应有的清洁。

14. 除了专设的房间外，博物馆房屋内绝对禁止吸烟、进餐、保存食品（剩下的食品）等。

（四）动物性和植物性的病害和虫害

几乎植物界所有的病害，都是低级植物（菌子、较少遇见的青苔、地衣、水草等）。动物界的害虫，则有许多昆虫和鼠类都列在里面。

I. 植物界的病害在一定的条件下（无光、空气温湿），大部分有机物和若干无机物，都会成为繁殖空气中（尤其是在尘埃里）什么时候都有的细菌的营养料。这些细菌能引起物质直接的逐渐分解（如腐烂性细菌）或变化（如在纸上出现红褐色的斑点）。

同样的条件，可以在藏品上引起落在这些藏品上的各种低级菌类（霉菌——白的、绿的、黑的）的芽胞繁殖起来，这些芽胞最初出现在藏品的表面，然后逐渐往深里生长。

通常，霉菌只在百分之七十一—百分之八十的湿度下便可繁殖起来，而且有时很快，并且在已经感染了霉的藏品上，在较低的湿度下它也能继续繁殖。霉菌繁殖的最低极限是百分之四十的相对湿度。

在湿度低下时，霉菌不能繁殖，但也不能死，而且在湿度增高的时候，有能力苏生起来。

同样的条件——过分的湿度、自然光线不足、通风不足——是繁殖能损坏木材和木质材料（纸张、纸板、盖屋顶纸板、刨花制砖）的室内菌类的原因。

室内菌类的特征是：（一）生霉；（二）腐烂物的臭味；（三）木料变松软，木质变成深暗色；（四）木料潮湿；（五）敲的时候发哑声。

室内菌类的主要种类可分：（一）Merulius；пленчатые грибы（二）Coniophora Cerebella；（三）Parrilus Sclarantus（（二）及（三）为多膜菌）；（四）白菌（Poria vaporaria）；（五）杆形菌（Lenrites Sepiar）。所有这些类别的室内菌类，都会破坏木质。

除此以外，花园雕刻品上、潮湿建筑物的灰泥上等地方，也会出现某些种藓、地衣和苔等（参阅关于"大理石雕刻"和"建筑物绘画"等章）。

1. 为了预防细菌和菌子的繁殖，必须保持干燥而清洁的空气（尘埃总是带有细菌和菌子的芽胞），必须保证有足够的自然光线；对最容易感光的藏品，必须采取相应的预防措施。为了保管已生霉的藏品，房屋必须明亮。

2. 必须适当地使地下室、阁楼等人们很少能到和照明不足的房屋通风，并且应当按期加以检查。

3. 如果发现物品生霉或生室内菌类的时候，必须立刻进行可能的干燥或消毒。可以移动的物品，如果发现生霉的时候，必须立刻和其他物品隔离。

4. 如果室内菌类感染得很厉害的时候，最根本的防止方法，便是把受传染的全部木质除去和烧掉。对于藏品，烧掉的方法不能采用；在许多情况下，对于有历史价值和艺术价值的建筑部分，这种烧掉的方法也不能采用，而应当找专家修复员来进行消毒和加固（关于消毒的方法，可以参阅"木器"一章）。

5. 由不易感光材料做成的物品受到感染时，小心地使它们受到直射阳光的作用，是有益的。物品干燥后，只能在露天或是在专设的房间内进行除霉。

6. 在许多情况下，消毒药品也可应用来预防感染（把硼酸、蚁醛液等加到用于为绘画涂着底色、用于绘画的复制，以及用于黏糊物品的胶水中；把消毒药品用来加工植物、加工剥制标本、加工用兽皮做成的动物标本等——参阅各专章节）。

7. 消毒最好在气体消毒室进行。选择消毒药品的时候，必须考虑到它对物品的材料发生的作用（如颜料）。

8. 消毒物质的选择和应用方法，是否许可由博物馆工作人员或者只由专家修复员来应用消毒物质——这完全必须根据藏品的材料来决定（参阅以下各章）。

II. 动物界的害虫对藏品危险的昆虫，总数约达七十种之多。它们的幼虫会蛀蚀木器、纸张、毛织品、毛皮、羽毛等。

各种有甲的蛀虫（属 Anobium 类——屋蛀虫（Anobium pertinax）、家具蛀虫（Anobium demestium），都会蛀蚀木器（干燥的），这些有甲的蛀虫在木器中蚀（Gffr.）出一条很长的带小圆孔出口的通道。在苏联南部，干燥的木材（建筑物、家具）有些地方常常受到有甲的室内天牛虫（木蛀虫 Hylotrupes baju-lus L.）的很厉害的蛀蚀。外面的特征是：被蛀食的物品中有小孔并有木渣粉末碎散地落出。有甲的粮食砥虫（Sitodrepa panicea L.），能蛀蚀下列物品：书籍、纸浆做成的物品、纸板、干燥的木材、干昆虫标本以及一切含有淀粉、面浆糊、胶水的物品。有些拟形蛀甲虫（Ptinus），会蛀蚀皮革、干燥的植物标本等；博物馆内最危险的害虫之一的皮蛀虫（Dermestidae），会蛀食皮革。

蛾子的幼虫，主要是蛀蚀毛织品、羽毛等，但有些蛾子的幼虫，也会侵蚀纸张和其他材料。对于纸张，"书蠹"也是很危险的害虫。

阴暗和空气潮湿温暖（超过十五度），能够促进蛾子的繁殖。

除此以外，对于藏品危险性相当大的，还有苍蝇、蟑螂等，它们虽不蛀蚀物品的材料，但它们留下的痕迹却不易去掉，并且有时便不可补救地损坏了藏品。出现这些昆虫以及危险的鼠类的原因，完全是由于靠近食堂、食品仓库、污水坑的关系。

1. 防止昆虫最可靠的方法，便是用特别药品在气体消毒室消毒。有些消毒药品能对颜料发生作用，因此，如在绘画、织物等类藏品的消毒，只能在修复员的监视下，用对颜色没危险的药品消毒。

2. 发现昆虫侵袭的时候，必须立刻把受感染的物品和其他物品隔离开来。

3. 防止木蛀虫和蛾子的药品，可以参阅"木器"和"织物"等章。

4. 防止苍蝇和鼠类，必须采取预防措施：把食堂、食橱、食品仓库等适当地隔离开，严格禁止工作人员和参观者把食品带到博物馆陈列室内。

（五）物品的处理

由于人的过失而引起博物馆物品损坏的原因中，最主要的有：（1）制造物品时材料的选择和加工方法，（2）物品使用的性质和处理物品的方法，（3）笨拙或粗率的修复。

制造物品时用质量坏的材料，以及不正确地使用某些应用的材料（如绘画时用易变的颜料，不耐用的织物，油色中油过多，用盐化石灰来漂白纸浆，用铬加工皮革等），都会引起藏品过早的损坏。

物品在送达博物馆前，在使用时期会受到各种不同的破坏因素的影响：用坏；机械性损害和其他损害等所引起的破坏（地毯的踏坏、织物和衣物的穿坏、损坏、破口、缺口、擦伤、塌陷等）。

即使在博物馆里面，藏品也会由于无知或粗心受到损坏。如：玻璃橱和能回旋木门的震动，外面的推撞，门户的砰然关闭，街上车辆的通行等——都会使某些特别脆弱的藏品（彩粉画、陶器、植物标本、昆虫标本等）受到机械性损坏。

除此以外，其他的因素（温度的变化，"风化"等等，如由于冻结了的水膨胀而引起的石器的破裂等）也是很重要的。

藏品在博物馆时的"小修理"、"大修理"和"修复"，却又是藏品受到"博物馆"损坏的完全特别的原因。

如果说没能及时采取修复方法（如加固）会引起藏品的毁灭，那么笨拙、粗率的、"兴趣出发"的修复，则会带来更大的危险。一切粗心的清洗或清刷，都会无可补救地损坏藏品，而这样一贯做完、往藏品上涂刷等，就能使藏品完全变形。

1. 安放藏品的时候，要注意不使它们受到别的藏品的碰撞或压力。

2. 搬移藏品的时候，决对不能握住易碎的部分或可卸下的活动部分，可卸下的活动部分在搬移的时候，特别是在搬运的时候，应该拿下来。

3. 藏品不应当放在容易受到震动的地方。必须考虑到，诸如砰然关门等那样也可能发生有害作用的因素。

4. 必须经常检查绳子、环圈、钩子、铁挂轴等是否坚固，架板以及放在架板上的藏品是否稳定。

在玻璃的和其他平滑的架板上则必须检查，藏品是否会因受到不可避免的轻微的震动而发生移动的现象。

5. 不要把藏品放在来自通风器的空气气流、暖气管的气流和换气窗的气流通道上，不要让很大的过堂风吹进来。

6. 小心地观察藏品的情况，首先是观察特别贵重的藏品的情况的同时，把观察的结果特别记载在专设的日志上或每件藏品的专用卡片上。

7. 发现藏品受到损坏的时候，必须尽可能地消灭损坏的原因，并把损坏的藏品安放在对它们危险性较少的条件下，比如，把藏品损坏的一面朝上平放。

8. 藏品的一切修复，清洗、清刷等，除了在各专章已作说明的以外，只能由经验丰富的专家修复员来进行，因为他们的熟练程度和技能都是经过审定而且无可指责的。博物馆工作人员或者请来的人员的一切从兴趣出发的尝试，必须绝对禁止（关于修复方面的援助应当向下开各机关请求："文化教育机关事务委员会博物馆管理局"、"建筑事务委员会和艺术事务委员会所属纪念物保护局"，中央各修复厂，"国立特列其雅科夫斯基美术陈列馆①"、"国立历史博物馆" 和其他博物馆的修复厂）。

9. 物品送到博物馆的时候，必须检查它们的情况和完整程度。发现的损坏，要记载在日志上或物品卡片上。

10. 如果发现送到博物馆的物品（藏品或日常用品）有生霉、生蛀虫等的征象，必须把这物品送到为此专设的房间消毒。

二　木器

木材，除了可用作建筑和装饰用的材料（墙上的装饰物等）外，还经常以各种各样的陈列品的形式出现在博物馆里：家具、雕刻物、塑像、各种日用品（器皿、生产工具、马车、乐器），以及用来作造型艺术纪念物的基础。针叶树木材含有相当大量的树脂；阔叶树木材则含有单宁酸。作为建筑材料，我们最常用的是松木；嵌木地板和墙上的装饰物用橡木；家具用硬材（橡木、梨木、榛木、桃花心木、枫木、卡列里亚桦木等）；软材（各种针叶树木材，以及桦木等）主要是用作三合板制品的基础，菩提木广泛地用来做各种小件用品，尤其是用来做器皿。

木材的坚硬部分——木质——是由纤维素、褐炭和少量矿物质组成的，它并且有纤维结构。新鲜的木材除了坚硬的部分以外，还含有百分之五十强的水分，不过，水分是会慢慢地蒸发出去的。干燥的木材含有百分之八至百分之十的水分。在潮湿的空气里，木材潮湿后会吸收水分。木材变干的时候，会同

---

① 现多称"国立特列季亚科夫画廊"，由商人、艺术品收藏家巴维尔·特列季亚科夫于 1856 年创办，1874 年向公众开放，1892 年全部收藏品被捐给国家，这个画廊成为国家博物馆。

时收缩；发潮的时候，又会膨胀，而且在不同的方向，膨胀的现象也不同：沿着纤维的地方，膨胀得很小；沿横断面半径的方向，膨胀的现象便要大得多；膨胀得最厉害的，是沿过年轮的切线方向。在湿度发生剧烈变化、木材片面干燥等情况下，这种复杂的体积变化扭歪、裂缝等，也正是损坏木材的基本原因。

木材，在加工前，必须慢慢地、细腻地干燥，并且把不合用的挑出去；因为不这样，木制物品便特别容易受到上面所说的损坏。

从博物馆保管的角度来看，木器可分作下列两类：（一）同样木材制成的物品，（二）用各种木材做成的物品，特别是三合板制的物品（基础是用比较便宜的木材做的，上面再加上一层比较贵重木材的薄层——三合板）；所谓选材制作的物品（有时这些物品的花纹，是由许多种木材制成的），也属于这一类。因为木器表面加工方法的不同所以有下列两方面的区别：一方面，自然状态的木器；另一方面，分为腐蚀着色的、上颜料的、上蜡的、擦光的、油漆的、镀金的等等。

上蜡或擦光前，木器（特别是比较普通和便宜的木器），可以用各种染色剂染成必需的、特别是比较深暗的颜色（腐蚀着色最常用于橡木的染色）。上蜡，可以在木器的表面涂上一层溶在松节油中的蜡，然后擦光使木器发射出轻微的光彩。直接在木器上擦光，或者（如果是多孔的木材）事先加工（用淀粉浆糊或胶水）后擦光，可以用溶在酒精里的天然的或漂白的（如果是光亮的木材）洋干漆，洋干漆可以涂上许多薄层，然后用涂油的棉絮块来擦，因为这样以后，油脂便给碎屑擦去了。要得到光滑如镜的表面，必须擦光者有很大的技巧。上油漆便要简单得多，只需加上几层漆，每加一层，变干后，再加第二层。上蜡，以及特别是擦光和上油漆，除了可以达到美观的目的，也可以部分地防止木器受到有害的潮湿作用。

涂着镀金层，可以用最薄的金箔（发光的镀金层）或者金粉（无光的镀金层）加在事先着好的白粉底色上。近来，除了金银以外，还开始用青铜粉和铅粉，有时木器不着底色，也可用青铜粉和铝粉（和胶凝黏运物混合）来加工。

温度标准的破坏，湿度发生的比较剧烈的变化，直接受到的浸湿等——都是对于木器很危险的，因为这些会引起木器的扭歪、木器的裂开、胶合部分的腐蚀、三合板脱层和白粉底色的脱层等。由于阳光片面加热、由于靠近暖气设备、利用空气气流在局部环绕流动等情况而使藏品不均衡地干燥，也会引起同样现象的发生。

如果慢慢地、逐渐地把温度降落到不但低于标准，而且甚至低于零下，则不会产生这样的危险的影响；但是由于温度降低而使相对湿度的增高，正如从低温突变到正常的保管条件一样，常常是很危险的。

黑暗和特别过分的湿度，会加速木器上油漆的颜色变暗，会促进木器的主要破坏者——各种害虫的生长：腐烂性的细菌、芽胞和一部分有甲的砥磨虫。但是，过度强烈的光线，尤其是直射的阳光，也是有害的（参阅"一般的保管条件"）。

因为尘埃中含有各种害虫病害的芽胞，所以尘埃对木器是有着特别危害性的。

容易受到机械性损坏的主要有：雕刻和旋工制作物品的纤细的、脆弱的部分，有白粉底色的镀金层和擦光物品的光滑表面等。

1. 保管木器的房屋，必须保持正常的均匀的温度和湿度（相对湿度百分之五十～七十）。

2. 应当用各种方法保护藏品避免过分或不均匀的受热（阳光的直射、靠近采暖设备、避免空气的气流（来自通风器、过堂风的气流）、与水蒸气或水沫蒸发的策源地隔开（如喷水池）。

3. 如果温度降到标准以下，提高温度时应当慢慢地、逐渐地进行。

4. 湿度的任何增高或降低，也应当慢慢地、逐渐地进行。

5. 藏品由别的地方到达博物馆的时候，使它们在中间的温度、湿度条件下，逐渐适应新条件——是一件很重要的事。

6. 藏品从湿度较高的保管条件下（如从教堂里运来的物品）到达博物馆的时候，不要马上放入橱柜、箱柜等里面，一定要等它们已完全适应新的条件为止。

7. 不要把木器放在缺乏自然光线的房屋内。

8. 如果发现霉、腐烂物或室内菌类的时候，受感染的物品必须立刻隔离，并使它们受到阳光的作用（夏天可以露在外面晒十五、二十分钟，冬天隔玻璃晒一、二小时）。霉必须除去。价值很小的东西，如果传染了室内菌或蛀虫（箱子、木板等），最好把它们烧掉。

9. 物品生霉的时候，可以用浓度百分之三的蚁醛液来消毒（轻轻地摩擦物品生霉的地方）；但生霉物品的消毒最好由专家来进行。如果物品感染了室内菌类，而且很厉害地受了室内菌类的破坏时，那么就必须由专家来进行。

10. 和已受感染物品摆在一起的物品，应当在二至三个月期间内受到特别的照管。

11. 有大量物品受到传染的时候，房屋本身、一切容器（玻璃橱等）以及放在房屋和容器内的木制物品，都必须加以消毒。

12. 发现木器上有被带甲的蛀虫（木蛀虫）蛀食的圆孔时，必须弄清楚，这些是旧孔，或者蛀虫还是活着的。由下面的情况便能断定蛀虫是否活着：被蛀虫蛀蚀的物品的圆孔是否散落出木渣滓来。为此目的，把被蛀食的物品在一张干净的纸上放置若干时候。有时候，活蛀虫会因它所发出的特有的像钟表的滴答声，而为人们所发现。

13. 受感染或有受感染嫌疑的物品，应当和其他物品隔离，特别加以照管。

14. 消毒可以用四氯化碳或氯化苦味酸的蒸气，但是只能由专家来进行消毒。

15. 为杀死害虫病害，或加固稍微朽烂的、被蛀食的木器而使用某些药剂浸渍木器时，如果没有专家修复员的参加，是不许可的。

16. 从木制物品上除去尘埃时，必须用软的（一定要用干的）布片，但从雕刻品上除去灰尘时，却要用不平的毛刷或獾毛刷。揩拭加光的木器的时候，必须特别小心。

17. 如果没有有经验的细木工专家的参加，绝对不能允许对于加光的表层、镀金层等加以洗涤或企图进行复原；木制物品的每件稍微复杂的修复，也是如此。

18. 雕刻物、白粉底色等有落下危险的损坏部分，应当用纱布缠住。

19. 贵重物品的落下部分，必须包起来，附上指出这些部份是属于什么样的物品，确属于什么部位的说明书，一直收藏到有修复可能为止。

20. 非贵重物品的落下部分，要用很好的细木工胶水，加上消毒药品（如蚁醛液或硼酸）来黏上。

21. 搬移物品，特别是沉重的物品的时候，不能握住它们纤细的突出部分，不能顺着地板拉动、推动等；而必需在有适当数量的人力参加下，平稳地握住坚固的部分轻提起来，在地毯上，或用小车等搬移。

22. 不要用有色的地板蜡擦嵌木地板。为了要防止精选材料制作的艺术的嵌木地板受到擦伤或弄脏，参观者必须穿上专备的软布鞋。在嵌木地板上使用梯子、活梯等的时候，必须用毛毡把梯脚包上。

23. 保管带有织物材料（家具的包皮）制作的木器时，也应当要参照"织物"章的办法进行。

24. 为了要防止家具（家具的包皮）受到光线、尘埃和机械性损害，必须加上只能在观众参观博物馆的时候才去掉的套子。

三　绘画

绘画作品是各种不同材料的复杂综合，这些不同的材料彼此之间起不同的反应，并反应到外界的条件。外界的条件和组成绘画作品的材料成份，以及应用这些材料的方法（即完成绘画作品的技术）——这都是决定绘画作品的完整以及绘画损坏的性质。就绘画作品的基础，以及就加固基础表面上颜色的手段，绘画可以分成下面三个基本类别：一、画在灰泥上的建筑物绘画；二、木框画（主要是画在木板上的蛋胶画；画在帆布上、少量画在木板或其他材料上的油色画；三、水彩画（用溶于水的胶凝黏连物或不用胶凝黏连物而画在纸以及较少部分画在其他材料上的绘画）。从必需的保管条件的观点来看，后面这一类和那些非绘画性的、纸上的作品——图画、版画、手稿等——是相似的。

（一）建筑物绘画

常常在纪念性的建筑物、博物馆（以前的教堂、宫殿等）里看见的建筑物绘画，都是画在墙壁、拱门等的灰泥上。这种灰泥通常包含：很好的耐久的熟石灰、河沙和舂碎的大理石或砖；有时，为了更好的连接，还加上粉碎的加工过的纤维物质（麻屑、麦秸等）。外面的一层，因为直接用作绘画的底色，所以用筛得很细的材料做成，有时还加上大理石粉并仔细地弄平擦光。

建筑物绘画，可以用壁画的技术来完成——用石灰乳或普通的水稀释了的颜料涂在潮湿的灰泥上。颜料能很好地渗入湿的灰泥中；而在灰泥上的石灰变干的时候，由于空气中所含二氧化碳的作用，便会发生熟石灰（石灰水化物）转变为碳酸石灰的化学过程，这种碳酸石灰会组织一层很坚固的、几乎不会溶解于水的薄膜。因此，这种绘画的特点，便是有很大的坚固性。

但是，只有少量的颜料（特别是矿物颜料）直接和石灰混合，而在湿的基础上作画则又需要很快地完成。因此，常常宁可用和某种胶凝黏连物（鸡蛋、干酪质的黏连物、胶水、浆糊、植物油、液体玻璃等）混合的颜料画在干的灰泥上，或者用这样的颜料来完成未完成的壁画。在干灰泥上作画的时候，便没法使颜料和灰泥能够达到壁画技术所特有的那种紧密凝着，而有机的胶凝物质却能带来外添的破坏原因：可溶在水中的胶凝物质会变为各种害虫病害的营养料，而油，因为它能塞住灰泥的孔隙，则又会妨碍灰泥正确地"呼吸"。这种淤塞"呼吸"孔的现象，特别是在潮湿的时候，会很快地使着色层脱皮，使灰泥受到损坏，壁画上有油画的时候，也会发生同样的现象。这些油画脱皮的时候，也就能使壁画的色彩层随着脱皮。

应当注意建筑物绘画的下面几种基本病害和原因：

Ⅰ. 灰泥的损坏

1. 灰泥的脱落，形成裂缝和脱落等现象是因为下列机械性的原因：墙壁的变形、因受震动、碰击（地震、军事行动的影响、土地因重运输而发生某种程度的动摇等）而使墙壁塌陷。机械性损坏可能表现为凹塌、切痕等形式。

2. 还有因下列一些物理原因而发生的损坏，这些原因就是：潮湿；裂缝、孔隙、脱落地方或水分结冻；在温度发生剧烈变化时墙壁和灰泥膨胀系数的差别。这些物理的原因，会增大或形成新的裂缝，会使绘画纪念物脱层，或减弱灰泥和墙壁的连接关系。

3. 灰泥因物理、化学上的原因而发生的损坏，也会引起壁画底色的剥离或脱层，引起在表面形成小的含微白色粉末的突起物等现象。

II. 色彩层和有底色的色彩层的病害

1. 色彩层的剥离、脱皮和化为微尘。在表面上形成小水泡，以后小水泡则散落。

2. 色素颜色的改变。

3. 主要由于石灰（没变成碳酸石灰）在灰泥层的深处溶解，而有含钙的分泌物（硝）的析出。"硝"有两种：一、像霜一样的，毛茸茸的硝石。二、以致密成层覆盖壁画表面的坚硬硝石。

4. 石灰（碳酸钙）因硫酸的作用而变成容易溶于水的硫酸钙（石膏）。

III. 生物上的原因可能引起的病害

白霉、绿霉、黑霉、青苔、地衣（主要因有潮湿和有机物的关系）等，都属于这一类病害。

防止建筑物绘画损坏的方法。

1. 必须仔细检查建筑物的构造是否坚固。应当不使灰泥和墙壁的连接关系破坏（灰泥如果变松的话，只须轻轻一敲，便会发出"空"声）。

2. 必须采取一切可能的措施来防止纪念物的变潮变干。为此，必须注意使屋顶和下水道都修整的很好；湿季的时候，必须利用屋檐和护板防止向风的墙壁受到雨水的影响；必须利用倾斜面或排水的方法使水能从屋脚畅通地流去，如果有地下水的时候，必须将屋基隔离。

3. 必须使房屋墙壁有来自外面的自然通风，无论怎样，不要把水泥或油色涂满墙壁，同时还要铲除房屋四周的杂木杂草。

4. 必须使门窗框子和玻璃保持完整状态。

5. 必须有正确的通风，并采取措施防止剧烈的温度和湿度变化（参阅"总论"：没有采暖的房屋的管理制度，有壁画的房屋通常便属于这一类房屋）；必须注意不使房屋的角落僻处等有空气停滞在那里，因此可让轻微的过堂风吹进来，并装设通风器。

6. 不要让直射进来的阳光作用到建筑物绘画上；为此必要的时候，在夏天把那些窗户涂上白粉。

7. 必须保护壁画不受昆虫和尘埃污染，建筑物的四周和建筑物的内部必须打扫得十分清洁，而且门窗要蒙上纱网。

8. 发现生霉的时候，必须尽可能在一定时间内使受感染的部分受到阳光的作用，并采取措施使房屋变干。除霉和消毒，只能由修复员来进行。

9. 必须仔细检查壁画和整个建筑物的一般情况，如果发现任何严重的损坏，必须立刻向有关的中央机关请求援助。如果灰泥脱落很厉害的时候，在修复员来到之前，可以小心地加上软垫用护板来支住它。

10. 一切连壁画同时落下的灰泥块，应当收集起来并藏好。

11. 因为建筑物绘画的修复问题非常复杂，所以如果没有内行的修复委员会作适当的调查、决定和监督，如果没有苏联部长会议艺术事务委员会和建筑事务委员会直属纪念物登记和保管局的许可，不但外行的人，就是专家修复员，都绝对不容许进行任何修复措施，不允许把壁画拿下或是企图清除最近作的补画粉刷等。

12. 博物馆保管壁画断片的时候，必须注意它们在新基础上是否坚固，必须采取措施防止自然损坏，并使它们处在博物馆的正常保存情况下（最好罩上玻璃）。

13. 无论从新的底本上把壁画拿下，或是把壁画固定在上面，只能由有经验的专家修复员来进行。

（二）木框油画

木框油画是一个很复杂的综合，最基本的要素便是基础和彩色层；而在蛋胶画和油画中，则还有底色和覆在上面的油漆。

木框油画最常用的基础是：木板、帆布、纸张和纸板。用得较少的基础是：金属（主要是铜和锌）、绢（中国画和日本画以及装潢艺术上的某些作品）、牛皮纸状和羊皮纸状的皮革（纤画和彩粉画）、象牙（纤画）；用得更少的基础还有：石板、磁器、玻璃和一些其他的材料（参阅所有这些材料的管理方法）。

木板、帆布、金属以及用来作油画的纸板，要先着上底色，以便绘画。底色通常由一层胶（通常是动物胶：皮制胶、精制胶、鱼胶或干酪质制胶）组成；如果是用于胶画，则上面要涂上几层石膏或带胶水的白粉，如果是用于油画则要涂上一、二层同样质量的石膏，但须加上小量的油。有时，可以用油和鸡蛋或用胶水合成的乳液胶凝物，来涂着底色。

在着底色前，木板接合的地方有时常常贴上布料；而在古俄罗斯的绘画，则整块木板都贴上布料（古俄罗斯舶来的高贵织物）。

色彩层是由胶凝物质加上矿物质和有机物的人工色素和天然色素组成的。下列各种不同的材料，可以在各种不同绘画中用作胶凝物：蜡（有时加上植物油和树脂）——可以用作蜡画的胶凝物；整个鸡蛋、蛋黄或植物油加上鸡蛋或胶水制成的乳剂（这些胶凝物应用时可溶解在水中，但变干后，便不会再溶解）——可以用作胶画的胶凝物；能够变干的植物油：亚麻油、核桃油、罂子油，有时加上树脂——可以用作油画的胶凝物；动物性蛋白和植物胶——可以用作纤画、胶色、胶皮水彩画、水彩画的胶凝物（参阅下面）。

用来覆在油画上、有时也用来覆在胶画上的漆，可能服务于光学上的，能给颜色添上光彩，加强颜色的浓度和透明度，恢复变晦暗的地方等；同时，漆能起着一定的保护作用。漆薄膜是由溶在干脂肪油中的硬树脂（琥珀、坚硬透明的树脂）或溶在挥发性油中的较软树脂（乳香树脂、南洋杉树脂等）组成，有时（主要是在圣像画中）也可由带有油漆特性的熟油（通常是亚麻油——煎麻油，常常加上树脂）组成。

湿度的增高，会引起作画的木板的膨胀；湿度的降低，会引起它的收缩。木板的正面如有底色、色彩层和漆的保护，则会加强木板的不均匀的膨胀。帆布画上，纤维因受潮湿而膨胀，通常会引起帆布的全面收缩，会使副框上的帆布拉得更紧（常常是不均匀的）。底色和着色层上（特别是油的着色层）由于它们吸湿性较小，而且构造不同，所以湿度的变化，几乎既不会引起膨胀，也不会引起收缩；但是，一方面因为底色与色彩层有不同的变化，另一方面，基础也有不同的变化，所以便发生形成突起物和带底色的着色脱落基础的现象。特别厉害的损坏，是由木料的翘歪和裂开引来。

过分的潮湿，会加速金属的氧化，会使色素因光线的作用而改变颜色，会使油加速变黄，会引起变白的现象——漆的分解，会加速腐烂、生霉和生各种细菌（特别是在胶水里）的现象。将蜂蜜或甘油加入胶水中，可以增加它的收湿性。

过分的干燥，会使木料很快地变干，这种变干常常引起翘歪、形成裂缝、底色脱层和剥落等现象的；过分的干燥，也会引起底色和色彩层的过干，而底色和着色层上因此也就很容易形成裂缝，这些裂缝又会再引起剥落的形成。

温度情况对木框油画的影响，本身常常没有什么很大的意义，但是，温度情况的变化，通常会引起相对湿度的变化。然而，温度的变化，对于那些作在膨胀和收缩系数比底色和色彩层要大得多的金属上的画，却是直接有危险的，因此，便可能发生底色和色彩层脱落金属的现象。

高温会引起吸湿性材料（木板，帆布）变干，高温本身对于那些色彩层含有沥青颜料的画是很有害的，因为沥青颜料在摄氏四十度左右的时候便会溶解。很高的温度（如靠近火炉）对于一切绘画作品都是很有害的，因为它会使水分加剧蒸发，会使漆变软变黑，会使油变化，会使纸张变暗（参阅有关各章）。因为靠近采暖设备只受到片面的加热，所以同样的会引起木板翘歪、形成裂缝、会使蒙在副框上的画的帆布有不均匀地拉紧的不平衡干燥的现象。低温，如果正常湿度条件不发生变化的时候，没有什么特别危险。

空气的流动（特别是来自采暖设备的放热）会使藏品的水分更加不均衡地蒸发，会使陈列室的空气中一定量的尘埃飞起，并且会发生机械性作用而使绘画动摇。

光线会引起各种有机颜料（特别是洋红和所谓安尼林染料——人工染料）褪色、一些矿物颜料变色、几种白纸（特别是木质纸）变黄和有色纸褪色等。作用最强烈的是光带中的紫外线和浅蓝色的光线，以及这个色素（即补充色）所大量吸收的光线。湿度的增高，会加强光线的作用。

玻璃可以阻止一些最活跃的紫外线，所以能够减弱颜料的褪色。

直射的阳光，会使破隙——含有沥青颜料的色彩层中的裂缝——形成得更快，使颜料变软；能够破坏油的色彩层的正常干化过程；能引起相当大的蒸发，能使基础——特别是木基础和金属基础——变热；而基础的膨胀又会引起底色和色彩层的脱落。

油和漆能够微微防止颜料受到光线的作用；而同时光线可以使变黄的油（特别是亚麻油）和漆恢复原来的颜色；因此，对于油画来说光线是不可缺少的。而且，应考虑到，阴暗会加速生霉等现象的发展。

空气中的气体污染物——硫化氢、亚硫酸气体、氢氧化铵等——能对许多颜料起作用，主要是对铅和铜的化合物（铅白、赤铅、铬、铜绿等）上。亚硫酸气体遇到空气中的水分，能组成使颜料变色和起腐蚀作用的硫酸。容易饱和水的二氧化碳也能作用于一些颜料上。氯与水分化合，可以组成几乎能作用于一切颜料的盐酸，它能以加速金属的腐蚀。

尘埃和煤烟，能把画弄脏；而且，尘埃能含有细砂粒（在小沙粒擦拭过的时候能擦伤画）以及霉菌芽胞、昆虫卵、各种不同的物质等（和水分相互作用时能发生化学作用）。落在画和副框之间的尘埃和脏物，能形成凸起部，这些凸起部会使帆布拉长，会使底色和色彩层脱落。

昆虫中最危险的便是：各种有甲的木蛀虫和纸张的害虫（参阅有关各章），因为它们会破坏基础、副框和框子的木料，破坏纸张和纸板，以及破坏纸浆框子等。此外，苍蝇也会给画带来很大的损害，因为它们能留下难于除去的脏痕。

没含有消毒剂的胶水变潮后，是在画上繁殖细菌和霉的最好的营养料；为了使胶水有弹性，而在胶水内加上蜂蜜、甘油等，会增加胶水的吸湿性和感染的危险性。

画上的霉，主要是生在含有胶水的底色的最下层里，在油色里，在涂上胶水的纸张上，以及在裱画时（即当帆布变旧，有了破洞，或没边缘时，在这旧帆布上胶上另外一层新的帆布）黏裱的帆布（用纸板时较少）所使用的胶水上。

纸上和在非常软的帆布上画的画，最容易受到机械性损坏，因此受到挤压、弯曲、震动、揉搓时，很容易形成裂缝、剥落等，而受到较剧烈的碰击或很大的挤压时，就会在画上形成通洞。

木板和金属上的画，其基础可以足够保护反面抵抗不太强的机械性作用；只有底色和色彩层才会由正面直接受到损害。

保护画时，起决定性的预防因素，最重要的有：一、原始材料和作画时使用材料的技术方法，二、保管条件。

　　原始材料可能是质量低劣的，而有时甚至是假充的。画家如果对技术问题注意不够时，他会使用分明是不可靠的材料，或者会不正确地使用本来是质量良好的材料（如该画色彩层过厚，把化学上可互相发生作用的颜料混在一起，油过多，在半湿表层上重复画草图等）。

　　管理条件，广义地说，可以包括：一、管理方式，即：温度、湿度、光线等；与处理方法，这主要是造成自然损坏的原因；二、有经验的专家所作的及时的修复，可以中止损坏，而在拙笨地完成修复时，特别是由于不小心地洗涤清刷绘画纪念物的结果，这种修复却是大量绘画作品毁坏的最重要原因之一。

　　1. 保管画的时候应当考虑到一切组成部分的材料，而首先是基础的材料（木板、帆布、纸张、金属——参阅有关各章）。

　　2. 博物馆保管着绘画作品的所有房屋里，必须保持正常的温度（冬天摄氏十度至十八度，夏天摄氏十五度至二十五度）和湿度（百分之五十到百分之六十五），必须特别设法不使温度和湿度有剧烈的变化；必须注意到：湿度向大量干燥变化时，对于木板上的画（比如圣像画）是最危险的（参阅各论——一般的保管方式）。

　　3. 保管条件发生变化的时候（比如由一所房屋搬运或迁移到另一所房屋的时候），必须严格执行使藏品逐渐适应新情况的方法（参阅一般的保管条件）。同时要考虑到，木板上的画比帆布上的画适应新的情况要相当慢。

　　4. 会在相当高的湿度情况下保管过的木板画不要放到玻璃橱和套子里去，一定要等到这些纪念物①完全适应了新的情况后才行。

　　5. 不要让气流因靠近暖气设备、因太阳的晒热等而有不均匀的，更厉害的变干现象发生。

　　6. 必须仔细地消除一切可能变潮和变湿的原因（顶盖上漏水、窗户蒙上水气等）。

　　7. 假若墙壁有变潮和结冻的危险时，不要把画挂在墙上。

　　8. 必须特别严格注意，不让温度超过标准，尤其是对于那些含有沥青颜料的画更要这样，因为有一些沥青颜料在摄氏三十度的时候就已经能发软，跟着便流下来。

　　9. 必须考虑到，温度的变化对于金属上的画是最有害的。

　　10. 必须防止画受到过度的光线，特别是受到直射阳光，而同时还要保证画有必需的最低限度的光线（适度的散光）。

　　11. 必须用正确的通风方法来保持空气清洁，消除有害气体的来源（参阅一般的保管条件）。

　　12. 必须尽可能消除尘埃和煤烟的一切来源，保持房屋应有的清洁。

　　13. 必须尽可能将画蒙上玻璃，用纸板或布料保护画的反面，但是，不要把反面盖得太严密，没蒙玻璃的画，要稍微向外倾地挂起来，因为这样，画上便可挂上较少的尘埃。

　　14. 除去画上的尘埃，不用软毛扑掸去，而用干净的、天鹅绒小垫轻轻地擦拭（向同一方向擦拭）。这种工作，只能交给最有经验的、细心的博物馆工人来做。如果画上有剥落、脱皮的倾向等，无论擦拭或是拂掸，都是不容许的。

　　15. 画框上的尘埃，可以用软毛扑掸去，或是用软绒布料（天鹅绒、绒线布）的干布片或带小软刷的轻除尘器擦拭掉。画的反面，尘埃可以用除尘器或软鬃毛刷除去，但是，对帆布画却必须特别注意，

──────────

　　①　指木板画。——译者注

在除尘的时候，不使画的表面受到压力，而且要使除尘器的吸收力变得最小；木板或金属（自反面除尘）可以用软布片擦拭。

16. 无论对画怎样擦拭，而特别是清洗，只能由有经验的修复员来进行。[①]

17. 发现画和副框之间有脏物、钉子、木楔等的时候，应当把画上这一面朝上翻转后，立刻用木制或角制的小刀把它们弄掉，或是轻轻地摇动而把它们弄掉。

18. 发现感染有甲的蛀虫、生霉等的时候，必须立刻把受感染的画隔离，并特别仔细照料其他的画（参阅一般的保管条件和木器的保管）。

发现生霉的时候，必须把受感染的画干燥，把霉除掉，并且使画受到太阳光照射：夏天（在阳光的温度不超过摄氏三十度的时候）可以把画放在露天晒（晒反面）十五至二十分钟，而冬天则可以隔玻璃晒一至二小时，这时候要逐渐把画从荫处移到阳光下。裱糊的画如果发现生霉时，必须特别加以照料。

19. 消毒，特别是用某种药品浸渍以便杀死害虫和加固木料时，应当只由专家修复员来进行。

20. 如果没法找到修复员，在万不得已的时候，可以把浸在浓度百分之三的蚁醛液中的块棉绞干，擦拭画的反面，或由化学专家用氯化苦味酸蒸气来消毒。

21. 选择消毒药品的时候，应当考虑到它对画的各个组成要素——颜料、胶水等——可以发生的作用。

22. 必须尽全力保护画不受到任何机械性作用——打击、碰撞、震动等。

23. 接收、登记的时候，应当在画框子和副框的反面一定的地方用一定的笔体写上标记、编号、贴签条等；木板画和纸板画，可以在基础的反面来标记、编号、贴签条等；作在纸上或帆布上、而且没有副框的画，决对不能贴签条，而写标记，可以在反面靠边的地方，并且还要用不会透过正面，不会润开（"化学"铅笔和墨水，绝对禁止使用），以及不会有什么损坏画的危险的材料来写。

24. 比较软的基础（帆布、纸张等）上的画，需要（特别是为陈列用）把它们装配在坚固的材料——纸板或木板——上或张挂在副框里（关于水彩画、图案画等的装潢——参阅有关纸张的保管各章）。

25. 画的副框应当符合下面的要求：（甲）必须足够坚固，这最好（而在幅面大的画时是必需的）要副框能有一个十字木架，而平板条的厚度和宽度要适合画的大小（厚度 0.5 公分至 2 公分以及 2 公分以上，宽度 6 公分至 10 公分以及 10 公分以上）；（乙）木料必须坚固；（丙）构造必须坚固方便，这需要榫槽的榫眼应当准确而紧紧地支住副框平板条的合缺槽，需要有木楔拉直副框的宽度和高度；（丁）副框的木条，从里面靠画必须有可以防止画碰到木条的角受到损坏的斜棱和斜面。斜面的各边最好弄圆。

26. 如果副框损坏的时候，应当把画从框上拿下来；画小的话，用纸包好放在纸夹里，画大的话，卷在长轴上。

27. 如果因湿度发生短时变化以致不便绷紧的话，垫上楔使画拉紧，特别是在到达更稳定的湿度条件前，把画重新绷紧，都是不应当的。

28. 把画蒙紧，只能由有经验的专家来进行。

29. 画装框的时候，应当注意使画能很自由地装入框子的榫槽里，并且使之在必要的时候，便有可

[①] 画上泼上了什么东西的时候，必须立刻把修复员找来，假若不可能的话，那便应当小心地轻轻用块棉（包上纱布的收湿棉）揩干或用干净的吸墨纸吸干，同时不要擦拭，也不要企图用任何办法除去留下的脏痕，因为这只有修复员才能除去。——原文注

能用楔子打开副框；为了使正框和副框之间保持稳定，要垫上弹性材料（软木、橡皮）做成的衬垫。应当用一些木质的或金属的卡子使画固着在框子上。

30. 为了缓和温度和湿度变化的影响，为了防止画受到污染、受到物理、化学的损坏作用和自然损坏等，最好将画蒙上玻璃，用不很结实的布料用小钉（包钉用）钉在框子上来保护反面。蒙玻璃的时候，应当使玻璃不接触画的表面，为此在必要时要用软木垫或板条。

31. 只有画好后完全变干的画，才能蒙玻璃。

32. 框子反面下部的边上，最好加上弹性的（如橡皮的）软木皮或小衬垫，因为它们可以缓和震动，可以防止墙壁受到擦伤，可以保证画四周的空气有必需的流动，还可以防止画受到墙壁的潮湿。

33. 为了把画沿房屋的墙檐线挂放，可以安上铁挂钩，铁挂钩固定在直角形的钩架上。用卷绳、绳子、软铁丝或铁条等将画挂在这些铁挂钩上。

线绳、铁丝线等的粗细，必须要和画的重量相符合。线绳穿过扭在画框上的圈环或绊钉。为了更方便起见，把线绳的末端系紧在圈环上（而不是系紧在铁挂钩上）。必须时时检查，线绳是否坚固，圈环是否固着在画框子上。

34. 用铁条挂画的时候，铁条的一端扭成小钩形，就利用这小钩使铁条挂在铁挂钩上。铁条上可以安上带钩的套环，这个套环要能在铁条上上下移动，而铁条则可以沿铁挂钩左右移动。画框上可扭上环以便挂在套环的钩上。小张画需要一根铁条，大张画一定要两根铁条。

35. 挂画的时候，必须设法使画和墙壁之间留下一层空气间层，以便使空气能自然而均匀地流动。不要把画挂在靠近采暖设备（特别是挂在暖气设备的上面，或者挂在火炉和壁炉的反射面上）以及传热通风器的地方；也不要把画挂在潮湿和冻结的墙上，或是挂在容易受到机械震动的地方（挂在门上、挂在靠近有马达的工厂的地方等）。

36. 把画挂在藏品保管室的时候，藏品保管室可以设置护板（托架），这些护板可由木框子覆上木栅条或铁网做成。

37. 如果地方不够的时候，可以用立架或带纵板条，而纵板条之间可以安放画的板架。

38. 不得把画一张摆在一张上面（没装副框的画、水彩画等除外）。

39. 把画堆列起来保管，只能是临时的，而且只能在保持下面的条件下才行：不是把画直接放在地板上，而是放在木条上，尽量直放，一张靠一张；按框子的大小将画加以挑选，先放最大张的，上缘垫上小软衬垫，设法使一些画框子、副框和圈环不碰到的画的帆布和色彩层。没装框子的画，可以按大小加以挑选，正面对正面、副框对副框地放，要使支点落在副框的边缘上，而不是落在画和帆布上；必须垫上软衬垫或托垫（由纸片、小刨片等做成）。

40. 搬移画的时候，应当握住画框子的坚固部分或握住副框，既不要碰到色彩层，也不要碰到帆布或其他材料的基础。木板画（圣像）搬移的时候，要握住边部。大张画可以用皮吊带搬移，或者（更好一点）用专设的小车搬移。只有垫上鞍形承垫——在木制的小橇上放上毛毡的承垫——才能沿地板搬移。

41. 运送的时候，以及有时在保管当中十分需要这些藏品（画）时，大张画可以卷在长轴上。长轴用轻而干燥的材料（三合板）做成，木骨架则用较大直径（0.4 公尺至 1.0 公尺），两端套上活动转轴。卷画的时候，应当颜色朝外，夹上软而干净的纸。把画卷上或打开，只能由有经验的工作人员——专家来进行。色彩层要脱落的画，决对不能卷上。在这种情况下，如果必需卷上的话（如运送去修复），只能在事先用薄纸把画糊上才行。

42. 必须经常检查画的情况，记载在保管登记记录中。最好每张画都制一张卡片，用来记载画的情况和完整程度等。卡片上可记载画所发生的一切变化，记录该画情况的照相胶片底板的号码，对有否修复必要的意见、修复记录的日期和号码等。

43. 如果发现有损坏的情形，应当首先消灭引起损坏的原因（如潮湿）。如果有剥落、脱皮等现象，必须中止平常照料画的方法，并使画不受到任何震动等。假如是没蒙玻璃的小张画，那便必须把画从墙上拿下来，平放在橱柜或玻璃橱中，正面朝上。假如木板画的木板裂开了，而底色和布料仍然完整，也应当照上面说的小张画那样放。

44. 如果有各种损坏而需要采取修复办法时，有自己修复工厂的大博物馆，当有必要采取修复措施的各种损坏时（首先是破洞和特别是一切正在发展的现象——剥落、脱皮、生霉、带甲的蛀虫的蛀坏等），在自己有修复工厂的大博物馆中应当立刻将修复工厂的工作人员请来磋商质疑。而根据本博物馆的修复委员会的决定（在特别复杂的情况下，还要请中央修复机构的代表参加），在这个工厂进行修复。修复的过程，必须作记录和照相。

小博物馆可以向中央博物馆或中央修复工厂请求修复援助。

45. 画的任何洗净或修复工作，只能由有中央领导机构许可的、有经验的专家修复员来进行。

46. 在极必要的情况下，在送去修复前，可以用香烟纸糊在画上剥落的地方，黏糊可以用对一半水稀释了的蛋黄，或很稀的精制胶水或鱼胶，但必须加上柔润剂（蜜或甘油）。

（三）水彩画、彩粉画、墨水画、纤画

油画很少画在纸上，多半是素描和即兴图画（如 A·伊万诺夫所作的许多素描）才画在纸上。保管这样的作品的时候，应当考虑到油画（参阅上面）和纸张的正确保管方法。通常在纸上，只能用溶于水的胶凝物或不带胶凝物来完成水彩画和彩粉画的作品。

这一类画用的动物胶，是使用各种好的、动物皮下软膜做的（细木工用的）胶和精制胶。绘画用的这几种胶的缺点，便是容易裂碎，容易引起翘扭的现象。黏贴的画，主要用于装饰或实用的剧院的布景、糊壁纸、手画的（非印刷的）宣传画等。

由牛奶渣制成的干酪，可以用作很好的胶凝物，但也是弹性不够，因此用得较少，而且最近才采用。

作在纸上的画（纤画），曾用鸡蛋多半不是用整个蛋，而是用蛋白（蛋白质）作胶凝物。

植物胶（树胶）中用得最广的，只有阿拉拍树胶，其次，树胶糊也得到某种程度上的应用。这些胶凝物都应用在以透明的、能溶于水中的颜料——水彩颜料——作出的画上，也应用在掺上白粉（即不透明的颜料——胶皮颜料）的水彩颜料中，但这却必须有柔润剂——蜂蜜或甘油。便宜的水彩颜料中，常常用糊精作胶凝物，而柔润剂则用糖浆或冰糖块。

在几种中国和日本画中，而有时在欧洲的画中也是一样，主要用米浆来做胶凝物，而在装潢画中，则用小麦粉浆。

如果色彩层薄而稀，并且微微渗入纸时，这些胶凝物可以保证色彩层和纸张的很好的连接，只有色彩层过分厚（浮画）以及有时过干的时候，才会形成裂缝和剥落。但是，和油、漆相反，这些胶凝物却同时能够略微防止色素受到光线和空气中的化学污染物的作用。阿拉伯树胶的中性和无色，使它能适用于任何色素。水彩画中所通用的精巧的技术，能够色彩美丽但常常不持久的（如洋红、黄树胶漆、赤铅和其他与此类似的东西，以及各种所谓安尼林颜料等）、透明的（使底色变透明的）颜料，主要是有机体的、天然的和人造的颜料，显然特别美丽动人。这些色素的感光性，在薄的色彩层上更要来得厉害；因此，在光线的作用下，而特别是在阳光的作用下，或是在光线和水分的相互作用下，这样的画，甚至于可以在很短的时间内，便改变得令人难以辨别出来（有些水彩颜料的褪色期间，只是用几天来计算的）。

上列的各种胶凝物，都很容易成为各种害虫的营养料。

胶水上加以蜂蜜、冰糖或甘油（为了使颜料在应用时更易溶于水，并为了使色彩层弹性更大），能增加色彩层的吸湿性，也就是说，能增加生霉等的危险，而直接被水润湿有时会使胶凝物本身溶解，会使画剥落，会形成画的最下层潮湿等（特别是在新的作品中会有这些现象，因为由于时日经久而变硬的胶凝物，就会成为较不易溶于水的）。

这一类画所受到的任何污垢，都比油画要危险得多，因为这一类画的清洗是相当复杂的。

从保管的观点来看，用钢笔尖或毛笔沾水彩颜料所作的画，以及少数沾墨水所作的画，和水彩画是没什么分别的。作这些画应用得最普遍的颜料是墨汁、乌贼墨汁、浓褐色颜料，其中只有第一种是完全耐光的。用作基础的颜色纸，耐光性也小。除纸张外，这几种画，还可作在兽皮（特别是加工过的皮）和象牙上（纤画），也可作在绢上（装潢画、中国画和日本画）。

在所谓"干"画的时候，着色物质和纸张的黏连，只能经过各部分的机械连结才能达到，而胶凝物（树胶、牛乳、肥皂等），只是在这些颜料制造成铅笔形时才使用的。用有色铅笔、深红色软铅笔、粉笔、木炭、意大利铅笔、亚铅色铅笔和炭铅笔所作出的彩粉画、图案画，便是这样的画。

这些铅笔和粉笔中，最容易感受各种作用的，要算彩粉画。这种彩粉是由压好的颜料或用压好的颜料上色的粉笔或粘土制成的，有时还加上小量胶水、牛乳等。制造它的时候，常常用美丽的、但不耐光的色素。因为颜料的微粒，没能很好地相互接合，也没能很好地和基础接合，所以差不多可从各方面受到外界的作用（首先是光线和空气中的气体污染物的作用）。颜料和基础的薄弱的连接，会因受震动而易于散落，因受摩擦而损坏等，而且会使除去尘埃、斑点和其他脏污等一切工作发生困难。

有色铅笔，通常只是用于儿童画的，它们很少为职业艺术家所使用。它们常常是用便宜而不耐久的色素制成的，但是，和基础的连接，却比着彩粉画要强得多。

木炭、粉笔、深红色铅笔、亚铅色铅笔或炭铅笔所作的画对光线和空气中气体混合物的感受性，与其说是决定于着色物质，不如说是决定于纸张的颜色和种类，因为这些画本身，更确实说即这些画的色素，是完全耐光的。但是，它们也会受到机械作用，容易为摩擦所损坏，而且，用亚铅色钳笔和炭铅笔所作的画（比其他画较少的木炭画）特别容易被揩掉擦去。

使用固色剂（加固色彩层用），对于彩粉画说来，通常不会产生所需要的效果，并一定要损坏彩粉画悦目的天鹅绒般的柔软性。但是，对于木炭画和意大利铅笔画说来，使用固色剂从外观说来却是完全可以，对保持画的完整说来则毫无疑问是必需的。

印刷版画、石印品、图书的各种石印颜料，在管理方画是不需要什么特别照料的。只有刚印好的、油过于多的份数，才可能发生一些危险，因为刚印好的份数，容易被涂污，容易在连接张数之间留下重复印迹等。而且，有色的印刷物，特别是宣传画等便宜的印刷物，常常用不大耐光的颜料。需三次或四次着色过程的影印，多半是很不耐光的；特别是黄色颜料，一见光便会消失。

1. 保管作在纸上的各种画的时候，特别是用可溶于水的胶凝物作成的画，必须严格保持温度和湿度的标准。

2. 所有这样的画，应当细心地防止变潮浸湿。

3. 作在纸上的画，必须放在暗处，而且，最好在人工的照明下展览。如果必需在白天的光线下展览它们，那就必须采用上面说过的（总论和关于纸张的一章）预防方法（装设帷幔），而且展览的期间，不得超过三至四个月。

4. 最易感光的画（水彩画、彩粉画），特别是用不耐光的色素作出的画，必须特别细心地防止它们受到光线的作用；展览的期间不得超过一至二个月，而且，只能在秋冬二季遵守各种预防方法的条件下才能进行展览。

5. 必须严格注意，不让作有图案画、版画等的纸张受到直射阳光或强烈的光线的作用（在藏品保管室观察它们的时候，也是一样）。

6. 不要把彩粉画、炭画等挂在能回旋的木门上或其他能够受到震动的地方。

7. 收藏各种画的时候，先可按作画的技术加以分类，然后在这分类之内，按画幅面的大小再分类。

8. 按幅面选好的画张，可藏在匣子或纸夹里（纸夹不能紧紧地系住）。

9. 不要把幅面不同的画张同时放在一个纸夹里。

10. 很细小的物品（如小图案画，藏书标签等），放在粘附在纸夹上的纸封里。

11. 纸夹和匣子，必须用质量好的纸板做成，纸版厚度可超过画张 2～3 公分。纸夹应有可关上的活盖。制造纸夹的时候，胶水中必须加入消毒剂。纸夹脊背和纸夹的封面上面，要作简单的说明，并标出保管编号。

12. 为了能够很容易地使用纸夹和避免纸夹受到过分的压力起见，不要把过多的画张放入纸夹中（中、小幅面的，不要超过五十张，大幅面的，还要放少一点）。

13. 内放大而软的画张的纸夹，应当平放，不得叠放超过三、四个纸夹。为此，在橱柜内要做上相隔很密的搁板或抽屉。

14. 内放小而硬的画张（或裱在纸板上的画张）的纸夹，可以直放。

15. 最好，一切画张——首先是最贵重的、常常给观众作展览用的画张——都按规定的方法（参阅下面）裱糊在纸板或纸板画夹上。这可以不用手接触画张便可移放它们，而且，如果纸板图画框、纸夹和框子有标准尺寸的话，更可以很便利地保管画张，展览的时候，也可很快地把它们装入框内。

16. 双层的纸板画夹，即叠成两合的纸板，能最好地保护画张，因为纸板下半的内面贴上版画等（参阅 18 节），而纸板上半的内面可以切出比版画（图案画、石印品等）稍微小一点的切口。下层纸板，可以保护画的背面，而纸板的厚度，又可以防止画的正面和别的画相接触。

不要用平常的纸板画夹（由一张有切口的纸板做成）。

17. 纸极画夹，只能用质量好的白纸板。

18. 要用纸合页将画裱在纸板或纸板画夹上（靠上边两角处贴两个纸合页，左边或右边的下部贴一个纸合页）。

19. 不要把画张直接顺四角四边贴在纸板上。

20. 黏贴时，必须使用加上消毒剂的面浆、米浆或糊精（白色的）。

21. 小张画——尤其是成套的小张画——必要的时候，可以几张裱在一张纸板或一个画夹上。

22. 裱糊或镶玻璃等，只能由有经验的裱画工作者来进行。

23. 版画等上面衬以香烟纸，不能起应有的保护作用，香烟纸收湿的时候，反而会增加生霉等的危险。因此，香烟纸和其他的纸，最好只在用浓度百分之三的蚁醛液或麝香樟脑液浸渍并使变干后再来应用，如同一切材料（纸夹、裱画纸边、纸板画夹等）在应用前要用蚁醛液消毒一样。

24. 保管彩粉画，必须蒙上玻璃。

25. 画张蒙玻璃的时候，必须使画张不会碰及玻璃，角上边上可夹上衬垫或者用足够深的纸板画夹也可。蒙玻璃前，必须使画张干燥好。

26. 蒙上玻璃的画张的背面，应当用白色的纸板保护。有色纸板、木板（特别是橡木板和松木板），是不能应用的，因为它们受到光线的作用后，会在画张上留下印痕。可以用好的白三合板，因为这种三合板可以可靠地防止机械性损坏，可以增加全部裱画的坚固性。

27. 用玻璃"裱"框而且边上糊上纸条或其他长条的时候，保护背面的纸板，必须事先用浓度百分之三的蚁醛液或麝香樟脑液浸渍并使变干。

28. 纤画也必须蒙上玻璃。没蒙玻璃和没裱的纤画，只能在玻璃橱和橱柜里陈列；而在保藏时，则用软纸包上放入分了格子的匣子里，或者每张纤画放入一个小匣里。对于纤画，应当考虑它的基础（骨骼、兽皮、金属）和色彩层的材料。

29. 发现生霉的时候，只有相当耐光的画（版画、炭画、用亚铅色和黑色铅笔画在好的白纸上的画），才能受阳光晒射十分钟至二十分钟，而水彩画和彩粉画，是绝对不能这样晒射的，而只能由背面来受阳光的。

30. 其他，防止生霉的方法，是和处理其他物品的方法一样（参阅上面一般的保管条件和木器的保管）。

31. 最好用大的獾毛刷（宽平的软毛刷）除去画上的灰。不是用木炭或意大利铅笔着色的彩粉画、图案画，绝对不能掸灰。

32. 如果没有有经验的专家修复员参加，任何除去斑点、黏贴和把画张弄舒展的尝试，都是不应容许的。

33. 保管作在纸上的画的时候，应当规定保管这种材料的规则（参阅本书下章）。

34. 在墨水画上作登记标志的时候，应当严格地按照成规进行，不要用"化学"墨水或化学铅笔，并且必须规定作标志的地方（在画张的背面、下部或左边）。

在保管作在纸上的画的问题上，应当也要注意本书下章"纸张"所说的各种方法。

四　纸张

纸张是否坚固是决定于：一、用来制造纸张的纤维的质量；二、为加工而使用的物质；三、加工的方法。

具有最大的坚固性的，是用手工制作和很好的胶水加工（黏糊）的，由废布、亚麻布和棉布做成的纸张（十七—十八世纪的旧纸张，版画、水彩画等用的各种好的纸张，如"瓦德门"牌的纸张，以及许多种中国纸和日本纸）。最不坚固的，是用机器制造、由各种木质做成的纸张。纸张的坚固性，会因氯化漂白粉漂白、用填塞物（粘土、白粉、石膏）混合、在涂浆时使用明矾等而减少。

总论中所谈到的各种外界作用，会或多或少地影响到纸张。这种影响表现在下面所说的各种情形。

I. 温度、湿度标准的破坏和温度、湿度的剧烈变化。湿度不足，会引起纸张的干化、失去弹性、容易折坏。湿度的剧烈的变化，会使纸张翘曲，会加速纸张的老旧。受热会使纸张干化、翘曲，有时还会使纸张变色。过分的湿度，特别是直接浸湿，会引起翘曲、胶水的部分溶化、纤维的逐渐破坏以及引起光线作用和一切化学、生物因素作用的加强等。

II. 光线会对纸张起破坏作用，使纸张脆而易坏，使白色和有色纸张变色（十九～二十世纪的低质量的纸张特别容易感光）。直射阳光所起的破坏作用最大，直射阳光不但会使纸张变色，而且会使纸张受热过度而过干。

III. 对纸张起化学作用的是：空气中的化学污染物和作为纸张成份的物质，如用作纸张加工的物质"胶凝"得不够好的物质，没完全清洗掉的、即没有被中和的物质（生产纸时用明矾因而没有完全中和的硫酸，用作漂白的氯化漂白粉等）。水分能加强化学作用，如可以引起含铁盐类的析出，使纸上出现棕黄色的污点——斑痕。纸张中的胶水，也会对纸张发生破坏作用，使纸张收湿性变大，而且使它对潮湿和潮湿所引起的一切现象的感应性也变得更大。

IV. 煤烟和尘埃，会使纸张变脏，而尘埃，除去会使纸张变脏以外，还能够是感染芽胞的原因，还能够发生有害的化学作用，而受到摩擦的时候，又能发生机械作用。同时，纸质物品的性质和纸质物品的数量常常过大，往往能妨碍除尘的工作。纸质物品弄脏（为脏手、墨水等所弄脏）的可能性是逐渐增大的，这是因为它们和其他博物馆藏品相反，它们每每直接交与参观者的手中（如书籍和档案文件，版画和地图，有时也可以是图案画、水彩画等）。

V. 纸张和纸张中的胶水或浆糊，是各种害虫的营养料。最主要的害虫便是：可以在纸上引起红色斑点、菌子和霉菌的，学名为 bacterium prodigiosum 的原菌，以及像书蠹、某些蛾子、甲虫（粮食蛀虫、птинус、拟态虫、丝蛀虫、银鳞翅虫）等那样的昆虫。

有些蜘蛛类的昆虫，相反地，却是益虫，它们是吃害虫和害虫的幼虫的。这一类的昆虫是：书内的节足虫，大腹的壁虫等。

苍蝇会在纸上留下难以除去的污垢。

上面所谈到的关于纸张和害虫的影响，对于纸浆做成的物品（框子、模型、玩具等等）也是适用的。

VI. 机械作用。不正确的保管，容易引起纸张的破裂、揉皱、折毁或其他损坏。应当考虑到，纸质藏品常常直接落到参观者的手中，因而也会使纸制的物品遭受额外的危险。

1. 在保管纸制物品的房屋内，必须保持稳定的、正常的温度和百分之四十至百分之六十的湿度，也就是说，比保管油画和胶画的湿度稍低。不要把藏有纸制物品的橱柜和其他家具靠着会发潮的墙壁安放。必须采取措施，装设户内的通风器，防止空气的停滞。

2. 应当尽量设法防止纸制物品过度受热（不让靠近采暖设备，不让受到阳光的作用等）、受潮，尤其要防止它们受到湿濡（不要挂在发潮的墙上，不要放在会蒙上水气的窗户下等）。

3. 在橱柜内保存纸张的时候，要把橱柜打开透风，天气晴朗的季节，每星期一次至二次，春天则每天（如果天气干燥的话）都行。用除尘器或经消毒剂略微浸过的软布把橱柜上的灰尘清除。藏品要时时检查。如果发现纸张发潮，有霉的臭味或霉的斑点，必须立刻采取适当的措施（使纸张变干、消毒）。

4. 必须使纸制物品不受到光线的作用，特别是直射阳光的作用。为此，在保藏它们的时候，必须把它们放在严密无缝的没装玻璃的橱柜里、纸夹里、匣子里等。

5. 纸制物品的陈列，只能是暂时的（可陈列的期间，由纸制物品对光线的感应程度来决定），还要蒙上玻璃或者放在装了玻璃的橱柜等里面，而且最好是在人工光线的照明下举行。

6. 如果必须在天然的光线下把纸制物品放在窗子和玻璃橱窗中陈列的话，要用不透光的织物来做帷幔，这些帷幔只能在博物馆对观众开放的时间才拉开，而且在平玻璃橱上的帷幔，只能在参观者参观的时候才拉开（自动掩上）。足够结实的帷幔的颜色，通常选择中性色的，并要考虑到引起美感。

7. 当选择陈列用的房屋时，最好选朝北的或者上面可射进阳光来的房屋。否则就要用白粉涂在窗户上，或者挂上用轻软白色的布料做成的第二层帷幔。这种帷幔，在有阳光的日子，在参观的时候也是掩上的。

8. 放置橱柜或玻璃橱等。要使斜照或反射进来的光线照在它们上面，但不要使直射的阳光照在它们上面。

9. 保管纸制物品的各室，必须保持没有气体污染物、煤烟和尘埃的清洁空气（参阅一般的保管条件）。

10. 必须经常进行打扫（参阅本书总论），为了打扫方便起见，不要把任何东西放在橱柜（纸夹、框子等）的后面。为了防止地板的湿度增高，可以用干抹布擦拭来代替清洗，而在地板很干的时候，可以用撕碎的湿纸或干净的湿锯层来扫地（参阅总论有关章）。

11. 档案库、图书馆和其他文件保管室，每年至少进行大扫除一次。图书、纸夹等，要常由橱柜中取出透风，并且把它们上面的灰尘除去（在保管室外除灰）。各保管室和一切容器（橱柜、玻璃橱等），要仔细地用除尘器或抹布等将灰尘除去，或者用浓度百分之三的蚁醛液、来苏水、麝香樟脑液或其他消毒药品浸渍抹布之后、完全绞干再来擦拭，然后使它们变干（透风）。

12. 为了预防纸制物品本身受到灰尘的浸染，要把它们放在纸夹、箱子、橱柜、玻璃橱以及别的关闭的藏品保管室里。

13. 纸制物品（图书除外）裸露着放在板架、桌子等上面以及没蒙玻璃便陈列它们——这是不应容许的。

14. 绝对不能用油腻、肮脏或潮湿的手取拿纸张。

15. 参观者参观纸制物品的时候，必须尽全力消除使它们受到污染的危险；为此，必须对这些物品进行留心的检查（如在翻阅的时候不允许用手指沾唾液等）。

16. 必须采取措施防止墨水泼在纸制物品上面，而在使用唯一无二的纸制物品（图案画、版画、手稿等）的时候，根本须将墨水拿开。

17. 不得用任何方法拓印图画。

18. 防止害虫的方法，和其他藏品一样。

19. 使纸制物品变干后，可以小心地用宽平的软毛刷、棉花等把霉刷去。除霉工作要在外面、在盛了水的脸盆上面或者在没放任何会受到传染的物品的房间内进行。利用阳光晒射，只能对最耐光的物品（铅笔画、炭画和作在白色布片纸上的版画）由背面晒射十分钟至十五分钟。除霉工作后，把纸制物品放在用浓度百分之三的蚁醛液或麝香樟脑液浸过而且已变干的两张纸之间。对于会发现生霉的物品，应当作经常的观察。

20. 利用液体消毒或除去霉所带来的斑点，只能由专家修复员来进行。

21. 选择消毒药品的时候，必须考虑它对纸张和颜色可能发生的作用。

22. 保管室中，各种性质不同的物品（如水彩画、彩粉画、版画、地图、宣传画、手稿、图书等），可以分开放置。

23. 不得折叠纸制物品（折叠处有软布地图以及可按自然的折痕折叠的档案文件除外）。

24. 只是万不得已的时候，才能把纸制物品卷在直径足够长的轴上或厚纸筒上。

不得卷曲那些会因受摩擦而损坏的纸制物品（如彩粉画、炭画、意大利铅笔画、深红色铅笔画等）。

25. 必须仔细注意参观者对待纸制物品的取放方式，注意他们是否正确地移放版画和文件，因为这些是只能移放，而不应翻放的。

五　档案文件

用石印或铅印印出的档案文件（报纸上剪下的片断、石印的讲义、速记录等），通常都是印在便宜的、极不耐用的不好的纸上，而印刷墨水相反地却是比较经久的。打字机打出的文件（特别是用蓝色或淡紫色的打字带打出的或用这样的颜色的复写纸打出的文件），容易因光线而褪色，而用复写纸打出的文件，除因光线易于褪色外，还会抹涂得模糊不清和揩掉。

手写文件、设计图、图样等，可以用各种各样的好纸和坏纸。它们所用的墨水和颜料（用在设计图上等），在耐久程度上也可以是不同的。古代墨水（用炭或带黏性物质的煤烟做成的墨汁）是经久耐用的。十九世纪以前曾使用的，有时现在也用的由五倍子做成的含铁质的墨水，也是足够经久的。近代的安尼林墨水，是非常不经久的，而受到光线的作用便会很快地褪色。用亚铅色或炭铅笔所写出的文件，是耐光的，但是却比较容易擦掉，因此，用固色剂把它们固着起来是合宜的，但是这只能由专家来进行。

基本上，对于档案文件来说，温度和湿度的标准，防止光线、气体、尘埃和害虫病害的方法，各展览室和保管室的布置条件等，都是和对其他纸制物品一样（特别是版画和图案画）。

1. 应当选择干燥而且完全不会发生火灾危险的房屋作为档案文件的保管室。

2. 档案文件，要放在橱柜和板架上，而特别贵重的文件，要有特别的保存条件放在保险柜里。如果地方不够，在橱柜上装上不能打开而可拉开的小门，有时也是一种很方便的方法。

3. 装订文件的时候，必须按照下面的规则。如果本文靠近文件的边缘，那便应当胶上"书背"。订文件的时候，不是一张张地分开订，而是一次通过胶上的书背上把若干文件订上。文件加上封面的时候，封面底面要事先裱上用细棉布或结实的纸做成的"贴边"，这"贴边"要和文件同时缝上。

4. 裱糊用的胶水的成分是：面粉 5 公分（瓦）；水 20 立方糎①；精制胶 1.5 公分（瓦），甘油 2 立方糎，蚁醛液（浓度百分之十的溶液）5 立方糎。

5. 每一个档案文件单位都应当有封面，附上内容摘要，所有这些都放入厚纸夹里，纸夹上也必须作简单的内容摘要和编号。纸夹里不应当放很多的张数（纸夹的厚度不应超过 5~6 公分）。

6. 小的文件，最好放在信封里，把信封写收件人住址的一面对着文件封面。

7. 只有在档案文件能放入紧密关上的厚纸匣中的时候，它们才无须放入厚纸夹里。

8. 放在坚固的、幅面很大的厚纸夹中的档案文件，应当直放。

9. 幅面很大的文件（设计图等），相反地却是平放更好些（参阅上面——保管绘在纸上的图画的规则和保管纸制物品的一般规则）。

10. 档案文件也可以包成捆，用纸包上，用细绳捆上，再放入带盖的硬的厚纸夹中，用带子系上，或放在三合木制的夹中。

11. 用细绳捆上文件捆，必须衬上几块板纸或几张纸（叠上数次），因为细绳如果没有衬纸会留下深印，特别是在捆好的文件的最上面和最下面的一张留下深印。而最好是在打捆之前上面和下面各衬上一张硬的板纸或三合板，这些板纸和三合板各面都要超过打捆的文件 0.5 公分。常流动的文件（如借给参观者阅读的文件），不要打捆存放。

12. 带盖的夹子最方便。但是，这样夹子中常会落进灰去（从四角漏下来的），因此，放在夹子中的

_____

① 即厘米，下同。

文件，最好用纸包上。

13. 每一捆或每一匣文件，也和夹子一样，应当作内容提要和编号。

14. 单个的藏品和搜集品，应当尽可能放在一个地方。它们的分散，只能按照文件幅面的大小或者它们个别的特点来决定（比如因为封面带有凸出的装饰品，会损坏旁邻的别的封面）。

15. 将档案文件借给读者们的时候，必须知道借出去文件的张数和它们的完整程度；将档案文件收回来的时候，必须检查文件的张数和它们的完整程度。应当仔细地观察，读者们怎样使用借给他们阅读的档案文件。

16. 最好隔玻璃阅读特别贵重的和古老的文件。参观者不应当在手稿近旁使用铅笔，尤其不应当使用钢笔尖。也不应当进行拓写等。

17. 绝对贵重的、古老的手稿，以及特别是常常为读者们阅读的手稿，不要把原本借出去，而要把影印本借出去。况且影印本，如果制作技术高明的话，甚至可以比原本更为清楚。

18. 应当经常观察文件的完整情况，同时把一切缺点登记在有目录的附页上。必要的时候，可以采取必需的保存措施。

19. 贵重文件的消毒和各种修复、黏糊、除斑点、加固本文或纸张——这些只能由有经验的修复员来进行。在特殊的情况下，次要文件破口的黏糊，可以由档案保管室内有经验的工作人员来进行。

20. 将无保存价值的文件甄别出来的时候，必须要有一张由档案总管理局拟订出来的待毁文件的目录表。这样，便可使有历史或实用意义的文件，不会被毁去。

21. 将无保存价值的文件毁去或将它们交出作废物的时候，应当考虑到各种旧纸在修复工作方面的重要意义，应当保留若干数量的各种旧纸以作修复之用。

六　图书保管

保管图书的规则，和管理版画与档案文件的规则是一样的。还须加以考虑的，只是装订时常用的胶水以及用作封面的各种材料（皮革、织物、金属等等）。除此以外，图书馆工作者，在必要的时候应当对装订工作作一些有关保持图书完整的指示。图书馆和版画陈列室的基本区别就是：版画陈列室中最贵重唯一无二的资料，常常是最"流行的"，也就是说，最常用来展览和给观众参观的资料；但在大部分图书馆中，最"流行的"书，不是最稀有、最贵重的书，而是比较容易代换、价值不大的大众版本。而且，必须区别图书的"原始价格"和"价值"。便宜的小册子，有时可以是很令人感兴趣的，而特别在印刷册数较少的时候，可以成为书目上的珍品。自然，在这种条件下，各种图书的使用和修复方法，将会是完全不同的。虽然，唯一无二的珍本照例是使用的较少些，但是，对于它们却应该实行特别的预防手段。

修复这样的唯一无二的珍本的时候，任何修复上的错误，都会引起严重的后果，会成为损伤珍本或使不可修复的珍本毁掉的原因。因此，修复这样的图书，只能由专家修复员来进行。大众版的"流行的"图书（特别是现代的图书），常常出借到馆外，便不免会更快地损坏。要请专家来修复这些图书，是比较困难的，而且，从经济方面来着眼，也是不恰当的。但是，为了要使用这些图书，免得使它们遭受到最后的损伤（比如要黏贴散落下来的书页）修复却常常仍然是必须的。因此，修复这样的图书，可以由装订工来进行，而在某些场合，也可以由对这方面有经验的图书馆工作者来进行修复。

1. 温度、湿度的标准，防止光线、气体、尘埃和害虫害物的规则，藏书房屋和容器的设备条件等——基本上和对墨水画与档案文件一样。

2. 图书可以直放在橱柜的搁板上。

3. 用橱柜藏书的时候，必须经常使它们透风（每星期至少两次，春天可每天一次），而且注意，不让有潮湿等现象发生。

4. 发现图书上有甲蛀虫蛀食的孔道的时候，必须首先确定，这些孔道是旧的，或是甲虫的生命仍然继续存在着。要达到这个目的，必须把受损伤的图书隔离开来加以观察。发现有活的甲虫的时候，受传染的图书应当隔离开来，而同一容器内的一切其他图书和容器本身（橱柜等）必须细心地加以检查，以便决定应当采取的消灭甲虫的必要措施（参阅上面）。

5. 发现生霉的时候，必须把霉消除（参阅管理墨水画的方法）。受损伤的图书，必须立刻隔离开来（可以把它们摊开，让空气通过各页之间，也就是说，让各页像扇面一样散开），而其他的图书，必须加以特别的观察。必须设法不但使房屋和容器变干，也要使摆在受感染的图书近旁的图书变干。

6. 一切图书每年应当至少一次都从搁板上拿下，用软刷将书边上的灰尘刷去，再用浓度百分之一的蚁醛液浸过的、稍潮的抹布揩拭。图书的去灰，应当尽可能在书库外进行。

7. 如果发现书上有什么缺点，最好在卡片目录上附插一张列举各种缺点（如失落的页数）的纸片。从读者手中收回图书的时候，必须检查这些图书是否有损坏的情形，必须注意读者在阅览室阅读时如何使用书。

8. 只是在图书馆工作人员的仔细观察下，才可允许读者借用珍贵的图书。大图书馆里，只能在专室中借用，而且还要采取上面所提到的对墨水画和文件的一切预防措施。这样的图书，不得借出馆外。

9. 珍贵图书的消毒和任何修复，只能由专家修复员来进行。

10. 装订图书的时候，必须注意不损坏原来的封面，不将页边空白切得过多。破坏不堪的图书，要黏上书帮背，而不应将书背订得太深，因为这会妨碍阅读，会使书页很快地重新被扯掉。特别珍贵的图书，根本便不应修切。

11. 如果图书的个别书页被扯落（但没有失落）。那么对于唯一无二的图书，应当把修复员请来，对于"流行的"图书，可以找装订工，并且可以按照上面所说的规则把散落的书页订固，或者把图书重新装订（万不得已时，也可由图书馆的工作人员来把书页订固）。

12. 便宜图书撕破的地方，也可由装订工或博物馆的工作人员来进行裱糊。裱糊应当用质量好的胶水（参阅"档案文件"章第四节的方法）。裱糊有本文的地方，用薄而透明的、质量好的玻璃纸，在其他情况下，可以尽量用和原来纸张类似的纸张。

13. 便宜图书的折皱的书页，可以利用文镇来压平。更为复杂的措施，如果没有修复员或装订工的参加，是不应容许的。

14. 除去斑点，也只能由专家修复员来进行。对于便宜的图书，斑点的除去，是不太需要的，但是，必须考虑到，如果除斑点的操作进行得不好，会带来很大的损坏。

七　照相材料

保管照相材料的时候，应当考虑到保管玻璃和纸张的规则。照相材料的乳剂，对过分的湿度、对湿度的变化、对高温（特别是遇到水分时）、对光线、对一些化学因素和机械作用的影响是敏感的。过分的湿度，特别是浸湿，会引起乳剂的膨胀、引起乳剂的脱落玻璃、形成皱纹和水泡、引起黏着等等。温度和湿度的变化，会引起翘曲的现象——像片的卷曲（由于纸张或软片以及乳剂的反应各不相同）。感光板和纸张，总是对光线发生敏感的，但是，这种敏感的程度，完全要由感光板和纸张的种类、定影和冲洗的方法来决定（这里只考虑到底片、幻灯板和照片的管理，因为保管未曾使用过的底板和显像纸是照相师的事，不是博物馆保管上的事）。

玻璃底板和幻灯玻璃板，最容易打碎，最容易擦伤邻接玻璃的乳剂。

1. 照片库必须保持正常稳定的温度和湿度，特别要防止变潮、浸湿和光线的作用（参阅总论和保管纸张的规则）。

2. 底片和幻灯玻璃板，要放在专设的橱框里、有榫眼的匣子里或通常装配感光板的匣子里。每一张底片都应装入封套里，万不得已时，也应当用一张纸使它和别的底片隔开。底片，为了防止底片受到机械性损害和潮湿起见，可以涂上特别的漆或是用蚁醛液来加工。

3. 拿底片的时候，不要用手指接触乳剂（这会引起乳剂的损坏），不要用一只手拿着底片的一角，并且用手指把底片的两边夹得紧紧地。

4. 幻灯玻璃板上，应当用一块玻璃保护带乳剂的一面。这两块玻璃，可以用纸条或布条就边上黏合（纸条或布条有成品出卖）。

5. 底片只应放在大小适当的匣子里，绝对不要把不同大小的底片（特别是玻璃底板）放在一个匣子里。

6. 匣子可以直放在橱框或板架的搁板上。匣子的盖上或露在外面的边上，要记上保管的号码，如果可能的话，还可作上内容的简单的说明（如 No. 100～112 修复底片）。

7. 极小的底片，特别是软片（如"莱卡"照相机上用的软片），最好是装入封套里，这些封套又最好放在专设的匣子里或者类似卡片目录匣的小箱里，但必须有盖。如果有大量的软片和小底片的话，最好不要用带盖的小箱，而用有类似小箱的抽屉（像卡片目录匣一样）的橱柜。

8. 印出的照片，要放在同样的标准的匣子里或者黏贴在纸板上。纸板应当要质量好的（否则，容易翘曲），而黏贴，则要用质量好的胶水。

9. 纸板可以切成几种不同的标准尺寸。小的照片，特别是成套的照片，可以把几张贴在一张纸板上。

10. 由于照片（特别是质量坏的像纸上印出的照片）容易翘曲，有时恰和画片相反，不是用"纸衬角"黏贴，而是直接就四边黏贴（但不是全部贴满）。

11. 保管帖在纸板上的照片的方法，是和管理墨水画一样。

12. 橱柜和照相材料，应当经常透风。一般应当实行管理纸张材料所指出的一切卫生规则。

八 金 属

在博物馆里可见到的金属和金属器物，是各色各样的。水分以及空气中的气体污染物（由于靠近厕所而发生的硫化氢和氢氧化氨气，来自煤炭和石油烟气的亚硫酸气，尘埃）、还有某些和金属常接触的物质（烛台上的硬脂、盐瓶中的食盐、由于手的接触而染上的汗和油等等）——这些都能对一切金属（黄金和白金除外）起最有害的作用；而当出土物还在地中时就曾与之相接触的物质，又能对发掘出土物品起有害的作用。

化学因素和水分共同作用的时候，危害性是要增大的。如氧气和氯气，在干燥的空气中，对金属起的作用少，但在潮湿的空气中，却能很快地引起金属（尤其是钢和铁）的腐蚀。

低温（低于十八度），只是对锡是危险的，因为锡在低温时会改变它的内部构造。

高温（如由于受到直射阳光的作用而过热），主要是对混合技术的物品（如作在金属上的画、珐琅器、镶嵌细工等等）是有害的。这些物品，由于材料的膨胀系数不同，温度和湿度的剧烈变化对它们也是危险的；因为温度和湿度的剧烈变化，能使它们的组合成份脱层。

镶有乌银、镶有金属刻纹、镶有装饰物等的金属器物，在操作时尤其需要特别小心。接合的地方，最不容易将尘埃和其他脏物除去，最不容易使水分变干。这些接合的地方，总是更容易受到机械的损坏。此外，对于这样的物品，还必须考虑到外界条件对它们的一切组成部分所能起的作用。

尘埃会对一切金属产生很有害的影响。尘埃中的小沙粒，能够擦伤金属（如不细心地擦拭金属的时候），而尘埃所含有的化学物质，则能引起金属的病害（特别是在水分的共同作用下）。

一切柔软而富于展性的金属（金、银、锡、铅），以及用薄金属或金属丝（金银等丝）细工精制的物品，都容易受到机械性损坏；用硬布片擦拭（特别是尘埃中有小沙粒的时候），则能形成擦伤，能损坏光泽或能损坏无光泽的加工，能使金属压凹等。

1. 保管金属器物的房屋，必须保持干燥的、没有尘埃和气体污染物的空气（参阅一般的保管条件）。破坏温度湿度标准而形成较干的现象，对金属是没有危险的。

2. 必须预防金属器接触那些能够产生有害的化学作用的物质（如酸类、油脂、氯化物等）相接触。

3. 为了预防尘埃，金属器要放在能紧紧关上的橱柜和玻璃橱里。如果把金属器放在柜橱或玻璃橱外，则应当特别注意使房屋和保管室保持清洁。

4. 金属器上的尘埃，要用干净而柔软的布片揩去；而那些需要特别小心的物品（因为金属柔软、加工精细、易碎零件等），要用柔软的松鼠毛刷刷去或者（用风箱）吹去。

5. 用砂或砥磨粉等擦拭金属器，是不应容许的。

6. 必须预防金属器受到机械性损坏，不要把它们一件压在另一件上面，并且对于细工精制和容易受损坏的金属物品，必须特别小心。

7. 如果金属器上镶嵌了其他材料（宝石、珠母、骨器、龟甲、珐琅等），便应当注意到这些材料的保管方法（参阅本书有关章）。

8. 对作为其他物品组成部分的金属（家具上的镶嵌物、玻璃器和磁器的底托等）进行复杂清刷或清洗的时候，最好把金属部分自其他物品上拿下来。

9. 考古学上的物品，在许多情况下，必须清除它们上面的积层，必须除去腐蚀的痕迹或使腐蚀作用中止，必须利用碱化的方法除去这些物品上面的盐类，但这只能由专家修复员来进行。

10. 如果没法清除空气中的化学污染物（如大城市里有亚硫酸气，沿海地方有氯气），对它们敏感的各种金属，要覆上适当的保护膜（参阅各专章）。

I. 黄金和白金

博物馆里以首饰和古币形式出现的黄金和白金（黄金有时还能在织物上以及以物品上的各种镀金层的形式出现），上面所谈到的各种因素，除机械性损坏外，对它们都是没危险的。它们，特别是比较柔软的黄金以及带无光泽表面或带很细的光滑表面的物品，却极端容易受到机械性损坏。最轻的撞击、用硬布片擦拭，都能使金属压弯、揉皱、擦伤，会损坏无光泽面或光泽面。由于纯金过软，它在使用时常常掺上铜（这时会使黄金现出一种淡红色）、铁或银（金内掺入铜、铁或银，在古时还比较少，现在却差不多全是这样）。稍微掺入一点合金，虽会使黄金变得更坚固，但同时却使它容易受到化学因素的作用（参阅有关金属各章的专节）。

各种不同材料做成的物品，都可镀金。镀金的方法，却各不相同，有化学镀金、电镀和包金等。

纯金的唯一的溶剂，是所谓的"王水"（由三分盐酸和一分硝酸组成）。

如果黄金和其他金属在一起长期保管时，黄金的上面可能形成那些金属的氧化物的薄层，这种现象在考古学上的实践中是最常见的。

金器的无光表面，有时会蒙上表现为微黑斑点或棕色斑点的微生物。

在博物馆保管的实践中，应当注意到，各种各样的材料——衣服、艺术纪念品、角器等（这些都可以有用黄金做它们的组成部分：纽扣、框子等）——都能带有黄金。

由于白金和黄金（银也是一样）有巨大的物质价值，保管时需要具备本书总论所规定的特别保管条件。此外，还要遵守下面所列举的规则：

1. 黄金和白金制成的物品，陈列时要保存在玻璃橱柜里。在藏品保管室，它们便可放入套子里、垫棉絮的匣子里和单个的小袋里，放入时要使它们不会互相碰撞。

2. 最好不要将金器和其他金属制品保管在一起。

3. 除灰，要用柔软的毛刷。

4. 清洗污垢，可以用醚、汽油、中性肥皂的泡沫或含氢氧化铵的水，然后用蒸馏水洗净，再使变干。加上氢氧化铵（1∶10），可以除去因有铜而形成的绿色薄层以及因氯化银的薄层而形成的无光泽现象。

5. 用白土、磨粉、某些涂擦剂、不够软的麂皮等来清刷黄金和白金，是不应许可的。

6. 如果黄金上面有不易洗掉的斑点、有绿色或红色薄层（特别是在考古学上的物品上面）时，只能由专家——化学家修复员来除去。

由于时日关系在古代物品上逐渐形成的均匀的绿锈（因在黄金上附有金属的氧化），用不着把它除去。

Ⅱ．银

银较容易受到化学因素的作用，特别是亚硫酸化合物（形成亚硫酸银的黑色或深灰色薄层）、氢氧化铵和氯（形成氯化银的棕色、灰色或淡紫色的薄层）的作用，这些因素都能包括在空气里、灰尘里、某些食品里（在蛋黄里、在食盐里）、人体里（接触、穿在身上等）。此外，银还会因焦油脑（卫生球）而变暗。

［原注：应当注意到银上面形成深暗的薄层有时是人工的——所谓的人工氧化。］

由于银柔软和具有展性，它最容易受到机械作用。

为了增高银的硬度，则加上铜。这虽然使银变成对机械性损害具有较大耐性；但是，同时却使它更容易受到化学因素的作用。如大量掺入的铜的氧化，能在银器上形成绿色的薄层。

考古学上的银制纪念品，不但能够覆上氯化红光银的灰色或棕色薄层，而且在其构造上也起了深刻的变化，因此，这些银制纪念品就脆而易碎。

1. 保管银器的房屋，必须保持清洁的、没有尘埃和气体污染物的空气。特别重要的是不能有硫化氢和亚硫酸气。

2. 不要用多汗的脏手接触银器。应当仔细地把银器中各种含硫磺、含氯等的物质清洗掉。

3. 因为在空气中的含氯的污垢的作用下（尤其是在光线之下），银器上容易形成氯化物，而这些污垢和毛织品接触的时候，又会形成亚硫酸化合物，所以，所有银的刺绣和装饰品（纽扣等）都要用纸，最好是用黑色的纸（正如照相材料用的一样）包上。

4. 有银线或银装饰品的衣服和其他织物，绝对不能用石脑油精预防生蛾子。

5. 银器的除尘和清洗，也和金器一样。不过，有一个例外的情形，就是这里不能用可以对银器起作用的氢氧化铵。大的银器上面的尘埃，可以事先用风箱或除尘器吹去。

6. 除去银器表面上其他金属的氧化物，除去氯化银和亚硫酸银的薄层，而特别是避免极厉害的损坏，这只能由有经验的专家修复员来进行。

7. 应当小心地防止银器受到机械性损坏。保管银器的规则和银器的处理规则，基本上和金器一样。需要特别小心处理的，是考古学上的银器。

Ⅲ. 锡

锡是一种白色、柔软、极富于展性的金属。在博物馆里，它常常以日用品和装潢艺术品的形式出现。锡的主要的危险，便是由光亮的白锡转变为易碎的灰锡（"锡疫"），这种现象在温度零上十八度以下便可发生，而且会因温度逐渐降低变得更为厉害。"锡疫"的病征，初期便是出现灰色污点，其次，在表面形成小的突起点——小痣，再次，便是这些小突起点的粉落，形成小凹陷以及这些凹陷混合成一片，最后，锡便分解，变为灰色的粉末。"锡疫"可以由一件锡器传到另一件锡器。温度四十度——五十度的时候，"灰"锡，又会转变成"白"的，变化的过程也就中止。但是，如果变化过程进行得过分，锡器的损坏，通常是无法修复的。温度一百六十度的时候，锡会变成脆而易碎的。

不但是水，就是植物酸，也不能对纯锡发生作用。然而，纯锡实际上是很少遇见的，因为锡中通常都要加上铅或铜。

把铜掺入锡中，会使锡受若干种化学作用更为敏感（锡在空气里会氧化，而且会形成一层灰色的膜）。

1. 保管锡的房屋里，必须保持约十八度左右的温度（无论如何，不得少于十三度）。

2. 寒季的时候，如果室内生火不够旺或者停止生火的话，锡器可以搬移到最温暖的房屋里去（如工作人员的办公室内）。

3. 如果发现一些锡器上有"锡疫"的病征的时候，它们便应和其他的锡器隔离，而在纯水中煮一小时（如果在金属器皿中煮的话，必须用木衬垫隔离器皿的底部和侧壁）。

4. "锡疫"如果进入到更严重的时期，便需要专家修复员参加，便需要进行化验的工作。

5. 受感染的锡器存放过的房屋、橱柜、玻璃橱等，必须仔细地加以打扫。

6. 曾和受感染的锡器摆在一起的物品，必须仔细地检查，必须用软而干的布片擦拭，必须暂时隔离，并且加以观察。为了预防起见，也可以把它们煮滚。

7. 由于锡器很软，要防止它们受到机械性损坏，不要把一件锡器放在另一件锡器的上面等（参阅使用金器的方法）。

Ⅳ. 铅

铅是一种很软的灰色金属。在博物馆里，它常常以雕刻品、装潢艺术品、印、铅印、子弹等形式出现。

由于外界环境作用的结果，铅器上面会形成一层灰白色的保护薄膜。在含碳酸气的湿空气里，铅器会氧化，而且表面上会出现一层白色的、灰色的或棕色的碳酸盐的薄层。

在单宁酸的作用下，这种现象会显得特别厉害。此外，油脂类和一些有机酸（如醋酸等），也能对铅器起作用。

上面所谈到的作用，通常都在表面发生，但有时（考古学上的物品）也可以更深入一点。

由于很软的关系，铅器特别容易受到机械性损坏。

1. 要使铅器不受到机械性损坏，必须小心地处理它们。决不要把一件铅器放在另一件的上面，搬移的时候，也不要只握住容易变弯或者受到损坏的纤细部分（由于铅的比重很大，这种变弯曲和受损坏的现象是很容易发生的）。

2. 铅器必须放置在干燥的空气中，并防止它们受到碳酸气的作用。

3. 不要把铅器放置在橡木的橱柜、玻璃橱或箱子里（丹宁酸会产生有害的作用）。必须仔细地防止铅器受到醋酸的作用。

4. 不要用肮脏的、多汗的手拿铅器，也不要用油污的纸来包铅器。

5. 铅器上形成的灰色的保护薄膜，不用除去。

6. 除去白色或棕色的薄膜，只能由专家修复员来进行。在某些情况下，根本便不能许可除去这些薄膜，因为这会使铅器上的花纹受到损坏。

7. 铅器，事先清洗后（特别是铅器落到有油脂等的物质上的时候），可以用软毛刷涂上一层南洋杉树脂做成的透明漆的保护薄层。

V. 铜和青铜

青铜，狭义地说，是铜和锡的合金。更广义一点说，青铜便不但是铜和锡，而且也是和铅的合金，也是和锡、铅以及其他各种金属的混合物的合金。各原始民族所用的器皿中，这种合金成份是比较少见的，它只是决定于原铜矿石的成份；后来合金成份则决定于铜矿石中所加的混合物的成份，而且它们的百分数，是随人们预定的目的而转移的。近来，青铜中常常加以比锡更便宜的锌，因此，这种合金便取得"黄铜"的名称。中国和日本的铜器（艺术品）中，有时加以金银。

在博物馆里，比任何其他金属更常见的，便是铜和青铜，并且由铜和青铜所制造的器皿，举凡自考古学上的铜器以至近代的铜器，是各色各样无所不有的（武器、家具、寺钟、雕塑、装潢艺术品、浮雕板等）。而且，铜和青铜，可以用作绘画的基础；在其他纪念物里，又可和其他材料配合起来（和家具中的木料部分、水晶玻璃、瓷器等）。

铜和它的合金十分容易受到化学因素（特别是遇到水分而加强的化学因素）的作用。由于潮湿空气的作用，在铜和它的合金制造的器皿上，会形成一层氢氧化铜和氧化铜的绿色薄膜；由于硫化物的作用，会形成黑色的硫化铜和蓝色的硫酸铜盐（硫酸盐）；由于碳酸气的作用，会形成淡绿色的碳酸铜盐（孔雀石）；由于氢氧化铵的作用，会形成蓝色或深暗色的氢氧化铵铜盐（蓝铜矿）；由于氯的作用，会形成脏绿的含氯的盐类和氯化盐（所谓的"粗锈"等）。通常几种不同的因素，会同时发生作用，薄膜的颜色和化学成份常常是不一致的，这些是要由青铜的成份和化学因素对青铜的作用来决定的。

氯是引起"粗锈"和青铜的其他病害的最主要因素之一，因此，氯的作用是最危险的。完全有根据来假定，"粗锈"藉助于受它感染的金属微粒，能够由一种金属器物传到另一种金属器物。

对于铜及铜的合金有酸化作用的是各种有机酸（脂肪酸也包括在内），因为它们能引起发生蓝色和绿色的斑点（这些酸类的铜盐）。

由于尘埃的成份，特别是和水分在一起共同作用的时候，尘埃也可促进病害现象的发生。

必须同时注意到，青铜器在空气中一般会覆上一层薄而均匀的膜——绿锈。这样的正常的"古铜绿"，是色调各不相同的——有浅蓝色的、绿色的、棕色的。这些绿锈会均匀地覆满铜器，完全不会损坏纪念物，也不会改变纪念物的外形。由于"古铜绿"能加强艺术的效果，甚至引起艺术家创作上的注意。因此，不要从青铜上把"古铜绿"除去。

铜和它的合金，比以前所谈到的金属（白金除外）要坚硬得多。然而，粗暴的处理，也会使铜器的表面受到破坏，会使绿锈层遭到损伤，会使纤细的部分变弯。对破坏作用感受性最强的，是损坏得极厉害的考古学上的物品和一些在一切情况下常有的由不同种类的材料做成的物品。对于这些物品像温度的剧烈变化等那样现象，对它们都是危险的。但是，这种现象，对于纯粹的青铜器或铜器却不会产生什么危险。

1. 保管铜器和青铜器的房屋内，必须保持干燥的、没有尘埃和气体污染物的空气。

2. 铜器和青铜器上，必须清除一切沾来的不相干的东西（蜡烛的残滓、盐类等等）。不要用浓厚油脂、油类涂在铜器上，不要用有汗的脏手接触它们，也不要用油污的纸来包它们。

3. 清除铜器上的灰尘，要用软毛扑、软毛刷、清洁的软布片等。

4. 用毛刷在热水中进行清洗（最好是蒸馏水）。用的肥皂，应当是中性的。用过肥皂后，铜器应当仔细地用清水洗净。水中加上氢氧化铵、酸类，以及用白粉、金刚砂等刷洗铜器，都是不应容许的。清洗考古学上的铜器，只能由有经验的修复员来进行。在许多情况下，为了防止铜器继续受到破坏作用，清洗、碱化浸渍，是必不可少的。

5. 如果有形成"粗锈"危险的时候，保管得很好的铜器，可以使之受到碱化浸渍。为此，将铜器放在温暖的蒸馏水中，直到水中再没有含氯的盐类之前，每日都要换水（取出的试验品因硝酸银的液滴而不再变成混浊时，便是再没有含氯的盐类了）。

6. 无论在碱化后或是在通常的清洗后，必须仔细地使铜器变干。这只要将铜器先浸在酒精里，再放入干燥器中加热到摄氏八十度便可。

7. 不要清除铜器上的"古铜绿"。

8. 正常的绿锈受到损坏的时候（比如在修复的时候），绝对不要涂抹什么来模仿它，或是用化学药品制造人工的绿锈。在涂抹物的下面，会不觉地形成"粗锈"，因为化学药品也会促成病害。

9. 绿色和蓝色的氧化物，不平整的斑点，要脱层（"粗锈"）的一些地方，必须除去。特别危险的是：又膨胀又脱层的粒状薄层。发现这些现象的铜器，必须立刻使它们和其他铜器隔离，而橱柜和其他保管地点，必须清除可能留在它们里面的这样铜器的微粒。清刷受损害的铜器的工作，只能由有经验的专家修复员——化学家来完成。

10. 破坏作用进行得过甚的时候，不损坏原形的清刷会是不可能的。这时专家修复员的工作，就必须是中止这种破坏作用。

11. 已清刷干净的铜器和青铜器，可以在加热后涂上一层石蜡或蜡（化学上纯粹的蜡）的保护薄膜。

12. 为了防止铜器受到机械性损坏，不要将它们互相重叠放置等。

13. 镀了金的青铜的清刷，和金器一样进行。

如果青铜是合成物的一部分（和瓷器、水晶玻璃组成家具的装饰物等），在必须进行复杂的清刷或清洗时，应当将它们自物品上拿下来。

VI. 铁

在博物馆里，钢和铁常常以各种考古学上和历史生活上的物品——武器、生产工具、家具等形式出现，而生铁则以器皿、子弹、栅栏、雕塑各种装饰品形式出现。此外铁常常是其他材料所制造的物品（锁、绊钉、钉）的组成部分。铁通常不会是纯铁，而含着混合物。钢和生铁含着占百分数很大的碳。

在干燥的空气中，铁变化得很慢；但在潮湿的空气中或在地中，铁却会很快地生锈。生锈——铁的氧化（腐蚀）——是一个复杂的过程，这个过程，在不同的情况下，进行得也不同。只在有水分的时候，主要是在铁与氧气或氯气化合的时候，才会发生锈的现象。

而且，应当注意到，有适当的条件发生时，腐蚀首先便会发生在那些已经生锈的地方，或是发生在那些沾染了其他物品的锈的微粒的地方。

尘埃也会促成生锈的现象。

铁，特别是钢比上面所谈到的金属硬得多；但是，生铁虽然很硬，却是很脆的。

1. 由钢、铁、生铁制成的博物馆藏品，必须放在空气干燥的、其中没有尘埃和气体污染物的房屋里。

2. 应当仔细地除去钢、铁、生铁制成的物品上的尘埃、油渍、其他脏物等。不要用油腻的或多汗的手取拿这些物品。

3. 清洗铁器的时候，在热水里加上氢氧化铵（如果铁器上没有颜色，或没有铜制、银制的装饰物的话）。而且，特别重要的是：清洗后，要小心地使铁器变干。为此，在清洗铁器后，趁热浸入酒精中（原料酒精、变性酒精、木精等）半小时以上，然后再使它变干。

4. 必须采取措施，不让铁锈从一件铁器传到另一件铁器上。

5. 轻微的铁锈，可以用硬鬃毛刷刷去。排除较厉害的腐蚀，只能由有经验的修复员化学家来进行。

6. 要防止清刷过的铁器受到外界的作用，可以涂上一层"炮油"、一层化学上纯的土蜡、一层石蜡或一层凡士林（涂凡士林，应当每三、四月进行一次。但必须事先用汽油将铁器洗净，然后再使它变干）。

7. 处理时需要特别小心的，便是那些带有镶嵌的金属刻纹、镶嵌物等的铁制物品（可参阅有关保管镶嵌物品各节）。

九　金属雕刻

金属，除了可用作小艺术品和日常用品之外，还可用来制造雕像（其中也包括大型的纪念物）。制造雕像最常用的是青铜和生铁，用得较少的，是铅和锌。

极大的、复杂的作品，是由不同的部分做成。然后，这些不同的部分，要互相铆上，而接缝便必须小心地铸合擦亮。特别大的纪念雕像中，还装上一个铁骨架，因为在金属的重量下支撑部分的纤细的板壁能够被压弯。

自然，这种雕像的损坏原因，也和其他金属物品一样，但是，同时必须注意到，这些纪念物（和生铁与青铜制的铁栏以及某些装饰性的作品一样）常常是摆在露天的。这就能是凹处和雕像本身中积水、堆积垃圾、鸟粪的原因。鸟粪和铜，可以组成硝酸化合物和氢氯化铵的化合物等。

1. 如果发现很厉害的氧化或其他损坏（"粗锈"）的时候，必须把专家修复员请来，而排除"粗锈"的问题本身，应由修复委员会来决定。

2. 在纪念物（雕像）的附近，应当把一切有害气体的来源消除。这些来源就是：垃圾、腐烂的树叶、畜粪以及煤烟气、氯气的泉源等。

3. 应当防止鸟粪落在纪念物上。如果无法防止的话，便要经常地把鸟粪洗去。

4. 必须清除纪念物（雕像）凹处中积聚的尘埃、垃圾、水。

5. 纪念物（雕像）中积聚了经缝隙渗漏进去的水的时候，必须根据修复委员会的指示，采取特别措施进行修复。

十　制造精细美术品的石料、大理石和石膏

石料，特别是大理石和石膏，常常在博物馆中以雕像、建筑物部分（以断片陈列品的形式以及以博

物馆建筑物本身的各部分的形式）、花园家具、装饰物、器皿等形式出现。此外，石膏还用来制造辅助材料——塑造模型、小模型等。

这些物品的耐久性和对外界作用的敏感程度，要由制造这些物品的材料和这种材料的加工的方法来决定。然而，所有这些物品，还是有一些共同的特性，因而就有这些特性所需要的保管方法。所有这些物品，如果比较大的话，便会有很大的重量，而且或多或少容易破碎，因此，主要是在搬移或搬运的时候，也就容易蒙受损害。

此外，温度的剧烈变化（特别是水在凹处、缝隙里、洞穴里等的冻结），以及空气中的气体污染物（特别是和水分结合的酸类）——对于这些物品也是很危险的。当考古学上的物品还在地中时便曾与之相接触的物质，能够对考古学上的物品发生化学作用，而这些物质的残余在博物馆中还能继续发生作用。

假如石料用作镶嵌细工、包镶等，那么上面所谈到的材料损坏的原因（即因石料和基础膨胀系数不同而发生分层的危险，混凝材料不足的危险等）对它也同样是损坏的原因。

1. 由石头制成的雕像和其他物品，特别是镶嵌细工制作的物品，应当防止它们受到剧烈的温度变化，特别是防止渗入孔隙中的水冻结。

2. 石头雕像和其他类似的物品，不要放在通道上，以及可能聚集很多观众的地方，因为那里它们很容易被撞掉或遭受损伤。

3. 必须检查台座上的雕像和台座本身是否稳固。必要的时候，可以将它们加固；也必须检查金属轴芯是否坚固。要为防止生锈，铁轴芯要涂上漆。

4. 搬移雕像的工作，只能由有经验的工人来进行，绝对不能让临时工人、擦地板的工人或其他的人等来进行。

搬移的时候，必须特别注意可以拆下的部分。如果它们不是固定的，就可以拆下来；否则，便须特别小心。不要握住雕像的比较纤细的突出部分。

5. 尘埃，先用风箱或除尘器吹去，然后用毛掸或软布片拂去（绝对不能把灰揩进去）。凹处或细件内部的尘埃，用小毛刷刷去，或者用棉絮卷绕在一根小棍子上来除去。

6. 雕像等的清洗工作，只能由修复员来进行。金属部分、装饰物等，在清洗的时候，应当拿去。

7. 雕像损坏的时候，一切被打落的部分，都应仔细地收集起来。加上说明，并一直保管到可能修复之前。

8. 必须注意，石制物品上是否有缝隙或其他损坏出现，以及这些物品是否需要修复等。

9. 雕像的修复工作，只能由有经验的修复员雕刻家来进行。

10. 损落部分的补充是否合适和是否应许可的问题，每一个个别的情况，都应由专门的修复委员会来决定。

11. 取下模型的工作，只能在修复员雕刻家的监督下，由完全有经验的塑造工专家来进行。

12. 因取下模型等而弄脏的雕像，只能由修复员雕刻家来进行清扫。将原像切开以取下模型，这是绝对不应容许的。

13. 花园雕像，必须用套子（最好是双层的）套上防冬，但是，事先必须使雕像变干，并加以清扫。

14. 雕刻等不要放在树木（特别是菩提树）底下，也不要放在水流可落到雕像上面的地方。

15. 发现有青苔、地衣等的时候，必须把它们清除，但是这件工作只能由修复员来进行。

16. 考古学上的物品，必须清除黏附在它们上面的微粒或杂质。如果发现有盐类的话，可以用碱化方法，但是，这件工作只能由修复员来进行。

用来作雕像或用作其他目的的石料，可以分为两种基本类别。这两个类别的石头，对外界影响的反应也是不同的（这便是所谓的"硬石"和"软石"）。

"硬石"（硅酸盐成份）——玛瑙、玉石、花岗石、水晶、红玉髓、玉髓、翡翠、玄武岩、蓝宝石、角石（红石英）等，都是十分坚固的。通常在镶嵌时擦亮的光滑的"所有孔隙都闭塞着"的表面，也增加它们的安全性，所以除了上面所谈到的保管规则以外，它们不需要什么特别的保管规则。只是必须注意，蓝宝石对酸类的感受性是很大的（蓝色可能完全变成灰色）。

"软石"（钙和镁的化合物）——石灰石、大理石、条纹玛瑙、透明石膏、雪花石膏、孔雀石等的特点，是硬座小得多，是很容易感受到外界的作用和机械性损坏的。其中，大理石应用得最为广泛。大理石的种类和颜色，是各不相同的。雕像，可以用白色或微黄色的、带着均匀的颗粒的大理石。白色的大理石，分意大利产（卡拉尔产）的和希腊产（帕罗斯岛）的。芬兰和乌拉尔的大理石，比较不大白（微灰色的或微蓝色的），颗粒较大，而且常常带有石英和晶石的间层。加工的时候，可以使大理石没有孔隙，并有完全光滑如镜的表面，或者使它有稍有小孔隙的粗糙的表面。这种粗糙的表面容易弄脏，容易渗入有害的物质和活的有机体（青苔、地衣等）。大理石中含有铁质，或者使大理石受湿的水的作用，会形成红点出现。如果不和水直接接触，特别是在关闭的房屋里保管的时候，同样的含铁的化合物和其他因素的结合时，也会使大理石变黄，但是，变黄变得很慢而且很均匀。这时，大理石便具有一种柔和的、微黄的或粉红的色调，这种色调叫作锈，它常常使大理石显得格外美丽。

含石灰的建筑材料——大理石等——很容易感受到酸类的作用，因而（特别是和水分结合的时候）也容易感受到空气中含有酸类的气体污染物和尘埃的作用。碳酸气和水的结合，能溶解大理石。亚硫酸气和水蒸气结合，能组成硫酸，硫酸便将大理石（碳酸钙）转变为可溶于水的石膏（硫酸钙）。对于由比较不大坚牢的石灰石和砂石做成的考古学上的物品，渗入它们中间的盐类是很危险的，这些盐类在晶化的过程中会破坏石料。

白色的大理石，很容易感受各种污垢、尘埃的侵染，以及油腻或肮脏的手、抹布等的接触的影响。

昆虫是很危险的。对于露在外面的大理石，鸟类也是很危险的，因为鸟粪会将物品弄脏，使大理石发生有害的化学作用。

对于摆在露天的大理石，植物界的寄生物——青苔和地衣——也是很危险的。潮湿，粗糙的、而特别是为酸类所侵蚀的大理石的表面，可以促使这些寄生物繁殖。

大理石不十分坚固，因此在露天里会逐渐为水所洗涮或风化消失（对于石灰石，这便更加厉害）。

无论大理石或一切其他"软"石（雪花石膏、石灰石），都很容易受到机械作用（撞击、震动等）。由于这些机械作用，它们上面会形成擦伤、缺口，或者发生个别部分（特别是突出的部分）等的脱落现象。

1. 应当小心地防止大理石受到酸类的作用。

2. 摆在露天的大理石制品（除了喷水池以外），应当尽可能地防止它们受到水的影响。

3. 大理石上发现青苔和地衣的时候，应当用氢氧化铵将它们除去。大理石的表面，要由专家修复员来消毒。

4. 搬移大理石制品的时候，应当戴上清洁的手套，或者用干净的毛巾或大包袱皮将它们包上。

5. 用浓度百分之十的氢氧化铵溶液（中性肥皂或"肥皂根"的泡沫）清洗大理石的工作，可以由专家修复员来进行。清洗的时候，不要把锈除去。

6. 用防护药剂浸渍，特别是用溶液涂抹，如果没有作仔细的调查，如果没有专门委员会作加以证明的结论，是不应许可的。

石膏可以用来从原作品铸出雕塑品、古代的雕塑、建筑上的细件、奖章、钱币等。

和水化合后的烧制的石膏，可以作铸造之用，它是硫酸钙的二水化物，会受到水的作用，而且是吸湿的。由于潮湿和冻透，石膏制品会完全遭受到破坏。

石膏的表面，常常涂上颜色，镀上青铜，可以用石蜡浸染（作上古翠色）。这会使石膏变得和青铜、大理石、其他物质等相似。石膏会逐渐地覆上一层天然的锈，这种锈是很有价值的，它会赋与石膏一种更美丽的色调。

由于石膏容易破碎，所以巨大的雕刻品，可配上骨架支撑。

石膏是多孔的，但容易受到各种污垢（尘埃、由于手的接触而留下的污点、昆虫的污痕等）的影响。由于这些污垢，石膏上会形成许多灰色污点，而突出的部分会逐渐变黑发亮，而石膏的清洗，是比石头难的。

1. 石膏应当放在湿度正常的房屋里。

2. 不要把石膏放在露天里。

3. 应当尽量设法防止石膏受到机械性损坏和变污。

4. 小的石膏铸型，应当放在橱柜和玻璃橱里。

5. 石膏制品的除尘和处理方法，和大理石一样。

6. 石膏制品上污垢的清洗和石膏制品的修复工作，只能由专家修复员来进行。

十一　玻璃和陶器

在博物馆里可以见到的这一类的藏品，是各色各样的。损坏这些藏品的根本原因有二：制造它们过程中的某些缺点以及它们最易感受到的机械作用（因为它们是脆而易碎的）。潮湿，只是在孔隙裂罅等内有冻结可能的时候，是很危险的；潮湿，对于用某些种胶水来黏合的物品，对于玻璃（参阅下面），有时对于考古学上的物品，都是很危险的。

温度极低的时候，这一类藏品（特别是玻璃）的易碎性，是会增加的。此外，温度的剧烈的变化，对于这类藏品也是很危险的（特别是对于玻璃，以及在上釉的陶器和上珐琅的金属的膨胀系数相差极大的时候）。光线、空气中的气体污染物、动植物界的害虫，都不会对它们发生作用（多孔的陶器上只会有生霉的可能性），但是，某些种物质的溶液，是很危险的（如碱质对玻璃和釉是很危险的，某些种胶水，特别是所谓"办公用"胶水，也是很危险的）。

尘埃、煤烟和昆虫（苍蝇），只是会使藏品变脏，通常不起化学作用。但是，由于这些藏品容易破碎，或者有时外形太复杂，这些污垢常常是不易除去的。

I. 一般的保管规则

1. 不要把这些藏品一件件地重叠放起，而把它们布置在搁板上的时候，要使它们不会互相接触，并且必须注意，当地板受到震动的时候，它们是否有滑移开原摆放地方的情形。如果有这种情形，如果搁板（如玻璃搁板）又很滑，那么就要在它们下面垫上橡皮或天鹅绒的软垫。

2. 扁平的物品——小盘、大盘、碟子等，应当立着放。为此，在橱柜中做上些凹槽形、小座形的特别固定装置。

3. 如果不可能有这样的设备，每一垛盘子便不要超过十～十二个，而且要同型的盘子。纤细的透孔的藏品，便只能五～六个一垛，它们之间可以夹上软衬垫。

4. 橱柜等的搁板，应当检查它们上面的固定装置是否坚固，有否倾斜。由于这些藏品脆而易碎，为了避免可能受到机械损坏应当防止过多的搬移、擦拭等。

5. 搬移这些藏品的时候，要用双手拿住，特别是托住底部，使重量不会落在纤细易碎的部分上（如把手）。搬移许多小物品的时候，可以用有紧固把手的柳条筐；而这些物品本身可以夹在绉纸中间，或者用纸包上，并夹垫以刨花或其他缓冲的材料。

6. 为了预防尘埃和机械性损坏，这些藏品（除了某些大件东西，如大的陶制器皿、装饰用的花瓶、枝形挂灯架等），应当放在能紧紧关闭的橱柜或玻璃橱里。

7. 从这样的藏品上除去尘埃的工作，只能交给有经验的工作人员来进行。从光滑的物品上，要小心地用软而干的抹布把灰尘拭去；雕刻品上的尘埃，要用软毛扑拂去。

8. 不容易擦净的物品（枝形烛台、枝形挂灯架等，特别是带浮雕花等的时候），最好一年清洗两次。

9. 清洗的时候，在加上阿莫尼亚水的热水中进行。同时，一切能拆下的物品（枝形挂灯架、一些花瓶等），要拆下来；金属部分，要另外清洗（参阅“金属”章）；细件，要用鬃毛刷和毛刷洗刷；黏合物品，绝对不能清洗。

10. 玻璃和陶器，应当防止它们受到温度的剧烈变化；温度的剧烈变化对于用混合技术制成的物品（如珐琅器）尤其危险。也要防止玻璃和陶器中的水冻结（无论在这类藏品中的，或者渗入它们孔隙中的水）。

11. 如果由其他物质组成的装饰物脱离了藏品的时候（通常这是由于膨胀系数的差别），黏合时要用有弹性的树脂和油配合的胶凝物，或树脂和蜡配合的胶凝物。这种工作，只能由修复员来进行。

12. 打碎的藏品的一切碎片，都要小心地收集起来，编上号码，登入表册，并且包起来直到修复员能把它们黏合为止。如果是不复杂的损坏，在特别的情况下，可以由博物馆在这方面比较有经验的工作人员来黏合（黏合可以用加上醋的精制胶）。

13. 在藏品的平底托盘上作登记符号和黏贴标签，免得盖住工厂的商标和厂印。黏贴，可以用精制胶，但是绝对不能用办公用的胶水或是近代的“阿拉伯树胶”。用墨作记号的时候，为了坚固起见，可以在墨上涂上一层南洋杉树脂透明胶。

Ⅱ. 玻璃和珐琅

玻璃是石英（最常见的是砂）和钾的氧化物（碳酸钾、钠、苏打等）的熔合物。苏打玻璃，比较轻而易碎；碳酸钾玻璃，比较更结实更坚固。

十八世纪，人们开始把石灰或一氧化铅加到玻璃中去。这两种东西，都会增加玻璃（水晶玻璃）的透明、光泽和折光性，但是，加上一氧化铅，会使玻璃变得沉重易碎。玻璃藉助金属氧化物，可染成各种颜色（有色玻璃、水晶玻璃、珐琅、镶嵌细工用的有色玻璃片）。

潮湿的作用，会使几种玻璃（特别是碳酸钾玻璃和苏打玻璃）变得模糊不清。低温（零下）会使玻璃容易破碎。由于温度的剧烈变化，玻璃会因而“裂开”的（如将热水注入冷的器皿中，或者相反地把冷水注入热的器皿中）。

碳酸和水，能对玻璃中的碱类发生作用，而使玻璃表面剥离而变呈红色（在污水坑里、马厩里、温室里等，物品腐烂的时候，会分泌出很多的碳酸）。

1. 由于温度在零下的时候，玻璃的巨大易碎性，会越来越大，所以为了防止玻璃受到机械的损坏，玻璃必须特别小心处理。

2. 不许使玻璃受到极剧烈的温度变化。

3. 保管玻璃的时候，应当防止玻璃受到过度的潮湿（特别是碳酸钾玻璃和苏打玻璃，古代的玻璃便是这样的玻璃）。

4. 将水逐渐加热，加上中和化学过程用的百分之一的醋酸或柠檬酸将藏品在这水里煮滚二～三次，便可中止变呈虹色的作用。

5. 玻璃剥离的时候，玻璃品要用乳香漆加工，而最贵重的玻璃品，可以用北美产白松树脂加工。这种工作应由专家修复员来进行。

6. 黏合玻璃品，要用精制胶，而最贵重的玻璃品，要用溶解在二甲苯或汽油中的北美产白松树脂。这种工作也应当由专家修复员来进行。

7. 必须注意下列玻璃制品中固定用的穿线的牢固程度，如数珠、珠串、玻璃球手串等。为了使线不受到损坏，或不被扯断，必须避免将这些物品折叠得太多，而必要的时候，可以把线掉换。

8. 对于珐琅，必须特别防止温度的剧烈变化。由于珐琅和金属的膨胀系数不同，温度的剧烈变化，会使珐琅龟裂并自基础脱落。

9. 对于含金属的珐琅器（如有金属镶嵌物），除了应遵守保管玻璃的规则外，还必须遵守保管金属的规则。

10. 必须注意到珐琅和基础的连结不一定总是足够坚固的（特别是旧珐琅），因为水分等随时可能渗入表面的最细小的凹处里。

11. 珐琅器的一般保管规则，和金银首饰品一样。

12. 水分透过旧镜锡箔，水分冻结，都会在镜上形成模糊的污点。

13. 损坏的地方，必须由专家修镜工用水银法修复。

14. 清洗镜子的正面，要用为水稀释了的、经沉淀分离的白粉（加上变性酒精、阿莫尼亚水或几滴植物油）。

15. 镶嵌细工画，是一种最坚固的画。这种画用的有色玻璃片，在某些情况下，会随其成份为转移而受到和玻璃一样的损害（如表面的模糊，特别是由于用腐蚀性清洗的结果）。此外，金银的蒸发皿也比较容易受到损坏。它们上面镀金层和银是加在表面，然后覆上第二层玻璃薄层。这层薄层是比较容易脱落的，而且，银还会常常变黑。在其他方面，镶嵌细工画的坚固性，要随完成画的仔细程度，以及混凝物质和水泥的质量而定（参阅"壁画"）。

Ⅲ. 瓷器

瓷是由白色粘土——白瓷土，即矾土和硅土，有时可加上"熔剂"——的混合物做成的。由于这些组成物质的比例的不同，瓷可以按其"质量"的硬度来区别。可以用各种不同的方法由瓷制成各种不同的物品，这也会影响到各种成品的性质。瓷的表面，通常涂上一层薄的、玻璃似的釉层（通常还在烧制之前便可涂上）。既成的瓷器，可以涂上防火的颜料以及镀金等，并使受到第二次比较不大强烈的烧制。有时，瓷器壁上的画或颜色，常常是"在釉层下"的，而它们和釉同时烧制。这样的烧制，在烧制的温度相当高的时候，只有很少几种颜色才能耐得住，而烧出来的颜色却都十分耐久。假如釉药和瓷的膨胀系数不完全一致的话，那便无论在烧制的过程中或在温度发生剧烈变化的情况下，结果都会发生釉层龟裂，甚至釉层脱落的现象。有时，釉药的这种裂缝（开片），是由人工造成的，并可涂上颜色作装饰之用。

周围的环境——光线、空气、温度（除了极剧烈的变化以外）、湿度、霉等，对瓷器不会发生作用。

尘埃和昆虫（苍蝇），只是会使瓷器变脏。

通常，材料本身或材料的制造技术，是瓷器有某些瑕疵的根本原因（各工厂的各种废品）。瓷器损坏的主要形式是：机械的打坏、擦伤、擦落颜色和镀金层等。

1. 保管和预防打碎的方法，在本章引言部分中便已谈到。

2. 为了避免镀金层、画、釉药受到损坏，不应当用硬布片擦拭、不允许不用衬垫便将瓷器成堆叠放、不许用肥皂清洗、用"办公用的胶水"和现代的阿拉伯树胶黏合瓷器或贴签条等。

3. 如果胶水的成份不明，应当防止黏合在一起的瓷器受到潮湿。

4. 瓷器用热水清洗，细件用柔软的刚毛刷和小刷刷净。而且，能拆卸的瓷器，可以拆成不同的部分（从骨架上拿下，从镶框中取出等）。黏合的瓷器，却不能这样做。

5. 复杂程度不论大小的修复工作，只能由专家修复员来进行。

6. 可以用精制胶或干酪质制胶（后者比较不怕潮湿），进行简单的修复（黏合）工作。为了减少精制胶的收湿性和溶于水的性能，精制胶中要掺上醋。

7. 丧失的部分，照例只有在构造上必需的情况下，才加以修复。

IV. 有多孔断片的陶器

各种构造不同的、多孔断片的陶器有：砖坯、没烧的粘土制品、烧粘土制品。这些又可分为古代的陶器（器皿、陶制雕像、砖、花砖、各种制品中的涂琉璃色的陶器、有不透明釉彩的意大利陶器）、新石器时代的陶器、巴比伦陶片以及许多其他的考古学上的物品。它们或是没有烧痕，或是只有很轻的烧痕。

不要把"熔剂"加入这样的制品中，这样的制品的烧制温度是比瓷器要低得多的。一定要温度不使陶土溶解或烧固。这种陶土仍然还是多孔的、"深暗的"，没有瓷器的那种半透明性。

［原注：有一种介乎瓷和涂釉陶器之间的东西，这便是"石原料"。它和涂釉陶器不同，烧制的时候，各种颜色不同的粘土会"烧固"（即会硬化），并失去多孔性，但是还没熔化到半透明的程度。这种材料不能用来做精细制品，但是，这种材料的制品却以十分坚固出色。］

无论是烧制的陶器，或者特别是由没烧制粘土做成的物品（比如有原作者的雕刻品等），都非常容易感受机械作用。而且，没上釉药的陶器，很容易受到污垢的侵染。如果不能足够正确地处理这些物品，那么在它们的突出部分的上面，会逐渐形成深暗色而且发光的污垢。没烧制的粘土，怕遇到水，而即使对于已烧制的多孔的粘土，水分也会是很危险的。因为它会渗入粘土中，并且在严寒的时候，它会使粘土龟裂。

多孔陶器表面的龟裂、脱层、损坏等现象，能由于落入小孔或极小缝隙中的盐类（厨房用具中的食盐以及考古学上的陶器中从地下水中带来的盐类等）晶化而发生。

湿度发生变化的时候，盐类晶化和溶解的过程，在博物馆管理的条件下也能继续进行。因此，对那些不怕水的物品，必须把这些盐类碱化。

1. 保管多孔陶器的方法，和瓷器一样。

2. 细小的陶器，要放在橱柜和玻璃橱中保管、陈列。

3. 不要使陶器受到污垢的侵染，不要用脏手等接触它们。

4. 除去灰尘，要用风箱和掸子。必须特别注意使掸子保持清洁。

5. 由没烧制粘土做成的雕塑上除去污点的工作，只能由修复员来进行。

6. 除去考古学上的物品的积层和碱化这些物品的工作，只能由专家修复员来进行。

7. 如果由赤陶土烧成的陶器是放在露天保管的话，冬天便应该搬到关闭的房屋里，而且要仔细注意，不让器皿中有水，这正如放在没生暖气的房屋里的物品的孔隙中不能有水分一样。

8. 陶器的黏合可以用：（一）石灰和蛋白的混合物，加上和黏合物品同一类型的捣碎的破片；（二）精制胶，加上醋（三分精制胶加上十分醋）；（三）精制胶，加上蚁醛液；（四）液体糊精或细木工胶与石膏的混合物；（五）干酪质制胶等。应用其他的成份，特别是应用试验得较少的成份，如同进行更为复杂的修复一样，只是在有专家修复员参加的条件下，才能许可。

9. 只有为了使一件陶器中保存下来的部分能够稳定和加固的时候，才必须将不足的部分补上。在其他情况下，不足部分的添补，必须由内行的人个别决定。补上的部分，应当多少和原来的陶器的存留部分有些区别，使人不致误会它的来源。这种工作，只能由专家修员来进行。

十二　蜡和胶泥

在博物馆里，蜡和胶泥（掺上凡士林、猪油、甘油、蜡等加工过的粘土），常常以小雕刻品、奖章模型、铸币模型和其他物品等形式出现。

温度高过标准限度（二十五度）的时候，对于这些制品是很危险的，它们会因而软化，而在温度更高的时候，蜡又会溶化。严寒的时候，蜡会变得脆而易碎。温度的剧烈变化，也会引起同样的现象。

蜡和胶泥的制品，极容易染受尘埃。尘埃粘在它们上面，而且不易除去。

蜡逐渐能缩小体积、能变干、能裂缝和分层；而在浮雕中的蜡，则会脱落其底面。

蜡和胶泥（特别是胶泥）极容易受到各种机械作用。这种机械作用，会使蜡和胶泥制品形成压凹，会使它的表面甚至会使它的全部形式都改变。

1. 必须在正常稳定的温度条件下保管蜡和胶泥的制品，而且要防止它们变热（由于阳光、由于靠近采暖设备等）。

2. 要防止蜡和胶泥的制品受到尘埃和机械损坏的影响，必须把它们放在橱柜中、玻璃中保管，而且必须加上玻璃罩，罩的时候要使物品不和玻璃或容器的壁接触，不互相接触以及不和其他物品接触。

3. 搬移胶泥制品的时候，应当在台子上搬，不要用手接触它们。

4. 尘埃只能用风箱吹去，而蜡制品上的尘埃，还要用软的松鼠毛刷或獾毛刷刷去。

5. 任何修复（特别是蜡分层和龟裂的时候所必需的修复），只能由有经验的专家修复员来进行。

十三　织物、刺绣、花边

这一类的藏品——各个时代和各个国家的织物、缝好的衣服、家具的覆饰物、地毯、挂用花毯、刺绣、花边等——是各色各样的。制造这些藏品的材料是各种不同成份的纤维做成的棉纱。这些不同成份的纤维，便是：动物性纤维（毛、天然丝）、植物性纤维（亚麻、大麻、棉花等）和综合性纤维（人造丝）等。此外，织物上能有由别的材料做成的装饰物。这些材料，便是：金属、宝石、珍珠、玻璃（小玻璃珠、玻璃珠串、模造宝石）等。织物的一切有机染料，几乎都没有某些用作绘画的矿物颜料那样耐久。最耐久的染料，有天然的植物染料，比如红染料（由茜草做成）、蓝染料（蓝靛）等。最不耐久的染料，便是许多所谓安尼林染料。此外，棉纱或由棉纱制成的织物，为了增加美丽等起见，往往特别加工（漂白棉纱、整饰、加重丝线），也会影响织物的耐久性（通常是减低这种耐久性）。

由于用来制造和装饰织物的材料各不相同，外界环境对于织物的作用也不一致。

光线对一切纤维和染料起破坏作用，但是程度却各不相同。最容易感受到光线作用的，是丝（特别是人造丝）；最不容易感受到光线作用的，是亚麻和大麻。染料中最容易感受光线作用的，是那些温和的色调和极大部分安尼林染料（特别是在绸缎上）。富于紫外线的直射阳光，破坏作用特别厉害。反射光和散光（由于蓝色的天空以及由于白云和雪光的反射），如果含了大量紫外线的话，作用也是很活泼的。

水本身对纤维和染料能起有害的作用，分解它们。湿度增高，则加强光线、氧气和空气中的气体污染物的有害作用，促使霉、细菌等繁殖。

干燥过度，使织物变得脆而易坏。

温度本身不能起什么很大的作用，只是，一加热过度，便会产生危险（由于直射阳光、靠近采暖设备，当然也能由于用过热的熨斗熨平织物，这会引起"烧焦"的现象——都能引起织物变黄和变得极其脆而易坏，而在过度灼热的时候，甚至会将织物烧去）。

湿度正常的时候，温度即使降到零度以下，也不会产生危险。

空气中的气体污染物，既对各种纤维起破坏作用（如亚硫酸气和氯气，特别对植物纤维起破坏作用，氢氧化铵，对动物纤维起破坏作用），也对织物的各种染料、金属丝和其他装饰物起破坏作用（参阅"金属"章）。

由于所有这一类的藏品，基本上都是由有机物做成的，所以容易受到动植物害虫——细菌、霉菌和昆虫——的破坏作用。特别危险的，是昆虫；其中蛾对于毛织物更是危险。

尘埃对于织物也是很危险的。尘埃如果深藏在织物里，结果则不容易除去。尘埃会使织物变脏，它包含着有害的化学物质、霉菌的芽胞和昆虫的卵等。

另外一种污垢（污点等），特别是由于邻近的有害因素（金属上的锈）而染来的污垢，也能够引起化学作用，而且有时还可以促使霉和细菌繁殖。

织物除了在送到博物馆以前被用旧以外，在博物馆里也会受到过分负重和有害的机械作用。这些有害的作用，有时是不可避免的，有时是为不合理的管理所带来的。

1. 在藏品保管室里，织物按材料的不同而存放（亚麻织物、棉织物、绸缎、毛织物等）。

2. 房屋的窗户和陈列织物的玻璃橱，应当挂上深色的、结实的帷幔；而家具等，要套上只在观众参观的时候才打开的套子。

3. 阳光的直接作用，是绝对不可容许的（除了下面所说的情形以外）。为此，应当把织物放在朝北的展览室里，或者给窗户挂上第二层、较薄而亮的帷幔。这些帷幔，在有阳光的时候，即使博物馆对观众开放的时候，也要始终放下。夏天，最好将窗户涂上白粉。

4. 不要把织物放在窗户近傍。

5. 特别容易感光的藏品，最好根本不在自然光线之下陈列，或者只是陈列一个短暂时候，就定期从展览室中把它们取出收起。

6. 在藏品保管室里，织物应当放在紧闭的（没装玻璃的）容器里。

7. 存放或陈列织物和织物制品的房屋里，必须保持正常的湿度（百分之四十至百分之七十）。

8. 必须严密地注意挂毯、地毯等后面不使因墙壁蒙上水气或变潮而有潮湿的现象发生。

9. 春天，在最危险的时期，挂毯、地毯等，最好从墙上把它们暂时拿下来，让它们"休息"和透风。

10. 不要把织物放在靠近采暖设备的地方。如果没有特别的必要，不要用过热的熨斗熨它们。

11. 低温（即使低于零下）对于织物是不危险的。因此，必要的时候，在干燥的冷天使之通风，是完全可以的。

12. 保管织物的房屋里，必须保持没有气体污染物的洁净空气。应用毒杀或驱走昆虫的药剂时，必须考虑到药剂对颜色和一切组成藏品的材料（如金属丝、金属装饰物、貂皮、珍珠等）所能起的作用。

13. 因为光线不足、潮湿过度、尘埃（内含芽胞等），都能促使霉菌、细菌和昆虫繁殖，所以防止这些现象的最好方法，便是保持正常的湿度、保持应有的清洁、经常进行检查（移挪织物）等。

14. 应当一年两次（春天和秋初，蛾子出飞的时候）使一切藏品（特别是毛织品）受到细心的清刷，使它们在露天荫处通风（昆虫的幼虫和卵，和尘埃能同时除去）。生霉的藏品，要使它们受到短时的阳光照射（感光的藏品，照射十分钟到十五分钟；其他的藏品，照射三十分钟到四十分钟）。

15. 同时仔细地打扫房屋，容器（箱子、橱柜）也应尽可能放在阳光下，并用煤油、四氯化碳、蚁醛液、松节油或其他消毒剂擦净。

16. 在发现生霉的时候，应当使藏品变干，除霉消毒，而在不可消毒的时候，便要使藏品受到阳光的照射（参阅上面）。

17. 最剧烈的药剂，便是能消灭昆虫的药剂，但是，其中大部分（除对位二氯苯外）都是有毒的。所以藏品的消毒工作，只能由专家在专门的消毒室里进行。而且只能用对织物和织物的颜色不发生作用的毒剂（氯化苦味酸、《Флит》，Орижиналь，三氧甲烷，蚁醛液蒸气，氧化乙烷，对位二氯苯，Циклон В，Эвлан，青酸等）。

18. 如果进行消毒工作的化学家，不是一个修复员，那便必须告诉他这些织物保存上的一切特点。不要用可能引起火灾危险的物质进行消毒。这种消毒工作，只能在和博物馆隔离得相当远的房屋内进行。

19. 可以用石脑油精、樟脑、烟草作为驱虫（蛾子）的药品，但是，它们不能作为毒杀昆虫的药品。这些药品不能直接撒在藏品上面，而必须装入小袋里。同时，要注意石脑油精不能放在带银制装饰物或白毛皮的藏品上面，因为银制装饰物会因石脑油精变黑，而白毛皮会变黄。

20. 对于地毯和其他普通织物，把它们紧紧卷上、紧紧用纸包好，也是一种预防的方法。

21. 由于尘埃特别容易深入织物中，而且难以除去，所以保管织物的房屋里，必须特别保持清洁；而织物本身，必须尽可能放在紧紧关上的橱柜、玻璃橱中，用套子等套上。

22. 打扫的时候，必须加强通风（换气），或是设法使轻微的过堂风吹进来。房屋内地板上的尘埃，最好用除尘器除去（但是，除了最结实的新地毯和其他结实的织物以外，决对不能用除尘器来除去织物本身上面的尘埃）。

23. 除去织物上的尘埃，要用软的、最好用完全天鹅绒的、长毛绒的拭布，或是用揩拭用的麂皮（小心地把灰尘除去，但绝对不要擦拭和掸灰尘），或是用毛制的抹布；而对于比较结实的地毯，可以用软的鬃毛刷、抹布和刷子，必须在户外弄干净。清刷挂毯的时候，必须用刷子平刷（即顺着纬线刷）。

24. 不许可用硬抹布、毛刷除尘，用力抖落地毯上的灰尘，敲打地毯和敲打填有棉絮、弹簧等的家具来除去灰尘。颜色持久并且短绒头的毛地毯，在严寒的日子，可以用清洁的没融化的雪除尘。

25. 为了避免受到机械性损坏，除尘的工作，必须很小心地进行。

26. 在陈列中，织物要放在玻璃橱柜里。在藏品保管室里，较小的织物，要放在匣子里；较大的织物，要放在带抽屉的箱柜里（也可以放在带浅抽屉的橱柜里）。为了避免负重过多和为了更容易将织物拿出起见，抽屉不要做得过高。

27. 衣物也可以分挂在橱柜中的"衣架上"。带重装饰物的衣物，为了避免受到负重，最好平放。容易折坏"开绽的"的织物，也要平放。

28. 大的"扁平的"织物（地毯等），要卷在三合板轴上。

29. 必须悬挂这种织物的时候，要在悬挂的这边上缝上料子结实的布条。布条的厚度和耐久性，必须适合于陈列纺织物的厚度和重量。

如果要蒙在框子上，要在织物的四边都缝上布条。

轻便的织物、花边、帷幔等，可以随意折叠悬挂；地毯、挂毯、其他较重的织物等，必须平挂。为了避免折痕损坏花样，这种藏品可以拉直挂放，不大结实的织物，由下面补上"铺垫"，这种"铺垫"直接挂在悬挂的地方（横木或铁挂上），免得使织物扭歪变形。为此，必须使经线严格地垂直向上，纬线横平。因为挂在圈环上，会使织物的重量负荷不能均匀，所以最好把缝好的、悬挂用的布条直接挂在横木上，或者把铁轴穿过做好的伏缝。决对不能用钉子钉在织物本身上面，或者用别针别在它上面。

30. 老旧织物下面，用丝线缝上"铺垫"。根据展览品织物的料子和重量来选择"铺垫"的料子。

31. 花边可以随意放置或悬挂。但是，最好不要悬挂，只有料子比较结实的花边可以这样，它们不会因为本身重量的压力而蒙受损害。如果花边必须绷直的话，那么要把花边轻轻地缝在作为花边底布的、结实的织物上。

32. 非常陈旧的织物的小断片（经考古学上的发掘得来的），要平放在两块玻璃之间。

33. 不许可把织物黏起来和应用"固着剂"——苯化纤维素、茶苯漆等。

34. 丝织物、天鹅绒织物、毛织物、一般容易感受水作用的各种织物以及各种老旧织物（特别是考古学上的织物）等的清洗工作，只能由经验的专家修复员——化学家来进行。

35. 足够结实的白色的亚麻、大麻、黄麻和棉织物以及染色而不见水掉色的织物，可以用不含化学杂质的温水（雨水或蒸馏水）来清洗。对于没染色的织物和花边，只能用中性的无色的肥皂（如，所谓"儿童"肥皂），最好是用肥皂沫。清洗后，应当好好地把织物在清水中过一下。花边最好先将它们卷在有许多洞的瓷管上或瓶上，然后再清洗。

36. 清洗的时候，织物绝对不能用力揉搓，绞干的时候，也不要拧得太紧。应当留心，不让织物受到任何机械性损坏。花边，一般地说，最好不要搓洗，只能将它在水中摆洗。

37. 清洗后，十分结实的织物，要隔一层干净的白布用不过热的熨斗熨平。花边要打湿摆在干净的玻璃上、漆布上或承垫上再熨平，在这种情况下，用不生锈的别针别住花边。但是，最好避免一切都用水清洗的方法，而采取由修复员专家用汽油、四氯化碳等进行"化学"清洗的方法。

38. 如果使用会引起火灾危险的易燃性液体（汽油、醚）清洗时，清洗的工作，便应当在博物馆外或是在隔离得够远的房屋内进行。

39. 变黄了的亚麻织物（但不是考古学上的织物）和花边，可以利用阳光稍加漂白。

40. 织物的修复工作（除价值很小的新织物外），只能由专家修复员来进行。

十四　角和龟甲

角和龟甲制品，在博物馆中是以各种小件用品（梳子等）和较大物品上的镶嵌物、镶边等形式出现。角常用来作装饰品，常用来制造大杯、乐器等。

对于角和龟甲最危险的，便是湿度的剧烈变化和过干的现象（如，由于加热而过干）。因为角和龟甲制品，会因湿度的剧烈变化和过干而收缩、卷曲、分成鳞片和薄片，因而完全毁坏。

此外，它们还会受到某些种昆虫的侵犯。

细薄的、透孔的、角和龟甲制品，是十分易碎的。镶嵌物、镶边等，能够自它们的基础上剥脱。

1. 角器、骨器应当在正常的湿度情况下保管。特别要防止它们变得过干和受到加热（靠近采暖设备，受到直射阳光的照射等）。

2. 应当检查镶嵌物、镶边是否和基础连结得很坚固。

3. 胶合这类藏品时，用鱼胶，清洗时用中性肥皂的泡沫。这两种操作，和全部其他修复工作一样，只能由专家修复员来进行。整直翘曲的角器或龟甲制品的尝试，是绝对不能容许的。

十五　琥珀

琥珀就它的性质来说是一种坚固的化石树脂。它可以溶解于热油中，对于琥珀最危险的便是：高温（由于高温，琥珀会裂开粉碎）、温度的剧烈变化和浸湿后的冻结（因为琥珀中总是有小裂缝，能够冻结的水分，便可在这些裂缝里积聚和冻结）。

1. 琥珀制品应当在正常的温度和湿度条件下保管。

2. 如果没有采暖，冬天就最好把琥珀搬到采暖的房屋里。

3. 琥珀的任何清洗和修复工作，只能由专家修复员来进行。清洗的时候，不要用强烈的溶剂。

十六　骨器

骨器在博物馆中既以骨骼形式（参阅"动物学上的藏品"章），也以各种制品的形式出现。

考古学上的藏品中有由动物的普通骨骼制成的物品。但是，制造小件用品，特别是制造艺术品，过去到现在始终都采用大动物（象、古象"化石骨"、海象等）的长牙（在实践中常常不正确地概括叫作"象牙"）。

骨器是十分坚固的，但是，极其纤细的透孔的骨器，却常常脆而易碎。

新象牙略带透明而呈白色，但是，它会逐渐干翘、变黄、变得容易发裂。用水蘸湿、不均匀的或剧烈的变干，也会引这样的发裂的现象。变干的时候，象牙会收缩，而用作镶嵌物、镶边等的时候，它会自基础剥落掉下。

"考古学上的"骨器，如果长期埋在地中，会受到碱化，变得脆而松软，而象牙则会剥离成细薄的脆片。

1. 骨器应当在正常的湿度条件下保管。特别要防止骨器受到打湿，防止骨器剧烈或不均匀地变干（如，阳光的加热或者靠近采暖设备等）。

2. 为了防止机械性损坏和变污，骨器应当放在装有玻璃的橱柜中，应当尽可能地让足够的光线照射进来（在光亮的地方，骨器比较不容易变暗），但是，必须防止阳光的直射作用。

3. 带有镶嵌物或镶边的物品，必须不时检查骨器和基础是否连结得牢固。为了避免丧失起见，剥落的部分，在修复前必须仔细地收拾好。

4. 变成脆而易碎的物品或是分层的物品，应当加固，但是，这件工作只能由修复员来完成。

5. 胶合骨器，要用鱼胶或精制胶。清洗要用水和中性肥皂或汽油、酒精等。这些工作也要由修复员来进行。

十七　毛皮和皮革

毛皮上的毛损坏的原因以及毛皮的保藏方法，和毛织品一样。对于毛皮最危险的便是蛾子。

1. 防止蛾子的方法，除了上面谈到的对位二氯苯和石脑油精外，还可以用溶解在汽油中的 Эвлан 来浸练。在藏品保管室里，毛货仔细清刷后，最好放在由结实的光泽纸糊严的纸包中。

2. 变黄的白毛皮，应当在向光的地方陈列。

3. 变得过干的毛皮的修补方法，和皮革一样（参阅六节）。

博物馆中所见到的皮革，无论就皮的本身或其加工（鞣皮等）来说，种类都是足够繁多的，如鞍皮，用作皮箱、皮包的皮革，家具的包皮，皮鞋等，或是天然色和染色的漆皮、羚羊皮、羔皮、山羊皮。

对于皮革最危险的便是害虫——由于潮湿过度而产生的昆虫（皮蛀虫）、霉、腐烂，和湿度不足时的过干现象（失去伸缩性、发裂等）。

4. 必须在正常的湿度条件下保管皮革（而最好保持百分之六十五至百分之七十的湿度，但不能更高），必须防止受到加热（必须防止阳光和靠近采暖设备，因为这也会引起过干的现象）。

5. 除了不得用蚁醛液外，防止皮货生霉、生虫（如皮蛀虫）的方法，和其他的藏品一样（参阅"动物学上的藏品"章）。

6. 为了软化过干的皮货，要用蛋黄和甘油、蓖麻油、羊毛脂等擦拭，但是，这件工作只能由专家来执行。

十八　珠母、珍珠、珊瑚、绿宝石

珠母和珍珠，是在某些种软体动物的贝壳中形成的，就它们的化学成分来说是碳酸石灰。它们完全可以溶解在酸类中；因此，含有酸类和灰尘的一切气体的空气污染物对于它们都是十分危险的。此外，珍珠有时还会丧失光彩"逐渐死去"。发生这种现象的原因，还不能确定。但是，由于在日常生活的情况下，特别是把珍珠佩戴在身上，珍珠通常不会"逐渐死去"，可能空气的自由进入和温暖在这里起一定的作用。

1. 应当尽一切力量设法防止珠母和珍珠受到酸类和尘埃的作用。

2. 不要在低温和空气不能足够进入的情况下保管珍珠。

3. 必须检查用作镶嵌物、镶边等的珠母和基础的连结是否坚固，穿连珍珠的线是否坚固，以及珍珠是否固着于槽内、框子内等。

4. 保管珍珠的一般规则，和首饰一样（参阅"黄金"章）。

珊瑚：所谓的"贵重的"珊瑚，常常用作首饰和艺术品的材料。这些珊瑚有红色的、粉红色的、白色的等等各种。

珊瑚的化学成份，和珠母（碳酸钙）的成份相似。保管的方法也是一样。

对于用作制造刻凹花凸花装饰品等的贝壳，情形也是一样。

绿宝石通常认作是一种宝石，但事实上却是一种为铜的盐类所浸染的矿化骨。绿宝石会受到氢氧化铵、亚硫化物、醋等的剧烈作用，会因而掉色"逐渐死去"。修复绿宝石的方法还没确定，在这方面的任何试图都是不许可的。

十九 宝石制品

宝石（金刚石、绿柱玉、蓝宝石等）在博物馆里不但常单个地遇到，而且主要以和贵重金属配合成装饰品（戒指、胸针、项饰、头饰等）的形式在器皿上、书封面上、圣像饰框上、十字架上和其他教堂用品上遇到。宝石虽有很大的硬度而且对化学作用有很大的抗性，但是它仍然受到笨重与粗暴的机械作用的影响。宝石的互相摩擦、用含有沙粒和其他坚硬的微粒的抹布擦拭宝石，会使宝石的光滑的表面形成极微的擦伤。极微小的缝隙等中的水的冻结，会带来很大的损伤。

1. 宝石应当放在盒子里，并用天鹅绒制的、羊皮制的或绸制的小垫垫开，使它们不会互相触碰。

2. 不要在低于零下的温度下保管宝石。这样的温度，会使落在极微小的缝隙中的水有冻结的危险。

3. 应当防止宝石受到可能含着十分坚硬微粒的尘埃的影响，应当用很软的（绸的、天鹅绒的、羊皮的）干净的绝对不能含有沙粒等的布片擦拭。先用温水清洗宝石，然后用酒精浸湿再使变干。这时水和酒精会一同蒸发。

4. 宝石用作各种物品的装饰物时，必须检查宝石是否固着在框子、槽子等里面。

5. 对于宝石和对于金属一样，必须严格地实行特别的保管措施（参阅本书总论专章）。

二十 地质学和矿物学上的藏品

和地质学问题有关的藏品，更准确一点说即和研究、掌握地壳知识有关的藏品，可以分为下列几个基本类别：

Ⅰ 矿石和岩石。

Ⅱ 地质学和古生物学上的藏品。

Ⅲ 土壤标本。

对于这几类藏品的保管，要遵守下面的管理方法。

I. 矿石和岩石

这一类的藏品，可以分为下面各种：

（1）各种成套藏品（分类的、地方性的、实验遗传学上的、地球化学上的、作专题研究的等等）。

（2）单个矿物藏品（矿块、样品标本、标准量度等）。

（3）制品和半制品。

（4）现地勘察装备品等。

所有这些藏品，在绝大多数情况下，都是干制实验标本——坚硬的，而有时是气体的（天然氧）。属于液体藏品标本的，通常只是极有限的与下列各项有关的藏品即：石油以及它的衍生物、液体燃料、煤焦油、天然盐水、矿物泉源等。

此外，在博物馆的实践中，有时会把矿石或岩石以及它们的制品联合展览，如，把它们和玻璃制品、陶器、各种石器等联合展览。保管这些制品的方法，可以参阅本书各有关章。

1. 保管矿物和岩石藏品的基本要求，便是防止温度的剧烈变化，防止潮湿和灰尘等。

2. 在没采暖的、潮湿的房屋里，例如由亚硫化物和盐类组成的矿石，便特别容易受到损坏。如果不能保证有温度经常均匀的干燥房屋，这一类的矿石，最好放入广口瓶内（磨口玻璃瓶塞或涂上石蜡的软木塞）。①

3. 没罩玻璃裸放展览的矿物藏品，需要好好的照料。主要地，必须防止尘埃侵入它们里面，特别是防止尘埃侵入结晶体的矿块地里面。也要防止它们褪色（与阳光直接照射无关），如，乌拉尔产宝石、绿柱玉、黄宝石等。

4. 为了除去尘埃，矿石和岩石，用吹入空气来清扫，或者用软刷清刷。除了容易溶解的（如盐类）和受浸湿的作用后会改变自己的情况的（如粘土）外，满覆尘埃的藏品，可以放在温水中用刷子清洗，然后再用酒精使它们变干。

5. 不陈列的藏品，为了预防尘埃和机械性损坏，都应当包好。

6. 为了预防矿石褪色，必须把它们放在能严密关起的小匣里。

7. 天然气的标木，必须放在容量一公升的瓶中，而瓶子要逆放。

8. 湿性的矿物标本和它们的衍生物，应当好好地密闭起来（留下约六分之一的容积，以备液体膨胀时之用）。能冻结的物品（如，来自矿泉的物品），必须防止它们受到低温的影响。

9. 金属的地质勘探器械（地质小锤、凿、简易钻探器——穿孔器、地纳尔凿岩机等），应当先用凡士林油擦在光滑面上，用机械油（或凡士林）擦在联结的地方（套环、凹槽、接管等），然后才可保管、陈列。

10. 对于完全用皮制的物品（如地质图囊等）或者部分用皮制的物品，需要遵守本书中有关章指出的规则（参阅"毛皮与皮革"章）。

II. 地质学和古生物学上的藏品

在绝大多数情况下，古生物学上的藏品以及岩石标本、成套的钻探杆、打孔錾、模型以及各时代（纪）的地质构造上的变迁图（透视画）等，也都是地质学上的藏品。

11. 石制的地质学藏品，对温度变化和房屋潮湿的抗性是十分大的。这里，主要的注意应当防止藏品受到尘埃的侵染。

12. 为了防止第四纪的化石动物骨骼组织发裂和受到损坏，必须事先修复现有的损伤（可以用浸在干酪质溶液——一分干酪质，掺上八分水——中的石膏填塞，在干酪质溶液里加石膏的分量，必须能够形成面团状）。

13. 植物、昆虫、鱼和其他有机体的化石痕，需要小心地保管，特别是在藏品保管室中，要防止它们受到机械性损坏。对于脆的古生物学上的物品，也是一样。必须把它们放在垫上棉花的匣子或箱子中。

14. 模型通常会变色，发暗，特别容易受到潮湿、温度的变化和尘埃的损害。地质构造变迁图（透视画），主要会因受到潮湿和温度的变化而损害。此外，昆虫也可以损害他们。

在陈列中，这一类藏品上的尘埃，必须经常清除（吹去）。在藏品保管室里，它们可以用脱脂棉花、小铇花等好好地覆上，先小心地用羊皮纸包上。然后用结实的包装纸包上，并系上小绳。

III. 土壤标本

在绝大多数情况下，整块的土壤、以及单块的土壤层、土壤埋藏物等，都属于这一类藏品。

15. 这些藏品，通常用玻璃罩上，主要不是受到尘埃和温度变化的损害，而是受到能使它们生霉的潮湿的损害。②

---

① 此外，上面所说各种藏品的重份矿石，最好预先用羊皮纸包好。——原文注

② 对于地质植物学上的藏品（干腊植物标本、镶在框里的干植物制标本）以及地质动物学上的藏品（啮齿类动物的剥制标本、软体虫、幼虫的酒精浸制标本等）的保管方法，可以参阅本书有关章。——原文注

二十一　植物学上的藏品

植物学上的藏品的主要形式，便是干腊植物标本，也就是在网状纸中变干的、黏贴在结实的纸上的植物。利用小纸条黏上胶水，然后把植物的最坚固的部分黏在纸上。植物本身不要用胶水黏。胶水中要加上防腐剂。

1. 干腊植物标本，按科分类；按马叶柯夫斯基、达里叶夫、费特成柯、夫列罗夫等著的分类书中所采用的分类法来分放。植物的科下分属，属下又分种。每一种都放入特别的包皮纸中。

2. 在博物馆里，除了分类的干腊植物标本外，还能够有作专题研究的植物标本，如，有用植物（食用植物、药用植物、含维他命植物、饲料植物、野生植物、工业用植物等）的标本。

3. 干腊植物标本可以先装入包皮纸，然后再放成束。每束都放在由结实的纸板做成的纸夹中。纸夹由和干腊植物幅面一样的两张纸板做成。用扁带穿过纸夹的孔洞，然后将纸夹均匀地系紧。

为了便于从搁板上将纸夹取出，可将穿过纸夹孔洞的扁带在下面系上一个小圈。

4. 干腊植物标本必须放在关闭的、设装玻璃的橱柜里，橱门必须能紧紧关上。干腊植物标本见光便会褪色，而且更快地受到损坏。

5. 最方便的，便是办公室式的橱柜，但是，这些橱柜必须和干腊植物标本的大小相称。也就是说，它们必须是干腊植物标本的纸夹，如果窄面朝前的话，便可随意地放在橱柜里面。搁板间的距离，是28公分到30公分。橱柜的高度应当是不要藉助于梯子，用手便可取到上层搁板上的东西。

6. 如果没有橱柜的话，干腊植物标本可以放在坚固的、紧紧关上的匣子里。这些匣子可以裸放在板架上。

7. 保管干腊植物标本的最重要条件之一，便是房屋的干燥（干度到百分之六十五）。房屋必须是干燥的，而且是采暖了的。如果在潮湿的房屋内保管干腊植物标本，干腊植物标本上面便会生霉和生害虫。变潮的植物会失去自己原有的颜色而变成暗褐色。

8. 为了除霉，必须使植物标本受到高温（摄氏七十度）的作用。恢复颜色，是不可能的。

9. 由于材料脆而易碎，植物标本上的尘埃，是不易除去的，必须用软刷笔（作水彩画用的）小心地拂去。

10. 为了防止植物标本受到害虫害物的损坏，可以将石脑油精撒在植物标本上面（虽然这种方法不一定总是有效的）。比较更有效的方法，便是用对位二氯苯或二硫化碳进行消毒。为此，可将成束干腊植物标本在内含消毒剂气体的、专设的紧闭箱子中放二十四小时。由于二硫化碳蒸气和空气混合后便容易燃烧起来，使用二硫化碳的时候，必须十分小心。最好将二硫化碳和四氯化碳（一比三）混合一起使用。

11. 某些种植物，例如属于十字花科的、大戟科的植物以及茅黄花等，特别容易受到昆虫的侵害。为了预防，可以用小刷沾上溶于浓酒精中的百分三至百分之五的升汞溶液刷在植物上。酒精容易挥发，而留在植物上面的升汞薄层，可以长期的防止植物生害虫。

12. 为了防止干腊植物标本生害虫，一个很好的办法，便是将成束的干腊植物标本包在结实的布料（白细布）或玻璃纸中。害虫不可能咬穿织物或玻璃纸，因此，也不能钻入小束中。

13. 在害虫最易繁殖的时期（五月、七月、九月），以及在湿度高的情况下，必须对干腊植物标本仔细加以检查。

14. 在陈列中，应当防止植物学上的藏品变色。

　　在博物馆中，除了干制的植物学上的藏品（干腊植物标本）外，还可以有保存在液体（酒精、蚁醛液）中的植物。这些植物的保管，可以按照湿制动物标本的保管规则进行（参阅"动物学上藏品"章）。

　　关于植物学上的藏品的特别类别，应当注意到下列各项：

　　15. 高级隐花植物（青苔和羊齿类）的保管方法和孢子植物一样。

　　16. 容易从培养基上取下的地衣（叶状的和丛生的），要制成干腊植物标本保管。生在树皮、石头上的地衣，不可能和培养基分开，可以在空气中变干后，再放入匣子里。为了防止它们生害虫要照上面所说的方法，用溶于浓酒精中百分之三至百分之五的升汞溶液涂沫。

　　17. 寄生在高级植物上的寄生蕈、毒麦蕈和其他小蕈，可以与其所寄生的植物放在一起。

　　18. 木蕈（即引火蕈——学名：BoLetus lgmarius），变干后可以放在匣子里。它们有时可以和培养基放在一起，如果它们容易从培养基上分离出来的话，也可以不和培养基放在一起。必须用猛汞和酒精混合的溶液加工，它们才不会转变为枯木渣。

　　19. 高级蕈（更准确一点说，即伞形菌）可以以湿制标本的形式放在防腐液里，或者可以按照特别方法制成干腊植物标本（贴在涂上精制胶的纸上）的形式进行保管。

　　水栖隐花植物，绝大多数制成干腊植物标本的形式来进行保管。绿色线状水栖隐花植物、小而飘浮的球状水栖隐花植物（有些呈蓝绿色的等），要制成湿制标本的形式来进行保管。

　　［原注：更换防腐酒精的规则，可以参阅"动物学上的藏品"章。同时必须注意：对于植物学上的标本，为了防止它们掉色较常用的是蚁醛液。蚁醛液制的湿制标本，不会受到严寒的影响。］

　　20. 子实学上的藏品（子和实），先用四氯化碳或其他消毒剂加工，然后放在纸板盒中、玻璃试验管中或小包中。

　　21. 多汁的子实，和块茎、球茎、多肉的植物一样，都要放在防腐液里（参阅有关湿制标本部分）。

　　22. 木料标本、树木品种标本和锯下的木块标本等。

　　在这些藏品的新标本中，可能有在大自然中便居于木质中的昆虫。比较不大新的木质中的昆虫，是没什么危险的，只是木质却会稍微受到损坏：这样的昆虫，在干木质中不能生存，也不会作新的侵染。但是干木质上却会生有几种天牛属的昆虫（如，家天牛）和各种砥磨蛀虫。防止的方法，便是在二硫化碳室中消毒，以及一般性的（用对位二氯苯等）预防方法（藏品放在橱柜等里面的时候）。

二十二　动物学上的藏品

　　按保存的方法，动物学上的藏品，可分为二类：湿制标本和干制藏品。属于第一类的，有保存在某些种防腐液体（酒精、蚁醛液等）中的藏品（如，鱼类、两栖动物、爬行动物、雏鸟、小哺乳动物（比如，蝙蝠）、大部分无脊椎动物等）。属于第二类的，有剥制标本、皮和除去头、皮、内脏等的动物干尸、鞣制皮、头盖骨和骨骼、卵和鸟巢、干制的无脊椎动物藏品（如，软体动物的贝壳、变干的棘皮动物和大的甲壳类动物、大部分昆虫等）。

I. 湿制标本

保管湿制标本，没有什么特别的困难。它们不会受到尘埃和害虫害物的损害，但是，却会因光线受到损害，而在某些种情况下，还会因低温而受到损害。应当根据这种情况，来选择保管条件。

　　1. 湿制标本，必须放在带暗玻璃的紧密的橱柜中。

　　2. 如果放在板架上，最好把板架的搁板用帷幔蒙上，这样，虽然只部分蒙上，也可防止内藏湿制标本的瓶子受到尘埃的影响。

3. 要陈列的标本，应当分放得使它们不会受到直射阳光的作用。

4. 为了使防腐液体蒸发时受到最小的蒸发损失（对于酒精尤其重要），应当仔细地照管瓶子和圆筒的塞子。毛玻璃瓶塞要用凡士林涂抹，软木塞要用门德列也夫法制油灰或蜡油灰涂抹，或用石蜡浇注。此外，用牛膀胱或猪膀胱将塞子蒙上，也是很好的办法。

5. 保管蚁醛液制的湿标本的时候，必须记住：蚁醛液（浓度百分之二至百分之四的蚁醛的水溶液）是会冻结的。

6. 最好的防腐液体，是蒸馏酒精。通常使用浓度七十度的酒精。新收集的藏品送到博物馆的时候，应当检查其中酒精的浓度，因为如果将藏品中所含的水吸出，酒精的浓度就会低于七十度，藏品在以后便会受到腐烂的损害。可能把浓度不足的酒精倒出，换上新的、浓度七十度的酒精。

［原注：（1）蚁醛液常常会很厉害地损坏藏品（引起纤维的硬化；使骨中的钙和石灰质的介壳中的钙消失，并使骨和介壳等软化）。因此，不应当用蚁醛液长期保存那些以后要受到装配性加工的藏品（特别是用来作骨骼的小脊椎动物的骨。］

［原注：（2）变性酒精和原料酒精和水混合后，会生沉淀。所以它们对于要陈列的标本是不大适合的。］

7. 由于酒精会变成棕黄色或黄色，会因吸收藏品的脂肪物质而变色，所以过一定时间必须把酒精倒去（尤其是在要陈列的标本中的），换上新的酒精。将新的酒精加注在酒精制标本上的时候，可能因两种酒精的混合而形成沉淀物。沉淀物虽然会逐渐地沉淀下来，但是，藏品看起来仍然会稍微发暗色的。因此，不应当把新鲜的酒精一下子便加注到陈列的标本上，而是先加注小量：如果形成沉淀，应当把全部酒精换去。

［原注：旧标本的变成棕黄色的酒精、发浊的酒精等，可以用简单的蒸馏的方法便使它们变成无色和透明（为此只须有曲颈蒸馏器和普通的玻璃冷却器便可）。用蒸馏的办法也可以使浓度低的酒精的浓度增高。这样，似乎"变坏了的"酒精，却是全可以使它变成甚至对于陈列的标本也是完全适用的。］

8. 如果在酒精中保存各种成套的极小藏品（如，小虾、蚯蚓、小昆虫等），则最好不要把藏品放在单个的瓶罐中，而要放在小试验管中或者甚至切断的小段玻璃管中，并用棉花塞住管口。小试验管和玻璃管，可以按藏品的某些特征分类直放在瓶罐中。这样的保存方法，不但可以大大地节省酒精和器皿的消耗，而且使藏品的管理工作变得容易得多，并能减低酒精因蒸发而受到的损失，节省软木塞等。

II. 干制藏品

干制的动物学上的藏品，会带来许多能破坏它们完整的害虫，所以这种藏品需要实行特别的清洗方法，并且需要在博物馆藏品正常保管条件（温度、湿度、空气的清洁、光线的防止等——可以参阅本书总论）之外使用各种预防措施。

如果把动物学藏品的清洗和预防的方法概括起来，那么就应当注意下列各项：

尘埃：藏品上的尘埃，要用软毛掸或软刷除去。尘埃蒙得很深的剥制标本，要用刷子清刷。骨骼、头盖骨、大的干虾和棘皮动物上的贝甲、珊瑚的断片等，如果蒙有侵染已久的灰尘时，可以小心的清洗，而且，表面极其不平的藏品（如，珊瑚、海星等）上的尘埃，由于不便用拭布擦拭，所以必须用水冲注，然后再用软鬃毛刷刷去。藏品清洗后，必须小心地使它们变干。小而软的干制藏品（如，昆虫）上的尘埃，要用毛刷刷去。

霉：生了霉的剥制标本、皮和除去头、皮、内脏等的动物干尸，必须先使它们变干，然后除去它们上面的霉。坚硬的藏品（骨头、贝壳等）上的霉，只要简单地洗去就可以。除霉后，必须用蚁醛液的气体将藏品加工以便杀死霉菌的芽胞。内有蒙受损害的标本的橱柜、匣子、箱子等也要用蚁醛液加工。在昆虫藏品中，匣子或箱子底的泥炭底板，能是变潮（和生霉）的泉源：泥炭底板变潮后，在通常的情况下干燥得很慢。如果藏昆虫的箱子生霉时，则必须将昆虫自箱子中取出，并且细心地使箱子干燥（然后检查箱底的干度）。

害虫：干制的动物学上的藏品——剥制标本、除去头、皮、内脏等的动物干尸和兽皮、昆虫——如果管理得不好，会受到害虫的很厉害的损害。这类藏品的通常的害虫，是蛾子的幼虫、皮蛀虫的幼虫。昆虫藏品，还会常常受到砥磨虫的幼虫的损害。这种砥磨虫的幼虫也会损害内含浆糊、胶水的各种制品（纸、浆板纸制品等），而且有时还会损坏内藏昆虫的箱子和箱子上的软木等（通常是损坏那很旧的、过干的木料部分）。昆虫藏品上还会常常出现小草虫（"书蠹"、"灰蠹"），这些小草虫有时会给小而软的昆虫和较大的软的表皮（小鳞、细毛）带来很大的损害。各类动物和各种生物学上的藏品，也会受到别种不损害动物标本，而损害藏品的"底面"和别的成分的害虫损害。

对一切害虫的预防措施，除了严格地保持博物馆房屋内的正常温度和温度外，还有：用紧紧关上的玻璃橱、橱柜、箱子等存放藏品，对每一件新从外面进入博物馆的藏品仔细地进行预防消毒。各种预防的化学药品中，无疑地，最好的便是对位二氯苯。在这种药品的气体中，藏品的一切通常的害虫，都会死亡。这种药品不但可以"驱走"害虫，而且可以消灭害虫。虽然对位二氯苯的"强烈的"气体气味难闻，但它对于人却没什么危险。把对位二氯先用匣子或以纸卷成的尖底筒盛放好，然后再放入箱子、橱柜、玻璃柜中。作为一种防腐剂，这种药品不必放入橱柜中的每一个匣子或抽屉，只须放入这个橱柜里便可。如果橱柜中有生害虫的抽屉，每一个抽屉中可以放入小量（半火柴匣）对位二氯。对位二氯也可以用来对一切送到博物馆的藏品进行消毒；为此，设立一个简单的消毒室是简便的（这个消毒室关闭得越紧，它里面消耗的对位二氯也便越少）。

用得最广的石脑油精，只是一种驱虫的药品。如果将石脑油精加在已经生虫的藏品上，害虫常常不会死亡。使用石脑油精的时候，好好地把它撒布开，能够收到最好的效果。因此在藏在棉絮中的昆虫上使用，石脑油精必须以粉末的形式加在棉絮中。必须用石脑油精撒在皮和除去头、皮、内脏等的动物干尸上。不要把石脑油精直接撒在昆虫上。可以把它放在匣底棉絮下，或者包成小包放在棉絮的上层。石脑油精通常很容易把别的物品弄脏，蒸发后会留下污点。大的石脑油精"球"是很方便很经济的。因为，对位二氯苯气化的时候，会留下许多小而能飞扬灰尘的"沉淀物"，所以对位二氯苯也不要直接散在藏品上或箱子中，而必须把它放在小匣或小包中。

搜集昆虫时用的一切其他预防药品，大部分是效果小的。

如果没有对位二氯苯，而完全可靠的化学预防法又没有，那么，便要加强管理。生了虫的藏品，必须立刻拿开并在消毒室中由专家用硫化碳气或蚁醛气进行消毒。

为了不使害虫大量繁殖，在一年中很暖和的几个月——最危险的季节中，应当对藏品进行三次检查，即在四、五月间，七月、九月间。如果在博物馆中既使出现皮蛀虫的个体时，也就必须特别细心地照管藏品：这种现象常常会有"爆发"的危险，而且害虫还有群迁的嗜好，因此，小小的"发源地"会很快地扩展，会蔓延到几乎整个博物馆（因为蛾子的"局部性"比较大，在这一方面，蛾子的危险性，是比较小的）。

害虫很容易从街上直接侵入博物馆房屋内，因此，必须仔细地使房屋保持清洁：任何地方即使是羽毛或兽毛的小片，昆虫的碎屑等都不可以有。正是这种藏在房屋角落橱柜下的"脏物"，通常就是害虫初次栖息的地方。没清洗的骨是害虫的很好的诱饵，这种骨不应当放在有藏品的房屋里，而必须另外存放，同时既使大量撒上些石脑油精也好。没清洗的骨头，虽然还没有受到害虫的损害，但它却是害虫的温床。在南方，害虫繁殖得特别厉害，而在这里，就应当不断地防止害虫的产生。

各种干制动物学上的藏品保存规则，分为下列各项：

1. 剥制标本：大部分剥制标本，都是陈列品，也就是说，都是放在玻璃橱里的；因此，除了尘埃和潮湿外，还必须防止受到过度光线的影响。不陈列的剥制标本，放在橱柜里（有关得严密的小门或粘上黑纸的玻璃橱柜）。

2. 除去头、皮、内脏等的鸟类和哺乳动物的干尸，要放在特备的箱子或匣子里。箱子里放较大的动物干尸：和寒鸦、松鸡的大小相当或稍大的鸟类干尸、和黄鼠狼大小相当或稍大的哺乳动物干尸。纸板匣里放燕雀类和各种小的哺乳动物的干尸（比伶鼬小的，主要是鼠状的啮齿类动物、小的食虫动物）。箱子的尺码，最好要标准一致。匣子的尺码，也最好标准一致。匣子里，动物干尸要放成一排。

匣子放在橱柜里、搁板上。

［原注：在莫斯科动物博物馆中，所采用的匣子的尺寸是：长54公分，宽32公分，底的板壁高7公分，上盖的板壁高6.5公分。如果是这样的比例，上盖的板壁就能紧紧地包住下底的板壁。底的板壁的各边，要用天鹅绒糊住。极小的鸟（麻雀和比它更小的鸟）和哺乳动物（鼠、地鼠）用的匣子，可以更低一点（高4~5公分）。］

3. 因为大的哺乳动物（狐、狼、牝鹿和更大一点的动物）的干尸会占用过多的地方，牠们的皮可以制成鞣皮的形式保管。各种软毛兽（黑貂、貂、兔）的皮，也可以制成鞣皮的形式保管。盐腌的皮，不应当长期存放：它们会被盐把毛皮"烧坏"，而毛便开始脱落；盐腌的皮必须鞣制。各种兽皮可按大小不同分放在箱子或匣子里。应当尽可能更正确地放置它们，使它们便不会压成褶皱，使它们能均匀地平放。不要用兽皮把箱柜装得过满：如果压得太紧，兽皮会变和脱毛。保管软毛兽皮的最好的方法，便是挂放（在箱柜里会因日久而陈腐）。在美国的博物馆里，为这设置了特别隔离开的阴暗的房屋，这种房屋有密闭的金属门，有特备的挂皮的架，有很好的通风设备。这样的"库房"，是可以用适当装饰的橱柜来代替的。放在箱柜里的较大张的皮（狐皮和较大的兽皮），必须每年（夏天）透风，并小心地敲打它们。

4. 小哺乳动物的头盖骨，放在玻璃试验管（圆筒）里。试验管底放上棉絮，标签必须插在隔玻璃能看见的地方。一个试验管里，只能放一个头盖骨。装头盖骨的试验管，放在匣子里（和除去头、皮、内脏等的动物干尸一样）。较大的头盖骨（黄鼠狼、松鼠等的头盖骨），放在尺寸标准一致的纸板匣子里（如，宽长6.5×4.5公分，高3.5公分；宽长高7.5×4.5×6.0；11.0×6.0×7.0等）。这种匣子的盖必须能完全紧紧地贴近板壁。这种匣子可以排成一排放在大的尺寸标准一致的匣子里（干尸用）。标签黏贴在纸板匣的盖上（便于不打开匣子也能知道），头盖骨上要系第二个标签（原始标签），头盖骨上和头盖骨的下颚上还须另外加记藏品目录号码，以便如果标签偶然遗失，便可根据藏品目录补上必需的说明。

无角的大头盖骨（狐或较大的动物的头盖骨），放在小箱子里或箱子的抽屉里。有角的头盖骨，放在板架的搁板上或者挂放（可以放在两块藉角来支持头盖骨的平行窄板之间）。

5. 装配好的骨骼的保管，和剥制标本一样。各种大哺乳动物的骨骼常常裸露保管（必须经常除尘）。放在玻璃橱或橱柜中的小骨骼，最好还要罩上胶玻璃罩。没装配好的（拆卸开的）骨骼，要按尺寸大小一个个地分放在匣子或箱子里。不要把几个拆卸开的骨骼放在同一个小箱或箱柜里，因为那便很容易把各个骨骼的组成部分挪乱。没清洗过的骨骼和头盖骨，应当作为标本制作室的材料完全另外放置。由于没清洗过的骨骼和头盖骨容易成为蛾子和皮蛀虫的温床，所以放置它们的匣子或箱子内必须撒以对位二氯苯或石脑油精。

6. 鸟巢：大的鸟巢多半作陈列之用。它们可以连树枝或作为鸟巢基础的别种基体一同取下。这样的鸟巢要放在玻璃橱中，或用玻璃罩罩上。小的鸟巢保存在匣子里，这些匣子是摆在橱柜搁板上或者箱子抽屉中的。每一个新的鸟巢，在放入藏品保管室之前，必须先加以消毒。

7. 鸟卵：整窝的鸟卵或个别鸟卵，要放在匣子里，在棉絮上保存。标签贴在匣子里，而在匣盖上要贴上注明鸟卵种类和藏品目录号码的标签。匣子摆成一排放在箱子的抽屉中或者橱柜的搁板上。放鸟卵的匣子，可以做成几种不同标准尺寸的。必须记住，鸟卵会因强烈的光线而很快地腐败。

8. 软体动物的贝壳，和小头盖骨一样地保存，也就是说，要放在小匣子里或试验管里。和头盖骨不同的是：在一个试验管里（匣子里），可以放入许多同类的贝壳（假定它们都是同时拾来的，也就是说，可以完全用同一个标签的）。小试验管，通常可以按藏品种类的不同分放在小匣子里，而这些小匣子就可以摆在搁板上，或者放入大匣子里。

［原注：如果用小匣存放小头盖骨、鸟卵、贝壳的时候，不要用分成许多格子的大匣来代替单个的小匣。纸板虽是稍微节省一点，但是这不能补偿这样的"格子式"的极大的不方便：要将单个藏品连"包装"拿出便不可能，而将整个大匣都拿动，常常是很不方便。重新分类藏品的工作，是复杂得多的。为了陈列，当然可以用"格子式匣子"；可是，既使在陈列室里，将这些鸟卵放在同时摆入一个大匣内的单个小匣（可以将盖除去）中，也会更方便些的。］

9. 昆虫：昆虫，无论用作陈列品或藏品，都要用特别的别针插住平放。还没装配好的昆虫，要放在棉絮层上。

（甲）保管别针插住的昆虫，用有泥炭底的、内部糊上白纸的匣子或小箱。

（乙）棉絮材料放在不大的小箱或匣子里保存。小箱或匣子的尺寸，是可以随便的，但是要避免大型的小箱和匣子，因为那便会使棉絮层（"垫子"）变得沉重而不便处理。匣子的最大尺寸，是长 20 公分至 25 公分，宽 12 公分至 15 公分，高 8 公分至 10 公分。大的蝴蝶和蜻蜓，可以用面积约 20×30 公分的匣子。把小的昆虫放在薄叶纸匣里保存，是很合适的。匣子和小箱的盖，必须能紧密合上。如果，匣子里摆着的是完全变干了的昆虫（如果它们需要长期地放在棉絮上），最好用狭长的纸条将匣盖糊上。用金属匣子来保存昆虫，是不合适的：金属匣子内昆虫会生霉的。棉絮垫——不收湿的棉絮层，比匣子的面积要稍微小一点。棉絮要放在一张面积有它三倍大的纸上，这样，纸中央的三分之一，可以作棉絮层的铺垫，而纸两边的三分之一，可以向上折起，用来覆盖棉絮层。"覆盖物"也可同时用来记载这一层昆虫的所有材料。棉絮层的厚度，由它的面积以及主要地由放在它上面的昆虫的重量来决定。对于小的昆虫，棉絮层有半公分的厚度便够了（特别是棉絮层的面积小的时候）；对于大的甲虫，棉絮层便必须有 1 公分至 2 公分的厚度。小匣子里可以不做垫子：薄叶纸匣里（放二十五只昆虫用的），一共要放两层棉絮，这里，棉絮只须单用纸张摆开便可。棉絮上可以放随便任何一种昆虫。不要按旧的参考书上的方法把蝴蝶和蜻蜓放在小纸包里：这样的包放，会常常给翼部带来许多损伤。把蝴蝶放在棉絮上，可以保证它们的最大的完整，而且，参观起来也要方便得多。

（丙）变干了的昆虫特别脆而易碎；这不但会因不小心的接触而容易损坏，而且由于小箱受到震动或撞击也会损坏。放有用别针插住的昆虫的小箱，应当放在桌上，应当很平稳很小心地放进橱柜或从橱柜中拉出，甚至很轻微的震动也要避免。自然，棉絮材料因小箱受到震动或撞击而蒙受的损害会少些。放有用别针插住的昆虫的浅箱和匣子，应当平放，绝对不要像一般的情形那样侧放。只是对于陈列的藏品，才可以有例外。

（丁）昆虫比任何其他的干的藏品更容易受到尘埃、霉、光线和（特别是）害虫的损害。应当特别细心地管理昆虫学上的藏品。陈列的昆虫藏品，绝对不要放在直射的、剧烈的阳光下（如，对着窗户）。最好给放有昆虫的玻璃橱挂上帷幔。参观的时候，由参观者自己把帷幔拉开、拉上。

（戊）昆虫藏品，要保存在暗处。为了防止尘埃，放置昆虫的小箱和匣子，要配上能紧紧关闭的盖（最好是有榫槽的），放置昆虫的橱柜，要特别细心地配上小门（最好上部的榫槽有皮衬垫）。这些措施也可以防止昆虫受到害虫的损害。预防潮湿的措施是一般性的，此外，不要把干燥不够完全的昆虫（刚用别针插上的）放入紧紧关上的匣子里。应当先使这些昆虫在泥炭板（要放在橱柜里，免得蒙上尘埃）上裸露放置使之变干。防止害虫，用一般的方法。

（己）除去干昆虫上面的尘埃和霉的工作，会常常使昆虫的脚和触须受到损害。只能清除预先软化了的昆虫上面的尘埃（可以放在湿沙上 12 ~ 14 小时）尘埃和霉，要用以甲苯（或纯汽油）浸湿的软刷小心地刷去。覆满油脂渗出物的昆虫，用甲苯清洗，先洗去油脂，再用镊子夹住块棉擦拭（蝴蝶和覆满柔软的细毛的昆虫上面的油脂和霉，必须很小心地洗去）。把昆虫浸在甲苯中若干小时，其结果是良好的。

下面的混合成分用来是很合适的：

酒精（九十五度）：265 立方公分

水：   245 立方公分

苯：   35 立方公分

醋酸乙醚：   95 立方公分

在使用之前，这种混合物必须剧烈地摇晃（形成的乳剂可以够二次工作用）。把干的（不软化的）昆虫放在这种溶液里，隔 10 ~ 15 分钟，昆虫便会变成相当柔软的。这种混合物既可以用来软化需要整理的昆虫，也可以同时用来清除昆虫上面的尘埃、霉、油脂、污垢。在使用了这种混合物以后，昆虫还能很快地再变成干燥的。

（庚）为了避免昆虫因插它们的别针生锈而受到损坏起见，必须常常换上新的别针。先使昆虫软化（放在湿沙上），然后小心地把别针上的锈除去，只有这时才能把昆虫从别针上取下（否则会很厉害地损坏昆虫，因为生锈的别针会变得更粗，在拔出的时候，会使刺穿的小孔弄得很大）。无论什么时候，都应当将别针转动之后才可将昆虫从别针上取下；否则，这便会很厉害地损坏昆虫。

（辛）黏合损坏的昆虫，最好用赛璐珞胶（赛璐珞溶在"梨水"［Грушевая эссенция］中，即溶在醋酸戊醇酯中的溶液）因为这种胶能够不因潮湿而软化。如果必要的话，用醋酸戊醇酯润湿黏合的地方，也能使胶水易于软化。

10. 无脊椎动物中，除昆虫外，常常以干的形式保管和陈列的还有：大的甲壳类动物、蜥蜴、大的多足类动物、蜘蛛类、棘皮动物、大的海绵类、珊瑚树等。较小的干的节足动物，可以和昆虫一样地保管，即放在匣子里保管；大的虾类，罩上玻璃罩；大而干的海星，通常就放在玻璃橱的搁板上展览，或者固定在靠玻璃橱的后板壁展览；干的海绵，裸放在搁板上或者罩上玻璃罩陈列。珊瑚的断片，通常裸放在玻璃橱的搁扳上展览。应当将珊瑚、海绵类、棘皮动物等放在能紧紧关上的小箱或匣子里，因为，它们蒙上尘埃后，它们的外形会失去原来的面貌，而除去它们上面的尘埃，不但是很困难的工作，并且还常常会带来许多小的损坏。

11. 生物学上的干的藏品，要放在蒙玻璃的匣子或小箱里陈列，或者罩上玻璃罩陈列。各类小动物，通常就可以放在玻璃橱的搁板上展览（如果有脆而易碎的藏品，可以罩上玻璃罩），比较笨大的各类动物，不用玻璃橱而用玻璃罩分别罩上。为了能完全预防藏品受到尘埃和害虫的损害，玻璃罩的制造，应当是很精细的。

二十三 人类学上的藏品

放在地志博物馆的人类学上的藏品主要有：由考古学上的发掘得来的人的骨头；小量的各种头发标本；湿制标本（酒精制的和蚁醛液制的）；石膏制头盖骨模型、石膏制死人脸型、石膏制半身像等。

骨学上的（骨质的）藏品，是很有价值的，但在保管上也是很困难的。由考古学上的发掘得来的骨质藏品，有时埋在地中数千年之久，大部分是极其脆而易碎，收湿性很大的，不能经受温度的剧烈变化，特别是不能经受温度的变化。

过分的干燥和直射阳光的作用，尤其特别危险。

这时，骨质物品的表面，会开始发裂，会一层层地剥落而露出多孔质的结构。特别容易受到损坏的是：长的管状的骨头（股骨、胫骨、肩胛骨）的骨端（末端）和椎骨的椎体。

如果长期放在过分干燥的空气中，牙齿就逐渐开始损坏：珐琅质发裂，牙齿逐渐分裂成碎块。

1. 为了预防骨学上的藏品很快地破坏，应当把它们保存在温度特别是湿度不会受到很大的变化的房屋内。

2. 对较贵重的藏品，应当实行特别的保存措施。任何地方博物馆都能够实行的最简单的保存措施便是：用热的石蜡油浸渍牙齿和剧烈破坏着的骨骼的其他部分。

在烧热到温度约120度左右而溶解了的石蜡中，例如放入带牙齿的颚骨要使颚骨不碰到石蜡。

藏品可以放在溶解的石蜡中15分钟左右。从热的石蜡油中取出的骨，用干抹布擦拭，以便拭去骨表面的过剩的石蜡。准备陈列的骨为了除去表面的油脂层，可以用汽油润湿的抹布擦拭。

骨容易受到损坏的易碎部分，也要浸渍——用石蜡和汽油的溶液涂抹。这时用刷子涂抹骨的表面。

骨的表面，可以用光亮的洋干漆的酒精溶液加固。洋干漆溶液的浓度，由骨头的完整程度和多孔的程度来决定。

最贵重的骨，如果要保持原有的颜色，可以用赛璐珞的丙酮溶液浸渍。

这时，要注意到这种藏品是容易着火的。

无论如何，不要为了保存骨而用木工用胶。

3. 掉脱的牙齿，可以用蜡、石蜡和松脂做成的胶脂黏上。这种胶脂是由百分之四十的蜡、百分之四十的石蜡、百分之二十的松脂组成的（这些都在溶解状态中混合）。这种胶脂，也可以用来黏合折断的脆而易碎的骨头，以及用来补充残缺的部分。

4. 头盖骨应当放在橱柜中的搁板上，搁板最好蒙上织物（即使蒙上粗麻布）以便如果坚硬的搁板受到轻微的撞击，牙齿和头盖骨基础的突出的易碎部分不致受到损坏。

最贵重的和脆而易碎的头盖骨，最好单放在小箱中或很深的抽屉中。

搬移的时候，不要握住头盖骨的眼窝和颧骨的弧形部分，因为如果这样，眼窝内的小骨容易受到损坏，颧骨的弧形部分也容易折断。结果，头盖骨便会变成不适于研究的藏品。

5. 成套骨骼放在小箱中，每一副骨骼可以各用一个小箱。放全副骨骼用的浅箱，应当有下列的尺寸：长——53公分，宽——30公分，高——25公分（这是小箱内部的尺寸）。由于在大多数情况下骨骼不是全套地存放，所以为了节省地方，在板壁上做上直槽，以便使分隔用的三合板镶在直槽里。这样的小箱中，一般常放两副不全的骨骼。

6. 手和脚的小骨，应当分放在不同的匣子里。因为左右手和左右脚的骨头如果混在一起放，以后便几乎不可能正确地选出来。

7. 头发用醚清洗，并放在用软木塞或棉絮塞住的玻璃试验管里。应当防止头发受到蛾子的损害。

8. 保存酒精和蚁醛液的湿制标本，和保存动物学上的藏品一样。关于石膏制品的保管，可以参阅本书有关章。

博物馆学概论

傅振伦 著

商务印书馆

1957 年 8 月

傅振伦（1906~1999），字维本，河北新河县人，中国著名历史学家、考古学家、方志学家、档案学家。1929 年毕业于北京大学史学系。曾任北京大学研究所国学门考古学会助教、北平大学女子文理学院史地系讲师、故宫博物院古物馆科员、私立文华图书馆专科学校和白沙国立嫂子师范学院史地系教授、北碚修志馆馆长、沈阳东北博物院筹备委员会专门委员、国立长白师范学院史地系主任、国立东北大学历史系主任、北京大学图书馆专科和博物馆专科教授。1949 年以后，历任北京历史博物馆保管部主任、中国历史博物馆研究员，并先后兼任故宫博物院学术委员、北京文物调查研究组主任、中国人民大学档案系教员、文化部及北京大学考古人员训练班教师、南开大学历史系博物馆专业教授、中国博物馆学会和中国考古学会名誉理事以及中国地方史志学会学术顾问等多种职务。傅振伦一生研究成果颇丰，博物馆学的论著主要有《博物馆学概论》（1957），该书为中华人民共和国成立后第一部博物馆学原创专著。

目　录

序

博物馆是科学研究及文化教育机构，也是物质与精神文化遗存以及自然标本的主要储藏室。它的主要任务是搜集、保存各方面的物质文化遗存与文献资料；在以辩证唯物主义与历史唯物主义的观点、方法进行科学研究的基础上组织陈列；向广大人民群众进行爱国主义与社会主义思想教育；并提供科学研究的资料，以提高人民的科学文化水平，更好地服务于社会主义建设。在今年 1 月 14 日中共中央召开的关于知识分子问题的会议上，周恩来总理号召加强图书馆、档案馆、博物馆的工作，为发展科学研究准备一切必要的条件。这说明了在经济建设、文化建设的高潮中博物馆有特别重要的现实意义。

据 1955 年 12 月的统计：在我国仅仅文化部系统领导的博物馆就已有五十所，为解放初期的二倍半。其中专门性博物馆十一所；地志性博物馆二十九所；纪念性博物馆十所。目前除青海、西藏外，每个省、自治区、直辖市都有了博物馆或博物馆筹备处。从事博物馆工作的队伍也相应地壮大了。1955 年全国博物馆工作人员总数已达二千三百多人。在 1956 年到 1967 年的 12 年当中，文化部将陆续在全国建立很多各种类型的博物馆。此外，科学院、高等教育部、民族事务委员会、各业务部、会、科学技术团体也要分别建立或扩充科学研究、教学、专业性以及公共性质的博物馆。博物馆事业是有广阔的发展前途的。

随着博物馆事业的发展，与博物馆工作队伍的相应壮大，必然需要博物馆学理论和实践的论著，作为开展业务的参考，然而这类著作目前是不多的。

1942 年我曾参考当时国内编印的博物馆学两、三种小册子，如中国博物馆协会会报及国外博物馆的一些论著写了一部《博物馆学的理论与实际》，在这本书里由于当时思想水平的限制只是引用与参考了资本主义国家的一些博物馆学理论，而忽视了苏联博物馆的先进的理论与实践，其中存在着浓厚的资产阶级观点。1952 年学习了文化部文物局翻译的俄罗斯苏维埃联邦社会主义共和国所属文化教育机关事务委员会关于地志博物馆的社会文化工作参考资料五种；1956 年又有机会阅读了文物管理局翻译的俄罗斯苏维埃联邦社会主义共和国博物馆科学工作研究所主编的《苏联博物馆学基础》初稿，继之又参加了第一次全国博物馆工作会议，研读了所发的全部文件，包括中国博物馆工作者访苏代表团的报告书。同年夏季参考这些重要材料以及文物局所编辑的《文物参考资料》中的有关材料，写成了这本《博物馆学概论》，提供给文物工作者，特别是博物馆工作者和高等学校历史系"博物馆学概论"课程教学者的参考。

本书的内容：首先是导言，概述了博物馆学上的一般知识；其后依次论述博物馆事业发展的简史；博物馆的组织、建设问题；博物馆中的具体工作——科学研究、征集、保管、陈列、群众宣教等工作。

成书后，经北京历史博物馆同志们提出了一些宝贵的意见，曾据以作了修改和补充。盛意可感，志之致谢。但这本书限于作者的理论水平和业务水平，仍不免存有错误。希望读者提出批评与建议，以便于再版时补充更正，逐步提高这本书的质量。

傅振伦

1956 年 9 月于北京

第一章　导言

博物馆是文化宣传教育机关之一，它要为国家建设服务，为科学研究服务，为广大群众服务。它要适应国家大规模的社会主义建设，满足人民群众日益增长着的文化要求，特别是为完成我国家三个五年计划，为使国家在十二年内赶上世界先进科学水平而努力。这就是说：博物馆一方面经过陈列向广大群众进行宣传，提高群众的思想觉悟水平和文化科学水平；另方面也要为科学研究准备充分的物质资料。它在国家建设事业中有着非常巨大的作用。

博物馆的工作首先涉及到物质和精神文化及自然标本等实物，这些实物是研究历史、技术、文学、艺术以及自然等科学中各项问题最宝贵的原始资料。根据博物馆的专业知识、性质、特点、具体任务、组织形式的不同而可分为各种类型的博物馆。

国家、地方的博物馆大部分是文化部系统领导的公共博物馆。它们的主要藏品类别和陈列内容各有不同，一般分为历史、民族、革命历史、文化、艺术、地志、纪念和自然等各种性质不同的博物馆。在搜集、保藏、研究和陈列上也都有它们的不同对象。历史、民族、革命历史等博物馆的对象是文化古物，如工具、劳动产品、武器、社会生活和家庭生活的物品，以及不同时代的各种文件。艺术博物馆的对象是雕刻、绘画、建筑、装饰、工艺等作品。地志博物馆（包括都市的历史与建设博物馆）的对象是一个地区的自然标本、过去与现在社会的经济、文化及其日常生活。纪念博物馆的对象是与重大历史事件有关的、与国家著名政治活动家及与科学、技术、艺术、文化等方面杰出的历史人物有关的生活和活动资料。这类博物馆中还有公园博物馆（即有革命、历史、艺术等纪念意义的公园或建筑物）。自然博物馆（包括动物园、植物园、水族馆）的对象是自然界的标本、资料。这些公共博物馆（包括一部分的纪念博物馆）除了少数分类博物馆或专门博物馆以外，大部分是为全体公民服务的综合性博物馆。

综合性的博物馆之外，还有分类的和专业的博物馆。如苏联博物馆除了文化部门领导的博物馆以外，还有苏联共产党中央直接领导的列宁博物馆；军事系统领导的红军博物馆、武器博物馆等；科学院系统各种专业的，主要是为研究人员服务的科学博物馆；大学系统的，为了教学及研究服务的专业博物馆；还有各专业部系统的带有技术研究和传授性质的博物馆（如邮电博物馆、铁道博物馆等）；还有政治科学普及协会领导的带有技术革新、科学普及性质的博物馆（如工业技术博物馆）。

另外博物馆又有世界性（如列宁格勒的民族博物馆）、全国性的中央博物馆与国家博物馆（如北京历史博物馆[①]、故宫博物院），也有一省、一市的博物馆（如山东省博物馆、天津市历史博物馆、北京市首都历史及建设博物馆筹备处）。

由于博物馆是科学研究机关，是文化教育机关和物质文化与精神文化遗存、自然标本的主要储藏

---

① 1920 年成立，1926 年开馆，时称"国立历史博物馆"，1949 年改名为"国立北京历史博物馆"，1960 年改名为"中国历史博物馆"，1969 年与中国革命博物馆合并，称"中国革命历史博物馆"，1983 年两馆分立，2003 年第二次合并，组建为"中国国家博物馆"。

室，所以，作为科学研究机关来说，它一定要收藏文物资料、自然标本。它们是研究历史、文学、艺术、技术、自然等科学的宝贵的原始资料，必须经过科学研究，然后布置陈列，才能发挥博物馆的作用。博物馆都有丰富的藏品和资料，所以它有极优越条件，进行研究。馆内的科学工作者在学术委员会领导之下，从事学术研究、编写论文、著书出版。学术上的重大问题、博物馆陈列上的空白点，以及征集、编目、鉴定、保管、复制、陈列、群众工作等从理论到技术性的问题，都是博物馆研究工作的主要内容。它还要和科学院、高等学校、有关部门取得密切联系，互相帮助，提供参考资料，以解决学术上、陈列上的问题。

博物馆作为文化教育机关来说：它通过自己的陈列和其他方法，以大众的形式来介绍关于自然和社会历史发展的具体知识。它的主要活动方式是陈列展览，并广泛组织公民来馆参观，进行讲解。此外还在馆内或机关、工厂、矿山、农庄、学校组织报告会、讲演会、定期学术讲座，辅导大、中、小学校学生学习和研究。它是严格地按照马克思列宁主义的观点，并密切结合党和政府当前的政策、决议，不断地提高全体公民的社会主义、共产主义思想水平和科学文化水平，动员他们积极建设国家。一切宣传教育的活动，都是以科学研究工作为基础的，也只有如此，才能保证宣传教育内容具有高度政治思想性、科学性和艺术性，才能收到巨大的教育效果。

博物馆作为物质文化和精神文化遗存以及自然标本的主要储藏室来说：国家或一个地区记录人类活动、社会发展的文物资料及自然发展的资料，它都应该搜集、保存，以便作进一步的研究。这些资料，无论是实物、复制品、艺术作品、科学辅助资料，都是博物馆活动的物质基础，这不仅是为了陈列的需要，而是要征集、保藏"首先是包括广义的居民生活情况等问题"的集品资料，为科学研究和群众文化教育工作提供丰富的资料。

由于以上的论断，我们可以说：博物馆的首要任务是科学研究工作，它是博物馆全部活动的基础。在这一基础上布置陈列，并对馆内外提供研究资料，为文化教育工作服务。它是宣传社会主义思想和马克思列宁主义人生观的有效工具。即进行社会主义教育的有效工具。它能使人认识劳动人民是历史发展的动力，认识人类的过去和现在，帮助人们对于自然界以及人类为改造自然而进行斗争。它宣传先进技术、先进工作方法，并以自己科学研究的成就，给予国民经济建设以巨大的帮助。可见加强博物馆科学研究是不断提高博物馆各项业务工作质量的关键。

处理一切博物馆工作的唯一指导原则是辩证唯物主义与历史唯物主义。只有根据马克思列宁主义的方法论，才有可能正确地、科学地、解决博物馆工作理论与实践上的一切问题。因此也就必须批判博物馆工作中的资产阶级观点。

博物馆的产生是由于社会的需要，是社会历史发展的结果。但资产阶级的博物馆学者论述博物馆的本质和起源，是从唯心主义的形而上学的立场出发的。他们用"主观美学"的理论作为博物馆起源的根据。他们以为人们企图用能唤起美感的物品来点缀自己的四周环境，因而产生了博物馆。还有些资产阶级的博物馆学者认为博物馆的产生乃是人们具有的本能。他们还把博物馆的发生说是起于穆西庙①，因此把古希腊说成是博物馆的一个共同的发祥地。这些错误理论是应当首先加以批判的。

从这些理论出发，在已往的博物馆事业中自然存在着表现不同的各种各样的资产阶级思想：在研究工作中忽视了劳动人民生产、斗争的历史，忽视了劳动人民的创造发明。脱离现实，不结合当前的政治经济中心任务。为研究而研究，为个人兴趣而研究。在征集工作中只重视帝后、贵族用品，忽视了平民

---

① 现多称"缪斯庙"。

生活资料，碰到什么收什么，藏品多而有用的少。有时没有科学记录，成了废品。在保管工作中只是看摊子，好像古董铺，没有科学管理制度。望气派地鉴定，信手拈来，随便定名。对修复则认为是一种技术工作，以意为之，力求美观。在陈列工作中有什么摆什么，罗列文物，罗列现象，显示不出陈列主题中的主从关系，看不出主要陈列品的特点与代表意义。对劳动人民的智慧创造，没有正确的评价。陈列只为少数有钱有闲的寄生阶级服务，博物馆的大门对劳动人民是紧闭着的。在群众工作中则没有主动而广泛的宣传博物馆的活动，只是"等人上门"，上门了也不主动讲解。观众懂不懂听随自便，甚或信口开河，胡讲一阵，只博听众一笑，毫无教育意义。在地志博物馆里则多有浓厚狭隘的地方观念，过分强调地方上的人物，好像通志馆的具体化或先贤祠似的。在少数民族地区里，则存在着大汉族主义思想，或狭隘的民族主义倾向。这种种情形都是资产阶级思想在博物馆事业中的具体表现。博物馆工作者对这些现象必须加以揭露与批判，并依据马克思列宁主义的原理，来从事工作，才能使博物馆事业取得成就，顺利地把博物馆科学和博物馆事业推向前进。

博物馆（包括组织最简单的纪念博物馆在内）的全部活动是研究、征集、保管、陈列和群众宣教等工作。而科学研究工作则是博物馆全部活动的基础。藏品是博物馆全部活动的物质基础，因此征集工作、保管工作是博物馆最基本的工作。而陈列工作则是博物馆活动的最主要的形式。而为了提高陈列工作的效果，则又必须借助于群众工作，所以这些都是博物馆学研究的对象。

"干部决定一切"，博物馆工作者必须用博物馆事业的科学理论武装自己。目前我国博物馆干部情况，不论政治思想、业务水平，都与中央对博物馆事业的要求有很大距离（例如全国博物馆有独立钻研能力的专家仅约五十余人，还不及苏联一个博物馆专家的数目，而且在观点方法上也有待进一步提高。高级中学文化水平以上的干部仅占百分之三十左右）。这一问题如不抓紧解决，对博物馆事业的发展将有很大障碍。为此，各博物馆应加强工作中业务的训练，国家应有计划地派遣留学生到国外学习或实习。科学院、高等学校应配合博物馆的需要，培养研究生以上的科学研究人材。文物机关也应当经常组织"习明纳尔"（讲习会）训练干部。各博物馆应经常举行工作经验交流大会，互相观摩，交换馆员，协同工作。

要想作好博物馆工作，必须组织馆际的互助合作，也必须充分组织社会力量的帮助。中央馆帮助地方馆，有经验的大馆帮助缺乏经验的小馆、新馆，取长补短，互相学习。组织社会力量的主要方法是把馆内外专家或有关人员组成学术委员会。也要联系有关部门如科学院、高等学校、团体、企业、工农业、交通、运输等单元，帮助博物馆研究陈列计划、补充陈列品。博物馆还要密切联系群众，发挥集体作用。如在厂矿、农庄、青年团、少先队中发展"博物馆之友"，来协助博物馆的征集、宣传、教育等工作。

苏联博物馆科学研究的先进经验和发展道路，对于我国博物馆事业有着重大的指导意义。结合我国具体情况和各个博物馆的不同条件，把苏联的经验溶化到我们的工作里面，就会把我国博物馆事业推向新的阶段。除此之外，各人民民主国家博物馆的工作经验要学习，祖国文化遗产要整理，民族的优秀传统的经验，特别在古器物的修整方面也必须总结、发扬，推陈出新。至于资本主义国家的管理方法和技术，只要对我们是有用的也应该吸引到我们具体工作中去。

第二章 博物馆事业发展史略

第一节 中国博物馆事业发展史略

保管文物是博物馆的基本工作，谈博物馆的萌芽，应当从文物的典藏开始。我国河南省安阳县殷代文化遗址，曾经发现了殷人保藏典策的府库，这说明我国在奴隶社会时，奴隶主已经知道重视文物、珍藏文物。到了封建社会，统治阶级对于这种工作，更加重视。战国人所著《周礼》、记载周代的制度说："春官之职、掌祖庙之收藏，凡国之玉镇大宝藏焉"。"小司寇、大比，登民数及讼狱之中，皆登于'天府'……"周武王迁鼎到洛（事在公元前 1047 年）；楚子至周问鼎（事在公元前 606 年）；楚兴师临周，以求九鼎（公元前 296 年事）；汉元鼎 4 年（前 113 年）后土祠旁发见古鼎，武帝极隆重地把它陈列在祖庙、藏于帝庭：这些文献、故事都是很有力的例证。孔子（前 551 年至 479 年）在陈，"隼鸟集于陈侯之庭而死，楛矢贯之，石砮"。孔子说那是肃慎氏的矢，"故府"也有收藏，陈惠公果然在他的"故府"里，找到楛矢。可见当时一般统治者，也有宝库，收藏着宝器和远方的物品。《史记·张释之传》说：文帝时，"释之从行，登虎圈，上问上林尉诸禽兽簿"。这说明了西汉时候皇家设有动物园，还有目录。《后汉书·钟离意传》载："光武数幸广成苑"，这也是皇帝常游玩的植物园林。《汉书·梁孝王传》载："武有罍尊，值千金，戒后世善宝之，勿得以与人"，这是私人收藏最早的记载。《晋书·张华传》载：元康 5 年（公元 295 年）10 月，武库失火，累代之宝及汉高祖斩白蛇剑、王莽头、孔子履，都被焚毁。"武库"也就是当时的中央古物保存所。南朝（420 年至 589 年）的宗室贵戚，好事搜罗古物。如《南齐书·武帝十七王传》载："竟陵文宣王子良，敦义爱古，有服匿苏郡阁下，有虞翻旧床，罢任还，乃致以归。后于西邸起古斋，多聚古人器服以充之"，即其显例。此后帝王如南唐李后主也好事收藏，并精鉴赏。到了宋代搜集古物成了朝野的风尚。

宋元祐初年（约 1086 年）皇帝仅收藏三代古物，其后出土文物逐渐增多，秦汉的器物也在收藏之列，数达万件以上。十二世纪初叶，宣和、保和等殿的左右，又建稽古、博古、尚古等阁，以藏古玉、印玺、鼎彝、礼器、法书、名画。大观初年（约 1107 年），王黼等著《宣和博古图》，把皇室收藏的钟鼎以至鉴、盘、弩机、凡八百三十器，摹绘形制、铭文、附以考释。《宣和睿览集》收曹不兴以下至黄居寀作品一千五百件，《宣和书画谱》著录四百二十九家、计七千六百四十八件，这是类似后世博物馆藏品目录的著作。绍兴时（1131 年至 1162 年）内府多收铜器，淳熙时（1174 年至 1189 年）又多聚玉器。皇帝藏品往往使大臣鉴定，黄伯思就是当时著名鉴定家之一。当时还有不少的私人收藏家。元祐 7 年（1092 年）吕大临著《考古图》，著录当时河南文潞公、庐江李伯时等三十余家私人藏器，记明了品名、出土地点、收藏者、尺寸。李公麟收藏铜器很多，他考定世次，辨别款识，是著名的收藏家兼鉴定家。赵彝斋喜收钟、鼎、圭、璧。欧阳修的《集古录》、赵明诚李清照夫妇的《金石录》、薛尚功的《钟鼎彝器款识》都是当时有名的考古著录。金章宗最喜收藏，凡盖有"明昌御府中秘之珍"图章的字画，都是他的收藏。《大金国志》载：海陵王正隆3年（1158年）下令毁坏平辽金所得的古物，使古代文物遭受了很大的破坏。明宣德（1426年至1435年）时，皇宫武英广运等收藏，与南宋媲美。孟一派上书神宗，疏陈五事，略言："数年以来，御用不给。今日取之常禄，明日取之太仆。浮梁之瓷，南海之珠，玩好之奇，器用之巧，日新月异……穷耳目之好，竭工艺之能，不知纪极……或刻沉檀，镂犀角，以珠宝金石，饰之周鼎、商彝、秦钤、汉鉴，搜求于海内，穷岁月之力，专一器之工，罄生平之资，取一盼之适。"可见朱瞻基也是个爱好美术的帝王。当代私人收藏，严嵩、世蕃父子是最著名的，太仓王元美的尔雅楼，嘉兴项子京的天籁阁，也很有名。《项氏瓷器图谱》就是他个人收藏瓷器的目录。到了清朝，皇家鉴藏以高宗弘历为第一。当时内府所藏，异常丰富，著录有《秘殿珠林》、《西清古鉴》、《石渠宝笈》、《西清砚谱》等图录。其后《石渠宝笈》续到三编，又有《西清续鉴》、《宁寿鉴古》、《盛京故宫书画记》等书。历代珍品，都萃集帝室。收藏之富，殊为惊人。阮元、王昶、孙星衍、钱大昕、毕沅、陈介祺、吴式芬、刘心源、吴大澂、端方、潘祖荫、武亿、严可均、张廷济、刘喜海、杨守敬等，都是有清一代的重要收藏家或鉴定家。

以上所谈的公私收藏，大都量多质精，收藏者不仅保管妥善，并且进而编纂目录与说明。但这些文物只供一家一氏的欣赏珍玩，他人不易寓目。劳动人民更没有看到的机会。宣和中（约1122年），吴珏任光州固始令，令百姓用古器赎罪。卸任之后，他得了五十余件古物，经叶梦得鉴定，其中有三代器十余件。韩侂胄、贾似道擅权当国，对他人收藏的古物豪夺强取，搜括很多，都给人民带来了很大的痛苦和损失。

十五世纪末年，西欧国家的新兴资产阶级都狂热地希望发现到东方的新航路，他们的行为结合了探险、贸易和掠夺。1517年葡萄牙人第一次来到中国广州，接踵而来者有西班牙、荷兰、英国和其他国家。随着殖民者的东来与天主教的传入中国，教士往往披着商人、学者的外衣，进行文化间谍活动；搜集我国历史文物、自然标本，建立博物馆，作为他们活动的伴侣和助手。1874年英国亚洲文会（The Royal Asiatic Society）华北支会①首先在我国上海筹办博物院，创办人是英国人傅兰雅（J. Fryer）、伟烈亚力（A. Wylie）和中国人唐廷枢、徐寿、徐建寅。他们又创办了格致学院②，内设博物馆、格致堂、书房（即图书馆），拟定了募集和保存陈列品的方法。藏品分考古、泉币、动、植、古生物、地质等组；其中鸟类标本最多。它虽然时常举行讲演会、展览会，但并不向大众公开。帝国主义在租界的"工部局"每年用五千两银子来发展这个博物馆。继英国之后，法人也于1883年在上海徐家汇耶稣总院之南，建立震旦博物院。它以修道院院长达维（A. A. David）1860年左右在华北采集的生物标本及1868年以来韩伯禄司铎（P. Haude）柏永年（P. Courtois）在长江流域各省采集的珍奇标本为基础。1930年又筹款十五万元，于震旦大学旁建三层大厦，设有陈列、研究、试验、图书等室。收藏中国植物标本很多，当时在远东居第一位。后又以葛修士（Fr. Al. Beck）的搜集品三千五百多件设立古物部，也不公开开放。其中除中国文物之外，还有日本、菲律宾、越南、暹罗、摩鹿亚、马来等标本。1904年法人在天津法租界新学中学旁设立华北博物院，虽不久停办，但1914年神父桑志华（P. E. Licent）以其在华北采集

---

① 又称"亚洲文会北中国支会"，英国侨民在上海建立的一个重要文化机构，成立于1857年10月16日，最初名为上海文理学会，1858年7月20日被批准加入亚洲文会，主要从事对中国的自然和社会的广泛调查和深入研究。

② 多称"格致书院"，中国第一所培养科技人才的新型学堂，于1874年筹建，1876年建成。今上海市格致中学的前身。

的生物和地质标本，又在天津筹设北疆博物院，1923 年正式开幕。1925 年扩充为公共博物院，1929 年又辟试验馆。

继英、法之后，日本关东总督府也于 1916 年在我东北旅顺创办满蒙博物馆。1918 年改名为关东都督府博物馆①，分陈列品为图书、风俗（164 件）、参考（1353 件）、动（22952 件）、植（1314 件）、矿（249 件）、水产（945 件）、考古（18579 件）等八部，藏品四万五千多件。1926 年日人又设中长铁路博物馆，藏品也很多，都是中国的日常生活及科学研究的资料，其中以满蒙的资料为最多，它纯粹是日本帝国主义侵略中国的工具。美国帝国主义也于 1919 年在成都华西协合大学创办博物馆，首先由戴谦和（D. S. Dye）设立古物部，藏品 15885 件，其中以陶然士（Rev. T. Torance）、叶长青（Rev. J. H. Edgar）两牧师的采集品为最多。1933 年又设立自然历史部，藏品 13573 件，更设医牙科之部，藏品 28127 件。这些资料包括少数民族的服饰、用具在内，而以川康的文物占其大半。

帝国主义者所创办的这些博物馆（包括一般的广智馆在内），美其名曰“国际研究的处所”，骨子里是它们侵略中国的先遣部队，它们对外是从不开放，公诸大众的。

清朝末年我国受到外国的欺凌压迫，一部分知识分子发愤图强，也想学习西洋。1888 年文廷式等组织“强学会”，1895 年张之洞又在上海设立分会，并拟定章程，其四曰开博物院，他们的主张：“文字明，其义有不能明者，非图谱不显。图谱明，其体有不能明者，非器物不显……康熙年间，钦定时宪书，采用西法，置南怀仁所造仪器于观象台。其历算与中土迥异。今步天测实，非登台观器不能明……今创设此院，凡古今中外、兵农工商各种新器，如新式铁舰、轮车，水雷、火器及各种电学、化学、光学、重学、天文、地理、物理、医学诸图器，各种矿质及动植类，皆为备购，博览兼收，以为益智集思之助”。这些主张，在当时发生了影响。1899 年汉口设商务公所，1902 年天津考工厂设陈列馆（1906 年改名劝工陈列所，展品分本省、外省及国外参考三部）。1905 年直隶省（今河北省）设国货陈列馆，山东省立图书馆附设金石保存所。1906 年南京设江南商品陈列所，京师乐善园（俗名三贝子花园，今动物园）设农事试验场，陈列自然标本，有温室、观测所，还有蚕丝陈列室。其他各省纷纷成立地方性质的小型博物馆。1910 年农商部筹办南洋劝业会②，规模宏大，有四十余馆。然而在博物馆事业上最足称道的是强学会会员张謇 1905 年在江苏南通创办的博物苑。

张謇曾向清政府学部建议开办帝国博物馆于京师，但未被采纳，因此他便在 1905 年以个人的力量，创办了南通博物苑，征集文物标本，作为师范学校教学的凭借。经过了十年的准备，才告成功。收藏文物、标本共二千九百余件，分天然、历史、美术三部。这是国人自办综合博物馆的开端，也是我国第一个学校博物馆，同时也是中国博物馆事业发展史上足资纪念的一件大事。

1911 年，中国发生资产阶级革命，推翻了满清政府，次年成立了中华民国。自此以后，博物馆事业，也有相当的发展。1912 年教育部于北京国子监旧址筹办历史博物馆（不久迁到紫禁城的午门，先事搜集文物；1921 年、1924 年发掘了巨鹿宋故城、信阳古迹；1925、1926 年调查了河南、陕西、山西、绥远、察哈尔等省的古迹；搜集文物二万七千余件，1926 年才正式开馆。其后先后归并于伪中央研究院及北京大学，解放后才行恢复）。同时，北京设国货陈列馆，农商部设商品陈列所（至

---

① 1919 年改称“关东厅博物馆”，1934 年改称“旅顺博物馆”，1945 年被苏联红军接管，改名为“旅顺东方文化博物馆”，1952 年改称“旅顺历史文化博物馆”，1954 年定名为“旅顺博物馆”。

② 全名“南洋劝业博览会”，又称“江宁赛会”，是中国最早的全国性博览会。

1930 年全国有这类组织 21 所）。1913 年北京交通大学设立陈列馆（其后北京大学研究所国学门也开辟陈列室）。1914 年内政部把奉天热河行宫的文物，运到北京故宫三殿，成立古物陈列所（藏品 101549 件，一部分陈列在文华、武英二殿，大部分储存于新建的宝蕴楼库房，其后并入故宫博物院）。同年北京中央公园开辟花坞、金鱼池、芍药圃、鹿苑；次年设卫生陈列所。1916 年农商部地质调查所设陈列馆，保定设教育博物院。1918 年天津设博物院（1928 年改为河北省立第一博物院）。1924 年 8 月北政府顾维钧请设中华博物院，未能实行；11 月 5 日冯玉祥等驱逐清废帝溥仪离开清宫后，乃筹办故宫博物院。次年宣告成立（除设总务、秘书两处外，有古物、图书两馆。1927 年增设掌故部，1929 年改称文献馆，今名第一历史档案馆）。占地 716250 平方公尺的明清两朝封建帝王的宫廷，遂成了国立的一个大规模博物馆。（1933 年改名国立北平故宫博物院，1935 年建南京朝天宫库房，以储存东北事变后五批南运的古物。抗日战争时期文物集中四川，胜利后又运回南京，解放后才把其中的一部分运回首都北京）。1925 年北京钟鼓楼设京兆通俗教育馆（分图书、博物、讲演、游艺四部，这是民众教育馆类型的机构，也是吾国最早的文化馆）。1928 年伪中央研究院筹设自然历史博物院（先以所采获的生物标本八千九百件设立动物园和陈列馆）。1929 年北平农事试验场①改为天然博物院，就原有设备，扩充了动植、农具、林园、花圃、花洞、温室。同时南京中山陵也设立植物园。西湖博物馆也以博览会的展品辟为地方专馆。1930 年中央观象台②改为天文陈列馆。1933 年伪教育部于南京中山门内旗地筹办国立中央博物院③（分自然、人文、工艺三馆）。1934 年庐山设森林植物园。1935 年上海市拨款 30 万元，设立市立博物馆。河南巩县设石窟保管委员会。是年中国博物馆协会在北平成立，编辑丛书，发行会报，1936 年在青岛举行第一届年会，计论博物馆行政、建筑、陈列、保管、考古发掘、整理档案等三十五案。还议决以"寏"字代表博物馆的简写。抗战时在香港恢复会报，光复后又在北平复会。

　　博物馆、陈列馆之外，还常有临时的展览会。1921 年上海总商会举办第一次国货展览会，此后分别举行过蚕茧、丝绸、化学、工业、时装等展览。南京举行的西北文物展览会、西湖的博览会、两次铁路展览会、两次全国美术展览会，以及全国的手工艺展等，规模都相当宏大。1935 年上海还举办了比利时现代美术展览，1936 年南京、上海举办了苏联画展、版画展，北平举行了德国画展。1936 年世界上十七个国家收藏的我国艺术品在伦敦展览，我国六个机关藏品也参加了这次国际展览会。

　　近百年来的中国历史是一部封建主义、官僚资本主义和帝国主义互相勾结、狼狈为奸的历史。这一部历史在文化方面的反映，就是半殖民地的文化、买办阶级的文化。博物馆事业、科学研究工作也都渗透了半殖民地、买办阶级的色彩。有些博物馆是帝国主义在中国创办的作为他们侵略的有力工具，而那些即使不是帝国主义创办的博物馆，它们的一切工作也都是把欧美资本主义国家的制度生硬地搬到中国来，其陈列品的选择和布置，几乎都以外国人的嗜好和风尚为标准。因此它的发展是迟滞的，基础是不稳固的，更不合乎一般大众的要求。所以在博物馆事业上，我们一定要在坚决反对帝国主义、封建主义与官僚资本主义的基础上，建立为人民服务的新型的博物馆。现在把 1921 年至 1942 年我国博物馆的统计，列表于下，以作参考。

---

① 1906 年由清农工商部领衔建立，其后几易其名，1955 年定名"北京动物园"。

② 中国第一个现代气象台，1912 年在北京市东城区古观象台原址上建立，1983 年定名为"北京古观象台"。

③ 1950 年更名为"国立南京博物院"。

中国博物馆统计表（1921～1942）

年份＼数目 ＼类别	科学博物馆	美术博物馆	历史考古博物馆	普通博物馆	生物园	总计
1921	3		2	13		18
1924				8		8
1928		4	3	14		21
1929		26	1	34		61
1930		24	40	27		91
1931		43	102	30		175
1932		42	117	53		212
1933		53	118	68		239
1934		55	121	74		250
1935		44	96	62		202
1936	4	56	98	75	6	239
1937		58	101	81		240
1942	37	39	47	34	9	166

抗日战争爆发以后，中国共产党领导全国各地广大人民，进行了强大的抗日游击战争，建立了许多抗日民主根据地。在当时军事物质条件异常困难情形之下，虽不能建立博物馆，但在边区政府领导的地方都设有民众教育馆（1949年后改为文化馆）。为了宣传政策、教育人民，它经常举行临时展览。延安的民众教育馆馆址狭小，1946年7月即以边币2800万元，在边区政府对面营建新馆五间。1940年秋季，日寇在华北疯狂"扫荡"，到处烧杀掳掠，兽蹄所至，尽成焦土。八路军总司令部野战政治部129师师部，为了紧急救济和安抚灾民，特于11月发起慰问团，到灾区慰问。每团设有一个以全副由百团大战战胜品武装起来的战斗连，沿途举行胜利品的展览，激励了民心，提高了抗战胜利的信心。同时边区各界庆祝百团大战胜利，追悼阵亡烈士大会，还展览了军民死难烈士遗物，如血衣、照片、图籍等纪念品和他们的统计数字、略历和英勇事迹。自1943年起延安还每年举行一次大规模的展览会。曾经举办的有文化教育、司法、农、工、财政经济、军事、卫生等展览。如文化教育展览会发动了一百六十多名美术家设计布置，会场长达数里，收效非常巨大。1944年9月22日延安举行冬季边区劳动英雄、模范工作者及生产展览大会，展览了好的和坏的典型事例对比陈列。对各项生产建设的成绩和缺点，作了全面的总检阅，总结了生产建设经验，发挥了创造精神。这种对比陈列方法在教育人民上起了很大的作用。1946年11月太行区二届群英大会，事前发动十五里以内群众的帮助，布置了大规模的展览，有生产馆及民兵馆。生产馆包括有翻身馆，民兵馆包括有时事馆，规模宏阔。其布置的原则：一、着重实地展览；二、着重发展过程；三、重点陈列，陈列要做到提出问题、解决问题的效用；四、陈列图画，减少连环画，着重在突出的大幅图画。两个大展览馆包括下列资料：（一）各种农工业、手工业、矿业的优良成品及实物；（二）各种生产的标本、模型、图表、相片；（三）各种生产的文字报告；（四）各种发明及改良工具；（五）民间各种旧武器及民兵制造的武器；（六）民兵缴获的武器及胜利品；（七）民兵烈士的简史、民兵模范战绩、典型战斗模型、图表、相片；（八）爆炸战术的创造；（九）翻身运动中的图表、照

片。这个富有重大教育意义的展览，对于成千成万来"群英大会"参观的人民，起了很大的效用。1944年夏天，陇东文教工作者采取美术工作和群众结合的新方法，利用庙会，搭起文化棚、卫生棚，用图画、讲唱进行文教卫生的宣传，这种方法很快地推广到各地方。1946年冀中行署工商厅总结了春季庙会经验，利用庙会为生产服务，举行了生产品展览会，便利了工商业的发展。1947年左权涉县骡马大会民教馆举办了生产展、卫生展，黎城骡马大会开辟了生产馆、卫生馆，鸡泽刘马昌村举办了妇女互助纺织运动展览，大名台臣中学举行了生产总结表模大会及成绩展览，邢台专区农林局举办了"脱字棉"（是一种优良品种，早熟，多实，毛长，洁白，当时每亩产籽花四百多斤）。1949年保定举行工农业产品展览会，它的任务是：（一）进一步发展城乡贸易，倡导工农业产品交换；（二）提倡生产发明，奖励创造，指导生产，提高技术，交流经验，从展品中找到具体发展道路，以解决生产中的困难；（三）开展生产知识教育及工商业教育，使农工业密切联系，指出发展前途和方向。这些展览都在生产、教育上起了极大的作用。总之，在抗日战争、解放战争中，民众教育馆以及临时展览会都推进了文化教育工作，都收到了不可估计的效果。

在解放之初，各地军事管理委员会马上组织文化接管委员会，接收文教机关。接收了博物馆以后，本着"暂维现状，逐步改进"的方针，经过短期的整顿，作了初步的改造。1949年中华人民共和国成立的时候，文化部文物局接收了二十一所博物馆，基本上不外两种类型：一种是帝国主义在中国沿海地区所筹办的文化侵略机构；一种是中国自办的"古物陈列所"。总的说来，数量不大，质量不高，旧中国半殖民地半封建社会的特点，同样反映在博物馆事业中。七年以来，博物事业在党和政府的正确领导和全体博物馆工作者的努力下，经过旧有博物馆的整顿和新馆筹建，博物馆的性质已经发生了根本变化。明确了博物馆的性质、方针、任务，博物馆已不再是古董保管所，而已经成为向广大群众进行爱国主义、社会主义思想教育和提高科学文化水平的机构。在业务上从浮泛走向坚实，从庙堂走向人民，也从国内披着民族的光辉，将要走向世界。截止1955年，文化部系统内的博物馆或筹备处发展达到五十所，为解放初期的二倍半，其中专门性博物馆十一所、地志性博物馆二十九所、纪念性博物馆十所。目前除青海、西藏外，每个省、自治区、直辖市都有了博物馆或筹备处，基本改变了旧中国博物馆事业忽视边疆和兄弟民族地区的情况。从事博物馆工作的队伍也相应地壮大了，全国博物馆工作人员现在总数达到二千三百余人。

博物馆的陈列，展览工作日益开展，根据四十一所博物馆的不完全统计材料：1955年新举办了八十五个陈列和展览，为1950年（二十所博物馆）的4.25%，其中以新民主主义革命和社会主义建设与改造为内容的有二十九所，而1950年只有五所。

六年来各博物馆广泛开展了搜集工作，搜集了藏品1294600号。1955年一年内各博物馆增加藏品223939号，为1950年（8520号）的2.628%，截至1955年底止，各博物馆实有藏品达到3370837号，其中自然标本416715号，历史文物（包括传世品及考古发掘品）2721346号、革命文献119859号、有关社会主义建设与改造的资料88274号、其他24643号。

对藏品的保管工作，基本上克服了解放前库房的混乱状态，一般都有了专人负责、专库庋藏，并建立了一些保管制度，保证了藏品的安全。对全部藏品大都进行了初步的清理和整顿，处理了混杂在藏品中没有文物价值的一般物品，对藏品进行了登记、编号、分类、排架等工作。藏品的编目工作多数博物馆已在开始，且有个别博物馆已经完成。

各博物馆普遍建立了群众工作。凡是举办的陈列、展览大都有人讲解；还主动地组织群众，来馆参观；利用各种宣传工具如招贴画、广播等，广泛宣传了博物馆的活动，这些工作在解放以前是少有的。

六年来博物馆的观众，逐年均有显著增加。1955年观众达到7887936人次，较1950年（2772837人次）增加了284%。开封河南省博物馆①1954年参观人数达280，000人次，占开封市全城人口的94%；故宫博物馆院每天平均观众为五千人，在星期日或节日，往往一天就有一万人到四万人进入这个古城似的大博物院去。

几个有条件的博物馆配合国家经济建设，进行了考古发掘，既保护了祖国的历史文化遗产，又丰富了科学研究的资料，也补充了博物馆的物质基础。如南京博物院、东北博物馆②、北京历史博物馆、原西南博物院③等，在这方面都做了许多工作。

在提供其他单位科学研究和教育资料方面，在国际文化交流方面，博物馆也开始进行了工作，起了一定的作用。例如北京历史博物馆1952～1954年中供给四百多个单位四万余件资料和模型；中央革命博物馆1955年供给四十九个单位4607件照片；故宫博物院1955年接待了五十三个国家的外宾4832人参观。六年来博物馆方面参加或举办了多次出国展览（包括苏联、各人民民主国家及资本主义国家），介绍并宣传了祖国悠久的历史和灿烂的文化。

七年来博物馆事业的根本变化和博物馆活动的日益开展，取得了以下收获：

一、一些历史、艺术、自然、地志博物馆通过陈列、展览、群众工作，宣传了党的方针政策，向广大人民进行了爱国主义和社会主义的教育，增强了民族自尊心，培养了对祖国的热爱，和鼓舞着人民参加经济建设、文化建设的劳动热情。

二、有条件的博物馆开始向科学研究机关、文化教育机关，提供了研究资料。博物馆本身大多进行了初步的科学研究工作，使各项业务逐渐纳入科学的轨道。

三、通过征集、采集和发掘，把祖国的或某一地方的物质文化、精神文化的遗存以及自然标本，逐渐地加以集中保管，为今后的科学研究、陈列、展览提供了物质基础。

由于进行了以上的基本工作，旧社会所遗留下来的对于博物馆一套不正确的看法也改变了，或者正在改变；博物馆工作人员的思想问题，也逐步得到解决。

这些成绩，给博物馆事业奠定了初步基础，为今后开展工作创造了有利条件。

1956年5月全国博物馆工作会议在北京举行，检查了过去工作，交流了工作经验，中央和地方行政领导和各博物馆互相了解了情况，加强了团结，发挥了博物馆工作人员们的积极性、创造性，为在博物馆事业中开展社会主义竞赛运动创造了条件。会议还明确了博物馆的基本性质，肯定了博物馆要为科学研究服务，为广大人民服务，并将在"百家争鸣"、"发扬学术"上，起重要的作用。

第二节　外国博物馆事业发展史略

一、博物馆的起源

追溯西方博物馆发展的历史，仅能推到公元十五世纪的初叶，然而它的萌芽确是很早。历史文物、

---

① 1927年建立于开封，1928年改名"民族博物院"，1930复名为"河南博物馆"，1961年迁至郑州，1997年与原中原石刻艺术馆合并，正式称"河南博物院"。

② 1933年建立于沈阳，时称"伪满国立中央博物馆奉天分馆"，1946年改名"国立沈阳博物院古物馆"，1949年在此基础上建立"东北博物馆"，1959年改名"辽宁省博物馆"。

③ 1951年成立于重庆，1955年更名"重庆博物馆"，2005年，与新成立的中国三峡博物馆合并共建，更名"重庆中国三峡博物馆"。

美术作品和宗教物品的收藏,却远在其前。英人伍雷(Leonard Wooley)发掘巴比伦遗迹,发见保存文物的仓库,据说其中已有类似标签的东西。说明了在二千五百年以前,巴比伦对于藏品已经有了编号的办法。公元前六世纪巴比伦王那邦尼德为了历史知识的兴趣,进行发掘,寻求建筑基石上古代帝王的刻辞。公元前四世纪时候,马其顿亚力山大王想以武力为先驱,把希腊文化推行到全世界。他搜集武力所到达地方的产物,带回国来交给他老师亚里斯多德整理研究。到了公元前 283 年左右,托勒米索特(Ptolemy Soter)又在亚力山大城宫殿里,设立穆细①(Muses 是希腊神话传说中的九个掌管文艺美术女神的名字)庙、讲演厅、动物园、植物园,直到十四世纪末叶,才停顿了。这些都是博物馆性质的机构,也可说是最古的原始博物馆。与它同时,由于社会的发展和时代的需要,别的国家也有这类机构,可惜文献无征现在还找不到其他例证。十七世纪以来称博物馆为"穆细阿木"(Museum),就是起源于此。

二、罗马时代的博物馆事业

罗马时代类似博物馆的组织更多地出现在许多城市之中。到了它的末期,奴隶主们竞尚搜集珍宝。统治阶级的宅邸、客厅、别墅里,都充满了古董和珍奇。海椎安(Hadrian)②提乌里(Tiooli)③别墅的收藏,在当时是最有名的。苏顿尼亚(Suetonius)④编写历史,也称道奥古斯特(Augustus)⑤别墅的野兽海怪的巨骨和古代英雄所用的武器。还有些贵族罗致远方的狮、虎、豹、猿、孔雀、鹦鹉等奇兽异禽。有的还搜集美丽的盆景、花卉、果木,作为他们的欣赏品,也具有现化动物园、植物园的雏形。但这一时期博物馆所搜集的东西主要的以艺术作品为主,专供统治阶级的欣赏享受。

三、中世纪的博物馆事业

在欧洲封建制度的国家里,封建主和教主、僧侣等统治阶级多方搜罗珍奇,点缀他们的宫殿、宅邸,特别是古代文物、基督教主遗迹,以及香客从远方带回来的东西,大部分送到修道院、寺观、礼拜堂里去保存,在五世纪以至十七世纪,这种现象是很普遍的。巴福(Andrew Bafour)在 1700 年给朋友的一封信内写道:"圣狄尼寺(Abbey of St. Denis)⑥的珍品有一千余件,都是用很多金钱购买而来的"。这些物品都陈列出来,作为吸收观众、传播宗教的有力工具。

十五六世纪的文艺复兴起于意大利,当时的资产阶级和"学者"对于希腊、罗马等古典文物,特别是雕刻,发生了搜集、保存、欣赏、研究的兴趣。人文主义也很快地在意大利传播,向欧洲"开明"的社会人士打开了古典文学、艺术和科学的宝库。研究自然界事物的科学风气,因之而起。博物馆事业正如同科学研究一样,由于资产阶级的需要,得到适当的发展。这时博物馆搜集品和古代博物馆收藏艺术作品不同,成了别一种类型的博物馆,它们主要是收藏世界上的动植物标本,各种各样的矿石、测量术和天文学上的工具(当时称为"哲学工具"),同时也搜集日常生活的物品和外国的武器。

---

① 现多称"缪斯",下同。
② 现多称"哈德良"。
③ 现多称"蒂沃利(Tivoli)"。
④ 现多称"苏埃托尼乌斯"。
⑤ 现多称"奥古斯都"。
⑥ 现多称"圣德尼修道院"或"圣丹尼斯修道院"。

1492 年发现了新大陆，给欧洲殖民者的殖民政策开辟了新的道路，有些人为了殖民，为了满足他们的好奇心和求知欲，到很远的地方去旅行探险。他们采集了前人不易得到的远方各民族的民俗、艺术、历史文物资料和自然标本。商人和古董贩子也投封建官僚、僧侣和地主、资产阶级等的喜好，采购大批古物珍奇，辗转出售。这也就补充了博物馆的藏品，并成为新创博物馆的基础。博物馆成了丰富的自然标本、民俗、历史文物、艺术等资料的保存所，特别地吸引着很多的学者。在这同时，意大利、法兰西、德意志、荷兰等国，又流行着收藏古代钱币、纹章、印章、石刻、化石、宝石、数理、机械以及图书等风尚。穆勒（David Murray）说那时候四国的收藏家多至千余家。这些贵族们的收藏，多为以后的博物馆所收买，奠定了各大博物馆藏品的基础。荷兰著名收藏家物品，为俄国彼得大帝所收买，今归列宁格勒冬宫博物院。菲狄南二世（Archduke Ferdinand II）（1595 年卒）收藏的甲胄、货币和其他古物，售于维也纳博物馆。英国阿仑德尔（Arundol）伯爵侯瓦兹（Thomas Howards）（1586 年生，1646 年卒）采自当地的云石，归了牛津博物馆，其中马尔伯罗（Marlbrough）宝石的一部分，则归了不列颠博物院（俗称"大英博物院"）①。意人麦狄西室（Cosimo de Medici）② 的藏品，归了斐冷翠城③乌斐齐（Uffizi）陈列馆④。亚尔佐宛第（Ulisse Aldrovandi）⑤（1527 年生，1605 年卒）的自然历史标本，归于博仑（Bologna）⑥ 的大学博物馆。柯斯皮（Cospi）的收藏，归了维威克博物馆（Museo Vivico）。法国富兰西斯一世（Francis I）及其后裔的收藏，则归入国立鲁屋尔博物院（Musée Nationale de Louvre）⑦。矿物学始祖阿格利柯拉（George Agricola）⑧（1490 年生，1555 年卒）所创办的奥古斯托（Augustus）⑨ 的历史及自然历史博物馆藏品，归了德国德勒斯登⑩博物馆。而赛撒尔宾尼（Andrea Cesalpini）（1519 年生，1603 年卒）的植物标本，还保存在斐冷翠城。

1533 年意大利派维亚（Pavia）⑪ 创立了植物园（Hortus Botanico），此后皮萨（Pisa）⑫、几诺亚（Genova）⑬ 也设立了植物园。德国莱比锡及博勒司劳的植物园也是同一个世纪的产物，十七世纪柏林开办了世界闻名的大来木（Dahlem）⑭ 植物园。1544 年勒司克（P. Lescot）⑮ 在巴黎设立了宗教史及考古学的历史博物馆（Musée Carnavalet）⑯，也大大地推动了博物馆的发展。1565 年德国德勒斯登博物馆肯特曼（J. Kentmann）编印的博物馆说明书，是博物馆宣传教育工作中的一项首创工作。

欧洲自 1517 年宗教改革之后，科学研究摆脱了宗教的束缚，向前迈进了一大步。各国也纷纷成立了科学团体。罗马成立林西学会（Accademia dei Lincei）⑰（加里利欧也是其中会员之一）。1652 年希温佛

---

① 现多称"大英博物馆"。
② 现多称"科西莫·美第奇"。
③ 现多称"佛罗伦萨"，下同。
④ 现多称"乌菲齐美术馆"。
⑤ 现多称"乌利塞·阿尔德罗万迪"。
⑥ 现多称"博洛尼亚"。
⑦ 现多称"卢浮宫"，下同。
⑧ 现多称"格奥尔格乌斯·阿格里科拉"。
⑨ 现多称"奥古斯特二世"。
⑩ 现多称"德累斯顿"。
⑪ 现多称"帕维亚"。
⑫ 现多称"比萨"。
⑬ 现多称"热那亚"。.
⑭ 现多称"达勒姆"。
⑮ 现多称"皮埃尔·莱斯科"。
⑯ 即"卡纳瓦莱博物馆"，也称"巴黎历史博物馆"。
⑰ 现多称"灵采学会"，1603 年由弗雷里克·切西于罗马成立，是意大利科学院的前身。

特（Schweinfurt）① 成立自然珍奇学会（Accademia Naturae Curiosorum）②，斐冷翠城成立西门图学会（Accademia del Cimento）③。1657 年马德里也成立了自然珍奇学会，1660 年伦敦成立皇家学会（The Royal Society），1666 年巴黎成立科学院（Académie des Sciences）。这些会员都是当代"知名之士"。他们还编刊杂志，公布研究心得，对博物馆事业都有相当的贡献。当时的哲学家培根也主张多设博物馆，搜集文物，以供学者的参考。从 1650 年德国设立科学博物馆以后，英、法等国纷纷成立科学博物馆。丹麦医生屋尔木（Ole Warm）（1588 年生，1654 年卒）初创史前考古学，国王克利司天那五世（Christiana V）④ 创立哥本哈根博物馆，在考古学上有很大的贡献。

十七世纪还有英王查理司一世的园丁垂兹康特（John Tradescants）⑤ 好搜集文物，从美洲和阿尔吉尔等地采集自然标本和钱币，其中以二百年前茂利卡司岛（Mauritius）⑥ 的巨鸟（dodo）⑦ 更属少见。他的儿子陆续收集，进一步开办了一个博物馆（Museum Tradescantianum）⑧，刊印藏品目录。这批东西后来赠给爱士摩尔（Elias Ashmole）⑨。爱氏自 1667 年起，也收罗新大陆物品，1677 年设立了博物馆（Ashmolean Museum）⑩，1683 年又赠给牛津大学，这就是以后牛津大学博物馆的基础。

十七世纪的博物馆，多是私人创办的，藏品多用神学观点编写说明，陈列也毫无系统，观众也只是抱着好奇的心理，所以对于人民起不了什么教育作用。到了十八世纪，国立博物馆渐多，在其他方面都有些进步。1740 年教皇本尼狄特十四世（Benidict XIV）创设宗教博物馆于梵蒂冈宫，意大利考古家威司康弟（E. Q. Visconti）初编文物目录。1753 年英国议会通过议案一则：由国库支出二万镑，收买 1660 年至 1753 年间司娄恩（Hans Sloane）⑪ 藏品，作为筹办不列颠博物院的基础。该院于 1759 年筹办就绪，正式开幕。但每天仅招待三十个持券参观的人，且由馆员导引到陈列室参观。限制之严，可以想见。司氏居萨麦加（Zamaica）⑫ 十五月之久，任亚尔白马（Albemarle）⑬ 公爵的医官。他在公余之暇，致力于自然历史标本的搜集，1696 年把它印成目录。当他二十九岁的时候，从西印度群岛回到了英国，携回大批标本。国内外学者多请他担任通讯员，柴尔西（Chelsea）⑭ 人称他为"奇知异闻的宝库"。派第伍（James Petiver）⑮ 的一部藏品也归他所有，他的朋友查理敦（William Charlton，即查顿 Courten）⑯ 把价值八千镑的自然历史采集品和钱币、缩影、图画也送给了他。这些藏品和加敦（Cotton）⑰、哈雷（Harley）⑱ 等手稿由于下议院议长昂司劳（Richard Onslaw）的努力，一并收归国有，遂建了英国最大规模的

----

① 现多称"施韦因富特"。

② 也称"自然探索者学院"，世界上最古老的科学院，1677 年变成"神圣罗马帝国自然探索者学院"，又于 1687 年变成利奥波第那科学院，2007 年成为德国国家科学院。

③ 现多称"西芒托科学院"，也称"实验科学院"。

④ 现多称"克利斯汀五世"。

⑤ 现多称"约翰·特雷德斯坎特"。

⑥ 现多称"毛里求斯岛"。

⑦ 现多称"渡渡鸟"。

⑧ 现多称"特雷德斯坎特博物馆"。

⑨ 现多称"伊莱亚斯·阿什莫尔"。

⑩ 即阿什莫林博物馆，位于英国牛津市中心，被公认是英语世界第一个成立的大学博物馆，也是第一个公众博物馆。

⑪ 现多称"汉斯·斯隆"。

⑫ 现多称"牙买家"。

⑬ 现多称"阿尔比马尔"。

⑭ 现多称"切尔西"。

⑮ 现多称"詹姆斯·佩蒂夫"。

⑯ 现多称"威廉·查尔顿"。

⑰ 现多称"卡顿"。

⑱ 现多称"哈利"。

博物院。1771 年西班牙国王下命在马德里创办国立自然科学博物馆，于 1776 年开放。1773 年南加罗林纳①的查理司顿（Charleston）图书馆学会也创设了博物馆②，这是美国最早的一个博物馆。

十六世纪起，英国的资本主义工业一天一天地发达，在贵族和资产阶级里流行了一种游历的风气。有的人游历希腊、意大利、法国和东方。他们在这些艺术宝库里，百般搜求。还带着一批大学毕业生，伴同前往，或任翻译，或任向导，或替他们鉴定写本、绘画、雕刻、钱币等历史文物和美术品，以便抉择取舍。1732 年有一批好古的青年贵族，成立一个嗜美学会（Society of Dilettani），它的会员不但常到欧洲大陆去游历，并且还收购文物。如瓦尔富儿（Horace Walvole）、米度赛克司（Lord Middlesex）③、富兰西斯（Sir Francis）④ 等虽整日挥霍酗酒，但对于考古事业，也有兴趣，他们拉入莱格诺尔兹（Sir Zoshua Regnolds）为会员，资助他组织科学考古的探险队。因为会员司徒亚特（Stuart）⑤、瑞外特（Revett）、道金司（Dawkins）⑥ 及乌德（Wood）⑦ 游历地中海畔莱宛第（Levant）⑧ 地方，忽然发生了"雅兴"，所以他们才"慷慨"地协助了莱格诺尔兹的学术工作；司瑞二氏还捐出了他们收藏的雅典古物。1764 年学会又派欠德乐（Richard Chandler）⑨ 率领探险队到小亚细亚去工作，他编写了《伊欧尼亚⑩古物》（Ionian Antiquities）及《古代铭刻》（Inscription Antiquae）等报告。这个学会的活动前后几乎有百年的历史。1764 年至 1852 年东方发生事变，这项考古工作才停止了。数十年中所开支的出版费和研究奖金，已达三万镑以上。1739 年俄国史学家达奇士柴甫编刊《考古发掘指南》。对于历史博物馆的征集工作，都有很好的启示。

四、近代博物馆事业

1789 年法国爆发了资产阶级革命，博物馆事业也有新的发展。就在这一年，法国把巴黎鲁屋尔皇宫⑪，改为共和国博物院（Musée de la République）（即今鲁屋尔博物院），以前为一家一姓所独自享受的历史文物和美术品，到这时候才成了全国的财产，公开展览。御花园（Jardin du Roi）⑫ 也于 1794 年改为自然历史博物馆。1798 年拿破仑命令在巴黎举办展览会，凡是优于英国的法国工商出品一律加以奖励。次年又成立古代工艺博物馆（Conservatoire des Arts et Mètiers）。拿破仑又把他从埃及、西班牙、意大利所掠夺来的文物补充了法国博物馆的收藏，夸耀他的丰功伟绩。法国共和国第一军占领意大利那波里⑬以后，大事发掘了火山湮没的邦贝故城⑭。在这一时期，各国新设博物馆日见增多。当时伦敦、巴黎、马德里等地博物馆虽然允许外人参观，但对人数还有种种限制，有些还不完全向大众公开。可见资产阶级所办的博物馆都是为了自己的兴趣和利益，并不是为了人民大众。

从前的博物馆，主要的是保存珍奇的处所，到了十九世纪，渐渐变为研究机构，成了教育的中心。

---

① 现多称"南卡罗来纳"。
② 现多称"查尔斯顿博物馆"。
③ 现多称"密德萨斯勋爵"。
④ 现多称"弗朗西斯爵士"。
⑤ 现多称"斯图尔特"。
⑥ 现多称"道金斯"。
⑦ 现多称"伍德"。
⑧ 现多称"黎凡特"。
⑨ 现多称"理查德·钱德勒"。
⑩ 现多称"爱奥尼亚"。
⑪ 现多称"卢浮宫"。
⑫ 现多称"皇家植物园"。
⑬ 现多称"那不勒斯"。
⑭ 现多称"庞贝古城"。

自 1533 年意大利派维亚（Pavia）创设植物园以后，1827 年伦敦创立动物园，1853 年又设立水族馆，自此以后，各国先后成立了动物园、植物园、水族馆。

十九世纪前半期丹麦设立皇家博物馆，它的藏品分天然标本和制造品两大部。前者分为：（一）人类、（二）鸟类、（三）鱼类、（四）贝类、（五）爬虫类、昆虫类、（六）植物、（七）金属、矿物、岩石、土壤等类；后者分为（一）金属器、木器、角骨、琥珀等器、（二）中国及印度等兵器、衣服、器用、（三）古物、（四）科学及机械装置、（五）货币、纪念品、印玺等类。馆长塔木森（Christian Thomson 1788 年生，1865 年卒）① 又于 1836 年前后，根据地下出土实物，按照它的发展过程，分为石器、铜器、铁器三个时期，直到现在考古学还用这个分类法。1844 年法人柯昌尼（Cluny）、吉美（Guimet）在巴黎设立中世纪及东方艺术宗教博物馆。1866 年美国建立了皮巴德博物馆（Peabody Museum）②。各国先后仿效，还大规模地搜集外国文物。

1845 年英国议会通过第一次《博物馆法案》成为英国后来进一步发展博物馆的基础。1851 年伦敦水晶宫举办"大展览"，陈列了蒸汽机，还陈列了金属、木、织造、陶器、玻璃等工艺品。次年即以这批展品建设了工艺性质的维多利亚及阿尔巴特博物馆（Victoria and Albert Museum）。从此以后，科学工艺等博物馆脱离一般博物馆而单独成立。1852 年德国纽仑堡创设了日耳曼博物馆（Das Germaniache Museum）③，1854 年慕尼黑设立了自然历史博物馆（Bayerche Natural Museum），1869 年美国纽约也设立了自然历史博物馆（也有历史文物），而巴法娄（Buffalo）④、纽约、达温坡（Dawen Port）、依欧瓦（Iowa）⑤ 等科学博物馆也相继成立。

1870 年以来，资本产义国家向帝国主义国家过渡，在它的本土及殖民地都建立了博物馆，一切为了资产阶级，为了侵略主义服务。随着商业的竞争、交通工具的改进、科学的发展，博物馆事业也有了发展，成了帝国主义剥削掠夺的工具。1870 年美国建立的波士顿美术博物馆及纽约市立艺术博物馆⑥，1895 年哈佛大学伐格（E. Fogg）夫人创办的艺术博物馆⑦即是显著的例子。

1873 年瑞典首都创立大北博物馆（Nordisk）⑧，1918 年荷兰亚赤尔（Achel）成立户外博物馆⑨，1925 年纽约自然历史博物馆⑩技师李志刚则创办路旁博物馆，从此以后户外博物馆逐渐发展起来。

自从英国由"大展览"而筹设工艺博物馆后，各国纷纷仿效，往往以临时展览的展品为基础，扩充而创设博物馆。如 1876 年美国费城百年纪念展览会（Centennial Exhibition）⑪ 的展品，以后扩建为美国国立博物馆⑫；纪念堂（Memorial Hall）展品，组成宾省艺术博物馆⑬；1878 年巴黎万国博览会（Expo-

---

① 现多称"汤姆森·C·J"。
② 现多称"皮博迪考古学与人类学博物院"，位于哈佛大学校园内。
③ 现多称"日耳曼国家博物馆"，1871 年德意志帝国成立后，该博物馆成为德国的国家博物馆。
④ 现多称"布法罗"。
⑤ 现多称"艾奥瓦"或"爱荷华"。
⑥ 现多称"大都会艺术博物馆"。
⑦ 现多称"福格艺术博物馆"，是哈佛大学的艺术馆。
⑧ 现多称"北欧博物馆"，专门展出有关瑞典近代（1520 年起）至今的文化史和民族志展品。
⑨ 现多称"荷兰露天博物馆"，是一个以荷兰人日常生活及文化为重点的博物馆。
⑩ 现多称"美国自然历史博物馆"，建于 1869 年。
⑪ 现多称"美国 1986 年费城世界博览会"，美国为纪念独立百年举办的博览会，也是美国举办的第一个国际博览会。
⑫ 1955 年艾森豪威尔总统拨款组建，1964 年建成对外开放，位于华盛顿，当时称"国立美国历史与技术博物馆"，1980 年改名为"国立美国历史博物馆"，为史密森博物学院旗下的一个博物馆。
⑬ 即"费城独立纪念堂"，1876 年费城世界博览会期间被用作艺术品展览室，随后成为费城第一座艺术博物馆，被称为宾夕法尼亚工业美术学校博物馆（Pennsylvania Museum of the School of Industrial Art），1928 年关闭。

sition Universelle）展品，改组为托罗加德罗①（Trocadéro）民俗博物馆；1893 年哥伦比亚世界博览会（World's Columbian Exposition）展品，组织支加哥斐尔德自然历史博物院②、工艺馆及科学馆；1904 年路易西安那③市设立路易市艺术博物馆④。1915 年巴拿马博览会（Panama – California Exposition）展品，成立了桑底格⑤（San Diege）博物馆及自然历史博物馆。

外国博物馆为了互相联系，改进业务起见，往往组织协会。英国的协会组织最早，在 1889 年即告成立，次年即发行会报。美国协会成立于 1906 年，其后德国及北欧国家，相率成立。国际联盟的国际知识合作委员会内，也成立一个国际博物馆协会，设事务所于巴黎。对于博物馆事业的促进，曾经起了一些作用。

五、现代各国博物馆概况

1933 年马克翰（S. F. Markham）在调查了各国博物馆事业概况后认为，当时"世界博物馆约有七千多所，其中六千五百多所在欧洲大陆及英美。德美二国各有一千五百余所，英法各二千二百余所，法意两国以美术考古博物馆最多。法国有五百余所设在乡间，鲁屋尔及鲁森布（Luxembourg）⑥ 两博物院最著名。意国有四百多所，多收藏古代文物。斐冷翠、罗马、那波里的藏品最精。梵蒂冈博物馆（包括六个陈列馆）也很有名。德国博物馆事业相当发达，省州地方乡土博物馆（即地志博物馆）更多。四万人以上的都市，必设一博物馆（案今三万人以上都市必有一博物馆）。文化历史博物馆约占全数之半，考古艺术者多在柏林及慕尼黑。慕尼黑工业博物馆更是著名。苏联有二百多所，都是教育群众的工具；还有特种博物馆，多归中央统一管理。英国多艺术、历史、科学、工艺综合的普通博物馆（全国有五百三十多所，在首都者七十多所，爱尔兰有四百六十二所），中国有百多所，日本一百六十多所，（案 1872 年文部省置博物局，开办博物馆，1921 年统计，全国有一百七十五所，1932 年有一百七十八所，经费 1534440 元，观众 13385708 人）。印度九十余所。澳洲及纽西兰一百六十余所，非洲六十余所。南美洲一百六十余所，其中五十八所是国立的，而五十一所设于大都市，其三分之二是专门的。加拿大有一百二十五所，墨西哥及西印度群岛七十五所。美国博物馆也很多，儿童博物馆和路旁博物馆也以美国为最多。它们的建置、装备、咨询、讲演、指导、讲习、研究、出版、贷品等协助教育及科学研究等设备，也很完备。全国总数凡一千五百余所，（第一次世界大战前六百多所，今增加二倍）。其中公共的八百余所，历史的四百余所，艺术的一百七十余所，科学的一百二十五所，工业的二十四所，普通的五十所，学校有特权可以利用的有六百余所"。他的报告虽然不一定正确，然而由此可以考见二十多年前世界博物馆的大概状况。

博物馆事业在社会教育中，占了很重要的地位。现代不论是社会主义国家、人民民主国家，甚至资本主义、帝国主义国家，都很重视这种事业，但各种类型国家博物馆的本质和教育目的，则有根本的区别。在英美等资本主义国家里，博物馆事业完全把持在资产阶级手里，豢养了一些博物馆"学者"为他们服务。炫耀他们的豪富、风雅、权势，作为他们剥削人民工具之一。这些"学者"把博物馆的功用分

---

① 现多称"特罗卡德罗"，或称"夏乐宫"，其旧建筑是为 1878 年世界博览会而建。
② 现多称"菲尔德自然历史博物馆"，1893 年建于芝加哥，原名"哥伦比亚博物馆"，主要是为保存哥伦比亚世界博览会的生物和人类学展品。
③ 现多称"路易斯安那"。
④ 现多称"圣路易斯艺术博物馆"，原建筑是为圣路易斯世界博览会设计的。
⑤ 现多称"圣迭戈"。
⑥ 现多称"卢森堡"。

为两种：第一是娱乐；第二才是教育。1942年，美国博物馆协会会长魏斯勒（Clark Wisler）在他的《科学博物馆的哲学基础》论文中提出博物馆对群众教育的目的有三：一、对艺术品的欣赏，如美术、音乐、文艺等；二、对所处环境的欣赏，尤其是对自然界的欣赏；三、对自己所处社会文化的欣赏。他们所以建立这样的博物馆哲学，其用意不过是：第一强调博物馆的娱乐价值，冲淡人民对博物馆所作进步的愿望和要求；并为少数特殊的有闲的寄生阶级服务；第二教育人民对自然界、对他们自己所处的社会和对艺术的欣赏，以蒙蔽他们的阶级观点，麻痹人民的革命意识，使人民大众安于现实社会制度，而利于资产阶级更进一步的统治、剥削。苏联对博物馆事业也非常重视，但它的陈列品都是展示具有历史意义的劳动人民的功绩，博物馆要使劳动人民真正了解、认识到人民自己的艺术和文化，所以苏联博物馆是为广大的劳动人民服务，不但告诉人民以自然斗争的知识，而且还教育人民以阶级斗争的真理，和资本主义国家的博物馆事业，成了个鲜明的对照。

第三节　世界新型博物馆的形成与壮大——苏联博物馆事业概况

苏联是全世界建立新型博物馆的第一个国家。苏联的博物馆事业是最先进、发展最高、范围最广、方面最多的。

俄罗斯的博物馆有悠久的历史。早在古俄罗斯时代已经收藏了不少珍贵文物。古代俄罗斯博物馆的武器陈列室在十六世纪已经引起了外国参观者的惊讶。1714年彼得大帝在彼得堡建立了第一个俄国的科学博物馆——美术品陈列馆（以后改为科学博物馆），搜集本国历史文物和国外文物及科学原稿，逐渐扩充壮大，成为规模相当宏大的科学研究机关。1765年自由经济协会为了寻求增加地主农业收益的途径，成立了当时著名的农业机器农具的博物馆和自然历史博物馆。十九世纪的前半世纪创设了研究俄罗斯历史的学术协会——彼得堡的全国考古学委员会，莫斯科和敖德萨的历史与古代俄罗斯协会，还附设博物馆。有学术价值的文物资料和科学采集来的物品都集中在博物馆里，它已经成了科学的机关。后来也成立了专门的博物馆（如莫斯科季米良捷夫农业研究院附属的土壤博物馆）。这些都是此后苏联开展新型博物馆的基础。虽然如此，但是这时候的博物馆还是为少数的统治阶级、剥削阶级服务的。它在广大劳苦大众的文化教育工作中的作用，非常渺小。例如冬宫博物馆①（一名"隐庐"）虽然于1852年成为公众服务的博物馆，还有不少的限制。并且当时博物馆的数量很少，全国不过一百八十几个，其中一百四十九个分布在现在俄罗斯加盟共和国境内。除几个大城市如莫斯科、彼得堡、基辅、基夫里斯、海参崴外，一般都市都没有博物馆。广大群众不能普遍地得到它的好处。

自从十月社会主义革命以后，苏联的博物馆事业起了根本的变化。列宁非常重视历史文物和艺术品的保护工作，革命势力达到的地方对于文物、图书馆、档案库、博物馆、宫廷、地主庄园、别墅、古迹等等，均妥加保护。1917年11月列宁指示在教育人民委员部之下，组织"博物馆及保护艺术品、古迹事业委员会"。1918年1月第三次全俄苏维埃代表会议通过发展博物馆事业的决议。同年7月列宁签署了《特列治柯夫美术馆收归国有》的法令。艺术珍宝收归国有以后，对艺术遗产作真正科学的研究、合理的利用便成为可能。这对苏联艺术的发展，引起了显著的变化，健全了博物馆的工作，把博物馆这片荒芜已久的园地，变为争取新艺术和争取劳动人民教育的一种工具。九月人民委员会议又批准了《关于禁止艺术珍宝运出国境的法令》。十月，人民委员会议通过了《关于私人、社团、机关所有艺术纪念品

---

① 又称"国立艾尔米塔什博物馆"。

和古物的保护、保管及登记手续的法令》。这都反映了布尔什维克党在利用祖国文化珍品这件复杂而重要的事情上所采取的政策。这些政策表明了苏维埃政权具有以下诸种意向：即把文化转变为人民的财产；利用一切文化上优良的成就以教育劳动人民；使珍贵文物的管理服从国家的指导和调度。在列宁、斯大林的领导下，国家还增设了大量的博物馆。

根据苏联对外文化协会 1935 年发表的资料：革命前有博物馆一百一十五所，到 1934 年底，增加到七百二十八所，短短的十七年当中，增设了六百一十四所。革命前，莫斯科有四十七所，革命后增加了一百二十九所。乌克兰、外高加索等处，增加的更多。去莫斯科愈远，增加率愈大。兹将对外文化协会公布的两种统计表抄录在下面，来说明苏联革命后十七年间博物馆数量增加的情况。

苏联各共和国博物馆发展表 1935 年 1 月 1 日统计

共和国名	革命以前博物馆数	1935 年 1 月 1 日博物馆数	增加率
俄罗斯	94	524	470
乌克兰	14	132	844
白俄罗斯	1	7	600
外高加索	2	43	250
乌兹别克	2	16	700
土尔明克	1	5	400
塔什克	1	1	—
共计	115	728	547

苏联各种类型博物馆发展表 1935 年 1 月 1 日公布

博物馆类别	1917 年前博物馆数	占全部之百分率	1934 年博物馆数	占全部之百分率	增加率
革命历史	2	1.7	52	7.1	2500
社会历史	8	7.0	41	5.5	412
反宗教	—	—	—	—	—
诸种专门	1	0.9	20	2.6	1900
专门各种	11	9.7	63	8.5	472
自然科学	10	8.8	39	5.3	290
地方学科	60	52.6	374	51.1	523
艺术	13	11.4	60	8.1	261
教学	2	1.7	9	1.2	350
公共卫生	1	0.9	39	5.3	3800
其他	6	5.3	21	2.7	250
共计	114	100.0	738	100.0	547

1935 年以来苏联的博物馆逐年增加。在卫国战争中，虽然有四百二十七所博物馆遭受德国法西斯强盗的破坏，然而在战后很快地恢复了旧观。据 1955 年的统计：苏联全国有博物馆九百二十六所，博物馆的面积比革命前增加了四倍。其属于全苏文化系统领导的有七百所，属俄罗斯共和国文化系统所领导的

有三百七十六所。三百七十六所之中，地志博物馆二百五十所，艺术博物馆五十所，纪念馆六十所，历史、革命、自然等博物馆十六所。这些博物馆不仅集中在大的都市里，并且还有计划地散布在全国各个地区，构成博物馆网。莫斯科和列宁格勒是博物馆集中的地方，各有博物馆一百五十所以上，而其他各州各省的大小都市，都有自己的地志博物馆。在革命前没有任何博物馆的地方，如土克曼斯坦、布利亚特蒙古、雅库提等地区，现在也都成立了博物馆。甚至有些乡村，也设有博物馆。学校也有它自己的博物馆，莫斯科大学有六个博物馆。其他如军事大学、炮兵学校、坦克学校都有博物馆。在海参崴一个索伦族四百多人的乡村中，有一个中学，也成立了博物馆。科学院、政府机关、企业单位、社会团体也设有博物馆。所有建筑纪念物与革命有关的地方，如地下印刷所、杰出人物的故里、故宅都成立了博物馆。此外还有公园博物馆。在巴洛金斯的车站建筑及室内布置，也具有博物馆的特点。

苏联革命以来，不仅博物馆的数量增加，它的藏品也大量增加。如列宁博物馆1936年藏品八千件，1947年增加到八万件。特列洽柯夫美术馆1935年收藏绘画三万六千件，较旧日收藏增加了十八倍。

随着博物馆的增加，参观的群众也与日俱增。1933年至1934年由讲解员招待的观众，占参观总人数百分之四十二至四十五，平均每个博物馆每天有一个参观团体，每团体平均三十三人。1934年全年参观人数在二千万人以上，仅列宁格勒农业特展观众就有一百多万人。特列洽柯夫美术馆在特列洽柯夫逝世前一年（1898年）观众十万人，解放后逐年增加，1931年为四十万人，1940年为七十五万人，最近也在百万人以上，1940年莫斯科全市人口七百万，参观博物馆的就有八十万。十多年来。列宁博物馆观众七百万人，平均一天有二千五百人至三千人。在1943年列宁逝世纪念日的那一天，观众就有一万一千人之多。1951年历史博物馆观众三十六万人，较上年增加了四倍，平均每天一千人，星期日平均四千四百人。据1955年的统计：苏俄三百七十六个博物馆一年观众有一亿人次之多，国立历史博物馆一年就有观众一百三十五万人，冬宫博物院有一百五十万多人。

苏联博物馆的工作不仅限于藏品的保管和陈列，同时还要进行研究、教学和宣传。它不仅是一个文物、资料、标本保存所，也是一个研究所、陈列所、一个学校、一个宣传机关。它的基本任务就是把博物馆藏品正确地应用于人民群众文化水平的提高，应用于培养人民群众的爱国主义和国际主义的精神，应用于培养共产主义的世界观。它是劳动人民生活上不可缺少的一环。

苏联文化部设有艺术局和文化局，两局各有博物馆处，领导冬宫博物院、普希金艺术博物馆、托尔斯泰博物馆、东方文化博物馆、特列洽柯夫美术馆、戏剧博物馆等十个博物馆。俄罗斯共和国文化部之下，设立博物馆管理局，它分设直辖博物馆组、地志博物馆组、文物保护组和仓库文物检查组。直辖博物馆组领导国家历史博物馆、革命博物馆、生物学博物馆、达尔文博物馆、加里宁纪念博物馆、文学博物馆、雅高尔斯克艺术史博物馆、巴洛金斯军事博物馆、民族博物馆和十月革命博物馆。它们是统一领导，分层负责。博物馆的组织领导坚强、机构健全、分工合理、责任明确、制度严密，所以能根据国家政策，按照计划，胜利地完成任务。博物馆除正馆长外，有副馆长二三人，分别管理科学研究、保管或行政，采取集体领导、分工负责制，机构简练灵活，能以充分发展业务。业务机构一般分为陈列、保管和群众工作三部。较大的博物馆有时根据性质设有其他部门。本馆之外，往往设有分馆。去本馆很远的分馆则属于双层领导，业务受本馆领导，行政兼受所在地党委和政府的领导。

苏联最重视科学研究工作，博物馆也特别强调科学研究工作是博物馆全部活动的基础。为了对博物馆事业进行科学理论以及工作方法的指导，苏联特在俄罗斯共和国文化部设有博物馆科学工作研究所。它是全苏博物馆事业科学理论方面指导的中心，是博物馆管理局的得力助手。各种类型的大小博物馆普遍地设有科学研究机构，如学术委员会、美术委员会、文物收购委员会、修复委员会、教育方法委员会等，来解决关于学术理论、陈列计划、美术装备布置、文物的鉴定和修复，对群众的宣传教育内容和方法等方面重大原则性的问题；并讨论馆内专家的著作、审查出版、评选馆内科学工作者参加学位考试等。其中学术委员会是博物馆进行科学研究的领导核心。科学研究工作的基本任务是要使博物馆的活动和国家政治经济任务相结合。为了使研究结合实际，必要时还要举行考古的和综合历史风土的实地考察。通过这种考察，去把古代和现代的情况作比较的研究。这种考察包括的范围很广，如民族语言、历史文化、风土人情、生活习惯都在考察之列。考察的时候，要联系群众，和当地人民接触，用座谈会或请人作报告的方式，取得资料。这种研究工作，由于博物馆性质的不同，而题材也就不同了。

苏联博物馆的科学研究工作，以馆外的专家学者作为服务的对象。例如人类人种学博物馆是人类学、民族学专家进行研究的地方；艺术博物馆是绘画、雕塑、建筑等美术家进行研究的地方；文学家和诗人的纪念博物馆是文学家和诗人进行研究的地方。因此，在苏联每一个博物馆都是科学研究的一个中心。

苏联博物馆的科学研究工作是经常性的，从来没有间断过。就是在卫国战争的严重时期，苏联的博物馆工作者也没有停止他们的科学的研究工作，他们仍然继续进行文物资料的整理和考证，研究历史、艺术、革命等等问题；并且不断地提出争取学位的论文，举行学术性的专题报告。

苏联也很重视陈列工作，因为它是博物馆活动最主要的形式。它是博物馆进行宣传教育工作的专门的和主要的工具。陈列要以辩证唯物主义和历史唯物主义为指导原则，具有一定的政治倾向，反对纯学术、纯艺术或客观主义思想，要深入浅出，要有高度思想性、科学性而又与大众化结合，要有完整的思想体系，要反映现实，为当前政治经济任务而服务。先要确定陈列内容，拟定主题结构、陈列图式等陈列计划，然后进行美术加工，布置陈列。

要保证博物馆陈列的必要的思想教育和说明效果，来完成这些最重要的任务，陈列思想内容，应当通过博物馆形式、博物馆的语言，首先是真实的文物资料的各种陈列方式而表现出来。因为文物资料是历史的源泉，它能反映并阐明人类社会历史的各个方面——社会经济和政治的发展、文化和生活。在博物馆学上来讲，文物资料标本是博物馆全部活动的物质基础，所以苏联博物馆界对文物资料标本的征集保管工作，也极重视。苏联对于凡可以说明问题的或补充陈列上空白的代表性的或典型的物品，不分古今，也不论商业价值的高低，完整残缺的程度，都要按照业务范围和预定计划，主动地去搜集。搜集的组织形式不一：或设收购站，或派遣征集工作队、考古发掘队，都要联系广大群众去进行。到馆的物品要及时入库，妥善保管。保管上规定有科学的、完整的严密管理制度，有正规的出纳手续，有定期检查办法。为了防止藏品的损毁，经常进行修整，用科学方法从事工作，忠诚地保持它的原来面目。

有了高度思想性、科学性、艺术性的陈列，想成功地达到预期的宣传教育效果，一定要有群众教育工作——宣传和讲解。苏联对于这种工作，也很注重。他们除讲解工作之外，还举行报告会、讨论会、巡回展览。对于学生的服务，博物馆多设立"学生办公室"。在学生中，一般群众中，培养了一批"博物馆之友"，经常和他们联系，征集到很多重要文物资料标本。所以苏联博物馆不仅是人民的游览处所、研究机关，还是宣传机关或社会大学，它能协助国家进行共产主义教育，提高人民普通知识水平和文化水平，培养苏维埃人民的爱国主义精神，并且动员全体苏维埃人民，决心献身于国家的和地方经济政治的事业。

苏联博物馆所走的道路，正是我们今天所要走的道路。我们博物馆工作同志，应该"以俄为师"，诚心诚意地去学习并吸取苏联博物馆的先进经验。

第三章　博物馆的建设

第一节　博物馆的组织机构

博物馆的组织领导坚强、机构健全、制度严密、分工合理、责任明确，是做好业务的基本条件。苏联博物馆事业之所以能根据国家政策，按照计划胜利地完成任务，主要原因是由于它具备了这些条件。苏联博物馆一般是建立在集体领导和分工负责制上的馆长负责制。往往由三人至五人组成领导核心。一切重大问题和业务计划必须由会议讨论决定。一般博物馆无不重视科学研究与业务机构的组织领导。它的领导是直接的，行政机构简练灵活，层次少，因此工作的质量很高。我国博物馆组织，尚无明文规定，现述苏联办法，以供参考。

苏联一般博物馆都设馆长一人，同时设业务副馆长一人，行政或财政副馆长一人。大的博物馆设有三个副馆长，分别主持科学研究、行政和保管（冬宫博物院即是如此）。馆长除全面领导馆务外，还分工直接领导业务或行政的几个工作部门。

一般博物馆都设学术秘书，他是馆长有力的助手，他的主要工作是掌握计划、检查、对外联系。有时兼学术委员会的委员或秘书。他和馆长、副馆长都是博物馆领导核心的主要成员。

博物馆的行政机构有财务、人事、保卫等部门，又有守卫、勤杂、电暖气、建筑等人员，统归行政副馆长领导。博物馆的业务机构一般分为陈列、保管、群众宣传三部。较大的历史性质的博物馆有时设考古部、修复部和出版部门。有的设有图书馆、科学档案室、摄影室、化验室、X光室、美术工作室。小的博物馆有把陈列、保管、讲解等工作合并为学术部者，加里宁博物馆即是一例。特殊性的博物馆于一般部门外，又往往设特殊部门。如工业技术博物馆设有工业分类部；戏剧博物馆设有布景部、手稿档案部、戏剧照像部。至于纪念性质的博物馆，机构极为简单。

博物馆重视学术研究工作，设下列五种机构：

1. 学术委员会为全馆科学研究工作的领导核心。

2. 美术委员会负责研究、审查陈列室的美化计划及绘画等美术品。

3. 文物收购委员会负责收购所需文物资料的鉴定及评价工作。

4. 修复委员会研究历史文物修复问题、指导并检查修复部门的工作。

5. 教育方法研究委员会主要的工作是主持对群众宣传教育方法等问题的研究，并审查讲解稿子。

前三个委员会的主席多由馆长兼任，后两个委员会的主席多由学术副馆长兼任。

陈列部的组织多按时期划分（如历史、革命、艺术等博物馆）；或按性质划分（如自然与工业技术博物馆）；或按国别划分（如冬宫博物院）；而地志博物馆则兼按性质及时期划分为三个部门：1. 自然之部；2. 革命前历史之部；3. 苏维埃时期之部（包括历史、经济、文化）。各部分都有专人负责，并组成研究组，进行科学研究工作。博物馆的陈列工作和科学研究工作是结合一致的，因此历史博物馆和冬宫博物院有科学研究部而无陈列部，革命博物馆和列宁博物馆有陈列部而无研究部。

　　保管部保管库房藏品和陈列室的陈列品，所以有的博物馆库藏品按陈列室而划分（如冬宫博物院陈列分为七部，保管部也分七部），也有按藏品性质而划分的（如历史博物馆保管部分手稿、文献、绘画、钱币、武器、服装、呢绒、陶器、雕塑、建筑、金属、珍贵金属等十二部）。有些大型博物馆如历史博物馆及特列恰柯克夫美术馆都采用总保管员制度，总保管员由副馆长兼理，或另有专员，负责文物总登记簿与文物的分配，但不负责文物的保管及研究工作。有些博物馆设修复部，由一副馆长直接领导，其下分油画、雕刻、陶瓷等组，也有把这项工作由保管部担任的。

　　群众宣传部一般分设讲解和教育方法两个部门，也有设学生工作组或学生办公室者（把学生组成许多研究小组，每组十人至十五人。如历史博物馆设有考古、钱币、武器、艺术、文学等组）。又有设经常性或临时性的流动展览组的。

　　大的博物馆除本馆之外，又有分馆。列宁博物馆有七个分馆、五个纪念馆、七个故居；历史博物馆有三个分馆；革命博物馆有二个分馆。列宁博物馆的分馆距离本馆很远，是双重领导的，它的业务受该馆领导，而行政又受所在地党委与政府的领导。

　　这是苏联博物馆的组织机构。

　　我国各种类型博物馆的组织机构，都不相同。即同一类型的博物馆也不尽一致。概而论之，博物馆都设有正副馆长和学术秘书，为博物馆的领导核心，下设行政、保管、陈列、群众工作等部门。行政单位多称办公室，下分总务、文书、人事、保卫、会计、出纳等科。保管部设征集、保管、编目、修整、图书资料、照相等组（或室）。陈列部分研究设计、美术加工、陈列布置等组。群众工作部普通分讲解、群众活动等组。行政单位是辅助其他部门工作的有力助手，不和其他业务部门有平等的地位。至于学术委员会和美术、文物收购、修复、教育方法等委员会，多未正式建立。今后必须参照苏联办法，加强领导，具体分工，否则难以提高业务质量和现有水平。

第二节　博物馆的建筑设计和设备

一、一般的建筑原则

　　博物馆的基本建设，包括陈列室、库房、研究室、图书资料室、技术室和其他业务办公等部门。馆舍的形式、构造、比例和房屋分配必须事先慎重地、致密地考虑、计划。一般建筑的原则是要经济、实用、耐久、美观。而博物馆的建筑还要掌握以下五项原则：

　　甲、博物馆是文化教育机关，应大量吸收广大群众到馆参观，所以建馆地点应以交通方便而不烦嚣的地方为最佳。博物馆为了获得更多的空气、光线，为了消防上的安全，馆舍四周应有一大片空地绿荫。还要和其他建筑物有一百公尺以外的距离。

　　乙、为了博物馆藏品的安全，馆址要高亢、干燥、不易为水淹没为上，与恶浊空气来源的工厂、作坊和大贮水池都应相去有很远的距离。交通要道，车马往来频繁，必然发生震动，如此则不免波及馆舍及藏品。火山附近难免地震的灾害。战争时期可能受敌人炮火的射击，飞机的侵扰，（如苏联在卫国战争中，冬宫博物院遭受了德寇炮弹32发，炸弹2枚，还受敌人炮弹震动，一共破坏了二万六千平方公尺的玻璃窗及玻璃顶，事后修理即耗费了二千四百万卢布之多）。建馆的时候必须考虑这些问题。博物馆不可建立在砂田山巅和悬崖绝壁，宜建立在夹杂岩砂的黏土层和硬砂土层，尽量缩减馆舍高度。地基应深入地内，窗户宜于狭小，对面的门窗应当错开，不可相对，这都可以减少震动的力量。

日本奈良正仓院是公元 756 年的建筑物，保藏着很多古代珍品。它的四壁系横累长方积木而成，木棱相接。大气干燥时，木仓干缩而有空隙，因此外界干燥空气流入库内。大气潮湿时木仓湿胀，积木密接，因此外界潮湿的空气即与库内空气隔绝。有此自然调节办法，所以库存文物历千余年而不损坏。这种木构建筑是保存古物很好的一个方法。

丙、博物馆的全部建筑应当按照各部门的业务范围和博物馆藏品资料以及发展的远景，从事计划。这种部署又应以博物馆所在地点的具体情况而有所不同。且应照顾到上述经济、实用、耐久、美观等原则。不可徒为美观而牺牲了建筑物的实用价值与管理的方便，同时也要照顾到经济情况。

丁、博物馆的建筑设计，有时限于经济或物力，难于短期内全部完成，所以全部工程可分成几个阶段。最初动工的时候以及馆舍的分配利用，应当顾到将来的扩充和发展。这方面应注意的问题有以下各项：

1）应按照全面规划先从小规模做起，以便逐渐扩充增修。

2）建造的部分应作永久使用的打算。

3）各个建筑部分应当都有继续扩充增修的可能。

4）现在修建各部分建筑将来增修后，要有通盘合理顺序。

5）门窗和装饰应易于改造，以便随时改修，趋于美观和科学化。

6）馆舍扩充到任何阶段，都能尽到博物馆的职能。

7）馆舍扩修到任何阶段，都不要失掉内部实用价值及外部美观。

戊、馆舍建筑当先确定内部设备，然后决定外部装饰；不可徒尚外部的美观，而忽视内部的实用。十九世纪欧洲博物馆多采用希腊式建筑。1825 至 1827 年巴利（Charles Barry）设计的伦敦不列颠博物院[①]、1850 年设计的德勒斯登博物馆，以及维也纳、马赛等科学博物馆、艺术博物馆都是极显明的例子。其后则有作宫殿式者，有作纪念堂式者。这些仿古建筑的博物馆，徒在外表装饰上下功夫，对于博物馆的作用，不仅没多大价值，反而存在着很多缺点：（1）装饰繁重，营造、修治和维持的费用，往往比新式建筑多若干倍。（2）需要很大费用改造其四周环境或增拓建筑，否则不相配合，陷于孤立。（3）仿造某时代的建筑，就要陈列某时代的文物，事实上多难调和。（4）光线黑暗，空气极不流畅。1904 年德国梅岩氏（B. Mayer）调查欧美重要博物馆后所作的报告书里说："历来博物馆的建设，多注意于外表装饰，对于教育上，实用上各方面往往忽视。事实上要发挥博物馆的效能，当先注意到博物馆内部的设计，然后再考虑到外部的形式。"他的见解是正确的。

二、馆舍的分配和设备

现在进一步谈谈馆舍的具体问题。

博物馆的正门，宜开设在建筑物较长的一面的当中，旁门应设在外面的楼梯地方。

博物馆的普通办公室，有馆长室、职员办公室、档案室、储藏室、守卫室、勤杂人员室。守卫室应设于大门之旁。储藏室设在僻远的地方。研究室、图书资料室，也当设在僻静的地方。其他各种房舍当尽量设在一起，以便联系和处理事务。照相室、绘图标本室、模型制作室、化学、修整、消毒等室以及办公室，应直接和大门相通，但不可穿过陈列室。至于机械房，应设在地下室。

---

① 现多称"大英博物馆"。

　　陈列室多设于近门的地方，普通陈列室宜设在楼下前面，专题陈列室多设在楼上。各陈列室应便于少数职员照料全部，还要便于通行，而不妨害观众的出入。楼梯应采直上直下的形式，不可作螺旋式。陈列室建筑上的问题和装饰问题，详见第七章第七节。

　　作为文化教育活动的房舍，如讲演室、电影场、音乐堂，应另辟出入口，以便单独使用。讲演室则应设于陈列室附近。

　　博物馆藏品的库房以宽敞为宜。物品的出入口当设于建筑物的侧面或后面，与楼梯相近，并和汽车路相通。门户应当高大，以便大件文物的出入。

　　此外，如馆外参考室、会客室、休息室、售票处、衣帽房、盥漱室、厨房、餐室也都是必要的。博物馆建筑还要有暖气设备、通风设备、调节空气的温度、湿度设备、自来水及排水设备、防火设备。建筑物材应用耐火者构成，多开设出口；电线力求安全。

三、建筑物的管理

　　博物馆房舍应保持一定的温度、湿度。初冬燃炉、春日撤炉或开闭暖气时，应逐渐进行，使馆内外温度慢慢地达到平衡。大风雷雨或霪雨之后，应检查房舍滴漏，雪后应及时扫除。毛玻璃屋顶更当特别注意扫雪检漏。通风管应设置过滤器，随时打扫，不使积尘。自来水、下水道、暖气、通风以及馆舍里其他安全情况，都应经常检查。若发现问题，就当及时解决。各室内必须安置消防器材。太平水缸、沙箱、沙袋、水桶、锯、斧、搭钩杆、锹及水龙、手压机、管枪、消火栓、泡沫灭火弹、四铝化碳等，都要合理分布在博物馆内外的各个角落，以便于必要时的使用，以防措手不及。

第三节　旧建筑的利用和改造

　　封建时代的伟大建筑，有宽敞的庭堂廊厦，高大的楼梯，精美的装饰，它本身就是一个历史、艺术的纪念物，也就是个纪念性、历史性的博物馆。十月革命以后，苏联把这类重要旧建筑，如古迹名胜、帝王宫苑、贵族邸舍、宗教庙宇，大部改为博物馆。不过这类建筑改设历史性质的博物馆，甚为合理；但改设它种博物馆，则极不相宜。因为旧建筑年久失修，易于损环，若加重修，所需的费用往往比另建新馆的费用还大的多。并且它的空气极不流畅，光度湿度都不合博物馆的要求。它的结构多用木料，历年既久，藏垢纳污，蚁蠹丛生，交相侵蚀，更不相宜。柯尔曼曾经说过："当创办博物馆的时候，经费和收藏若不能设立一所新馆，则可借用或租用房屋，作为暂时陈列处所。旧日的历史建筑，以及公共房屋，都可利用。布置陈列的时候，可略加改造。先要检查地板是否可以载重。一切不必要的装饰品，都应移去。窗户应加扩大，墙壁应施粉刷，或蒙以粗布。直至发展到一定程度的时候，然后可建造新馆，以为永久的馆舍。"这是可以参考的。

　　利用旧建筑改设博物馆，改造设计是一个非常重要的问题。有人主张应当作部分的改造，又有人主张旧建筑的外观当予保留，仅对内部加以改建，以求适合于博物馆的用途。这两种意见，并不矛盾，不过改造内部的时候，如何采光照明，如何把长廊巨厦隔断成较小的陈列室，是极应慎重考虑的问题。

　　巴黎鲁屋尔博物馆于1932年经过一次改造，其经验是值得介绍的。"鲁屋尔"是法国希尔德里[①]

---

　　① 现名称"希尔德里克"，为法国墨洛温王朝（481～751）国王，疑为谬误，应为腓力二世·更古斯都（1165～1223）。

（Childeric）围攻吕太底亚①（Lutetia）时所建立的一个碉堡。十三世纪初叶成了以后历代帝王的宫室，兼用以收藏艺术作品，1527 年勒斯克（Pierre Lescot）②改造了建筑机构，成了文艺复兴式。1848 年威斯公底（Visconti）③又加以修饰，命名鲁屋尔宫，1857 年拿破仑三世增辟北部，全部建筑地基比罗马梵蒂冈城或彼得教堂还大三倍。大革命时期辟为第一公共博物院，把皇宫、寺院、礼拜堂的藏品都集中于此，从事整理。1793 年正式开放，还罗致了不少的国外珍品和私人收藏。其后一度改名拿破仑博物院，还设立工厂，复制模型，不久改名鲁屋尔博物院。现有七馆，藏品十七万号，成了世界著名博物院之一。第一次世界大战之后，法国人以为这座宫殿式的旧建筑，不合于现代博物馆保管和陈列的原理，常常计划改造，但终未实行。1932 年议会通过拨款一千二百万法郎修整鲁屋尔博物院一案，才开始改造。全部建筑的外表，一仍旧观，不加变更；而内部则大加改修，竭力使它合乎博物馆的要求。它的初步改造工作，到 1934 年 1 月才完工。不仅设备趋于现代化，而陈列也接近学术化，和未经改造以前的情形，迥乎不同。这次除了改庭院为两间大厅及七间办公室而外，有新式衣帽房、饭厅、汽炉、通气管、自动电话、新式升降机。又有光度极强的电光设备和预防火灾等装备。采光照明方法除了利用自然光线之外，又有采用人造光的设备。用直接或间接的方法，使陈列品局部或全部通过极美妙的配置，具体表现出来。例如通过陈列大厅的玻璃顶，更能显示陈列品的纯净鲜明。又战胜女神石刻矗立于五十余级楼梯的顶端，用适度的紫色电光映照，显得清澈开朗，特别生动。其乘风破浪战胜的雄姿，以及衣褶的飘逸，都表现无余。这是改造最成功的地方。陈列室墙上，装有木架，上系活轮，转动自如，便于更换陈列的绘画。它的地板有木、石、橡皮等种。游人众多的陈列室，以橡皮为地板，以防嘈杂。低处和僻静的陈列室，则用木、石，守护人员听到观众足履声音，就可前去照料。室中没有观众的时候，也就没有在场照料的人。所以它就节省了不少的守护人员，所以该院守护人员不多而能照料大量的陈列室。这个博物院因为是一座旧建筑物，所以有不少的长廊大厦。为了调剂观众目力，不使疲倦起见，往往把它们分为几个陈列室，或于相当距离的处所，作一龛状物，或安置一面大玻璃镜子或大件陶器，或彩色石柱；有时缩减了墙壁的宽度；这样也使它不至于有单调的感觉。墙壁有白、灰、黄、蓝等不同的颜色，因陈列品而异，观众也感到舒适悦目。1885 年在这座伟大建筑古代雕刻室的地窖地方，发现古代宫殿角楼的遗迹，经过有计划的发掘，清理到当时宫殿的基础。这次改造的时候，把这基础用白色颜料标志出来，以便后来考古家的识别。这都是很有学术意义的。

　　苏联利用旧建筑改建博物馆，都作了必要的适当的调整。凡是原来的圆柱、四角柱、窗子等，都不加遮蔽。但合于陈列的墙壁，则用屏风或障壁遮住。莫斯科市历史与建设博物馆利用旧寺院作为陈列室，其中历史之部基本上是保留了拱门下层的陈列室建筑，但在拱门上层的苏维埃莫斯科之部便完全克服了寺院房舍的性质，组织了环形的陈列室，中部划作特别的陈列室和内务室，利用房舍的窗子来作玻璃画窗。这也是改造旧建筑典范的例子。

---

① 现名称"卢泰西亚"，前罗马时代与罗马高卢时代的城镇，巴黎的前身。

② 现多称"皮埃尔·莱斯科"。

③ 现多称"维斯孔蒂"。

第四章　博物馆的科学研究工作

第一节　科学研究工作的重要性

科学研究工作是博物馆一切活动的基础。我国由于反动政权的长期统治，科学技术远落后于世界先进国家的水平，博物馆事业也不例外。解放以来，由于中国共产党和政府的正确领导，博物馆事业才蒸蒸日上，蓬勃发展起来，但还有不少的缺点，其中主要的问题是没有展开科学研究。1956 年 1 月 14 日，周恩来总理在中共中央委员会召开的关于知识分子问题的会议上所作《关于知识分子问题的报告》和中共中央关于这一问题的指示草案，都向党和全国知识界、全国人民提出了一个伟大的战斗任务，号召我们必须急起直追，力求尽可能迅速扩大和提高我国的科学文化力量，而在不太长的时间里赶上世界先进水平。周总理也指出："为了实现向科学进军的计划，我们必须为发展科学研究准备一切必要的条件。在这里，具有首要意义的是要使科学家得到必要的图书、档案资料、技术资料和其他工作条件。必须加强图书馆、档案馆、博物馆的工作。"也说明了科学研究确实是博物馆的中心问题。博物馆既要为科学研究服务，首先就要开展它本身的科学研究，成为辅助科学研究的重要工具。而在博物馆的征集、保管、修复、陈列、群众工作等业务方面，不从科学研究的基础上来进行，一定难以完成任务，也无法更好地为群众服务。

毛泽东主席指示我们："自从有阶级的社会存在以来，世界上的知识只有两门：一门叫生产斗争知识；一门叫阶级斗争知识，自然科学、社会科学，就是这两门知识的结晶；哲学则是关于自然知识和社会知识的概括和总和。"我们博物馆也要陈列这两门斗争知识，以教育人民。若是对这两门科学不进行研究，尤其是不以马克思列宁主义的普遍真理结合中国具体的客观实际来进行研究，则我们的陈列将永久得不到提高。例如在历史博物馆要表现历史是劳动人民创造的，是阶级斗争的历史，是生产力与生产关系的发展史，若不以马克思列宁主义的观点方法进行研究，然后通过实物、文献等表现出来，那就不会有系统的、正确的陈列。又如任何一个陈列或展览，如果不经过研究，随便布置，缺少思想性、科学性、艺术性，仅止是罗列文物、罗列现象，必然对于群众不能起好的效果，甚至产生相反的效果。征集工作若不经过研究，搜集目的不明，便定计划，或心中无数，见什么，收什么，那就难以得到需要的典型文物。甚至征集的时候没有调查的科学记录，来历不明，便成为废品了。保管工作若不作科学研究，保管无法，制度不严，不便提用，甚至损毁，便造成了不可补偿的损失。群众工作若不作科学研究，讲解质量一定不高，讲解内容贫乏，一大堆口号和名词、术语，不生动，不深刻，便不能很好地发挥教育作用。由此可见：科学研究是博物馆一切活动的基础。博物馆各项业务工作都是科学研究的内容。

第二节 科学研究工作的范围

加强博物馆的科学研究工作是不断提高博物馆各项业务工作质量的关键，已如上述。博物馆进行科学研究的原则是：必须首先加强政治理论学习，逐步掌握马克思列宁主义的思想武器，作为科学研究的基础，必须与本身业务相结合，必须与本身的特点、条件相结合，理论和实践必须统一。博物馆各业务部门的研究工作是在各种学术组织统一领导下结合各部门工作来进行的。它的具体研究范围有以下六个方面。

（一）研究与鉴定文物资料 文物资料的真伪、年代、来源、产地、制造、所属阶级、用途、形式花纹、化学成分等问题都要肯定。特别是藏品丰富的博物馆，更需要以这种工作为首要任务。需要陈列的文物资料，尤其是需要首先完成鉴定工作。苏联国家历史博物馆藏品三百余万件，也有些这方面的著作，如关于历史人物、武器制造等问题。研究文物上的文字、花纹，可以反映当时的阶级斗争情况与人民的文化生活。有时为了解决这方面的问题，必须搜集很多文物，才能得出结论。如果研究绘画，除鉴别真伪之外，还要研究它的思想性、艺术性，以及时间、画派、画家历史、传略等。不仅研究画的前面，还要研究它的背面、画框、画的题识、作者署名等。因为博物馆与美术家仅只研究艺术方面问题者不同，它要全面研究画的时代背景、制作过程、人物生活、思想等问题。这样研究的结果，便可以知道当时人民的爱好、宗教信仰、文化艺术水平、当时文化艺术与外国的相互影响关系，以及技术上、手工业制度上等问题。但是这种复杂的鉴定工作不是一个博物馆所能完成的，有时还需要馆外专家或工厂的帮助。如苏联玻璃工厂曾经帮助历史博物馆化验了发掘所得十二世纪的玻璃器；森林学院帮助鉴定了沃龙涅什发现四世纪的六公尺长的木船板，还帮助抽去了百分之九十的水分，然后涂油保护起来。

（二）研究陈列计划 研究馆内陈列提纲、陈列原则，进一步研究具体陈列计划。因为有关陈列的实物和文献资料很多，所以就必须分析、综合其中最主要问题，选择有代表性的，典型性而最有说服力感染力的内容和陈列品，这都是最重要理论性的问题。研究陈列计划，首先要确定工作人选，然后研究有关文件和藏品，以及有关事件人物和党的政策，而逐段逐节去进行。在研究当中，应写出大事年表；最后写出陈列提纲。由学术委员会讨论审查后，送馆长批准，再开始研究具体陈列计划，仍由该组人选负责。具体陈列计划也要逐段逐节进行研究，并叙明陈列品的位置，写好说明词。说明词有主题的总说明词；有分题的说明词。总说明词最好用领袖语录，或摘录党与政府的文件决议；有时也可自己编写。

研究陈列计划的小组人选，除陈列部门人员以外，还应吸收有关业务部门的科学工作人员参加。但人选一定要是受过高等教育，有一定科学知识水平的干部。如系青年干部，也应是具有某种科学知识，可派他到自己所长所喜爱的部门进行研究。保管部门人员有长期工作经验，熟悉藏品情况，也应当参加，配合陈列小组，进行研究工作，初步鉴定或挑选陈列所需的文物资料，以备陈列部进一步的选择，决定取用最需要和最有表现力的陈列品。研究陈列计划是个艰苦的工作过程，必须和各方面有关专家商谈问题，交换意见，充分发挥集体力量，才能保证计划的正确性。在这期间需要召集有关专家和科学工作者多次的会商研究，反复地讨论修改，然后再交学术委员会审查讨论，通过后再送文化主管部门批准。陈列提纲与具体陈列计划，也同时送去审查批准。

（三）研究文献资料 为了制订正确的陈列计划，必须重视文献资料的研究工作。研究资料的准确性和真实性，以及时间、地点、来源，联系到的人与组织等，都须慎重鉴别。这项工作，往往经过长时间的考据、研究以后，才能得出结论，除了研究陈列的文献原件以外，还要研究与陈列计划有关的参考资料：一为有关的革命领袖的经典著作；二为党与政府有关的决议；三为有关的学术理论著作；四为有关的期刊日报资料；五为有关的革命家、科学家、作家、艺术家等人的传略；六为全世界各国有关的共产党文件与科学著作。目的是要了解当时政治、经济与文化艺术全面发展的情况，以保证陈列计划具有高度的思想、科学、艺术水平。这些文献资料的来源，有些是本馆的，有些是国家档案馆的或其他博物馆的，也有些是经过访问征集而来的回忆录、日记、手稿等。

（四）研究陈列设备、美术装饰、文物保管与修复问题　对于陈列室的柜、橱、屏风、油画、图表、雕塑、灯光布景箱、电动模型，以及建筑的结构、花纹、形式、色彩、气氛等都需要反复地认真研究。要保证在政治上、原则上不犯错误，还要注意内容形式全面的协调一致。特别少的东西，要设法突出地显露表现。特别多的东西也要充分表现（例如用活叶装备——承轴台的方法）。美术装饰必须根据陈列计划的内容，细心研究设计，不可不顾陈列计划的内容，片面强调美化装饰，而犯了形式主义的错误。至于文物资料的保管与修复，也必须根据科学的原则与方法去研究，以达到妥善保管，修复完好的目的。苏联国家修复工厂都先经化学实验室或 X 光室研究以后，才可着手修复。

（五）研究历史上重大问题与陈列上的空白点　有很多重大历史问题虽然有文献记载，但有时还无法得到解决，或解决的不正确、不完全。而且历史文献多半是贵族统治阶级事迹的记录，谈不到人民的历史，因此补充这方面的资料，必须由博物馆用文物去解决。例如研究生产力与生产关系的问题、古代农民生活问题、奴隶时代劳动人民文化起源问题、历史分期问题，都必须由博物馆进行单独的或与其他机关团体共同研究。因为这些重大问题不是科学院历史研究所单纯根据文献资料所能很好地解决的。又如古代农民生活问题，文献不详，而博物馆则可从衣服、用具、生活习惯、美术工艺品、文化活动等方面的研究中得到解决。

博物馆的研究工作主要的是为陈列服务。为了陈列能给观众以深刻的教育，必须以最有表现力的实物来形象生动地说明问题。例如表现阶级斗争，即须研究历史上农民起义的资料，有关这类资料如在绘画中发现，就要研究事件发生的年代，要研究这个绘画是否真实地反映了当时历史事件。又如苏联莫斯科墓葬中曾发现了人的骷髅，系四肢被断后而又接连的，经过研究，才知道这是十三世纪的一种刑罚：折断了人的四肢以后，再着他受罪一年，然后处以死刑。根据这些实物研究的结果，即可陈列出来，表现当时阶级斗争的情况，以教育观众。同样，关于工人阶级的斗争史，也有很多实物可资研究。当然，研究阶级斗争应当根据很多实物，结合文献，才能有正确结论，绝不能根据一二件实物，孤证立案，轻下断语。博物馆是根据实物，研究没有结论的历史问题，和科学院历史研究所根据文献而研究历史者不同。唯科学家已有结论的问题，即不必再去研究。如人类起源问题、北京人问题，既已经科学家解决，博物馆就可不再研究。

博物馆又是很多科学文化机关来利用作为研究的处所，科学院、学校、文艺戏剧界、电影界、出版社以及建设部门，往往来博物馆寻找参考资料，博物馆应当大力协助。

（六）研究陈列上所需要而又极缺少的文献和实物的复制问题和表现方法　列在陈列计划中的陈列必需品往往有找不到或不能搬到博物馆来的物品，这就必须复制。复制、复原必有依据，求其真实。如中国共产党召开第一次党代表大会是在西湖，那时候开会乘坐的木船，就必须搜集资料、设法复制陈列。苏联博物馆有很多模型就是经过研究，然后复制而陈列出来的。苏联历史博物馆所陈列的十九世纪初期俄国资本主义工商业发展时期富农的家庭模型，革命博物馆所陈列的 1908 年至 1912 年斯托雷平反动年代、布尔什维克党在普拉加召开第六次党代表会议的会议室模型，都是经过征集、研究而后复原或复制的显著例子。

以上是一般博物馆科学研究工作的范围。至于地志博物馆的科学研究工作，主要地是按照计划进行，分地方的研究、博物馆文物资料的研究和陈列的研究等三个方面。

在苏联地志博物馆里，地方的研究工作，是研究苏联人民依照米丘林学说原理改造了的地方自然经济、地方过去的历史和社会主义建设的成就。这种研究工作和其他博物馆的研究工作一样，一方面需要依靠博物馆全体科学人员的力量，另一方面还要依靠地方上的积极分子的力量。组织地方人士的形式很多：组织博物馆地方会议；执行对博物馆各部门的工作；决定研究专题、考察计划和路线、工作进行的方法；倾听工作报告和科学讲演等等。或在地方上各种不同的企业、集体农庄、学校等中间组成小组，并通过地方旅行、搜集地方资料、科学演讲等方式，促进地方研究发展的目的。这些工作有时要和地方研究人员用通讯方法取得联系。博物馆藏品的研究工作是经过馆内科学工作者对它的编目作详细的描写，而审定它的科学价值。陈列的研究是研究陈列计划、图表、路线、导引的组织、专门论著的出版等问题。这些工作都要有统一计划来进行。我国各地地志博物馆正在组织，应当吸取苏联先进经验，进行研究。

第三节　科学研究工作的组织

为了加强科学研究，各种类型大小博物馆都应该设立科学研究机构，应根据基础条件，切实简要，分别成立学术委员会美术委员会、文物收购委员会、修复委员会、教育方法委员会等，解决关于学术理论、陈列计划、美术设备布置、文物资料的鉴定修复、对群众的宣传教育内容和方法等方面重大原则性的问题；并讨论馆内专家的著作、论文、审查出版、评选馆内科学人员参加学位考试等。

学术委员会定期开会，是全馆科学研究工作的领导核心，聘馆内外各方面有声望的专家为委员。它的任务：一是制订重要科学工作计划（包括科学研究、训练干部、与其他机关互助合作等计划）；二是组织学术报告；三是审查各业务部门的研究结果。甚至美化陈列室的计划与美术制作品初稿，也要由学术委员会讨论研究。

科学研究中的著作计划、根据各博物馆专家的具体情况而定，大者如编写成书，小者如编写论文，或作一次的报告，都是这类工作。馆内科学工作者每年都要写研究论文，有时也参加馆外的编写工作。

博物馆应当重视科学工作人员的培养与训练，馆内科学研究人员都有责任培养青年科学工作人员，老专家要固定地帮助青年专家，每年都定有培养帮助的计划。写论文、作报告，都要定在计划之内。他们指定参考资料，还帮助审阅、批改论文或报告。各业务部门也要拟定计划，以培养和提高干部业务水平，一般地采用馆内外专家开座谈会或讲课的方法。这种计划由学术委员会统一研究，而由学术副馆长或学术秘书具体掌握领导。

博物馆往往有学术研究或科学技术方面的问题，需要互相帮助解决，尤其是地方上的博物馆经常需要中央大馆的协助。这些互助合作的工作是经常性的任务，可以定在计划之内。若无法定在计划之内，在全年工作中也要估计进去。博物馆还经常派专家到各地进行勘查、研究，同时也帮助其他博物馆、工厂或农庄，解决专门科学技术性的问题。苏联土壤博物馆经常协助农庄解决改造土壤问题，对于增加生产上起了很大的作用。

学术报告由学问渊博、经验丰富的馆内外专家共同负责，由学术委员会统一领导进行。一般是向馆内报告，但重要报告为了配合学校团体的辅导教学，也可向馆外报告。报告的次数和内容都列入全年计划。科学研究的著作和论文也有全年计划和五年计划。

　　博物馆任何个人或集体的著作、论文等稿件（包括关于理论性历史性的著作和论文、介绍本馆概况的专门性小册、期刊日报特约的文章、对外宣传的讲解稿件、流动展览的图片说明等）都必须经过学术委员会的审查，才能发表或出版。博物馆有时也代馆外审阅著作稿件。

　　研究工作都要由各业务部门制订计划，分头进行。科学工作者都要参加陈列、征集、保管、讲解的一项工作。因为博物馆的具体情况不同，所以它还有其他不同的研究任务。

　　各博物馆需要和馆外，甚至国外的各种专家保持着经常的密切而非常广泛的联系，其中包括了各种艺术家、建筑家、历史家、考古家、科学家、物理家、化学家、地质家、生物家、军事家、老革命家。他们都是有学位或在社会上有地位的人，对博物馆事业热烈赞助，有高度责任感，认为替博物馆工作是一种光荣的任务。

　　苏联博物馆非常重视科学研究工作，所以这种工作大部是由馆长直接领导，馆长还兼任学术委员会、美术委员会、文物收购委员会等主席，但具体工作则由学术副馆长或学术秘书负责。也有一些博物馆由学术副馆长兼学术委员会、修复委员会、教育方法委员会等主席。各委员会委员都由馆长提名报文化部批准，然后聘任。

第五章 博物馆的征集工作

第一节 征集工作的重要性

博物馆不仅是国家的科学研究和文化教育机关，而且还是国家物质文化与精神文化遗存以及自然标本的主要储藏室；因此征集工作不但为了科学研究和陈列的需要，而且也是为我们的后代保藏历史文化遗产、自然富源主要标本，对后代负有极大的责任。随着历史、科学研究和党的政策不断地发展前进，博物馆的陈列工作、科学研究工作以及群众教育工作，也一定要密切配合，与之俱进。但有些博物馆，往往因为藏品的缺乏，使保藏上有了空白点，影响了它业务的进行和发展，因此博物馆的首要任务就是要经常征集过去和现在特有的、典型的文物资料标本，以补充科学研究、陈列与保管中的空白点；否则博物馆是难以完美地改进它的科学研究；也难以完美地扩大、补充或改进它的陈列和群众教育工作。所以说文物、资料、标本是博物馆全部活动的物质基础，它的征集工作是具有巨大科学的、实用的、教育的意义。

第二节 征集工作的原则

博物馆类型不同，藏品种类也不一样。就综合博物馆而论，苏联把它的藏品分为自然物品及标本、历史文物及艺术作品。自然物品及标本有矿物、土壤、动植物、人类体质材料、古生物。历史文物有纪念性实物（包括民族志方面），文献纪念品（包括铭刻、手稿、计划、刊物）；图片资料（包括地图、图表、图说、平面图）；造型艺术品（包括图画、素描、水彩画、版画、浮雕、造像）；文献记录性照片、影片（包括底片、照片、电影胶卷）。艺术作品包括工艺品、美术品。这些文物资料标本，都在博物馆征集范围之内。然而征集工作有一定原则，并非所有物品一律都要征集。这些原则是：

一、应根据需要与可能去进行，最重要的是要征集保管上的空白及研究和陈列所需物品，这些物品应是具有代表性典型性的。历史文物的文化价值不决定于它的物质或商业价值，也不决定于它的完整和残缺程度，而是决定于该项物品在这一历史阶段上的意义。有些文物和著名事件分不开，这样也就具有了纪念的意义，这是应当首先征集的，其他种文物标本也是如此。但不可"以多为胜"，"兼容并包"，把所有无关的东西也作为收藏对象。至若稀有的或即将消失的东西也要尽先抢救、征集。

二、必须先掌握库存物品的情况，知道库房里已经有了哪些藏品，还缺少哪些物品，这样才不至浪费人力、财力，再收重复之品，也不至于遗漏必需之品。因此征集工作固然要有研究人员和陈列人员参加，也还要有保管人员参加。唯有保管人员才是对于博物馆藏品"心中有数"的。

三、征集品收到之后，应该尽快地进行严肃的登记、编目、注释与科学记录。例如植物标本必须说明它的学名、俗名、科名、号码、采集日期、采集地点、海拔高度、地形、气温、雨量、土性、土类、同环境的主要动植物、形态以及采集人。又如历史文物则必须说明它的名称、形状、价格、来源、制作时间、地点、制作过程、用途、用法、使用人的姓名、略历以及其他有关历史事件和人物的情况、科学价值，都要详记无遗，作为研究上的科学资料。若是个人捐献或卖出的，当记明他的姓名、地点，最好还要得到他所掌握的有关该物品的原始资料。苏联历史博物馆在阿尔泰买到一件木犁，农民回忆用它种田的时候说道："我用这犁种田的时候，不知哭过多少次。"征集人员把他的话全部写下来。又买到一件锁，它是什么时候用的东西？谁用过？那个阶级用的？用什么做成的？它是从哪里，怎样最后流传到卖主的？上面有什么花纹？完整程度怎样？也都作了详细记录。这是值得学习的。假如一件征集品在登记、编目的时候，没有确定与它有关的一切必要知识，就要对科学研究造成严重的、甚至于是致命的障碍，不能应用在陈列上去，那就成了无用的东西了。

四、征集文物、资料、标本是一个复杂而艰巨的工作，为了做好这一工作，必须密切联系群众，借助于社会力量。特别是综合的征集工作更是要和其他学术团体、机关合作，不仅可以节省经费，还可以得到馆外科学工作者有益的帮助。由于外界或群众的帮助、合作，有时能得到估计不到的意外收获。博物馆也必须和其他博物馆或图书馆，尤其是档案馆，密切联系。工业、农业、文化、生活各方面的展览结束之后，它们的展品有时可以无偿地送给博物馆，这是大批补充藏品的机会，更是需要先期联系的。

和党政机关、企业、集体农庄、科学研究机关、文教机关、学校，特别是有关人士、居民，保持密切的联系，也是征集工作最好的方法。最主要的是通过通讯、访问或座谈会等方式进行。苏联国家革命博物馆由副馆长老布尔什维克彼得洛夫负责和老布尔什维克、老革命家，革命战争参加者联系，甚至召集他们举行座谈会，作出访问记录，或请他们写回忆录，这种方式使这个博物馆在征集工作中得到了许许多多很有价值的文物资料。因为和老党员经常联系，所以有一个老布尔什维克死了以后，他的爱人就把他的党证交来，发现里面有一个列宁让他从高加索运面包到彼得堡的便条。这张便条是很宝贵的，因为它不只是列宁手迹，更重要的是它使过去传说彼得堡的面包是从南方运来的这件事有了实物的证明。又如从某次座谈会中也确定了十月革命时工人起义的武器的来源等问题。

为了使博物馆的征集工作变为群众性的工作，俄罗斯国家历史博物馆在工人、农民、猎人、共产党员、共青团员及少年先锋队员中，培养了一批"博物馆之友"。博物馆经常和他们通讯，送给他们书报刊物，邀请他们参加一定的会议。通过这些方式和他们取得密切的联系，他们也为博物馆征集了一些有价值的文物资料。博物馆对捐献文物资料的人按其捐献文物的历史价值大小，分别由馆长或文化部长，写信致谢，或有时给予奖状，以资鼓励。苏联博物馆执行了这些办法，得到了很多的珍贵文物资料。这些宝贵经验，是我们应当吸取的。

第三节　征集工作的范围

文物、资料、标本的征集，是博物馆经常性质的工作。各种类型的博物馆应当根据它们的性质、方针、任务，结合上述的征集原则，拟定征集计划和征集范围，积极进行。例如自然性质的博物馆应当采集自然界的物品，特别是有实际用处的资源和稀有的实物标本。如松潘的熊猫，万源的水杉以及云南省最近发现少见生物，都应当首先征集。艺术性质的博物馆征集的范围是能以反映各社会的发展阶段特点及各种派别的优秀艺术作品。历史性质的博物馆应当征集能以证实并反映历史社会发展的各个阶段的物质的生产史、社会经济结构、国家政治制度、生活、文化、各阶级各团体的意识形态，能正确地研究和表现历史是劳动人民创造的，能强调出祖国文化、科学、技术、艺术上的优越性，与历史人物的生活与活动等的资料。革命性质的博物馆应当征集能够表现革命斗争发展的典型资料。其中特别重要的是体现党的方针、政策、决议的资料。不仅如此，凡是能够反映过去的某些方面特征的物品，能体现将来远景的一切资料，都要收集。典型的实物更要着重征集，以充实现有陈列，使它内容丰富，表现的生动有力。苏联国家革命博物馆近年以来派遣了四十个征集队到各共和国，收集了过去和现在的宝贵资料。同时通过国家工业、商业、农业等政府部门及反法西斯委员会，塔斯社、作家协会及美术家协会等机关团体，以及和著名科学家、作家、美术家、戏剧家、演员、音乐家、老布尔什维克、老革命家等个人的密切联系，征集了宝贵资料。又征集了苏联展览馆的文献、照片及新式农业机器或模型。我们也必须吸取这些先进经验，抓紧时机，大力搜集这类文物资料。困为我们的祖国正向社会主义飞跃前进，祖国的面貌，日新月异，现在若不主动地积极征集，它们很容易销毁失散，将来再事搜集，一定会遭到巨大困难，甚至要造成不可弥补的空白。

全面征集应当按照工作的需要，明确对象，拟定征集范围或征集提纲。我国全国人民代表大会民族委员会为了解我国各主要少数民族的社会经济结构和阶级情况，兼收集社会历史发展的资料和深入了解各民族的风俗习惯，作系统研究。1956 年 7 月拟定社会性质调查参考提纲，其一般情况调查提纲的项目分民族名称、地理环境、人口、历史、文献（考古、遗迹、遗物）传说、民族关系、语言文字、解放后情况九项。解放后情况项目是（一）经济：一、农业（生产力、生产关系）；二、畜牧业；三、手工业；四、工业。（二）政治与法律。（三）民族关系。（四）文教。（五）生活习惯。（六）宗教。为了提供给征集工作者的参考，现在把中央民族学院研究部所拟的收集文物提纲摘录在下面。

国内少数民族地区民族文物收集参考提纲初稿（细目从略）

Ⅰ 生产资料

森林、河流、土地、牧场、野生动植物、矿产。

Ⅱ 生产力

1. 生产工具及生产设备　采集、狩猎、捕鱼、畜牧等用具。农具、手工业工具及工场、其他副业工具、机械工业工具及工厂、交通联络工具（工具、设备、行装）、灌溉工程、库藏设备。

2. 生产技术　火的利用、处理金属技术、提高渔猎、畜牧、农业生产效能等技术。

Ⅲ 生产关系

氏族公有制，农村公社制（公有及私有各部分），奴隶主买卖、剥削和摧残奴隶，封建主剥削农奴、农民，阶级差别，师傅对徒弟和匠人剥削，奴隶、农奴、农民对奴隶主、封建主反抗等物证，贸易（物物交换、度量衡、交易媒介、计算及记录用品、市场、商人剥削的物证）。

Ⅳ 生活资料及土产特产

1. 饮食　食料（主副食、调味、禁忌）、饮料、烹饪器、贮藏食料、饮料器物、饮食器具、嗜好品及用具、缺粮时充饥品、燃料。

2. 衣饰　原料、装饰、装饰品（身外、身上、服装上）。注意阶级、时代、性别、年龄、婚姻场合等。

3. 居住　住所、房屋结构和布置、家具、卧具、照明及取暖设备、庭园布置。

4. 土产特产　畜产品、药材、工业及食品原料、水产品。

V 氏族、家族、家庭及其活动

1. 与氏族部落组织有关的资料　徽号、象征物、碑牌及集会。

2. 家庭记录。

3. 婚姻　青年恋爱（场所、馈赠品、媒介物品）、婚姻（订婚、聘礼、媒人进行活动的实物、婚契婚约、婚配时特用物品、结婚仪式过程、妆奁、离婚契约）。

4. 有关生育的资料　催生、求子物品、生育场所和设备、接生用具、避孕物品、产妇补剂。

5. 有关婴儿及儿童的资料　携带儿童用具、有关满月、周岁仪式时的物品、处理儿童疾病物品、溺婴用具、儿童玩具。

6. 有关丧葬资料　处理尸体物品、埋葬方式及仪式、坟墓、祭品、冥器、牌位、丧服、祖先祭祀。

VI 语言文学

语言族系、文字以前的记录工具、字体标本、文具、印刷用具。

VII 政治组织

1. 政治与政体　部落村镇的名称、标记、政制和等级、权力标帜、政治执行的标帜。

2. 法律与刑罚　法律（公约、乡规、碑刻条例、法律条文、处理民事及刑事的档案）、刑罚（刑具、审讯机构、监狱）。

3. 军事　兵器、护身装备、运输装备、防御工事、军事典籍。

VIII 社会团体

秘密会社、不同性别的、不同年龄等社团、行会，注意其标帜、供奉的神物、活动场所、规约、条例、纪律各方面实物。

IX 宗教信仰

供奉对象、仪式、避邪品、占卜用具、经典、符号、歌诀、宗教师的衣服、用具、食品、祭祀及拜师场所。

X 文学

口头文学（歌谣、传说、故事、谚语、神话）、书面著作、剧本。

XI 艺术品

雕刻琢磨及工具、塑造品及工具、烧制工艺及工具、铸造工艺、编织工艺及材料、纺织品、刺绣、挑花、蜡染印花及工具、漆器、绘画及画具。

XII 音乐舞蹈

乐谱、乐具（乐器及其制造工具、乐器附属物）、舞蹈种类、伴舞器、舞装。

XIII 医药卫生

医师（巫医、萨满医、喇嘛医、专业医）、医具（巫师或宗教师治病法器、符咒及火筒、针等）、药方、药典、药材、补剂、制药熬药用具、医药神、庙、卫生用品（个人卫生及环境卫生等处理）、纳凉用具。

XIV 节令集会及其他活动

节日物品（食物、服饰、特殊食品、节令集会场所、日历）、集会活动（斗牛、赛马、歌舞、跳神、划船、演剧）、社交用品（馈赠用品、请柬）、娱乐游戏物品（体育活动、赌博消闲用具）。

XV 考古、历史文物、古迹和文献

1. 出土文物　如石器、陶器、化石、人骨及兽骨。

2. 古文化遗址和遗迹　古塔、古墓、古建筑物等。

3. 民族英雄、名人的遗物、事迹和文献。

4. 反统治压迫的革命遗址及有关的实物与文献等。

5. 少数民族地区的革命文物和文献。

6. 历史上有关民族关系的文物、文献反映文化交流互相合作的物证。反映矛盾、冲突的物证。

7. 古本书籍、名画、碑文、手抄本等。

第四节　征集工作的方法

博物馆征集文物资料标本要有一定的方法步骤。宋朝一位大史学家郑樵说，征集图书有八种办法：一曰即类以求；二曰旁类以求；三曰因地以求；四曰因家以求；五曰求之公；六曰求之私；七曰因人以求；八曰因代以求。这些方法，也可用于博物馆的征集工作。博物馆藏品的来源不一，有购买、捐赠、拨交、交换、采集、发掘等。购买、采集可以即类以求、旁类以求、因地以求、因家以求，都是求之于私的。拨交是求之于公的（来自公家或国家机关的），发掘可以因地以求，因代以求。苏联征集工作的组织形式，有收购委员会、征集队、考古发掘队、收购站，还有个别征集。也有馆际交换的办法（须经文化部批准）。征集之前，先做好征集计划，这种计划根据五年之内和一年之内的陈列内容需要而拟定。它包括主题、范围、地点、路线、日期、人员、经费。征集的对象不仅是按照陈列内容的需要，而且还要按照陈列内容的时代，从各方面去搜集，以供陈列、科学研究之用，同时也用于弥补保管文化遗产中的空白点。拟定这项计划的时候，应当经过全馆科学工作者共同研究讨论。因为保管部了解本馆的已有藏品和缺少的文物资料标本；陈列部了解陈列需要的物品；群众工作部了解群众的意见和需要。汇总各部门的意见和需要，就可以定出完美合理的征集计划。这个计划经学术委员会研究，馆长批准，就要按照计划，在收购委员领导下经常搜集、收购，或组织征集队、考古发掘队，分头进行。今介绍苏联在这方面的经验，作为学习的参考。

一、征集队

征集队是根据工作需要及工作计划临时组织的，队员由保管部或陈列部担任，并指定一人为队长，都由馆长临时指定。按着计划，进行征集。1955 年俄罗斯共和国国家历史博物馆第四馆长向 1955 年中国博物馆工作者访苏代表团介绍他们的征集工作经验时说："征集工作在苏联博物馆工作人员看来，是一件很有兴趣的工作，可以丰富各方面的实际知识，大家都很高兴去参加。但是一般说来，青年更适合于这种工作，因为要爬山涉水。选择征集人员的时候，应当注意派往农村去的人员，一定要熟悉农村生活和农业生产工具。派往工厂去的人员必须具有一般工业生产知识，熟悉机器。"人员配备上当然还要有测量、绘图和照相人员，才能胜利地完成任务。

征集队在开始工作以前，要有充分的准备，必须根据征集计划首先学习有关征集内容的经典理论著作和一般著作，研究征集地区的历史、经济、文化艺术和自然地理方面的文献。还要到库房了解有关藏品，然后拟定本队的征集计划。草拟计划的时候，必须注意典型地区的选择和典型物品的选定。苏联俄罗斯国家革命博物馆 1953 年收集共和国革命运动及社会主义建设时期的文物时，选定了阿塞尔拜疆，其原因：第一、这里是国家经济命脉重工业（燃料工业）——石油出产中心地区——巴库油田就在这里。第二、阿塞尔拜疆苏维埃社会主义共和国内和有重工业同样获得高度发展的轻工业——纺织业，也在这里。在收集社会主义建设时期的文物时，选出石油工业、纺织工业最发展的地区，这就是典型地区之一。而在石油工业方面他们又选定了装备最新的制造石油工业装备的司米特工厂，和在技术装备、产量居共和国第二位的基洛夫工厂，这都是具有典型意义的。在纺织工业方面选定了巴库的列宁联合纺织厂和基洛夫城的奥尔忠尼启则两个有代表性的工厂。因为阿塞尔拜疆是产棉区，所以还选定了"红十月"和"第十七次党代表大会"两个农庄。在选择典型文物中，他们征集生产工具——机器，在石油工厂中征集了最古老的抽取石油的机器。虽然这种机器在其他非石油中心产区也可能有，但在巴库油田区征集的这个机器更是富有典型性的。在这两个农庄中，征集了植棉业竞赛的社会主义条约等件。植棉竞赛条约虽在其他非主要产棉区也有，但在富于产棉的阿塞尔拜疆的农庄中征得的这个文件，就更富有典型性。另外还征集了一面旗子，是阿塞尔拜疆建立苏维埃政权周年纪念日的时候，土耳其"雷西特——巴沙号"轮船上的共产党员们所赠的，这是十月革命世界意义的证据之一。手工艺品的征集，必须到它的出产地区去进行，不得在非该物出产地区去收购。但是假如为了通过该手工艺品表现贸易发展的情况，才可以在非该物出产地区收购，这是选择资料的一个原则，这是征集工作者应该知道的。

征集队工作计划拟定之后，必须征求政府有关部门的意见，选择的地区和单位是否合适？经过修正补充，再正式向学术委员会提出报告，经过研究讨论，最后交馆长批准。征集队根据队的计划，订出队的工作守则；每个队员也要订出自己的征集计划。必要时还要写出征集物品登记表，以保证有目的的征集。

开始征集的时候，先到省会与有关党政机关及当地博物馆取得联系，还要通过当地报纸，宣传征集队的任务和目的，然后到农村、城市或工厂。到了那里，也是同样地先和党、团、政府、群众团体领导者及群众取得联系，了解当地具体情况，再确定征集的具体对象。同样地也要通过报刊向广大群众，宣传征集队的任务，这样才有可能取得广大劳动群众的支持和协助。

征集队在工作过程中，必须如征集原则中所述，组织群众，特别是年老的人，写出生活经历和革命斗争的回忆录。在个别访问或座谈会上，都要注意这项工作。苏联博物馆对这项工作曾给了很高的评价。因为过去的文献记载，都是皇宫贵族的历史，很少是记载劳动人民的历史，甚至于没有。唯有这种回忆录，才真能证实历史上一些没有得到证实的问题。征集工作应防止片面的考古学的偏向，不可"重古轻今"（自然也不能"重今轻古"）。应当扩大范围，注意广大的居民生活情况上的各种问题。把这些文物资料作成详细的科学记录，再包装送回博物馆保存、研究。

征集工作必须配备测量、绘画、摄影等技师，已如上述。征集队员还必须准备铅笔、记事本、尺子、显微镜、背包、纸张、棉絮、绳索、小盒、纸袋。自然标本中有可采拾及可捕捉的矿物、植物和动物，又须携带小锤、小锄、利刀、枪、网罟、筛、袋，采集的生物往往需要防腐加工，以保护它的自然状态。

征集队返馆以后，对征集品要尽快地分析研究，作出报告，还要作好工作总结，向学术委员会及全体科学工作者报告。同时展览出全部采集物品。学术委员会研究了它的总结，肯定它的成绩，指出它的缺点，再进一步地分析研究整理，然后，可以作为著作，公开出版。

二、考古发掘队

凡陈列有古代内容的博物馆，应当经常组织考古发掘队，以辅助科学研究工作，弥补保管和陈列上的空白点。发掘队也是临时的组织，由馆长指定考古部的成员和考古专家组成，但必须经过科学院的批准。本馆人力若感不足，可请兄弟博物馆或有关学校的考古人员参加。出发之前，先要学习关于发掘地区的著作和文献，然后到发掘地点进行详细的勘查和研究。根据调查勘查的结果，选定发掘地点，拟定发掘计划，送请科学院审查，经过批准，向文化部具领准许发掘证，再往发掘地点，和当地政府接洽，开始工作。

发掘时，首先绘制发掘地点平面图；次绘遗址分布图，把遗址分别注在图上。在工作进行当中，必须绘制地层图和剖面图，把各层的发掘品位置标画图上。还要作详细的发掘记录、图表；要绘制文物分期图，标明文物的早期、中期、晚期。在准备发掘以至全部工作结束为止，整个发掘过程，都要作详细的记录，附以全部照相。出土文物都要在原地原样照相。就地整理，作初步研究；并填写发掘品统计表，包括地点、名称、件数、质量、形态等项。发掘品和图表，记录、相片，都应妥善保存。

发掘出来的过多的重复品，可留下一部分，照原样埋好，以备后来的人研究考证。考古发掘队如系由数个单位组成，其发掘品可共同分配。贵重而又稀少的文物，做成复制品，然后分配。至于真品原件则由主管机关保存。在发掘地区遇有考古价值的文物，也可申请收购委员会批准购买。

发掘工作结束回馆，要于半年内完成发掘工作总结，送科学院审查。逾时不成，就取消它的发掘资格了。

三、一般收购

苏联较大的博物馆如国家历史博物馆、革命博物馆、冬宫博物院、民族博物馆都设有收购委员会，负责文物资料的鉴定、评价及审查账目等工作。这个委员会由全馆各种专家组成，而以馆长为主席，主持一切。冬宫博物院因为需要经常地随时收集各个共和国的艺术作品，为了收购的方便，在全国设立了五个收购站。民族博物馆因为要经常收购各民族的种种文物，它在各民族较为集中的地区，分别设立了十三个收购站，各个收购站都由博物馆委派专家专人负责，并且和所在地文化局商洽，请当地文化部门代为收购。重要文物，原主不肯割爱、捐献或出让的时候，必须通过社会力量，进行思想动员。共产党员、共青团团员在这项工作中，常是最有力的助手。原主捐献或出让之后，如欲保留作为纪念的东西，可由博物馆复制一份赠送他，真品原本则收存在博物馆里。收购文物资料，应掣给原主收据。

第五节　中国博物馆界征集工作的重要经验

1949 年以来，中国博物馆界征集工作最初无成法可循，多半是自己摸索，其后才学习苏联先进经验，结合我国具体情况，逐步改进。七年来在工作中也积累了一些经验。

中央革命博物馆[①]筹备处成立以来，首先展开征集工作。他们认为现代革命史上的若干历史资料，必须及时收集。否则就要湮没消失，无法寻求。自1954 年起，他们经常组织征集组四出采访，先后在山西、陕西、河南、东北各省及上海等地征集了文献书籍、报刊、照片、实物五万余件。经验证明：征集工作必须依靠广泛的社会力量。首先要与各机关、企业、团体的研究部门、资料档案部门，报社、杂志社、图片社、图书馆、博物馆，特别是地志博物馆建立联系。和保存革命资料最丰富的档案馆应当建立资料相互交流的关系（转移、借用、复制、抄录、照相）以便使资料各得其所，发挥作用。其次要配合其他科学或业务机关相类似的工作（如老区访问，电影摄制……），合作进行。第三要利用报刊、广播、电影以及其他各种各样的方式，大力展开宣传工作，广泛征集。更要加强访问老革命家的工作，把残酷

---

① 成立于1950 年3 月，1960 年正式命名为"中国革命博物馆"，后与原中国历史博物馆组建成现在的"中国国家博物馆"。

武装斗争环境中不便有文字记载的资料，记录下来，或请他们写成回忆录。

中央革命博物馆还认为适应科学研究的需要，也必须重视现实资料的征集。目前由于社会主义革命高潮的到来，革命事变发展很快。很多现实资料若不及时收集，日后必须感到极大的困难。在工作进行中要有敏锐的眼光，发现新的东西，应当马上收集，不可犹疑，否则就有漏掉的危险。但要抓住重点，在重点中全面征集，不可限于单一的目标。他们在双城县原定主要的征集目标是农业合作化规划的资料，但在征集过程中却收集了由建社到建庄，由合作化规划到生产规划，一直到文教规划的全套农村变革的资料。

我国皖南有些是太平天国激战所在的地区，有些是土地革命的老苏区，也有些是八年抗日战争和三年解放战争的游击区和游击根据地，处处保留下来不少的革命文献和实物。皖南人民文物馆为了搜集这些文物，先后拟定了搜集计划和在土地改革时期的采集计划。自 1950 年 6 月，即开始深入各地采集，他们的工作方式和方法是：（一）出发前和出发中，以所搜集的旧资料做基础，并参阅当地方志和当地人物的著述。到了目的地，通过当地领导，进行访问调查，同时访问熟悉当地掌故文物资料的开明士绅、中小学教师及在游击时期坚持留在当地工作的干部，以及土地改革委员会，了解情况，决定工作重点。（二）配合文教科、文化馆工作同志，或由当地领导、邀请开明士绅伴同下乡，结合土改组、村干部、小学教师，进行工作。（三）游击时期坚持留在地方工作的干部，土地革命时期的老红军同志以及七八十岁的老年人，分别访问，举行漫谈，以线索引线索，搜集有关太平天国和新民主主义革命有关文物。（四）参加农民的群众大会、会员大会、土地改革宣传大会、庆祝土地改革完成胜利大会等会议，多和农民接触、漫谈，发现线索，发掘资料。必要时也作些文物政策的宣传。一般是由工作组传达任务。为了密切联络，有时还替土地改革活动，拍摄一些照片。（五）在各县搜集的文物资料和争取捐献的图书、文物，加以整理、登记、编号、贴签，分别装箱或打捆。工作告成，暂交县政府保管，并缮写报告书。每收到一件东西，都掣制收据。用这些方式，他们得了很大的收获。1950 年 7 月陕北延安革命纪念馆[①]开放，大部人员下乡搜集文物，他们的体会是：多跑腿，多用嘴；和区乡干部密切配合，还要耐心仔细，态度谦和，和群众打成一片。依靠群众，才能得到收集文物资料的线索和方法，收到很好的效果。同时，革命文物散布的范围很广，有时须要长期进行，才能发现；仅靠一时的突击，或个人的"单枪匹马"的搞法，是不能完成任务的。1952 年 11 月，遵义会议纪念建设委员会和贵州省遵义人民图书馆搜集红军长征时遗留的革命文物，主要方法是联系群众，抓住重点，带动一般。他们先取得行政方面的大力协助，结合当地中心工作去进行，利用各种集会进行宣传，向群众详细交代保护文物的政策，说明搜集的意义和办法。闻风即去，逢人便问。慰问遗留在各地的老红军和他们的家属，访问了当地老人和地下工作的党员，因此得到了意外的收获。

1954 年以来，上海博物馆经常联系广大群众，从造纸厂、冶炼厂、废品仓库、合作社回收站等处的废纸、废铜中检选了很重要、很珍贵的图书、档案、古代铜器。这些经验都是值得推广的。

---

① 建于 1950 年 1 月，是中华人民共和国成立后最早建立的革命纪念馆，1954 定名为"延安博物馆"，1955 年改名"延安革命纪念馆"。

第六章　博物馆的保管工作

第一节　国家文物政策和博物馆保管工作的意义

我国地大物博，历史悠久。在辽阔广大国土上的自然富源，是用以建设祖国，服务于人民利益的物资，也是博物馆用以推广科学教育、爱国主义教育的主要凭借。对于这丰富的自然富源，我们有责任爱护它，保存它。我国历代遗留在地上和地下的民族文化遗产，也异常丰富，遍布全国。特别是解放以来，在农田水利、建筑工程、交通运输工程和军事工程进行中，几乎到处都发现古代文化遗址、古墓葬或零星的历史文物。这些古迹古物以及其他建筑纪念物都是我们的辛勤而智慧的祖先的劳动创作，具有历史的、艺术的价值，对于我们是有实际的用处的。它们是古代的物质文化资料，是解决历史问题、说明社会发展规律的实物例证，正如列宁所说："无产阶级文化是人类在资本主义社会、地主社会、官僚社会压迫下所创造出来的知识总汇发展的必然结果。"（见列宁著《论马克思、恩格斯及马克思主义》438 页）它们是民族的文化艺术遗产，保持着国家伟大光辉的文化艺术传统，它是推陈出新、创造民族新文化的参考资料，也正如毛泽东主席所说："中国的长期封建社会中，创造了灿烂的古代文化。因此，清理古代文化的发展过程，剔除其封建性的糟粕，吸收其民主性的精华，是发展民族新文化、提高民族自信心的必要条件。"（见《新民主主义论》）通过历史文物，我们来进行爱国主义、革命、历史的教育，提高民族自信心，鼓舞人民对祖国、对劳动的热爱，从而加速社会主义的建设。所以爱护伟大祖国的文物，就是热爱祖国的一种具体表现。

苏联在十月革命时期，凡是起义的工人镇压住了反革命的武装抵抗后，地方苏维埃的革命军事委员会便立刻采取适当措施，保全文物、宫廷、图书馆、档案库、博物馆和古迹。1917 年 11 月，列宁指示在人民教育委员部之下，组织"博物馆暨保护艺术品古迹事业委员会"。1918 年 9 月，列宁签署公布《禁止艺术珍宝运出国境》的法令。同年十月颁布了《关于私人、社团、机关所有艺术纪念品和古物的保护、保管及登记手续》。对于历史文物，分别整理开放；对于古代建筑则拨款修整。自此以后，爱护民族文化遗产的历史文物，成了苏联人民的美德和习惯。1948 年 10 月 14 日颁布《文物保护条例》，也强调："在苏联领土上有历史价值或艺术价值意义的文物，是不可侵犯的全民财产，受国家的保护。"全苏革命遗迹，古文化遗址、古墓葬、纪念性建筑、艺术雕刻、纪念碑刻等，置于国家法令保护之列。并且通过具体登记保管办法，使每一被保护的单位，真正有人有机关负责保管。并在全苏文化部设有与局平行的文物视导组，各共和国博物馆管理局下设立文物视导组，各州市文化局内设有文物视导员，根据法令进行监督、检查、登记、发照等工作。科学院物质文化研究所还通盘领导具体发掘清理工作。这一套完整的工作方法和机构，是保护文物法令得以贯彻执行的有力措施，对我国文物保护工作有很大的启发和帮助。

在国民党反动统治之下，祖国历史文物遭到严重的摧毁破坏。官僚地主们把历史文物豪夺巧取，据为己有；甚至勾结奸商蠹贼和帝国主义者，大量盗卖。经过卢芹斋公司、通运公司、日本山中商会贩卖到外国去的珍贵文物，不知有多少。外国文化间谍在我国到处探险盗掘，攫去了我们无数瑰宝。中国共产党一贯的保护祖国古代的民族文化遗产。在最艰苦的抗日游击战争和解放战争时期，都在正确地切实执行着党的保护文物政策。1942 年我八路军在日寇重重包围的险恶情势下，牺牲了八位战友，抢救了山西省赵城县广胜寺的金代刻本大藏经四千三百多卷。1947 年 9 月 13 日中国共产党全国土地会议通过的《中国土地法大纲》中第十条丙项规定是："名胜古迹应妥为保护。被接收的有历史价值或学术价值的特殊的图书、古物、美术品等，应开具清单，呈交各地高级政府处理。"在华北土地改革工作复查的时候，区政府也通令各地，要对没收地主的文物，加以保存。1948 年晋察冀边区行政委员会及中共晋察冀中央局又设立"文物保管委员会"来统一保管图书、古物和美术品。3 月 29 日太行区文物保管委员会宣布成立。11 月 3 日华北人民政府又向所属各级政府，发出保护人民文化财产的训令。1949 年为了保护各地名胜古迹，又对县以上各级政府及各直属机关发出训令。北平军事委员会物资接管委员会订有"接交工作奖惩办法"，其第二条规定："破坏机关图书、古物、账册、档案或隐匿、分散或采其他方式转移者，惩处。"同时北平文化接管委员会文物处也授权北京历史博物馆征集革命文物。可见保护民族历史文化遗产，是中国共产党一贯的政策。

中央人民政府成立以后，也继续贯彻了保护文物的政策。1950 年 5 月 24 日政务院颁发《禁止珍贵文物图书出口暂行办法》，规定《古迹、珍贵文物、图书及稀有生物保护办法》，并颁发《古文化遗址及古墓葬之调查发掘暂行办法》。6 月 16 日下令征集革命文物。7 月 6 日指示《保护古文物建筑办法》。在正确地及时地保护文物上，起了重大的作用。1953 年 10 月我国开始执行第一个五年建设计划，中央通令各大行政区在基本建设工程进行中，要做好历史及革命文物的保护工作。文化部也通知各地文化部门利用基本建设部门工作人员冬训期间，进行保护历史文物的宣传教育工作。1954 年 9 月 20 日第一届全国人民代表大会第一次会议通过《中华人民共和国宪法》，第一百零一条规定："中华人民共和国的公共财产神圣不可侵犯。爱护和保卫公共财产是每一个公民的义务。"1956 年 4 月国务院又通知各地注意在农业生产建设中保护文物。通知还强调指出各省、自治区、直辖市文化局应先就已知的古文化遗址、古墓葬地区、重要革命遗迹、纪念建筑物、古建筑、碑碣等提出保护单位名单呈准国务院，置于国家保护之列。这都说明了政府贯彻了党爱护祖国自然资源和历史文物的政策。

博物馆为了布置陈列、进行宣传教育工作，为了辅助馆内外的科学研究，必须搜集、保存丰富的、典型的重要文物资料标本。文物资料标本是博物馆全部活动的物质基础，保管文物资料标本也是博物馆的一种基本工作。保管工作不但是陈列、宣传教育、科学研究等工作的基础，而且也是为了我们的后代保藏物质文化遗产，对他们负有非常重大的责任。因此保管好博物馆所有的文化艺术的、革命的和自然的藏品，将是博物馆保管工作人员极重要而光荣的任务。

博物馆藏品的保管工作有四项方针原则：

第一、博物馆保管工作者应该把征集来的物品即时送库保存。库房必须有安全设备，必须有完整的、科学的、严密的、切合实际的保管制度，有正规的出纳、登记手续和分门别类的按性质、时期的保存方法。不仅有精确的数目，还要妥善保管，做好防火灾、防特务、防盗窃、防损毁的四防工作，不使它们受到任何损坏或遗失。同时也要为提用方便准备条件。其中珍贵的藏品，要与一般文物分开，另行保管。

第二、保管工作的任务绝不应该是单纯的保护和看管，因为它和其他工作都是相互紧密联系着的，它须源源不断地为陈列部门、群众工作部门和馆外其他机关，提供丰富的研究资料，所以保管工作者也必须进行科学研究工作。他要研究藏品本身的价值和一切有关资料，并进行编目，作出科学记录。

第三、保管工作者也不仅是搜集来什么，就保管什么，他还应该主动地向征集工作者，提出需要征集的物品项目，以补充藏品的空白。

第四、保管工作者不仅保管为现在和将来陈列所需要的物品，而且其他一些可供参考和有价值实物以外的资料，也要妥善保存。

要遵照这些原则，完成保管任务，必须加强领导，统一保管，严格执行既定制度，掌握科学的工作方法，配备现代化的安全设备，做到"妥善保管，提取方便，随收随编，库无积压"。

第二节　博物馆的保管机构和工作过程

除了保护文物机构以外，博物馆都有保管文物资料、自然标本的组织。苏联博物馆都有保管部，它的组织随机构大小、经费多寡等具体情况而各有不同。大馆多由馆长领导保管部工作（如十月革命博物馆），又有由一副馆长领导这项工作者（如冬宫博物院）。保管部设正副主任一人，下有干事若干人。这些人员大都是大学毕业生或工作较久的人员和一些专家。它的机构也各不相同，地志博物馆按不同的藏品而分为若干部门，冬宫博物院、国家历史博物馆则按陈列部门的分组而区分。冬宫博物院于文物入院后，保管部立即将文物名称、内容、来源、入馆日期登记在文物登记簿上，并制成卡片，一式二份，一份按其性质连同文物保管部的有关组存入库房，一份交馆长办公室登记于文物总簿中。国家历史博物馆则于馆长之下，设一总登记员，根据征集人员编制的文物登记卡片，把文物登记在总登记册上，同时按类分别登记分类付出簿，由保管部下有关的组签收后送还，他还掌管文物临时借出簿或提取簿。

我国博物馆的保管机构，尚无统一规定。故宫博物院保管部分保管、库务、修整等组。北京历史博物馆保管部则分文物、图书资料二组。文物组管理库房、陈列室、文物修整、登记编目等工作。图书资料组管理科学研究的参考文献。其他博物馆的机构，各不相同。至于文物、资料、标本等处理过程，也没有统一办法。东北博物馆和北京历史博物馆在保管工作的实践中积累了一些经验，一般的办法是：文物、资料、标本入馆，由行政部门接收、造册，编造收入凭证，注明来源（如拨交、捐赠、交换、代价等。如系采集、发掘，当注明采集或发掘人员、时间及地点）、收入总号、日期、品名、数量、交接人员签章、备考。然后点交保管部保管人员举行总登记或分类登记，收入库房。编目工作则由研究人员办理。需要修整、照相、摹拓或提用的时候，都由保管人员办理出纳手续。惟馆外提用馆藏品时，须经馆领导批准。

我以为博物馆保管部将来当按藏品性质，分门保管，凡征集、登记、编目、典藏、出纳都归它负责。此外可设消毒、修整、资料、照相等室。

第三节　文物、资料、标本的收入、分类、登记和存放

文物、资料、标本入馆后先填写收入凭证（项目如上述），这是博物馆藏品的原始记录和证件，当由行政部门长期保存。藏品送到保管部后，应尽快进行总登记（或分类登记），即时送入库房，分别保管。

文物、资料、标本的种类和形式，是多种多样的，因此就造成了保管上的困难。博物馆为了妥善进行保管（最好按它们的组成部分和物理、化学性质，分成三大类：（一）无机类：如地质矿物标本、金

属、石、陶、瓦、玻璃等制作品；（二）有机类：如植物、动物、古生物、人类体质、木、皮、腊、角、龟、琥珀、骨、纺织品，纸等易受动植虫害等制作品；（三）有机和无机混合类：如图画、武器、家具、装饰品、镶嵌品等。）为研究的方便，一般把藏品分为自然历史、历史、革命史、艺术、技术、经济和资料等类。

甲、自然历史物品分为古生物学标本、地质学和矿物学标本、土壤学标本、植物学标本（绝大多数是干腊植物标本）、动物学标本（其中又分浸在液体中的标本、剥制标本、兽皮、用兽皮做的大小动物标本、骨骼）、加工制造过的和没有加工制造的昆虫学标本以及人类学标本（骨骼等）。每一类藏品都应当按照自然科学上所采用的分类法去分类存放。

乙、历史文物（包括革命史等藏品），应当把考古学上集品分出来，分组，分套保管。这每组、每套都是由某一次从考古勘查、采集、发掘收集而来的，并由考古家在一定的时间内鉴定过的。纪念性藏品（如埋藏的珍品），也像成套的古代钱币一样，分组、分套来保管。历史档案也是集品，也分组、分套保管，不可分割或拆散。不然就要失掉科学性，没有历史意义了。

对于革命文物和反革命文物，应有严格的政治原则，分别保管，不可混在一起。

历史生活资料和零星的历史上纪念品，为了便于保养起见，可按质地分类保藏。如丝毛织品、字画都怕尘土、潮湿、虫蛀，应一起放在空气流通或高燥的地方。漆器遇到天气温度湿度的变更，就要皲裂、变形、毁伤，应长期保持它出土时候的湿度，至少要放在不易见剧烈阳光的阴暗而潮润的地方。木器、角骨和珐琅彩的瓷器（俗名"古月轩"），可以放在一起，保持它所需要的一定气温。家具、木器、纸张、皮革、毛皮、动物标本，需要放在光线充足而不太干燥的地方。蚁醛液泡制的动物标本，不可放在阴凉地方。陶瓷玻璃等器都怕震动，可以放在一起。锡器怕虫蛀，也怕冷，不可放在零下十八度或以下的空气中。金属器怕氧化，当放在阴凉而干燥的地方。铅器不可放在松木匣内。贵重珍品防止被窃，应在专柜保管。由各种物品构成的特别的纪念品（如印章、证章、钱币、武器、家具等）也要分辟专类保存。历史文物中的日常生活用具，可按它们的用途（如生产工具、食具、衣饰、生活用品、室内陈设、度量衡、交通工具等）和时代来分类。笨重石刻、雕塑、大件家具，可放在平房或第一层楼，以便搬运。

丙、艺术作品应当按它的性质分类，如绘画、壁画、法书等，可按年代、学派和作者分组保管。

丁、技术及经济物品可按工业种类、农业和运输业等分类。手工业藏品可按各种分工专业而分类。工厂工业藏品可按主要部门而分类。巨大的机器因其具有共同保管的条件，可放在一起。

戊、资料如图书、档案、图表、拓本、照片、照片底版、胶版、幻灯片、模型等资料当和文物标本分开保存。小照片可贴卡片目录，大照片和底版、胶版、幻灯片当放入特制的柜子里。

北京历史博物馆的藏品，采用综合的分类法，它的文物分类表如次：

北京历史博物馆文物分类表

本馆文物按它的性质，分下列二种：

甲、传世品：指一般性的文物而言，除印章钱币外，按其质料分类，计分十六类：

1. 石器：旧石器时代石器、新石器时代石器、商代及以后石工具。
2. 玉器：古玉（商、周、战国、秦、汉）隋、唐以后玉、翡翠、玛瑙、水晶、珊瑚、古代琉璃等。
3. 陶器：新石器时代陶器、商、周、战国、秦、汉及汉以后的陶器、明器、陶俑等。
4. 瓷器：南北朝、隋、唐、宋、辽、金、元、明、清等朝瓷器。

5. 铜器：商、周、战国、秦、汉以至明、清等代铜器。

6. 金属器：不属于铜器的金、银、铁、锡、铅等器物。

7. 骨器：卜骨、雕骨、象牙、牛角等。

8. 砖瓦：城砖、墓砖、瓦当、琉璃瓦等。

9. 石刻：画像石、碑碣、墓志、造像等。

10. 漆木：平漆、彩漆、雕漆、螺钿、木器、竹器、佛像、木俑等。

11. 丝织：缂丝、刺绣、锦、绫、绸、缎、绢纱、衣服、甲胄等。

12. 印章：铜、石、金、玉、牙、陶制印章及封泥等。

13. 钱币：贝、刀、布、圆钱、金银币、钞票、钱范、钞版等。

14. 书画：山水、人物、花卉、鸟兽、宗教、舆图、民俗、壁画、油画、版画、法书等。

15. 杂类：不属于上述各类者如砚、墨、纸、景泰蓝、玻璃器、钟表等。

16. 机关团体以及私人的证章、徽章、纪念章、奖章等。

乙、集品：指发掘品或不可分割的集品而言，因为各件文物都有互相的关系，自成一个整体，要按来源单位登记，不能混在前述十六类文物之内。

藏品登记是保管工作的第一步。博物馆藏品若干，有那些东西，保管人员必须心中有数，作为处理业务的根据。藏品有传世品，有集品，登记的方法，大同而小异。

传世品的登记簿，当用八开本活页，纸质要坚韧耐久，横写。它的内容有以下项目：登记顺序号或分类号、原号、品名、时代、数量、简要描写入馆日期及来源、采集日期、地点和采集人、登记日期及工作者、备考。兹附录北京历史博物馆藏品登记簿格式，以备参考。（见下表）

登记的顺序号用阿拉伯号码书写，从一号起，以至于无穷。博物馆为了避免数目过多，号码过长起见，往往在阿拉伯号码之前，加注年度（如1956年登记的第五十号文物，则作1956·50或1956/50）。

北京历史博物馆藏品登记簿　　　　（　　类）　　　第　页

登记号	原来号	时代	名称	数量	物品描写及尺寸	来源	入馆日期	备注

（本表原大36公分×27公分）　　　统计　　号　　件

大的博物馆或博物院，一年新收文物，数量很多，登记文物，常常按收到文物的来源（如拨交、交换、捐献、购买、采集、发掘）分单位登记，或分类登记，把来源或类别各以简单中国字（如铜、瓷、玉或用千字文），或西洋字母代表，系于号码之前。又有分单位或分类登记法而又加注年度（如以1956·1·86代表1956年登记第一类藏品的八十六号）的。我以为博物馆若采用总登记法，号码之前可加注年度。若采用分类登记法，则不必加注年度。每件藏品编号之前，应标明该馆简号或特用代号，这种简号或代号应由上级统一规定，颁发博物馆遵行。看到东西的编号，就知道是那一个博物馆的收藏。

原号是旧收藏者的编号，或接收册或凭证的编号，或是田野工作时候的编号。品名、时代要简明正确，最好于文物、资料、标本入馆时就经过科学工作者或专家的鉴定，把名称确定下来。

登记簿的顺序号应以"一件为一号"为原则，以便统计数目。完全相同的东西仍可以一件为一号。

物品计件标准，也应事先有明确统一的规定，严格贯彻执行，前后一致。如数件构成一物，分割则不完整（如茶壶和它的盖），名实不符（如对联、十二屏、盖罐、套杯、盆奁、八仙人、十二辰俑），失其使用价值（如鞋、筷、耳坠、马蹬），无妨硬性规定，无论成对、成套、成群一律按一件计算。或一律分号分件计算，即一号几件，亦无不可。但登记前必明确规定办法，始终遵守。又如残碎陶瓷片、谷类、毛发、粘合在一起而成串的五铢钱等，亦可以一件计算，并在备考栏注明其特殊情况。

文物资料的一个整体，由数件东西构成者，可以其组成部分编为数个"附号"。如宋钧窑盆奁系瓷盆之外附有瓷托，近代茶壶有壶盖和金属提梁（俗称为系），古铜卣也是如此。瓷盖碗往往由盖、碗、托三件合成。对联、四扇屏、十二屏乃系二幅、四幅、十二幅合成。诸如此类，都应编为附号。如有一部分缺失，也必须在备考栏内注明。例如 1956 年登记新收第十单位第二号的四扇屏，各件号码应编为：1956・10・2A，1956・10・2B，1956・10・2C，1956・10・2D，又如 1956 年登记第十一单位第三号为周代铜卣，则卣上写 1956・11・3A 的号码，并在卣盖写 1956・11・3B。卣盖若是缺失，就在备考栏内注明"盖缺"。

有附件的物品，可把附件编为"寄号"。例如绘画是藏品中的第五类，其中第一千零五件，包以锦袱，更盛以木匣，则锦袱上系以 5・1005a 的标签，木匣上写上 5・1005b 的号码。

文物登记号上的"附号"是标志组成一件文物各零件之用；"寄号"是标志文物附件之用。两种标志的性质，是不同的。

简单形容项目要简单扼要地叙述物品的特点，并记其尺寸、重量、完残情况。测量尺寸应用皮尺，不可用钢尺，以免划伤藏品。尺寸要量藏品的高、长、宽、深浅、厚薄的最高限度。圆的只量直径；椭圆先量大的直径，次量小的直径。画轴先量画心，次量诗堂；手卷先量画心，次量引首、隔水、跋尾。布匹先量宽度，次量长度。都用公分计算。贵重金属等制成品及权、砝码等必量重量，都以公分计算。

来源注明它的流传小史、来历和有关记录及档案号。购买品须注明价格及售主。交换品应注明换出物品品目及档案号。采集品详记人员、日期、地点。发掘品亦同。

其他应登记的事项及交接人员签署，都注入备考栏。

以上项目逐一登记之后，即将藏品登记顺序号用毛笔墨书或朱书；或用毛笔或小钢笔蘸"磁漆"直接写在藏品之上。颜色浅淡的藏品当用红磁漆书写，颜色深浓的藏品则用白磁漆书写，要清晰匀细整洁。砖瓦陶器可用墨笔书写。漆书或墨书的号码，经久之后，往往模糊不清，或字迹脱落，在书写号码晾干以后，当涂以丙酮和化学胶质的混合液体，即可避免这种毛病。号码应当写在无花纹、无铭文、不损物品的外观、陈列不须展示等部分；可以写在底部或背部。高大物品的登记号应写在约一人高的背部，或一律写在颈后或耳后，以便检查寻找。事实上不便直接写号的物品，可用间接办法。如衣服或丝织品可写布条，用细丝线缝缀在背面一定的地方。很少的珍珠、细小的矿体、可以把纸签贴在盛装它的器皿上。酒精浸泡的标本，或把纸号签贴在玻璃瓶外，或漆书在瓶上，或用钢印压印的金属签挂在瓶里。虫类标本可把号签贴在盛装它的小盒内外。有人用扣针钉在标本上，容易损伤它的形质，不是好办法。收藏贝类的纸盒或玻璃盒，可把登记号的纸签贴上去。动物园动物的登记号，应当用钢铁字模，烙印在木制牌子或薄的白铁片上，然后系在动物的颈部。牲畜的登记号也可直接烙印在它的背部后端。

用磁漆或耐湿墨水的时候，当先调匀。过浓则不易书写，且登记号干了以后容易剥落；过淡则模糊而不显明，都不相宜。纸签当用国产的绵性纸，贴时当用稀薄的浆糊或用经过发酵、微霉的浆糊。这类浆糊的贴合力，既大且匀。但不可用洋胶或过浓的浆糊，以防脱落。

自然物品登记的方法，和历史文物相同，惟名称须标出通名、士名、学名，并应注明拉丁文。生物的雌雄、生长年限，也应注明。科学采集记录，应该把档案号码标明，附记登记簿中。

物品登记后，仿照图书馆的图书排架卡片办法，每号编制库藏卡片（即庋藏卡片）一张，记明登记号、类别、时代、品名、件数、完残情况、安全检查情况、保管设备、固定藏所、临时在地。登记之后把藏品和库藏卡片送交库房管理人员，分类或分组上架，并在卡片上填注存放地点，边种库藏卡片也可代表财产的卡片。

藏品应按周、月、年定期统计。馆藏不多或缺少的东西，应注意征集、补充。苏联博物馆在藏品登记簿的末页，注明页数。末页和封底还用火漆固封起来，以防流弊。我们也应当在藏品登记簿的末页，注明页数，统计件数，由保管人员签署，以明责任。

博物馆藏品因为性质或情况的不同，所以登记的具体办法也有差别。现在说明考古发掘品和档案等集品的登记方法，以表明特殊文物资料登记方法之一斑。

采集品或考古发掘品是一套整个的有集体性的物品，都是来自一个地区、文化遗址或墓葬，而且往往是同时代的。这类物品应当按地区或坑位、层次登记，列为一览表，保持它的科学性、完整性。其登记簿和一般物品登记簿相同，但登记簿前，首列提要，后附采集或发掘详细记录及照片、拓片、测图、表录等资料。提要必须记录调查、采集或发掘地点、年月日、工作人员、简要叙述、物品种类、统计。

档案登记办法，与上项相同。登记簿外，也要有提要。提要有以下六项：档案标题、档案原保存机关、原机关的沿革，档案起讫日期、拨交日期（附有关文件——档案号）、内容概要。登记簿有以下数项：顺序号、案由、数量、备考。登记簿后附录详细目录，它的项目是：（1）原保存机关的顺序号；（2）原标事由；（3）起讫日期；（4）页数；（5）备考。

第四节　博物馆藏品的编目

博物馆藏品的登记是财产登记的工作，是行政的必要手续。编目工作是把登记的藏品作进一步有系统的整理、鉴定、研究，便于陈列和科学研究。这项科学工作要达到四项要求：（1）肯定藏品的名称、作者、年代及其国别、地区、来源和历史；（2）说明藏品用途、思想内容以及在历史、文化艺术或教育上的意义与价值；（3）详细精确地形容藏品情况，使参考者对它有基本的了解，并利用编目卡片可以迅速找到所需要的藏品及参考资料；（4）记录博物馆内外与著录上和它有关的重要参考的资料。为了达到上述目的，每件藏品应先编制基本编目卡片。兹附录北京历史博物馆的编目卡片（宽17.5公分，高14公分）项目，以便参考。（见下表）

博物馆藏品若采用分类登记办法，当然不需另编分类号。但若采用总登记办法，则藏品可用卡片分类，也不必另编分类号。一般来讲：卡片柜中的基本卡片可按登记顺序号依次排列。此外还可编制分类卡片若干套。就历史性质的博物馆而言：可按藏品质地而分铜、玉、陶、瓷、木等类。按形式言：绘画、法书可分轴、卷、册、版、贴落、壁画；陶器、铜器可分鬲、瓿、鼎、豆、壶等。还可按功用、性质或专题分生产工具、生活用品、建筑、少数民族用品、外国文物等类。也可按时代、地区、人物而分类。更可编制藏品所在地点的位置卡片。这都是财产卡片以外的种种科学卡片。

登记号：		原号：		照片或略图：
名称：				
原名：				
时代：	数量：		质地：	
尺寸、重量：				
完残情况：				
来源：				
入馆日期：		编目日期及编者：		
底版号：		拓片号：		
有关资料：				
备考：				
描写：				

北京历史博物馆

编目制卡工作可按干部的条件或业务需要，分别缓急先后斟酌去做。现代科学昌明，断定历史文物年代的方法可以利用放射性碳碳素或碳十四。但它有局限性，目前也未能推广。今日鉴定文物必须总结过去经验，加以提高。藏品定名或"名从主人"，或重新拟定，最好标出它的制作年代、作者、形式、内容、功用，但不可过于冗长。如唐李昭道洛阳楼阁图卷、商父辛饕餮文方鼎，汉绿釉凸雕狩猎文陶尊等，是简单正确的标名办法。定名切忌信手拈来，随便杜撰。原名如不正确、不合理或违犯政府政策，则必须更正。

编目是一种科学工作，编目人员一方面要学习理论、政治，提高思想水平、政治水平，更必须钻研业务，学习历史、地志、考古和古器物等常识。工作前必先了解藏品情况，参考文献图录，互相交换意见，集体讨论。必要时应请教专家，然后决定编目办法。定名必须正确，体例必须合理。上海博物馆曾拟各类文物编目办法，可以参考。

第五节　博物馆藏品的保藏

保管人员要严格执行既定制度，管理藏品，特别要保证藏品的安全。今就收库、出纳、四防、库房设备、陈列品保管、检查等六方面工作，略论如后。

一、收库

博物馆藏品应分类存放库房柜内或架上，也要保证提用时候的迅速与方便。库房和陈列室都当用罗马数字，编成顺序号。其中每件家具如文物柜、橱、架、箱等，也要用阿拉伯数字编成顺序号。阿拉伯数字的分数可以表示某件藏品在某件家具内的地点。分子代表架子和小箱的号码，分母代表匣子和纸夹子的号码。例如Ⅵ10－3/9代表第六库第十柜第三层第九匣。藏品收库后，在按照登记号码顺序排列的库藏卡片上，也要注上这些符号，以便根据库藏卡片而提取藏品。每一柜内或架上有若干匣子、小箱，其中收藏的东西都注明在表上，把它贴在柜架的柜门或栏板上。这样就能以检查藏品是否缺少。

藏品分类和存放，要注意以下各问题：

甲、装配好的骨胳、用兽皮做的动物标本、雕塑和机器等物品有时成品很大，需要占用较大的地方和特别设备，都应当和一般藏品分开，另集中在一起保管。

乙、最珍贵的物品，如历史、文化艺术上最有价值的或商业价值很高的（由金、银、白金等贵重金属制成或镶有宝石、珍珠的东西），或稀有少见的文物资料，应当提出，个别慎重保藏于保险柜里，专人负责。苏联一般博物馆对于贵重藏品，订有特别保管制度：

1）珍贵藏品除登记于总登记簿外，再登入"贵重藏品登记簿"，作特别登记，附以照片。这种登记簿制成三份：一份留保管主任处；一份送馆长处；一份送上级机关。这种登记簿要编上号码，装订好，并由保存机关的首长签署盖章。

2）珍贵藏品的库房与其他藏品库房隔开，且安装铁门，窗上要安置铁栅栏。这类物品放在保险柜里。

3）保险柜钥匙由馆长掌握，为这个保险柜专设的铅封器，要由藏品保管员掌握。

4）保险柜附有专设日志，记载这类藏品接收、发出和检查情况（三个月检查一次）。馆长和藏品保管员都要签署于其上。

5）珍贵藏品的库房，订立消防警卫昼夜值班制度。

苏联冬宫博物院有"珍宝库"和其他藏品库房隔离，藏品放在坚固玻璃柜内，用铁制门窗封闭，库外有荷枪武士守卫，门外有警报机。外宾参观须经一定的政府机关介绍，向馆长领取钥匙。开门前，电告警卫处，然后开门入内。参观以后，封闭如旧。这种种严格管理的制度，是我们应当学习的。

丙、博物馆复制品、创作的艺术品和辅助的资料，应当和原物分开，另行保管。平面的、立体的文物资料也要分别保管。如图书、档案、图表、拓本、照片、底版、胶版、幻灯片、模型等东西，都要另行存放。小照片可贴成卡片目录，大照片和幻灯片、胶版、底版当放入特制柜内。

丁、从馆外单位借来的文物，或寄存的文物，应当按单位分别存放，不可混淆。

戊、藏品每天移动的情况，应记入"藏品收发日志"，由库房负责人或经手人签署于其上。陈列品移动时，必须陈列室保管员或守护员在场，才能执行；还要马上登记在陈列品簿子上。

藏品登记簿之外，还有附属目录、主要的有下列各种：

1）借货簿　博物馆借来或贷出的文物、资料、标本应当登入借贷簿。对方的名称或姓名、住址或通讯处、电话号码以及馆外藏品的登记号、品名、件数、附件、完整情况、借贷及归还等日期，都要注明。最好把它制成卡片，按照归还日期先后排列，以便归还或催询。馆外委托代存或代为鉴定等物品，也可列入此簿。另立寄存簿亦可。巡回贷出品则当另立册簿。

2）藏品处理簿　馆中藏品如经上级批准移交或赠给其他机关，或与其他机关交换，以及遗失、销毁、变卖等情况，都应记入处理簿，填明处理日期、有关公文号、藏品名称、年代、登记号、件数、附件、交出机关、名称及原来所在地。馆藏品复品过多，或业务无关者可以申请上级处理，附以处理办法及理由。不经核准，不得擅自处理。这项工作中要克服贵古贱今及专重珍品思想，也要打破本位主义观念，才能作合理的处理，不生偏差。

3）藏品变态登记簿　藏品修理、损坏等情况应立变态登记簿，详细记载，并记明损坏原因，还要由负责人或馆长签证。

所有关于藏品的登记、保管等文件，应当由专人妥善保管，放入保险柜里。它的钥匙由保管部的主要负责人掌管。

二、出纳

保管部对内部工作如编目、照相、修整、传拓，对馆内陈列、参考、研究、出版、调阅、提用，以及对馆外的调借等等工作，要做到及时配合与保证供应。但馆内外藏品的流通、调阅、提用，都要明定声请、批准、提取、收回、放行等手续。藏品提单要注明登记号、名称、件数、附件、完残情况、原存地点、提取及收回经手人、年月日期。苏联一般博物馆规定：藏品在保管部内各组间的流动，须经部主任批准；在馆内各部间流动，须经副馆长批准，临时借出馆外，必经馆长批准，拨给其他博物馆须经俄罗斯共和国文化部批准。这种严密的制度，也是值得学习的。藏品出库、出馆，必开具放行条，由守卫验条放行。

三、四防工作

保管工作人员要时时提高警惕，做好防火灾、防特务、防盗窃、防损毁的四防工作。要加强对博物馆藏品的保管，保证做到不失火、不丢失、不损毁、不变形变色和变质。要经常不断地和尘土、潮湿、腐败、虫蛀、鼠啮展开坚强的斗争。

库房要与其他建筑物隔离，物别是锅炉房、仓库、作坊、实验室，必须隔绝。从厨房和厕所发出来的气体，都容易招致藏品的损害，它们必须建筑在远离库房和陈列室的地方。但库房也必须和陈列室保持便利的联系。建筑物本身当用洋灰铁筋或石构瓦顶等坚固而耐火的材料。房舍要宽敞、光亮、通风、干燥。要有调节温度、湿度的设备。保持室内十二至二十度（至多不得过二十五度）的温度，百分之五十至七十的湿度。每天两次记录温湿度的变化情况。也要有通风、暖气、防火等设备。馆外墙壁，要有排水沟。照明采用人造灯光，须设总电闸。本馆电话应自设专线。利用古代木构建筑者，应安装避雷针。至于消防器材应有尽有。还要和市内消防机关密切联系。

库房里严禁烟火，不许在内吸烟，不许生炉火，不许使用有火焰或加热的器具（如汽炉、油灯等）。不可存放易燃性和爆炸性的物质。工作上需要采用易燃物材（酒精、喷漆、香焦油、滴滴涕液、人造胶……）时，应遵守保卫安全制度，还要特别警惕，勿生意外。每天工作完毕，在下班以前，应将棉絮、木丝、废纸、油纸、青麻、麻刀、麻绳、沾油的铁屑等，收拾起来。胶版、电影片当收入匣内。库内也不可安装临时电线。

入馆的文物资料标本，必先去垢、杀菌，以防微生物的传播蔓延，特别是来自各地方的民族文物，必须先在消毒室进行消毒工作。苏联民族博物馆专设消毒室。为了防止发生病害及藏品上病菌的传染，还要有隔离室，处理这些问题。

库房应防止尘土。人员入库前，须在铅丝踏板上除去鞋上泥土。库内要定期打扫、整洁。

博物馆库房应用水泥或花石地，不可用木制地板。如用地板则要用原色纯蜡脂涂擦，切不可用煤油，也不可用水，以免增加湿度。为防止微生物的滋生，不可用锯末打扫地上。地毯灰尘可用吸尘机除去。玻璃门窗、照明灯和镜子，当用干净麻布或棉布擦拭。

春秋佳日，风和日暖，当晒晾藏品。狂风、大雾、暴雨、霆雨、黄霉期，不可进行晒晾工作。春秋季当把防虫、防腐药材，包成小包，放在文物柜内。

库房内外要经常检查，日夜巡视。户外环境也应注意安全。每次大风、雷雨之后，要检查库房房舍。年终还要把藏品作一次大清查——盘库。

库房及藏品柜、珍品柜、保险柜以及陈列室、陈列柜等钥匙，应由专人负责管理，用毕封存。各项钥匙装入特制小布袋内，编号排列，便于检点和取用，袋外书明室柜及号码。重复钥匙妥慎封存。不堪用的钥匙应由行政部门即时注销。封条和锁封应统一编号，以防流弊。领用时必须登记。未用完或作废者，须交原发出人核销，月终列表汇报。

藏品若是由于保管不周，不幸遗失或被盗，应立即采取紧急措施。对于现场不得翻动或破坏，严格加以保护，马上报告领导及公安部门，来现场侦查。领导上应当分析事件经过，追查原因，追究责任。对失职人员从严处理。更应当吸取失职的沉痛经验教训，克服缺点，改进保管工作。并且应当定出更系统的严密制度，认真执行，定期检查。

藏品移运的时候，必先包装。事先要慎重计划，妥善处理。藏品先用匣囊、袄、套或纸包包装好，外加木丝，以防震动或磨擦。放进箱子里的小包要固定不动，应该互相隔离，不要受到过分的压力。大件或分量过重者，放在箱子的下部，轻小物件放在上部。每包之内，必要时应放入防腐防虫药剂。若是大批藏品移运到较远的地方，每箱内外，当贴上箱内藏品清单，注明名称、件数、原号。最好由专人护运，沿途照料。装卸时都要小心。大风、严寒、大雨、大雪天气，不宜移运，也不宜开箱交代。

四、库房设备

库房不只要有藏品安全的设备，还要有其他充分的设备，便于保管工作的进行，便于编目、研究，便于检寻查找。保存文物的柜、架、箱、橱、保险柜、匣、囊、袄、套、卡片柜，都要有统一标准，它们要合理地安排在库房里，适当地利用。苏联历史博物馆库房中的木箱，边缘都做成两层，内部放入樟脑，以防虫蛀，可以为法。

文物库藏柜架宜用木制，不可用铁。铁的柜架笨重，价值昂贵，且易吸收热力，特别是不宜于收藏资料和"软片"（即平面的拓本、画册、锦面、衣服等品）。已有的铁质柜架，宜衬以石绵。所有藏品不宜暴露在外，当盛于囊匣、纸套、布袄或玻璃盒内。残纸或丝织品断片应夹以玻璃，用胶布固封四周。小件文物可分类按年代集中囊匣。既保安全，又可缩减所占用皮藏柜架的体积。这些设备如一时不能办齐，应分别缓急，有计划地逐步备制。屉板宜用杉木，不但质轻，且不怕潮湿，也不易生虫，但不可涂以油漆。库房还要备有高凳、搬运担架、手推车、抬箱以及包装用具和打扫用品。

五、陈列品的保管

博物馆的藏品和陈列品应统一由保管部保管，因此陈列室文物、资料、标本的保管，也是保管部的一项重要任务。

陈列品无论大件小件，以陈列于玻璃柜内为原则。塑胶或赛璐珞制成的陈列品、复制品，当装入玻璃柜内，陈列柜放在不受日光直射地方。露天陈列品当安装玻璃或木栅栏。有昂贵价值文物如金银珠宝、在文化艺术上有特殊价值的文物或艺术品，以及易于被窃、变卖、销镕的贵重物品，平日都应保管在库房内，可陈列其照片或模型。陈列品和陈列柜，不可靠近墙壁，以防潮湿。怕日光映射的陈列品，应经常罩以淡黄色帘幕。陈列柜架的制造，不仅要求其美观，还应当能够保护文物的安全。名贵的或有历史意义、艺术价值的地板，应当保护，观众入内，必须着大底的套鞋（布鞋或植物质草鞋）。陈列室入口处准备多双，以备观众穿着。每个陈列室应订出撤陈计划，以备必要时候的紧急措施。陈列柜必用暗锁。加封时当用铅封器，以避免随便打开。加封时必须有保管员和值勤人员在场。每个陈列室要有温度计、湿度表。每一个陈列室布置完成之后，即由陈列部缮造一式数分的陈列清册，分别由陈列、保管、守护人员收存，册上注明陈列品登记号、年代、品名、件数、附件、完残情形、陈列地点，按册点交保管。保管部的陈列室守护人员（现在的博物馆有称为保管员者，也有由讲解员代管者）负责陈列品的安全和陈列室的整洁与秩序的维持。守护员应遵守看守规则，按时集体进出陈列室。每日开放前及闭馆后，应检查柜钥、锁封、陈列品（包括文物、标本、照片、拓本、图表、模型、布景箱）以及说明书、卡片、家具。如有特别情况发生，应及时报告。开放期间如观众特多或特少时，低处文物、小件珍品等物品应格外注意。陈列室的防日光布帘要视日光的转移，随时卷落。守护人员值勤期间，必须确守岗位，集中精力，巡回守护。在无人接替时，不得擅自离去或彼此谈笑打闹。执行工作时间内，不可会客、看书报或呆坐不动。参观人未全部离开陈列室前，守护员不得忙于下班，提前作退出准备（如扫地、倒痰盂、关窗……）。观众全部退出后，始得打扫、整洁、关闭门窗。室内设备及陈列品的增减，应随时记录，当日汇报。守护人员的服装要求整洁，衣服、茶具、雨具等不得随便乱放。工作态度要和蔼。观众如有违背制度的行为，如高声谈话、殴打、吸烟、不遵路线、妨害清洁、妨害文物安全等行动，应婉言制止。无人携带的儿童，应予照顾。万一临时发生意外，应沉着应付，不可慌张失措。一面报告上级，一面采取必要措施。平日对警铃用法及火警、盗警、有关部门电话号码，都要熟悉。总之，陈列室中的秩序、整洁和陈列品的安全，全部由守护人员负责，绝不可麻痹大意，疏于职守。

六、检查

博物馆的四防工作是保管部工作人员的重要任务。他们必须经常地检查各库、室的安全情况，并须有记载全馆范围内的总保管日记，详细记录检查日期、时间及保管条件（温度和湿度）、藏品情况和保管上的缺点，所拟采取的办法和意见，以及已经采取的具体措施。经过一定的时期，必须总结经验，改进制度，确定今后保管工作的新方法。博物馆舍内外都要经常进行检查。发现问题，及时处理。藏品也应当定期清查。

第六节　博物馆藏品损坏的原因与防止灾害的物质设备

本书一再阐述博物馆藏品都是国家的财产，是博物馆活动的物资基础，它们都有不同的意义和作用，必须妥善保存。如殷代的铜器证明了当时铜器的发明创造和统治者的生活习惯以及劳动人民的艺术水平；兵器说明着军事的特点；劳动工具说明着劳动过程。这些东西必须保养、修复以维持它们的原状、本质、特性，这样才能说明它们在文物上的种种意义。

博物馆藏品的保养，应当保存它的外貌和本质，保持它不变形、不变色、不变质。美国纽约地下铁道博物馆实用艺术部研究的结论，以为如果把博物馆藏品保存在温度零上四度的黑暗房间里，就可保证不发生最主要的破坏作用的现象。特别是防止光的作用，保证物品不变的体积，不变的湿度，以及彻底消除破坏物品起巨大作用的微生物的发展条件。但这些条件事实上是难以保持的。即便能以确保这种条件，藏品还是不能永久冻结，长期不坏的。

博物馆藏品损坏的外在原因很多：意外的事故如失火、被盗；自然灾害如水灾、地震；制作时材料的选用不当，配备不妥；未能及时修复，以防止破坏于未然；修复草率，技术不佳；包装不善，运输和保管失慎；温度、湿度的急剧变化；阳光过强、过弱和直射；空气中含有烟灰、尘埃和有害气体；动植物害虫和病害等等。这些情况都能直接危害文物、资料、标本的安全或完整。今先就博物馆的正常温度、湿度、光线、空气和动植病害自然方面上的问题，略加叙述。

一、温度、湿度

许多物质往往吸收空气中的水分，有机物中的纤维因而膨胀，及至排出水分，它又重新收缩。在湿度发生剧烈变动的时候，这种变化更为严重。坚硬木质的东西在不同方向上发生不平衡的膨胀时，以及多种膨胀系数不同的物质制成的东西，这种变化更是可怕。温度降低到零下时，由于渗入物中水分的冻结，而发生巨大力量的膨胀。湿度很大的时候，一般物品，特别是有机物，很容易滋生动植物的病害。油画的色彩层次，底色以及丝织品、皮革、植物标本等。由于水分不足，往往因干燥而削减了有机物的弹性。这些情况都很容易造成博物馆藏品的损坏。

温度变化也容易引起一般文物的缩胀，它的剧烈变化也会引起玻璃和石器的裂开、油画色彩层次的剥落、珐琅层从金属胎上的分离。物品靠近采暖和照明设备，或受阳光直射，有机物必排出水分或气体，因而变质。蜡、胶泥、沥青等溶点很低的东西，不利于高温。锡器以及含水、盛水、浸以蚁醛液的标本等，都不利于低温，或零下的温度。

温度和湿度息息相关，温度是影响相对湿度的因素，它的变化都反应在相对湿度上。相对湿度是：用百分数表示出当该温度下，空气实际饱和的水分和饱和到百分之百的饱和极限（即达到露点）之比。冬日温度是摄氏十度至十八度，夏日为二十五度以内，相对湿度是50%至65%，这是博物馆正常湿度条件。温度一日内的变化，不应超过二度至五度。湿度的变化不应超过3%至5%。温度越高，空气含水分越多，也就是空气包含水分的能力就越大。因此，含湿量相同的时候，温度越低，相对湿度便越高。反过来说，温度越高，则相对湿度越低。所以用调节温度的办法，便可以保持相对湿度。

为了稳定温度和湿度，应注意排水防潮，还要避免发生剧烈变化。秋初开始使用暖气，不可使暖气中断。如需停止时，须逐渐降低温度。初生火时也要逐渐增加温度。潮湿过度时，即使温度相当高，也要把火生得旺些，这样便可减小相对湿度。外面空气干燥时，应加强通风；外面相当潮湿时，便要停止通风。通风可以保持空气的清新，可以保持正常湿度，可以排除灰尘，可以驱去动植物性的微生物。干燥过度时，室中应放置浸水的锯末或纸张，或在室内暖气放热器上放置盛水的铁盘。在干燥的冷天，炉子生火不可过旺。藏品不可放在采暖和通风设备附近。墙上通风孔当用平板或圆盖遮住，以便使气流方向，向室中央吹去。如无暖气设备，户外空气相当干燥的时候，可用人工通风法，调节室内湿度。季节交替时，应使户内外温度徐徐平衡。春天或炎热时季的透风，可在早晚天气稍冷的时候。秋冬透风，不可使室内太冷。冬季的时候，若两室温度悬殊，其间当有中等温度的房间，以资调节。藏品由温度悬殊的房间搬运，应当包以软毯，并应在六小时以后逐层拆包，不可操之过急，马上打开。雪雨天气，不可开包。还要注意排水、防湿。房顶玻璃窗户所凝结水气，不可落到藏品上面。要经常检查屋顶、下水道、自来水管以及天花板、墙壁等，遇有漏水现象，应当马上制止。玻璃橱柜不可紧贴墙壁，它附近的墙壁，挂画和毯子的墙壁都要时常检查，不可使有潮湿生霉情形。

二、光线

自然光是减少害虫霉菌繁殖的因素，可以照明，有时还可以恢复油画上经久变暗的油漆色彩。但对于文物标本，也有不利的影响。特别是波长很短的紫外线（玻璃也带有紫外线）以及弧光碳素灯的巨量紫外线，容易引起化学作用，波长很长的赤外线容易起加热作用，都对文物颜色发生坏的影响。直射的阳光以及反射光、散光都有很大的作用。植物标本、纤维物质如织造品、纸张、木器、皮革等，以及一切有机的染色剂和矿物染色剂等主要组成部分是蛋白质和碳水化合物，都容易受到光的作用，光遇到水分，影响更大。织造品、特别是丝织品受到光的作用，经久耐用的作用就消失了。光还使文物颜色发白、褪色、失去光彩、变暗。因为这些原因，我们应当防止阳光对文物标本发生直接作用。安装玻璃窗户、屋顶，不要使光线直射在文物标本上面。房舍应当安置百叶窗或窗上钉板、或玻璃窗上涂以白漆，或装上白色或淡色的窗帘。容易感光的藏品应放在纸盒内，不可放在玻璃盒里。库房和陈列室当用电灯照明，或用手电筒。电灯设备不要安置在藏品近旁，必须装上能散光的毛玻璃罩。弧光电灯会射出许多紫外线，不可用它。故宫博物院陈列室的水晶球，受到阳光的直射，有一次几乎起火。幸亏发现很早，没有成灾。也是应当注意的事情。

三、空气中的坏成分

正常的空气成分是约占五分之一的氧气和约占五分之四的氮气。此外还有些中性气体，不定量的水蒸气、二氧化碳，以及一些偶然出现的污染物：亚硫酸气体、硫化氢、氢氧化铵；有时还有氯气。它们都对文物发生作用。氧气，特别是当和水分在一起的时候，能引起多种物品的氧化。油画的油质变硬，便是吸收了氧气的关系。铁、铜、锌、铅等金属易于氧化而腐蚀。呼吸、燃烧、腐烂所生的二氧化碳和水分在一起，便能溶解大理石等物，作用于有机染色剂等等。石油和石炭等燃烧的烟气——亚硫酸气体（有硫黄特别臭味）和空气中的水分化合能使有机物变色，使大理石和石灰变为石膏。厕所、污水井池、屠宰场，牲畜圈、马舍和某些生产部门的工厂及腐烂发生的硫化氢（有臭蛋气味）能使铜、银、铅等色变暗。厕所、马厩、腐烂所发生的氢氧化铵（有辛辣的臭味）能影响铜、银等色泽。洗衣房、锉工作坊，化学工厂等应用漂白粉和盐酸的部门，常发生氯气（有辛辣的气息）和水分化合，能使染色剂变色、褪色，也能使金属腐蚀。大风吹来含有氯盐类的海上潮湿空气，对于银、铜、青铜都发生作用。此外如文物中的脂肪酸、蜡油、盐质、污垢，以及出土文物中的酸和盐，都不利于文物的安全。空气中往往含有尘埃、煤烟、沙粒，能以擦伤文物，或带来滋生动植病害的细菌。它们落在博物馆的藏品上，能以改变它的外形和颜色，对于绘画、图表、档案特别不利。为了藏品的保养，博物馆的房舍要经常打扫保持清洁，清除气体污染物、尘土和煤烟。厕所、马厩、污水井池应时常打扫、清除，且应当和文物库房及陈列室隔离，也要和暖气设备的锅炉房离开，烟道必须流畅，不使发生毛病。馆舍要经常注意通风，如发现恶劣或有害气体，应暂停通风，并清除根源。安设通风孔应有防止雨雪落入的设备。暖气管、通风管放气的孔隙，要装上过滤器；经常清除其中尘垢。陈列室观众过于拥挤，空气不佳时，应加强通风，或临时限制入馆参观人数。窗户应用纱布遮住，风大尘多的天气，应关闭窗户。出土文物的盐类，可用咸化的方法把它浸出，怕水的文物，应格外慎重。都需要专家指示办法，不可擅自处理。有精选嵌木、镶嵌细工等类地板的博物馆，入馆参观应着软套鞋。观众进入博物馆不可着外衣和自用参鞋，也不可携带雨具。在陈列室内也不得吸烟、进餐、保存食品。

四、动植物性的病害

动物性和植物性的病害和虫害，种类很多。植物性的病害多系菌子、青苔、地衣、水草等低级植物。动物性的害虫有许多昆虫和鼠类。当博物馆物品收到之后，除先举行消毒，再送入库房外，还有一些应当注意的问题。

通风不足、无光、温湿的尘灰空气中，是发生危害藏品细菌的温床。细菌落在藏品表面，而蔓延到内部，引起文物的分解、变化、损坏。霉菌只在70%至80%的湿度下，滋生繁殖，繁殖的最低极限是40%的相对湿度。湿度低下时，霉菌虽然不能繁殖，但也不至死亡，及至湿度增高，它便苏生繁殖起来。所以保存和陈列文物的地方必须保持干燥而清洁的空气，保证有足够的自然光线。地下室、阁楼等处应当加强通风、照明，经常检查。藏品如有特别情况（生霉、腐烂臭味、木材变成松软、木质变成深暗色、木料潮湿、敲时不发清脆的声音而有哑声），都是细菌将要损坏藏品的征象，应当马上设法换救。如果发现藏品生了霉菌，当把它搬开，和其他未生霉菌的藏品隔离，立刻采取干燥、消毒的办法，不易感光材料制成的藏品应在阳光下晒晾。毁坏过甚的藏品应消毒加固。植物、剥制标本和用兽皮做成的动物标本等当用硼酸、蚁醛液等消毒药品。

藏品害虫据博物馆学者的统计，多至七十余种，它们的幼虫能蛀蚀木器、纸张、毛织品、毛皮、羽毛等。阴暗、湿、温（超过15度），都易生甲虫幼虫及蛾子。他如书蠹、苍蝇、老鼠都是极危险的东西。它们常繁殖在食堂、食品仓库、污水井池附近。发现这类情况，应当分别隔离，马上救治，为了预防起见，应当先期施用消毒剂。解放以来，各地创造了无数捕鼠方法，应当推广。

第七节　博物馆各类藏品的保养

博物馆藏品一般分为自然标本、历史文物和艺术作品三类。前者是直接取自自然界的东西，后者是人类劳动结晶的制作文物。自然标本有无机和有机两类。矿层、矿物（包含石油、矿水等类液体和天然气）土壤、古生物化石是无机的自然标本；动、植、人类材料是有机的自然标本。人类劳动制作的文物资料、绘画、雕塑、建筑和装潢艺术等又分无机物（如金石、砖瓦、玻璃等）、有机物（如织品、纸张、竹木、角骨、琥珀等）和无机物有机物混合制作（如图画、陈设、家具、镶嵌等）等三种。它们的性质不同，保养的方法也因之而异。今综合叙述其简单的保养方法如下：

一、金属

金属和金属器用除了白金、黄金而外，往往因空气潮湿而极易腐蚀，必要时可涂以适当的保护膜。零下十八度的天气易于改变锡器的内部机构。金属上的绘画、镶嵌细工、镶有珠宝、景泰蓝等器的膨胀系数不同，受到阳光直射，若温度过高，易于解脱。富于展性的金、银、锡、铅以及平脱、嵌丝等物品，不可用硬布擦拭，以防损伤，压凹或失光。这类文物不可接近酸类、油脂、氯化物。它们的库房，应保持干燥和清洁。金器应护以锦袋，另行保管。鎏金、贴金、泥金等文物、当用松鼠毛刷拂拭去尘。不可用鸡毛帚打扫，以防脱金。也不可用砂或磨粉擦拭。考古品中的金器往往有不易去掉的锈斑。其上的红锈由于附近铁器氧化而发生，可用盐酸去掉，但要由专家办理。

铜器有青铜、黄铜、紫铜之别。青铜器，是铜、锡、铅等合金，黄铜是铜与锌（32%以内）的合金，紫铜是铜与铅的合金。青铜器在潮湿的空气中往往形成氢氧化铜及氧化铜的绿色薄膜，由于硫化物的作用，会形成黑色的硫化铜和蓝色的硫酸铜（硫酸盐）；由于碳酸气的作用，会变成淡绿色的氮酸铜盐（孔雀石）；由于氢氧化铵的作用，会形成蓝色或深暗色的氢氧化铵铜盐（蓝铜矿）。湖南、川北出土楚、巴铜器，大多都极脆弱，当格外小心取放，不可损伤。最可怕的是由于氯气的作用，会形成污绿含氧的盐类和氯化盐，这种有害的锈可从这一金属器传到另一种金属器上。还有一种毒锈，状如泡疮，传染极快。这些有毒害的锈，必须由技师去掉。又有一种古铜锈，或蓝，或绿，或棕色，有的俗呼"水银浸"，"黑漆古"，都富有艺术装饰作用。它没有害处，不要去掉。黄铜器上绿锈可用刷子沾稀盐酸刷拭，再用软布擦干。鎏金铜器造像、金涂塔不可用鸡毛帚打扫，以防脱金。洗涤铜元当用5%的食盐和1%的醋酸，加水溶化后再用。

铁器在有水分和灰尘的时候，主要是在铁与氮或氯化合的时候，最易生锈。生铁最硬，但却很脆，不宜擦碰。铁器刷洗纯净擦干之后，放入20%的苛性曹达溶液，加锌片在珐琅槽内煮沸，经过六小时至二日之久，锈即可去掉。再涂上一层"炮油"（机油之类），一层化学上的纯土蜡、一层石蜡或一层凡士林。应每三四个月进行一次。

银器不怕光、不怕严寒和干湿空气，但接触人体或在空气及灰尘中，蛋黄、食盐等食品中，容易受到其中亚硫酸化合物的影响，形成亚硫酸银的黑色或深灰薄膜，受到氢氧化铵和氯的影响，形成氯化银的棕色、灰色或淡紫色的薄膜；它也会因焦油脑（卫生球）而变暗。为了增高银器硬度，在制造时有时掺入大量铜质，但它的表面易生绿色薄膜。出土银器往往有红光或灰色、棕色氯化银薄膜，质脆易碎。保存银器地方的空气要清洁，还不当用汗水接触它。银系或饰银衣物，当用黑纸包扎，不可接近石脑油精，以免形成硫酸化合物而招致损失。洗涤时，不可用阿莫尼亚、王水等可溶解银质的化学药品，以防变化。唯银币可用2%的阿莫尼亚及98%的水分清洗，但不可接近碘质。普通用湿土或草灰擦洗银器和锡器，简便易行。

锡是富于展性的柔软白色金属，不怕水和植物酸的作用。在库内当分别安置，不可叠成一套，当保持十八度左右的温度，至低不得少于十三度。温度到了零下十八度以下，特别是零下三四十度，便发生"锡疫"，由白色而变成易碎的"灰锡"。初起灰色污点，继则变成小疙，最后粉碎，且易传染其他锡器。发生这种现象，应当把它们分别隔离，把将坏的锡器在纯水中煮一小时。温度增到四五十度时，方可恢复原状，成为白锡。但温度高到一百六十度则又变成脆弱易碎的东西了。

铅器很软，不可堆在一起，以防压伤。清洗之后，当涂以南洋杉树脂保护它。库中空气应干燥，以防碳酸气的作用。不可放在橡木箱里，以防其中的丹宁酸起不良作用。也不可包以油纸，不可接触汗污的手。脂肪和油类是铅器的强力破坏剂，应当特别注意。因氧化而成的白色或棕色薄膜不必剔除，怕伤它的花纹。上面灰色的保护薄膜，也不可除去。

铝器易受有机酸类的侵蚀。1923年德国发明处理方法是：用90%纯粹结晶的硫酸化铝和10%的结晶苏打，溶为液体和铝共入皿中，以水煮之。污点即行消失。

大件的青铜、生铁、铅、锌等造像，应当清洁其附近的垃圾和它上面的腐烂树叶、鸟类、畜粪、积水，并消除煤烟、氯气等来源。

二、石玉珠宝

硅酸盐成分的硬玉如玉器、玛瑙、水晶、翡翠、蓝宝石、花岗石等物品，本质很坚实，硬度很高，不易损坏，惟蓝宝石对酸类的感染性很大，蓝色可能全部变为灰色。钙和镁的化合物的软石如大理石、石灰石、孔雀石、条纹玛瑙等都很容易感受到外界的作用和机械性破坏。表面粗糙，易生青苔，它分泌酸类，能损害石的表面。含铁的大理石受水的浸入，易生红点，这种金属锈往往增加它的美感，不必去掉。出土的石灰石和砂石，渗入盐类，往往破坏石质。鸟粪、油腻、脏手都不利于白大理石，应予注意。洗涤大理石当用浓度10%的氢氧化铵溶液（中性肥皂）。烧制的石膏品是硫酸钙的二水化合物，容易由于潮湿和冻透而遭到破坏。遇有污垢，当马上清除。风沙易坏石刻，大件石刻应用木罩保护起来，或加帆布罩，以防阳光的反射和水分的侵蚀。意大利邦贝故城中的精美雕花石刻用玻璃罩起来，也可取法。青苔、污秽，要及时清除。移运时，应加小心，不可稍有损伤。

古今石刻因空气侵蚀而脱落斑驳。巴黎曼修爱（L·Mensuel）发明的处理方法是：无论什么石质，如大理石、石灰石等，若浸在镁、锌、铝或铅的氟化硅的溶液中，可使它的表面坚硬光泽，且不至再受空气的侵害。在未入溶液以前，先用水混以和石质相同的石粉，涂在石刻的表面，等到干了以后，再注以曲稀薄而浓厚的氟化硅，则石质中所含的二氧化碳，不至即刻游离。这样，石刻不仅可以历时很久，还可加以有色的铜、铬、铁等氟化硅溶液，更可把石刻渲染上颜色。

宝石如金刚石、蓝宝石、绿柱玉的装饰品应放在盒子里，内部衬以天鹅绒或绸子里。库房保持零度以上的温度，以防其中水分冻胀。遇有污垢，以温水清洗，用酒精浸湿，再使干燥。镶嵌宝石的物品，应防宝石的脱离框槽。

绿宝石是被铜的盐类所浸染的矿化骨，容易受氢氧化铵、亚硫酸物、醋等的剧烈作用，会逐渐消失它的颜色，这是无法复原的。珠母成分是碳酸钙，珍珠是碳酸石灰，有时会逐渐失去光泽。它又可溶于酸类中，应避免酸类和灰尘的污染物。时时注意不可脱离它镶嵌的主体，也不可散乱。库中还要保持零度以上的温度。珊瑚、贝壳的保管和珠母、珍珠一样。

三、角骨、毛皮、琥珀

角骨容易碎裂，不可受阳光的映射，不可靠近采暖设备。它常因湿度的剧烈变化和过干而收缩、卷曲、或分为鳞片状或薄层，以致毁坏，有时还怕昆虫的侵害。脱落者可用鱼鳔粘合，用中性肥皂泡沫清洗。镶嵌品应防其脱离本体。象牙器用水蘸湿或经剧烈的变干，以及接近暖器或空气过于流通的地方，都可由白色变为黄色，甚或干翘，或发生冰裂现象。出土的象牙品往往因此而可能剥成细薄的脆片。所以这类东西都不可放在当户、窗口和热气管的近旁。出土骨胳、骨器因碱化而易变脆而松软，当涂以虫胶（shellac）加固，放在玻璃盒里，还要防止直射的阳光。清洗牙骨器当用清水和中性肥皂或汽油、酒精。胶合当用鱼鳔或精制胶。毛皮品（包含去毛的动物皮、毛皮、鱼皮、海生动物皮、肠衣等）易于生霉、腐坏、干裂、虫蛀，应除去灰尘，防止潮湿。当用软刷沾煤油拂拭，切忌用水。撒上防腐防虫药剂如麝香或石脑油精（不可用蚁醛）易于挥发，必包以光泽之纸，且应经常更换。硝过的皮货，特别是薄皮、肠衣要用蛋黄和甘油、蓖麻油、羊毛脂等擦拭。美国中央档案馆修整皮革文书的方剂是：干羊毛脂三十分、日本蜡五分、加司特油十二分、硬脂钠三分、蒸馏水五十分，也可采用。毛皮的库房不可采用过强的光度。采暖时，温度不宜过暖，应保持70%的湿度，不可过高。

琥珀是一种坚固的化石树脂，溶点三五○至三七○度，怕溶解于热油中。当一二○至一三○度时，就会变软。它和雄黄一样，遇高温即成碎粉，也怕潮湿。冬季当移存采暖的房屋里。

四、胶泥、蜡质

掺上蜡、猪油、甘油、凡士林加工的粘土的胶泥和蜡制品，易着上尘土污垢，且不易去掉。空气干燥时，它的体积，往往变小，或裂缝、龟坼。温度在高于二十五度时，它会软化，在更高的温度下，它会溶化，严冬时候又容易变为脆碎，都要特别注意。

五、玻璃、珐琅、陶瓷

玻璃、料器、珐琅、琉璃、陶器、瓷器都怕震碰。胎质粗松的易于生霉或浸水，不宜零下的低温度。胶合的制作，怕受潮解脱（如清乾隆官窑活环转心套瓶等）。彩饰中有胶质者，由于气温或湿度而溶化，易纳垢藏污，或粘上棉毛。清代珐琅彩瓷器即是一例。它也不可用酒精洗涤，以免脱彩。釉陶、瓷器、铜胎珐琅器的组成部分的膨胀系数相差极大，也易引起不良影响。有些溶液，如咸质对玻璃和釉子都很危险。古代的碳酸钾玻璃、苏打玻璃、遇到潮湿易变模糊不清。在零下低温时，易于破碎。对于这些物品处理的方法是：库房要空气流通，温度不可过高、过低。地板应铺以绒呢。备有高凳，便于提取。不可叠积保存，应放在盒内，不至滑动。打扫清洁和包装移运时，应当格外小心。若是由于保管不善，物品碎坏，当把残片编成号码，包在一起，准备修复。

六、织绣

纺织、刺绣、花边、服饰、地毯等是动物性纤维（毛、蚕丝）。植物性纤维（亚麻、大麻、棉花）和综合性纤维（人造丝）的织造品，大部经过染料加工和装饰。亚麻、大麻虽然最不易感受光线的作用，但丝类、特别是人造丝，最易感受光线的作用。安尼林染料（特别是在绸缎上）最易感受光线的作用。蔚蓝天空和白云、雪花反光及散光，若含有大量紫外线，以及潮湿、过度干燥、灰尘、空气中的污染物，都有危害作用，使织造品分解、松脆、生霉菌、细菌、昆虫或污染。所以在这些库藏中，当按藏品的组成材料（如亚麻、棉丝、毛织等），分别储藏，保持 40～70% 的湿度，经常打扫清洁。库中应避免直接光线及强光。门户应挂深色帘子。小件应包装严密，放在柜橱内。很重的甲胄，易于开绽的织造品，应当平放。衣物可套以外衣，挂在柜橱里的衣架上。灰尘侵入织造品里，不易清除，应当特别注意清洁。打扫应用吸尘机。拂尘当用软布、绒布、鼬帚、麂皮。应当顺纬线刷拭，不可纵横乱刷。较为坚固的东西，可紧密地卷在木轴或木板上。杀虫、防腐剂多系有毒的东西，用它的时候，应注意到它可能引起的坏作用。一般用纸包着石脑油精、樟脑、烟草，放在柜子里。消毒剂不可用容易引起火灾的物质。石脑油精不可放在带银制装饰品或白色毛皮的物品上，以防变黑、变黄。每年春季秋初虫蛾孳生的时候，应当在露天荫处通风，毛织品更应注意执行。生霉的物品也须晒晾。同时全部打扫房舍，箱柜也要放在太阳下吹风，并用煤油或四氯化碳、蚁醛液、松节油或其他消毒剂擦净。晒晾之后，通风以散去热气，然后收库。亚麻、大麻、黄麻、棉织品以及见水不易掉色的染色物，可用雨水或蒸馏水洗涤，但绝不可在咸性水中煮沸，否则变成糊状的东西了。用肥皂水清净后，当用清水冲洗一次，揉擦或拧干的时候，不可用力过大。花边可在清水中摆洗，不要揉擦。熨平不可用过热的熨斗，还要垫上一层白布。晒晾时，可用竹夹，不可用生锈的别针。如果需要汽油或四氯化炭等化学清洗法，必须由修复技师进行。变了黄色的亚麻织物及花边，不妨用阳光稍加漂白。

苏联苏沃洛夫博物馆把入馆的旧旗帜，浸以消毒药水，再用熨斗烙干、展平，然后送库，可以保存几十年而不至毁坏。

织绣品在陈列室中，应放在玻璃柜里。需要悬挂的时候，必须在挂的一边用结实料子缝上布条。悬挂不结实的织造品，须在下面补上铺垫，以免歪斜变形，并须保持经线垂直向上，纬线横平。悬挂时千万不可用铁钉或别针，以防生锈。挂时背面不应紧密靠墙，以免受墙壁的湿气。苏联革命博物馆陈列旗帜，后面都系上樟脑袋，以资保护。小片及易于损伤的织绣品，应两面夹以玻璃，用胶布密封四边，并须平放陈列。这种陈列品也不可放在窗子或采暖设备的近傍。易于感光的东西，不可陈列在日光映射的地方，或朝北的陈列室里。南面窗子应挂两层薄的深色窗帘。短期陈列之后，即应收入库房。

七、木器、漆器

木器里多多少少都含有水分，因干湿而有缩胀，膨胀方向不同（发潮即胀，沿着纤维地方膨胀较小，沿横断面半径的方向膨胀很大，沿过年轮的切线方向膨胀最大），因而发生歪、裂、解脱、腐蚀等现象。木材有粗松致密之分，也有用一种或多种木材制成的木器（如三合板、装饰繁复的家具），又有染色、上蜡、擦光、油漆、镀金、镶嵌等加工。它们受到光线、空气、天气的变化，便发生不同的影响。黑暗及过分潮湿往往使油漆变色、剥蚀，不仅有损美观，也失去它的防湿作用，病害因之而生。所以木器也应当加意保养。木器库房应保持 50～70% 的相对湿度，应透日光，经常拭洗。不可放在门口、窗口等当风的地方和暖气管近旁。发现病害，立即隔离，设法防止。或在阳光下晒晾，或用消毒剂。消毒去霉可用 3% 的甲醛溶液。曾经和它摆在一起的物品，在二三个月内必须注意它们的情况。如有病况，应早救治。移运木器当用手车，不可顺地面拖拉，更不要握持它的纤细或突出部分，以免脱落。精嵌地板必须经常擦拭，不可用不同颜色的"地板蜡"打上去。在它上面往来行动，必穿软套鞋。在它上面使用活梯、高凳，必须垫以毛毯。出土木器最怕变干，丹麦博物馆用百分的水，加五十分的纯甘油及二十分的精制胶，作为混合剂，浸渍而加以保存。出土汉晋竹木简牍，凡木质松软，字迹易于脱落者，当涂以萨硼那尔（Zaponal），加固保存。

中国漆器有木胎和夹纻两种。出土的漆器湿度骤然变化，水分不断向外蒸发，因而木胎收缩，漆皮裂断剥落，器物变形，以致损坏。旧有保存漆器的方法有湿沙保存法；鲜绿豆保存法（器中盛以湿沙或含水的生绿豆）；浸水保存法（泡在含有福尔马林的蒸馏水中）；涂凡士林法；逐渐干脱法。但头两种方法陈列上不美观，第三种方法移运、包装都不方便。涂凡士林则器表会发生一层白衣。最后的方法需一定长时期和细致繁复的手续。江苏省文物工作者对于最初出土的漆器，于照相、量坐标、绘了器物分布图之后，即把器身上淤土污泥，用大羊毫笔（或羊毛排笔）蘸清水洗去，把它放在淡过锰酸钾水溶液中消毒，用绒布轻轻拭干，另换一枝毛笔将器身涂满甘油 $[C_3H_5(OH)_3]$，再备银皮纸，平铺，浸透甘油，作为包皮，慎重包扎，裹以新棉絮，衬实，放在白铁小箱内，每件一箱。若一箱装置数件，必须用隔板分成数间。白铁箱用棉纸包好，装在大木箱内，中衬细木丝，固封寄到博物馆或文物机关修整。开箱修整时，先洗去甘油，拭干。阴干一周后，才开始修整。器身如有裂缝，或漆皮离胎膨起，则用生漆灌浆。残缺过多，则补配木胎，外敷以磁漆调和的熟石膏"泥子"。涂时要匀，半干时用快刀修光，干后髹漆（用磁漆易干），然后浸置甘油槽内。陈列时，浸入玻璃制的甘油槽中。先在槽内底部平衬大小适当的饱含甘油的绒布棉垫，把漆器放在垫上。一手轻按漆器，一手注入甘油，直至漫过器顶二三公分为度，然后盖上玻璃盖。甘油槽放在陈列室，要在不受日光直射的位置。这种处理漆器的方法，也适用于竹木简牍、木雕、麻织物。这是目前保管漆器较好的方法。

八、绘画

古代宫殿、庙宇、墓葬等纪念性建筑物，往往在壁上、拱门、藻井上绘有壁画，它含有耐久的熟石灰、河沙，有时还有麻屑、麦秸。由于空气中所含二氧化碳的作用，便会发生熟石灰转变为酸石灰的化学过程，它就组成不溶于水的坚固薄膜，所以这类壁画，特别坚固。但在绘画原料中的胶质，会凝积易生病害的物质，油质塞住灰泥孔隙，又会阻碍灰泥调节湿度的作用，因此就造了壁画的损失。我们应当经常检查壁画是否坚固，如有空洞的声音，应及时修整。应注意清洁、除尘、防潮、通风。也要铲除附近杂草。陕西博物馆保护墓葬壁画用百分之六十的凡林水和百分之四十的松香油调匀，用喷雾器喷在壁画上面，可以加固。但有时易于凸裂或变色。故宫博物院用胶矾水保护，较为合适。

保养纸地绢地等字画的方法，也应避免灰尘煤烟。珍品只可在天气爽朗而少风的秋季陈列，为期也不可过长。不可受直射阳光。巨幅长卷应全部展开陈列，不可卷叠，舒展字画要慢而用力要匀；古字画更当特别注意。字画轴可制布套。卷子须用锦袱，束以带子，勿用别子，外盛以樟木盒。凡大小相同的册页可放在一起，陈列时要平置，不可直立。用松木、樟木等木匣收藏字画，当先用锦袱包裹，以防它挥发出来的油质玷污字画。加防虫剂当用纸包成小包放入。有须修整装潢者，当由高等技师办理，否则暂缓进行，或送大的博物馆修整。

油画的制作是在各种不同的地子上，先着底色，然后涂画。由于温度湿度的剧烈变化、空气的闭塞或流通、光线的不足或直射，往往使它变形、变色、褪色、污垢、生霉或虫蛀。它的库房冬天应当保持摄氏十度至十八度，夏天保持十五度至二十五度；湿度应当保持 50～65%。沥青颜料在三十度时往往变软，滴流而下，最当注意。

九、纸张、档案、资料、图书

温湿度的剧烈变化以及光线、煤烟、尘土、昆虫对于纸张、档案资料、手稿、图书，都有坏的作用：能使这类文物干燥、脆裂、失去弹性、变色、褪色、发生虫蛀（书蠹、蛾子、甲虫）、蝇污。所以这类文物库房应当通风，保持正常温度和 40～60% 的湿度。陈列时最好采取人工光照明。文物库房、档案库、图书室要经常扫除，每年应大扫除二次。柜架、书夹都要通风、拭涤、阴干。这类文物不可折叠，不可用湿手或脏手拿取，也不可复纸直接摹写拓印。钞票包以透明纸，但它易燃，应注意勿近烟火，昆虫界中纸的仇敌甚多，1906 年德国档案杂志载有波森及普鲁莫司二博士（Posen，Prümers）发表《昆虫界中纸的仇敌》一文，讨论这个问题，并说德国自 1898 年以来十五次的档案会议都讨论防止档案虫蛀问题，迄无最后结论。现在还没防止它的好办法。姚宽西溪丛话云："唐秘书省有熟纸匠十人，装潢匠六人（潢，染纸也）。写讫入潢、辟蠹。"唐纸入潢，所以传世的写经纸，至今不蛀。西洋苇类植物及不吸水的纸当用清水拖拭，拭毕马上挂起，以防变化。西方古文书正背两面污点可用石油精洗涤，不损字迹，且易干燥。德国萨克森档案馆波士（Posse）博士发明用新萨硼保护它，既可防脆弱，又可防腐。

石印、油印、打字印、复写纸所印的文件、剪报或纸张，难以保存久远，或易模糊不清，或易褪色。1840 年以前所用的纸张墨水，见水即溶化脱色，所以不能喷水。近代安尼林墨水不易经久，且易褪色。亚铅或炭铅笔所写文件虽然耐光，但易擦掉，都应由修复专家适当处理，设法加固。阅览档案者不可携带水笔，珍贵原本绝对不能外借，可代以影印本等复制品。阅者归还档案时，当细心检点，如有擅改，污垢或错误，当马上追查。销毁不必长期保存的旧档案，旧纸可以保存若干，以备修复旧档之用。

我国修整装潢、图书、字画、档案，有很多的优良传统办法。张彦远论装背画轴曰："煮糊必去筋，稀缓得所，搅之不停，自然调熟。入少细研薰陆香末，永去虫而牢固。"孙庆增《藏书纪要》述虞山装订书籍的方法曰："装订书籍，不在华美饰观，而要护帙有道，款式古雅，厚薄得宜，精致端正，方为第一。""书面用古色纸，细绢包角。标书则用小粉糊，入椒矾细末于内，太史连三层，标好贴于板上，挺足候干，揭下压平。须夏天做，秋天用。折书页要折得直，压得久，捉得齐，乃为高手。订书眼要正，打得正……又须少，多则伤书脑，日后再订，即眼多易破，接脑烦难。天地要空得上下相称。副册用太史连，前后一样两张，截要快刀，截方平而光，再用细砂石打磨。用力须轻而匀，则书根光而平，否则不妥。订线用清水白绢线，双根订结，要订得牢，嵌得深，方能不脱而紧。"叶昌炽《语石》曰："帖面用香楠木，可以避蠹，南方颇宜。若北方风日高燥，即易龟坼，或竟裂为两片。紫檀太重，银杏宜选薄而洁者，磨治光莹，亦可用。"陆游《斋居纪事》曰："每年芒种以前，乘好日色，设床暴书，令极燥，入厨簏，厚皮纸幂罅，勿通风，过小暑乃开，仍去幂。""笔墨碑书匣、皆以梓木为之，匣深其笋。匣内切勿用漆，能致蒸湿，梅月仍以厚纸锢罅乃佳。"又糊内杂以川椒、白矾、百部草细末也可防蛀。《本草》载："必粟香、亦名花木香，取其木为书轴，白鱼不损书。"张萱疑耀引《王古心笔录》曰："用楮树汁、飞面、白芨末三物调和，以粘纸，永不脱落。"这都是可以采用的。

十、照相资料

玻璃板、幻灯玻璃板极易打碎，其上乳剂对过分的潮湿、高温、光线、化学因素、物理影响都很敏感，因此这类资料的库房，必须防光、热、湿、震。按照尺寸大小，分别存放。莱卡软片，应装入蜡纸封套，按号码的顺序或分类，放在卡片柜里。贴卡片当用上等胶水，以免经常脱落、变质、虫蛀。最要紧的是应当经常和照相技师密切联系，及时处理。

十一、地质学和矿物学上的物品

矿石、岩石、古生物、土壤都要分类保藏。绿柱玉、黄宝石等褪色物品，应密封在薄木匣或纸匣子里。保存天然气的瓶子应行倒置。石油及其衍生物（即同族化合物）、液体燃料、煤焦油、天然盐水、矿物泉源等应留出六分之一的容积，作为液体膨胀所用的容积。能冻结的物品，应防止低温。金属的地质勘探器械，当用机械油或凡士林擦亮表面、套环、凹槽、接管，以防锈结不灵。

十二、植物学上的物品

干腊植物标本（在网状纸中变干的，粘贴在结实的纸上的植物）当按科属分类。研究专题的标本（食用、药用、饲料、工业用、含维他命、野生等植物），应当另备一套。粘标本的胶水，当加入防腐剂。这类标本可用玻璃纸包起，放在柜内，不可见日光，以防褪色，还要防潮，湿度保持65%，以免变成暗褐色，或发生病害。标本上面的灰尘当小心拂去。黄霉天气，应仔细检查。若发现病害，就当马上设法挽救。树皮或石、土上青苔、地衣、应一起保存。蕈菌也应和它的寄生体一同保存起来。湿制标本可用蚁醛液，既不褪色，又可防寒。多汁的果子和块茎、球茎、多肉等植物及柔软藻类、菌类，当放在防腐液里。树木品种、锯下的木块、年轮横断面等木料应防生虫害。

十三、动物学上的物品

动物标本有湿制和干制二种。湿制标本大部分是保存在酒精（浓度七十度）或蚁醛液等防腐液体中的无脊椎动物。干制标本有剥制标本、除去头、皮、内脏等动物僵尸、皮革、头盖骨、骨胳、卵、鸟巢、无脊椎动物。

湿制标本的瓶子，应当塞严，或蒙上猪膀胱，以防尘土和直射的日光，还可防止蒸馏酒精的挥发。变黄或发浊的酒精，经过蒸馏，即可变为无色和透明。这类标本也可集体保管。

干制标本必先消毒，库房中还要保持相当的温湿度，一定的光线。空气也要保持清洁，经常检查，免生病害。标本上的灰尘要用刷拂拭，或抹布擦拭，或清水冲洗。生霉、蛾蛀，必须用蚁醛液清洗，干后拭净。为了预行防腐防虫，可把石脑油精粉放在小包里，散置动物上或匣里。毛皮应悬挂通风。鸟卵不可受强烈光线，以免腐朽。鸟巢应先用砒素溶液消毒，然后入藏。易于折损的标本，当放在匣子的棉絮层上面。要避免震动、撞动。昆虫标本当放在光线黑暗处。固定昆虫蝴蝶等标本的别针，防其生锈。更换别针时，应先徐徐转动，然后拨出，以免损坏昆虫。陈列时必须放在玻璃柜、匣里。苏联达尔博物馆收集的禽兽标本，都和自然光隔绝，用灯光照明。它们的羽毛光泽，保持了 70 年，还是依然如生。

十四、人类学上的物品

这类东西或发掘品应保持安定的温湿度，牙齿不可长期放在过干空气中。易坏的骨类，当在它的表面上涂抹石蜡和汽油的溶液。左右手足的骨骼，当分别存放，不可混在一起。头发应防虫蛀。移动头骨，不可拿取眼窝，防其散开。新出土的骨类当用笔或喷雾器加上"茶苯"或精制胶（胶的溶液 2 ~ 5％），其上再复以蚁醛，可以加固。或把石蜡加热，溶化后浇在骨上。"茶苯"易于发火，用时当格外小心。特别脆弱的东西，应当和附着的土一齐取下，运回博物馆去，再设法清理。

附：建筑纪念物的保养

苏联十月革命初期，也开始注意了文化建设问题。对国家历史文物保护工作，包括建筑纪念物在内，给予了莫大的关怀。1921 年 11 月 1 日列宁签署了《关于保护自然名胜、庭园和公园》的法令，包括园林整体和与它关联的建筑及设施。1943 年苏联人民委员会下成立了建筑事务委员会，其下又设立保护建筑纪念物的专局。1948 年 10 月 14 日斯大林签署发布《关于改进文物保护方法》的决议，不久制定《文物保护条例》。对建筑纪念物开始修复，定期修缮，恢复它的原来面貌。卫国战争时期文物建筑遭到了德寇的破坏，战争结束后即进行恢复和修缮工作。还通过科学普及影片，用艺术的方式来宣传保护建筑纪念物的工作。在这项工作中，建筑师、调查研究员、修缮家、教师、校长和文化教育机关的工作者，都建立了很大的功劳。

北京为明清宫殿、苑囿所在，清代内务府经常从事修整，"每岁岁修，三伏与十月拔草，春季淘修"。入民国以来，年久失修，或成驻军营房或辟为庙会市场。反动官僚又拆毁盗卖砖瓦木材，幸存到现在的，十无一二。我们对于硕果仅存的建筑都应当分别修整，或保养加固，或抢救保存，必须保持原状，不可"以意为之"，"自我作古"。焕然一新，失了本来面目是不合理的。经常的保养办法是于春初秋末拔草扫除。布瓦顶用麻刀青灰查补里陇，玻璃瓦顶用麻刀红灰捉节夹陇。勾滴瓦件残缺者，应予配齐，以保护连檐椽望的木作。点缀庭院的花木，以及藤葛盘生，瓦陇容易脱节拔缝，发生渗漏，应在冬末春初，或修剪，或移植。屋顶天沟，或用板瓦或用青灰做成，底层没有防水材料，都易于渗漏，而勾连搭瓦顶的平直天沟，又易积土生草，每年秋末应把沟内杂草树叶泥土清除干净，次年春季再用麻刀青灰查补钩缝，或抹轧光滑。建筑纪念物暗沟排水，或陛台螭头吐水，或台明地也有散水，应加疏导，冬不积冰，夏不积水，这样则不至于墙根酥碱，房基下陷，梁柱倾斜。既保护建筑纪念物，又有利卫生环境。古代建筑，多采木构，缺乏耐火抗力，应增设消防器材。庙宇应戒焚香。古代建筑多经年不开，封闭不能通风，屋内椽望潮湿、糟朽，促短寿命，所以应注意通风。建筑物的殿堂，应安装檐网，防鸽蝠栖居，毁坏木构。古代石刻，妥加保护，也应禁止涂抹贴粘，和"文人"题字，以免有碍观瞻，又损建筑。若辟为公共游览处所，茶炉薰烟，厕所污水都要远离主要建筑物。若堆积器材，钉挂什物，切不可损及建筑。高大建筑应装置避雷针。《文物参考资料》总二十八期载俞同奎先生《略谈我国古建筑的保存问题和斯荣尼屋桑》、《古建筑物上生长草木的处理方法》，应深入研究，将来可以逐步试行。

第八节　非常时期博物馆藏品的紧急处理

博物馆保管人员对于博物馆的建筑物和藏品、陈列品，要经常提高警惕，时时检查，注意安全。发现遗失、损坏，应当一方汇报上级，一方采取临时措施。遇有天灾人祸，如大风雨、地震，以及战争爆发，应当迅速地采取积极行动。1936年10月13日国际博物馆协会事务所指导委员会对于战时处理博物馆藏品问题，有所决定，曾对世界各大博物馆发出节略说："各博物馆应有避免炸弹的设备。必要的时候，可以把古物保存起来。博物馆工作人员应有装运和临时措置的训练。公共纪念碑刻应随时加意保护。不易移动的东西应当安置在易于拆运的处所。凡可作军事目标的东西，应当拆除。一有战事发生，当尽先收藏着色玻璃和透雕等易于摧毁的文物。此外还应当和军事当局保持切实联系。"对于文物的保护来说，这是很好的指示。第一次世界大战的时候，世界博物馆界对文物的处理，事先没有很好的布置，颇有损坏。第二次世界大战时由于博物馆工作者的重视，损失较小。如比利时首都的皇家美术博物馆自1939年8月30日起，就停止开放。重要文物大部搬走。油画按艺术价值分为首要及次要两种，于画柜角上标明。残缺的画也用纸保护起来，然后分别装箱，以待启运。巨幅画和细嵌工艺品则堆存室的一角，用沙袋保护起来。笨重物品或委托银行保存，或藏在地下室里。还有通风防水等设备。馆内档案记录都藏在三合土建筑中，名贵织绣的幔帐则卷入直径二三十公分的圆筒里，其外包以耐火纸张。博物馆外还有适当的防御工程。苏联各博物馆在卫国战争中，把重要藏品都妥善地装箱运到后方的安全地带。如马雅可夫斯基博物馆把重要文物收藏入土。房屋的间架，陈设的布置，都绘制详细图解，万一建筑被毁，可以立刻着手依样恢复。"有备无患"，可取为法。

第九节　博物馆藏品保管的最低要求

苏联地志博物馆的保管办法与中央或专门博物馆不同。兹以高尔基州地志博物馆为例。

高尔基州地志博物馆藏品登记保管手续非常简便。保管部和其他地志博物馆相同，按藏品种类分为纺织及皮革、瓷器、木器、金属、文献、考古、杂项七类（珍贵文物另有专室）。征集入馆文物，并无其他手续，仅由保管部登入总登记簿内，上有号码、内容、规格、完整情况、价值、保管组别、编号、备考。按文物入馆先后，依次登记，不分类别。拨出文物时，仅在总登记簿上注销，不另立簿。文物概不出馆，来馆参考研究，须经馆长批准，因此也不设文物临时出借簿。保管部总登记后即填写付出登记簿，上有号码、登记日期、内容、数量、收件人签署、备考等项，分别交与有关组的分类保管人员，分类保管人员不再行登记，即填写分类的登记卡片（即库藏卡片），送库保管。凭这种卡片，既可查考文物，但每日要记录文物积累数量，以便使心中有数。这种卡片高十一公分半，广十五公分，反面为简要叙述及有关资料；正面格式如下：

登记号数		物品名称		存放地点	
质　量					
数　量					
规　格					
日　期				签　名	
来　源					
登记号				估　价	
入馆日期					
作者及保管者					

（正面）

这种分类登记卡片按时代、产地、用途的次序排列，放在卡片盒内。例如服装则按世纪、民族、种类（鞋、帽、衣……）而排列。凡属英雄、烈士有关文物，均放在一处，编为一号。同时入馆物品的重样者，登记时只编一号。填分类卡片时，将复品登入辅助卡片上，辅助卡片号码与登记号码相同，但于号码之后附以分号。分类保管人为了解自己所保管物品的情况，也可自立非正式的簿子，定期盘存。

现在我国大规模经济建设全面展开，各地博物馆的藏品日多，做好保管工作，成为大家所最关心的问题。由于各地机构、经费、人员、自然环境种种的不同，一时还不易具备很好的保管条件。现在根据苏联高尔基州地志博物馆的保管方法，参以我国各地文物机关目前情形，拟具出几项对于地方文物机关或小型博物馆保管工作上最低的要求，作为参考。

甲、藏品至少要有详细的登记簿，要有房舍高敞、空气流畅、建筑及门窗安全的库房。柜架要稳妥坚固。

乙、先编制库藏卡片一套，分类按年排列。至于编目卡片，可以从缓。销号的物品，即可在登记簿备考栏内注明，不必另立专簿。

丙、入馆文物标本应先晒晾、去尘，然后送库保存。库房要有专人负责，经常打扫整洁，通风晒晾，注意文物安全。根据具体情况，及时撒布樟脑精、滴滴涕粉、六六六粉，或包上烟叶放进去。接触文物时，当先洗手、着手套、戴口罩，以免手汗污损藏品或唾涎喷滴。提取历史文物当双手捧抱，或一毛托底，不可提取提梁、耳、柄、錾、流各部分，也不可提其上部或一端。人员进出库房或提出藏品，都要记录下来，以资查考。

丁、保管人员每日应填写工作日志，记录工作情况、经验教训和存在问题。还要定期总结，改进工作。经常密切联系群众，随时请教专家。

总之，保管人员应根据精简节约的精神，集中力量，做好博物馆藏品的保管工作。

第十节　博物馆藏品的修复

我国修复和保养文物的方法，以前只是积累了一些零散经验，未曾作过总结，难以提高和推广。在欧美也是如此。在十九世纪九十年代以前也同样是手艺匠人习气和不学无术的风气在统治着。在十九世纪九十年代，优秀的化学家和组织者拉司根（F. Rathgen）博士在柏林设立实验室，开始了工作，除了绘画外，他都有办法来修复。他的修复工作在这一事业中引起了一种革命，这是保养和修复的历史上的分水岭。慕尼黑的施米特，哥本哈根的罗珍贝尔格，雅典的鲁左普洛斯在这方面的工作，也都有不少成就。在第一次世界战争时期，博物馆由于燃料不足，馆舍潮湿，文物受到损害，英国不列颠博物院请科学工业研究学院化学斯考特（A. Scott）研究办法。同时在埃及开罗，化学家拉加斯（A. Lucas）组织了科学修复试验所，针对当时气候特殊情况，修复了很多考古纪念物。在二十世纪二十年代末，华盛顿博物馆委托哥伦比亚大学试验所组织青铜修复的工作，该校芬克（C. Fink）教授和他的助教爱尔德里吉（Eldridge）用电解法复原铜器。第一次大战后，国际联盟曾以学院的形式组织了国际博物馆联合组织的协会来协助参加国联的各国人民间广泛的文化交流。在这个组织的刊物《博物馆》杂志上，发表了许多修复文物的论著。这个组织还举办了四次博物馆学问题的国际会议（1930 年在罗马，1932 年在雅典，1934 年在马德里，1937 年在开罗），编辑部发出了这类问题的国际调查表，收到了各国博物馆修复和保养文物工作经验的一些材料。

保护和修复文物的工作，欧美都有专门著作，我知道有：拉司根（F. Rathgen）的《古物保存法》（Die Konservierung von Altertums funden，Berlin 1898）；斯考特（A. Scott）的《博物馆陈列品的清洁及修复》（The Cleaning and Restoration of Museum Exhibits，London，1924）；拉加斯（A. Lucas）的《古物的修复和保存》（Antiques：Their Restoration and Preservation，London，1924）；波仑德勒司（H. J. Plenderleith）的《古物保护法》（The Preservation of Antiquities，London，1934）、《印品、绘画、写本保护法》（The Conservation of Prints，Drawings and Manuscripts，London，1937）；尼扣拉司（H. W. Nichols）的《古代铜器的修整和害锈治疗法》（Restoration of Ancient Bronzes and Cure of Malignant Patina，Chicago，1930）。在我国也有胡肇椿编译的《古物之修复与保存》一书。

苏联革命后于 1918 年就设立国立中央绘画修复工作室，此后在莫斯科成立了国家中央修复工厂，它的任务是在科学监督下利用旧有的修复工作者的经验，从事艺术纪念物的保护与修复工作。列宁格勒国立物质文化历史科学院附设考工工艺学院，建立了科学院文献保存及修复工作的专门试验所，成了对内性质的修复工厂。艺术事业委员会博物馆部也组织了特设的修复委员会，制定计划，指导这一工作。从1945 年起，国立中央艺术工厂和学术委员会一起开始了工作。国立冬宫博物院、国立俄罗斯博物馆、科学院物质生活历史学院（在列宁格勒）、国立特列洽柯夫美术馆（在莫斯科），都附设了这类工厂。除了执行馆内工作外，还广泛地帮助其他博物馆修整文物。

苏联博物馆的修复工作取得了一定的成绩。例如历史博物馆修复古代破烂衣服，先把这烂布团细心地解开、舒展，然后把每一经纬线徐徐展开，用极细的针线结联，使线纹相称。修补破旧的旗帜，用一净白网状布作衬底，把旗经纬线理开，联于网状布上。但残缺的地方不加修补。俄罗斯博物馆修整古画，先用 X 光或紫外线透视烟黑或油腻下的原画情况，此后即用酒精溶化，再用齿电钻或小刀轻轻刮磨去垢，然后露出原画。原画质地若是坚固，也可用温水泡洗。暴皮的油画用鱼膘胶涂于薄绵纸上，轻轻敷于画面上，再用摄氏四十至五十度的熨斗熨平。没有修复部门或不能修复的文物，则送往苏联国家中央修复工厂。这个工厂建于 1945 年，有（一）油画（二）古代版画、油画（三）雕刻（四）石器、玉瓷等四个部门，不仅替博物馆修复藏品，还有一百多位专业干部研究有关修复工作的各种科学性的问题，由修复专家、艺术家、化学家、物理家等二十六人组成的学术委员会领导。厂中设备完善，又有 X 光室及化学实验室。入厂修复的文物，先经过登记及化学实验手续，然后进行处理。油画、古代木版油画、中国绢画、纸画、雕刻品、石器、金属、竹木、漆、布、纸、瓷器都能修复。发霉、撕坏、残缺的中国绢画、纸画、也能修整复原。甚至公元前四世纪的氧化糟石、糟骨、糟木都可使它坚固。瓷器则用万能胶粘合。

这个工厂和各博物馆修复部门，没有组织关系，仅有业务的联系和交流经验的责任。博物馆应行修复的文物，可编列清册及计划，不经文化部，即可送至工厂。工厂根据这个计划，研究可以修复和应该修复文物的全年计划，有步骤地去进行。在保护文物上起了很大的作用。

我国文化部文物管理局编辑的《文物参考资料》，自 1955 年第一期起，刊载了苏联法尔马考夫斯基的《博物馆藏品的保管与修复》译文，是 1939 年原作者在列宁格勒给克鲁普斯卡娅共产主义政治教育学院博物馆地志学系学生们讲授讲义的增订本，是世界博物馆文物修整和保护工作的总结。俄罗斯苏维埃联邦社会主义共和国部长会议文化教育机关事务委员会博物馆工作及地志工作科学研究所也编辑了《博物馆藏品的管理》，这些科学成就，都值得我们细心深入的学习。

文物的保养和修复工作的目的要保持博物馆藏品的原来面貌和本质、特性。这种工作有以下五项原则：

（甲）应该保养、修复的博物馆藏品必须及时办理，不可拖延。修复前须经修复委员会研究藏品的陈列价值和它表现某种问题的特点，以说明当时这一物品的种种意义，还要研究藏品制成材料的特性、物理的特性以及加工技术。修复必须根据修复委员会的领导意图进行。如果对修复对象的本质没有精确的了解，或没有修复它的正确技术，如果对所用材料的性质和作用没有全面的认识，如果没有修整的技师、工具、材料、药品，那就绝不当进行修复工作。

（乙）修复工作是科学的工作，不是一种单纯的技术工作，因此应当老老实实地保存博物馆藏品的特点，恢复它的原来面貌。绝不应以意为之，徒尚美观，任情"创造"，因而失去了它的形式、外貌或本质。甚至附着在上面的杂质，也不可随便去掉。进行工作前必须和修复委员会的专家研究，不可一意孤行，造成文物文化艺术上的损失。从原物剥落下来的残片细屑，也应保存在一起，修复时把它们拼合起来，修复在原来的位置，不可张冠李戴，更不可改头换面。如果修复以后成为"焕然一新"的现象，那是不合乎科学的。

（丙）修复工作首先必须防止破坏性作用的一切原因和结果，还要去掉一切不相干的附着的杂质。有毒害的附着物，更是必须清除的。

（丁）修复工作进行中，应仔细记录每个过程。凡原来情况、修整经过和结果，都要留下记录或照相。成功或失败的原因，也必须总结，并记录下来，交修复委员会研究并存查。

不易长期保存完好的文物，应当照相、复制、摹绘，留一副本或复制品，以防原物损坏，造成不可挽回的损失。

第七章　博物馆的陈列工作

第一节　陈列工作的意义

博物馆是推行社会教育的有效方法之一，它用马克思列宁主义的观点，通过鲜明的和令人信服的陈列，使群众正确认识人类历史和自然发展的规律，了解伟大祖国的过去现在和未来，以提高全体人民的社会主义思想水平和文化水平，鼓励群众对祖国的热爱，对生产的热忱，从而更好地贯彻党和政府当前的政策决议，加速社会主义的建设。所以陈列工作是博物馆活动的主要形式，是博物馆群众文化教育工作的基础。作为群众文化教育机关的博物馆，既然以陈列为其主要任务，所以博物馆若是没有陈列，便失去了它最重要的特点，仅止成了搜集品的贮藏室。即使这些搜集品在科学上经过了整理、加工、编目，也没有贮藏室以外的意义。判断一个博物馆的好坏，首先根据它的陈列。陈列的情况、陈列的政治思想水平与科学水平，陈列品的精劣多寡，决定整个博物馆的水平。因此，陈列工作应当特别重视，应看作博物馆全部工作的基本环节。

博物馆的陈列工作，同博物馆所有其他的活动方式，是有密切联系的。陈列工作的成功与否，要看征集工作的质量和科学水平，要看对于搜集品研究的深度。

陈列工作的基础是科学研究工作。没有经常的、深刻的科学研究工作，就无法举办具有高度质量的陈列。制定陈列计划的本身，就是博物馆科学研究工作的主要内容，草拟陈列计划过程就是科学研究过程。主题陈列的拟定，陈列品的选择真伪、年代、来源、用途、历史意义的鉴定、评述，艺术品、科学辅助资料的制作，陈列艺术的装饰等等，若不经过科学研究，就难以很好地进行。陈列计划的草案初步研究确定后，要经过馆内、馆外、专家会议、学术委员会先后详细讨论研究，反复地修改补充，然后经文化部批准，才能正式布置陈列。

第二节　陈列工作的原则和要求

为了作好陈列工作，必须掌握下列六项原则：

一、陈列要建立在科学研究的基础上达到高度的科学水平

辩证唯物主义与历史唯物主义是处理一切陈列内容的唯一指导原则。博物馆陈列应具有鲜明的政治倾向，并有力地把观众引导向正确的结论，因此博物馆应该从马克思列宁主义的观点和党的原则出发，进行陈列。博物馆的科学工作者必须深入研究陈列主题和陈列品。这样，陈列工作才不至仅仅停留在科学普及的工作水平上。科学工作者要坚持反对反科学的陈列，以及陈列方法中资产阶级的残余。它反对

客观主义，反对陈列的非历史性，反对陈列形式上的公式主义。

博物馆的陈列是建立在马克思主义的辩证方法的基础之上的，它要求从现象的互相联系与互相制约来研究一切现象，把它看作有内在联系的统一整体。"其中各个对象或各个现象是互相密切联系着，互相依赖着，互相制约着的。"（见《联共（布）党史简明教程》第 135 页）由此可见，"任何一种现象，如果把它看作是与周围现象密切联系而不可分离的现象，把它看作是受周围现象所制约的现象，那它就是可以了解，可以论证的东西了。"（同书 135 页）马克思和列宁对自然发展的规律性与社会生活现象的规律性的理解，应作为博物馆陈列的基础的。

陈列既要从互相联系中展示某种现象，因此必须依靠主题的陈列结构。基本环节在于陈列的综合——主题，主题由说明总的思想和互相联系的副题、分题以及各陈列品表现出来，而每一件陈列品又必须帮助观众了解其他的陈列品，同其他陈列品构成一个有机的整体；而不是罗列现象、罗列文物。陈列品不是按照范畴，按照单元的外表的、形式的标志来分类的。陈列品也不是独立自在的客体，因为内容的共同性和陈列的明显的倾向性、将在主题——陈列综合中的不同陈列品中统一起来。最重要的主题、副题、分题一定要占据博物馆或每个陈列室最显著位置。最重要的陈列品应布置在每个陈列单元（分题）最中心的位置。正面资料一定占主导地位；反面资料只能在必要时作为被批判，当作罪证来陈列。反动的思想言论，决不能陈列。但可于必要时通过被批判的资料表现出来。

马克思列宁主义的陈列结构的必要条件，乃是彻底的历史主义——从产生与发展中去展示现象。"辩证法要求我们观察现象时，不仅要从各个现象底相互联系和相互制约方面去观察，而且要从它们的运动，它们的变化，它们的发展，它们的产生和衰亡方面去观察。"（《联共（布）党史简明教程》1949年版第 135 页）而这里的观察，"不是把发展过程看作什么简单增长的过程，看作数变不会引起质变的过程，而是看作由不显露的细小数变，进到显露的变，进到根本的变，进到质变的发展过程"。（同书第 136 页）发展过程的内容，是由对立物的斗争构成的，是由旧与新之间的斗争，衰亡与发展之间的斗争构成的。全部的发展过程，应看作"前进的运动，上升的运动"（同书第 136 页）。在我们的博物馆中，历史的观点对于社会现象的陈列是特别重要的。我们必须遵循斯大林的指示，他说："在估计历史上每一个社会制度和每一个社会运动时，……要从这个制度和这个社会运动所由产生与其相联结的那些条件出发。""一切都依条件、地点和时间为转移"（同上书第 139 页）。按照发展阶段划分陈列中所反映现象的重要特征，可以帮助我们实行历史主义与陈列的倾向性。陈列品的倾向性表现在对展示的思想的服从。陈列可采用比较与对照的方法。当我们把资本主义的生产关系与社会主义的生产关系相对照的时候，也可以在陈列中表现历史主义。

二、陈列应该敏锐地反映现实，并为当前的政治经济中心任务服务

辩证唯物主义与历史唯物主义既是处理博物馆陈列内容的唯一指导原则，它的陈列的特色应当是：倾向性明显，主题现实，具有高度的思想理论水平，内容在政治上是明敏的。因此博物馆要及时地按照党和政府的政策决议，新的科学研究成果，新的生产建设成就（但要注意保守国家机密），改进原有陈列或举办新的陈列，不断提高陈列质量来表现国家历史、经济、文化，反映国家建设的成就和它的优越地位。例如苏联工业技术博物馆就是直接为当前经济建设服务的，在这个博物馆里陈列着国家生产的各种新式的机器——科学技术的最新成就。所以它经常增加新的陈列品，撤去旧的陈列品。在 1954 年他们曾更换过三千件陈列品，1955 年计划更换五千件陈列品。从这个博物馆里可以看到，苏联工业技术是在日新月异地飞跃前进。这些最新的机器陈列在博物馆里面，不但鼓舞群众的劳动热情，而且使各生产部

门从这里知道自己应该采用什么样的新机器来改进生产。自从 1954 年 9 月苏联共产党和政府颁布了《关于进一步发展农业生产的办法》决议之后，全苏联的自然性质、革命性质的博物馆和地志博物馆，为了加强宣传与贯彻这一决议，都增加与扩大了农业生产的陈列内容。例如莫斯科生物学博物馆在五个陈列主题中就有一个主题是专门宣传发展农业的政策和决议的。为了使主题思想明确，它们摘录了苏联共产党十九次代表大会提出的"要从社会主义走向共产主义"的语录。此外还把农业增产的数字及实际增产数字制成电动图表，作为中心资料摆在显要的位置上。周围陈列了许多产品标本、作物及其统计图表等。为了使陈列及时地反映现实，他们经常派人到典型的集体农庄和国营农场搜集先进耕作法和改良的新品种等资料，来不断地充实陈列的内容。

1942 年 5 月 20 日，毛泽东主席的《在延安文艺座谈会上的讲话》是文艺工作的正确发展方向，也就是博物馆工作的正确发展方向。它指出了文艺创作要站在无产阶级和人民大众的立场，文艺要服从于政治；文艺的主要对象是工、农、兵，文艺面向他们普及，从他们提高。我以为博物馆的工作也是如此。中华人民共和国宪法规定：公民有受教育的权利；保障公民进行科学研究、文学、文艺创作和其他文化活动的自由。博物馆为了公民享受这种权利，为了鼓励帮助科学、教育、文学、文艺等文化事业，一定要做好这一工作。1953 年 3 月召开的中共中央的七届二中全会对过渡时期的总路线和总任务的主要内容的决定，1955 年 10 月 11 日中共中央七届六中全会（扩大）通过了《关于农业合作化问题的决议》，1956 年 2 月党和政府公布了《1956 年到 1967 年全国农业发展纲要（草案）》，1 月 14 日党中央又号召知识分子"百家争鸣"，"向科学进军"，于 12 年内赶上世界科学先进水平。博物馆必须以这些课题作为最近努力的方向。

三、陈列内容要有重心

博物馆陈列工作有一定的范围，其中每个部分或陈列室也要有它表现的主题，每一段落要有它的中心思想。为了给人们以更明显的印象，必须选定一群配合中心思想的陈列品。在这些陈列品中又必须选定主要陈列品陈列在主要的突出地位，加以强调；而且把和它有关的东西环绕在它的周围。这样就便于表示出主题思想。例如北京历史博物馆陈列的中心问题是中国历史的发展和中国的物质文化情况以表示我国历史发展的规律；并且陈列大众所习闻乐道的历代人物和重要事件，以发扬爱国主义。1951 年春节，北京历史博物馆开放的中国原始社会陈列室，是按照中国社会发展的历史，根据考古学上的资料，配合着布景箱、模型和绘画来表现，使得观众能得到我们祖先在原始社会的生产斗争中，如何征服自然，用劳动创造出世界的具体认识。这个陈列重点突出，所以能达到预期的效果。1950 年 12 月布置的钱币陈列室不仅说明了历代货币沿革，还说明了古代"以余易需"是生产劳动者集体生活里的一个自然发展；不仅说明了交易媒介品脱离生产独立以来统治阶级利用它来进行剥削劳动大众，还说明了近百年来外币破坏中国主权，操纵中国金融的罪行；同时也指出新中国的货币是人民政权稳定和发展社会经济生活的工具。兵器陈列室显示出历代兵器的演进，说明了阶级社会里由生产工具分化出来的兵器长久的掌握在统治阶级手里，他们用武器来保护私有财产，镇压广大人民，但武器是不可靠的，惟有人民团结的力量才能战胜一切。中国人民靠它战胜了反动政府和帝国主义。这些陈列都能于陈列内容或主题决定之后，围绕着它去搜集资料，作了布置，因而说明问题，解决问题，都是很有意义的、有价值的陈列。

临时展览要有一定内容，还要有重点，这样观众才能集中精力注意一个中心问题，参观之后才能有较大的收获。在抗日战争期间，各解放区为检阅各地武装及生产力量，发扬革命英雄主义，提高战斗情绪和工农业生产技术，交流经验，时常举行群英大会，并展览英雄模范事迹和各种活动。因为每个展览都有一个中心内容，并能搜集说明它的资料，所以每次对成千成万的参观群众起了极大的教育作用。1955 年北京举办解放台湾展览，它的历史部分的主要目的是通过历史说明台湾是我国领土不可分割的一部分。为了体现这一目的，它的内容分为四个重点：一为总介绍（总说明和简明年表）；二为台湾自古以来就是中国的领土；三为甲午战后台湾人民对于帝国主义侵略的英勇反抗；四为 1945 年中国人民抗日战争胜利，台湾重归祖国的怀抱。由于文献、实物、照片、艺术作品等适当的组合，对于观众发生了极深刻的印象和良好的效果。在解放后的展览中是很成功的一个展览。

四、陈列内容和形式要求统一

我们知道文学和艺术作品的思想内容对文艺作品的形式（语言、风格等）有决定性的影响。但表现思想内容的方式，也很重要。因为内容是靠形象加工而表现出来的。形式和内容是统一的。内容固然决定形式，但形式也能增加内容的形象效果。博物馆的陈列也是如此。

全部陈列品的分类和每件陈列品的艺术完整价值的装饰，都应当适合陈列的主题结构，应当反映问题的本质，应当能以阐明陈列中提出的主要任务。所以陈列和展览的特色，应当是思想内容丰富，而这种丰富的思想内容又应当是用特殊的博物馆的语言，用鲜明的形象艺术地表现出来。社会主义的现实主义是艺术的原则，博物馆或展览会陈列的艺术装饰也应当遵守这一原则。博物馆科学工作者应当为争取社会主义的现实主义而斗争，必须反对形式主义、纯粹艺术主义、个人兴趣主义、客观主义等，忽视陈列的本质的倾向。

五、陈列要认清人民大众是服务的主要对象

博物馆是向人民群众进行社会主义教育的场所，所以必须面向群众。博物馆工作特别是陈列工作所服务的主要对象，除了学生和干部以外，就是工、农、兵。布置陈列要针对人民大众的要求，高度思想性和科学性必须与大众相结合。陈列说明要通俗，使群众易于了解。否则便不能发挥它的教育作用。

陈列既是为广大人民服务，陈列方式和装饰必须是民族形式的才易于为群众所接受、了解、感到兴趣。苏联在卫国战争前，莫斯科列宁山上的苏联各族人民博物馆利用了苏联民族建筑形式和装饰，因为它是民族形式和社会主义内容的重要成分，所以收到很好的效果。地志博物馆在展示地方文化时，也可以使用当地人民创造的装饰品，作为装饰的要素。1947 年苏联科米自治共和国创办的地志博物馆，在社会主义文化的陈列上，就很好地采用了民族装饰艺术。

陈列既是为广大群众服务，一切布置便应当尽量便利群众。百货公司、水果店的售品，大致分门别类陈列，都鲜明地表现在主顾目前，不相遮掩，使采购的人一览无余，各取所需，如愿以偿。博物馆的陈列也应当使观众一目了然，便于欣赏研究。对于观众，尤其是集体观众，必须创造条件，使他们不易感到疲倦。观众与陈列品的正常距离，正确的视力角度，彩色的调配，参观的路线等等，都应特别考虑。

陈列要有系统，不可堆积，也不可千篇一律，过于单调。主题、分题以及每件文物的说明切忌冗长，卡片务须简单，这样才能节省观众的目力，不至于眼花缭乱，引起疲劳。每一单元陈列的末了，最好作一个简要总结，使观众作个回忆。特殊重要文物或新收文物的说明卡片，可用红色，易于引人注意。历史文物名称除古代品名外，还要注明它和现在类似的东西，或注明它的功用和阶级性。时代除公元外，要注明朝代或距今有多少年。自然物品、标本除学名外，还要注明俗名、产地、用途。专门的文

物，枯燥的理论，需要深入浅出，把它大众化、兴趣化。科学的充分价值与深入性应该同表现的通俗性、鲜明性和浅显性结合起来，别出心裁，化陈腐为新奇。图样或铭文，有时不易看到，应当附带陈列它的照片（原大的或放大的）或拓片、摹本。两面有书画的折扇、纨扇、陈列一面，并用镜子反映出背面来。半脱胎的瓷器或卵幕杯、有暗款的瓷器，当用电灯光照映，表现出来。故宫博物馆陈列清乾隆官窑活环四系转心瓶，悬空展出，观众便能易于理解。

六、陈列品应以实物为主

博物馆的基本特点是通过实物向大众进行直观教育、图像教育的。实物的陈列具有头等重要意义，它是陈列的基础，它能使陈列具有令人信服的说服力和吸引观众的感染力，它能把陈列内容迅速地传达给观众。至于复制品、照片、拓本、图表等辅助资料应尽量少用。

七、陈列品要保证安全

陈列文物、资料、标本，首先要照顾到它们的安全，不可因为陈列技术的美观而忽略这个重要问题。珍贵的东西，商业价值高昂的东西，容易镕化销毁的金银器用，易于损坏的物品都不当长期陈列，可陈列它的复制品或照片。以免在陈列室里遭到损失，悔之莫及。博物馆的灾害很多，火灾、盗窃和灰尘是其中最重大的，所以博物馆学者称它们为"博物馆的三大敌人"。为防止火灾起见，陈列室建筑本身机构用不燃体，多设太平门。陈列室内不得吸烟。室内一定要安装灭火机、防火门或消防器材。馆员要和消防队取得密切联系。故宫博物院在解放前，有一次在陈列室陈列的水晶球因阳光射入，发生焦点，陈列垫布忽然冒烟，若不是发现较早，难免一场火灾。防盗问题，也很重要，美国中央档案馆防盗设备，有感觉锐敏的增音机，有秘密电线，有无形的光线，有自动印迹机，记录表，警告器。苏联冬宫博物院珍宝库的开放，有极严密的制度。博物馆有管理空气的设备，保持一定的湿度，温度。这些办法，都值得学习。陈列室空气水分的过多过少，或含灰尘，都不利于文物。金属易于氧化，矿石易于风化，木器易于缩涨，绘画易于褪色、皱裂，纸张、服饰易于脆裂、霉烂、蠹蛀，漆器易于变形、变体、皱裂、剥损，都是陈列上应当注意的问题。外国博物馆陈列邮票和写本的玻璃陈列柜，都护以布帘，观众可随时揭开观览，北京历史博物馆也是如此。意大利邦贝故城石刻细雕都嵌上玻璃，加以保护。故宫博物院殿宇檐楣罩以铁网，以防飞鸟。该院绘画馆于夏季潮湿，冬季风大的季节，便把珍贵字画收存起来，到春秋季再布置陈列（美国福利尔博物馆[①]也是如此）。北京历史博物馆兵器陈列室陈列中国人民解放军缴获的日寇及美帝国主义的武器，都安放在较高或游人不易接触的柜子上，有时把枪械的内部零件拆卸下来；其钱币陈列室战国郢爰，民国金条都代以模型，这都是照顾物品安全的典范事例。又如承轴台（回转台）不当放在暖房的附近。档案文件、水彩画、文物不可放在暖气设备上。陈列室内要留出地方，设置灭火龙头，门窗和走道不可堵塞，这都是必要的设施。

第三节 陈列工作的具体步骤——第一阶段

博物馆的的整个工作要有远景的规划，其中包括着陈列计划。负责陈列工作者根据它再进一步拟定

---

① 现多称"弗里尔美术馆"，1923 年对外开放，史密林博物学院旗下第一家艺术博物馆，与赛克勒博物馆合称为"美国国立亚洲艺术博物馆"。

更为具体的陈列计划。在这个具体计划中，应当指出陈列的主要问题，定出各个陈列或陈列主题，并决定它们中间相互的关系。这个计划是拟定每年每季陈列步骤或个别陈列，个别陈列主题等陈列计划的基础。在拟定年度或季度陈列计划时，应当列出各种方案。例如开辟新的陈列，更换或修改现有陈列，或用新的陈列主题补充现有的陈列，或组织临时展览会等等。这些方案可以按照所筹划的工作范围，灵活掌握。无论创办长期陈列、修改长期陈列或筹办临时展览，工作上的阶段基本上是一样的。准备的越充分，设计的越周密，陈列计划就越完善，陈列计划的思想理论水平也越高，陈列的质量也越好，而陈列就能更快地实现和广大群众见面。

为了正确地如期完成陈列工作，必须拟定精确的经费预算，计划人力的配备，以及工作器材的准备、陈列品的补充。这些问题都要制定进度日程表，按时组织工作。科学工作者、艺术家、布置陈列的人员更要正确配合，精确地规划。这是完成陈列工作的必要条件。

陈列的过程，是各种各样工作的复杂的综合，要做好这种工作，必须在博物馆主持陈列工作者的领导之下，吸引各种不同职业的专家来参加。主持陈列工作者应当是掌握科学原则的专家，精于鉴定文物资料标本，并且还要知道陈列方法，在艺术装饰的各种问题上，他应当胸有成竹，才能领导陈列工作的全部过程。

为了保证陈列具有高度的质量，必须正确地进行准备工作。陈列工作包括三个阶段：第一个阶段是陈列上科学的准备，编制陈列计划，选择陈列品；第二个阶段是编制陈列的艺术形式——陈列图式，制作新陈列品；第三个阶段是艺术制作和陈列装置。前两个阶段主要的是科学工作者的任务，第三阶段是艺术家、技术人员在科学工作者的督导协助下进行的。

第一阶段的陈列设计工作，首先要确定简明的陈列主题结构，陈列的目的与内容，以及陈列室中主题的地位。经过深入研究，编制详细的具体主题计划；决定采用的陈列品。现在把这个过程分述于下。

一、确定主题结构

把所有各类陈列主题与副题，按照逻辑关系和年代顺序列出的提纲，并附有在陈列室陈列的说明，叫作主题结构。因此在主题结构中应确定出陈列的目的、任务、主题的顺序和相互关系与一致性。这样才能决定从什么观点出发，抱什么目的和拿出什么来陈列。为了达到这个要求，必须善于组织每个列入陈列的主题，并进一步决定陈列品及其组成，必须使拟定的题目符合于陈列目的所要求的那些问题。每个主题在陈列中的目的，决定了将来要选择的陈列品。为了揭示主题，主题的每一个单元都要附属于整体，同其他的单元联合在一个体系里，这个体系必须适合主题。每件陈列品在陈列中，不是孤立的，而是和其他陈列品有联系的。陈列品的这种相互依赖性，以及每件陈列品对目的的从属性，乃是陈列结构的必要条件。为陈列而制作的艺术品以及表现某种现象的陈列品的类型，都要从属于这一目的。

陈列任务决定之后，在主题结构中，作出主题的一览表。至于陈列场所的计划，也要预先设计，制成图样，不但可以决定每个主题在陈列中所占的地位，还可决定前后主题的逻辑关系和每个主题的比重。

为了准备、选择、研究所应陈列的物品，科学工作者必先了解博物馆藏品情况，主要陈列品有多少？它们的科学价值怎样？还有那些空白点，需要加以补充？若是必须陈列的物品无法罗致，那就应该设法寻找辅助陈列品，或在不影响陈列目的要求下，适当地把主题结构加以简化。

有了主题结构，才有明确的陈列目的和任务，这是进一步研究陈列题目的出发点，这个基本资料应当先经科学工作者深入考虑研究，再提交博物馆学术委员会上详细讨论，然后分送专家提出意见，最后经上级批准，再进行下一步主题陈列计划的编制。

二、编制主题陈列计划

主题陈列计划是主题内容的详细说明，同时也是决定展示该主题时所需要的一批陈列品。

科学工作者把陈列上所需要的文物资料标本，就调查所得到的（如剪报、摘录、预定品、备用品等）以及博物馆的藏品，深刻研究，编目制卡，作成科学短评或简要描写。其中具有最重要的意义的乃是主题卡片（附有书面来源的摘要）与陈列品的卡片。陈列品卡片上列：主题、副题、分题、陈列品名称、类型、说明、尺寸大小、报道来源、发现地点（注明机关、藏品、登记号）。在这一过程中，还可以按照主题计划进行征集工作：如采访、收集、收购、发掘、勘查、摄影、绘画等。

在主题计划中，最主要的是陈列的内容，而不是表现内容的形式。要使主题内容与结构尽量明确、详细，并决定主题在陈列室中的次序与陈列品的成分。可按以下表格来分配，即：一、主题，二、副题，三、分题，四、个别问题与展出对象，五、陈列品名称，六、陈列品来源，七、关于现有陈列品的说明，八、陈列地位。编制这项表格应当简要地叙述计划所揭示的一切问题，还要把展出的对象定出名目，切不可把计划作成陈列品的一个简单一览表。主题计划要使主题结构被完全揭示出来和正确地论述它所提出的问题。

主题陈列计划也是一种重要文献，它也像主题结构一样，经过博物馆学术委员会的详细讨论，然后经主管部门的核准。核准之后，就可从博物馆藏品中选提所需要的陈列品。有需修复、裱背、传拓、照相、复制的，应及时组织。有需外出征集，调借的，就分头进行。画稿图式的编制也要加紧办理。

第四节　陈列工作的具体步骤——第二阶段

第二阶段是用已经决定陈列的实物、资料补充主题计划，并指出这些东西确切的外部特征，决定它们在陈列室中的形式和位置，从而得出陈列品和陈列图式，因而完成了陈列计划。这个陈列计划是主题计划的发展和确定的表现，它是用作陈列艺术的课题。它的质量要高，陈列选材要细致。这样，才能作好艺术装饰工作。陈列计划的组成部分有三：一为陈列物品表，二为陈列图式，三为新制陈列品。

一、陈列物品表

陈列物品表是全部陈列的骨架，拟定这个表的时候，要力求明晰和准确，对艺术工作者而言，它是具有指导性的。陈列物品表格是：主题名称；副题名称；分题名称；陈列品的名称、来源、说明；陈列品类型（实物、模型、图片……）及制作方法；陈列品的尺寸、面积、体积；陈列位置（陈列室柜、屏风、承轴台）。

二、陈列图式

陈列图式是陈列品配置的标准计划，是分配主题陈列室的平面图解，其上应注明陈列橱柜、台架、屏风、承轴台、大件陈列品以及用虚线画成的群众参观路线。陈列用的器具都编定号码，记明位置，也要注明它的名称和尺寸。这种图式是对艺术工作者提出的基本任务，它要表现出主题的相互关系和顺序，各个主要主题与陈列品的意义，陈列品相互之间的逻辑关系。

　　参观路线也称"运动图式"，它是陈列图式的一个组成部分。制定的时候必须考虑到各个单元主题的顺序与各单元陈列品主要的性质。运动图式必须考虑到博物馆的建筑，作合理的规划。应该不穿过其他一些单元，就能把某一个单元遍览一周，但它也要顾全到各单元间的必要联系。在任何情况下，只有适合于主题计划，阐明了主题计划的思想、内容与结构，同时也能帮助观众把注意力集中在陈列的中心思想的运动图式，才是最成功的。路线要求简捷，不可漫长、错杂，以免观众来回兜圈子，而感到印象杂乱和疲乏。这种图式应当由门窗的位置，按照陈列主题的顺序，陈列器具布置的情形，以及按照主从关系划分的陈列品本身的排列而决定。它还要参考采光的方法。利用旧建筑作为陈列室，有时还需要改装，或取消隔壁，或新开门窗、走道，以适合陈列方式和运动图式。

　　陈列室的运动图式经常是顺时针的方向，从左到右。文字说明也要从左而右地横写，使大家养成这种习惯，免得观众费时间去寻找参观的起点。

　　陈列品展示的方式很多（详下节）。无论采取那一种方式，在陈列图式上都要注明陈列器具和陈列品的次序，编成号码。在墙壁或屏风上布置陈列品，不要超过陈列面积的一半，还要按主题组合。按陈列品大小考虑到观众和陈列品的距离，然后决定陈列品的地位，陈列品可以组成一字形、十字形、扇形、阶段、对称等图形式图案，大小陈列品在原则上，要配合适宜，匀整醒目，对于观众容易发生好的效果。各组之间，要留出相当空隙。立体的陈列品相去要不得小于它的高度，才便于观众的观览。主要陈列品要和运动图式成垂直方向，以便观众从正面看到。主要陈列品要放在显明的地位。应用各种设备，安置架子，选用彩色背景，照明灯等，使观众感到方便，舒适。

　　陈列图式拟定之后，在座标纸上贴上小照片，或以彩色线条画出实物、图表的轮廓，也可按照陈列品所占的面积，从纸上剪下图形，再把这些正方、长方，并有陈列品尺寸和名称的标志等图形，配置在陈列柜或屏风的图形上。等到方案确定后，再把陈列品的图形贴上去。

三、新制陈列品

　　陈列计划中的陈列品，若无实物可以陈列，可代之以平面或立体的艺术创作（如模型、木刻、摹本、副本、照片、图解、图表、引用文录或原文、电化陈列品等），作为补充资料，但不可过多。有时为了使陈列充实或生动有力，还需要把它更形象化或美术化。在自然博物馆中，它们的效用有时比实物还要好些。经济技术陈列固然需要实物的陈列品，但若是实物过大或过小，或过于笨重，就必须采用缩小或放大的摹制品。有些机器或机器模型的陈列，如运动状态或休止状态，说明它的活动原理和意义，则可以补充车床的模型和工艺过程的图表、照片、宣传画等。有时灯光和活动陈列品及主题陈列品有机地配合在一起，能以引起观众的兴趣，这种方法在苏联正在广泛地使用着。不过，在艺术博物馆里采用的还不很多。所有这些新制的陈列品，都需要预先在制作过程中，对资料进行科学的研究工作。

　　以上三种资料，都是艺术工作者施工的重要参考文件。科学工作者应当制订简单说明文字，指出主导主题和装饰时应划作主要的陈列品。陈列品表要注明新陈列品的制作，并附以制作所需的必要资料。拟制图解要附上数字；制定地图要在地图草稿上划出对象的纲要；定制模型要附以简图和照片；定制宣传画则应附上画样及说明文字等。艺术工作者有了这些文件资料，研究了实物，了解了设计意图后，即可据以拟定全部陈列的艺术装饰计划（陈列室的建筑式样和家具）以及陈列品在屏风上、墙壁上、玻璃柜中与地板上的配置草图。这个艺术装饰计划以图表、简图为主，随时可以剪贴照片或制作模型。这种计划应当包括：（1）陈列室自上投影的投影图，或着色的配景，对陈列室的建筑、色彩和主导陈列品的配置作一般性的介绍；（2）陈列室的平面图，其中包括墙面的展示图以及主题与陈列品的分配图。

第五节　陈列工作中的具体步骤——第三阶段

陈列工作中的第三阶段是艺术家、技术人员在科学工作者督导协助之下，根据陈列设计、陈列图式、布置陈列品、制作标题说明卡片，并进行陈列室的装饰。

一、陈列艺术装饰的意义和它的基本原则

经过艺术装饰的，有组织的精美陈列，观众很容易接受，因而容易得到好的效果。若是陈列室充满了陈列柜橱、陈列品杂乱无章、装饰庸俗，书写或印刷等文字图表粗劣，必然引起观众的厌恶和疲倦。

陈列装饰的主要任务是用平易近人的艺术方法，更清楚地表现陈列的内容，更美好地展出陈列品，使它能符合于主题内容的要求。从属于陈列主题的陈列装饰，应当是合乎艺术的要求立体与平面的配合，陈列室地面与墙壁的适当运用，整个陈列室与每件陈列品在装饰中采光和着色的适当，陈列品组合的条理分明，各件陈列品的装饰与整个陈列室的总的装饰的调和：所有这些艺术装饰的要素，都能帮助观众从陈列中得到深刻印象；而其中每个艺术装饰的要素，都是结合着其他要素一起完成的。

房屋、家具、采光以及陈列室和家具的色彩、陈列品与说明文字的装饰，是相互联系着的，而同时又服务于一个共同的艺术的企图：即统一地、合乎建筑艺术地处理整个陈列室和各件陈列品。

陈列结构要求内容起主导作用。不合内容的点缀和对揭示内容没有帮助的装饰，以及陈列品的反现实主义的装饰手法等，必然使形式脱离内容，变成形式主义。只有服从于内容且有高度艺术水平的陈列装饰，才会使陈列有充分价值。每件陈列品的装饰既然应当和它所属主题陈列有综合联系，也要和全部陈列联系。陈列室的建筑装饰，也不是孤立存在的。博物馆陈列内容与形式的统一，首先表现在陈列品与所有建筑艺术装饰的要素所组成的外形，适合于陈列的主题计划。苏联列宁中央博物馆的陈列，是系统地实行陈列内容与形式统一原则的鲜明的例子。

列宁中央博物馆的陈列，是以列宁的著作《帝国主义是资本主义的最高阶段》一书为陈列主题的。该书的第一版印本，成了主题的主要陈列品。这是一本内容虽然异常丰富，但外表却很朴素平常的书，然而从旁边经过的观众却没有一个人不注意到这本书的。这主要是因为主题结构的巧妙，科学研究的深刻，主题的艺术装饰和陈列品的组织适当，才收到这样好的效果。在研究这件陈列品的陈列主题时，博物馆工作者深刻地研究了这部著作的创作历史，指出它是马克思、列宁主义学说的主要著作之一，并指出这部作品的历史情况和意义。这本书放在整整一个陈列台上的中央、陈列框是用镀金薄金属制成的，并以大理石的石板作框底，以红色天鹅绒为背景，框上镶以玻璃。书上面的墙上挂着创作这部作品时期列宁的画像。在这两件最重要的陈列品——书和画像的周围，留出了很大的一块空地，用几条壁柱围起来。壁柱下端写有关于资本主义发展不平衡的规律的语录摘要《社会民主党人》报纸上登载着的列宁的《论欧洲联邦国号》，列宁的著作《无产阶级革命的军事纲领》。在一个平面玻璃柜里，陈列了节录马克思《资本论》的一段原文和节录1927年9月7日斯大林同美国工人代表第一团的谈话及《联共（布）党史简明教程》的一段原文。墙壁中央部分的两旁，还对称地排列着一些资料，说明列宁从事这部论帝国主义的科学著作所作的巨大创造性的准备工作和列宁创作这部作品的方法。墙上挂着列宁在那里工作过的图书馆的照片和列宁手稿的照片。在两个玻璃柜里展出了列宁在准备著作时参考的书籍、列宁的信札、手稿、图表和斯大林的著作。窗间壁上挂有库克雷尼克塞关于第二国际的漫画。为了表现主题，这里利用了重要陈列品突出的方法，使观众注意的主要陈列品的周围留下空间，并且用形式极为美丽的镶

边去强调它。这个例子告诉我们关于陈列综合的概念，为了使观众易于了解陈列内容，适当地组织陈列品，使之符合于陈列的丰富的思想性和经过精密研究目的明确的主题，其中强调主题按逻辑划分的陈列方法，主题的中心思想的说明集中的方法，与各种使内容重要而外表平凡的主导陈列品突出的方法，都是值得效法的。

二、装饰和装置的具体措施

在布置陈列室的时候，先打扫房舍，修理陈列品，并分别洗刷清洁。陈列室的装饰应力求简朴，墙色则尚素淡，它的色彩的选择，随陈列品样式和性质而定。陈列印刷或写本和书籍，一般陈列在坡面玻璃柜，以便于阅读。内容特别珍贵或重要者，可放在龛壁。为了使文件能感染人，可以采用种种不同的方法：把文件中的语句或插画和文件并列在一起；用彩色纸片或布片标出重要文句或最有兴趣的地方；还可加入注释。内容特别重要而原本太小的东西，可于原本之旁，陈列它的摹制或照相放大副本（水彩画、彩色版画或石印品的副本）或图片（版画或石印品）。绘画要配框子或加装潢。雕刻要妥配台座木墩。

重要实物陈列品应放在显著的位置或许多陈列品的中心突出表现，或用灯光映照。钱币用细丝线固定在纸板上。衣服要放在人体模型或垫肩上。布匹、丝织品不要钉金属钉，须缝缀衬里，然后钉住。旗帜应舒展陈列，不可折叠。刀剑枪炮要钉在木质座、架、栏杆架上。小件文物摆在玻璃柜内，不要互相遮住。磁盘放在铁丝架上，珠饰穿成串，放在呢绒片或弹性橡皮片上，防其滑动。陈列古代生产工具，不要把现在的附件，按在它的上面。应该用类似表示现代工具的使用的民族学性质的图画来表现。

引用的文句或说明及卡片，字迹要大而清楚，简明、通俗，写在纸片、木板、大理石或玻璃板上。标签和卡片上的文字，或横或纵（最好采用横式），要求一致，且和陈列全部调和，不可过密，要按内容去分行书写。陈列品的名称、注释、日期、作者都用文字的大小、间隔、草楷字体分开。博物馆及陈列室的入口地方，摆着陈列内容一览表，注明路线，指示方向。每室入口的旁边或门檐上，或各室过道中间，标出各单元的名目。在复杂的路线上，放着指明参观路线方向的路标。历史性质的博物馆入口处最好有年代表。

艺术工作者和技师布置陈列室工作完成之后，经过设计人员及馆领导的检查、修改，然后编制陈列清册，分别封锁，举行预展，听取首长、专家的意见，加以修改整理，然后试展。群众无多大的意见时，即可正式开放，并可通过报纸、无线电广播宣传，吸收观众，还可编制指南。开放以后，并不意味着陈列工作的完成，还应当经常修改，不断提高水平。

第六节 陈列工作的方式方法

博物馆陈列的方式方法——陈列品的编组和排列，必须符合于陈列品本身的内容和它的主题。博物馆的陈列在过去是没有成法可循的。公元前283年左右，埃及王托勒米索特在亚力山大的世界希腊化的政策鼓励之下，曾于亚力山大城设立穆细庙、讲演厅、动物园、植物园，这是一种学院性质的雏形博物馆。它的布置，并无条理。十五世纪以来，博物馆成立渐多。1544年勒司克在巴黎设立了历史博物馆，1677年英国爱士摩尔创办了博物馆，是成立很早且很负盛名的博物馆，然而它们的陈列，还是堆积拉杂，漫无系统。1720年至1728年，维也纳皇室陈列文物的地方，是往往把巨幅名画，割裂张挂，以适合于陈列场所，"削足适履"是非常幼稚可笑的。海牙博物馆所陈列的珊瑚，则制成树木灌木形状；雷登（Leiden）博物馆把犯杀人罪的女犯人的尸体骨胳，陈列在马骨的背上；又把盗牛受刑男子的骨胳，陈列在牛骨上面，这是极可笑而极不科学的陈列方法。英人马克翰著《英伦诸岛的博物馆和艺术馆》一书，叙述苏格兰一个博物馆的陈列情况说："馆中有一个陈列柜，长八英尺，宽二英尺，其中陈列品多至二百种：有古代化石一组，有罗马灯，有土人照片，有英国甲虫百余件，有圣经一册（只有目录，然而实际并没有陈列它），有刚果河畔的新妇礼服。"不伦不类，荒谬已极。

德国司特拉斯堡①（Strasburg）博物馆的陈列品，才开始分类，它分为化石、植物、动物和制造品四部，从此开创了博物馆界的系统陈列法。丹麦萨木森（C. Thomson）把哥本哈根博物馆的物品分为天然的和人造的两大类，并各分若干小类。1844 年在巴黎成立的格吕尼②博物馆把中古时代的木刻按年代排列。1852 年德国纽仑堡成立的日耳曼博物院③，把文物分为史前时代、罗马时代及德国时代等类，每类又分法治生活、教会生活、战争、农业、手艺、商业、美术、科学等类，这都是分类分年代的陈列法。1854 年慕尼黑设立自然历史博物馆，有古代教堂，僧院和住宅的陈列室，其中安置着同时代的天花板、壁板以及家具等工艺品，还陈列了穿戴着衣冠的偶像，这又是综合陈列的开始。这些博物馆的陈列法现在还为一般博物馆所采用。德国哥隆④艺术工业博物馆曾经采用过一种新奇的横切面陈列法：凡具有同样用途的东西，不论它的年代、品质、来源都集中陈列在一起；具有同一颜色的东西又不论它的用途、品质也集中陈列在一起。慕尼黑德意志博物馆化学部在颜色陈列品的旁边，同时也陈列着自然界的颜色和人造的颜色。这些新奇的方法引起了观众的注意，也引起了资本主义国家博物馆界的重视，但这些方法并不是很好的。现在博物馆界常用而合理的几种陈列方法大致有下列几种：

一、系统陈列法

博物馆藏品按照科学系统展示出来，曰系统陈列法。按年代、地区、人物或分类分组的陈列，都是系统陈列法。

历史时代的划分，为历史陈列主题结构的基础。社会的发展、战役的概念、历史上杰出人物的活动，若不按着年代顺序展出主题陈列的综合，是不能看出事件、思想的转变的。反映现代的陈列不但要具有现阶段社会主义建设的特征，同时还要介绍未来。苏联地志博物馆苏维埃时期之部的陈列，即是如此。又如伦敦国立画像博物馆有三十八个陈列室，按照年代前后陈列着十七到十九世纪的皇室、贵族、文学家、科学家、艺术家、军事家、政治家以及历史事件。巴黎装饰艺术博物馆陈列的各类的家具什物也是按时代顺序陈列的。

不少的艺术博物馆把一个作家的师生和友人的作品以及后人创作的复制品或摹本陈列在一起，同时也陈列了他们的画具以及他们的画像、照片或雕像。1940 年 11 月莫斯科高尔基博物馆举行了托尔斯泰和高尔基的展览，把他两人生活上、工作上有关资料，如日记、信札、评论等同时展出，就很明显地说明了两个文学家的关系。

博物馆不仅把同时代或同类的实物陈列在一起，同时也把有关陈列主题的照片、美术作品、模型、图表、引语、原文等，合理地配合一同展出。在历史革命史、艺术以及考古发掘等陈列中，这更是展示的主要形式。1949 年秋，北京故宫博物院的帝后生活史料及革命史料两陈列室，即采用了这一方式。

---

① 现多称"斯特拉斯堡"，目前属于法国领土。
② 现多称"克吕尼"。
③ 现多称"日耳曼国家博物馆"。
④ 现多称"科隆"。

1950年12月北京图书馆曾举行了一次美国资本主义侵华史料展览，是将载有美帝侵略中国史实的各种书报、期刊、图表、照片，按着它的发展过程，分成（一）美帝追随或通过别的国家向中国侵略；（二）逐渐单独侵略中国；（三）争夺在中国的霸权；（四）进行独占中国等四个阶段作有系统的编纂陈列。从这许多文献档案中，可以很清楚地看到美帝一贯侵略中国的罪行和狰狞面貌。它又举行了一次抗日战争史料展览，把中国共产党领导的抗日战争的英勇斗争史实与蒋匪的消极抗战、观战、投降、反共，作了一副鲜明对照，对群众都起了很大的教育作用。英国公文馆陈列着馆址的古代情况、重要文物、公文箱柜和档案因保管不善而遭到损失以及修复等情况。玻璃窗上还展示了旧有的1371年至1926年着色彩绘历任馆长及名人肖像，这也是有系统的陈列方式。

　　博物馆为了表现各种现象的互相联系与互相制约，常把陈列中的各个主题与单元综合起来展示"生活综合"，这种系统的陈列方法，把陈列品按产生该项现象的真实的生活情况与环境，加以分组。在历史的陈列中则用实物或模型以表达历史时代的特点，指出一定的社会阶段的生活条件及其产生的情况。民族博物馆展示各民族人民过去和现在生活，有时用布景箱展示他们典型的"生活综合"。在纪念历史人物的陈列中，"生活综合"的使用方法，更为普遍。自然博物馆除了一般的分类的系统陈列法、地形陈列法（以一个地段作为一个自然界的综合体）外，还应当陈列"生活综合"。自然环境与自然富源部分不当仅只按照生态学的特征来分组系统地展出动植物界，更不是事实的简单登记或"獭祭鱼"式的罗列现象，而应当展示地质、矿物、地形、气候、水利、土壤、植物界、动物界和它们的相互关系，还要解决自然之部所面临的问题，要求用生动有力的方式来展出。陈列品要和它们的客观自然、生存条件相联系，表示它的周围环境、群栖情况，显示它的特征，必须用它的生态学的断面来充分说明。这样才能很好地反映自然生活，从感情上给予观众以鲜明深刻有力的影响。又如展出益虫益鸟，应当指出对它们的保护和招致的办法。曾经被人利用的野生植物，特别是还没有被人利用过的，都应当展示出来。这样就使观众注意这些生物的利用了。又如地质的陈列中应当展示各种贵金属和它们的自然矿石，这样也可以引起群众报矿的行动。这才是博物馆有意义的作用。由此可见："生活综合"是表现陈列品中心思想方法之一，它表示了主题的真实性、明确性。所以这种方法在苏联是很流行的。

　　民族博物馆、自然博物馆的"生活综合"往往用"景观陈列法"展示出来。这种方法用相关文物，配合特别配光的模型等舞台装置，依照本来情况、天然环境，陈列于大玻璃柜内。这种装置以背景为远景，用油彩画描写，有时杂以粘土或石膏模型和透明的照片，以地平面和背景相连处，不作九十度的角度，而作半圆的倾斜面，利用人的错觉，使后面的背景和前面的物体，好像是立于同一面的情况。主题以外的配合物，除人体和真正物体之外，则用蜡、假象牙、石膏或纸板制造，有时须配以特种的采光装备。使参观者如身临其境，引人入胜，得到极深刻印象。列宁格勒国际博物馆常常利用透视画，对群众起极为生动的作用。有一张画中有一堵砖墙，被炸的裂痕斑斑，裂痕旁满贴着广告和标语，使人回忆到列宁格勒的战时情况。有一张标语中写道："为孩子们的血和泪复仇！"旁边注了一个简单说明："公民们：炮轰时，此处最危险。"裂缝的左边，贴着一张1943年5月5日列宁格勒戏院歌剧和舞会的广告。透视墙缝，像窗口洞开一样，聂夫斯克大街的断壁残垣，历历在目。这就真实地、生动地对观众起了很大的感染力，它能用陈列品有声有色地代替长篇大论分析资料的作用。由此可见，只有使有关的陈列品紧密地联系起来，才能使陈列的主题令人信服而易于了解。

二、中心陈列法

　　展示陈列品最普通的方法，是以全室中心为重点的陈列品编组法——中心陈列法。大型或重要陈列品放在陈列室或陈列厅的中央，各组陈列品放在玻璃柜的中央，或单独放在台架上和靠墙的玻璃柜中。苏联国家历史博物馆纪念俄罗斯国家（14世纪到16世纪50年代）的文物陈列室就是善于利用中心陈列法的很好范例。在这个陈列室里，陈列着当时俄国东北区的各种纪念碑，并补充了16世纪恭笔画的摹本和古建筑的图画。每个玻璃柜里，都有一个中心的主题，围绕着这个主题，把各种陈列品分为若干组。陈列室中央陈列着16世纪的莫斯科克里姆林宫模型，出口处挂着古代克里姆林宫的巨幅绘画。观众一走进这个陈列室，马上就会得到陈列内容和主题的概念，即封建侯国团结在莫斯科的周围。这馆18世纪末经济陈列室的正中，陈列着原始的农具，用以说明农奴制经济的落后，同时也陈列了工业的劳动工具，说明了资本主义经济结构在封建制度内部形成的过程。因为它能着重地展示了陈列主题的实质，所以能引起观众的注意。

三、线形陈列法

为了展示事物发展的过程，有时需要用线形陈列法，或平行排列法（水行或垂直）来陈列布置。苏联国立达尔文博物馆广泛地利用线形陈列法以说明动物的变异与地理的条件。这种方法也可按历史时期的发展举办历史的陈列，但在各编年阶段以内，应当和中心分配法相结合。例如为了说明生产过程，在活动屏风上端安置一系列的巨幅照片，说明生产过程的主要阶段。在它下面（即第二排水平排列）用实物或插图表示生产工具，再下面（即第三排水平排列）则陈列着半成品的标本；最后展示制成品。每一阶段，可按照垂直线观察操作过程的照片、生产工具、半成品；同时又可按照水平行列而观察全部生产过程。这种方法用来说明生产种类的改变，也是很适当的。

四、复原陈列法

历史、考古和纪念性质博物馆等陈列，可以采用复原的方式，保持当时历史的原来面貌。意大利邦贝故城是露天陈列的"户外博物馆"。它把各个古迹的各个部分照原样复原陈列出来。柏林国家博物院把小亚细亚古代坡加蒙[1]（Pergamon）享堂和它内外的全部雕刻都照原样安置院内，上面复建很大的玻璃大厦。苏联对于革命以前的古迹、建筑纪念物等，有三种处理办法：在历史文化艺术上有重大价值者，一律按照原来面貌，修理保存（如列宁格勒郊外宫苑博物馆）；次要的仍按原状而加以利用（如莫斯科的波雅尔氏故宅，改成他们的生活博物馆，郊外库兹克夫故邸改为瓷器博物馆）；一般的则改造利用。纪念性质的建筑品，往往同时陈列它的内景、外景与邻近的情况，必要时可迁移它到公园或博物馆去陈列。在个别的情况下，可用新的代替旧的部分，但须保留结构上的特点。复原陈列法在波兰和捷克斯拉伐克也是极通行的。

陈列室的光线，贵乎明朗，一切布置应当引起观众的快感，这是博物馆布置陈列的原则。但巴黎圣母院墙上满嵌四世纪的着色玻璃，为了表示原来教堂的本来面目，所以室内仍然保持极黑暗的光线。伦敦郊外汉坡顿故宫博物馆[2]相传有亨利八世凯斯林贺瓦德（Catherine Howard）[3]皇后鬼魂作祟的地方，室中还是保持着暗淡凄惨的情况。解放前北京故宫博物院坤宁宫窗纸糊在窗外，室内黑暗，保存原状，可以推见满族关东生活的情况。这都是保持原状的陈列方法。陕西西安近郊半坡村新石器时代遗址于

---

① 现多称"帕加马"，土耳其境内的一处历史遗迹，下同。

② 现多称"汉普顿宫"，是英国都铎式王宫的典范。建于1515年，1838年维多利亚女王正式将此宫开放给大众参观。

③ 现多称"凯瑟琳·霍德华"。

1956 年建立一所占地四万多平方公尺的遗址博物馆，上面建筑了一所二千多平方公尺的大房子，旁边还盖了两个陈列室。4000 多年前的仰韶文化情况宛然在目，这是一所伟大的复原陈列。

五、对比陈列法

历史或革命史的博物馆为了表现敌对阶级的矛盾，应当采用对比陈列法，它能收到很大的效果。1942 年 5 月 20 日毛泽东主席《在延安文艺座谈会上的讲话》是文艺工作和文物工作的正确发展方向，他说过："革命文艺家的基本任务，是一切危害人民群众的黑暗势力，必须暴露之。一切人民群众的革命斗争，必须歌颂之。"基于这一指示，老解放区的宣传工作创造了"对比陈列法"。1944 年 9 月 22 日，延安举行冬季边区劳动英雄模范工作者大会的时候，举办了生产展览会，好坏展品，同时并陈，劳动英雄和"二流子"的庄稼，以及锄了三次草和锄了一次草的庄稼都陈列出来，互相对比。由此可以看出生产和建设的优缺点。1947 年 11 月辽东省某营在土地改革运动的诉苦运动中，用本地斗争来的地主财宝、浮物和穷人的破衣烂裳对比，布置了一个展览会，把死的实物，变成了有现实意义的活的教材，提高了战士们的阶级觉悟。此后全国土地改革运动中，很多地区都布置过这类展览，对于群众起了很好的教育作用。1949 年故宫博物院布置清代帝后生活史料陈列室，特别把帝后的衣、食、住、行、婚丧、喜庆、娱乐等方面的文献和实物，和劳苦大众的日常生活用品对比陈列，由此可以看到统治阶级奢侈浪费和被压迫阶级的贫困，从而坚定了人民彻底肃清封建制度残余的意志。苏联历史性质博物馆的陈列中，展示过去统治阶级的画像、服装、家具、住宅和其他生活用品，也把被剥削阶级的艰苦劳动条件和贫困，与剥削者的富裕和奢侈对照起来，这都是极有政治意义的。

六、突出陈列法

为了突出地、重点地布置陈列品，可用许多方法强调它。有时在这些陈列品四周留出很大的空隙，这些空隙或用特殊的工艺技巧制作的色彩强烈的鲜明背景，或镶边来衬托。1939 年莫斯科列宁中央博物馆把重要展品如文献或史册等，陈列在特制的大理石的陈列框或玻璃匣子里。框、匣的外形、质地以及天鹅绒的背景，都是特别新颖的。有时采用单列式或双列式，代替了从前的多列式的图片陈列，都是新的改革。

突出陈列法另一种方式，即立体或浮雕陈列法。浮雕形象富有现实性，能通过真实的形式，完善地反映陈列品的真实内容，生动而易于了解。模型、浮雕图案，特别是由于采用了经过装饰的凸起镶边，用立体作背景，更使陈列品突出，增强了陈列的效果。

突出陈列有时用照明艺术来表现。如苏军中央博物馆胜利厅陈列的旗帜，它的灯光设备比较其它各厅更为明亮。大型的展览会场，都使用专用的安装照灯直射陈列品。1947 年至 1948 年在莫斯科城历史改造博物馆分馆内，陈列着 800 年来莫斯科的设计图和它的建筑物的陈列品时，很成功地运用了照灯直射展品的方法。巴黎鲁屋尔博物院陈列萨莫斯罗司（Samothrace）[①] 故城出土的战胜女神石雕像，矗立于 50 余级"达吕"楼梯上顶端长廊之内，只有这一件陈列品，后部是白净的墙壁，前面用紫色电灯光反映，更显出了迎风破浪，飞腾飘举的雄壮姿态。这些都能吸引观众的注意力。博物馆为了说明工厂、城市、乡村等面貌改变的情形，常常安装映画玻璃板的替换画（普通是在小箱支架上开一矩形玻璃窗，窗

---

① 现多称"萨莫色雷斯"。

顶设映画玻璃板。箱中置玻璃片，成 45 度角，关闭后壁映画玻璃板后面的电灯，开放上部映画玻璃板上面的电灯时，斜置的玻璃片就将上部的图画反映到前面的玻璃窗面上）。随时用开闭器的调换而显示出来。还经常用双层透光画，安装电气化设备，它能在玻璃片显现的第一个形象上映出新的原先看不见的形象（透光画的制作技术，是把基本的、经常看得见的图形，用棉花蘸着稀薄透明油漆料，画在第一块玻璃片的反面，而将新的、补充的图形，用不大透光的深颜色，画在第二块玻璃片上。第二块玻璃片放置在第一块玻璃片之后。二块玻璃片之后的亮画开灯时，在第一块玻璃片上，便显出画在第二块玻璃片上的图形。说明文字应写在第二块玻璃片上，它的背景要涂不透光的深色，但单字或字母是半透明的。亮匣照明时，说明文字便出现在第一块玻璃片上）。这个解析显示的方法，对于图画、图表等美术资料和说明文字的展出，都很合用。在毛玻璃上甚至能够把文字逐行地显现出来。把地图标志逐渐照明，把图表和技术宣传画上的形象逐步照明，都可加强陈列品的感染力，比较整组陈列品同时照明，作用大的很多。但是大部的陈列品，不停地活动，不断地照明，或者过分复杂的形式，庞大的体积，不协调的色彩，以及眩目的光线，不只弄乱了陈列的基本内容和它的逻辑顺序，而且观众容易眼花缭乱，很快地就会疲倦，它的作用和单调的陈列所起的坏作用，没有什么区别，这些是布置陈列应当格外注意的。

为了加强观众对一个陈列主题重要实物的深刻印象起见，博物馆往往用"聚集陈列法"突出地表现陈列品。这种方法把陈列品聚集成群，以多为胜。苏联苏军中央博物馆在一个玻璃橱内集中陈列虏获的勋章，对观众起了很好的效果。它的军旗室正中陈列着苏军攻入柏林时在德国国会大厦上空升起的第一面旗帜，在它旁边一些小台桌上，放着具有历史意义的时期的照片，以及该旗空运到莫斯科的情景，还布满了苏联英雄部队的旗帜。胜利旗的下面抛弃着一面希特勒的军旗和一堆虏获来的法西斯旗帜，也是具有很大的政治意义的。考古资料、新农作物、体积很小的工业产品等，都可用这种办法，使陈列生动，能以吸引观众的注意，必能收到预期的教育效果。

有些博物馆把普通文物资料标本藏在库房，把精品突出的陈列出来，叫作"提要陈列法"，艺术博物馆多采用这种方式。伦敦自然历史博物馆①（生物标本 600 万件，陈列了极少部分）和英国公文馆的极大部分的标本资料，都放在陈列柜的下部抽屉里面，陈列的只是它的极少的代表品。伦敦国立美术馆②大部的藏品存放在参考部，只陈列了一小部分。剑桥佛司威廉博物馆（Firth William Museum）③陶器室，把一般的陈列品放在木栏后边，而把珍品陈列在对面窗下。还有些博物馆仿照这项原理，设有承轴台，把很多的夹板围绕联系于有轴的立台，凡照片、邮票、册页、扇面、画稿等品，一般群众不大感兴趣而为少数专家所需要参考者，都安装在它的上面，也用以节省陈列柜的空隙。这种方法，也叫做"隐蔽陈列法"。

美国波士顿美术博物馆创行层楼陈列法。它的重要美术品都陈列在二层楼，次要的或附属的美术品则陈列在一层楼。一楼展品向大众公开；而二楼的展品观众寥寥。这也是重点陈列文物的一个方法。

七、活的陈列法

动物园、植物园、水族馆等"活的陈列品"的布置，和普通的博物馆有所不同。动物园多以动物学上同属的动物饲养在一起，热带动物则饲养在暖房里。动物习性不同，养育的方法也不一致。有些应在

---

① 欧洲最大的自然历史博物馆。原为 1753 年创建的大英博物馆的一部分，1881 年由总馆分出，1963 年正式独立。
② 又称"英国国家美术馆"，成立于 1824 年。
③ 现多称"菲茨威廉博物馆"，建于 1816 年，是剑桥大学的艺术和考古博物馆。

石窟饲养的，有些应在池沼里饲养的，有些应在畜圈饲养的。但在原则上饲养的环境和动物生存的自然环境，应该相适应。现在的动物园多用动的陈列法和综合陈列法。在饲养的地方，装置油画，做为背景。水族馆也是这样。植物园培养植物，多照自然分类法的次序。暖房里培养的植物，则按照产地而编组。美国布鲁克林（Brooklyn）植物园①除了利用分类排列法外，又有高山植物和东方植物二园；其生态园中则用活的植物，说明它们的引力、光线、水、昆虫，土壤等关系。对于播种、生活条件以及沙漠植物，也都有分组的说明。凡动、植、水族等馆，都要有说明牌，注明学名、俗名和生产地区、与人生的关系。

1951年春，北京中山公园举办了"一贯道罪证展览"，不仅陈列了这种反动会道门的实物罪证，还教曾经坦白悔过的道徒自行表演入道仪式和胡乱骗人的圈套。现身说法，真是极生动具体的展览方法。

八、机动陈列法

电力照明和使用电力活动陈列品，对于强调某些陈列品的重要意义是最有效的，已如前述。机器和工具的活动陈列也能够加深观众的印象，帮助他们了解，还能吸引各种观众的注意。巴黎国立科学工艺博物馆和伦敦的科学博物馆②，把工业上实用的或实验的机器搬到博物馆里，观众以手触机，即可转动。慕尼黑科学工艺博物馆有1788年瓦特（Watt）所造的原始蒸汽机模型，又有历史上著名蒸汽机多件，都修整装配，使它发动。观众在短短的参观时间内，便可得到丰富的科学知识，这是很有意义的办法。在莫斯科苏联国立奥斯特洛夫斯基博物馆③布置他生前住室，都照原样，还有他一个讲演的留声片。列宁博物馆在观众参观之后，还放映列宁生平事迹的电影。又在莫斯科自学航空术的观众，不仅可以看见飞机，而且能够到陈列馆去坐在司机台上研究操纵飞机的技术，还可以听到关于发动机的讲解。莫斯科的行星博物馆，参观群众坐在大厅里，讲解员向他们介绍天文星辰的知识，其后熄了大厅的电灯，而用电光揭示行星运转情形。这样，观众就能得到印象深刻的具体科学知识。

伦敦有瑞士塔梭夫人创办的蜡人馆④，用模型、彩色、电光造出生动逼真的局面。柏林乐器陈列馆主任萨克（C. Sachs）1935年著《乐器说》一书，主张一切乐器都应当保存起来，以便学者研究古代奏乐的历史。而乐器的形状、音调更为重要，博物馆藏品应当供给音乐家演奏，以发挥古代乐器的效能。苏联著名剧院陈列古代乐器，有时也拿出来，作为演奏之用。故宫博物院的各种钟表、八音盒、机器人都上弦，每天定时开动表演。这种机动和能实验的陈列办法，在教育上有极大的效果。

第七节   陈列的建筑装备和装置

一、陈列室的建筑艺术

陈列室的建筑式样和家具设备是陈列艺术装饰的主要部分。陈列室的使命就是用最艺术最恰当的方式（形式、色彩、光线等）展出陈列品，帮助观众更好地了解主题内容，它替陈列品提供背景、提供最

---

① 始建于1910年，现为美国城市花园与园艺展览的典范。
② 1909年设立，原为1857年建立的南肯辛顿博物馆，是西欧规模最大、世界最早建立的大型科技博物馆，有"工业革命博物馆"之称。
③ 1940年在奥斯特洛夫斯基故居基础上建成。
④ 现多称"杜莎夫人蜡像馆"，1835年建立。

能表现、最易使人了解的环境，便于大众的参观。

博物馆内景的基本要求是形式与内容的统一。陈列室的建筑要适合博物馆的类型和陈列的性质。一般博物馆陈列室的环境，应当朴素，使观众的注意力集中于陈列品上，但美术、民族、历史、纪念性质等博物馆又应当从美感观点出发，布置成为该陈列品所属时代的环境，如 17、18 世纪文物陈列室当采用纤巧华美的罗科柯式的建筑式样；19 世纪的陈列室应当采用带着华丽塑像装饰品、壁柱、圆柱以及能表现该时代风格的家具等安庇尔式装饰。表示现代建设事业的陈列或展览会场内外布置可用民族形式和社会主义内容的建筑、绘画、雕刻的综合，这是广大人民所最欢迎的形式。

陈列室应当高大、宽敞、光亮，内部墙壁最好用不易燃性的原料。为了调和陈列品和观众的感觉起见，墙面应作不同的布置，但不可过事修饰或铺张，否则无补实际，不仅形成浪费，还易使观众的注意力不能集中在陈列品上。有些博物馆的内墙，用粗砂土作外表，毫不粉饰，朴素可取。也有用石粉或石膏粉涂饰者，其上加油漆一层，采用浅黄、灰青、淡青等色，这些吸收光线较少的颜色是可以采用的。不加粉饰的墙壁，上边可加厚纸或薄木板一层，再贴上粗布，以淡青、卵青等色为上。上面包上一层防火的石绵纸更好。这样，一方面可使布置美化，另一方面又可避免墙上悬挂绘画或镜框铜铁钉子的痕迹。若用棕色麻布，则虽陈列日久也不至褪色，更是合用。

陈列室墙檐下可安设带滑轮或挂钩的带有线绳的金属支柱，以便把陈列品沿墙移动。天花板下还可系上金属支柱，用以悬挂大件文物。天花板以平坦为宜，它的颜色应较墙壁为淡，普通多用白色，用以反射天然或人造光源，加强陈列室的光度。历史、美术博物馆的藻井，往往有著名美术家的绘画和雕饰，必须特别设法保护。苏联莫斯科"航空技术之家"也用天花板悬挂飞机。列宁格勒附近的苑宫博物馆（原系贵族地主的府邸、别墅）和莫斯科的奥斯坦金博物馆中嵌木地板，也可增加房舍照明的匀度，但有时刺激目力，观众易于疲倦，所以在地板上可以铺设毡子的走道。

陈列室的地面，普通都用木板，不但行路的时候，发出嘈杂响亮的声音，还易引起火灾，应当用三合土代替。三合土的地面，虽然也难免步履音响，但可防火，且易于刷洗。为了减低它的音响，上面可涂以军舰所用的酸化亚麻仁油胶。至于楼上地板，当用木制，较为轻便，惟以坚实木材为佳，上面涂以蜡油，以资保护。国外故宫博物馆的地板，木材极为名贵，且多用精细的木料嵌成种种图案，所以都妥善地保护起来。陈列室的入口处，常备有草履或布制拖鞋，以备观众着用入览。北京故宫博物院宫殿建筑如栏干、殿基台阶，以及琉璃墙壁、藻井、画廊也都应该加意保护，勿使遭受损坏。

博物馆的入口当用非常艺术的牌子和惹人注意的招贴画，同时作出关于整个博物馆陈列内容的介绍。

二、陈列用的家具

陈列家具有几项要求：（1）它应创造最好的条件，尽量能使观众遍观全部陈列品而不感到疲倦。家具形式千篇一律，充塞陈列室易使观众感到疲倦，应当极力避免；（2）它是陈列室建筑装饰美观的一部分，也要美术化，但应吸引观众目力于陈列的对象，不可使观众注意家具本身，而喧宾夺主；（3）它要构造简单，有一定规格，使其能在改变或补充各种陈列或展览的不同情形下多方加以利用；（4）照顾陈列品的安全，要预防盗窃、震动、损坏以及有害的气体、光线、尘土的侵入。它的种类有玻璃柜、屏风、障壁、承轴台，还要有便于观众休息、抄录、摹绘等设备。

陈列用的柜子由上下两部构成：上部是安放陈列品的部分；下部或底部是支持上部的底座式柜足。陈列柜或以木制，或由金属制成，都装有玻璃，所以又叫做玻璃柜。它的形式多种多样，但大体可分立柜、平柜和坡柜三种。立柜可从各侧面参观，它按陈列品的组别或大小分为数层（一般为三层），每层的剖面作方形或长方形。靠墙的立柜或可移动，或嵌入障壁，名曰靠墙柜，它一面或三面安装玻璃，便于参观。陈列小件文物者深度以 35 至 40 公分为宜。陈列服装者深可 80 公分，过深则当用人工照明，但不可深于一公尺。可以独立安置的四面玻璃柜，往往放在陈列室中央，所以叫做中央柜。人的中等身材约为 1.5 公尺，其水平视线约在距地高 1.4 至 1.5 公尺之处，所以立柜高度应为 1.5 至 2.0 公尺。

　　平柜是从上面参观的一层桌式或平台式的玻璃柜，多架以四足。坡柜是坡面玻璃柜，玻璃与陈列面的斜度与柜的高度为正比例，但都小于 90 度。全面靠墙者，从一侧参观。独立安置或一端靠墙者，可从两面参观。这种双坡形的柜子从一端看来，作 A 字形，西人呼为 A 字柜。陈列平面画册、档案等文物的双坡柜，里面装置双坡形台基、栏板或梯形托架。为了减少反光现象，博物馆也用这种坡面玻璃柜。

　　陈列柜当以铜属为框架，坚固美观。木质框架体轻价廉，也可用，但易于弯曲，且易引起火灾，这是不可不注意的。框架的接合，当用螺丝钉。柜门不可设于中央，当安于一侧，以免妨害观众视线。开关和接笋的地方，当用碎毛毡或棉絮塞满，以防灰尘飞入，并应放入防腐剂于毡棉中，以免生虫。采用布景箱的玻璃柜，更当防备灰尘的侵入，可以把填置棉絮的换气筒安置于柜侧的不易着眼地方。这样，则温度降低时，空气经棉花筒而入柜内，可以透入纯洁的空气。小柜的圆筒直径以四、五公分为宜。陈列柜当安装通风管。在个别情况下，为了吸收水分，还可在陈列柜中放入氯化钙或硫酸。若采用彩色电光机关，应当设于柜前，观众踏地板触机而电门自开；观众离去，电门自关，也是节省电力的一种方法。陈列柜的锁以小为宜，且应少用，最好用暗锁或总钥法（master key）。柜框以原色为上，不必修饰，否则费工、耗财，且易分散观众的注意力。陈列柜底部和不安玻璃各面，都用木制成，颜色宜用褐、淡灰、青灰，其上复以浅色麻布。

　　陈列柜内若陈列小件东西，当积木为台。木台形状不一，或作平台状，或作阶级式，或作截头金字塔状。陈列屏风或障壁用以间隔陈列大厅，并且可以陈列照片、拓本、辅助资料、植物标本，其上护以玻璃或玻璃纸。承轴台用以陈列次要或可供参考的平面文物，这也叫做"隐蔽陈列法"。

　　陈列室应设置靠背长凳，以备观众休息、座谈或坐以欣赏美术品之用。还要备有观众摹绘、记录的设备。苏联中央劳动博物馆准备了一张小写字台，台上有抽屉，其中放了些印刷与绘图的材料。台上又嵌有玻璃，还有灯光设备。对于观众的记录、绘图是很方便的。

三、陈列室内采光照明问题

　　博物馆不仅在白天开放它的陈列室，夜间也要向大家开门，因此采光照明也是陈列上的一个重要问题。光线太强则眩目，太弱则观览不清。我们要避免眩光，也要避免反射眩光（即反光）。陈列室的照明，应保证观众以最少的劳力看清陈列物品，还要防止陈列品有过于剧烈的光线，不仅要使群众把陈列品看得清楚，看得舒服，还要看得很正确，而印象深刻。

　　在理论上来讲，有了光，就有视觉，也就能看到东西。但是光源有强有弱，所以看得见的程度就有了差别。譬如说：在灯光下可以看清楚的字，在月光下就看不清楚。同时陈列室装玻璃的面积（这面积不得低于陈列室墙壁面积四分之一，陈列室的深度不得大于窗子加倍的高度）、观察面的质地（无光泽的表面是最好的）、陈列品的色彩等反射系数（即反射光流和全部光流之比）、各有不同。根据这些事实，凡是精细的和颜色深浅差别较小的深暗颜色的陈列品，就需要较多的光亮。另外一个现象是：越亮的东西，越能容易引起观众的注意，所以要想把陈列品重点地介绍给观众，更需要较大的光亮。这种照明度通常约为 60 流克司（"流克司"（Люкс）是照明单位，等于一个"流明"的光流均匀地分布在一平方公尺的面积上；"流明"是光流的单位，光流由光源发出，等于一个国际烛光）。这个平均量可因房屋的条件而提高到 100 流克司，图片陈列室则需要 130 流克司。

陈列室和陈列品要保持一定的明度，博物馆常采用自然光或采用人工的照明法。利用自然光线者，要求避免直接阳光、反光、眩光。陈列品需要的光要强，走道上需要的光要弱，光线还要均匀。采用自然光有墙上开侧窗及屋顶开天窗两种采光办法。

博物馆多墙上开窗，以接受自然光线。方法简便，空气易于流畅，观众亦可欣赏窗外自然风光。但日光强弱，时有不同。阴天光弱，不便观览。强光眩目，又易生反光。即有窗帘及反射等设备，终难调和。它又易使陈列品变色、褪色。更易招致灰尘，都能损毁陈列品。又墙上开窗既多，必然减少了很大的陈列面积。因此采取自然光，有许多问题必须慎重处理。

侧面开窗应在高处，玻璃柜也应尽量向下倾斜，这样即可减少反光作用。柯尔曼（L. V. Coleman）著《小博物馆手册》，主张小型博物馆陈列室的长的一面，应当在天花板下开一列高窗。窗的大小虽难一概而论，但窗台高度离地板至少须为三公尺，以防发生反光。窗的位置及其长度以陈列室中所需光量而定，至少需在四公尺以上。普通的建筑，窗高离地不过一公尺，而窗顶与天花板相去当尚有一公尺。苏联经验证明：南面的墙不宜开窗。如小幅图画、图表、立体物品，才宜开南窗；因为这些物品利于表达它们的立体性。若开窗子，应在一定的时间用窗帘遮住。陈列中国画轴的陈列室，若开对面窗子，应互相错开，以免风力大而吹动画轴，使陈列品受到损伤。天气酷热的热带博物馆，窗子应开向多风的方向，还要多开较低的通风窗子，用以缓和室内的暑热。

窗子的式样，亦有多种：有上下拉窗式，有左右排窗式，有回转窗式，或向内，或向外。最好向外开窗而用铁条调节它的开窗度数。窗子关闭后，其沿缝处应加突出铁条，使其密接，以防风尘的吹入。阳光的紫外线直射到陈列品上，容易使它变色、褪色，窗上可安置玻璃，并加布帘，以资防御。布帘最好用双层，外层色浓，里层色淡，淡黄色更好。

陈列屏风或障壁及陈列柜应当摆在与窗间墙壁垂直的地位，可减少从窗子射入光线的反光作用。窗子的下面，可以安放毛玻璃或网纹玻璃（这是一种表面刻了凹槽的玻璃）的遮光板，可以用作陈列的横幅，在它下面安放玻璃平柜。有时在这种遮光板的背后，放置反射镜，发出散光，以补充由于安装遮光板而削弱了光度的损失。北京历史博物馆汉唐丝织品覆以绒布，印度锡兰岛①哥仑坡博物馆②的玻璃柜也覆以浓橄榄色的布，都可推广。

博物馆还有屋顶开辟天窗以采用自然光的方法。为了避免直射的日光，在屋顶上可用玻璃修凸起的天窗，把光线导向墙壁与陈列室的中央。这种方法可使光线均匀，陈列室全部光明。灰尘既不易侵入，而且室内四周墙壁都可布置陈列品。然而这种方法也有它的缺点：一、空气不易流通，夏季酷热更是难堪；二、灰尘或积雪，经常需要扫除，万一滴漏，还要修堵；三、玻璃常易损坏，修配则所费不赀；四、战国时期易成敌人空军袭击的目标。杰克逊（M. T. Jackson）著《博物馆》一书，谈到采光问题时说："现代博物馆界渐有废除采用天窗办法的趋势，因为古代绘画多悬于宫殿庙堂，这些作品都是在侧窗来光的房屋里创作的，所以观众视线和射到绘画上的自然光线的角度，以 45 度为最佳。若光线由顶射入，并不适宜。雕刻品也是如此。因此，若把意大利各地古代名画挂在天窗采光的陈列室里，必然贬损

---

①　现为斯里兰卡民主社会主义共和国领土。
②　现多称"科伦坡国立博物馆"，又称"斯里兰卡国家博物馆"，建于 1877 年，是斯里兰卡最古老的博物馆。

了他的艺术价值。"这是值得参考的。屋顶开窗既然有它的缺点，所以有些博物馆在这方面的措施，都作了一些努力。柏林国家博物院坡加蒙（Pergamon）陈列馆空气新鲜、光线明朗，如在旷野的情形，这是最成功的。巴黎鲁屋尔博物院开辟了一个纯粹玻璃顶的大厅，陈列着著名油画六百幅，效果也很好。其它采用天窗的美术博物馆往往在屋顶上营建小屋，而从它的侧窗采纳光线，防止了阳光的直射，又可通风，而避免酷热。有的博物馆顶楼安设窗幔与窗帘，以调节强烈的阳光。还有的美术博物馆内部安装机械的通风设备，并设有冷水喷射器，用以洗涤通入陈列室的空气，惟消耗甚大，不免浪费。至于热带地方，更不能采用这种天窗采光方法了。

博物馆舍附近，不只要避免遮光的巨大建筑物，它还需要采取人工照明法。采用这种方法，可使陈列室的光线均匀，有较大的灵活性及稳定性，不受季节气候及时间等等限制及影响。其强弱可以自由节制；也可使陈列品更加优美，更富表现力。这样不但避免了采用自然照明方法的一切流弊，也不至破坏艺术装饰和陈列品纤维组织和色调。然而安置人工通风设备，照顾文物安全，都不是经济的。

眩光最易刺激观众的眼睛，疲劳人的目力，为了避免眩光，安装灯光时，应避免灯泡直接暴露在外，或者装配毛玻璃；或安装遮光板；或藏在反光槽内。反光也是不利参观的一种现象，消除反光最重要的方法是要加强玻璃柜内的照明。采用浅色的背景，窗上安置毛玻璃的遮光板，对于加大玻璃柜的照明，都有帮助。遮光板和玻璃柜高度相同，也可减少反光，并可提高柜内反光的视线水平。玻璃板向前倾斜，也可减少反光。百叶窗和日光灯的采用，以及光源设置屏风障壁之后，使光线借助于灯罩从天花板反射出去，也都能减少反光。

陈列室中的阴影使得工作不能精确，同时也疲劳目力，是应该避免的。但博物馆工作者为了增加画面的深度，吸引观众注意力起见，有时故意造成阴影；或者把陈列面刻成凹凸形状，使光线直射下来；或者把陈列品放在布景的前面，用脚灯打出一个黑影，都能产生特殊的效果。灯光有各种颜色，可以调节陈列品本来单调的色彩。一个立体的东西，一边受到热色的光（如红、黄）一边受到冷色的光（如蓝、紫），便显得格外突出。弧线形和球状的文物，如我国瓷瓶之类，斜着打上一支强光灯，表面就发生一簇亮的光，更能引人入胜。

为了使观众注意陈列室或展览会的某项模型，开了电门则灯光齐明，使观众一目了然。如介绍某种生产过程，电门一开则每一步骤内的灯光，便依次明亮，观众便可得到有系统的深刻的印象。

以上所谈的人工照明法和美化法，必须安置绝缘的毛玻璃和通风箱或通风孔，以调剂光盒或陈列柜中的气温。电线应当经常检查，过旧或稍有不安全者，应当及时撤换。最好用铅线通过铁管，以防火灾，而保障博物馆馆舍、藏品和陈列品的安全。弧光碳素灯富于紫外线，并不次于阳光，切不可采用这种电力的光源。

第八节　中国博物馆界陈列工作的重要经验

中国解放以后，各博物馆陈列工作有很大的成就。就北京历史博物馆而论，它的主要中心任务是布置中国历史陈列。从1951年起到现在展出了原始社会、夏、商、周、秦、汉、魏、晋、南北朝、隋唐五代和近代史等陈列。观众反映：从中国通史陈列中，看到了"祖国的悠久历史与政治文化的发展，具体地感到自己祖先是怎样勤劳地创造了自己的国土"，因而"增加了对社会主义伟大建设的信心和力量"。在进行爱国主义教育上已起了一定的作用。由于六年来陈列设计的经验，已经认识到陈列工作本身是件复杂细致的科学研究工作，陈列设计过程就是科学研究的过程。它包含着结合文献，了解历史问题；鉴定文物，选择陈列品；拟定陈列设计书，绘制图稿；加工制作，科学复原等一系列研究过程，必须具备有严肃认真实事求是的科学研究态度才能作好。他们在工作中认为：（一）认真学习马克思列宁主义和苏联先进经验是作好陈列的重要保证。如原始社会陈列是依据恩格斯"家庭私有制和国家的起源"的经典学说设计的。在陈列设计前还学习了社会发展史，明确了"劳动创造人"的主题思想，认识了社会的发展就是物质资料生产的发展的规律，所以展出之后，内容比较明确，陈列的表现效果较好，群众也很欢迎。又在多次实际工作中，有意识地学习了苏联先进经验，明确了每段陈列必须经过提出陈列重点、设计主题结构（即场面）、绘制陈列图式（即场面图稿）、艺术施工、现场布置五个阶段。根据这五段先后的程序，陈列设计在社会力量帮助和上级指示审阅上，经过不断修正、补充、提高，丰富了内容，增强了科学性，才能使陈列能得到较好的效果。（二）只有加强陈列的科学研究，才能保证陈列质量的提高。如原始社会陈列，一方面依靠古脊椎动物研究室多年的研究成果，一方面又尽量利用了民族学的比较资料，表现劳动生产的形象。研究了工农兵的接受程度，有实物则用实物；实物缺乏就用图表、模型来辅助说明，保持了陈列中完整的历史体系。然后发动馆内群众对陈列内容及表现方式提供意见，以求适合于观众的政治文化水平。所以展出之后；不仅内容较为明确，科学性较强，且很通俗，颇为观众所欢迎。在修改秦汉陈列前，也发动全馆作了"关于中国通史陈列原则"的讨论，明确了实物、事件与人物间必须有机地联系，加强了陈列的科学性。（三）艺术工作者必须了解设计意图，掌握丰富资料，才能保证陈列的科学性，增强形象表现的效果。如隋唐陈列中赵州大桥的模型，在制作前艺术人员研读了有关文献，访问了古建筑专家，又亲到赵州作了调查，因此模型作得真实具体，还根据他们的实地考查作了石栏板、护石的复原模型，发挥了他们的创作性，也保证了模型的科学性。（四）组织社会力量是充实陈列设计研究的有力方法。在设计过程中，拟写了陈列提纲与图稿后，举行馆内外专家座谈会，分别访问有关专家，当面请教；写信请远地专家提书画意见。就馆外专家、团体来馆参观之便，及时地请他们审阅、提意见；也不断听取国际友人的意见，使设计工作在吸取了多方面的意见下得到修改补充。在资料的供应上，特别是在近代史的陈列中，由于领导上及各地兄弟博物馆、文物管理委员会及文化馆的关怀和帮助，补救了陈列内容的贫乏，丰富了内容。

山东省博物馆在文物管理局的支持和指导下，在各兄弟馆选派人员来馆支援及发动了社会力量的情况下，经过一年又五个月的筹备，布置了山东地志的陈列。经验证明：要作好地志博物馆工作，必须有领导的支持和社会的帮助，还必须重视地方资料的积累和整理，建立经常的科学研究工作；否则陈列内容无法充实，无法提高；地方和全国也不能很好地结合起来。

中央自然博物馆筹备处[①] 1951 年 4 月成立，由于业务干部很少工作经验不足，决定先办临时性质的展览，以积累经验，训练干部，搜集资料。他们也采取了与外界，特别是科学院和各有关生产部门合作的办法，利用别人的研究成果，完成了任务。根据他们在展览工作中的实践，初步解决了科学工作者和美术工作者的分工合作问题。他们把设计过程分成三个程序：第一是总体设计，就是把一个展览作总的规划，例如主题、目的、内容、展出面积、经费预算、预展时间、需要征集的展品等作一全面设计，它的成果就是展览提纲和会场布置图。这主要是科学工作者的任务，美术工作者也要参加讨论。第二是内容设计，就是把总体设计提出的问题具体化，科学工作者根据内容提出有关的科学资料、标本目录和表现形式与设计说明书等，由美术工作者根据上述内容和要求，绘成"小样"及"效果图"。第三是施工

---

① 1962 年改名为"北京自然博物馆"。

设计，美术工作者与科学工作者共同研究后，绘制一比一的图，并根据"小样"及资料，提出所需的工料及经费等。经领导批准后即可施工。这是一套比较科学的工作方法，是体现展览思想性、科学性、艺术性的具体保证。从这些经验中可以看到：布置陈列与展览应该在吸取先进经验结合各馆实际的基础上展开全面的、系统的、经常的科学研究工作。

第八章　博物馆的群众工作

第一节　群众工作的意义

博物馆的陈列不仅应具有思想性、科学性、艺术性，而且还要在这个陈列基础上向群众进行文化教育工作。群众文化教育工作是博物馆最直接、最生动的向群众进行宣传教育的具体实践。通过群众工作，博物馆满足了劳动人民的要求，参观者就会变成博物馆事业最好的宣传者。因此，观众越多，博物馆的威信越高，同时也就越会鼓舞博物馆的组织工作。所以做好群众工作是争取观众、搞好博物馆事业重要条件之一。

苏联博物馆为了做好群众工作，设有群众工作部（或称群众宣传部，或科学宣传部）。它的群众工作创造了许多宝贵的先进经验，在苏联教育事业中发挥了巨大的作用。它通过各种宣传方法，吸引了成千成万的劳动人民，使他们受到了各种的教育，培养他们成为新生活的建设者。它的群众工作部由馆长或副馆长直接领导。部设主任一人，干部若干人，少则十余人，多则二三十人（苏联国家革命博物馆群众工作部有二十二人，国家历史博物馆有十六人，生物学博物馆有十余人）。其大部是负责说明工作的讲解员。此外还有一二人专门负责研究讲解方法，一二人专门负责学生办公室的工作。这些科学工作者的绝大多数是大学毕业生，有渊博的学识，经常钻研业务。讲解员还掌握了一套切合实际的科学讲解方法。大部的人已经成了讲解业务专家。

我国博物馆事业随着文化建设的高潮的到来，也有了蓬勃的发展，群众工作逐渐展开。目前群众工作的主要课题是：讲解工作、群众活动、宣传工作。分别说明在下面。

第二节　讲解工作

博物馆群众工作的基本任务是通过生动有力的讲解，更多地发挥陈列上的教育作用，使陈列成为对人民进行教育的最好场所。不仅使观众在视野里与陈列品接触，而且在听觉上也能接触到陈列品的内容。一个博物馆如果没有很好的讲解工作，就必然降低陈列品的效果，削减陈列对群众的教育作用。

1880 年美国博物馆就由馆员中选任"博物馆教师"（Museum instructor），向学校学生进行讲解博物馆陈列品的工作。1895 年波士顿美术博物馆提议建立讲解员（docent）制度，1906 年开始实行。1911 年英国不列颠博物院也设有向导员（guide－lecturer）。其后世界各博物馆纷纷效法。我国自解放以来，参观博物馆的群众都感到讲解员的需要，口头地、书面地建议博物馆增加讲解员，推动群众教育。这种工作是一项完全崭新的工作，我们必须学习苏联的先进经验，在群众工作部内分设讲解组（或股），讲解方法研究组（或股）向群众进行文化教育宣传工作。

讲解工作的任务是根据各种不同类型的博物馆来确定的。例如历史博物馆主要任务是以马克思列宁主义历史唯物观点来教育观众，使观众了解历史发展过程，熟悉历史，热爱祖国，并且认识由于历史发展的规律，社会主义、共产主义必然到来。革命博物馆的主要任务是宣传共产党领导革命斗争的历史。用党领导下的工人、农民英勇斗争的事迹，来培养和提高观众共产主义世界观，鼓励他们献身于社会主义、共产主义壮丽的事业。自然科学方面的博物馆的主要任务是以辩证唯物主义的观点说明自然发展的规律，告诉观众如何认识自然和改造自然等问题。为了实现以上的教育目的，博物馆应当在陈列室里进行讲解工作。

苏联博物馆的讲解工作是值得介绍的。他们的讲解员虽然具备了很高的政治水平，受过高等教育，但他们仍然是需要根据每个陈列的内容，在馆内科学工作者指导之下，进行充分的学习和研究。他们需要了解陈列的主题思想、陈列的体系、重点，阅读有关图书、文献、期刊、报章上的论文。其次还要根据陈列内容，在保管部门科学工作者的帮助下，熟悉有关的陈列品。经过学习文件，熟习陈列意图和内容以后，讲解员草拟讲解提纲。提纲分为两种：一种是全面的概括的讲解提纲；另一种是根据第一种提纲，分为若干专题而进行详细深入的讲解提纲。第一种提纲包括着讲解的全部内容，如题目、讲解目的、参观对象、对参观群众讲解的时间。例如以革命博物馆"十月革命的准备和胜利"这个陈列主题为例，根据这个主题，就应当说明以下几个中心问题：一为俄罗斯革命的客观条件；二为劳动人民的革命积极性；三为党在革命斗争中的领导作用；四为工农联盟；五为十月革命的特点；六为十月革命的世界意义。讲解员根据这个提纲，再进一步写出具体陈列品的说明词。第二种专题讲解的提纲，说明全部问题需要多长时间，需要通过哪些陈列品，才能说明所要讲解的问题。例如讲十月革命这一主题，首先说明十月革命的客观条件，其次要说明战争对人民的灾害与革命力量的形成，还要说明布尔什维克党领导革命取得胜利的原因；并在提纲里把需要介绍的陈列品，用表列举出来，格式如下：

陈列品名称	内容（说明什么问题）	备考
五一游行照片	照片中可以看出群众已经公开进行革命活动	列宁对这一事件的评价

以上两种提纲都由讲解员自己编写。这样不仅可以提高讲解员的讲解水平，使自己掌握的讲解知识条理化、系统化，而且也相应地提高了他们的文化水平和写作水平。讲解提纲写成之后，提交学术委员会或教育方法研究委员会讨论，经过初步通过，才能开始试讲。在试讲的进行中，学术委员会、教育方法研究委员会的人员、馆长、副馆长、各部门的负责人，以及专门研究讲解问题的人，都要参加旁听，提出意见。必要时，还可以组织馆外一部分群众来馆旁听试讲。试讲后，根据各方面所提出的意见，充分展开集体讨论研究，加以修改。经过馆长的批准，就可向观众进行讲解了。每一个讲解员每月要订社会活动和讲解次数的计划。他们每天工作八小时，在革命博物馆中，他们每天平均讲解一二次，每次需要一时半至三时，每月约讲解三十六次。当观众较多的时候，还要增加次数。不讲解的时候，就学习业务。每周还有两次的固定学习，每次三四小时。此外陈列、保管等部门的科学工作者每周也要作两次的讲解。还经常解答观众提出的问题。

讲解工作进行中，应当注意以下三个问题：

第一要根据不同对象，进行不同的讲解。博物馆每年都有大量的观众。有组织的参观群众应登记簿中，其项目是：月日、单位名称、社会成分、人数、地址、电话、参观费、参观组织人、参观指导员、参观主题。通过讲解员的讲解，他们得到阶级斗争和生产斗争的知识和教育，这些观众有工人、农民、学生、教员、医生、工程师、国家机关工作人员、解放军军官和兵士。因为他们职业、年龄不同，参观的目的和要求也就不同。讲解员必须针对他们的教育和文化水平、特殊技能以及目的要求等具体情况，采取分别对待，进行不同的讲解。不可一视同仁，公式化、概念化。博物馆的观众可分为成人和学龄儿童两类；而成人之中又可分为三类：第一类是一般巡览，想利用博物馆开扩他们的眼界，增加他们的普通知识，提高他们的政治水平或文化水平。博物馆观众以这一类的人为最多，它包括工人、农民和干部。讲解工作的主要力量也应当集中在这一方面。第二类是学生在研究课业当中或自学当中发现问题，想在博物馆参观中求得解决，或者印证对照一下他们的学习，得到更深的理解，巩固他们的学习。讲解员对他们应当分别答复或个别谈话。第三类是具有各种知识的科学工作者和专家。他们为了研究一种专门问题，来博物馆寻求实际活动的必要资料。这类观众中有教员、作家、导演、演员、艺术家、建筑家以及经济工作者和设计者、组织者。讲解员对他们应当介绍情况、供给研究资料，还要给他们以种种的方便。一般来说：讲解员对于文化水平较高的观众，讲解力求简要，抓住重点，作扼要概括的介绍。对于普通观众的讲解，则要求生动、具体、通俗、活泼。

第二要联系实际，进行讲解。解说的内容除了要正确地、有力地传达陈列内容而外，还要紧密结合国家当前的政治、经济各方面的任务和国际上的形势。这样就能使观众既得到有关陈列的知识，也能受到爱国主义、国际主义的现实教育。苏联特列洽柯夫美术馆讲解绘画作家的生平、画的内容、艺术价值和人们的评价。由于讲解员的生动说明，津津有味，因此就能培养观众对于美术的爱好。这种联系实际的解说方法，能使观众得到现实的革命教育，来馆观众都能如愿以偿，收到很大的益处。

第三对于有组织的观众，要作有准备的讲解。参观博物馆的群众有零散观众；也有有组织的观众。我国博物馆观众之中，前者约占观众总数百分之六十五，后者占百分之三十五。北京历史博物馆对于有组织的观众，实行先期预约制。这样不但可以掌握参观的人数和时间，还可以了解他们参观的目的和要求。讲解员抓住他们需要解决的问题，在事先结合陈列，作系统的深入准备。这样针对问题、联系思想的讲解，收效极大。对于零散观众，有时也组织他们分批入馆，每批二三十人。或听其自由参观，或替他们讲解。他们看到陈列室或每个单元的概括说明文字或每件陈列品的说明，若有不明白的地方，可提出问题，由讲解员解答。讲解员往往在观众进入陈列室以前，和他们开座谈会，可以了解观众的要求，并向他们说明陈列内容、参观须知事项，彼此之间，互相启发，都能得到好处。

我国唐朝寺院里经常举行宣传佛家经义的"俗讲"，是用通俗的语言讲解佛经，和它里面具体生动的描写部分或故事部分，并且间以歌唱和念佛。这种举动通常由两个和尚进行。俗讲法师先说一段类似引子的押座文，让听众安静下来，再唱释经题。另一个称为都讲，高声唱经文一小段，然后法师加以敷陈讲说。在讲解时，法师也可以吟唱。讲完一段，法师再请都讲"唱将来"（即"唱起来"的意思）。如此往复下去。八世纪中叶，长安有一位俗讲法师文溆，很受听众的观迎。据说一般老百姓"乐闻其说，听者填咽寺舍，瞻礼崇奉，呼为和尚。教场效其声调，以为歌曲"。寺院里墙壁都装饰绘画（即壁画），在讲说歌唱之外，还用形象帮助法师讲解，帮助听众吸收俗讲内容。这种讲说歌唱的方法，用耳朵和眼睛两方面使听众接受宣传教育，是值得博物馆讲解员深切体会的。

讲解员是人民的教师，应当热爱自己的工作，要有高度的群众观点，还要具有极高的文化、科学教养。作为一个称职的群众工作人员，需要经过长期的训练和学习过程。他们对于历史、革命史、艺术以及自然科学知识各方面，都有一定的修养。博物馆的陈列因为要经常地充实和修改，所以讲解员必须学习新的事物。对于陈列应该深入了解，提高说明质量。他们也要研究讲的技术问题。发音要正确、清晰。说话速度不可太快太慢。声音不可太高太低。讲的太快以及音调过高过低观众易于疲劳，太慢则浪费时间。态度要沉着，不可庸俗模仿演说家，不可过于刺激或紧张。随着陈列内容适宜地降低、抬高或改变音调，表情手势和教鞭的运用，都要适当。面目时向陈列品，时向观众，要随时变更，引人兴致，不至疲倦。若有口吃的毛病，应竭力矫正。惯用口头语，也应纠正。说明词句必须简单、明白、清楚、正确、通俗易懂。还要注意观众动态表情，随时改变讲解方式。在讲解进行中，观众有不遵守秩序者，不必加以批评，讲解员只要忽然停止讲解，或用目注视他们，使其自觉地纠正，即可生效。讲解员还要研究观众的成分、年龄、文化和政治水平、兴趣、情绪、意见和提出来的问题。这样，能提高博物馆讲解工作的质量，还可以改进博物馆的业务。每个讲解员除了对于全部陈列内容能作一般的讲解、全面照顾以外，还要重点地精通一组或一个单元的陈列内容。这样使得讲解员永远不停止在现有的水平上面，而是向深处生根。精通某一单元的讲解员除了整个讲解以外，就应当担任向个别参观人进行专门讲解的任务。他们一面工作，一面钻研，又必须经过一定时期的训练，和长期的刻苦学习，才能成为一个熟练的优秀的讲解员。这样博物馆的宣传教育工作，才能做得异常广泛而深入。在群众中发生了日益深远的影响。

第三节　群众活动和宣传工作

博物馆群众活动工作有很多不同的方式：

博物馆为了最大限度地发挥它的积极作用，需要和企业单位，工厂、农庄、学校、机关以及馆外科学研究机构的专家、教授等，都有密切的联系。群众工作部应有联络员，经常把他们组织起来，在馆外举行有关博物馆工作或有关陈列的讲演会。每逢重要节日或某种会议的时候，就举办专题讲演或临时性质的专题展览。

博物馆的群众文化工作要反映最主要的政治事件、经济运动及一切普通常识上的迫切问题。应在馆内及时组织展览，同时还应当复制模型、图表、幻灯片，或用实物，在公营企业、农庄、工人俱乐部、学校，举行巡回展览，以进行群众文化工作。美国巴伐娄[①]博物馆把制成的一套幻灯影片经常外借映放，附印说明书。这种方法是值得推行的。

群众工作部还经常和学校或有关部门，利用专题讲习会的方法进行学术讲演或课外辅导工作。有时也通过参加各种会议（如教育工作会议、宣传工作会议、党团会议等）的机会，进行组织宣传工作。这样，一方面向他们介绍博物馆概况、陈列内容、参观时间等；一方面了解他们对于博物馆的要求和意见，以便结合实际情况，进行宣传教育工作。

群众工作部还组织观众参观或游览城内市郊名胜古迹。

苏联博物馆为了加强对青少年的共产主义教育，特别是革命历史的教育，如革命博物馆、奥斯特洛夫斯博物馆等，经常组织共产主义青年团及少年先锋队到博物馆来进行各种活动，如过团日、队日等。普通也常用革命的节日——例如十月革命节、五一国际劳动节、列宁逝世纪念日等来进行这些活动。过团日、队日的地方，是最大的、最美丽的、有大理石圆柱、有伟大雕塑和壁画的地方。他们用严肃和敬仰的心情，倾听给他们讲布尔什维克党和革命的历史、列宁生平、革命英雄人物的事迹。他们讲述这些史实，并不是生硬、死板板地，而是结合陈列的实物——一张油画或一张照片、或一个雕塑，像讲故事一样生动、有趣的讲给他们听。有时也给他们朗诵诗歌，有时候还组织群众举行座谈，谈参加以后的感想，谈某一具体的文学作品。这样，一方面培养了青少年们建设共产主义的坚强、勇敢的意志和辩证唯

---

①　现多称"布法罗"，又称"水牛城"。

物主义的科学知识，同时也使他们增长了对文学艺术的欣赏能力与写作能力。这种办法可以学习、推广。

学生占博物馆观众的最大比重，为了做好对学生的教育工作，应当吸取苏联的先进经验。苏联在博物馆群众工作部下设立学生办公室或设一二专人进行这项工作。学生办公室的主要任务是对中小学生服务。一方面组织中小学学生来馆参观（如到历史博物馆去上历史课……），通过具体文物的参观，巩固和复习课堂听到的知识，一方面还要组织他们来馆作各种实习，进行教学辅导。还可以借给他们教学所需要的一般古物、标本模型、照片。学生办公室在教员的协助下，根据学生的爱好，分成若干组，如在历史博物馆则分成考古、钱币、武器、文学、艺术等组，分别上课或作各种作业实习，或照陈列内容仿制陈列品模型摹绘，以供教学使用。这样，不仅使学生把从课本上学到的知识得到更深刻的理解，而且养成他们对各种科学、文学、艺术的爱好，培养他们发展，特别是使他们对博物馆事业建立深厚的感情。培养大、中、小学生成为"博物馆之友"，他们自然就经常关心博物馆，宣传博物馆事业。他们搜集到文物、标本，就会赠给博物馆。在暑假期中学生办公室还可以组织各种专家、艺术家和学生见面。博物馆也应当到学生夏令营去，举办流动展览，作专题报告。也可以率领学生参观古迹名胜、考古实习、访问名人、搜集文物资料，作"课外参观"。各种小组活动在一定的阶段，应当举办报告会、展览会、游艺会、公演等总结成绩的方式，来鼓励大家坚持活动。学生办公室不仅对教员和学生有着积极作用，而且使博物馆有了广泛的群众基础。这是博物馆极重要的工作。

博物馆为了协助学生深入研究课程，馆内有时组织学校委员会，这是为学校服务组织中心，除博物馆科学工作者参加外，还有教师、技术人员和青年团的负责人等参加。

讲解员在平日应该经常地切实而认真地搜集群众意见、要求和反映，及时研究，提出处理群众意见的具体办法；还要定期总结经验，这是改进博物馆业务，特别是陈列工作、讲解工作的重要措施。搜集群众意见方法，是设置意见簿，分发集体参观意见表（分下列项目：参观单位、地址、电话、成员、成分、人数、活动内容或参观主题、带领人、参观指导人、参观意见、填表人、年月日）。召开观众座谈会、讨论会，访问集体参观的单位或个人，听取他们的意见。参观人最多的节日或星期日，博物馆的科学工作者当从办公室走到各陈列室，对于群众作深刻的观察。他们何时入馆？何时出馆？在哪些场面前逗留较久？有兴趣呢？还是表示疑问？对于哪些场面最冷淡？他们对讲解员的态度怎样？科学工作者甚至可以和他们接谈，交换意见。凡听到的意见，看到的情形，都要记录下来，作为研究的资料。用这种种的方法，联系群众。搜集吸收整理群众意见的方法，是提高业务水平，改进工作的主要源泉，这是博物馆中重要工作之一。

宣传工作是博物馆群众工作之一，除了以前所谈的宣传教育工作之外，它还要经常出版与陈列有关的各种刊物，如博物馆概况、一览、指南、陈列介绍、陈列品目录、宣传手册、说明书、艺术明信片。通过有关陈列内容或专题的论述，使观众进一步通晓陈列有关内容的知识。概况、一览、指南等小册应当叙述本馆成立目的及性质、建设简史、收藏情况、陈列内容、参观路线，也可记载本馆群众工作：参观、报告会、小组活动、答问等工作。其次是利用期刊、报章、广播、电影、戏院、电车、公共汽车、公园等广告、报导和海报等方式，进行宣传。也可在厂矿企业的报纸上发表公告或短评，都能在群众中起到一定的作用。

第四节　中国博物馆界群众工作的重要经验

解放以来，我国博物馆界的群众工作有了一些成就。北京历史博物馆研究人员训练了陈列室的讲解员，发动了生产工人参观原始社会和夏商周等陈列室，听取了他们的宝贵意见；组织各个阶段陈列的专家座谈会；保管部出版了历史考古资料介绍的专著；群众工作部发动了中小学校参观陈列，协助馆外复制模型、搜集教学资料。故宫博物院、东北博物馆训练了几批讲解员，编印了参观指南、艺术画刊或明信片。南京博物院编印了考古报告、画片，也在文化馆作了宣传，还训练了一批理论水平、业务水平较好的讲解员。上海博物馆组织了对工人观众的研究小组。首都各种临时展览都培养了不少具有高度政治、科学水平的讲解员。这些成就都应当巩固，逐步提高。陕西省博物馆①发展"博物馆之友"的工作经验也是值得介绍的。

陕西博物馆为了发动群众力量，解决调查、征集工作中的困难，1955年吸收苏联先进经验，开始发展"博物馆之友"。各县市文化馆长或干部、文教科长或干部、各地中小学校校长或教员、党校教员、各建筑工程队的宣教工作人员、工矿和农村中的党、团员或积极分子等，不论性别、年龄、籍贯和文化程度，只要爱好或喜欢研究文物，知道保护文物、古迹的意义及爱护祖国公共财产的人，都是它的对象。办法分为介绍、申请和特聘三种，向多方面去发展。博物馆要求"博物馆之友"所作的工作，都是他们极乐意做的一项业余活动，所以把一部分的群众组织成了博物馆的义务通信员和宣传员。若能帮助他们学习业务或文物常识，更加密切地联系，并且更广泛地发展，对于博物馆事业一定会有更大的收获。广州也曾大力开展过"博物馆之友"，中央自然博物馆也把这项工作列入远景规划中。

今后我们必须在现有成就的基础上，吸收苏联的先进经验向前推进博物馆的群众工作。

---

①　现称"陕西历史博物馆"。